Franziska Rogger
Anna Tumarkin (1875–1951)

1 Herzlichst überreicht von der Verfasserin. Anna Tumarkin im Bericht über die deutsche ästhetische Literatur aus den Jahren 1900–1905.

Franziska Rogger

Anna Tumarkin (1875–1951)

Das schicksalhafte Leben
der ersten Professorin

Stämpfli
Verlag

Dank

Folgenden Institutionen danken wir herzlich für die finanzielle Unterstützung:

Bonny-Stiftung für die Freiheit
Burgergemeinde Bern
Donation Maria Bindschedler
Ernst Göhner Stiftung
Fondazione Fidinam
Friedrich Emil Welti Stiftung
Gemeinde Wohlen
Gesellschaft zu Schuhmachern
Gesellschaft zu Ober-Gerwern
Gesellschaft zu Zimmerleuten
GVB Kulturstiftung
Kanton Zug
SWISSLOS/Kultur Kanton Bern

Wir danken zudem allen Geldgeberinnen und Geldgebern, die anonym bleiben möchten.

Der Stämpfli Verlag wird vom Bundesamt für Kultur für die Jahre 2021–2024 unterstützt.

Impressum

Bibliografische Information der Deutschen Nationalbibliothek: dnb.de.
© Stämpfli Verlag AG, Bern, staempflisachbuch.ch · 2025

Projektleitung
Susann Trachsel, Stämpfli Verlag AG

Foto Umschlag
Hermann Völlger, Bern (aus: Die Schweiz, Die schweizerische illustrierte Zeitschrift, Zürich, 2. Bd., Heft 21, 1898 [3], S. 489)

Gestaltung und Layout
Stephan Cuber, diaphan.ch

Korrektorat und Druck
Stämpfli Kommunikation, Bern, staempfli.com

ISBN 978-3-7272-6187-9

Inhalt

Vorwort 9

I Das russisch-jüdische Mädchen aus Chișinău
Anna Tumarkin und ihre Vaterstadt Chișinău 12
Von der orthodox-jüdischen zur säkularisierten Familie Tumarkin 15
Schülerin des Mädchengymnasiums im restriktiven Russland 19
Reisende zwischen zwei Welten 21

II Die Studentin in Bern und Berlin
Die Berner Studentin und ihr strahlender Mentor 23
Unter rebellischen Zimmernachbarinnen und Kommilitoninnen 33
Eine huldigende Bewunderin und das liebevolle Ehepaar Sidler 41
Erste Erfolge, Seminarpreis und Doktortitel 43
Paul M. Tumarkin, Ludwig Stein und die Frage nach einer weiblichen
Karriere 48
Anna Tumarkins Berliner Jahre 50
Fruchtbare Studien und gemeinsames Lesen mit dem Professor 52
Erich Schmidt, der begeisternde Redner und Dozent 57
Pionierin der Wissenschaft und Vorbild der Frauenbewegung 61
Tumarkins entschiedene Förderer und ihr Dilemma zwischen Bern
und Berlin 65
Vergebliche Opposition gegen Tumarkins Habilitation ohne
Griechischkenntnisse 69

III Die frühe Privatdozentin und Senatorin in Bern
Tumarkins erster Schritt auf der universitären Karriereleiter:
Privatdozentin 76
Umjubelte erste Dozentin inmitten von Spannungen und Skandalen 81
Die ersten Lehrveranstaltungen der Anna Tumarkin und ihre
Studierenden 86
Griechisch, Latein und die unorthodoxe Lösung
einer Mathematikaufgabe 90
Jenseits der Russenkolonie: Flair für hübsche und moderne Logis 95
Verzicht auf Ehe, Mutterschaft und Kunst 104
Nachrichten vom grauenvollen Judenpogrom in Chișinău 1903 106
Das etwas andere Leben der nahen Verwandten Emilie Tumarkin 110
Tumarkins Arbeitsplatz im neuen Hauptgebäude der Universität Bern 113
Auftritt des Berner Studentinnenvereins und dessen Engagement
für gleiche Rechte 116
Tumarkins Hebler-Publikation und ihre Vorträge 119
Die Ästhetik der Stadt Paris und der Tänzerin Eleonora Duse 123
Referentin am II. Internationalen Philosophenkongress in Genf 1904 125
Nur zwei Frauen unter 80 Kongressvortragenden 133

Tumarkins erstes Dozentenhonorar ... 135
Senatorin Anna Tumarkin im Spitzengremium einer koedukativen Universität ... 139
Sorgen um Russland: Pogrome und der Petersburger Blutsonntag von 1905 ... 143

IV Der langwierige Weg zur ersten Professorin

Tumarkins zweiter Schritt auf der universitären Karriereleiter: Titularprofessorin ... 145
Neben Einstein und Lenin in den Prunksälen der Berner Bibliothek ... 150
Tumarkins strauchelnder Mentor Ludwig Stein ... 153
Der Schatten Tatjana Leontjewas und die schweigende Anna Tumarkin ... 161
Referentin am III. Internationalen Philosophenkongress in Heidelberg 1908 ... 166
Aktive Damen am Heidelberger Kongress und «euphorische Aufbruchsstimmung» ... 170
Reaktion eines russischen Gelehrten auf Tumarkins Spinoza-Forschung ... 175
Tumarkins dritter Schritt auf der universitären Karriereleiter: Extraordinaria ... 177
Tumarkins scheidender Mentor Ludwig Stein und seine «Spezialschülerin» ... 179
Vollmitglied und Gutachterin an der Berner Philosophischen Fakultät ... 187
Tumarkins verwehrter vierter Schritt auf der universitären Karriereleiter: keine Ordinaria ... 191
Tumarkins Bestürzung über Herbertz' Wahl zum Philosophieprofessor ... 196
Keine Lohnaufbesserung – aber allen Grund, froh und still zu sein? ... 199
Akzeptiert als öffentliche Rednerin und «Sekretär» der Fakultät ... 201
Von der Wohngemeinschaft zur unzertrennlichen Gemeinsamkeit ... 203
Anna Tumarkins Kritik der deutschen Romantik ... 208

V Anna Tumarkins professorale Kollegen

Herbertz' Forderung nach einer dem Professorenamt würdigen Lebensführung ... 212
Herbertz' Klagen und sein «Mut», sich in der Schweiz einbürgern zu lassen ... 216
Der «legendäre» Herbertz und sein «fleissiger» Schüler Dürrenmatt ... 219
Eugen Hubers Problem mit Tumarkins Weiterbildung und frauenbewegten Studentinnen ... 224

VI Die Lehrerin, ihre Schüler und Schülerinnen

Tumarkins allererste Doktorandin, die Ukrainerin Eva Schapira ... 228
Lenins Kritik an Anna Tumarkin als prüfender Doktormutter ... 230
Das breite ideologische Spektrum der russischen Tumarkin-Doktoranden ... 231
Vier Schweizer Professoren aus der Schule Anna Tumarkins ... 236
Letzte Promotionen: die Deutsche Johanna Dürck und die Schweizerin Lina Bärtschi ... 242
Kein Schüler, aber ein Besucher: Walter Benjamin bei «Frl. Dr. Tumarkin» ... 244

	Der lange Atem von Anna Tumarkins frauenbewegten Studentinnen	246
	Die Vorlesungen der Lehrerin als das eigentliche wissenschaftliche Lebenswerk	250
VII	**Anna Tumarkin privat: Reisende und Kunstliebhaberin**	
	Rare Familienbesuche und die kranke Schwester Rosa	253
	Reisen zu den Verwandten in die alte Heimat Russland	258
	Bildnisstudien, Ausflüge und Autofahrten mit Kunstmaler Rudolf Münger	261
	Reiseeindrücke aus Griechenland	268
VIII	**Die bewusste Schweizerin in den 1920er-Jahren**	
	Stolz und glücklich mit dem Schweizer Bürgerrecht	271
	Akademische Abendvorlesungen im Geiste der University Extension	275
	Anna Tumarkins Ruhm im Reigen deutscher Wissenschaftlerinnen	278
	Mit glühendem Eifer an der Schweizerischen Ausstellung für Frauenarbeit (SAFFA)	280
	Tumarkins Blick in das eigenwillige Geistesleben der Schweizer Frauen	290
	Wie Anna Tumarkin Stimmrechtlerin wurde	294
	Eine Viertelmillion Unterschriften für das nationale Frauenstimm- und -wahlrecht	298
IX	**Die Intellektuelle in den schwierigen 1930er-Jahren**	
	Die Genfer Abrüstungskonferenz und die Abrüstungspetition der Frauen	300
	Tumarkins kulturhistorische Vorlesungen zur Aufklärung und zur Romantik	301
	Tumarkins Arbeiten über den Ästhetiker Johann Georg Sulzer	304
	Publizieren zwischen deutscher Geistesgrösse und schweizerischem Kuhmist	310
	Die Jahrhundertfeier der Universität Bern von 1934	313
	Glückwünsche zum 60. Geburtstag für die begeisterungsfähige Tumarkin	318
	Kriegsangst, Verwandtensorgen und eine bedrohliche Gegenwart	322
	Die Schweiz, die Demokratie, und was kann die Frau tun?	326
	Theodor-Kocher-Preis für Tumarkins Arbeiten zur schweizerischen Philosophie	330
	Tumarkins Disput mit Kollege Herbertz über die Verleihung des Lazarus-Preises	332
	Referentin am IX. Internationalen Philosophenkongress in Paris 1937	337
	Der Einfluss des Nazi-Regimes und die Auseinandersetzung mit Martin Heidegger	340
	Referentinnen am Philosophenkongress	344
X	**Verfechterin schweizerischer Werte in den 1940er-Jahren**	
	Die «Weisen von Zion», der tote NSDAP-Funktionär und die geistige Landesverteidigung	346
	Anna Tumarkin an der Landesausstellung im Kriegsjahr 1939	353
	Würdigung des bernischen Kulturphilosophen Beat von Muralt	357
	Tumarkins Radiovortrag im Dienst der Geistigen Landesverteidigung	359
	Eidgenössische Selbstbesinnung in der neuen Philosophischen Gesellschaft	362

XI Die Philosophin im menschlichen Leid

Tumarkins verzweifelte Versuche, Verwandte zu retten ... 365
Kein glückliches Wiedersehen mit Neffe Sascha in Bern ... 372
Angst vor einem unmittelbar bevorstehenden deutschen Einmarsch ... 373
Anna Tumarkins finanzielle, politische und moralische Unterstützung ihrer Verwandten ... 375
Die Schlacht von Stalingrad, Hitlers totaler Krieg und die «Endlösung der Judenfrage» ... 378

XII Frieden für Europa, Schock für Anna Tumarkin

Begeisterung und Erleichterung nach der deutschen Kapitulation ... 382
Bildreportagen zu Judenvernichtung und Konzentrationslagern ... 384
Schocknachricht über deportierte, umgebrachte und vertriebene Verwandte ... 387

XIII Die Emeritierte und ihr Werk über die Schweizer Philosophie

Kollegiale Glückwünsche zum 70. Geburtstag ... 391
Die Dankbarkeit der Frauen und Freundinnen, ihrer Studentinnen und Schüler ... 396
Krankheit, Emeritierung und eine letzte Vorstellung ... 401
Die Verarbeitung des Schrecklichen ... 405
Wesen und Werden der schweizerischen Philosophie als Lebenswerk ... 407
Plädoyer für die eigentümliche Sachlichkeit der schweizerischen Philosophie ... 411

XIV Das Alter, der Tod und die Erinnerungen

Die Wirklichkeit des körperlosen, freien, ungebundenen Geistes ... 416
Tod und Begräbnis der ersten Professorin ... 419
Gedenken an Weihestunden von unvergesslicher Eindrücklichkeit ... 422
Der Tod der aufopferungsvollen Ärztin und Freundin Ida Hoff ... 424
Tumarkins Nachlass und ihre postume Würdigung ... 427

Anhang

Abkürzungen ... 432
Archive, Nachlässe ... 432
Interviews ... 433
Zeitungen, Zeitschriften ... 433
Werke von Anna Tumarkin ... 436
Literatur, Quellen ... 438
Bildnachweis ... 452
Personenverzeichnis ... 458
Anmerkungen ... 465
Dank ... 494
Autorin ... 495

Vorwort

Dieses Buch erzählt die Lebensgeschichte der russisch-jüdischen Philosophin Anna Tumarkin. Als sie als erste Frau auf gewöhnlichem Weg an einer den Frauen und Männern offenstehenden Universität vollberechtigte Professorin wurde, war ihr erlaubt, Doktorierende wie Habilitierende zu prüfen. Als erste Professorin konnte sie in der Fakultät und im Senat über alle Geschäfte der Universität mitentscheiden.

Anna Tumarkin, 1875 im damaligen russischen Zarenreich geboren, war kein leichtes Leben vorbestimmt. Ihr Schicksal als Frau, als Jüdin, als Russin war ihr nicht eben wohl gesinnt. Schon gar nicht, als sie die Philosophie zu ihrem akademischen Beruf machen wollte.

Zwei Weltkriege, russische und nationalsozialistische Pogrome bedrohten ihre Familie. Eines Tages teilte ihr ein überlebender Verwandter schlicht mit: «Vous êtes, je crois, la seule survivante de cette famille si prospère et heureuse dans le temps.» Sie sei die einzige Überlebende einer ehemals so prosperierenden und glücklichen Familie.[1]

Dass Frauen damals nicht studieren durften, stellte sich ihr als individuelles Hindernis in den Weg. Doch Anna Tumarkin nahm sich den philosophischen Ausspruch eines Dichters zu Herzen: «Nicht auf das Schicksal, sondern auf das, was wir daraus machen, kommt es an.» Dies beherzigte sie nicht nur für ein höheres Gericht, sondern auch im realen Leben. Mit dem Leitspruch, «dass die Kontinuität des philosophischen Bewusstseins nie aufhört!», bändigte sie ihr Schicksal.

Sie integrierte sich fern der Heimat in der Schweiz und wurde hier die erste reguläre Professorin an einer koedukativen Universität überhaupt. Zudem krönte sie ihren wissenschaftlichen Werdegang mit ihren Reden an den drei grossen internationalen Philosophiekongressen von 1904 in Genf, 1908 in Heidelberg und 1937 in Paris, als sie inmitten der europäischen und amerikanischen Elite öffentlich auftrat.

Die Treppe zur Professur hinauf war mühselig, lang und steil. Wie sie Anna Tumarkin Stufe für Stufe erklomm, berichtet dieses Buch Schritt für Schritt. Auch, wie hartnäckig sie um ein Gehalt kämpfen musste, von dem sie leben konnte – obwohl sie die beamtenrechtliche Spitze, das Ordinariat, doch nicht ganz erreichte.

Um Anna Tumarkins Persönlichkeit herauszuarbeiten und ihre Besonderheit zu erkennen, werden die Personen ihres Umfelds betrachtet. Ihre Familie und ihre Mitstudierenden, ihre Hausgenossinnen und ihre Logisgeberinnen, vor allem aber ihre Professoren, Mentoren und Kollegen. Im Vergleich zu diesen Personen entwickelt sich das Bild ihrer Liebenswürdigkeit, ihrer Klugheit und ihrer Eigenwilligkeit. Es enthüllt ihr nicht immer leichtes Leben im universitären Umfeld, aber auch den unbedingten Beistand ihrer Freunde. Es lässt die Verschiedenheiten partei- und frauenpolitischer Wege erkennen und auch das Unorthodoxe ihrer Studierenden und Doktorierenden.

Die Biografie muss in die Historie eingebettet werden. Dem Leben Anna Tumarkins kann man sich nicht ohne Seitenblicke auf die russische und jüdische Geschichte annähern. Zu brutal waren die Eingriffe der russischen Pogrome und der nationalsozialistischen Gräuel auf ihre Familie. Quälend ist es, die Briefe ihres Neffen zu lesen, dem sie in den 1940er-Jahren zur Flucht aus Berlin verhelfen wollte – und der immer wieder zögerte.

Schliesslich zur Schweizerin geworden, wurde aus der introvertierten, ganz auf die klassische Philosophie konzentrierten Anna Tumarkin im Zweiten Weltkrieg eine Stütze der Geistigen Landesverteidigung und schliesslich die Analystin und Verfechterin einer schweizerischen Philosophie. Eigenständig attestierte sie der Schweiz, dass sie eine eigene, unabhängig von deutschen oder französischen Lehrgebäuden errichtete, auf das Praktische fokussierende und auf die schweizerische Politik verweisende Philosophie besitze. Eigenwillig entwickelte sie diese Ansätze erst beim Studium der Frauenbewegung, an der sie sich engagierte und deren Geistesleben sie vor allem für die SAFFA 1928 intensiv erforschte. Anna Tumarkin wurde auch privat von den Repräsentantinnen schweizerischer Frauenpolitik getragen. Ihre Partnerin war die Schulärztin Ida Hoff, die jeweils bei universitären und freundschaftlichen Anlässen miteingeladen wurde.

Ihren Erfolg, ihre Inspiration, ihr Vorbild wurden in den Geburtstagsgratulationen, Nekrologen und Erinnerungen reflektiert. Sie sind ihrer Natur gemäss positiv formuliert, das wenige Negative, das aufzufinden war, ist erwähnt.

Dieses Buch ist eine historische Biografie, kein philosophisches Werk. Wissenschaftliche Bewertungen sind gedruckten Rezensionen entnommen. Es zeigt Anna Tumarkins Leben in 14 Kapiteln, illustriert mit 340 Bildern, die oft nur nach sehr aufwendigen Recherchen beschafft werden konnten. Der Text entwickelt sich einer chronologischen Schnur entlang, wobei Themen als rückwärts- und vorwärtsweisende Perlen eingeflochten sind.

Aus verschiedensten Gründen wurde es bis anhin versäumt, die Biografie der ersten Professorin Anna Tumarkin und die weit über ihre Person hinauswirkenden Geschichten aufzuarbeiten. Hier soll an diese aussergewöhnliche Philosophin erinnert werden, die etwas aus ihrem Schicksal machte. Und schliesslich vor ihrem Tod von 1951 schreiben konnte: «Dass ich hier [in Bern] als Landesfremde die Arbeit gefunden habe, die mir sonst nirgends hätte zu teil werden können und die den Reichtum und das Glück meines Lebens ausmacht, ist an sich schon eine so hohe Gunst des Schicksals, dass ich dafür nicht dankbar genug sein kann.»[2]

1 Das russisch-jüdische Mädchen aus Chișinău

Anna Tumarkin und ihre Vaterstadt Chișinău

Ich heisse Anna Esther Tumarkin
[Anna Tumarkin]

«Jch heisse Tumarkin Anna Esther, und bin am 16. Februar 1875 (4. Februar alten Stils) in Dubrowna, Gouvernement Mohilew, Russland, geboren als Tochter des Paul Tumarkin und der Sophie, geborener Herzenstein; israelitischer Abstammung und Konfession.» So stellte sich die junge Kaufmannstochter Anna Tumarkin selbst vor und notierte ihr Geburtsdatum nach dem gregorianischen, also unserem westlichen Kalender.[3]

Familie Tumarkin verliess Dubrowna, dieses «kleine Dorf in Westrussland» bereits in Annas frühester Jugend. Die Familie zog ins bessarabische Kischineff, also ins heutige Chișinău, das Rumänien im Berliner Frieden von 1878 dem russischen Kaiserreich zurückgeben musste. Der Wohnortswechsel mag mit diesem Staatenwechsel zusammenhängen.

Das russische Chișinău, die heutige Hauptstadt der Republik Moldawien, betrachtete Anna Tumarkin als ihre Vaterstadt. Die grösste der siebzehn Städte Bessarabiens prosperierte im 19. Jahrhundert. Neben der verwinkelten Altstadt erhielt die Stadt Quartiere mit breiten Strassen und Prachtbauten, die noch heute als Sehenswürdigkeiten bestaunt werden. Nachhaltig war danach Chișinăus Stadtbild vom Tessiner Alexander Bernardazzi geprägt worden, der ab 1856 als Chefarchitekt mehr als 30 imponierende Bauprojekte kreierte. Die Tessiner Baukünstler und Steinbauspezialisten spielten damals eine sehr grosse Rolle in der Architektur Russlands.[4]

Als sich Anna Tumarkins Familie in Chișinău niederliess, waren von den bald 130 000 Einwohnern 55 000 oder 43 Prozent Moldawier. Die 26 000 Juden bildeten mit ihren 20 Prozent eine grosse Minderheit. Der weitaus grösste Teil blieb arm oder zählte sogar zu den Almosenempfängern. Die Kaufmannsfamilie Tumarkin je-

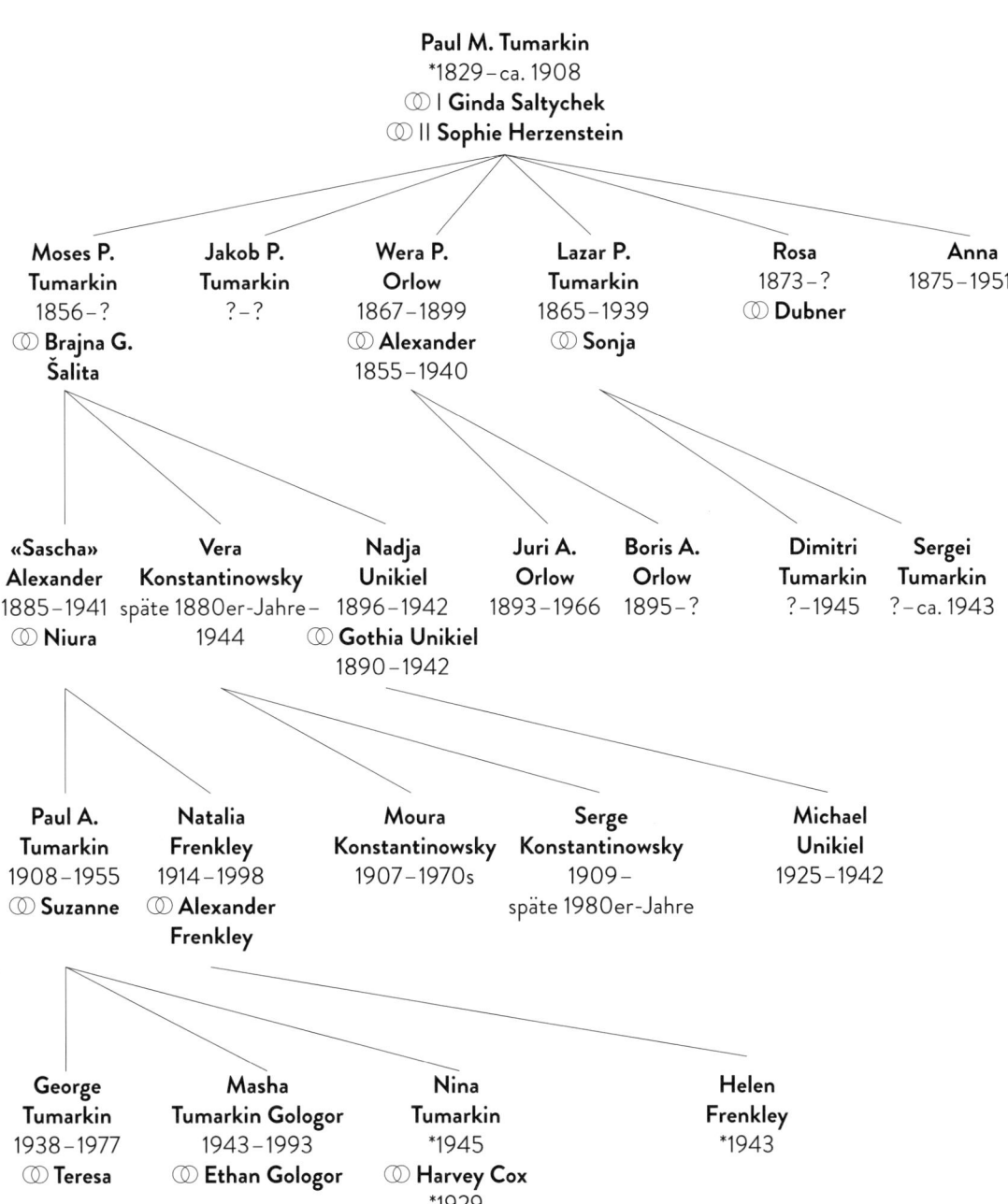

2 *Gemüsestände auf dem Chişinăuer Zentralmarkt*

doch gehörte zu den wohlhabenderen. Sie hatte Grundbesitz und ein Auskommen, das den Kindern eine gute Bildung ermöglichte.

Die Juden wurden im russischen Reich schikaniert. Zwar galt Alexander II. als Befreier, der mit der Aufhebung der Leibeigenschaft, mit wirtschaftlichen Lockerungen und mit Freizügigkeiten zugunsten der Juden einige, wenn auch glücklose Reformversuche auf den Weg gebracht hatte. Selbst in Chişinău wurde ihm ein Denkmal gesetzt. Doch die Situation verschlechterte sich dramatisch, als dieser Zar am 13. März 1881 in St. Petersburg durch junge Revolutionäre aus der Gruppe *Narodnaja Wolja*, deutsch *Volkswille*, ermordet wurde. Die kleine Anna hatte eben ihren sechsten Geburtstag gefeiert.

Die Angst vor anarchistischen Attentaten verfolgte seine Nachfolger, die wieder einen reformfeindlichen Kurs steuerten und streng autokratisch regierten. Gesetze schränkten Freiheiten stark ein. Die Intelligenzija, nicht zuletzt die jüdische, floh in den Westen, um der allgemeinen Unterdrückung zu entgehen. Die von Alexander III. eingesetzte Geheimpolizei Ochrana war auf anarchistische Störer und revolutionäre Agitatoren angesetzt. Sie verfolgte die politischen Gegner des Zarentums, um sie in die Kerker und in sibirische Arbeitslager zu sperren.

Auch die bessarabischen Juden hatten mit Berufsverboten, Sondergesetzen und Aufnahmebeschränkungen in Bildungsanstalten zu kämpfen. Noch aber lebten sie in Chişinău mit der christlichen Bevölkerung einigermassen störungsfrei und friedlich zusammen. Noch herrschten erträgliche Verhältnisse.[5]

Von der orthodox-jüdischen zur säkularisierten Familie Tumarkin

*Verdammt sei dieser Gott,
der so grausam strafen kann*
[Wera Tumarkin]

Anna Tumarkins Vater, Paul M. Tumarkin, 1829 geboren, war in erster Ehe mit Ginda Saltychek verheiratet, mit der er drei Kinder hatte: Moses, Jakob und Wera. Tumarkin lebte strikt nach den Gesetzen und Regeln des orthodoxen Judentums. Er war aber sehr gebildet, sprach neben Jiddisch und Russisch auch Deutsch und Englisch. Das war ungewöhnlich, denn die Bildungssprache der urbanen Elite war eigentlich Französisch. Paul M. Tumarkin übersetzte russische Werke und zeitgenössische amerikanische Literatur ins Iwrit, ins Neuhebräisch.

Als strenggläubiger Jude wollte er seine Kinder von den Verführungen weltlicher Verlockungen fernhalten und verbot ihnen, Russisch zu lernen. Doch Tumarkin konnte seine Kinder nicht nachhaltig von den strengen Glaubensregeln überzeugen. Sie entglitten ihm nach und nach. Es war die Zeit, in der sich die russische Jugend und die Intelligenzija sozialreformerischen und revolutionären Ideen zuwandten und in der sich aufgeklärte Israeliten assimilierten.

Möglich, dass der Bruch mit der strengen Orthodoxie auch mit Tumarkins zweiter Ehefrau zusammenhing. Nach dem Tod Gindas heiratete er Sophie Herzenstein, die ihm weitere drei Kinder gebar: Lazar, Rosa und Anna. Offenbar dachte sie liberaler als seine erste Frau. Zudem änderten sich Tumarkins wirtschaftlichen Verhältnisse. Er wurde ein erfolgreicher Kaufmann im Engroshandel von Schuhen und brachte es zu einem ansehnlichen Vermögen. Das Foto des 65-jährigen Paul M. Tumarkin zeigt 1894 einen würdevollen und assimilierten Mann mit wallendem weissem Bart und buschigen Augenbrauen.

3 Chișinăuer Jude im orthodoxen Habit um 1889

Seine Integration in die weltliche Gesellschaft wurde mit einem Adelstitel *ad personam* belohnt. Der Titel war zwar nicht vererbbar, die Nachkommen erhielten immerhin eine Art Ehrenbürgerrecht. Grundsätzlich profitierten die jüngeren Kinder von seinem Vermögen und seiner nun liberalen Absicht, sie gut auszubilden. Anna wird es ihm danken, indem sie im Dezember 1907 ihre Arbeit seinem Andenken widmet.[6]

Annas ältere Brüder Moses und Jakob wuchsen noch in Dubrowna auf, und zwar im orthodox-jüdischen Milieu. Sie entzogen

4 Paul M. Tumarkin, Annas Vater, um 1894

sich diesem allerdings früh, lernten heimlich Russisch, versteckten sich nachts auf dem Dachboden, um der väterlichen Wachsamkeit zu entwischen. Sie besuchten dann als Externe die achtjährige russische Hochschule mit der Absicht, in Deutschland ein Studium an einer Universität zu absolvieren. Moses P. Tumarkin trat wohl in die Fussstapfen seines Vaters und übernahm den Schuhhandel mit dem Bankkontor. Er blieb als Ältester in Chişinău, heiratete und bekam Kinder. Ein Bild von Ende November 1897 zeigt Moses P. mit seinem Sohn Sascha, eigentlich Alexander M., und seinem Enkel Paul A. Tumarkin.

Anna Tumarkin besuchte ihn und seine Familie wann immer möglich in Chişinău.

Jakob studierte Mathematik und Strategie in Berlin. Er war ein kleines Wunderkind gewesen, kannte er doch schon als Siebenjähriger den Tanach, die Bibel, auswendig. Noch vor seiner Bar-Mitzwa-Feier, also vor seinem 13. Geburtstag, verfasste er Hunderte von Kommentaren zur Gemara, zur Talmud-Analyse. Jakob beendete sein Studium an der Philosophisch-mathematischen Fakultät der Berliner Universität und wechselte danach an das Berliner Polytechnikum. Gemäss Familienüberlieferung soll er von Wilhelm II., der von 1888 bis 1918 als letzter Deutscher Kaiser regierte, als Tutor des Kronprinzen Wilhelm engagiert worden sein. Der Kronprinz mag sich in seinen Erinnerungen allerdings nur daran erinnern, dass seine Ausbildung miserabel gewesen und er von Dutzenden von Hilfslehrern unterrichtet worden war.[7]

5 *Moses, Annas Bruder, mit seinem Sohn Sascha und seinem Enkel Paul*

Annas Schwester, die schöne und begabte Wera rebellierte und brach mit der Familie. Der alttestamentliche Zorn des strenggläubigen Vaters traf sie hart. Sie wünschte nach dem Gymnasium, das sie mit der Goldmedaille als beste Schülerin abschloss, Medizin zu studieren. Doch sie sollte 1878 mit 16 Jahren einen von ihrem Vater ausgewählten Bräutigam nach jüdisch-orthodoxer Sitte und Tradition heiraten. Ihr Haar war schon kurz geschoren, so, wie es das jüdische Recht verlangte, und sie schien sich den Notwendigkeiten einer orthodoxen Hochzeit zu unterziehen. Am Tag der Eheschliessung aber floh sie durch ein offenes Fenster und brannte nach Odessa durch. Anna war da erst drei Jahre alt und konnte sich wohl kaum daran erinnern.

Wera wurde schliesslich vom sieben Jahre älteren Alexander F. Orlow unter die Fittiche genommen. Irgendwann konvertierte Wera zum russisch-orthodoxen Glauben, nahm einen christlichen Namen an und heiratete Orlow, den Sohn eines Popen. Auch er hatte eine ideologisch-religiöse Kehrtwende gemacht.

Als Paul M. Tumarkin von Weras Heirat mit einem Goi, einem Nichtjuden vernahm, sass er Schiwa, das heisst, er erklärte seine Tochter für tot und verdammte sie. Nachdem Wera ihr erstgeborenes Kind verloren hatte, suchte sie Frieden mit der Familie zu schliessen. Der Vater liess sich nicht erweichen, meinte, der Tod ihres Kindes sei die Strafe Gottes, da sie dem Glauben ihrer Väter untreu geworden sei. Sie aber meinte trotzig: «Verdammt sei dieser Gott, der so grausam strafen kann.» Entsetzt über Weras Blasphemie, erwähnte die Familie sie viele Dekaden lang nicht mehr, ihr ursprünglicher jüdischer Name ging vergessen.

Wera Orlow-Tumarkin, Mutter von Juri und Boris starb schon 1899, erst 37-jährig. Ihr Mann übersiedelte im gleichen Jahr mit seinen erst vier- bzw. sechsjährigen Söhnen unter grossen Schwierigkeiten nach dem schlesischen Bielsko-Biała. In der kleinen Kreisstadt mitten in einer Waldeinöde, anderthalb Werst von der Eisenbahn entfernt, war er Forstverwalter und zählte schliesslich zur «Blüte der städtischen Intelligenz».[8]

6 Alexander Orlow, Annas Schwager, mit den Söhnen Juri und Boris um 1910

Wera hatte ihren Lebenstraum unter grossen Opfern durchgesetzt und viel gelitten. Die jüngeren Kinder der Familie, Lazar, Rosa und Anna, profitierten vom Rebellentum der älteren Geschwister. Annas 1865 geborener Bruder Lazar studierte an der Moskauer Universität Medizin. Danach bildete er sich in Berlin weiter. Das eine oder andere lernte er auch in Bern. Jedenfalls bezeichnete er sich in späteren Inseraten als «Asistent cliniclinica Berna (Elv[etia])».

Lazar kehrte nach Chişinău zurück. Er kaufte 1897 zusammen mit seinem Vater als 32-jähriger Spezialist ein Haus an der Puschkinstrasse 11 und praktizierte auf beeindruckend vielen Gebieten. Zum einen war er Chefarzt des Rotkreuz-Spitals. Das hier eingerichtete Röntgenkabinett war im damaligen bessarabischen Gesundheitswesen eine grosse Seltenheit, und Tumarkin gilt als erster Röntgenologe des Landes.

Zudem errichtete Lazar 1902 im Hof eine Wasserheilanstalt. Das zweistöckige sezessionistische Sanatorium Tumarkin war mit Blumenbeeten, Springbrunnen und gusseiserner Gartenlaube geschmückt. Überdies leitete Lazar eine Klinik für mental Kranke. Noch zur Zarenzeit erhielt Lazar für seine Verdienste den Orden des Hl. Stanislaus. In der Zwischenkriegszeit, als Bessarabien zu Rumänien gehörte, war Lazar Mitglied des Stadtrats und wurde mit dem Orden der rumänischen Krone ausgezeichnet.

Über Lazars Frau Sonja ist nichts bekannt, ausser, dass sie zwar nett, aber sehr geizig gewesen sei. Das bekamen ihre Gäste zu spüren. Und einer ihrer Söhne, dem sie ein goldenes Zigarettenetui

7 Die Klinik der Tumarkins an der Puschkinstrasse 11 in Chişinău.

wegnahm, das ihm Tante Anna geschenkt hatte. Es sei ein zu wertvolles Geschenk für einen Jugendlichen, fand die gestrenge Sonja, und er sah es nie wieder. Anna besuchte nicht nur häufig ihre Familie in Chişinău, sie verwöhnte sie offensichtlich auch mit schönen Geschenken.

Auch die beiden Söhne Lazars, Annas Neffen Dimitri und Sergei, arbeiteten als Ärzte. Sergei praktizierte als Internist und Dimitri als Augenarzt an der Puschkinstrasse.[9]

Einerseits als Juden, andererseits als Bessarabern stand den Tumarkins in Chişinău ein hartes Schicksal bevor. Der Irrsinn in der Geschichte Bessarabiens, das nach dem Ersten Weltkrieg wieder an Rumänien angeschlossen wurde, zeigt sich am Schicksal der Brüder. Da Rumänien im Zweiten Weltkrieg zuerst an der Seite Deutschlands kämpft, wird Sergei an der Front im Dienste Deutschlands getötet werden. Da Rumäniens König Michael I. aber die Seiten wechseln wird, als sich Deutschlands Niederlage abzeichnet, wird Dimitri im Januar 1945 als sowjetischer Medizinleutnant sterben, als er bei seiner Desertation von einem Räuber ermordet werden wird.

Zudem teilen die Tumarkins das Schicksal Hunderttausender bessarabischer Israeliten. Entweder werden sie 1941 von der deutschen Wehrmacht oder im Rahmen des NS-Völkermords von der rumänischen Regierung als Juden hingemordet.

Mit der zwei Jahre älteren Schwester Rosa verbrachte Anna ihre Jugendzeit. Auch sie war begabt, sprach neben Jiddisch ausgezeichnet Russisch, Französisch und Hebräisch. Rosa beendete das Gymnasium in Chişinău und wollte studieren. Mit ihrer Sehkraft war es nicht zum Besten bestellt. 1897 reiste sie mit ihrem Bruder Jakob nach Wien und liess sich von Professor Ernst Fuchs, einer internationalen Koryphäe der Ophthalmologie, an ihren Augen operieren. Rosa heiratete Ende 1897 als 24-Jährige in Odessa einen Herrn Dubner. Die Hafenmetropole Odessa zog im 19. Jahrhundert freiheitliebende Intellektuelle und führende Köpfe der jüdischen Emanzipationsbewegung an. Auch Anna war zur Hochzeit da, sodass ihr ein am 3. Dezember 1897 nach Chişinău adressierter Brief mit einem «herzlichen Glückwunsch zur Verheiratung ihrer Schwester» nach Odessa an die Awtschinnik-Gasse 13 nachgesandt wurde.¹⁰

8 Brief an Anna Tumarkin nach Kischeneff [Chişinău] bzw. nach Odessa weitergeleitet

Wie lange Rosa in Odessa lebte, ist ungewiss. Bekannt ist, dass sie bald wieder geschieden wurde und eine Zeitlang in Bern lebte, wo sie an der Universität als Hörerin eingeschrieben war. Anna kümmerte sich um ihre Schwester. Ihre Bekannten erkundigten sich oft nach dem «Röschen» und liessen sie grüssen. Doch dann erkrankte Rosa und das wird Anna an den Rand ihrer Kräfte bringen (siehe S. 254).

Schülerin des Mädchengymnasiums im restriktiven Russland

Das Mädchengymnasium hat uns sehr imponiert
[Georg Sidler]

Anna Tumarkin wurde bis zu ihrem neunten Lebensjahr zu Hause unterrichtet. Von 1885 bis 1891 besuchte sie das Ženskaja gimnazija Bessarabskago, das Mädchengymnasium in Chişinău. Diese höhere Schule war von der bessarabischen Landschaftsverwaltung, der Semstwo, 1882 eröffnet worden.

9 Im Mädchengymnasium Chișinău ging Anna Tumarkin zur Schule.

Chișinăus höhere Mädchenschule, an der Ecke der *Strada Pușkin* und der *Strada București* nahe dem heutigen nationalen Geschichtsmuseum gelegen, war imposant. Ein befreundetes Ehepaar, dem Tumarkin ein Postkartenbild des Schulhauses schickte, war sehr erstaunt. «Das Mädchengymnasium hat uns sehr imponiert; wo fände sich bei uns in der Schweiz ein so prächtiger Bau für die junge Damenwelt!»[11]

Anna Tumarkin genoss die für ein russisches Mädchen damals bestmögliche Schulung. Vollwertig war sie trotzdem nicht. Mädchen wurden nicht in Latein und Griechisch unterrichtet und bekamen höchstens eine siebenjährige, keine achtjährige Ausbildung. Die unverschuldeten Bildungsdefizite sollte Tumarkin noch schmerzlich zu spüren bekommen. Zusätzlich zu ihrem gymnasialen Abschluss absolvierte Anna Tumarkin 1891/92 erfolgreich die Lehrerinnenausbildung. Am 12. (24.) Oktober 1892 erhielt sie ihr Abgangszeugnis.

Anna wollte studieren wie ihre Brüder. Aber wo? Abgesehen davon, dass der Zugang zu den russischen Universitäten für die Juden durch Kontingentierungen erschwert war, nahmen sie auch keine Frauen auf. Sie musste also ins Ausland.

Berlin, wo ihr Bruder studiert hatte, war eine gute Adresse. Aber für Frauen verschlossen. In der Schweiz hingegen, das wusste man im Zarenreich seit der Promotion der russischen Medizinerin Nadeschda P. Suslowa von 1867, standen die Universitäten auch den Frauen offen. Zürich war zudem ein Ort mit einer bedeutenden russisch-revolutionären Kolonie. Das hatte Zar Alexander II. dazu bewogen, den Mädchen 1873 faktisch das Studium in dieser «Brutstätte der Revolution» zu verbieten. Seltsamerweise nur den Frauen!

Diese unweiblichen Agitatorinnen mit ihrem unsittlichen Lebenswandel, fürchtete Russlands Kaiser, würden der Revolution fanatischer dienen als die Männer. Die Regierung des Zarenreiches hatte gedroht, alle an der Universität Zürich studierenden weiblichen Landsleute von den Prüfungen an russischen Lehranstalten auszuschliessen und mit einem Berufsverbot zu belegen. Bern konnte sich unter dem kaiserlichen Bannstrahl wegducken, und so wechselten sehr viele studierwillige Russinnen nach 1873 von der Limmat- in die Aarestadt.

Die vielen ausländischen Bildungsflüchtlinge, die nach ihren Studien zumeist wieder in ihre Heimat zurückkehrten, machten Bern zur grössten Universität der Schweiz und zu einer internationalen Institution. Auch Anna Tumarkin zog es nach Bern, nachdem sie in einer russischen Zeitung gelesen hatte, dass es in Bern gestattet sei, Studentin zu werden. Wie sie später André Mercier, dem Berner Professor für theoretische Physik anvertraute, hätte sie gerne Mathematik studiert. Ihr Vater aber habe entschieden: «Ein Mädchen lernt nicht Mathematik, das kommt nicht infrage». Auch ihr Bruder Jakob, selbst Mathematiker, hatte ihr davon abgeraten. Schliesslich bat sie ihren Vater, in Bern Philosophie studieren zu dürfen. Da er merkte, dass es ihr wirklich ernst war, habe er es erlaubt. Kaum hatte Anna Tumarkin ihr Chișinăuer Abschlusszeugnis in Händen, liess sie sich ihr Passbuch aushändigen und machte sich reisefertig.[12]

Reisende zwischen zwei Welten

Wie so neu, so sonderbar erschien mir Alles
[Anna Tumarkin]

Tumarkins Reise begann 1892 am Bahnhof Chișinău an der Linie Jassy–Odessa, wohin die Reisenden mit Pferdekutschen gebracht wurden. Die Stadt war ans überregionale Eisenbahnnetz angeschlossen, und wie die auf einem damaligen Foto sichtbaren Telegrafenstangen belegen, auch ans Kommunikationsnetz.

So konnte Anna Tumarkin nach Bukarest gelangen, wo sie vermutlich den Orient-Express über Budapest und Wien nach München bestieg. Von hier ging es dann nach Lindau und mit dem Bodenseeschiff und der Bahn via Zürich nach Bern.[13]

Anna Tumarkin beschrieb später ihre Gefühle, die sie beim Verlassen ihrer Heimat überkamen: «Wie so neu, so sonderbar erschien

10 Der Bahnhof von Chișinău um 1889

mir Alles, als ich meine Heimath zum ersten mal verliess! Bis dahin habe ich noch nie ohne meine Verwandte einen einzigen Tag verbracht. Und nun verliess ich mein Haus, meine Eltern, meine Geschwister, meine Freunde, ging tausende Werst weit und kam in ein Land, wo die Leute eine andere Sprache gebrauchen als die welche ich von der Kindheit an um mich gehört hatte, wo die Sitten ganz anders waren als die meiner Heimath, wo Niemand mich kannte und wo ich Niemanden kannte. Wenn auch der Unterschied der Länder, der Völker, der Sitten nicht so gross, wenn er gar nicht da wäre, war es nicht zu erwarten, dass ich das Leben mit ganz anderen Augen hier ansehen werde, als ich es zu Hause gethan habe. Dort im engen Kreise der Familie, nur mit nächsten Bekannten verkehrend, von allen Unfällen sorglich beschützt, von jeder Kränkung geschont, dort sah ich das Leben durch ein wunderbares Glas, welches das abstossende milderte, das anziehende hervorhob und im ganzen Alles schöner wiedergab, als es wirklich war. Nun bin ich fern von den meinigen, muss allein für sich denken und sorgen, bin von fremden Leuten umringt, Leuten der verschiedensten Art, die an meine wenigen alten Bekannten oft so wenig erinnern und die unter meine längst ausgearbeiteten Maasstäbe nicht passen.»[14]

Annas Bericht beschrieb nicht äussere Stationen, sondern ihre Wahrnehmung und diese reflektierte sie kritisch.

II   Die Studentin in Bern und Berlin

Die Berner Studentin und ihr strahlender Mentor

Ludwig Stein verstand es, geistige Kräfte zu wecken
[Anna Tumarkin]

Ende Oktober 1892 kam Anna Tumarkin im zweisprachigen Bern an. In Erwartung eines prosperierenden Verkehrsaufkommens war 1889 der Kopf- zum Durchgangsbahnhof umgebaut worden. In der Halle zeigten Tafeln in Deutsch an, wo die Passagiere «einsteigen» konnten und wiesen in Französisch auf die «Départs» hin. Mit ihrer neubarocken Kuppel bot der Bahnhof einen modernen Empfang.

11 *Die Berner Bahnhofhalle*

Bern war damals gleichermassen rückwärtsblickend wie vorwärtsschauend. Stolz auf ihre Tradition hatte die Stadt 1891 mit Festzug, Festspiel und viel Pomp den 700. Geburtstag ihrer Gründung gefeiert. 1898 erinnerte man sich festlich an die Wahl Berns zur Bundesstadt 50 Jahre zuvor. Man sparte nicht mit dem neumodischen elektrischen Licht. Brunnen, Rathaus, Ost- und Westbau des Bundeshauses erstrahlten im feierlichen Flammenschmuck. Der Münsterturm erglühte bis in seine feingegliederte Spitze im wechselfarbigen Lichtmeer.

Um für diese Feierlichkeiten Brücken und Gassen würdig illuminieren zu können, war die Elektrifizierung der öffentlichen, noch auf Gaslampen beruhenden Beleuchtung forciert worden. Die Stadt jagte die Energie mit einer Spannung von 120 Volt durch die Strassen.

So bescherte der Blick zurück der Berner Bevölkerung den Genuss fortschrittlicher Technik.

Bern war eine rasant wachsende Stadt. Der Bauboom sprengte schliesslich den Stadtgürtel und griff auf die Aussenbezirke aus. Vier neue Quartiere hängten sich in dünnen Fäden, verbunden mit Eisenbrücken und ein paar Strassen an die City an. Hier standen «small modern houses, with flowers and trees, bright and cozy», wie der russisch-jüdische Sozialist Wladimir Medem bemerkte.[15]

Auch die Innenstadt wandelte sich: Das renommierte Warenhaus der Gebrüder Loeb, 1881 begründet, wurde an der Spitalgasse im März 1899 mit 60 Angestellten neu und grösser wiedereröffnet.

12 Die Spitalgasse zwischen Tradition und Fortschritt in den 1890er-Jahren

Zwischen 1894 und 1902 wurde für die National- und Ständeräte das Parlamentsgebäude zwischen den beiden Bundeshäusern West und Ost errichtet. Es bekam, wie einige Zeitgenossen meckerten, eine «ungeheuerliche» Kuppel und prägt bis heute das Stadtbild. Vom wirtschaftlichen Aufschwung profitierten auch Bildung und Kultur.

Kaum in Bern angekommen, immatrikulierte sich am Dienstag, 1. November 1892, die junge Anna Tumarkin unter ihrem zweiten Namen Esther als die 6947. Studierende der Universität Bern. Eigentlich war sie noch zu jung, sie hätte gemäss Eintrittsreglement das 18. Lebensjahr zurückgelegt haben müssen. Sie trickste beim Geburtsdatum – es kann im *Album Universitatis Bernensis*, als 1874 oder 1875 gelesen werden. Als Beweis ihrer genügenden Vorbildung brachte sie das «Abgangs-Zeugnis des Mädchen-Gymnasiums zu Kischinew» vom 12. (24.) Oktober 1892 mit.[16]

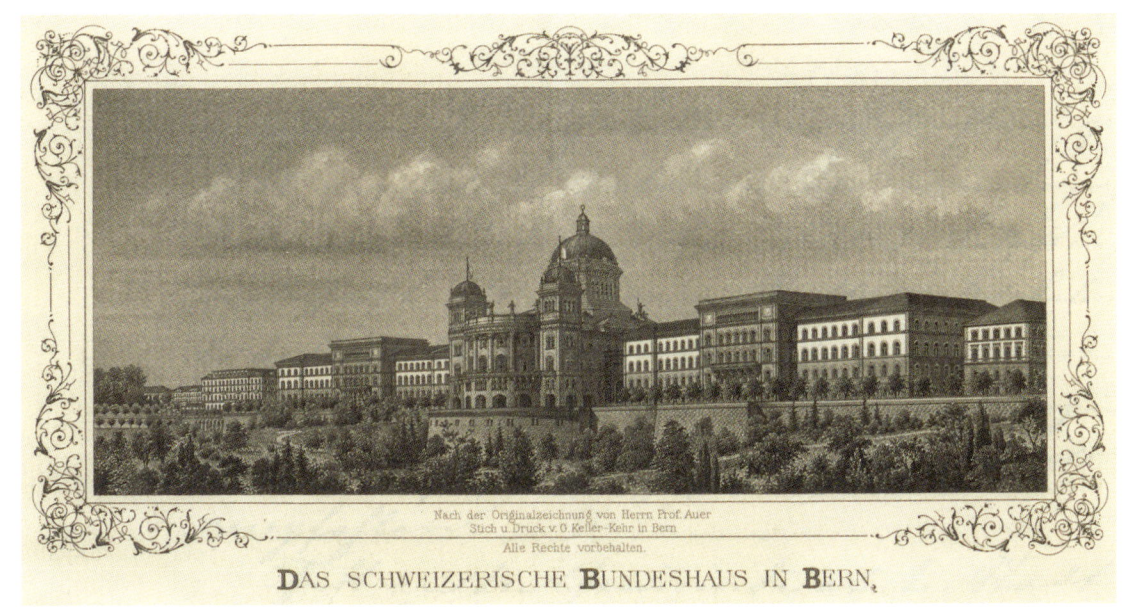

Die Berner Studentin und ihr strahlender Mentor | 25

13 Südfassade des Bundesgebäudes mit dem Bundeshaus West, dem Bundeshaus Ost und dem Parlamentsgebäude

14 Immatrikulation der Anna Tumarkin am 1. November 1892

15 Blick von der Kirchenfeldbrücke auf die alte Universität mit der Dachrundung der Aula und auf die Lateinschule mit Türmchen

16 Der Korridor der Hochschule war der ehemalige Kreuzgang des Klosters

Im Gegensatz zur sich modernisierenden Stadt stammte die Hochschule aus dem Mittelalter. Sie logierte im alten Barfüsserkloster und stand an der Stelle des heutigen Kulturcasinos.

Der klösterliche Kreuzgang mit seinen spätgotischen Deckenfriesen war zum universitären Korridor geworden. Auf einem alten Foto sind der Eingang zur Wohnung des Pedells und die Fenster mit dem Blick in den botanischen Garten zu erkennen. Nicht im Bild ist die unbequem angelegte Treppe in den oberen Stock, wo weitere Hörsäle und die Aula untergebracht sind. An den Wänden hängen Doktordiplome und die Fahrpläne der 1902 gegründeten Schweizerischen Bundesbahn SBB. Das Foto entstand also kurz vor dem Abriss der Hochschule 1903.

Das viele Jahrhunderte alte Gebäude war zu Tumarkins Studienzeit verlottert, die uralten Hörsäle viel zu klein, die Aula dunkel und nicht heizbar. Dichterinnen wie Maria Waser immerhin sahen auch die Schönheit der mittelalterlichen Anlage: «Der Zugang von Norden [ist] ein dunkles Abenteuer, der Austritt im Süden unter weitbrüstiger Barockfassade ein Fest und immer neue Ueberwältigung; denn er mündete auf einen ‹Klosterhof› benannten Terrassenplatz, von wo man, grossartig über das tiefe Aarebett emporgehoben, den weissen Riesen am Himmelsrand gradwegs ins Gesicht sah.»[17]

Anna Tumarkin schrieb sich für das Wintersemester 1892/93 ein, das bereits begonnen hatte. Sie belegte acht, auf vierzehn Stunden aufgeteilte Lektionen in Philosophie, Geschichte, Germanistik, Romanistik und Pädagogik und zahlte dafür insgesamt 63 Franken ein. Anna Tumarkin bemühte sich im ersten Semester um Übersichtsvorlesungen und Kurse zur historischen Grundlage des Altertums. Wenige Veranstaltungen waren gratis. Gewöhnlich kostete ein Collegium zwischen 8 und 15 Franken im Semester. Im nachfolgenden reich befrachteten Winter 1893/94 zahlte sie 100 Franken für ihre zwölf Veranstaltungen, die über die Woche verteilt gegen 30 Stunden in Anspruch nahmen. Insgesamt besuchte eine fleissige Anna Tumarkin in den sechs Semestern vom Winter 1892/93 bis zum Sommer 1895 55 Veranstaltungen.[18]

Anna Tumarkins Hauptlehrer in Bern war der Philosoph Ludwig Stein. Als Sohn eines Rabbiners in Ungarn geboren, hatte er in Berlin Theologie und Philosophie studiert, erst als jüdischer Geistlicher, dann als Journalist gearbeitet. Er war in Jena promoviert, 1886 in Zürich habilitiert und 1889 zum Titularprofessor für Philosophie am Zürcher Polytechnikum, der heutigen ETH, befördert worden. Am 15. Dezember 1889 liess er sich in Zürich-Oberstrass einbürgern. Er war mit Auguste Ehrlich verheiratet, Tochter eines wohlhabenden

Grosskaufmanns aus Posen. Ihre Familien verfügten über verschiedene Liegenschaften, etwa im Berliner Stadtzentrum und auf der Silberwiese in Stettin. Ludwig Stein besass schliesslich nach eigenen Angaben eine Reihe von Grundstücken, Effektendepots und Guthaben bei verschiedenen Banken. Über die Familie Ehrlich fand er Zugang zu den parlamentarisch führenden Männern Deutschlands. Auguste gebar zwischen 1884 und 1895 sechs Kinder.[19]

17 Ludwig Stein-Ehrlich mit seiner Frau Auguste im Peddigrohrstuhl und seinen Kindern Adolf, Helene, Wilhelm, Arthur und Elsa. Theodor ist noch nicht geboren.

Bern berief den erst 32-jährigen Stein 1891 auf den Lehrstuhl für Philosophie. Erziehungsdirektor Albert Gobat, der sich bei Berufungsfragen stets einmischte, hatte sich persönlich um ihn bemüht. Er hatte eine seiner Berliner Vorlesungen besucht. Ludwig Stein erkannte Gobat und «aus einem gewissen Leuchten seiner Augen» will er «eine freudige Überraschung» darüber beobachtet haben, dass er [Stein] «die Stammesgeschichte dreier Jahrtausende nicht auf der Nase» herumtrage. Das zum Thema Judentum. Gobat habe herzhaft gelacht und ihm die Hand mit der Bemerkung gereicht: «Der Lehrstuhl der Philosophie in Bern steht zu Ihrer Verfügung.»

Gobat und Stein waren Friedensaktivisten, beide Gegner von Friedrich Nietzsche, und beide sehnten sich nach einer grossen Universität. In seinen Erinnerungen schrieb Stein, er sei nach Bern gezogen, weil er «schulebildende Kraft» in sich verspürt habe und hier als einziger Ordinarius die ganze Philosophie habe vertreten können.

Mit «beschwingten Flügeln», erinnerte sich Stein, «trat ich mein neues Lehramt in Bern an, wo ich ganze sieben Hörer fand, von denen fünf aus Zürich mitgekommen waren, so dass zu Anfang meiner Lehrtätigkeit in Bern nur zwei Studierende der Universität vorhanden waren, die sich für Philosophie interessierten.» Stein machte sich mit Eifer an die Arbeit. «Noch im Laufe des ersten Semesters wuchs schon in Bern die Hörerzahl dermassen an, dass mein Auditorium nicht gross genug war, die steigende Frequenz aufzunehmen.»

Stein sprach lebendig, aus dem Stegreif. Und amüsierte sich köstlich, wenn seine Kollegen «wie hypnotisiert auf die Innenseite» seines Zylinders starrten, da sie hier das Manuskript vermuteten, da für sie «die freie Rede etwas Unerhörtes» war. In den öffentlichen Vorlesungen mit Hunderten von Hörern sprach er ohne Skript. Nur in den Privatvorlesungen, die für Examenszwecke bestimmt waren, diktierte er, damit Studierende wie Anna Tumarkin für die Prüfungsvorbereitung ein Manuskript in Händen hatten.

Stein hatte Erfolg. Dass die Studierendenzahl 1894/95 an der Philosophischen Fakultät von 90 auf 396 emporschnellte, wurde vor allem ihm und seiner Anziehungskraft auf die russisch-jüdische Jugend angerechnet, die ihn als Gönner und Beschützer verehrten.

18 Logo der Academia Bernensis 1834: Suum cuique

Wie beliebt Stein bei den Ausländerinnen war, wusste auch die später bekannte Berner Lyrikerin Maria Waser. «Mag sein, dass nicht jede ein solcher Einsiedlerkrebs war wie ich», meinte sie, aber «wenn die russischen und polnischen Studentinnen aller Fakultäten zum philosophischen Theater von Ludwig Steins *Publice* nach der Aula strömten, [...] wenn sich diese fremden Gestalten zwitschernd und teeduftend und – ach, wie verwahrlost oft! – an uns vorbeidrängten, betrachteten wir sie erstaunt und fühlten uns eher abgestossen als ergriffen. Von dem, was ihre heissen Köpfe und heissen Herzen beschäftigte, ahnten wir wenig.» «Die haben die nötige Oberflächlichkeit für die Philosophie», soll der «unbeirrbar gründliche» – und neidische? – Berner Verfassungs- und Rechtsgeschichtler Karl Geiser geschnödet haben, als er «mit seinen drei Studenten diesem Zuge nachblickte».

Ludwig Stein war mit seinen verzweigten Kenntnissen nicht nur innerhalb der Universität bekannt, auch bei öffentlichen Auftritten in der Stadt war er ein Publikumsmagnet für das bildungsbeflissene Bern.

Redegewandt, reich und gesellig sprengte er mit seiner wissenschaftlichen Flexibilität, seiner weltmännischen Erscheinung und luxuriösen Weitläufigkeit bernische Verhältnisse.

Er brachte Glamour nach Bern, war ein gern gesehener Gast auf internationalen Kongressen und auf dem diplomatischen Parkett.

Zudem sprühte er vor Ideen. Er wollte eine schweizerische Akademie gründen und ein Mäzenatentum zu reichen Schenkungen veranlassen, damit Bern nicht länger eine wissenschaftliche Provinz Deutschlands oder Frankreichs zu sein brauchte.

Auch Anna Tumarkin war von Ludwig Stein fasziniert. Wie sie sich erinnerte, begründeten Quellenstudien über die Philosophie der Antike, des Mittelalters, der Renaissance und der Neuzeit den wissenschaftlichen Ruf des jungen Berner Philosophieprofessors. Sie bewunderte Ludwig Stein, weil er die antiken Kultursprachen ebenso kannte, wie die modern-europäischen Sprachen und ungeheuer belesen war. Nach ihrer Meinung war es «nicht nur die lebhafte und glänzende Darstellung, was seinen Vorlesungen über die Geschichte der Philosophie bald zu den besuchtesten Kollegen der Berner Hochschule machte». Es war vor allem seine Fähigkeit, auch die zeitlich entferntesten philosophischen Gedankengänge in Beziehung zu bringen und für aktuelle Fragen das allgemeine Interesse zu wecken.

Zudem schätzte Tumarkin an ihrem Lehrer, dass er nie intolerant war und den selbstständigen Arbeiten seiner Schüler volle Freiheiten liess. Stein habe es mit seiner eigenen, charakteristischen Vitalität verstanden, Arbeitsfreude, Forschungseifer und geistiges Potenzial zu aktivieren. Kurz: «Ludwig Stein verstand es, geistige Kräfte zu wecken.»[20]

16-mal sass Anna Tumarkin in Steins Übungszyklen. Ebenso oft besuchte sie die Veranstaltungen des Germanisten Ludwig Hirzel. Der Professor für neuere deutsche Literatur und Sprache beschäftigte sich vornehmlich mit der Beziehung zwischen deutscher Klassik und schweizerischer Dichtung. Er hatte sich als Herausgeber von Albrecht von Hallers Gedichten und Reisetagebüchern einen Namen gemacht. Eugène Michauds Lektionen brachten ihr die Littérature française nahe und Philipp Wokers Vorlesungen die allgemeine Geschichte. Der Historiker war progressiv, den Russen freundlich gesinnt, und es hält sich das unbewiesene Gerücht, dass ihm sogar Lenin zugehört habe. Drei Veranstaltungen belegte sie beim Wiener Samuel Singer. Er war Experte für ältere Germanistik und Sammler mittelalterlicher Sprichwörter aller Sprachen. Sein *Thesaurus proverbiorum medii aevi* wird noch heute als vielbändiges Werk ediert. Seine deutsche Poetik und seine Mythologie aber waren schlecht besucht. Für sein Kolleg über Deutsche Heldensagen meldete sich Tumarkin als einzige Zuhörerin. 1893/94 verfolgte stud. phil. Anna Tumarkin Samuel Singers Ausführungen zu Goethes Entwicklungsidee bis 1790. In seiner zweistündigen Veranstaltung war sie «ausserordentlich fleissig».

19 *Tumarkins Lehrer Eugène Michaud und Ferdinand Vetter*

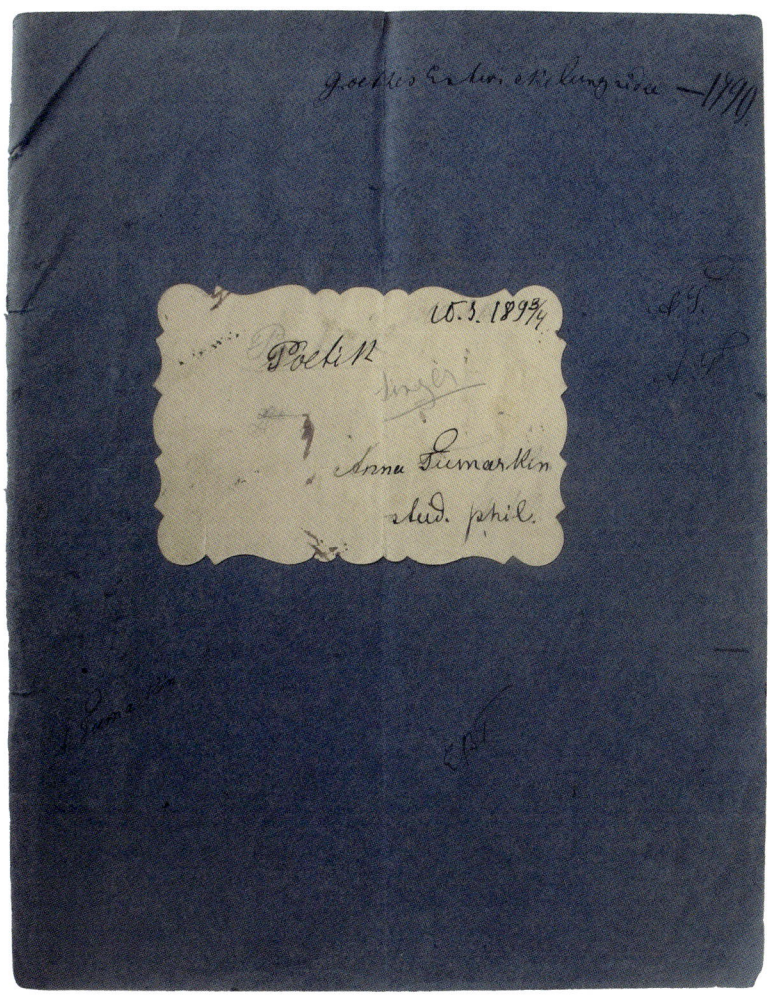

20 *Kolleg von Samuel Singer im Winter 1893/94 zur Poetik*

In ihr blaues Heft kritzelte sie seine Lehrsätze zur *Poetik* und notierte auch seine an die Studierenden gerichteten Zwischenrufe wie: «Sie gähnen zu früh.» Singer hatte sich 1891 in Bern in germanischer Philologie habilitiert, nachdem er wegen seiner jüdischen Herkunft wenig Möglichkeiten für eine wissenschaftliche Laufbahn in Österreich gesehen hatte. Da er missgestaltet war und gern unter Berns Lauben spazierte, wurde er insgeheim als Lauben-Gorilla verspottet. Singer wird sich später seiner jungen Studentin Tumarkin mit grosser Hochachtung erinnern, und sie wird ihm einen ehrenden Beitrag widmen (siehe S. 395 und 437).[21]

Anna Tumarkin legte ihre Studien breit an. Sie interessierte sich auch für die bernischen Kunstdenkmäler, über die der germanische Philologe Ferdinand Vetter sprach. Und je einmal kümmerte sie sich um allgemeine Pädagogik bei Hans Rudolf Rüegg, um moder-

21 Tumarkins Lehrer Eduard Müller-Hess

ne englische Schriftsteller beim Dozenten Johann Jakob Küenzler und um klassische englische Literatur beim vielseitigen Orientalisten und Anglisten Eduard Müller-Hess.

Anna Tumarkin war an der Universität Bern weder als Russin noch als Jüdin noch als Frau mutterseelenallein. Von den 567 Studierenden kamen 159 aus dem Ausland (28 Prozent), 82 waren Frauen (14 Prozent). An der Philosophischen Fakultät hatte sich ein Viertel Frauen eingeschrieben, nämlich rund 50 von 200 Studierenden. In den nächsten Semestern veränderte sich das Bild kaum.

Es gab sogar Jahre, da sassen mehr Frauen aus dem Zarenreich als Schweizer Männer in den medizinischen Hörsälen. Die Berner Hochschule zeigte sich spendabel, offenherzig, leutselig. «No diplomas were required» – es genüge, amüsierte sich Wladimir Medem, statt eines Diploms ein Bahnbillett einzureichen. Die Dozenten waren liberal und verdienten an den Kolleggeldern, die alle Studierenden pro Veranstaltung zahlen mussten. Allerdings wurden nur einzelne Koryphäen wie etwa der spätere Nobelpreisträger Theodor Kocher, zu dem Hunderte von ausländischen Studierenden strömten, wirklich reich.

Hingegen spielte die «Russenflut» auch xenophobe Strömungen an die Oberfläche. Sie brachte auch sachliche Probleme und Schwierigkeiten mit sich, unter anderem eine drückende Platzknappheit und «die babylonische Sprachverwirrung». Bern investierte in den 1890er-Jahren in seine Hochschule, sie erhielt einen ganzen Kranz von naturwissenschaftlich-medizinischen Gebäuden, nachdem das Inselspital bereits 1884 auf der Kreuzmatte ein eigenes Quartier bekommen hatte. Das freute Erziehungsdirektor Albert Gobat, der gerne eine grosse Universität hatte und so seine schützende Hand über die Russinnen hielt.[22]

Unter rebellischen Zimmernachbarinnen und Kommilitoninnen

Als blutjunge Studentin sass ich neben der lebenserfahreneren Lehrerin
[Anna Tumarkin]

Wenige Tage nach ihrer Immatrikulation meldete sich Studentin Anna Tumarkin am 12. November 1892 in der Stadt Bern an und wurde ins grosse Buch der landesfremden Aufenthalter aufgenommen: Nr. 41 Toumarcin Esther Anette, geb. 1874, aus Kischineff Russland, stud. phil. Wieder machte sie sich ein Jahr älter. Beim späteren Eintrag ins Fremdenbuch von 1896 zierte ein Fragezeichen die Rubrik «Geburtsjahr» und erst 1899 liess sie das richtige Jahr 1875 ins Buch der «Landesfremden Aufenthalter (Russen)» eintragen.

22 *Anmeldung in Bern vom 12. November 1892 als «landesfremder Aufenthalter»*

Ihren am 12. Oktober 1892 ausgestellten und auf unbestimmte Zeit gültigen russischen Pass hinterlegte sie als Ausweis. Als ihren Logisgeber bezeichnete sie Ernst Tritten-Strauss am Niesenweg 3 in der Oberen Villette. Der Vorsteher des Arbeitsnachweisbüros – oder seine Frau – führten hier in der Villa Schauenberg eine Privatpension. Einen guten Monat später mietete sich in dieser Villa Anna Hoff mit ihrer Tochter Ida ein. Dies sollte eine für Tumarkins Leben bedeutsame Nachbarschaft werden.

Das Haus selbst, das später mit den Gebäuden des Privatspitals Lindenhof und der Pflegerinnenschule des Roten Kreuzes verschmolzen wurde, gehörte damals Heinrich Müllhaupt-Diener, dem Kartografen und Kupferstecher der berühmten Dufourkarte. Er betrieb hier mit seinem Sohn Friedrich das Geographische Kunstinstitut und druckte den Berner Stadtplan. Da er darauf sein eigenes Haus mit den hervorspringenden Eckbaukörpern, den Risaliten, ganz dunkel einfärbte, ist die erste Berner Wohnstätte der Anna Tumarkin besonders gut zu erkennen.

23 Die Villa Schauenberg am Niesenweg

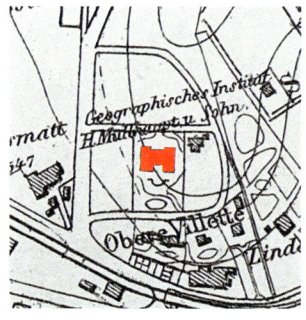

24 Kartograf Müllhaupt-Diener färbte sein Haus – und damit Tumarkins Wohnung – auffallend dunkel ein.

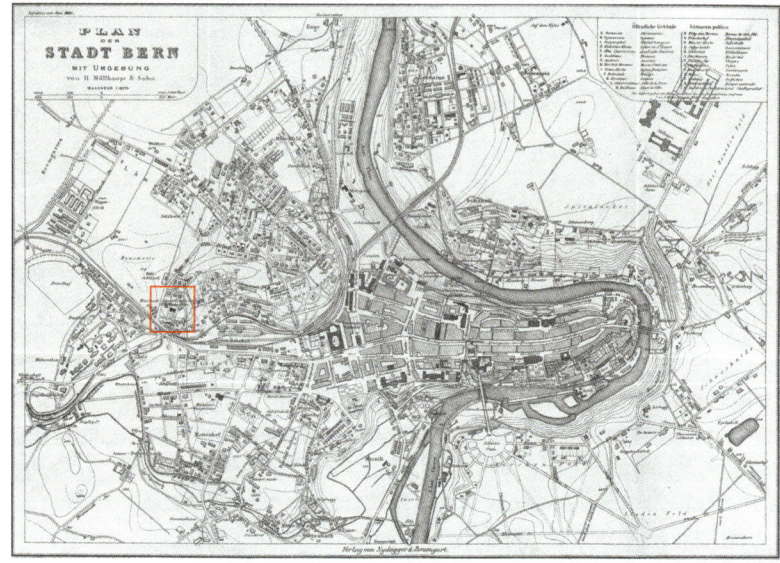

Die Wohnlage war begehrt. Die Pension propagierte nicht nur ihre schönen Zimmer mit Garten bei mässigen Preisen, sondern wies auch dezent auf den Anschluss ans Tramnetz hin.

Anna Tumarkin verbrachte den Winter 1892/93 gediegen.[23]

Sie und Anna Hoff waren nicht die einzigen Russinnen, die in der Villa Schauenberg eine Bleibe gefunden hatten.

Hier wohnte im Winter 1892/93 auch Olga A. Kowalewskaja, die Nichte der berühmten ersten Mathematikerin Sofja W. Kowaleskaja, die 1884 auf unüblichem, nur auf ihre Persönlichkeit zugeschnittenem Weg Professorin an der Universität Stockholm geworden war. Olga hiess eigentlich Wera. Um aber beim Eintritt an die Universität das vorgeschriebene Alter bescheinigen zu können, hatte sie auf den Pass ihrer älteren verstorbenen Schwester zurückgegriffen und war nun als Olga unterwegs. Sie wird in Bern als Medizinerin promovieren und schliesslich als verheiratete Bakteriologin am Kaiserlichen Institut für experimentelle Medizin in St. Petersburg arbeiten. Olgas Freundin, die Waadtländerin Clémence Broye, wohnte ebenfalls am Niesenweg 3. Sie sollte später ein halbes Jahrhundert als angesehene Ärztin in Lausanne praktizieren und als erste Frau in die Waadtländische Ärztegesellschaft aufgenommen werden.

Auch Nadine A. Kononowitsch gehörte nicht zu den studierenden Medizinerinnen, denen ihr Studentenstatus bloss als Feigenblatt für revolutionäre Aktionen diente. Ihr zukünftiger Ehemann, der politische Flüchtling, Arzt und Arbeitersekretär Nikolaus W. Wassilieff, hingegen war revolutionär gesinnt. Das reichte, um ihn 1893 nach dem sogenannten Käfigturmkrawall als angeblichen Drahtzieher arbeitsrechtlicher Ausschreitungen ins Gefängnis zu werfen. Immerhin wird er später politische Karriere machen. Er wird 1897–1900 für die Arbeiterschaft im Berner Stadtrat, 1898–1900 im Berner Grossen Rat sitzen und danach, seine Familie zurücklassend, das Amt des Arbeitersekretärs in Basel versehen, bevor er sich nach St. Petersburg absetzen wird.[24]

Am Tag des Käfigturmkrawalls wohnte Anna Tumarkin nicht mehr am Niesenweg. Sie lebte aber auch nicht in einem der Arbeiterquartiere in der hinteren Länggasse oder im Mattenhof. Ebenso wenig in «the RussianJewish ghetto», obwohl ein Artikel in der hebräischen Zeitschrift *HaZophe (Der Arzt)* im Februar 1903 betonte, dass in Bern alles vorhanden sei, was ein jüdischer Student aus dem russischen Reich brauche: Man könne in Bern koscher essen, es gebe eine Synagoge und viele politische Gruppen, von zionistischen bis zu sozialistischen. In dem Quartier, wo fast alle russischen Jüdinnen und Juden lebten, fühle man sich ganz wie zu Hause.

Tumarkin hielt keinen Kontakt zu einer der mannigfaltigen religiös-politischen Gruppen der russischen und jüdischen Studierenden, zu den Bundisten, Zionisten, Sozialisten. Sie provozierte nicht die von Medem beobachtete Feindseligkeit, die darin mündete, dass an den Berner Haustüren immer häufiger die Inschrift «Keine Russen!» oder «Keine Slawen!» auftauchte.[25] Sie gehörte auch nicht zu denen, an die sich Schriftstellerin Aline Ducommun, die Enkelin des Friedensnobelpreisträgers Élie Ducommun, erinnerte. Sie mietete sich nicht billig ein, wohnte nicht in der grossen Mietbaracke,

25 Das Mietshaus der Armen, die «Wänteleburg» in der Länggasse

der «Wänteleburg», wo sich die Bedürftigen auf fünf Geschossen zu je zwölf Zimmern und zwölf Küchen mit je einem Etagen-WC drängten und wo die Wanzen ungestört hausten.

Wie weit Berner und Bernerinnen zwischen leisen studierenden Russinnen à la Tumarkin und lärmig revolutionierenden Russen zu differenzieren wussten, ist ungewiss. Nach Medem wurden die einzelnen Aspekte des Fremdseins als Ausländer, Juden, Frauen, Arme, Revolutionäre kaum auseinandergehalten: «Alles wurde mit allem vermengt», und Anna Tumarkin wird dies wohl oder übel zu spüren bekommen haben.[26]

Nach nur einem Semester verliess Anna Tumarkin, aus welchen Gründen auch immer, ihr Logis in der Villa Schauenburg. Sie mietete sich zum Sommersemester 1893 an der Laupenstrasse 5 in der Villette ein. Im Park des Sommerleist bezog sie ein Zimmer bei Anna Barbara Durheim-Wüthrich, der Witwe Carl Durheims, eines der ersten professionellen Fotografen der Schweiz.[27] Da stand auch das Sommerleistbad mit seinen Dampf-, Schwefel- und Meersalzbädern und später das erste Berner Hallenbad an der Maulbeerstrasse.

In einer Zeit, in der Badezimmer mit fliessendem Wasser und Duschen noch nicht zum Ausbaustandart der Wohnungen gehörten, musste man sich in öffentlichen Volksbädern oder gediegenen Anlagen waschen, wenn man mehr als eine Katzenwäsche mit feuchtem Tuch wünschte.[28] Mit Anna Elisabeth Durheim, dem vierten der Durheim-Kinder, wird Tumarkin über Jahrzehnte in Kontakt bleiben (siehe S. 264). Anna Tumarkin gefiel es im Sommerleist, sie blieb hier bis zum Abschluss ihrer Berner Studien im Sommer 1895 wohnen.

Ob Tumarkin auch mit einem der Mitbewohner oder einer Mitbewohnerin von der Laupenstrasse 5 näher bekannt wurde, weiss

Sommerleist - Bad

Türkische BAD-ANSTALT Russische
SOMMERLEIST
WANNENBÄDER & DOUCHEN
DAS GANZE JAHR
OFFEN
BERN

Offen von 6 Uhr morgens bis 8 Uhr abends — Sonntags bis 12 Uhr
Telephon 1303   Eingänge: Telephon 1303
Hirschengraben 14; Laupenstrasse 7; Seilerstrasse
Dampfbäder mit Massage
ärztlich empfohlen gegen Katarrhe, Erkältungen
Influenza, Ischias, Rheumatismus

Schwimmbassin 16—18° R mit kalter Douche

Hühneraugen werden schmerzlos entfernt — Pédicure

Dampfwaschanstalt
für Private, Hotels, Pensionen, Coiffeurs, Lohnwascherinnen etc.
Oskar Emch, Bern.

26 *Das luxuriöse Sommerleistbad an der Laupenstrasse*

man nicht. Hier wohnten nicht Russinnen, sondern deutsche und schweizerische Persönlichkeiten, die es weit bringen sollten.[29]

Frauen aus dem russischen Reich gab es hingegen einige unter ihren frühen Kommilitoninnen, die an der Universität die gleichen Vorlesungen wie sie belegten. Aus Tumarkins Heimat Chişinău stammte die Jüdin Rosa Schlain, die ein freies, emanzipiertes und sozialistisches Leben anstrebte.

Sie war mit dem russisch-jüdischen Schriftsteller Jovel Reichesberg verheiratet, einem Menschewiken und Sozialdemokraten. Er war der ältere Bruder des Berner Ökonomieprofessors Naum Reichesberg, der den russischen Studierenden stets mit Rat und Tat zur Seite stand. Das Paar Reichesberg-Schlain sass oft gleichzeitig mit Anna Tumarkin zu Füssen des Philosophieprofessors Stein oder des Literaturdozenten Hirzel. Rosa sollte sich später von Jovel ebenso scheiden lassen, wie sie sich vom sozialistischen Schweizer Arbeiterführer Robert Grimm trennen wird. Ihr wird es nicht gelingen, die Mutterpflichten mit der professionellen Berufs- und Parteiarbeit in einem für sie stimmigen Masse unter einen Hut zu bringen.³⁰

27 Rosa Reichesberg-Schlain mit ihrem zweiten Gatten Robert Grimm und ihren Kindern

Aus dem Zarenreich kam auch Chaim Schitlowsky. Erst war er als Jude und russischer Oppositioneller vor der drohenden Verhaftung aus Witebsk nach Berlin geflohen, dann vor den preussischen Sozialistengesetzen nach Zürich. Hier studierte er und heiratete die adelige, russisch-christliche Sozialrevolutionärin Vera von Lochow. In Zürich war Ludwig Stein, der damals noch an der ETH lehrte, sein Mentor gewesen, und als der Professor 1891 nach Bern wechselte, war ihm Schitlowsky in die Bundesstadt gefolgt. So konnte es nicht ausbleiben, dass Tumarkin und Schitlowsky oft die gleichen Veranstaltungen Ludwig Steins besuchten.

Auch als Berner Philosophiestudent setzte Schitlowsky seine revolutionäre Tätigkeit publizistisch fort. Nie verdiente er genug, um seine grösser werdende Familie ernähren zu können, und er kümmerte sich wenig um sie. Seine Ehefrau Vera unterhielt deshalb an der Zieglerstrasse 35 im Mattenhof einen Mittagstisch für russische Studierende. Dass Tumarkin Mitte der 1890er-Jahre die Garküche der Vera Schitlowsky frequentierte, ist unwahrscheinlich.

Vera selbst arbeitete «wie eine Sklavin», um die Familie durchzubringen, und fand wohl nicht wirklich Zeit, als eingeschriebene Hörerin die Berner Universität auch tatsächlich zu besuchen. Ihr

Mann Chaim wird sie 1903 verlassen, Kanadier werden und als Führungspersönlichkeit des Jiddischismus und der jüdischen Arbeiterbewegung durch die ganze Welt reisen. Vera wird sich in einen Studenten verlieben, der sich erschiessen wird, als sie schwanger ist. Doch Tochter Marie Schitlowsky, ihr sechstes Kind, wird dank der Unterstützung ihres Arztbruders Jurisprudenz studieren und Mitte der 1920er-Jahre, wie ihr Vater, in Tumarkins Vorlesungen sitzen. Verheiratet mit dem Maler Hans Jäggi wird sie Adjunktin der Amtsvormundschaft, unentgeltliche Rechtsberaterin und eine grosse Stütze der schweizerischen Frauenrechtsbewegung, insbesondere der Akademikerinnen werden.[31]

Zwar bewunderte Anna Tumarkin, wie man aus späteren Zeugnissen weiss, die gegen den Zarismus kämpfenden Märtyrerinnen. Es gibt aber keine Anhaltspunkte dafür, dass sie sich in den 1890er-Jahren in oppositionellen oder gar terroristischen Zirkeln der Russlandschweizer bewegt oder die Lesehalle und den Speisesaal der russischen Kolonie in der Länggasse frequentiert hätte. «Tumarkin stand dieser politischen Leidenschaft kühl gegenüber – was sie wollte, war Philosophie», stellte ihr Schüler Gustav E. Müller fest.

Sie sollte mit der Arbeit an der Universität Bern nicht nur den sozialen Aufstieg schaffen, sondern sich auch räumlich von der russischen Kolonie entfernt halten und der einheimischen sozialen Mittelschicht annähern.[32]

Nebst den Russinnen begegnete Anna Tumarkin auch Kommilitoninnen aus Grossbritannien und Deutschland. Die verheiratete, aber von ihrem Mann getrennt lebende Britin Mabel Kate Bode-Haynes wird in London Lecturer für Pali, Sanskrit und buddhistische Literatur werden. Als weltweit anerkannte Wissenschaftlerin und als erste Frau wird sie im prestigeträchtigen *Journal of the Royal Asiatic Society* publizieren.

In Steins Veranstaltungen traf Tumarkin auf die knapp 30-jährige deutsche Buchhalterin Johanna von Elberskirchen, die in Zürich Recht und in Bern Medizin studierte. Elberskirchen sollte weniger auf akademischem Feld Aufsehen erregen, denn als Provokateurin. Sie setzte sich für Frauen, Homosexuelle und Arbeiter ein, eckte immer wieder mit ihrer radikalen Sexualreform und ihrer Verdammung der Prostitution an. Im Gegensatz zur lesbischen Aktivistin Elberskirchen erregten die Schweizerinnen, die mit Anna Tumarkin die universitären Schulbänke drückten, wenig Aufsehen. Es waren ernste Lehrerinnen, die doktorieren und sich für ein höheres Lehramt vorbereiten wollten, obwohl sie wussten, dass sie zwar problemlos promovieren durften, dass sie aber nie definitiv an einem

28 *Kommilitone Chaim Schitlowsky und Vera Schitlowsky-von Lochow*

öffentlichen Gymnasium angestellt würden, prestige- und lohnmässig immer schlechter gestellt blieben, oft auch zölibatär leben mussten. Sie spürten berufliche und rechtliche Diskriminierungen am eigenen Leibe, weshalb etliche Frauenrechtspionierinnen aus ihren Reihen stammten. Viele bildeten sich auch bloss zum Wohl ihrer Schülerinnen weiter oder weil sie sich vom gestrengen Schuldienst «ausgepresst wie eine Zitrone» fühlten.[33]

Nahm Anna Tumarkin ihre Mitbewohnerinnen und Mitstudentinnen wahr? Die Frage, wie weit und ob sie sich von einer ihrer Kommilitoninnen und Zimmernachbarinnen beeinflussen und beeindrucken liess, beantwortete Tumarkin selbst. Nach Emma Grafs Tod schrieb sie über ihre ehemalige Studienkollegin in der Zeitung *Der Bund*: «Wir kannten uns seit langem; als blutjunge Studentin sass ich in der alten Hochschule neben der reiferen und lebenserfahrenen Lehrerin, die, mit zielbewusster Energie sich eine neue Wirkungssphäre zu erarbeiten strebte. Jahrzehnte aber vergingen, bis ich den vollen Wert dieses sich so anspruchslos und sachlich gebenden Menschen zu würdigen lernte.» Tumarkin ehrte sie erst spät als «einen grossen Menschen, auf den wir Frauen stolz sein dürfen».[34]

Das Geständnis, Grafs Bedeutung lang nicht erkannt zu haben, weist darauf hin, wie sehr sich Anna Tumarkin damals in ihre philosophischen Studien vergraben hatte. Wie eine ihrer Studienkolleginnen denn auch bemerkte, lebte sie zurückgezogen und konzentrierte sich ganz auf ihre Wissenschaft. Zudem verhielt sie sich wie eine echte Schweizerin. «Die grossen geistigen Strömungen», wird Tumarkin später diagnostizieren, «sie alle gingen an der Schweizerfrau verhältnismässig spurlos vorbei. Daher auch die Schranke, welche die Schweizerinnen trotz dem gemeinsamen Studium an den Schweizer Universitäten von den Ausländerinnen lange Zeit trennte.»[35] (Siehe S. 291)

Anna Tumarkin kümmerte sich wenig um ihre Umgebung. Sie selbst hingegen, das stille Mädchen, wurde beachtet und erregte überraschenderweise schon 1894 Aufmerksamkeit.

29 Studienkollegin Emma Graf

Eine huldigende Bewunderin und das liebevolle Ehepaar Sidler

Liebes Mädchen fremd und still
[Isabelle Kaiser]

Am 14. Juni 1894 verfasste die junge Dichterin Isabelle Kaiser ein huldigendes Gedicht «An lieb' Anniuta». Kaiser war damals der Shootingstar der schweizerischen Literaturszene. Teilweise im deutschsprachigen Beckenried und Zug, teilweise im französischsprachigen Genf zu Hause, fielen ihr Erfolge und Preise leichthin zu, obwohl Kritiker meinten, sie hätte ihre deutschen und französischen Werke erst überarbeiten, formal verbessern und erst dann veröffentlichen sollen. Isabelle Kaiser verarbeitete in ihrer Kunst persönliche Schicksalsschläge und floh dabei in empfindsame, pathetisch-tragische Texte.[36]

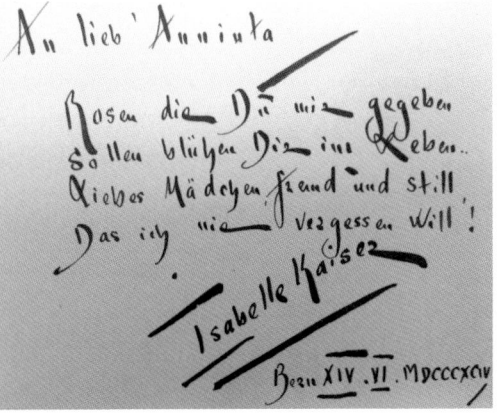

30 Tumarkins Verehrerin Isabelle Kaiser

31 An lieb' Anniuta von Isabelle Kaiser, Bern XIV.VI.MDCCCXCIV

Der Habitus einer solchen Künstlerin musste stimmig sein. Kaiser soll sowohl eine Nachfahrin des legendären Kriegshelden Arnold Winkelried gewesen sein wie des Niklaus von Flüe, der in der Schweiz noch heute als Mystiker, Landesvater und Friedensstifter verehrt wird. Bevor sie sich schliesslich in Anspielung an den heiligen Bruder Klaus einsam in ihre heute noch bestehende Ermitage am Vierwaldstättersee zurückzog, lebte Isabelle Kaiser lange Jahre auf dem Landsitz des Grossvaters in Zug.

Da ihre tief gefühlten Texte ein breites Publikum ansprachen, übersetzt und mehrfach aufgelegt wurden, war ihr ein materiell unabhängiges Leben und ein exzentrischer Lebensstil vergönnt.

Isabelle Kaiser dankte Tumarkin für imaginäre Rosen: «Rosen die Du mir gegeben/Sollen blühen Dir im Leben/Liebes Mädchen fremd und still/Das ich nie vergessen will!» Rosen gelten als Symbol von Liebe, Freude und Jugendfrische, und all das verkörperte Anna wohl in Isabelles Augen.

Es gibt verschiedene Möglichkeiten, wie Kaiser von Anna Tumarkin erfahren habe könnte, auch wenn die fremde, stille Philosophiestudentin im Juni 1894 weder promoviert noch ihr Name in einer Zeitungsnotiz aufgetaucht war.

Zum einen gab es den Kreis um die *Schweizer Hauszeitung,* die älteste Familien- und Frauenzeitung der Schweiz. Isabelle Kaiser war nicht nur die Frau, die sich mit rabenschwarzen Schmachtlocken und wallendem Schleppgewand als ekstatische Priesterin der Dichtkunst inszenierte. Sie war auch Mitarbeiterin dieses Blattes, das alle Samstage erschien. Zwar waren ihre eigenen Beiträge mehr der romantischen Wohltätigkeit als der tatkräftigen Frauenpolitik zugeneigt. Doch die *Schweizer Hauszeitung* verband Schwärmerisches mit Kämpferischem. Sie druckte auch die Vorstösse für ein frauengerechtes neues Zivilgesetz und die Vernehmlassungen des progressiven Zürcher Vereins Frauenbildungs-Reform ab. Zudem wies sie auf die *Illinois Woman's Exposition* hin, die an der Weltausstellung 1893 in Chicago mit Women's Building, Board of Lady Managers und einem «Congress of Representative Women» brillierte.[37]

Die Zeitung war eine Drehscheibe für frauenspezifische Neuigkeiten, und Isabelle Kaiser hörte vielleicht auf diesem Weg von Anna Tumarkin erzählen. Zudem war das Blatt eng mit dem Gemeinnützigen Verein verbunden, in dem Gattinnen von Wissenschaftlern und Politikern gerne Frauenthemen besprachen – unter anderem war hier auch Hedwig Sidler-Schiess Mitglied der ersten Stunde.[38]

Ihr Gemahl, der Sohn des Zuger Landammanns Georg J. Sidler lehrte als ausserordentlicher Professor für Mathematik und Astronomie an der Universität Bern und wusste als Fakultätsmitglied von Frauenimmatrikulationen. Dafür hatte er eine besondere Affinität, war doch seine Stiefschwester Elise Sidler zusammen mit einer Freundin die allererste Hörerin an der Universität Zürich gewesen. Als Frau hatte sie hier Anfang der 1830er-Jahre ausnahmsweise Vorlesungen hören, aber nicht promovieren dürfen. Verheiratet mit dem Sprachwissenschaftler Prof. Heinrich Schweizer war sie dann trotz akademischer Diskriminierung eine begnadete Lehrerin geworden.[39]

Mathematikprofessor Georg Sidler hielt in Bern guten Kontakt zu Zug, wo er ein ganzes Netz von Verwandten und Bekannten besass. Eine geradezu schwärmerische Zuneigung soll der Heimwehzuger dabei für die Dichterin Isabelle Kaiser empfunden haben, die er zärtlich *Bella* nannte. Es waren also wohl Sidlers, die als Informationsdrehpunkt wirkten und Isabelle Kaiser die wissenschaftliche Sensation zutrugen. In der späteren Korrespondenz der Sidlers ist denn auch mehrfach von Bella Kaiser die Rede. Und dass die Dichterin grossen Anteil an Anna Tumarkin nehme.

Sidlers lernten auch früh Anna Tumarkins Familie kennen. Aus der Korrespondenz geht hervor, dass sich das Ehepaar immer wieder warmherzig nach Annas Geschwistern, nach Jakob und «lieb Röschen» erkundigte und dass man Geschenke tauschte. Wie Georg Sidler seinem Tagebuch anvertraute, erhielt er zum Beispiel von Rosa ein Blechkistchen mit armenischem Nusskonfekt *Chalwa* und von Jakob den utopischen Roman *Equality* von Edward Bellamy.⁴⁰

Anfänglich war es wohl die kinderlose und verstehende Hedwig, die sich besonders um die junge Anna Tumarkin bemühte und mit ihr korrespondierte. Am 13. Februar 1897 nämlich musste Georg Sidler dem «Verehrteste[n] Fräulein» Tumarkin mitteilen, dass sie lange hinaus auf Briefe seiner Frau verzichten müsse: Die Schwäche ihrer Augen habe bedenklich zugenommen, eine Kur sei schmerzhaft und langwierig. Schon in den ersten Jahren ihrer Ehe hatte sich bei der jungen Frau ein Augenleiden bemerkbar gemacht, das allmählich zu ihrer vollständigen Erblindung führen sollte.

Fortan schrieb Georg im Namen beider die Briefe. Das Ehepaar Sidler nahm den allergrössten Anteil am «lieben Mädchen fremd und still». Sie wurden Anna Tumarkins engsten Vertrauten und liebten *Anniuta* wie eine Tochter. Und Georg Sidler, der seinen Zeitgenossen «als der stille, friedfertige Gelehrte» und als der freundliche alte Herr mit der «schlechterdings nicht zu überbietenden Höflichkeit» in Erinnerung blieb, diente Anna Tumarkin als unverzichtbar verständiger Mentor.⁴¹

32 Die Ersatzeltern: Freundin Hedwig…

33 … und Mentor Georg Sidler-Schiess, gemalt von Ottilie Wilhelmine Roederstein

Erste Erfolge, Seminarpreis und Doktortitel

Zeichnet sich durch gute Methode und sicheres Urteil aus
[Bericht des philosophischen Seminars]

Vier Semester absolvierte Anna Tumarkin vom Winter 1892/1893 bis zum Sommer 1894 in Bern, und von Beginn an fiel sie mit ihrem ernsten Eifer auf. Im *Zeugnissbogenheft für Frl. Esther Thumarkin* wurden ihr ausgezeichneter Fleiss und ihre grosse Aufmerksamkeit lobend festgehalten.

Die Dozenten rühmten nicht mehr nur ihre stupende Intelligenz, sondern auch ihre «erfreuliche Selbstbethätigung». Tumarkin ging auch im Denken eigene Wege. Sowohl der erfahrene Schweizer Germanist Ludwig Hirzel wie auch der international rührige Philosoph Ludwig Stein wurden nicht müde, während dreier Jahre ein Loblied auf ihre «rühmlichste eigene Thätigkeit» zu singen.[42]

Angesichts der Breite und Tiefe ihrer Studien ist es kein Wunder, dass Anna Tumarkin am 16. August 1894 einen der drei höchsten Seminarpreise entgegennehmen konnte. Sie hatte durch «rege Theilnahme an der Discussion» auf sich aufmerksam gemacht und ihre Arbeit über die Beziehungen Johann Gottfried Herders zu Immanuel Kant zeichnete sich «durch gute Methode und sicheres Urtheil aus».

Sie war nicht die einzige Frau und nicht die einzige Studierende aus Russland, die preisgekrönt wurde.

Tumarkin baute ihre preisgekrönte Schrift zur Doktorarbeit aus, und Ludwig Stein ermunterte sie ausdrücklich dazu, nachdem sie ihm ihren Gedankengang skizziert hatte. Sie habe «meinen vollen Beifall», schrieb er ihr am 3. Oktober 1894: «Fahren Sie nun tapfer fort!» Gerne hätte der vielbeschäftigte Ludwig Stein am 16. Februar 1895 Anna Tumarkin zu ihrem 20. Wiegenfest persönlich gratuliert, «aber da dies in so später Abendstunde nicht wohl angeht, bitte ich Sie mit meinem beifolgenden Bildnis fürlieb nehmen zu wollen».[43]

34 Bildgeschenk Steins zu Anna Tumarkins 20. Geburtstag

Solchermassen motiviert meldete sich Anna Tumarkin zur Doktorprüfung an. Sie reichte das Manuskript ihrer Dissertation ein, dazu einen Lebenslauf, ein Sittenzeugnis, wissenschaftliche Nachweise und 300 Franken als Prüfungsgebühr.

Prof. Ludwig Stein begutachtete die Schrift und erstellte eine günstige Expertise. An der Sitzung vom 8. Juli 1895 allerdings, als die Fakultät grünes Licht für Tumarkins Promotion geben musste, war er nicht dabei. Der Dekan, Historiker Philipp Woker, verlas Steins Gutachten und Tumarkins Schrift wurde innert Minuten als Dissertation akzeptiert.

Nach der zusätzlich zu leistenden schriftlichen Klausur stand die erst 20-jährige Anna Tumarkin drei Tage später, am 11. Juli 1895, nachmittags von 17.00 bis 18.45 Uhr, im Senatszimmer der alten Berner Universität. Es war ein warmer, heller Tag. Sie bestand die Examina in Philosophie, Neuhochdeutsch und Geschichte glänzend und wurde summa cum laude promoviert.

Ihre Examinatoren beschenkten sie in Erinnerung an die erfolgreiche Doktorprüfung mit ihren Porträts. Ludwig Hirzel schrieb unter sein Konterfei: «Fräulein Anna Tumarkin zur freundl. Erinnerung. Dr. Ludwig Hirzel. 20. Juli 1895». Und Philipp Woker widmete ihr sein Bild mit den Worten: «Seiner lieben Schülerin, Frl. Dr. Tumarkin, zum freundl. Angedenken. Bern den 18. Juli 1895. Prof. Dr. Ph. Woker».

Nach der Doktorprüfung musste sie wie alle Doktorierenden «an Eidesstatt» geloben, der akademischen Würde stets Ehre zu machen, der Wissenschaft zu dienen und ihre Würde aufrecht zu erhalten und die wissenschaftliche Erforschung der Wahrheit stets als eine hohe und ernste Aufgabe zu betrachten.

Im Berner *Bund* war zu lesen, dass «Frl. Esther Tumarkin aus Kischinew» aufgrund der Dissertation *Herder und Kant* am Donnerstag, dem 11. Juli 1895, das Doktorexamen summa cum laude bestanden habe.

Das Thema sei zielsicher gewählt gewesen, urteilte später der schweizerisch-amerikanische Philosophieprofessor Gustav E. Müller: «Entsprach es doch genau der dialektischen Spannung ihres Wesens: Zwischen strenger, nüchterner Erkenntnis und der dichterisch-anschaulichen Lebensfülle der Geschichte.»[44]

Gemäss *Reglement über die Ertheilung der Doktorwürde* mussten vor der Aushändigung des Doktordiploms 150 Exemplare der Dissertation gedruckt werden, was für unvermögende Doktorierende keine Bagatelle war und eigentlich einen Numerus clausus für Arme bedeutete. Anna Tumarkin widmete die Dissertation ihren «lieben Eltern in Dankbarkeit». Sie übernahmen wohl die Kosten.

Dr. phil. Anna Tumarkin hatte nun nur noch einen Wunsch, sie wollte ihre Familie wiedersehen. Sie exmatrikulierte sich am 23. Juli 1895 an der Berner Universität und meldete sich am folgenden Tag in der Stadt Bern «nach Russland» ab. Den letzten Berner Abend vor der Russlandreise verbrachte Anna Tumarkin bei ihren Freunden Georg und Hedwig Sidler-Schiess an der Christoffelgasse 4. Ihr Doktortitel wurde freudig gefeiert, und es wurde offenbar spät, denn Sidlers begleiteten sie nach Hause an die Laupenstrasse 5. Ihre Dissertation wird sie ihren «verehrten theuren Freunden Herrn und Frau Sidler zur freundl. Erinnerung» zuschicken.

Anna sehnte sich nach ihrer Heimat und wäre überhaupt gerne zu Hause gewesen. «Es ist schön hier, sehr schön, ich bin sehr zufrieden mit meinem hiesigen Leben und doch hätte ich Alles, Alles hingeben mögen um nur wieder die meinigen zu sehen. […] Noch sechzig Tage müssen vergehen», seufzte sie in den letzten Maitagen 1895, «bis ich die Grenze Russlands wieder überschreite und euch wieder sehe, ihr liebe grenzenlose Steppen.» Bei ihrer Familie in Chișinău sollte sie sich einige Zeit körperlich erholen. Dies jeden-

35 Tumarkins Examinatoren an der Doktorprüfung 1895: Ludwig Hirzel und Philipp Woker

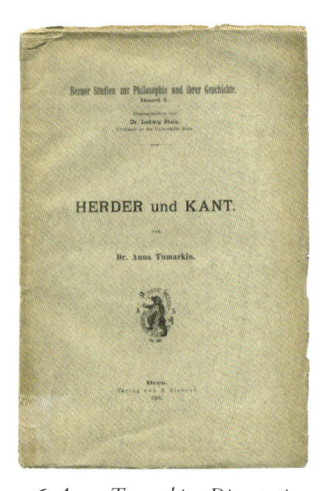

36 Anna Tumarkins Dissertation Herder und Kant

falls riet Doktorvater Ludwig Stein ihrem Vater Paul M. Tumarkin, «da das Examen sie doch etwas angestrengt» habe.[45]

Anna brachte wohl ihr Doktordiplom nach Chișinău – vielleicht auch ihr erstes Porträt als frisch gebackene Doktorin, das sie im festlichen Kleid mit modischen Keulenärmeln zeigt. Die Dissertation konnte sie nicht mitbringen, da sie noch nicht gedruckt war. Um die Drucklegung kümmerte sich freundlicherweise ihr Mentor Ludwig Stein, denn er sah in der strebsamen Tumarkin erstens eine philosophische und zweitens eine weibliche Zukunftshoffnung. Ihre Schrift kam ihm gelegen, denn er hatte den Ehrgeiz, eine eigene Schriftenreihe herauszugeben. 1896 erschien der erste Band seiner *Berner Studien zur Philosophie und ihrer Geschichte*. Die Reihe wollte «methodisch durchgearbeitete Werke, in denen der philosophischen Welt etwas eigenartiges gesagt werden soll, einem weiteren Leserkreis durch billige Preise zugänglich» machen.

Im ersten Heft veröffentlichte er mit Anna Tumarkins Dissertation *Herder und Kant* ein weibliches Werk. Der Paukenschlag war gewollt. Stein erklärte dezidiert: «Als Zeichen der Befähigung auch der weiblichen Studierenden, philosophische bezw. philosophiegeschichtliche Probleme mit Ernst und Scharfsinn zu erfassen, soll diese Sammlung mit einer Arbeit des Fräuleins Dr. Anna Tumarkin, die ihre Ausbildung an der Universität Bern genossen, eröffnet werden.»

Stein wies darauf hin, dass «die rege Anteilnahme des weiblichen Geschlechts» ein besonderes Kennzeichen der schweizerischen Universitäten sei. Und er fügte nicht ohne Stolz hinzu, dass sein Institut «jeweilen eine ansehnliche Anzahl weiblicher Studierenden zu seinen ordentlichen Mitgliedern» zähle. Die Studie wurde zum Preis von Fr. 1.75 verkauft. Die Presse wies auf das neue wissenschaftliche Unternehmen hin, an dessen Spitze Prof. Dr. Ludwig Stein stehe.[46]

Anna Tumarkin war nicht die erste Frau, die in der Schweiz oder in Bern ihren Doktortitel bekam. Sie war sogar erst die fünfte Philosophin mit Berner Doktorhut. Susanna Rubinstein aus der Bukowina erlangte am 6. August 1874 als erste Philosophin einen Berner Doktortitel. Marie Besobrasow aus St. Petersburg brauchte mehrere Anläufe, bevor es am 4. November 1891 mit dem zweiten philosophischen Doktorat klappte.

Noch vor Tumarkins Promotion examinierte Ludwig Stein zwei weitere Philosophinnen: 1892 eine Armenierin und 1894 eine Amerikanerin.[47] Nach Anna Tumarkins Promotion amtete Stein 1897 auch als Doktorvater der feministischen Soziologin Felicie Próchnik-Nossig aus Lemberg und der Amerikanerin Mary Mills Patrick.

37 Erste Berner Philosophie-
doktorandin Susanna Rubinstein

38 Zweite Berner Philosophie-
doktorandin Marie Besobrasow

39 Dr. Anna Tumarkin um 1895

Am 28. Oktober 1898 erst konnte er die erste Schweizerin, die Bernburgerin und dezidierte Frauenrechtlerin Eugénie Dutoit in Philosophie auszeichnen.⁴⁸

Paul M. Tumarkin, Ludwig Stein und die Frage nach einer weiblichen Karriere

Ihre in wissenschaftlicher wie charakterlicher Beziehung gleich aussergewöhnliche Tochter
[Ludwig Stein]

Ludwig Stein hatte Anna Tumarkin nicht nur im Studium gefördert und ihr die unverzichtbare Publikation ihrer Dissertation ermöglicht, er sorgte sich auch um ihre akademische Zukunft. Da er fürchtete, ihr Vater könnte Schwierigkeiten machen, liess er es sich nicht nehmen, Paul M. Tumarkin bereits im Sommer 1895 persönlich zu schreiben. Sein Brief muss zu der Zeit, da Anna bei ihren Eltern im Sommerurlaub war, angekommen sein. Er wollte ihr wohl den Rücken stärken, wenn sie sich von ihrem Vater finanzielle und moralische Unterstützung für ihr weiteres Studium erbat.

Am 18. Juli 1895 beglückwünschte Ludwig Stein Paul M. Tumarkin zur glänzenden Promotion seiner Tochter und dazu, dass er eine «in wissenschaftlicher wie charakterlicher Beziehung gleich aussergewöhnliche Tochter erzogen habe». Im Gegensatz zu so manch anderen russisch-jüdischen Studierenden sei seine Tochter in jeder Richtung vorbildlich. Er fragte ihn, welche Pläne er mit seiner Tochter habe. «Sehen Sie in ihr, wie Sie andeuten, nach altjüdischer Anschauungsweise das Weib, so lässt sich bezüglich ihrer wissenschaftlichen Zukunft kaum viel» regeln. Sie könnte allenfalls einen Gelehrten heiraten, der seiner Frau den Luxus einer akademischen Karriere gestattete. «Nichts Geringeres nämlich als eine akademische Laufbahn» hätte er, Ludwig Stein, aber mit Anna vor. Wenn sie einige Jahre wie bisher weiterarbeite und wenn sich der akademische Körper – wie er zuversichtlich hoffe – auch den Frauen öffnete, so halte er es für ganz gut denkbar, dass seine Tochter als Dozentin der Philosophie zugelassen werde. Stein verwies auf Zürich und die Juristin Emilie Kempin-Spyri, die 1891 als erste in der Schweiz habilitiert wurde – wenn auch nicht regulär, sondern bloss ausnahmsweise. Natürlich müsse dieser Plan geheim bleiben, schrieb Stein. Auch müsste in Bern erst eine schweizerische Christin den Anfang machen, bevor an eine Dozentur der russisch-jüdischen Tumarkin gedacht werden könnte.

Stein engagierte sich in aussergewöhnlicher Weise für seine Schülerin. Dabei berücksichtigte er die Berner Mentalitäten und versetzte sich auch einfühlsam in die Situation des jüdischen Vaters. «Es drückt Ihnen herzlichst die Hand», schloss ein «ganz ergebe-

40 Ludwig Steins Brief an Paul M. Tumarkin vom 18. Juli 1895

ner Ludwig Stein» sein Schreiben.⁴⁹ Paul M. Tumarkins Antwort ist nicht überliefert. Offensichtlich opponierte er nicht.

Anna Tumarkin folgte den weiteren Ratschlägen ihres Mentors Ludwig Stein. Er empfahl ihr, die Studien beim Philosophen Wilhelm Dilthey und beim Germanisten Erich Schmidt in Berlin fortzusetzen. Tumarkin reiste nach den Sommerferien wohl direkt von Chișinău aus in die preussische Hauptstadt.

Anna Tumarkins Berliner Jahre

*Die deutschen Universitäten sind
für Männer bestimmt*
[Helene Stöcker]

Nach der Promotion wollte Anna Tumarkin, dem Rat ihres Doktorvaters Ludwig Stein folgend, zur Weiterbildung in die pulsierende preussische Hauptstadt Berlin reisen und an der Friedrich-Wilhelms-Universität studieren. Auch Freund Georg Sidler wird ihr dazu geraten haben. Er hatte nicht nur als junger Mann in Berlin studiert, sondern sich als 62-Jähriger 1893/94 nochmals nach Berlin begeben. Statt die Nachfolge auf dem Berner Mathematik-Lehrstuhl anzutreten und den Karrierehöhepunkt zu erklimmen, hörte sich der Wissensdurstige lieber die neusten mathematischen und naturwissenschaftlichen Vorlesungen an.[50]

Am 8. Oktober 1895 bat Tumarkin ihren Mentor Stein, sie beim Berliner Philosophieprofessor Wilhelm Dilthey als Schülerin zu empfehlen. Ludwig Stein hatte in den 1880er-Jahren bei ihm in Berlin studiert und beeilte sich, Tumarkins Wunsch zu entsprechen. Er liess, wie er kokettierte, 200 unbeantwortete Briefe liegen und legte seinem Brief das erbetene Schreiben an Geheimrat Dilthey bei. Anna Tumarkin solle dieses Empfehlungsschreiben mit der Anfrage abschicken, zu welcher Zeit sie sich ihm vorstellen dürfe. «Seien Sie nicht zu zaghaft», beschwor er sie. «Haben Sie es so weit gebracht, dann muss es auch weiter gehen!» Er übermittelte herzliche Grüsse von seiner Frau und schloss, überzeugt vom guten Gelingen: «Auf frohes Wiedersehen zu Neujahr in Berlin.»[51]

41 Die Berliner Friedrich-Wilhelms-Universität, die heutige Humboldt-Universität, um 1898

Es war nicht pure Höflichkeit, sich beim Berliner Professor zu melden, sondern schiere Notwendigkeit. Denn im Prinzip war den Frauen in Preussen 1895 der Zutritt zu universitären Veranstaltungen verboten. Ende des 19. Jahrhunderts hatten Frauen an den deutschen Universitäten prinzipiell nichts zu suchen, die Hochschulen verweigerten den Frauen strikt das ernsthafte Studium. Das musste auch die streitlustige Germanistin Helene Stöcker schmerzlich erfahren, als sie in Berlin die Vorlesung des grossen Historikers Heinrich von Treitschke besuchen wollte. «Ich hatte eines Tages im Jahre 1894 oder 1895 [...] gewagt, bei ihm anzufragen, ob er mir den Zutritt zu seinen Vorlesungen erlauben würde. Darauf antwortete er mit lapidarer Kürze, klar und entschieden: ‹Die deutschen Universitäten sind seit einem halben Jahrtausend für Männer bestimmt und ich will nicht dazu helfen sie zu zerstören.›»[52] Selbst einzelne Vorträge von Frauen konnten untersagt werden.[53]

Nach Mitte des 19. Jahrhunderts war das ordentliche gleichberechtigte Studium der Frauen erst in Paris, Zürich, Bern und Genf erlaubt. Der deutsche Reichstag beschloss 1891, dass die Zulassung Ländersache sei. Als erstes deutsches Land ermöglichte das Grossherzogtum Baden den Frauen per Erlass vom 28. Februar 1900 den vollen, regulären Zugang zu Universitätsstudien.[54]

Wenn es auch das eine oder andere Schlupfloch gab, so war der Hörerinnenstatus vom Wohlwollen einzelner Dozenten abhängig. Konnte ein Dozent gefunden werden, der keinen Einwand gegen die Anwesenheit einer Frau erhob, durfte diese als Gast an einzelnen seiner Lehrveranstaltungen teilnehmen. So fand etwa auch Helene Stöcker zur Studienzeit Tumarkins kurz Zutritt zu den Seminaren von Erich Schmidt und Wilhelm Dilthey. Wer auch immer einen geneigten Professor gefunden hatte, eine abschliessende Promotion kam dennoch nicht infrage – ausser mit einer neuerlichen Sondergenehmigung.

So doktorierten viele Ausländerinnen in der Schweiz. Unter anderem eben auch Helene Stöcker in Bern. Ihr Doktorvater war der später in Bonn lehrende und dort von den Nationalsozialisten verfolgte Österreicher Oskar Walzel.[55] Er habe Studierende «als selbständige Menschen» behandelt. «Man konnte freier und offener mit den eigenen Überzeugungen herausrücken, als es sonst zwischen Lehrer und Schüler möglich ist», freute sich Stöcker.[56] Nach ihrer Promotion kehrte Helene Stöcker nach Berlin zurück.

In Berlin also fand Anna Tumarkin dank Wilhelm Dilthey das Schlupfloch und wurde am 30. November 1895 an der Königlichen Friedrich-Wilhelms-Universität als Gasthörerin zugelassen. Sie durfte

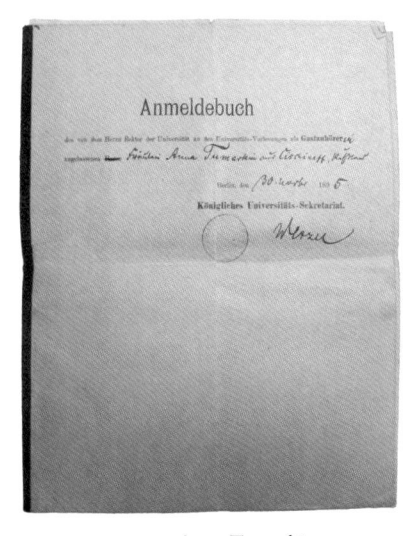

42 Anna Tumarkin wurde 1895 in Berlin als Gasthörerin zugelassen.

43 Tumarkins Berliner Zuhause an der Friedrichstrasse

«Vorlesungen über Philosophie u. Litteratur» bei denjenigen Dozenten hören, «welche dazu ihre Genehmigung» erteilten.⁵⁷

In Berlin wohnte sie an der Friedrichstrasse 45. Die Adresse wird viel später als Checkpoint Charlie traurige Berühmtheit erhalten.⁵⁸ Ein altes Foto der Friedrichstrasse 44–46 zeigt eine belebte Wohn- und Geschäftsstrasse. Tumarkin wohnte rechts im Haus vor dem Korsettgeschäft der Gebrüder Lewandowski, dessen helle Markise mit dem Aufdruck «Corsets» gut sichtbar ist.

Fruchtbare Studien und gemeinsames Lesen mit dem Professor

In grösster Hochachtung der Ihrige –
Wilhelm Dilthey
[Wilhelm Dilthey]

Tumarkin studierte in Berlin während fünf Semestern vom Wintersemester 1895/96 bis zum Wintersemester 1897/98 und belegte bei elf Dozenten 26 Veranstaltungen. Der Kontakt zwischen Studierendem und Dozierendem war eng, musste man sich doch zu Beginn und zum Schluss des Semesters beim akademischen Lehrer persönlich melden bzw. abmelden. Das verlangten § 14 und 15 der Vorschriften für die Studierenden der Königlichen Friedrich-Wilhelms-Universität zu Berlin. Zudem durften die Schüler und Schülerinnen nur denjenigen Platz im Auditorium einnehmen, der durch die Nummer im Anmeldebuch gekennzeichnet war.

Anna Tumarkin interessierte sich für alles Kulturhistorische und -philosophische. Vor allem die Lehrveranstaltungen des Philosophen Dilthey und des Germanisten Schmidt lieferten ihr die Grundlagen dazu. Sie sass zudem bei Psychologen und Soziologen im Auditorium, hörte sich aber auch einen Anglisten, einen Musik- und einen Theaterwissenschaftler an. Sie liess sich die Erlaubnis geben, eine Vorlesung über die Ästhetik der Tonkunst zu besuchen, und suchte, wie sie selbst anmerkte, «durch Studien in den hiesigen Museen und Gallerien ihr Kunstverständnis zu fördern».[59]

Vom lustigen Studentenleben hielt sie damals ebenso wenig wie von der Frauenpolitik. Kommilitonin Helene Stöcker erinnerte sich an sie: «Da sie [...] wie ich Heinrich von Kleist liebte, so hatten wir dadurch einige Berührung. Im Übrigen waren wir sehr wesensverschieden: Sie konzentrierte sich streng und vollkommen weltabgewandt auf ihre Wissenschaft, und ich hatte den Drang, unser Leben zu revolutionieren, um es reicher, umfassender, fruchtbarer zu gestalten.» «Es entsprach nicht ihrem äusserst bescheidenen Wesen, sich irgendwie vorzudrängen oder gar eine führende Rolle spielen zu wollen», bemerkte dazu ein späterer Kollege, «aber gerade diese Eigenschaft in Verbindung mit der allgemeinen Hochachtung vor ihrer Person und ihrer Leistung sicherte ihrem Wort, wenn sie sich äusserte, ein starkes Gewicht.»[60]

44 Die Berliner Kommilitonin Helene Stöcker um 1900

Obwohl Anna Tumarkin bei Wilhelm Dilthey nur zwei Veranstaltungen besuchte, war sie vom 64-jährigen Philosophen sehr beeindruckt und nachhaltig beeinflusst.

Dilthey hatte seine Karriere in Basel begonnen, wo ihm der berühmte Weltbetrachter Jakob Burckhardt attestierte, das Zeug zum tüchtigen Philosophen zu haben. Über die Hochschulen von Kiel und Breslau war Dilthey nach Berlin gekommen und hatte sich seinen Ruf als «Vater der Geisteswissenschaften» erarbeitet. Er etablierte nämlich die Philosophie als eigene Disziplin und unterschied sie deutlich von den Naturwissenschaften. Dilthey erklärte das menschliche Leben und die Formen seines Ausdrucks nicht mehr nur nach Naturgesetzlichkeiten, sondern suchte vielmehr die Eigengesetzlichkeit des menschlichen Geisteslebens zu verstehen und arbeitete über die Individualität des Menschen. Zusammen mit Anna Tumarkins Mentor Ludwig Stein und dem Marburger Neukantianer Paul Natrop lancierte er die vierteljährlich erscheinende Zeitschrift *Archiv für systematische Philosophie*, in der auch Tumarkin publizieren wird.

«Das Zeug an ihm ist sehr bedeutend», urteilte Psychiater Karl Jaspers und bewunderte Diltheys philosophische Kapazität. «Seine

Gedanken über Welt, Geschichte, Literatur und Kunst strahlen von einem luminosen Zentrum aus.»

Doch Dilthey gelang es nicht, sie zusammenfassend in Büchern zu präsentieren. «In der Folge hat Dilthey seine reiche Arbeit in Zeitschriften zerstreut und mehr noch in seinen Schränken vergraben», klagte Jaspers. «Nur zwei Bücher erschienen und blieben beide mit dem ersten Bande stecken. Nach seinem Tode wurden von den liebenden Schülern die Schätze gesammelt. Heute erst steht das ganze grossartige Werk vor Augen.» Zu den liebenden Schülern wird auch Anna Tumarkin zählen.

Diltheys Vorlesungen waren schwierig, denn er erörterte fundamentale Fragen gründlich. Er lehrte, Texte historisch zu untersuchen und kritisch zu befragen. Sein kleines Auditorium war nie voll, obwohl es kaum viel über 100 Hörer fasste. Als ein «echter deutscher Professor» hatte er «nichts Auffälliges» und war kein grosser Redner: «Wenn er mit seiner unscheinbaren, untersetzten Gestalt auf dem Katheder erschien und aus seinem Heft vorzutragen begann mit leiser zarter Stimme, die ihr Äusserstes hergeben musste, um den Raum zu durchdringen, das hatte nichts Hinreissendes. Aber bald war die eigene Atmosphäre da, etwas wie Andacht in der lautlosen Stille …», meinte sein Schüler und späterer Schwiegersohn Georg Misch. Und eine der raren Studentinnen, das spätere Mitglied des Reichstags und erste Ministerialrätin Gertrud Bäumer, fand: «Er machte für uns, ins Fachwissenschaftliche Verlorene, die Einheit der Geisteswissenschaften schaubar. Für mich hat er das Studium der deutschen Literatur aus der Fachlichkeit der Philologie ins Geisteswissenschaftliche erhoben.»[61]

Zu der Zeit, da Anna Tumarkin bei Dilthey studierte, präsentierte er jeweils in den langen Wintersemestern einen philosophiegeschichtlichen Vortragszyklus. Dieser immerhin war ihm «vergnüglich» und zog bis zu 180 Zuhörer an, die «wirklich begeisterten Anteil» an seinen Darlegungen nahmen.

Anna Tumarkin fand persönlich einen engen, freundschaftlichen Zugang zum grossen Dilthey. Postkarten belegen, dass sie gemeinsam Texte lasen. Als er ein Treffen mit Tumarkin verpasste, war ihm das nirgends recht: «Hochverehrtes Fräulein! Ich bin ganz unglücklich und weiss wirklich nicht, wie ich mich entschuldigen soll», schrieb er am 1. November 1897 schuldbewusst. «Nun aber weiss ich, dass es Freitags ist und freue mich, Sie am nächsten Freitag empfangen zu können. In grösster Hochachtung der Ihrige Wilhelm Dilthey.» Und am 18. November 1897 schrieb er dem «sehr verehrten Fräulein», dass er eine Unterbrechung ihrer Lektüre «sehr

45 Entschuldigungsschreiben Wilhelm Diltheys von 1897 an Anna Tumarkin

46 Wilhelm Diltheys Porträtfoto für Anna Tumarkin

ungern sähe». Anna Tumarkin bot ihm eine bibliothekarische Zusammenarbeit an, und er wollte «von ihrem gütigen Anerbieten» Gebrauch machen.» Noch Jahre später schrieb er zerknirscht: «Ich bin immer noch in ihrer Schuld. Ich habe Bücher von Ihnen aus Ihrer Bibliothek und weiss selbst nicht, wie viele.»

Im Silvestergruss von 1898 meinte er: «Die Freitage vom vorigen Winter [1897/98] können Ihnen nicht halb so fehlen als mir. Doch freue ich mich, dass Sie in einer Tätigkeit sind, welche Ihnen Befriedigung gewährt, und auch äusserlich von Erfolg begleitet ist, wie mir Herr Stein noch in diesen Tagen berichtet hat.» Er meinte Tumarkins Habilitierung. «Hoffentlich kommt nun bald etwas grösseres Gedrucktes von Ihnen.»

Sie blieb mit Dilthey zeitlebens freundschaftlich und wissenschaftlich verbunden. Zum 75. Geburtstag schenkte sie ihm eine Palme. Er wiederum schickte an das «hochverehrte Fräulein», die «liebe, verehrte Collegin», die «liebe Freundin» etliche Briefe und Karten. Sein Fotoporträt dachte er ihr «in treuer Gesinnung» zu.[62]

Diltheys Frau bestätigte, wie sehr ihr Gatte diese ausserordentliche Studentin schätzte: «Ihnen war mein Mann allezeit mit warmem Interesse zugetan, schrieb sie später an Anna Tumarkin. Immer hat er mit Liebe Ihr Leben, Ihr Wirken verfolgt u. jeden Ihrer

Briefe war ihm eine Freude.» Und Tochter Klara meinte: Sie wäre «doch eine der ersten, ja eigentlich wohl die erste Zuhörerin meines Vaters! Und jedenfalls diejenige, von der er am meisten hielt».[63]

Trotz aller Freundschaft und aller Hochachtung für seine «kritische Besonnenheit» war Anna Tumarkin nicht immer einer Meinung mit ihrem Mentor. Es genüge nicht, entgegnete sie Dilthey, «dass der Strom des Lebens in uns selber fliesst, er muss auch auf feste Punkte bezogen werden können, die nicht selber durch seine Flut verrückt werden, und an denen er einen sichern Massstab findet».[64]

Tumarkin sah Diltheys wissenschaftliche Grenzen: «Dass ich es wage, Dilthey, dem ich so viel verdanke und dessen Schülerin ich mich trotz allen sachlichen Bedenken mit Stolz nenne, auf seinem engsten Gebiete – der Lebensdeutung – entgegenzutreten, ist nicht bloss Wirkung einer Modeströmung und nicht Abtrünnigkeit gegenüber der eigenen frühen Auffassung: von dem ersten Tage an, da ich zuerst Dilthey persönlich nahe trat, war ich ihm gegenüber in einer zwiespältigen Stellung: im Banne seines einzigartigen Lebensverständnisses und im Zweifel an dessen theoretischer Fundierung.» Doch «Dilthey selbst fühlte die Grenzen seiner Lebenslehre am tiefsten. Das war die Tragik seines Denkens. Ich habe sie miterlebt, und habe aus diesem Gefühl heraus es Jahrzehntelang vermieden, mich über die Psychologie, die mir doch am nächsten lag, öffentlich zu äussern».[65]

Als sie ihm zum 70. Geburtstag persönlich gratulierte, dankte sie ihm für seine «heilsame Wirkung» und all das Schöne, das ihr durch ihn zuteilgeworden sei. Sie gehörte zum engeren Kreis der Freunde, die Dilthey zu seinem Geburtstag dazu bewegen konnten, vier frühere Aufsätze zu Lessing, Goethe, Novalis und Hölderin herauszubringen und betreute seinen *Goethe und die dichterische Phantasie*.[66] Zudem organisierte sie in Bern eine kleine Gedenkfeier für ihn. Wie sie ihm danach schrieb, habe sie ihren Schülern – seinen geistigen Nachkommen – seine Lebensstimmung zu vermitteln versucht, die seinem Lebenswerk zugrunde läge. Ob es ihr gelungen sei, wisse sie nicht, «aber das weiss ich, dass ich es mit Liebe und Hingebung tat und dass meine Zuhörer diese Gefühle begriffen». Tatsächlich anerkannten ihre Schüler Dilthey als «geistigen Grossvater». Jedenfalls bezeichnete ihn der nunmehr in Kanada lehrende Philosophieprofessor Jakob Amstutz so, als «geistigen Vater unserer gemeinsamen Lehrerin».[67]

Zudem tröstete Tumarkin ihren «hochverehrten» Lehrer. Auf seine resignierte Frage, ob es ihm wohl gelingen werde, in seinem Lebenswerk die Einheit seines Systems darzustellen, meinte sie, diese Einheit habe er nicht «und Gott sei Dank, dass Sie sie nicht haben. Jene andere Einheit aber [habe er], die jede einzelne Äusserung zum Glied eines lebendigen Ganzen» mache: «Wer die nicht sieht, längst schon sieht, dem ist nicht zu helfen.» Und sie schloss ihren Brief mit der Bemerkung: «Nur weil die Einheit Ihres Wirkens der letzteren Art ist, hört man nie auf, von Ihnen zu lernen und lernend, im stillen den Dank abzutragen.»[68]

Anna Tumarkin wird ihren Lehrer nach seinem Tod im *Archiv für Geschichte der Philosophie* würdigen und 1934 einen Versuch machen, «Diltheys Leben aus ihm selbst zu verstehen». Jahre später noch wird Tumarkin von Diltheys Frau Katharina Dilthey-Püttmann und ihrer mit dem jüdischen Gelehrten Georg Misch verheirateten Tochter Klara kontaktiert werden. Sie werden um Hilfe für ihre jüdischen, von der nationalsozialistischen Regierung gequälten Familienmitglieder bitten.[69] (Siehe S. 365)

Erich Schmidt, der begeisternde Redner und Dozent

Ihre Referate waren die besten
[Erich Schmidt]

Der zweite Gelehrte, der Anna Tumarkin während ihrer fünf Berliner Semester nachhaltig beeinflusste, war Erich Schmidt. Sie besuchte elf seiner Vorlesungen und war Dauergast beim Germanisten, der scharfsinnige Textkritik übte, eingehend grosse Dichtungen erläuterte und internationale Zusammenhänge erforschte.

Sie sass in seinen germanischen Seminarübungen, verfolgte seine Geschichte der deutschen Romantik bis zu Heine und von Klopstock bis zu Schiller. Sie war dabei, als er über die deutschen Dramatiker des 19. Jahrhunderts, das deutsche Volkslied und immer wieder über Goethe referierte.

Die Seminare von Erich Schmidt waren reichhaltig. Als Anna Tumarkin sein Kolleg im Winter 1896/97 besuchte, besprach er Werke der schwäbischen Romantiker. In jeder Sitzung kamen mehrere Teilnehmer zu Worte, und Anna Tumarkin fiel vorteilhaft auf. Unter seiner Leitung verfasste sie als Beitrag zur Poetik des 19. Jahrhunderts eine Studie über *Grillparzers, Ludwigs und Hebbels ästhetische Theorien*.[70]

Erich Schmidt war Mitherausgeber von Goethes Werken und Kenner von Lessings Schriften. Er war ein entschiedener Förderer moderner Literatur und ein gewiefter Wissenschaftsorganisator. Als gewandter Festredner repräsentierte er sein Fach in der Öffentlichkeit des Kaiserreichs. Manchmal trat er auch im Ausland auf, sogar in Zürich. Und hier war man sehr von ihm angetan, als er in der Tonhalle über das deutsche Volkslied vortrug. Darüber hatte er im Berliner Sommer 1896 im Beisein Tumarkins bereits gelesen. Der vom Lesezirkel Hottingen organisierte Vortrag wurde zum grossen Erfolg für den «berühmten Forscher der Poesie [...] und zu einem weihevollen Genuss für die Besucher».⁷¹

«Es mag wohl selten vorkommen, dass man einer anderthalbstündigen Rede ohne Abspannung lauscht und die meisten Redner [...] straucheln.» Erich Schmidt durfte es wagen, ohne die warme Teilnahme der Zuhörer zu verscherzen. «Etwas Frisches, dem Typus eines papiernen Litterarhistorikers ganz Abholdes, liegt siegreich in seinem Wesen, in seiner äussern Erscheinung, in seinem kraftvollen Organ und in seiner Vortragsweise.» Der NZZ-Korrespondent besang Schmidts eigenartige Kunst, seine mit Zitaten und humoristischen Lichtern geschmückte Dispositionen ganz ohne Pathos vorzutragen.

Selbst eine so kritische Frauenrechtlerin wie die deutsche Germanistin Helene Stöcker fand den Mann einfach toll. Sie beschrieb ihn als «schöne Erscheinung, gewandt, liebenswürdig, weltläufig, mit einem grossen Kreis von Schülern und Schülerinnen um sich, die ihn zum grossen Teil sehr vergötterten».⁷²

Die Frauen hatten auch einen ganz besonderen Grund, Schmidt zu «vergöttern». Er war schliesslich einer der wenigen Dozenten, der weibliche Studierende in seinem Auditorium akzeptierte und sie tatsächlich förderte. Allerdings mussten sie gewissenhaft studieren: «Wer ernstlich lernen möchte, ist mir willkommen», erklärte Schmidt. Übel vermerkte er hingegen den Zulauf schlecht ausgebildeter Ausländerinnen. Er konnte dies höchstens als ein Übergangsstadium gutheissen. Die Kritik an ungenügend vorgebildeten Frauen, denen mehr an der Revolution, einem sicheren Aufenthalt in der Schweiz oder einer oberflächlichen Unterhaltung lag als an der Wissenschaft, teilten auch erfolgreiche Schweizer Studentinnen, etwa die erste Ärztin Marie Heim-Vögtlin.

Im Privatkolleg hingegen, das fleissige Studierende besuchten, beobachtete Schmidt «bei den Damen einen regen Eifer». «Hier haben [...] einzelne Frauen forschend und darstellend Vortreffliches geleistet», bemerkte er, und deshalb sei ihnen eine strengere und höhere wissenschaftliche Bildung zu wünschen und zu erleichtern. Erich Schmidt dachte dabei an Anna Tumarkin. In der Chronik der Königlichen Friedrich-Wilhelms-Universität zu Berlin schrieb

47 Der begeisternde Berliner Professor Erich Schmidt

er: «Ausnahmsweise ist einer Dame (Russin) auf Grund ihrer Berner Dissertation die Beteiligung gestattet worden; ihre Referate waren die besten.»[73]

Dieses Urteil fällte notabene ein Mann, der im November 1895 für Schlagzeilen sorgte, weil er einige Frauen aus seinem Kolleg gewiesen hatte. Schmidt liess Anna Tumarkin «die freundlichste Unterstützung zu teil werden» und verwandte sich immer wieder für sie, wenn ihre Karriere stockte. [74]

Anna Tumarkin hatte Glück, auf Männer zu treffen, die Frauen wie sie nicht diskriminierten. Wilhelm Dilthey sollte sich um 1900 für die von der Lehrerin Helene Lange 1893 gegründeten «Vereinigung zur Veranstaltung von Gymnasialkursen für Frauen» engagieren, und bei Erich Schmidt konnte mit der Frauenrechtlerin Gertrud Bäumer 1904 eine der ersten Damen überhaupt in Deutschland doktorieren.[75]

Selbst als Tumarkin den *Preussischen Jahrbüchern* ihr Buch über den Arzt und Dichter Justinus Kerner anbot, war ihr das Schicksal gnädig. Redaktor war nicht mehr jener Heinrich von Treitschke, der die Stöcker barsch abwies, sondern Hans Delbrück, ein Mitglied der frauenfreundlichen «Vereinigung». Er publizierte ihre «Charakteristik Justinus Kerners» auf Betreiben Erich Schmidts.

Kerners Hauptmotiv und das Grundprinzip seiner Ästhetik sei «sein negatives Verhältnis zur Wirklichkeit, zum realen Leben» gewesen, schrieb Anna Tumarkin. Teils sei dies seinem Pessimismus geschuldet, der ihn behaupten liess, dass aus der Welt nie etwas Rechtes werde, weil sie eine Art von Zuchthaus sei. Teils beruhe dies auf seinem rein künstlerischen Standpunkt, der für die Poesie nicht die Darstellung des Lebens, sondern die Flucht daraus in eine ideale poetische Welt postuliere, die das Träumen und die Täuschung zum Gegenstand haben wolle. Die sentimentale Flucht aus dem realen Leben «sei doch besser als in dieser Wirklichkeit zu leben». Schmerzliche Realität zwinge den schwäbischen Arzt und Dichter Justinus Kerner zu Humor, Scherz und Satire. Ohne tiefen Schmerz, zitierte ihn Tumarkin, habe er noch nie einen Reim gemacht. Wenn Justinus Kerner aus der Gegenwart flüchtend auch in die altdeutsche Vorzeit zurückgreife und mit Vorliebe mittelalterliche Stoffe wähle, so sei dies eine künstlerische Vorliebe und habe nichts mit dem reaktionären Konservatismus anderer Romantiker gemein.

Tumarkin konzentrierte sich streng auf Kerners Texte. Dabei wurde ihr aber seine aus dem Schmerz geborene poetische Realitätsflucht letztlich langweilig: «Es mag ja menschlich sehr hoch anzuschlagen sein, dass er immer und immer sein Rickele [die Ehefrau] bis über ihren Tod hinaus besingt, aber mit der Zeit verliert diese Lyrik doch ihre Überzeugungskraft und am Ende tritt uns nicht mehr die Macht der Leidenschaft, sondern die der Gewohnheit gegenüber.» Das Schlimmste aber sei, dass der Dichter nicht das Erlebnis beherrsche, sondern ihm viel mehr unterliege.[76]

Für Anna Tumarkin galt, sich von Ereignissen nicht unterkriegen zu lassen. Zu dieser Haltung sah sie sich in ihrem Leben oft genötigt.[77]

Da sich ihre Veröffentlichungen so gut anliessen, hatte Anna Tumarkin Lust, zusammen mit Schülern des Schweizer Literaturhistorikers Ludwig Hirzel, eine Biografie über den 1897 verstorbenen Berner Professor zu schreiben. Doch Georg Sidler riet ihr davon ab, sich mit Artikeln und Beiträgen zu verzetteln. Zudem warnte er sie vor den Fallstricken der Teamarbeit: «Eine solche Gesamtarbeit Mehrerer ist aber stets mit Schwierigkeiten verbunden. An Ihrer Stelle würde ich lieber die eigenen Einblicke […] für eine passende deutsche Zeitschrift bearbeiten und unabhängig von Andern publiciren.» Sidler dachte dabei an Tumarkins Karriere.[78]

Pionierin der Wissenschaft und Vorbild der Frauenbewegung

> *Niemand würde vermuten, dass der Autor dieser gescheiten Arbeit eine Frau ist*
> [Joseph Segond]

Während sich Anna Tumarkin in den fünf Semestern vom Winter 1895/96 bis zum Winter 1897/98 in Berlin weiterbildete, wurde ihre Dissertation *Herder und Kant* gedruckt und Ende 1895 öffentlich angekündigt. Die promovierte junge Philosophin und ihre Doktorarbeit fanden ungeahnt grosse Beachtung. Ihre Schrift, meldete Ludwig Stein am 23. Januar 1896 seinem Schützling Tumarkin aus der Berner Stadtbacher Villa Wildhain nach Berlin, sei inzwischen erschienen. Sie mache sich auch äusserlich recht hübsch und werde «stark gekauft».[79]

Vorschusslorbeeren erntete Tumarkins Arbeit im *Jahrbuch für Philosophie und spekulative Theologie*: «Diese liebevoll ausgeführte Kleinmalerei des Verhältnisses zwischen dem Dichter und dem Vater des Kriticismus soll die *Berner Studien zur Philosophie und ihrer Geschichte*, welche Prof. L. Stein herausgibt, eröffnen. Unter seiner Leitung können wir den philosophiegeschichtlichen Arbeiten wohl mit Vertrauen entgegensehen.»[80]

Der philosophische Schriftsteller Moritz Kronenberg, Herausgeber und Schriftleiter der Wochenzeitschrift *Ethische Kultur*, rezensierte Tumarkins Dissertation lobend. Die Beziehung zwischen Herder und Kant sei zwar gerade in jüngster Vergangenheit wiederholt beschrieben worden, er selbst habe es in seiner Dissertation behandelt, aber die Verfasserin habe es verstanden, dem Thema eine Reihe interessanter neuer Gesichtspunkte abzugewinnen. Die Bearbeitung des Stoffes und die Art der Darstellung zeichne sich durch Schärfe und Unbefangenheit des Urteils sowie durch besonnene Kritik aus. Nur vereinzelt bleibe der Vergleich Herders mit Kant im Äusserlichen stecken, und da und dort fehle es auch an der gedrungenen Einheit der Gedankenentwickelung. Kronenberg rühmte Tumarkins «selbständiges Denken, welches auch da besonders hervortritt, wo die Verfasserin durch Seiten- und Ausblicke auf die Gegenwart, durch Hinweise auf die zukünftige Weiterentwickelung Herderscher und Kantischer Gedanken ihrem Thema eine aktuellere Bedeutung zu sichern sucht».

In der französischen *Revue philosophique* wurde Tumarkins Dissertation ausführlich auf sechs Seiten besprochen. Der junge Rezensent, Joseph Segond, fand die Studie «gescheit». Er konnte es nicht fassen, dass sie von einer Frau geschrieben wurde: «Eine aufmerksamere Lektüre dieser Studie über Herder und Kant würde niemanden vermuten lassen, dass der Autor dieser gescheiten Arbeit eine Frau ist. Aber so ist es in der Tat, es ist eine Frau, die uns auf etwa hundert Seiten – vielleicht etwas langatmig – den Kampf des transzendentalen Idealismus' und der Evolutionstheorie, diese erst als Skizze, entwickelt.»[81]

Grösstmögliche Aufmerksamkeit war ihr sicher, als deutsche Tageszeitungen ihre Schrift *Herder und Kant* wohlwollenden besprachen. Die *Frankfurter Zeitung* lobte ihre «staunenswerte[n] Klarheit», mit der sie die schwierigen Probleme über Gott und die Welt, über Moral und Freiheit behandle.[82]

Die *Vossische Zeitung* in Berlin, redigiert vom freisinnigen Friedrich Stephany, äusserte sich am Samstag, 21. August 1897, geradezu begeistert. Die Verfasserin habe Lehre und Eigenart der beiden Männer «nicht nur klar und überzeugend richtig, sondern auch in anziehender und Antheilnahme erweckender, zum Theil glänzender Weise dargelegt; besonders glücklich ist sie in ihren Antithesen, die wahr und anmuthig zugleich sind. Nicht gross sein kann die Anzahl männlicher Philosophen, die bald nach dem Abschluss ihrer Universitätsstudien im Stande wären, es dieser Dame an feinem und reichem Verständnis für philosophiegeschichtliche Fragen und an geradezu künstlerischer Form der Darstellung gleich zu thun; in letzterer Hinsicht würden auch unter den älteren Philosophen nur wenige mit ihr wetteifern können.»

48 Glänzende Rezension von Tumarkins Dissertation in der von Redaktor Friedrich Stephany geleiteten Vossischen Zeitung

Das Ehepaar Sidler, dem Tumarkin ein Exemplar ihrer Dissertation widmete, freute sich in Bern über die «ausserordentlich anerkennende Besprechung». Tumarkin hatte Hedwig Sidler «die so ehrenhaften Ausschnitte aus der Voss'schen Zeitung» als Geschenk zum 54. Geburtstag geschickt.[83] Sie frohlockten über Tumarkins wissenschaftlichen Erfolg und darüber, dass sie auch via Professor Stein nur Gutes von ihr hörten.

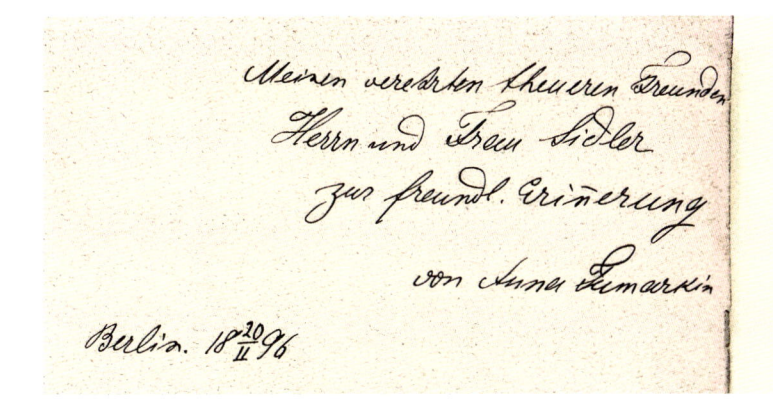

49 Widmung für Georg und Hedwig Sidler in Herder und Kant

Hedwig Sidler sah ihre junge Freundin bereits als Galionsfigur der Frauenbewegung und der Gleichberechtigung. «Und dann, Herzens-Anjuta, sind wir ganz entzückt von den reichen Erfolgen, die ihre Arbeiten begleiten. Sie also sind die erste Pionierin, die durch ihr Talent und ihr unentwegtes Streben es dazu gebracht hat, in einem zur Universität Berlin gehörigen wissenschaftlichen Vereine den Bann zu brechen, der bisher dem Auftreten von Damen entgegenstand; die Erste, die in völliger Gleichberechtigung mit dem männlichen Mitgliedern in freiem Vortrage sich betätigen durfte.» Georg Sidler freute sich darauf, in Bern die erste Dozentin feiern zu können: «Und dass das Bild der jungen Docentin in Bern immer bestimmtere Formen annimmt, und immer näher rückt, macht uns ordentlich ‹krippelig›». Und Hedwig Sidler fuhr fort: «Welche Freude und Genugtuung, auch für Ihre werten Eltern, für Ihren edlen Bruder Jakob, zu sehen, mit welch sicherer und fester Hand die zarte kleine Anjuta alle Hindernisse zu durchbrechen weiss» und «den 1000jährigen Vorurteilen die freie Entfaltung ihres Talentes entgegenstellt». Sie erzählte ihr im Brief vom 31. März 1897 von einer interessanten Begegnung und einer bemerkenswerten Frau: «Letzten Montag hielt eine Berner Dame, Frl. Helene von Mülinen, die Schwester des Professors [Wolfgang von Mülinen], einen gedanklich und formal gleich ausgezeichneten öffentlichen Vortrag über ‹die Frauen & die sociale Frage›. Wie sehr habe ich bedauert, dass Sie, liebe Anjuta, nicht anwesend waren, um durch Ihr Eingreifen in die Diskussion die Ehre der übrigen so stockigen Damenwelt zu retten.»[84] Tatsächlich war Helene von Mülinen Ende März 1897 zum ersten Mal in der grossen Öffentlichkeit aufgetreten und hatte Erfolg. Der Andrang war so gross, dass ihr Vortrag vom Café Roth in den geräumigen Saal der Philadelphia, ins Lokal des Vereins junger christlicher Männer, umgeteilt werden musste. Im Raum hing leise die Forderung nach dem Frauenstimm- und Wahlrecht. Von Mülinen schlug allerdings erst einmal vor, sich ohne Rücksicht aufs Geschlecht Sitz und Stimme in lokalen Kommissionen und Aufsichtsbehörden zu erobern.[85]

Engagierte Schweizerinnen waren damals im Aufbruch. Die *Illinois Woman's Exposition* anlässlich der Weltausstellung 1893 zeigte internationale Wirkung. 1896 wurde in Genf im Rahmen der Ex-

50 Helene von Mülinen, Ikone der Frauenbewegung

position nationale der 1. Schweizerische Kongress für die Interessen der Frau organisiert. Auf von Mülinens Initiative wurde der Bund Schweizerischer Frauenvereine (BSF) als Dachverband gegründet und sie zur ersten Präsidentin bestimmt. Helene von Mülinen liess Anna Tumarkin am 25. April 1898 via Hedwig Sidler liebe Grüsse ausrichten.[86]

Tumarkins entschiedene Förderer und ihr Dilemma zwischen Bern und Berlin

Unverheiratet zu Hause in Russland bleiben ist Sünde und wissenschaftlicher Schaden
[Ludwig Stein]

Als sich Anna Tumarkins Berliner Studienzeit dem Ende zuneigte, zerbrach sie sich den Kopf, wie und wo sie weiterleben und -arbeiten sollte. Konkret stand die Frage im Raum, ob sie sich in Berlin als Publizistin und Lehrerin etablieren sollte oder ob sie sich habilitieren und auf den mühevollen Weg zu einer universitären Laufbahn begeben sollte. Sie wurde mit dieser Frage nicht alleingelassen. Philosophieprofessor Ludwig Stein, Mathematikprofessor Georg Sidler und ihr Vater wälzten das Problem mit ihr.

Die drei Männer verkehrten brieflich miteinander. Georg Sidler etwa war ganz gerührt, dass ihm Paul M. Tumarkin «seinen eigenhändigen Gruss» sandte. Annas Vater wird Georg Sidler sogar nach Chișinău einladen, was diesen ausserordentlich rührte. Allerdings wird er wegen unsicherer politischer Lage darauf verzichten müssen.

Sidlers erkundigten sich immer wieder warmherzig nach Annas Geschwistern, nach Jakob und «Röschen». Stein beglückte sie mit Zeichnungen seiner Kinder. Am 3. Dezember 1897 gratulierte er ihr zur Verheiratung ihrer Schwester Rosa und meinte väterlich, es sei durchaus wichtig gewesen, dass sie zu diesem Zwecke nach Hause gefahren sei und «wieder etwas der Familie lebte. Über dem Gelehrten soll man nie den Menschen vergessen oder auch nur vernachlässigen.» (Siehe S. 19) Tumarkin fuhr regelmässig über Silvester-Neujahr oder in den Sommerferien zu ihrer Familie nach Russland, brachte Grüsse mit und schickte Fotos nach Bern zurück.[87]

Chișinău bzw. das damalige Kischineff präsentierte sich auf seinen Ansichtskarten mit Tumarkins Mädchengymnasium, der langen und breiten Alexanderstrasse und der Kathedrale der göttlichen Vorsehung sowie dem bessarabischen Wappen mit dem Auerochsen.

51 Neujahrskarte aus Chișinău bzw. Kischineff, um 1900

Ludwig Stein verlor Anna Tumarkins Karriere nicht aus den Augen und informierte sie am 13. Januar 1896 über eine längere Unterredung, die er ihretwegen mit Professor Sidler gehabt hatte: «Er war ganz glücklich, als er von mir erfuhr, dass ich Anfang März wieder in Berlin» sei und «mit Ihnen Ihre Pläne genau besprechen werde.»

«Heute komme ich, wie versprochen, noch einmal auf die Frage bezüglich der Zukunft Ihrer Frl. Tochter Anna zurück», schrieb Ludwig Stein am 3. Oktober 1896 an Paul M. Tumarkin nach Chișinău. Die glücklichste Lösung wäre es, wenn Anna einen wissenschaftlichen Ehemann finden würde, der mit ihr ins Ausland ginge, wo Bibliotheken ihrem Geiste weitere Nahrung böten. Gehe dies nicht an, so müsse sich Anna in Berlin oder Bern nach einer Stelle umsehen und sich dazu auf eine Habilitation vorbereiten. Unverheiratet zu Hause in Russland bleiben, meinte Stein dezidiert, «ist meines Erachtens Sünde und wissenschaftlicher Schaden». Er halte eine Habilitation in Bern nicht für ausgeschlossen, jedenfalls seien hier die Chancen günstiger als irgendwo anders. Allerdings sei mit einer Venia Docendi, einer Erlaubnis zu dozieren, wissenschaftlich zwar alles erreicht, ökonomisch aber noch gar nichts. «An eine bezahlte Professur der Philosophie ist in dieser Generation kaum zu denken», gab Stein offen zu. «Das wäre erst nach einer etwaigen sozialen Revolution möglich – falls eine solche kommt, und – gelingt.» Als Einkommensquelle könne die Habilitation also nicht angesehen werden. «Wenn Sie ihrer Tochter keine bescheidene Rente von – sagen wir 500 Rubel jährlich – zuschiessen können», dann könne das Experiment des Habilitierens nicht gewagt werden. Sei er, der Vater, aber zur Unterstützung willens und in der Lage, so sähe Stein für

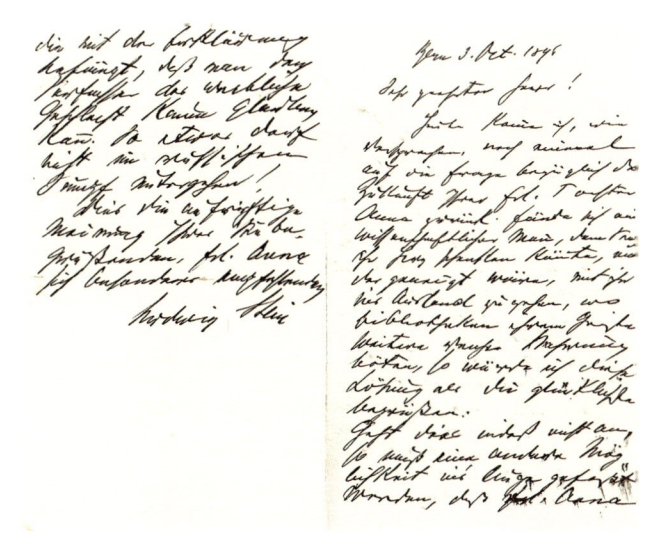

52 Steins folgenschwerer Brief an Paul M. Tumarkin vom 3. Oktober 1896

Anna keine andere Möglichkeit, als sie auf den wissenschaftlichen Weg zu bringen. Stein wies den Vater auf die wohlwollende Besprechung ihrer philosophischen Arbeit in der *Revue philosophique* hin. Sie in «Russland vergraben und versauern» zu lassen, wäre ein Frevel und er rief emphatisch: «So etwas darf nicht im russischen Kampf untergehen.»[88]

Stein dachte an die politische Situation. An der Spitze Russlands stand seit dem 1. November 1894 der autokratische Zar Nikolaus II., der sich am 26. Mai 1896 durch die Gnade Gottes selbst zum Kaiser aller Russen gekrönt und dessen Krönungsfeierlichkeit 1389 Menschen das Leben gekostet hatte.

Anna besprach sich in den Sommerferien 1897 mit ihrem Vater. Dieser sträubte sich nicht, Anna weiterhin im Ausland zu unterstützen. Doch Anna widerstrebte es, von ihren Eltern abhängig zu bleiben. Sidler, dem sie sich anvertraut hatte, beruhigte.

Wenn sie, wie ihre Schwester Röschen, nicht studiert hätte und daheim in Chişinău geblieben wäre, so wäre sie ja von ihren Eltern ebenfalls abhängig. Oder sie hätte sogar eine auf die Dauer sehr wenig befriedigende Stelle als Gouvernante oder Lehrerin annehmen müssen. «Die Wahl zwischen einer idealen aber materiell ungewissen Lebensstellung und zwischen dem Aufgeben Ihres geistigen Strebens müssen Sie durchkämpfen. Ihre so bescheidenen Lebensgewohnheiten und die wie uns scheint finanziell nicht ungünstige Stellung Ihrer werten Eltern werden Ihnen den Kampf erleichtern», versicherte Sidler, der ihr damit zur Wissenschaft riet.[89]

Georg Siedler und mehr noch seine Frau ermunterten Tumarkin unablässig. Hedwig Sidler-Schiess, «stüpfte» ihren Mann, sich

53 Georg Sidler in seiner Studierstube mit dem Bild Kaiser Napoléons I.

für Tumarkins Karriere zu verwenden. Sie hatte Anna in ihr Herz geschlossen. Ihre Grüsse an die liebe «Herzens-Anjuta!» begleitete sie mit «warmen Berner=Müntschi» und lud sie ein, bei ihnen zu wohnen. «Das steht nach wie vor fest, dass Sie zu uns kommen, nicht als Gast, sondern als unser liebes Töchterchen», schrieb «die alte Hedy», als sich Anna Tumarkins Berliner Aufenthalt dem Ende zuzuneigen schien.

Noch schwankte Anna Tumarkin. War ihre Zukunft in Berlin oder in Bern? Als sie Hedwig Sidler 1897 mit der erwähnten Besprechung aus der Vossischen Zeitung und einer Fotokarte des neuen Kaiserdenkmals zum Geburtstag gratulierte, enttäuschte sie ihre Freunde mit der Mitteilung, dass sie nicht schon, wie von Sidlers erhofft, im Winter 1897/98, sondern erst zum Frühjahr 1898 nach Bern zurückkehre.[90]

Der Entscheid, Berlin zu verlassen, fiel Tumarkin nicht leicht, und sie zögerte. Sie besprach ihre Chancen für eine Berliner Karriere mit dem Berliner Professor Erich Schmidt. Auch er sah schwarz, was finanzielle Erfolge und ein Vorwärtskommen im Sinne einer Professur betraf. Nur schon eine Habilitation war in Preussen ein Problem. «Glauben Sie», fragte auch Sidler am 6. Juli 1897 rhetorisch, «dass Sie in der genannten Hinsicht in Deutschland mehr

54 Das neue Kaiser-Wilhelm-Nationaldenkmal in Berlin

Chancen hätten? […] Würde es für sie als Frau in Berlin überhaupt möglich sein, sich zu habilitieren?»[91]

Trotz persönlichen Erfolgen durfte sich Anna Tumarkin als Frau kaum akademische Chance in einem Preussen ausrechnen, das sogar die allererste weibliche Promotion noch vor sich hatte und an eine Habilitierung einer Dame noch gar nicht denken durfte. Selbst als die Physikerin Elsa Neumann am 18. Februar 1899 als erste Frau an der Universität Berlin promovieren wird, ist dies nur mit spezieller Erlaubnis des Kultusministeriums möglich.

In Bern hingegen, glaubte Georg Sidler, werde Tumarkins Habilitierung «keinem ernstlichen Widerstand begegnen». Ihr Mentor vertraute auf die anerkennenden Besprechungen ihrer Arbeiten und kümmerte sich engagiert um eine Venia Docendi für Anna Tumarkin. Er lobbyierte hartnäckig und berichtete Tumarkin laufend über die Befindlichkeiten innerhalb der Berner Philosophischen Fakultät.

Vergebliche Opposition gegen Tumarkins Habilitation ohne Griechischkenntnisse

Man spöttelt über das Auftreten einer Docentin eines solchen «Frauenzimmerfaches»
[Georg Sidler]

Georg Sidler täuschte sich. Anna Tumarkins Habilitierung ging nicht glatt über die Bühne. Dass sie eine Frau war, spielte dabei eine indirekte, aber wesentliche Rolle. Mädchen hatten in Chişinău keine vollwertige Matura ablegen dürfen. Und das wurde ihr beinahe zum Verhängnis.

Am 6. September 1897 griff Georg Sidler nur widerstrebend zur Feder. Er hatte Anna Tumarkin von dunklen und unerquicklichen Aussichten zu berichten, die er ihr eigentlich gerne verheimlicht hätte, aber nicht durfte, «ohne unwahr zu werden». Die Philologen in der Fakultät monierten, dass Tumarkin kein Maturitätszeugnis über klassische lateinische und griechische Bildung vorweisen könne: Sie sagten, es sei unzulässig, jemandem die Venia Docendi für Philosophie zu erteilen, der die Klassiker nicht im Originale lesen könne.[92]

Mit der Meinung, griechische und lateinische Sprachkenntnisse für entbehrlich zu halten, stach man damals in Bern in ein Wespennest. Auf der einen Seite standen die Vertreter der humanistischen Gymnasien. Samuel Singer, Experte für ältere deutsche Sprache,

55 Samuel Singer: Zur freundlichen Erinnerung, Bern [19]07

56 Karl Prächter-Haaf, Verteidiger der klassischen Bildung

und der Altphilologe Karl Prächter, der Philosophie der Antike verpflichtet, litten darunter, dass sprachliche Grundlagenfächer für unbedeutend gehalten wurden und kaum Studierende in ihre Übungen kamen. Auf der anderen Seite stand Unterrichtsdirektor Albert Gobat, der laut sagte, die russischen Mädchenschulen bildeten womöglich besser aus, da dort nicht so unnützes Zeugs wie Griechisch und Latein gelehrt werde. Im sogenannten Sprachenstreit, im Kampf der «frondierenden Philologen» gegen den allgewaltigen Gobat war Prächter «einer der heftigsten Rufer». Ihm war die ganze von Gobat initiierte Reform der gymnasialen Bildung «in der Seele zuwider».[93] Ihm missfiel die «Richtung auf die Nützlichkeit für das praktische Leben».

Der konkrete Vorschlag nun, jemanden ohne Latein- und Griechischmatura zu habilitieren und auch noch für die klassische Philosophie, erzeugte eine «scharfe Missstimmung» den befürwortenden Dozenten gegenüber. Selbst Tumarkins Mentor Sidler musste einsehen, dass diese Opposition nicht ganz grundlos war: «Wenn auch die Forderung Aristoteles im Originale zu lesen, zu hoch gespannt ist, so muss doch ich selber gestehen, da die Termini technici der Philosophie alle dem Griechischen oder dem Lateinischen entnommen sind, dass das Verlangen einiger Bekanntschaft mit diesen beiden Sprachen mir nicht ganz unberechtigt erscheint», gestand er ihr am 6. September 1897.

Georg Sidler quälte sich, seinem Schützling reinen Wein eingeschenkt und damit vielleicht Annas Schaffensfreude gebrochen zu haben. Er beschwor sie, nicht mutlos zu werden, auf Regen folge immer wieder Sonnenschein. Und Hedwig Sidler bat sie, «ihr liebes und gescheites Köpfen nicht hängen zu lassen». Sie sandte ihr einen «teilnehmenden Kuss» und einen «herzinnigen Gruss von ihren alten Bernerfreunden». Die Maturitätsfrage solle sie vorerst beiseiteschieben. «Lassen sie sich nicht davon abhalten, ihre Habilitationsschrift auszuarbeiten und zu vollenden», riet Sidler. «Publizieren Sie all Ihre Vorträge, die so viele Anerkennung gefunden haben. [...] Alles dieses sind Stufen mehr zur Erreichung Ihres Zieles. Je mehr veröffentlichte Arbeiten Sie vorweisen können, ein um so gewichtigeres Äquivalent werden dieselben bilden gegenüber noch weiter gehenden Anforderungen! Also vorwärts, vorwärts und nur nicht verzagt!»[94]

Anna Tumarkin nahm sich den Rat zu Herzen. Sie arbeitete an ihrer vom Berliner Philosophen Wilhelm Dilthey angeregten wissenschaftlichen Spezialuntersuchung über das *Associationsprinzip in der Geschichte der Ästhetik,* die sie als Habilitationsschrift einzureichen gedachte. Getreu seinem Rat versuchte sie «durch Beleuchtung von Grillparzer's, Ludwig's und Hebbel's aesthetischen Theorien einen Beitrag zur Poetik des XIX. Jahrhunderts zu liefern». Es war eine Arbeit, die umfangreiche Studien nötig machte, aber schliesslich zum Ziel führen sollte.[95]

Georg Sidler lobbyierte inzwischen unverzagt in der Fakultät und meldete Anna Tumarkin zuverlässig, wen sie als Freund betrachten könne und wen nicht. Leider habe sie mit dem Tod des wissenschaftlich hoch angesehenen Ludwig Hirzel vom 1. Juni 1897 eine «schwer wiegende Stimme eingebüsst». Tumarkin war einfühlsam und liess Witwe Hirzel pietätvoll eine «kleine lebende Areca-Palme zukommen». Sidler kämpfte um jede Fakultätsstimme. Hirzels Nachfolger, der Germanist Oskar Walzel, werde ihr gewogen sein. Der Geograf Eduard Brückner sei ihr ein aufrichtiger Freund, und wenn Erich Schmidt sie ihm aus Berlin persönlich empfehlen werde, so sei dies von grosser Bedeutung. Selbst der Philologe Friedrich Haag lasse sie grüssen. Bei ihm, der kurze Zeit im russischen Reich Lehrer gewesen war und sich in slawischen wie in klassischen Sprachen auskannte, nahm Tumarkin Nachhilfe in Latein. Auch Ludwig Stein sei «guten Mutes», dass die Erziehungsdirektion unter Albert Gobat keine Opposition machen werde, wurde ihr berichtet.

Tumarkin trug die Querelen mit Fassung und schickte Sidlers einen beruhigenden Schriftgruss, den das Paar mit dem Ausruf quittierte: «Wie tapfer Sie sind!» Einen Monat später hatte man sich in der Fakultät auf einen – wohl stillschweigenden – Kompromiss geeinigt. Es gab keine prinzipielle Opposition mehr gegen Tumarkins Venia Docendi, doch sie sollte eingeschränkt werden. Selbst Ludwig Stein wollte nichts mehr davon hören, dass Tumarkin die ganze Geschichte der Philosophie lehren sollte. Auch er verlangte die griechische Sprache als Conditio sine qua non. Hingegen gestand man Tumarkin zu, über die Ästhetik oder die Geschichte der Poetik zu dozieren. «Singer opponiert zwar noch gegen das Wort ‹Ästhetik›», wusste Sidler zu berichten. «Er spöttelt über das Auftreten einer Dame als Docentin eines solchen ‹Frauenzimmerfaches›, wie er die Ästhetik nennt.» Wieder wurde Erich Schmidt in Berlin bemüht, «bestimmend auf Singer einzuwirken»: Er «hat aber doch über Sie an Singer geschrieben, und zwar in solchen Termen, dass Singer nicht mehr wagt, direkt gegen Sie Partei zu nehmen», rapportierte Sidler. Sie solle nun eiligst nach Bern kommen, um die «massgebenden Herren» zu treffen.[96]

Für Anna Tumarkins Laufbahn waren Einfluss und Empfehlung ihrer beiden Berliner Professoren entscheidend. Und es war Ludwig

57 Eduard Brückner, Tumarkins aufrichtiger Freund

Stein, der die beiden Berliner bei seinem Besuch Ende 1897 erneut bearbeitete. Am 3. Dezember 1897 schrieb er an Anna Tumarkin, die sich bei ihrer Familie in Russland aufhielt und hier ihren Pass erneuerte: «Ich konnte gleich nach meiner Ankunft in Berlin Prof. Erich Schmidt aufsuchen und mit ihm bezw. Prof Dilthey das weitere Procedere besprechen.» Stein wirkte auch auf Oskar Walzel ein: «Von H[errn] Prof. Walzel darf ich jetzt annehmen, dass er mich in dem Bestreben, Sie zu habilitieren, unterstützen wird. Mit freundlichem Gruss auch an Ihren Herrn Vater, Ihr ganz ergebener Ludwig Stein.»

Mit ihrem Vater konnte Anna Tumarkin persönlich ins Reine kommen, da sie die Festtage über Silvester-Neujahr 1897/98 bei ihrer Familie in Chișinău verbrachte.[97]

Noch zagte Tumarkin selbst. Georg und Hedwig Sidler zeigten Verständnis dafür, war es doch entscheidend für ihr Leben, ob sie den Berner Avancen vertrauen konnte. Sidlers waren darauf gefasst gewesen, «dass das Schiffchen abermals ins Schwanken geraten möchte; wissen wir doch nur zu gut, wie sehr Wahl Qual ist. – Dilthey's Rat ist an und für sich wohl gut; anderseits wieder glauben wir zuversichtlich, dass das hiesige Terrain für Sie nicht so steril sein werde, wie Sie in gedrückteren Stimmungen sich vorstellen. So wissen wir z. B. von einem der fähigsten hiesigen Studierenden (Ausländer), der sich schon sehr für Sie interessiert. Auch Ihre ‹Übungen› werden in hiesigen Damenkreisen sicherlich Anklang finden.»

Ludwig Stein habe sich nach ihr erkundigt und sich gefreut, dass sie guten Mutes sei. Selbst mit Prächter sei die Sache «wieder im Geleise». Prächters Frau, die ihren Mann im Sprachenstreit unterstützt hatte, sei wieder munterer. Fanny Prächter-Haaf war Sekretärin im Internationalen Friedensbüro in Bern, das 1902 den Friedensnobelpreis bekommen sollte, über den sie sich still als emsige Arbeitsbiene mitfreuen durfte. Fanny brannte nicht nur für den Frieden, sondern outete sich auch als «warmer Anhänger des Frauenstudiums». Im Falle Anna Tumarkin stand sie zwischen den Anforderungen ihres Mannes und den Wünschen der Frauenbewegten. Also forderte sie zwar vehement das Frauenstudium, im Einklang mit ihrem Mann aber verlangte sie konsequent gleich hohe Hürden und eine gleich rigorose Vorbildung für alle Damen.[98] Das konnte Tumarkin nicht bieten – noch nicht.

Einer Postkartennotiz der Sidlers konnte Tumarkin wenige Tage später entnehmen, dass «Freund Brückner» eben zum Dekan ernannt worden sei und dass sich ihr Oskar Walzel und Friedrich Haag weiterhin gewogen zeigten. Ende April schliesslich gab das

58 Fanny Prächter-Haaf: im Loyalitätskonflikt

Berlin, Friedrichstr. 45.
den 24. Mai 1898.

Sehr geehrter Herr Erziehungsdirektor!

Die Unterzeichnete erlaubt sich hiemit das ganz ergebene Gesuch zu stellen, es möchte ihr die Habilitation als Privatdocent für Geschichte der neueren Philosophie, insbesondere der Aesthetik an der philosophischen Fakultät der Universität Bern gestattet werden.

Sie legt bei die im Reglement über die Habilitation an der philosophischen Fakultät §2. verlangten Ausweise und Schriften, nehmlich:

1. das in Bern am 11. Juli 1895 erworbene Doktordiplom;
2. die Dissertation – „Herder und Kant";
3. als Habilitationsschrift eine wissenschaftliche Specialuntersuchung über „Das Associationsprinzip in der Geschichte der Aesthetik;"
4. ein Curriculum vitae;
5. ausserdem:
   a) das Maturitätszeugnis des Kischinewer Mädchengymnasiums,
   b) das Lehrerinnendiplom,
   c) die in den „Preussischen Jahrbüchern" erscheinende Abhandlung „Zur Charakteristik Justinus Kerners" (in Druckbogen).

In ausgezeichneter Hochachtung

Dr. phil. Anna Tumarkin

59 Tumarkins Habilitationsgesuch vom 24. Mai 1898

Ehepaar Sidler Entwarnung und berichtete seiner liebsten Anjuta, dass in der Fakultät nicht gegen sie intrigiert werde. Man werde «wohl allgemein Ihrer Anmeldung entgegensehen».[99]

Der Entscheid für eine Universitätskarriere in Bern war gefallen und Anna Tumarkin bat am 24. Mai 1898 den Berner Erziehungsdirektor Albert Gobat noch von Berlin aus um die Erlaubnis, an der Universität dozieren zu dürfen. Um sich zu habilitieren, die Venia Docendi zu bekommen und Privatdozentin zu werden, musste Anna Tumarkin ein genau vorgeschriebenes bürokratisches Verfahren durchlaufen. Mehrere Schreiben und Beschlüsse liefen rauf und runter.

Am 6. Juni 1898, abends um acht Uhr, beugten sich im Senatszimmer 13 Mitglieder der Philosophisch-historischen Fakultät über Tumarkins Gesuch. Stein referierte eingehend über Bildungsgang und wissenschaftliche Arbeiten der Habilitandin und empfahl die Zulassung «aufs wärmste». Teils mündlich, teils schriftlich hatten sich ihr inzwischen verstorbener Deutschprofessor Ludwig Hirzel sowie die Berliner Professoren Erich Schmidt und Wilhelm Dilthey «in günstigster Weise über Strebsamkeit und Talente der Habilitandin ausgesprochen». Dass man Anna Tumarkin im russischen Mädchengymnasium kein Griechisch beigebracht hatte und sie deshalb die «Muttersprache der Philosophie» nicht kannte, war der einzige dunkle Punkt in ihren glänzenden Zeugnissen. Da sie aber eifrig bemüht war, sich diese fehlende Vorbildung anzueignen, wurde sie einstimmig zur Probevorlesung und zum Kolloquium zugelassen.

Dekan Eduard Brückner meldete anderntags der Erziehungsdirektion des Kantons Bern, dass sich die Fakultät einstimmig für Anna Tumarkins Habilitierung ausspreche. Man wollte aber sicher gehen: «Ehe jedoch die Fakultät die Petentin zu diesem Zweck aus Berlin nach Bern beruft, möchte die Fakultät von der hohen Erziehungsdirektion die Zusicherung haben, dass von der Erziehungsdirektion gegen die Habilitation einer Dame prinzipiell nichts eingewendet wird.»

Postwendend erklärte Gobat am 10. Juni 1898, dass er nicht opponiere.[100]

Anna Tumarkin reiste von Berlin nach Bern ab. Es galt, sich der Probevorlesung und dem Kolloquium zu stellen.

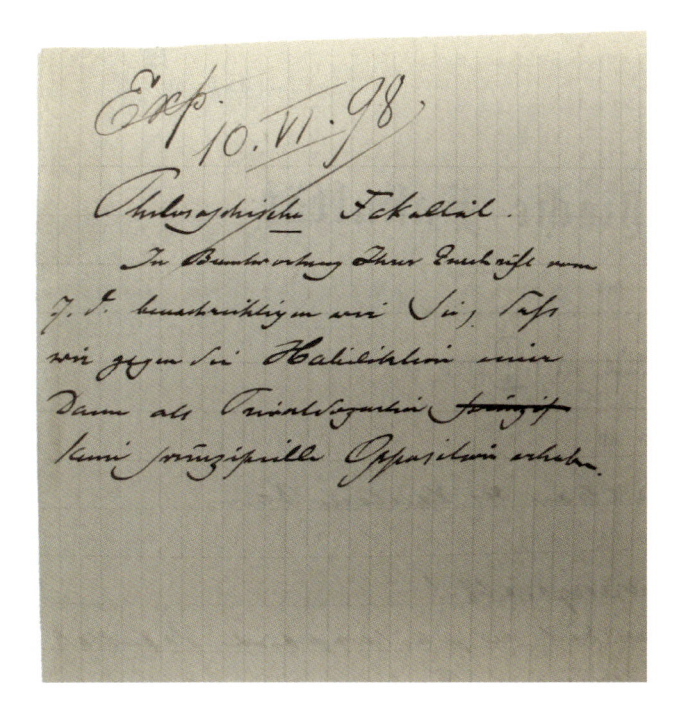

Vergebliche Opposition gegen Tumarkins Habilitation ohne Griechischkenntnisse | 75

60 Erziehungsdirektor Albert Gobat: keine Opposition gegen die Habilitation einer Dame

III Die frühe Privatdozentin und Senatorin in Bern

Tumarkins erster Schritt auf der universitären Karriereleiter: Privatdozentin

Ein sensationelles Ereignis
[Berner Tagblatt]

Am Mittwoch, 15. Juni 1898, morgens um acht Uhr, hielt Frl. Dr. Anna Tumarkin im Senatszimmer der alten Berner Universität beim Casino ihre Probevorlesung zum *Begriff der inneren Form in der Ästhetik*.

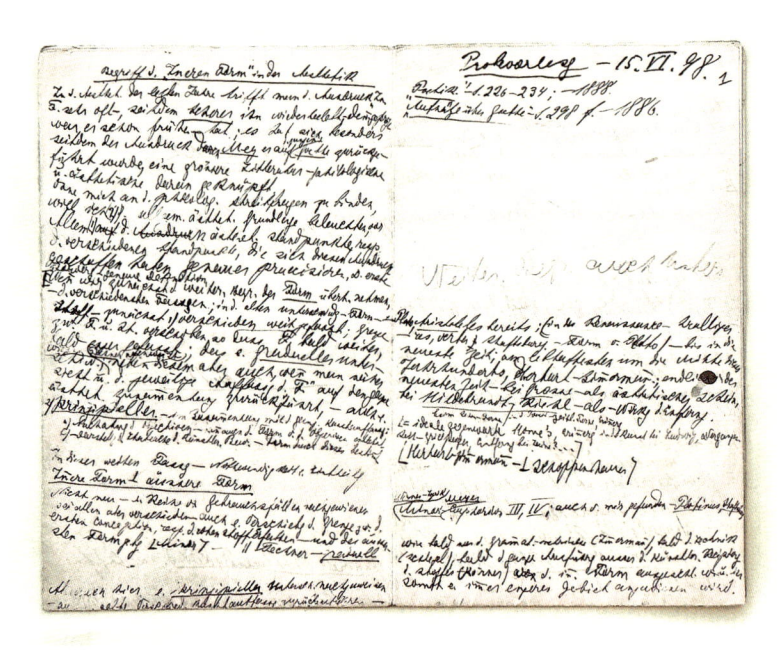

61 Text der Probevorlesung vom 15. Juni 1898

Im anschliessenden Kolloquium unter der Leitung von Ludwig Stein und Oskar Walzel wurden Tumarkins «zutage getretenen Leistungen» wohlgefällig begutachtet. Ihr sollte die Venia Docendi für die Geschichte der neueren Philosophie erteilt werden. Der Zusatz «insbesondere der Aesthetik» schränkte die Lehrbefugnis allerdings ein.

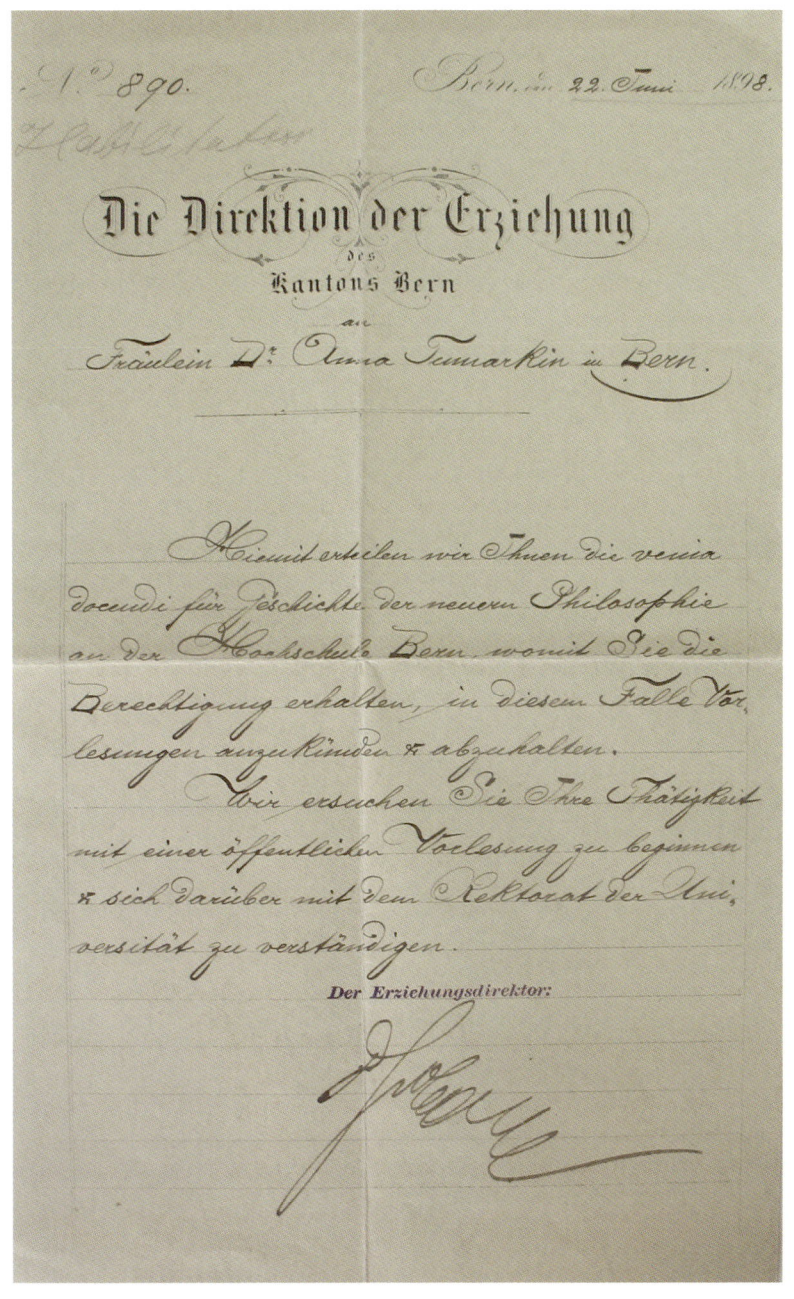

62 *Ernennung Tumarkins zur Privatdozentin vom 22. Juni 1898*

Erziehungsdirektor Alber Gobat erteilte schliesslich am 22. Juni 1898 dem 23-jährigen Fräulein Dr. Anna Tumarkin in Bern die Lehrberechtigung. Aus Versehen oder doch eher aus List liess er die Einschränkung unter den Tisch fallen. Das Fehlen von klassischen Sprachkenntnissen schien ihm kein Grund, Tumarkin im Lehrgebiet zu beengen. Sechs Tage später, am 28. Juni 1898, reklamierte Dekan Eduard Brückner. Den Zusatz «insbesondere der Aesthetik» habe man «absichtlich und mit guten Gründen aufgenommen». Gerade die Ästhetik werde an der Hochschule noch nicht gelesen, sodass die Dozentin vorwiegend hier das Feld ihrer Lehrtätigkeit finden werde, argumentierte er.[101]

Man beeilte sich, das Versehen, wenn es denn eines war, zu korrigieren.

Mit ihrer Habilitierung waren die Würfel in der Frage Berlin oder Bern gefallen. Da nun ihre berufliche Situation geklärt war, meldete sich Anna Tumarkin am übernächsten Tag erneut in Bern an. «Toumarkina Ester Anneta» wurde am 24. Juni 1898 als «landesfremder Aufenthalter» ins Fremdenbuch VII der Stadt Bern eingeschrieben.[102]

Nach ihrer Rückkehr aus Berlin hatte sie das Angebot ihrer Freunde angenommen und war beim Astronomen und Mathematiker Prof. Georg Sidler-Schiess und seiner Frau Hedwig eingezogen. Sidlers wohnten gleich neben der Eidgenössischen Bank beim Bahnhof, im dritten Stock des etwas schlichteren Anbaus an der Christoffelgasse 4. Die am 16. Mai 1894 eingeweihte zweite Strassenbahnlinie führte von der Länggasse zum Hauptbahnhof und von dort durch die Christoffelgasse Richtung Süden bis nach Wabern. Das Tram dampfte also direkt an Sidlers Wohnung vorbei.

63 Georg und Hedwigs Wohnung an der Christoffelgasse 4 neben der Eidgenössischen Bank

Anna Tumarkin wohnte bei Sidlers nicht einfach als Untermieterin, sondern als liebes Familienmitglied. Gemeinsam besuchten sie Ausstellungen, trafen sich mit Bekannten und Verwandten. Der Mathematiker unternahm abends mit seiner Frau «l[ie]b Hedi» und Anna gerne Spaziergänge. Die drei waren eigentliche Stadtwanderer. Die Sidlers feierten auch Feste zusammen, genossen zum Beispiel

Anfang August 1898 die Jahresversammlung der Schweizerischen Naturforschenden Gesellschaft mit einem dramatischen Waldfest, Feuerspielen und einer illuminierten kleinen Schanze. Am Annatag, dem katholischen Namenstag der hl. Anna am 26. Juli 1898, nahmen Sidlers den Nachmittagstee mit Anna Tumarkin und der 20 Jahre älteren Modistin Anna Durheim ein, der Tochter der ehemaligen Zimmervermieterin vom Sommerleist. Sie überreichten «beiden Damen schöne Gladiolenstengel».[103]

Der Druck der Habilitationsschrift zum *Associationsprinzip in der Geschichte der Ästhetik* machte keine Probleme. Ludwig Stein nahm sie in seine internationale Publikationsreihe *Archiv für Geschichte der Philosophie* auf. Es publizierte, gemäss eigener Werbung, herausragende Beiträge zu allen Epochen der westlichen Philosophie und legte Wert «auf höchste Standards in historischer Genauigkeit, argumentativer Präzision und sprachlich luzider Darstellung». Noch heute wirbt das Archiv mit seinem grossen internationalen Renommee.[104]

Nun war Anna Tumarkin die erste Dozentin der Philosophie in Europa und die erste reguläre Privatdozentin der Schweiz, nachdem Emilie Kempin-Spyri ihre Dozentur 1891 in Zürich tragischerweise nicht regulär, sondern bloss ad personam – also mit einer Sondergenehmigung – erhalten hatte.

Noch aber stand Tumarkins erster publikumswirksamer Auftritt bevor: die Antrittsvorlesung. Dieser Auftritt war auf den 29. Oktober 1898 anberaumt. Tumarkin sollte sich der Öffentlichkeit und den Medien vorstellen. Als Thema wählte sie *Goethe über das Wesen des Dramas*. Während der Vorbereitungszeit traf sie wohl ihren Berliner Mentor Erich Schmidt, den profunden Goethe-Kenner, der in Zürich einen Vortrag über das deutsche Volkslied hielt (siehe S. 58). Hedwig und Georg Sidler jedenfalls freuten sich über Tumarkins Arbeitseifer und bemerkten: «Umso behaglicher werden Sie dann den Besuch von Erich Schmidt geniessen».[105] Mit oder ohne letzten Schliff von Prof. Schmidt überzeugte Tumarkin mit ihrer Eröffnungsrede.

Dass an diesem Samstagmorgen eine Frau zur Vorlesung antrat, war «ein sensationelles Ereignis». Das *Berner Tagblatt* zeigte sich beeindruckt. «Der Zudrang zur Antrittsvorlesung war so ungewöhnlich gross, dass die Vorlesung im letzten Augenblick in die Aula verlegt werden musste, die sich mit Studenten und Professoren, sowie Angehörigen der akademischen Kreise ganz füllte.»

Die Privatdozentin habe sich ihrer Aufgabe vorzüglich entledigt und nicht die mindeste Spur von Befangenheit gezeigt, meinte nach

Universität Bern.

Oeffentliche Antrittsvorlesung.

Zu der **Samstag den 29. Oktober**, 11 Uhr vormittags, im Hörsaal Nr. 6 stattfindenden Antrittsvorlesung des Fräulein Privatdocenten Dr. **A. Tumarkin**:

„Göthe über das Wesen des Dramas"

werden die Herren Professoren, Docenten und Studierenden der Hochschule, sowie ein weiteres Publikum geziemend eingeladen.

Der Rektor der Universität:
Dr. H. Strasser.

13782.

64 Zeitungsinserat: Einladung zu Tumarkins öffentlicher Antrittsvorlesung

65 Die Aula der alten Hochschule, in die Tumarkins Vorlesung verlegt wurde.

ihrem Auftritt das *Intelligenzblatt*. Und die *Gazette de Lausanne* bemerkte: «Le jeune professeur a été très applaudi».[106]

Fünf Tage vor Tumarkins Venia Docendi und zwei Tage vor ihrer Antrittsvorlesung war Bern in Feststimmung – allerdings nicht wegen des historischen Auftritts der jungen Frau. Am 18. Juni 1898 wurde vielmehr die neue Kornhausbrücke, eine technische Meisterleistung, mit Festzug und Illumination eingeweiht.[107]

Umjubelte erste Dozentin inmitten von Spannungen und Skandalen

Das sinnende, ruhige Antlitz der erst 23-jährigen Universitätslehrerin
[Joseph Victor Widmann]

1898 war allerdings auch ein Jahr sozialer, politischer und gesellschaftlicher Spannungen. Fragen zu Antifeminismus, Antisemitismus, Terrorismus und Klassenkampf brachen auf. Noch bevor Anna Tumarkin am 29. Oktober 1898 die traditionelle öffentliche Antrittsvorlesung als frisch gebackene Privatdozentin halten konnte, erlebte Bern Unerhörtes. Am 10. September 1898 fuhr der Leichenzug der Kaiserin Elisabeth von Österreich unter grosser Anteilnahme vieler Schaulustiger mitten durch Bern. «Sisi» war durch einen Dolchstoss des italienischen Anarchisten Luigi Lucheni in Genf getötet worden und ihre Leiche war auf dem Weg nach Wien, um in der Kapuzinergruft beerdigt zu werden.

Der Mord hatte der Schweiz den Vorwurf des Auslandes eingebracht, ausländische Anarchisten und Terroristen jeglicher Art zu dulden. Die schweizerischen Behörden griffen härter durch. Die vielen russischen Studierenden, unter ihnen Revolutionäre, waren auch Einheimischen ein Dorn im Auge. Sie verlangten deren Ausweisung.

«Sie rafft sich endlich auf», schrieb der *Nebelspalter* am 1. Oktober 1898 und zeichnete eine Helvetia, die Albert Gobat vorwärts stösst, damit er mit der Schaufel das anarchistische Unkraut ausmerze.

Die Zeitungen, auch die schweizerischen Blätter, berichteten zu dieser Zeit leidenschaftlich über die Affaire Dreyfus in Paris. Nachdem Emile Zola mit seinem berühmten *J'accuse* vom 13. Januar 1898 den Justizirrtum angeprangert hatte, mit dem der französische, jüdische Offizier Alfred Dreyfus als Landesverräter verurteilt worden war, erschienen nun in bunter Folge Berichte über gefälschte Beweise, Korruption und Verhaftungen.

66 *Helvetia drängt Gobat dazu, das anarchistische Unkraut auszumerzen.*

Empörung herrschte auch in Berns Arbeiterschaft. Dr. Nikolaus W. Wassilieff wollte im Namen der Sozialdemokratischen Partei dem Proletariat helfen und einen Minimallohn einführen. Dies lehnte das Stimmvolk am 25. September 1898 mit 3177 gegen 1966 Stimmen rundweg ab.

Dass sich eine Frau nicht alles bieten liess, gab zu reden. Im Oktober kochte nämlich die Affäre Elberskirchen–Aebi wieder auf, als Zürcher und Berner Blätter von einer Verleumdungsklage Ernst Aebis gegen die *Frankfurter Zeitung* berichteten.[108] Der *Nebelspalter* schlachtete am 29. Oktober 1898 das «hübsche Skandälchen» genüsslich aus und zeichnete Ernst Aebi und Johanna Elberskrichen in Raserei begriffen.

Als Russin, Frau, Jüdin und Emigrantin konnten Anna Tumarkin all die Skandale und Karikaturen nicht kalt lassen. Persönlich ritt sie aber auf einer Erfolgswelle.

Der Ruf der jungen Philosophin drang über die Landesgrenzen hinaus. Zeitschriften in Paris, Leipzig, Berlin schrieben über sie. Das Pariser Blatt *Le XIXe Siècle* brachte die kleine Mitteilung über Tumarkins Inauguration am 1. November 1898 auf der Titelseite und stellte sie unter das Motto: «Le Féminisme aussi est en marche».[109]

Die schweizerische illustrierte Zeitschrift *Die Schweiz* porträtierte 1898 den «ersten weiblichen Privatdozent an einer europäischen Hochschule». Dafür wurde Tumarkin vom angesagtesten Fotografen Berns, von Hermann Völlger fotografiert. Er galt als einer der begabtesten Lichtbildner und bediente in Bern eine betuchte Klientel. Berühmt wurde er mit seiner Rundumansicht der Stadt Bern, die er 1894 vom eben fertig gestellten Münsterturm aus in acht Bildern aufgenommen hatte, und die noch heute als digitalisiertes Völlger-Panorama begeistert.

Die Textvorlage beschaffte sich *Die Schweiz* bei Anna Tumarkin selbst. Sie beschrieb ihren Werdegang, hob die Bedeutung der Professoren Schmidt und Dilthey hervor und wies auf die Ästhetik hin, die im Mittelpunkt ihres Interesses stehe.[110] «Unsere Illustration», schrieb die Zeitschrift 1898, «zeigt das Bildnis von Fräulein Dr. Anna Tumarkin, einer geborenen Russin, welche in den letzten Oktobertagen ihre Antrittsvorlesung als Privatdozent an der Universität Bern hielt. Die junge Dame – sie zählt erst 23 Jahre – nimmt unter allen ihres Geschlechtes eine Sonderstellung ein, sie ist der erste weibliche Privatdozent an einer europäischen Hochschule.»

Den Bericht über Dr. phil. Anna Tumarkin las auch der engagierte Feuilletonist des *Bunds*, Joseph Victor Widmann. Ihm fiel Tumarkins Ruhe auf, und er wies seine Leser und Leserinnen auf «das sinnende, ruhige Antlitz der erst 23jährigen Universitätslehrerin» hin.[111]

Die in Leipzig und Berlin herausgegebene wöchentlich erscheinende *Jllustrirte Zeitung* veröffentlichte immer wieder mit Hingabe Porträttableaus von gekrönten Häuptern, von Künstlern und Politikern, aber auch von Berufsleuten und Akademikern. Um die Jahrhundertwende publizierte sie auch Medaillonsammlungen von Frauen. Dichterinnen wurden vorgestellt, aber auch studierte Ärztinnen und am 16. Februar 1899 promovierte Sprachwissenschaftlerinnen. Es war Käthe Windscheid persönlich, die in Heidelberg als erste Frau an einer deutschen Universität promoviert wurde, die Anna Tumarkin um ein Bild und einen kurzen Lebenslauf bat: «Es liegt uns sehr daran, dass gerade Sie nicht auf dem Tableau fehlen, ich habe mit grossem Interesse u. grosser Freude von Ihren Erfolgen in Bern gelesen.»[112]

Der „Samichlaus" in der Urschweiz. — Dr. phil. Anna Tumarkin. — Klara Viebig: Der Heilige. 489

licher Engel, die teils Lieder sangen, teils Gaben spendeten, schloß sich ihm an. Darauf folgte der Heilige selber, im bischöflichen Ornat, mit Mitra und Krummstab hoch zu Roß. Ein buntes Gefolge umgab ihn, Laternenträger in grellen Kostümen, buntscheckige Gesellen und Possenreißer, die sog. Samichlausgeiggl, welche die Menge neckten. Auch der Schmutzli mit dem Samichlausesel fehlte nicht, eine drollige, von den Buben beständig umdrohte Gestalt. Diesem bunten Zuge schloß sich die hl. Familie an, begleitet von den hl. drei Königen und ihrem Gefolge, — so daß der ganze Zug oft über 100 Personen zählte. Mittag 12 Uhr setzte sich derselbe in Bewegung, durchschritt die Straßen des Hauptfleckens, besuchte näher gelegene Ortschaften und kehrte abends nach Stans zurück. Ein gemeinsames Mahl schloß gewöhnlich die Feier des Tages, wobei eine Sammlung zu gunsten eines gemeinnützigen Zweckes veranstaltet wurde. So im Jahre 1857, wo der letzte in Stans abgehaltene „Samichlausenumzug" eine ansehnliche Summe für die katholische Rettungsanstalt Sonnenberg abwarf.

Der erste weibliche Privatdozent an einer europäischen Hochschule: Dr. phil. Anna Tumarkin.

Mit Abbildung.

Unsere Illustration zeigt das Bildnis von Fräulein Dr. Anna Tumarkin, einer gebornen Russin, welche in den letzten Oktobertagen ihre Antrittsvorlesung als Privatdozent an der Universität Bern hielt. Die junge Dame — sie zählt erst 23 Jahre — nimmt unter allen ihres Geschlechtes eine Sonderstellung ein, sie ist der erste weibliche Privatdozent an einer europäischen Hochschule. Ihr Studiengang ist in Kürze folgender: Am 16. Februar 1875 in einem kleinen Orte Westrußlands geboren, kam sie bald darauf nach Kischeneff, wo sie auch ihren ersten Unterricht, zunächst zu Hause, dann vom Jahre 1885 an der dortigen Mädchengymnasium genoß. Nachdem sie dasselbe absolviert (1891) und im nächsten Jahr auch das Lehrerinnenzeugnis erlangt hatte, bezog sie die Berner-Universität, wo die Philosophie (Prof. Stein), die neuere deutsche Litteratur und Sprache (Prof. Hirzel und Prof. Singer) und die Geschichte (Prof. Woker) ihre Hauptfächer waren. Außerdem trieb sie Französisch (Prof. Michaud), Englisch (Prof. Müller-Heß) und Latein (Prof. Haag). Im Juli 1895 promovierte sie mit der Dissertation „Herder und Kant".

Gleich nach der Promotion ging sie nach Berlin, woselbst sie ihre Studien theils an der Universität, theils privatim bis zum Juli 1898 fortsetzte und sich darauf in Bern als Privatdozent habilitierte.

Am meisten förderten sie dabei die Herren Professoren Erich Schmidt und Wilhelm Dilthey, an deren Seminarübungen sie teilnahm, und die ihr auch sonst bei ihren Arbeiten das lebhafteste Interesse bezeugten. Auf Prof. Diltheys Rat hin versuchte sie durch Beleuchtung von Grillparzers, Ludwigs und Hebbels ästhetischen Theorien einen Beitrag zur Poetik des 19. Jahrhunderts zu liefern, eine Arbeit, welche wegen der dazu nötigen umfangreichen Studien noch nicht zu Ende gediehen ist. Eine andere ästhetische Arbeit, ihre Habilitationsschrift: „Das Associationsprinzip in der Geschichte der Aesthetik", erscheint im „Archiv für Geschichte der Philosophie" und ist ebenfalls auf eine Anregung von Prof. Dilthey hin entstanden.

Von den Arbeiten, die sie unter Prof. Schmidts Leitung ausführte, ist die eine: „Zur Charakteristik Justinus Kerners" in den „Preußischen Jahrbüchern" Juli 1898 erschienen; die andere, „Göthe über das Wesen des Dramas", ihr Thema zur Antrittsvorlesung, ist noch nicht gedruckt.

Außer den Vorlesungen von Prof. Schmidt und Prof. Dilthey hörte sie auch die Herren Stumpf, Paulsen, Simmel, Brandl, Geiger und Meyer. Zugleich suchte sie durch Studien in den Berliner Museen und Galerien ihr Kunstverständnis zu fördern.

Vor allem aber konzentrierte sich ihr Studium auf das Gebiet der Aesthetik, des Faches, das vor allen anderen im Mittelpunkte ihres Interesses steht und dem sie auch ihre weitere Thätigkeit widmen möchte.

Anna Tumarkin. Phot. Völlger, Bern.

Der Heilige.

Skizze von Klara Viebig, Berlin.

Nachdruck verboten.
Alle Rechte vorbehalten.

Flatterschnee ist auf den gefrornen See gefallen, Wind hat darüber hingefegt und lange Streifen ins Weiß gerissen; blank schimmert das bloßgelegte Eis in bläulicher Stahlfarbe.

Hinterm Weidengebüsch steht der Mond und leuchtet, dunkelgelb, rund und glanzvoll; seine Strahlen gleiten am Rand des Sees hin und fingern und tasten.

Im Dorf schlägt ein Hund an, im Nachbarhof fängt ein zweiter den Laut auf, ein dritter antwortet, ein vierter — aus den Hundehütten kommen sie wütend gefahren, schütteln das struppige Fell, stemmen die Vorderbeine steif und heulen auf zur runden gelben Scheibe.

Die Häuser und Scheunen sind wie aus Pappe geschnitten, und zeichnen sich scharf ab vom silbernen Grund; der Kirchturm hebt sich klar bis in die äußerste Spitze.

Langsam verglimmt Licht nach Licht im Dorf, — Glühwürmchen in der Winternacht — nur oben am See in der Pfarrei ist noch Lampenschein. Er fällt durchs Studierzimmerfenster auf die gefrorne Straße und gleitet mit den Mondstrahlen hinunter zum Seerand. Zitternd spinnen sie sich weiter und weiter hinaus auf den See und zittern scheu wieder zurück; noch erreichen sie die Mitte nicht.

Jetzt schweigen die Hunde, eine Wolke ist über den

67 Der erste weibliche Privatdozent Anna Tumarkin 1898 in der illustrierten Zeitschrift Die Schweiz

Im Mittelpunkt des Titelbildes stand Anna Tumarkin, sie war als einzige habilitiert: «Es ist das erste mal, dass eine Frau in einer philosophischen Facultät als Privatdocentin wirkt; der muthigen Vorkämpferin ist von Herzen Glück zu ihrem Erfolg zu wünschen,» meinte die Zeitung. Von den zehn um Tumarkin gruppierten Damen hatten sieben auch in der Schweiz studiert.[113]

Am Mittwochmorgen, 3. Juli 1901, teilte die *Vossische Zeitung* zu Berlin Tumarkins Triumph mit, hob Tumarkins Berliner Studien hervor und rühmte die Berner Frauenförderung: «Diese Bevorzugung der Frauen zu solchem für sie recht wohl passenden Wirkungskreis darf an einer Universität nicht auffallen, in deren Frequenz das weibliche Element eine so hohe Ziffer darstellt, ja in einer Fakultät sogar numerisch überwiegt.» Von den 364 Studierenden der Medizinischen Fakultät seien 188 Damen, worunter allein 180 Russinnen. Von den in Bern studierenden Ausländern machten die Frauen die Hälfte aus, nämlich 222 von insgesamt 449.[114]

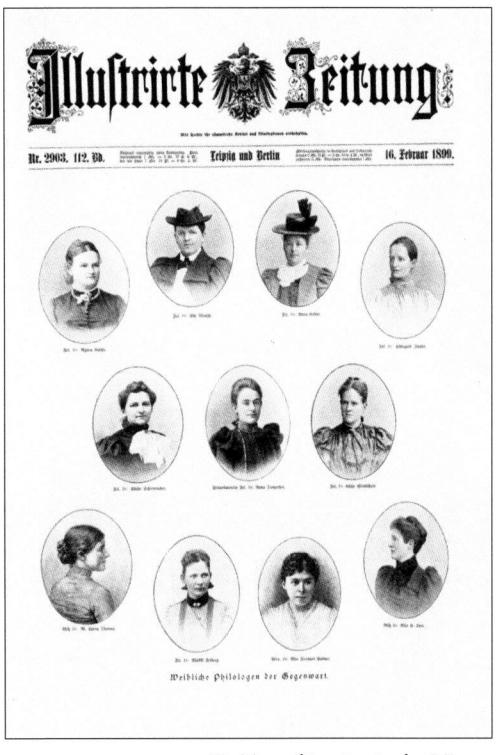

68 Tumarkin 1899 in der Mitte des Titelblatts der deutschen Jllustrirten Zeitung

Das *Berliner Jntelligenzblatt* übernahm am 11. Juli 1901 die Nachricht vom «einzigen weiblichen Privatdozenten an einer Hochschule deutscher Zunge».

Kurioserweise brauchte es den Umweg über Berlin, damit die Mitteilung am 3. August 1901 auch Eingang in die Spalten der *Frauen-Zeitung «Berna»*, fand. Deutsche Zeitungen, teilte das Organ des kantonalbernischen Frauenvereins ihren Leserinnen mit, berichteten von auffallend vielen Damen in den akademischen Stellungen der deutschen Schweiz. Einen guten Monat später, am 14. September 1901, reichte *«Berna»* das bekannte Foto von Anna Tumarkin nach, eingebettet in einen Artikel über den heldenmütigen Kampf der russischen Frauen und arrondiert mit einigen eigenen Zeilen zum Werdegang der jungen Philosophin aus Westrussland: «Die Ehre, unter den Frauen der erste weibliche Privatdocent in Europa zu sein, darf Frl. Tumarkin für sich beanspruchen.» In der gebildeten Gesellschaft geniesse sie hohes Ansehen: «Ihr Name wird gewiss noch oft genannt werden als derjenige einer Pionierin auf dem Gebiete des Frauenstudiums. Möge auch für alle Zukunft ein glücklicher Stern über der vielversprechenden Dame walten», wünschte die *«Berna»*-Redaktorin Maria Marti-Lehmann aus Oberburg.[115]

Die ersten Lehrveranstaltungen der Anna Tumarkin und ihre Studierenden

Mein erstes Kolleg.
Aesthetik der deutschen Klassiker
[Anna Tumarkin]

Anna Tumarkin nahm in ihrem Logis an der Christoffelgasse 4 bei Sidlers ein Heft hervor und schrieb auf die Titelseite: «Mein erstes Kolleg. Aesthetik der deutschen Klassiker. W.S. 1898/9. Freitag 7–8. (4.XI.98–3.III.99) A. Tumarkin Bern.»[116]

Tumarkins Kolleg wurde als Nachtrag in den Lektionenkatalog und ihr Name ins Verzeichnis der Behörden, Lehrer und Studierenden aufgenommen.

In ihrer ersten Veranstaltung sassen ihr 9 Männer und 15 Frauen zu Füssen. Die meisten Studierenden kamen aus der Schweiz, zwei aus Deutschland, einer aus Bulgarien und eine aus Russland.

Bekannte liessen es sich nicht nehmen, die junge Dozentin zu unterstützen. Allen voran ihre Vertraute, Hedwig Sidler-Schiess. Sie

69 *«Mein erstes Kolleg. Aesthetik der deutschen Klassiker. W.S: 1898/9. A. Tumarkin»*

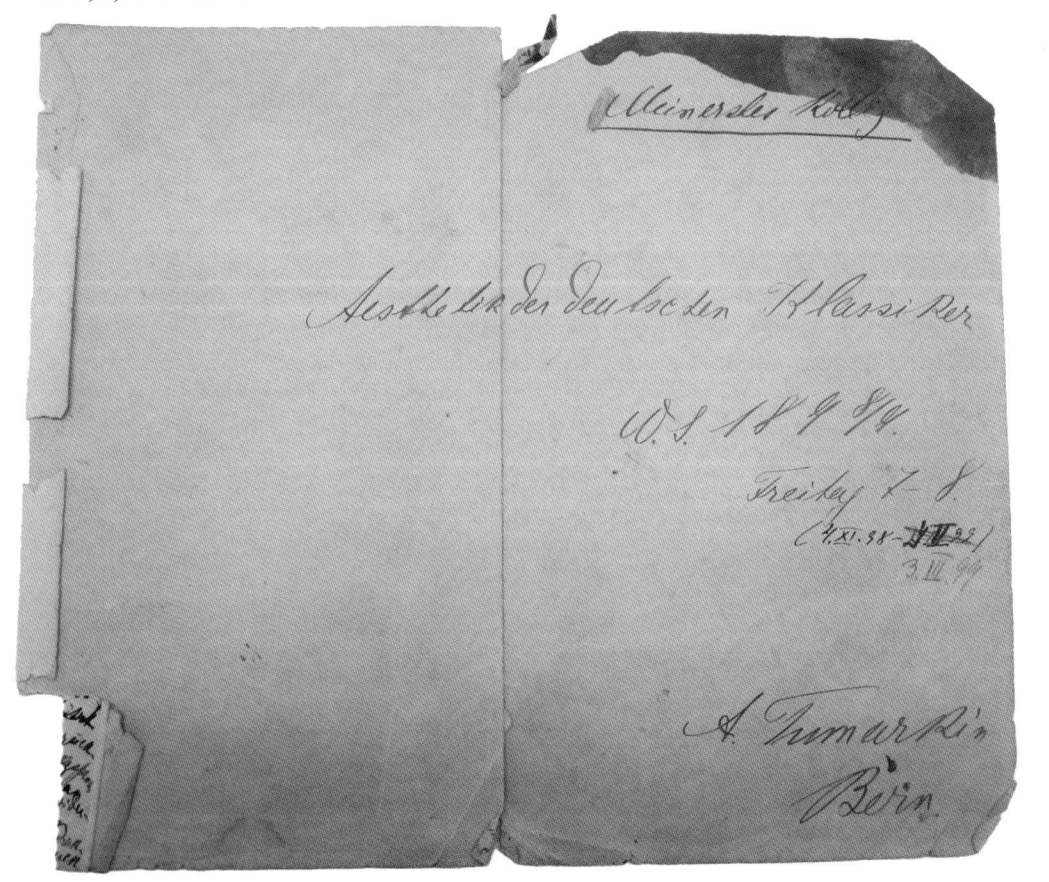

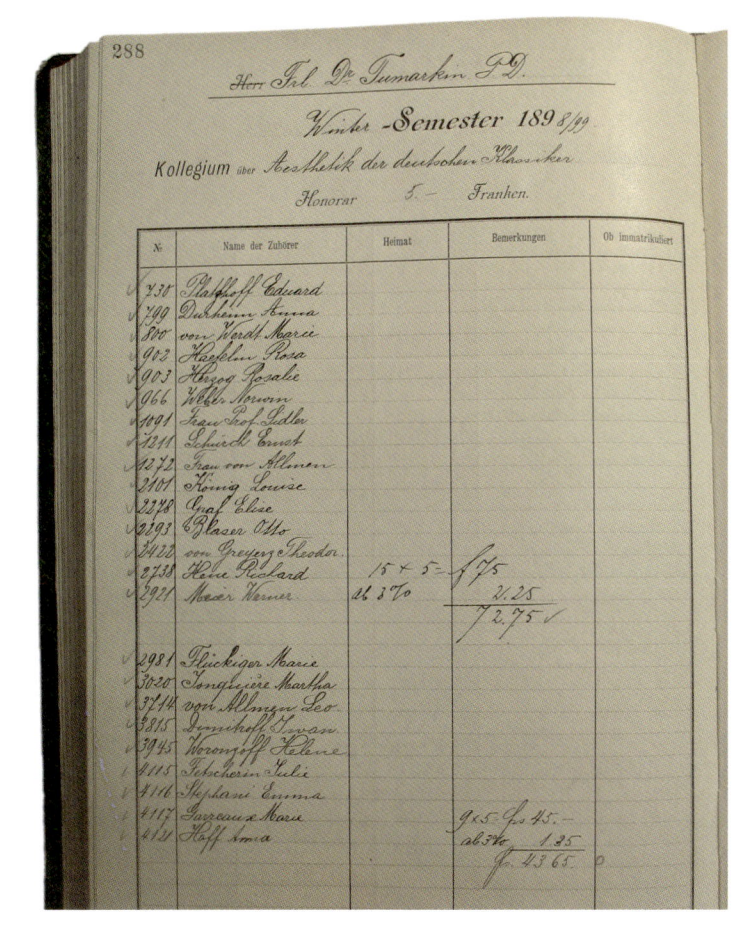

70 Die ersten Studierenden des ersten Tumarkin'schen Kollegs im Winter 1898/99

1 Platzhoff Eduard;
2 Durheim Anna;
3 von Werdt Marie;
4 Haefelin Rosa;
5 Herzog Rosalie;
6 Weber Norwin;
7 Frau Prof. Sidler;
8 Schürch Ernst;
9 Frau von Allmen;
10 König Louise;
11 Graf Elise [Emma];
12 Blaser Otto;
13 von Greyerz Theodor;
14 Heue Richard;
15 Mei[y]er Werner;
16 Flückiger Marie;
17 Jonquière Martha;
18 von Allmen Leo;
19 Dimitroff Jwan;
20 Woronzoff Helene;
21 Fetscherin Julie;
22 Stephani Emma Emilie;
23 Garraux Marie;
24 Hoff Anna.

brachte den Sohn des eng befreundeten Bundesrichters Leo Weber mit, den leidenden Berner Germanisten Norwin Weber. Er schrieb an einer wissenschaftlichen Abhandlung über die *Frau in Sturm und Drang*. Die leider verschollene Arbeit wurde mit einem akademischen Seminarpreis ausgezeichnet. Weber gehörte den Altzähringern an, die Trinkzwang und Duelle ablehnten. Er schrieb Gedichte und an seiner neuhochdeutschen Dissertation. Dass er vor Schmerzen oft nicht mehr aufrecht stehen konnte und seine Arbeiten immer wieder unterbrechen musste, erfuhr Anna Tumarkin im Briefwechsel mit Sidlers. Altertumsforscher Norwin Weber wird 1900 promovieren und drei Jahre später sterben.[117]

Etliche Zuhörende hatten Beziehungen zu Tumarkins Wohnorten. Leopold von Allmen, der mit seiner Frau im Kolleg sass, gravierte als Ingenieur beim Eidgenössischen Topographischen Bureau Landkarten an Tumarkins erster Berner Adresse am Niesenweg 3. Anna Durheim repräsentierte Tumarkins zweiten Wohnsitz, den Sommerleist. Fremd in einer fremden Stadt, ging Anna Tumarkin

71 Norwin Weber, Tumarkins Hörer

72 Maria Mathilde Franziska Mitzi von Werdt, Tumarkins Hörerin

offenbar freundlich mit den Menschen um und verstand es, Zimmervermieterinnen und Nachbarn als Hörerinnen und Hörer zu gewinnen. Oder umgekehrt, Hörerinnen wie Martha Jonquière und Emilie Stephani werden ihr ein Logis anbieten (siehe S. 97).

Ein bekanntes Gesicht erblickte sie in ihrer früheren Kommilitonin Emma Graf. Wie beschrieben gehörte auch sie zu den Schweizer Lehrerinnen, die sich ihre höhere Bildung und Fortbildung zusammensuchen mussten, da ihr keine so gute und gradlinige Ausbildung wie den Männern offenstand (siehe S. 40). Auffallend viele Pädagoginnen sassen Tumarkin zu Füssen: Emilie Stephani arbeitete als Schwimm- und Klassenlehrerin an der Mädchensekundarschule Monbijou, die Bernburgerin Julie Fetscherin als Lehrerin an der Neuen Mädchenschule, Marie Garraux als Sekundarlehrerin und Martha Jonquière als Musiklehrerin.[118]

Bei Tumarkins Première dabei zu sein, war bestimmt prickelnd, und so genossen viele interessierte Auskultantinnen, unter ihnen auch Bernburgerinnen, das aussergewöhnliche Ereignis. Maria Mathilde Franziska von Werdt etwa war die Tochter des Bernburgers Karl Rudolf, einem im Tirol tätigen k.u.k. Offizier in österreichischen Diensten. Ihre Mutter war die Gräfin Christina Franziska von Gatterburg. Die junge *Mitzi* besuchte Tumarkins Kolleg wohl zum Zeitvertrieb, war doch adeligen Damen damals keine ernsthafte Arbeit zugedacht. Sie wird unverheiratet bereits als 27-Jährige sterben.[119]

Eine besondere Stellung in Tumarkins Leben nahm Anna Hoff ein, ihre Mitbewohnerin in der Villa Schauenberg und Kommilitonin in den Veranstaltungen von Eugène Michaud und Ludwig Hirzel, den Professoren für französische bzw. deutsche Literatur.

Die Baltin Anna Hoff-Naschatir war eine der vielen Frauen aus dem russischen Reich, die in der Schweiz studieren wollten, «wo gute Bekannte das ersehnte und in der Heimat noch versagte Universitätsstudium begonnen hatten». Sie war wohlbehütet und ohne Spezialausbildung und Arbeit in einem gepflegten Milieu aufgewachsen und hatte sich mit dem deutschen Kaufmann Siegfried Hoff verheiratet. Nachdem sie am 8. Januar 1880 als 19-Jährige in Moskau Adelaide *Ida* geboren hatte, verliess sie schon 1886 Mann und Land. Sie kam nach Zürich, 1892 nach Bern, wo sie als Hörerin universitäre Vorlesungen besuchte. Ihre Tochter Ida war «eine gelehrige, aber zu manchen muntern Streichen aufgelegte Schülerin» der Berner Mädchensekundarschule, dann des städtischen Gymnasiums, das sich endlich auch den Mädchen geöffnet hatte. Anna Hoff verkehrte im Haus des Philosophieprofessors Ludwig Stein und war auch mit dem Ehepaar Sidler bekannt.[120]

Tumarkins erste männlichen Schüler werden sich als engagierte Pädagogen mit ehrgeiziger Zukunft in Politik oder Bildung auszeichnen. Am weitesten wird es Ernst Schürch bringen. Der Berner Bauernsohn sollte Karriere machen, und zwar in juristischer, politischer und journalistischer Hinsicht. Schürch wird nicht Gymnasiallehrer bleiben, sondern Gerichtspräsident und Staatsanwalt, schliesslich Chefredaktor der bernischen Zeitung *Der Bund* und freisinniger Berner Grossrat werden. Die deutsche Regierung wird 1940 seine Entlassung verlangen, weil er in einem Leitartikel auf die Bedrohung durch den Nationalsozialismus aufmerksam machen wird. Die Berner Theodor von Greyerz wird als Thurgauer Kantonsschullehrer Lehrmittel für höhere Schulen publizieren.[121]

Otto Blaser wird der erste Lehrer für Deutsch und alte Sprachen am 1902 neu gegründeten Gymnasium Biel sein. Wenn er dann als Alt-Rektor einen Rückblick auf 50 Jahre Bernische Heilstätte für Tuberkulose in Heiligenschwendi schreibt, wird er nicht nur die Porträts der wichtigen Männer veröffentlichen, sondern in ungewohnter Weise auch die ausdrucksvollen Gesichter des Frauenkomitees publizieren. Wo üblicherweise der Spruch von der aufopferungsvollen Mitarbeit der Ehefrauen platziert ist, wird bei ihm selbst die Gattin des Verwalters, Rosa Bürki-Gerber, ins Bild gesetzt werden.[122] Bemerkenswert ist es auch, dass Blaser die Medizinerin Laura Turnau erwähnen wird, die eine Studie über die Dauererfolge auf Heiligenschwendi durchführt, obwohl sie bloss im Range einer Assistenzärztin steht.

Vielleicht kann daraus abgeleitet werden, dass Anna Tumarkin den Männern als Vorbild weiblicher Tüchtigkeit diente und sie animierte, weibliche Arbeit zu schätzen?

Möglich, dass Tumarkins Hörer bereits ein Flair für Frauenarbeit mitbrachten und deshalb in ihrem Kolleg mitmachten. So auch ihr allererster Student, der Frankfurter Eduard Platzhoff-Lejeune. Er war wohl der fähige Ausländer, der sich gemäss Georg Sidler bereits im Vorfeld ihrer Dozentur sehr für ihre Vorträge interessiert hatte und sich als Erster für ihren Kurs anmeldete.

Der vielseitige Pfarrer und Schriftsteller Platzhoff-Lejeune liess sich kurz nach seiner Promotion im Waadtland einbürgern. Er lehrte an verschiedenen Universitäten der Romandie und schrieb regelmässig für die Zeitungen der Deutsch- wie auch der französischen Schweiz. 1905 publizierte er *Zur Psychologie der Frau,* und 1911 leitete er in Lugano ein «Pensionnat de jeunes filles». Er war auch Privatdozent in Genf und veröffentlichte Beiträge in der von den Drs. Otto und Maria Waser redigierten Illustrierten *Die Schweiz*. Und im Al-

73 Hörerin Anna Hoff-Naschatir mit Ehemann Siegfried

74 Hans und Rosa Bürki-Gerber in Otto Blasers Heiligenschwendi-Buch

ter wird er die Schweiz überschwänglich und vielsprachig als ein «schönes Wunder» preisen und sich indirekt zu Tumarkin äussern: «Dass die Frau nicht unter dem Manne steht, dürfte die Weisheit des 20. Jahrhunderts doch wohl erfassen können.»[123] Ein Bild von Eduard Platzhoff-Lejeune liess sich nicht auftreiben, eine Reihe von Büchern erzählt jedoch von seiner Vielseitigkeit.

Noch Jahrzehnte später erinnerte man sich an das denkwürdige erste Kolleg des jungen «soeben zur Privatdozentin ernannten Frl. Dr. Tumarkin […] in der alten heimeligen Hochschule».[124]

Griechisch, Latein und die unorthodoxe Lösung einer Mathematikaufgabe

Sie müssen sich doch ein Weltbild machen
[Georg Sidler]

Als Annas Habilitierung auf der Kippe stand, weil sie die philosophischen Texte nicht in ihrer Urform lesen konnte, versprach sie, das fehlende Wissen nachzuholen. Selbst ihr treuester Mentor, Georg Sidler hatte ihr gestanden, dass er es nicht ungern sehen würde, wenn sie sich «energisch auf Griechisch und Latein werfen» und dann «wie ihre Freundin v. Uexküll-Güldenband eine Maturitätsprüfung bestehen würde». Margarete von Uexküll-Güldenband, Tochter eines Barons aus Riga, hatte sich in Bern als Auskultantin und mit Nachhilfestunden erfolgreich auf die ausserordentliche

Matura vom 22. August 1895 vorbereitet. Sie promovierte schliesslich in Zürich über Blütenformen und heiratete den holländischen Arzt und Ethnologen Anton Willem Nieuwenhuis.[125]

Anna Tumarkin tat es «der Grossen» gleich. Zudem liess sie sich auf ein doppeltes Vorhaben ein. Zum einen suchte sie ihre Vorbildungsdefizite bei Maturafächern abzubauen, zum andern die altklassischen Sprachen von Grund auf zu lernen.

Georg Sidler fädelte für sie bei Georg Finsler private Nachhilfestunden ein. Finsler war Rektor des städtischen Literaturgymnasiums, Vater der literarischen Gesellschaft und Verfechter der humanistischen Bildung. Der berühmte Homer-Kenner verstand es trefflich, die grossen Menschheitsideen, die im klassischen Altertum besonders reich zu finden sind, in ihrer allgemeinen Bedeutung darzustellen. Zudem pflegte er als fröhlicher Wanderer mit seinen Schülern durch die halbe Schweiz zu reisen.

Mathematikunterricht erhielt Anna Tumarkin von Georg Sidler. Als ehemaliger Lehrer der Kantonsschule Bern und als Sekretär der Maturitätsprüfungskommission, der Hunderte von mathematischen Maturaarbeiten betreut hatte, war er dazu prädestiniert. Die von ihm gestellte mathematische «Matura-Aufgabe für Fräulein Anna Tumarkin» blieb erhalten. Anna Tumarkin löste sie am 24. Januar 1899 richtig. Besonders war, dass Tumarkin auf andere Weise als ihr Lehrer zum richtigen Ergebnis fand und auch hier Eigenständigkeit bewies. Ihr Denken bewegte sich nicht ausgeleierten Geleisen entlang, sie führte ihre Gedanken spazieren. Einmal mehr bewies sie ihr eigenständiges Denken, ihre «erfreuliche Selbstbethätigung».[126]

Mit Anna auf die erfolgreiche Prüfung anzustossen, das liess sich das Ehepaar Sidler wohl kaum nehmen. Offenbar feierten sie am Samstag, 25. März 1899, denn eine «dankbare Anna» schenkte dem Paar zur Erinnerung an diesen Tag einen Sonderdruck ihrer Habilitationsschrift. Zudem konnte Dozentin Tumarkin an diesem hellen, kalten Märzabend auch zu ihrem ersten, am 3. März 1899 erfolgreich überstandenen Vorlesungskurs gratuliert werden.[127]

Anna Tumarkin hatte nebst ihrer Fortbildung ihre Pflichten als Dozierende zu erfüllen. Diese Zweispurigkeit war auch für eine Anna Tumarkin zu viel, und sie liess sich für die Sommersemester 1899 und 1900 von ihren Lehrverpflichtungen beurlauben: «Ich bin genöthigt Latein und Griechisch in gründlicher Weise zu treiben, um so eine Lücke, die sich mir bei meinen wissenschaftlichen Arbeiten zeigt, auszufüllen», erklärte sie.[128]

Tumarkin schrieb sich für den Sommer 1899 – wie später nochmals für den Winter 1902/03 – förmlich als Auskultantin an der

75 Die Grosse: Margarete von Uexküll-Güldenband

76 Altphilologe Georg Finsler, Tumarkins Nachhilfelehrer

Matura – Aufgabe für Fräulein Anna Tumarkin:

Drei Gesellen bestellen gesottene Kartoffeln und legen sich zu Bette. Nachdem die Kartoffeln gekommen, steht der erste Geselle auf und verzehrt den dritten Teil. Nach einer Weile erhebt sich der 2te und isst den dritten Teil dessen, das er vorfindet. Endlich erhebt sich der 3te und vertilgt den dritten Teil des von ihm Vorgefundenen. Dann bleiben 24 Stk. übrig. Wie viele Kartoffeln waren es anfangs?

Auflösung 1 [Sidler]: Sei x die ursprüngliche Anzahl, so vertilgt der 1te Geselle x u. lässt 2x übrig. Der 2te Geselle isst von dem letztern wieder 1 und lässt 2 übrig; er isst also 2x u. lässt 4x übrig; der 3te Geselle macht es ebenso; er isst also 4x u. lässt 8x übrig. Somit 8x = 24, d.h. x = 3, oder x = 81.

Auflösung 2 [Tumarkin]: Jeder isst 1 des Vorgefundenen u. lässt 2 übrig. Er vertilgt als zur Halbe so viel als er übrig lässt. Nun lässt der 3te Geselle 24 K. übrig u. hat also 12 K. vertilgt.
Der 2te Geselle hat also 36 K. übrig gelassen u. daher 18 K. vertilgt.
Der 1te Geselle hat daher 36 + 18 = 54 K. übrig gelassen,
also 27 K. vertilgt. Die ursprüngliche Anzahl der Kartoffeln war also 54 + 27 d.h. 81.

24. Jenner 1899.

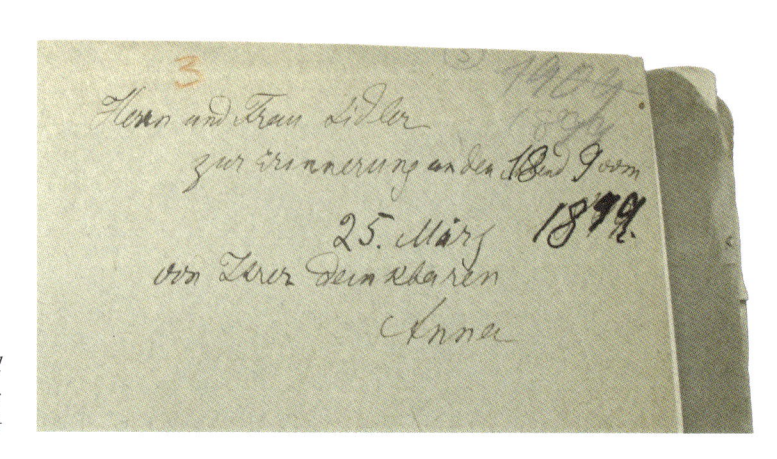

77 Transkript der Matura-aufgabe für Anna Tumarkin

78 Widmung für Georg und Hedwig Sidler in Tumarkins Habilitationsschrift

79 Die von Georg Sidler für Anna Tumarkin gestellte Maturaaufgabe

Universität Bern ein. Zudem ackerte sie Erich Schmidts Vorlesung über Poetik durch, die er im nämlichen Sommer in Berlin hielt und die sie vom Kollegheft eines seiner Studenten abschreiben konnte.¹²⁹

Tumarkin war eigentlich stets bemüht, dazuzulernen. Georg Sidler ermunterte sie dabei. Er riet ihr zum ernsthaften Studium weit über das enge Fachgebiet hinaus. Sidlers Hauptinteresse galt der Himmelsmechanik, aber er war zutiefst davon überzeugt, dass Gelehrte keine Fachidioten sein durften, sondern ein breites wissenschaftliches Fundament besitzen sollten. Dabei war er Vorbild, kompetent in Astronomie, Mathematik, Physik und Geschichte.

80 *Widmung von Georg Sidler: «Unsern lieben Anna Tumarkin ein Gruss von ihrem alten Freund»*

Während ihres Berlinaufenthaltes hatte er Tumarkin auf die populären naturwissenschaftlichen Vorträge der Gesellschaft Urania aufmerksam gemacht. Sie hatte sich zuerst gesträubt. Zu einem ernsten Studium der Naturwissenschaften hätte sie keine Zeit, und jene oberflächlichen Vorträge hätten für sie wenig Wert. Sidler widersprach und erzählte ihr von einem angesehenen Professor (Adolf Schmidt in Zürich), der sich lächerlich gemacht hatte und zum Gespött geworden war, als er sich auf einem fremden Gebiet groteske Blössen gab. «Sehen Sie», schrieb Sidler an Tumarkin, «vor so Etwas möchte ich Sie schützen!» Das Studium der Philosophie, meinte er, «sollte in der Anschauung einiger physischer Grundbegriffe eine Ergänzung erhalten. Sie müssen sich doch ein Weltbild machen. Von der Gestalt der Erde, von ihrer Drehung um ihre Achse, von ihrer Stellung im Sonnensystem, [...] von einigen chemischen Grundbegriffen, von einigen Gesetzen der Physik, von dem was unsern Sinnesempfindungen von Farben und von der Tonhöhe entspricht, müssen Sie doch eine klare Anschauung haben.» Sidler vermutete, sie werde darüber lachen und ihm entgegnen, sie sei doch keine Primarschülerin, sondern ein summa cum laude promovierter Doktor der Philosophie! Doch er bestand darauf, ein Dr. phil. schütze nicht vor Torheit. Das sehe man, witzelte er, auch an ihm, dem Dr. phil. Georg Sidler ... .[130]

Was die beiden nicht wissen konnten: Jahre später sollte Ludwig Stein genau in diese Falle tappen und über seine unsinnige Behauptung stolpern, am Südpol sei es heiss (siehe S. 158).

Jenseits der Russenkolonie: Flair für hübsche und moderne Logis

Toumarkina E. A. Privatdocentin, Längg[asse], Schanzenstr. 6
[Berner Adressbuch]

Die beurlaubte Dozentin Anna Tumarkin suchte sich ein ruhiges Plätzchen für ihr Weiterstudium. Georg und Hedwig Sidler, bei denen sie an der Christoffelgasse 4 vom Sommer 1898 bis zum Sommer 1899 gelebt hatte, waren gesundheitlich angeschlagen. Georg musste im Sommer 1898 bei Zahnarzt Konrad Eggemann alle Zähne ziehen und Hedi im April 1899 beim berühmten Augenchirurgen Marc Dufour in Lausanne ihr rechtes Auge operieren lassen. Georg Sidler verfasste am 28. Juli 1898 sein Rücktrittsschreiben als Universitätsprofessor und als Präsident der Prüfungskommission für das höhere Lehramt.

Die Universität Bern hätte ihn gerne als Nachfolger Ludwig Schläflis gesehen, doch er beharrte auf seiner Demission. Sidler war ein aussergewöhnlicher Mann. Lieber wollte er nochmals nach Berlin gehen, «um dort zwei Semester bei den dortigen Koryphäen der Mathematik und Physik Vorlesungen zu hören und an den Kunstdarbietungen einer Grosstadt sich zu erfreuen».[131]

Am 24. Juni 1899 verabschiedeten sich Sidlers von Anna Tumarkin, die um 13.57 Uhr nach Zürich zum Besuch «der Grossen», zu Margarete von Uexküll-Güldenband fuhr, um andertags die Reise nach Chișinău fortzusetzen.

Georg Sidler löste den Haushalt an der Christoffelgasse 4 auf, verschenkte seine Bibliothek und zog krank mit seiner Hedi in die Pension Jolimont in der Äusseren Enge. Doch er erholte sich, schrieb trotzdem sein Testament und notierte am Sonntag, 8. Oktober 1899, in seinem Tagebuch, dass er zum ersten Mal wieder für längere Zeit aufstehen durfte. Seinem Journal vertraute er auch die Besuche von «Lieb Anna» im Jolimont an, etwa am 28. Oktober 1899: «Wir gingen in den Garten und dem Reichenbachwäldchen zu und begleiteten Anna bis zur Enge.»[132]

Das Ehepaar Sidler konnte schliesslich nach ihrem Jolimont-Aufenthalt ein eigenes Haus an der Erlachstrasse 28 beziehen. Anna Tumarkin fand im August 1899 ein Zimmer im herrschaftlichen Altenberg.

81 Panoramablick vom Restaurant Schänzli auf Altstadt und Berge

Sie wohnte vom 18. August 1899 bis zum 15. September 1900 in der Lindeneck an der Schänzlistrasse 47 bei Helene Isenschmid. Die Privatière war die Stieftochter der früh verwitweten Josephine Isenschmid-Jonquière, der die Villa gehörte. Josephines materielle Existenz war sorglos, sie hatte aber drei Söhne allein grosszuziehen. Familienmitglied Martha Jonquière hatte Tumarkins erste Vorlesung besucht. Die Lehrerin sass im leitenden Komitee der progressiven Frauenkonferenzen und brachte Aktien à 10 Franken unter die Leute, um das Restaurant Daheim der Vereinigung weiblicher Geschäftsangestellte zu konsolidieren.[133]

82 Tumarkins Logis in der Lindenegg ist auf der Krete hinter grünen Sträuchern und Bäumen zu erahnen. Rechts ist das Salemspital.

83 Einweihung der Villa Schönburg am 28. August 1898 mit Ludwig Stein (ganz rechts)

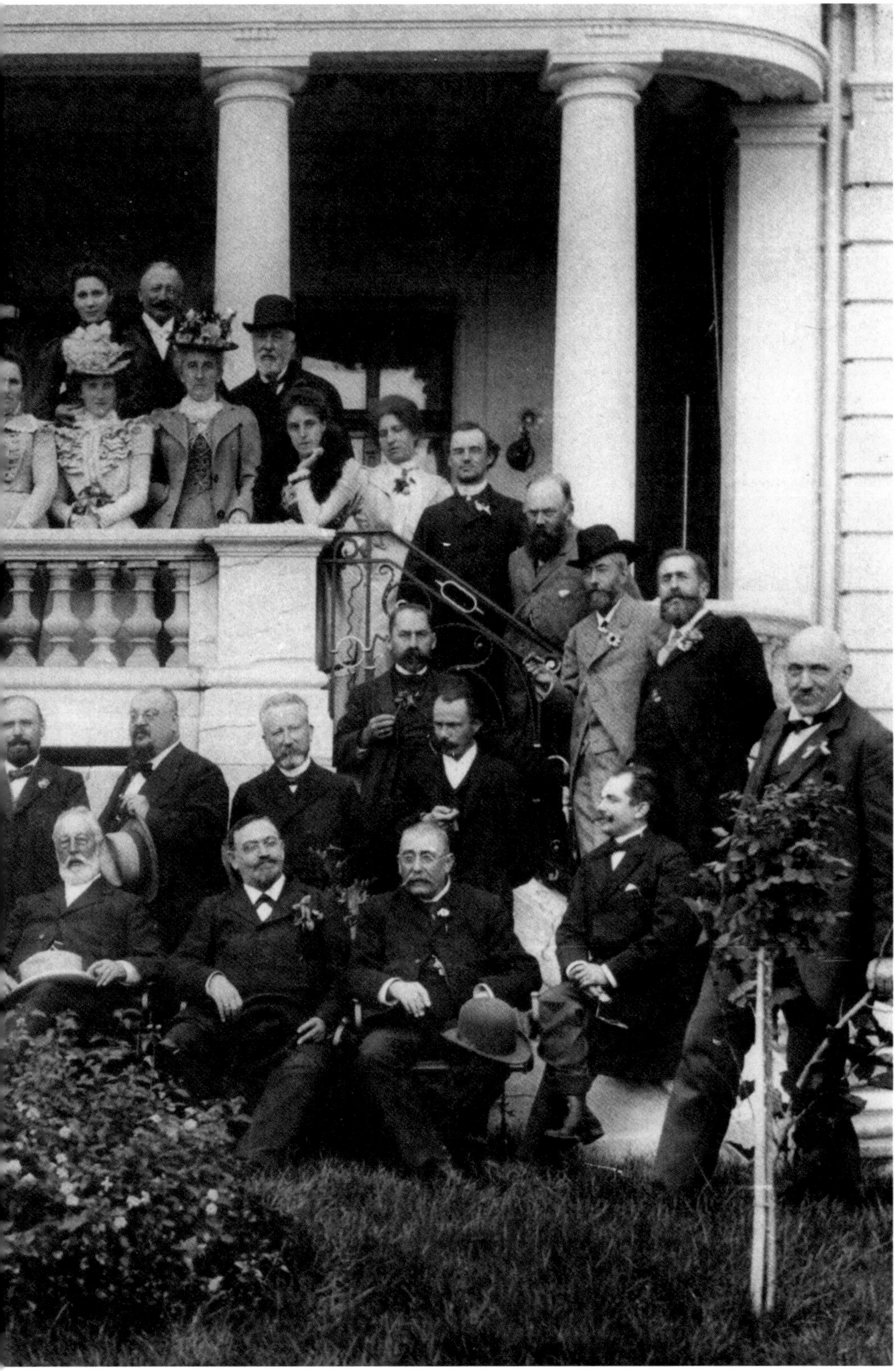

Nach der Eröffnung der Kornhausbrücke war der Altenberg bequem erreichbar und die Wohnlage superb geworden. Der Weg zum Naherholungs- und Vergnügungsort war kurz. Vom Kursaal-Schänzli, der «Dancing. Boule-Spiel. Bar» und täglich zwei Konzerte im Musikpavillon anbot, genoss man eine grossartige Aussicht auf Stadt und Berge. Innerhalb weniger Jahren entstanden repräsentative Villen. Unter den Bauherren fanden sich Angehörige der obersten sozialen Schicht. Tumarkins Mentor Ludwig Stein zog 1898 mit seinen sechs Kindern Eduard, Helene, Wilhelm, Arthur, Elsa und Theodor in seine neuerbaute Villa ein.[134]

Die illustre Schar, die am 28. August 1898 zur Einweihung geladen war, wurde fotografiert. Erziehungsdirektor Albert Gobat hielt eine Rede. Er hatte auf dem zweiten Stuhl in der vordersten Reihe links Platz genommen. Ganz links im Gras sass der Mediziner Hans Strasser. Ludwig Stein stand rechts aussen mit einem Ast in der Hand. Links von ihm in aufsteigender Form stehen ein Unbekannter, der spätere Nobelpreisträger Theodor Kocher mit Hut und der Pharmazeut Alexander Tschirch mit schwarzem Bart.

Einige Berner und Bernerinnen fanden Steins prunkvolle Villa zu protzig, zu angeberisch. Später spottete Tumarkins Schüler, Chefredaktor und Grossrat Ernst Schürch im *Bund:* «Es war einmal ein Philosophe, der wollte den Bernern zeigen, wie man baut. Er stellte in der zweitschönsten Lage, weil die schönste nicht zu haben und die allerschönste nicht zu finden war, eine reiche Residenz auf und nannte sie ‹Villa Schönburg›. Das Volksmaul, das schon an ganz andern Palästen herumgemault hatte, vermass sich einer Gegentaufe und nannte die prunkende Behausung des Philosophen ‹das Fass des Diogenes›. Das war vielleicht schalkhaft, aber, ‹im Lichte der Philosophie› betrachtet: warum soll einer nicht von den Erfahrungen alter Kollegen lernen und sein Obdach so wählen, dass ihm kein Alexander vor die Sonne treten kann?»[135]

Trotz herrschaftlichem Umfeld und toller Lage wechselte Anna Tumarkin nach einem Jahr erneut die Wohnung. Sie fand Mitte September 1900 über den Bahngeleisen im Turmhaus an der Schanzenstrasse 6 eine neue Bleibe, wo auch Fotograf Arnold Wicky sein Atelier hatte.[136] Von hier hatte sie einen unverstellten Blick auf modernste «Beleuchtungskörper, Gaskochherde, Badeöfen etc.» Vis-à-vis stand nämlich im Haus Nr. 7, der heutigen Welle 7, die Installationsabteilung der städtischen Gas- und Wasserversorgung. Der Gasanschluss war damals begehrt. Theodor Kocher in der Villette 25 verlangte ihn ebenso dringend wie Albert Einstein an der Aegertenstrasse 53.[137]

84 Die Schanzenstrasse 6 mit Turm, die Schanzenbrücke über den Geleisen und das Haus Nr. 7

Zum ersten Mal liess sich Anna Tumarkin 1901/1902 ins «Adressbuch für Stadt- und Stadtbezirk Bern» eintragen: «Toumarkina E. A., Privatdocentin, Längg[asse], Schanzenstr. 6»

Tumarkin blieb wiederum nicht lange. Nach einem Jahr fand sie etwas erhöht in der Falkenburg eine luxuriöse Behausung, die zudem auf dem neusten hygienischen und baulichen Standard war.

Vom 12. Oktober 1901 bis zum Herbst 1903 lebte Anna Tumarkin am Falkenhöheweg 16. Es erstaunt nicht wirklich, dass auch diese Vermieterin Lehrerin war und Tumarkins Vorlesungen besucht hatte. Klassenlehrerein Emilie Stephani teilte nun mit ihrem Bruder, dem Engros-Papierwarenhändler eine komfortable Wohnung.[138]

Das Haus war Teil der Falkenburg, einem luxuriösen, hoch über der Falkenhöhe thronenden Mietshausriegel, der mit einer Rundung zum Falkenplatz hin abgeschlossen war. Prächtige und repräsentative Reihenhäuser dienten damals dem städtischen Grossbürgertum als Ersatz für zu teuer gewordene Villen.

Am Falkenhöheweg 13 residierte Erziehungsdirektor und Nationalrat Albert Gobat, der zu eben dieser Zeit 1902 mit dem Friedensnobelpreis ausgezeichnet wurde.

85 *Der Falkenhöheweg 16 am linken Bildrand bis zum Haus Nr. 20 beim Falkenplatz*

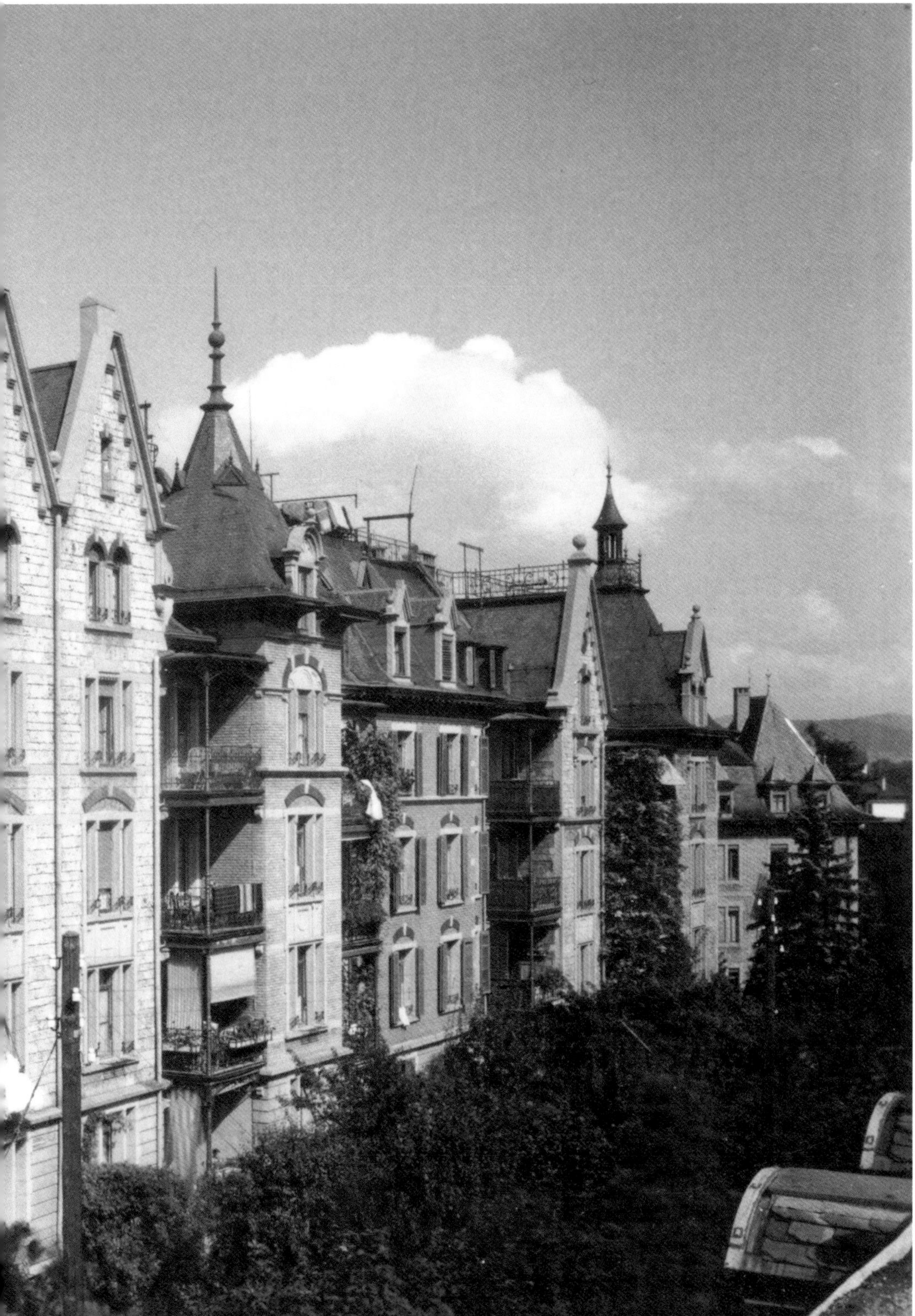

Verzicht auf Ehe, Mutterschaft und Kunst

Nur in Ausnahmefällen lässt sich ein wissenschaftlicher Beruf mit Mutterpflichten verbinden
[Anna Tumarkin]

Beruflich stand Tumarkin noch ganz am Anfang, arbeitete gratis und musste von ihrem Vater unterstützt werden. Noch wusste sie nicht, wie es weitergehen sollte. Sie war 25-jährig und damit in einem Alter, in dem damals die Frauen heirateten und Kinder bekamen. Tumarkin machte sich Gedanken, vor allem, als sie von Adele Gerhard und Helene Simon 1901 zu «Mutterschaft und geistige Arbeit» befragt wurde. Die beiden Autorinnen wollten eine «psychologische und soziologische Studie auf Grundlage einer internationalen Erhebung mit Berücksichtigung der geschichtlichen Entwicklung» publizieren.[139]

Privatdozentin Tumarkin äusserte sich vorsichtig: «Nur in Ausnahmefällen lässt sich – glaube ich – ein wissenschaftlicher Beruf mit der Erfüllung von Mutterpflichten ohne gegenseitige Beeinträchtigung verbinden. Besonders schwierig scheint es mir bei einem geistigen Beruf zu sein, der bestimmte zeitlich fixierte Pflichten auferlegt.»

Die erste Schweizer Ärztin Marie Heim-Vögtlin, Mutter dreier Kinder, liess sich in der Studie anonym und zuversichtlich vernehmen: «Die Schwierigkeiten, die die weiblichen Körperfunktionen Menstruation, Schwangerschaft, Stillen der Kinder, der Aerztin in der Ausübung ihres Berufes bringen, scheinen mir nicht grösser als diejenigen, die jede Frau zu überwinden hat, die einen, den Körper wie den Geist in Anspruch nehmenden Beruf ausübt.»

Das Thema der Doppelbelastung war gesetzt und dies zu einer Zeit, als eine sichere Verhütung kaum möglich, ein Sexualleben ausserhalb der Ehe schwer vorstellbar und eine Abtreibung undenkbar oder tödlich war.

Auch Biochemikerin und Friedensaktivistin Gertrud Woker, auf das «bedeutende Buch» der beiden deutschen Frauen hinweisend, beschäftigte sich mit den «Imponderabilien der Mutterschaft». Sie war die Tochter von Philipp Woker, Tumarkins Examinator für Geschichte (siehe S. 45). «Zu den vom rein theoretischen Standpunkt mit am schwierigsten zu behandelnden Problemen gehört entschieden das Problem ‹Mutterschaft und Beruf›», erklärte sie. «So vielgestaltig und verwickelt die Frage auch erscheine, man müsse sich ihr stellen. Es sei auch notwendig, weil Fanatiker, blindwütige Gegner der Frauenbewegung die Sache dadurch noch komplizierter erscheinen liessen, da sie den Beruf der Gattin und Mutter gegen den ausserhäuslichen ausspielten und damit den Dualismus zwischen Mutterschaft und Beruf konstruierten, der tatsächlich nicht bestehe.»¹⁴⁰

Helene von Mülinen scheute sich davor, die Mutterfrage konkret zu beantworten. Sie lebte in Verhältnissen und Familien, die ihre Kindererziehung oft Hilfskräften überantworteten: «Die körperliche Eigenart der Frau wird ihre geistig produktive Thätigkeit nur anders geartet, aber nicht minderwertiger gestalten.»

Tumarkin äusserte sich aber nicht bloss theoretisch zur Frage der Mutterschaft. Jakob Amstutz erinnerte sich gut an ein eindrückliches Gespräch dazu: «Eines Abends sassen einige Schüler bei der Professorin zuhause in fröhlichem Gespräch. Eine Studentin wollte in der folgenden Woche heiraten, und die Rede war von Hochzeitsfest und -reise, vom Wohnen und Haushalten. ‹Wie viele Kinder wünschen Sie sich?› fragte Anna Tumarkin das Mädchen. ‹O so viele als möglich!›, rief dieses ohne Zögern. ‹Sie haben recht›, sagte unsere Lehrerin: ‹Wissen Sie, ich hätte jederzeit für Ehe und Mutterschaft meine ganze Philosophie aufgegeben›.» Amstutz hat diesen letzten,

86 *Kinder oder Universitätsstudium? Mutter mit Kinderwagen vor dem Hauptgebäude*

heiter hingesagten Spruch nie vergessen. Er habe ihnen Anna Tumarkin noch verehrungswürdiger und lieber gemacht.[141]

Auch einen anderen Wunsch versagte sich die Tumarkin oder er wurde ihr versagt: Sie konnte nicht als Künstlerin leben. «Ja, ich wäre sogar zufrieden, wenn ich grosse dramat. Dichtungen auch nur als Schauspielerin reproduzieren könnte», schrieb sie im Frühling 1902 in einem Briefkonzept an den österreichischen Philosophen und Psychologen Rudolf Maria Holzapfel. «Was ist es, was uns so zum Drama zieht? Ich glaube, es giebt kaum einen Dichter, der sich nicht einmal in Drama versucht hätte. [...] Ist das nicht das intensivere Erleben, nach dem wir dürsten und von den das Drama uns e. stärkere Illusion verschafft?» Ihr Schüler, Bibliothekar und Historiker Hans Strahm sah sie dennoch als Künstlerin: «Sie gehörte zu den wenigen Menschen, die in ihrem geistigen Leben sich nur mit dem beschäftigen, wozu sie innerlich sich gedrängt fühlen. Was sie aber ergriff, ergriff sie mit ganzer, ungeteilter Leidenschaft, in Zustimmung oder in Ablehnung. In diesem Sinne ist ihr Wirken in hohem Masse mit dem Schaffen eines Künstlers zu vergleichen.» Zwar konnte sie selbst nicht als Dramaturgin oder Kunstmalerin leben, aber sie beschäftigte sich im Beruf und im Privaten gerne mit der Kunst in all ihren Facetten, einschliesslich der Musik.[142] (Siehe S. 424)

Nachrichten vom grauenvollen Judenpogrom in Chişinău 1903

Mörder, die hohnlachend die Todesqualen begleiteten, sich berauschend an der eigenen Bestialität
[Berthold Feiwel]

Ungeheuerliche Nachrichten aus ihrer alten Heimat zerrissen jäh Tumarkins ruhige Tage. In Chişinău wurden an den beiden russischen Osterfeiertagen vom Sonntag, 19., und Montag, 20. April 1903, rund 50 jüdische Männer, Frauen und Kinder massakriert. Beim Pogrom gab es mehrere Hundert Verletzte. Über 700 jüdische Häuser und Geschäfte wurden geplündert, verbrannt, zerstört.[143]

Bereits am 21. März 1903 hatte die *Neue Zürcher Zeitung* von einem Bauernknaben berichtet, der in einem jüdischen Laden Tabak kaufen ging und verschwand.

Die Leiche wurde anderntags in einem Garten mit achtzehn Wunden aufgefunden. Was folgte, war die Hetze der zaristischen Geheimpolizei Ochrana und lokaler Zeitungen, die den Tod eines christlichen Knaben böswillig in einen Ritualmord der Juden umwandelten. Juden hätten einen kleinen Christenknaben geschlachtet, um dessen Blut zum Passahfest zu verwenden. Die *Vossische Zeitung* und die *Neue Zürcher Zeitung* berichteten von der offiziellen russischen Version, den «Arbeiterausschreitungen gegen Juden». Das Innenministerium habe den Belagerungszustand, den «Zustand des verstärkten Schutzes» ausgerufen.

Falls Anna Tumarkin die Schreckensnachrichten aus ihrer Heimat nicht bereits telegrafisch erhalten hatte, erfuhr sie sie spätestens am Mittwoch, 29. April, aus den Berner Zeitungen. Das *Intelligenzblatt* und der *Bund* berichteten von unbeschreiblich grausamen Szenen, von grauenvollen Ausschreitungen einer geradezu wahnsinnigen Menge.[144] Die Gräuel seien unter den Augen von Sicherheitskräften verübt worden. Der Korrespondent der britischen *The Times* veröffentlichte einen Geheimerlass vom 25. März, in dem Russlands Innenminister Wjatscheslaw K. von Plehwe dem bessarabischen Gouverneur einschärfte, keinesfalls zu versuchen, die Bevölkerung «von allzu grossen Exzessen abzubringen». «Wir sind längst daran gewöhnt», schrieb das *Israelitische Wochenblatt für die Schweiz* am 8. Mai 1903, «schlimme Nachrichten aller Art aus dem despotischen Reiche im Osten zu vernehmen, aber so schlimme, wie diejenige, die in den letzten Tagen in den Blättern zu lesen waren, sind schon lange nicht mehr aus Russland zu uns gedrungen.»

Die Juden würden auf ewige Zeit nicht vergessen und vergeben können, dass man «Menschen jüdischen Stammes unter Qualen, Martern und Scheusslichkeiten stundenlang zu Tode peinigte, und dass die Mörder, die sich vielleicht eines Hundes erbarmt hätten, hohnlachend die Todesqualen begleiteten, sich förmlich weidend und berauschend an dem Wehgeschrei der Opfer und an der Schauerlichkeit ihrer eigenen Bestialität».[145]

Unklar bleibt, ob Anna Tumarkins Familie direkt in Mitleidenschaft gezogen wurde. Vielleicht gehörte sie zu den wohlhabenden und einflussreicheren Juden, die sich den Schutz der Polizei und die Bewachung des neuen Hauses für teures Geld hatten erkaufen können. Die Opfer gehörten zum überwiegenden Teil den allerärmsten Schichten der Bevölkerung an.[146]

Bestimmt aber war Bruder Lazar als Arzt der jüdischen Gemeinde gefordert. Ob und wie viele Verletzte seine neue Klinik an der Puschkinstrasse erreichten, ist unbekannt.

Der Judenmord in Chișinău sorgte international für Empörung und in der ganzen Welt gab es Protestmeetings. Spenden wurden gesammelt. In Bern organisierte ein Komitee der sozialdemokratischen

87 Verwundete vor dem Spital in Chișinău nach dem Pogrom von 1903

und der Arbeiterunion auf Mittwoch, 27. Mai, eine Versammlung im Volkshaus gegen die Gräueltaten. Die offizielle Schweiz verhielt sich neutral. Die *Neue Zürcher Zeitung* erklärte dazu: «Die Greueltaten in Kischinew schreien ja freilich zum Himmel […]. Aber es sind anderswo auch schon furchtbare Dinge vorgefallen, welche allgemeines Entsetzen hervorgerufen haben […]. Der Grundsatz der Nichteinmischung in innere Angelegenheiten anderer Staaten steht nun einmal fest; seine strenge Durchführung trägt wesentlich dazu bei, uns den Frieden zu erhalten. Man kann diesen Grundsatz […] ja verfluchen, er hat aber doch auch sein Gutes.»[147]

Die Schweizer Presse glaubte weder an einen Ritualmord noch an einen spontanen Volksaufstand. Nichts sei irrtümlicher als in den Ereignissen ein Zeichen revolutionärer Anarchie im Volke zu sehen, schrieb die *Neue Zürcher Zeitung* am 3. Juni 1903. Die zaristische Politik habe «die wilden Instinkte der ungebildeten Bevölkerung und die Gemeinheit des gebildeten Pöbels in seine Dienste genommen», um dem bestehenden Regime zu nützen. Die Unzufriedenheit der hungernden Massen soll auf die Juden gelenkt werden. Barbarische Ausschreitungen sollten zeigen, dass politische Änderungen, wie sie die gebildete Bevölkerung wünsche, ein Ding der Unmöglichkeit wären, weil das Volk hierfür noch nicht reif sei.

Der *Nebelspalter* hieb in die gleiche Kerbe und erblickte das Übel in der Gewaltherrschaft des Zarismus und der instrumentalisierten Kirche. Die Karikatur zeichnete einen Zar Nikolaus, der seine Versprechen betreffend Konfessionsfreiheit, Reformen und Völkerfrieden als Seifenblasen platzen lässt, und eine Kirche, die dem russischen Volk mit der Milchflasche die Volksverdummung einflösst. Am Boden fliesst das Blut der Ermordeten.

Nach dem Pogrom wurde der Korrespondent von *The Times* wegen Erfindung falscher Nachrichten aus Russland ausgewiesen. In St. Petersburg wurde Ende Juli 1904 der Innenminister samt Kutscher und Pferden auf dem Weg vom Polizeidepartement von Sozialrevolutionären durch eine Bombe getötet. Die Juden und Jüdinnen mussten ihre Recht- und Schutzlosigkeit erkennen.

In Chişinău sollte sich der unbeschreibliche Hass auf die Israeliten im Oktober 1905 und im September 1907 erneut grausam entladen. Landesweite Pogrome gegen Juden lösten Auswanderungswellen nach Palästina aus.

88 *Der Nebelspalter vom 30. Mai 1903 zum Judenmord in Kischinew (Chişinău)*

Das etwas andere Leben der nahen Verwandten Emilie Tumarkin

Philosoph Solowjew hat gelebt wie er gelehrt, wie er gedacht hat
[Emilie Tumarkin]

Anna Tumarkins nahe Verwandte Emilie, eigentlich Manja Tumarkin, mit der sie ihren Schock über das Pogrom und die Angst um ihre Familie hätte teilen können, lebte zur Zeit der Ausschreitungen in Halle a. S. Ihre beiden Grossväter waren Brüder. Die sieben Jahre jüngere Emilie war in Moskau als Tochter eines Juweliers und Kaufmanns aufgewachsen. Sie war im privaten, deutschsprachigen Mädchengymnasium Petri und Pauli in Moskau unterrichtet worden, hatte im Winter 1899/1900 in Moskau die höheren Frauenkurse besucht, wo sie sich hauptsächlich mit der Geschichte Russlands befasste. Nach einem Berliner Semester im Sommer 1900 kam sie nach Bern und immatrikulierte sich hier unter ihrem christlichen Namen.[148]

Sie belegte die für ein Medizinstudium obligatorischen naturwissenschaftlichen Grundlagenfächer. Dazu sass sie in den Vorlesungen von Ludwig Stein – und besuchte Anna Tumarkins Kolleg über die Geschichte der neueren Ästhetik. Bereits im Frühling 1901 packte Emilie ihre Siebensachen wieder zusammen und zog via Moskau nach Halle a. S., wo sie während sechs Semestern Philosophie beim Neukantianer Alois Riehl belegte.

Emilie Tumarkin kehrte im Sommer 1904, also nach dem ersten Chișinăuer Pogrom nach Bern zurück. Die Rückkehr hatte nichts mit der judenfeindlichen russischen Stimmung oder mit einem antisemitischen Klima in Deutschland zu tun, sondern mit der Tatsache, dass sie auch in Halle als Frau keine Chance auf einen Doktorabschluss hatte. Die beiden Tumarkin-Frauen wohnten nicht zusammen.[149] Doch besuchte Emilie erneut eine Vorlesung ihrer Verwandten Anna, nämlich den Kurs über Goethes ästhetische Schriften.

In ihrer Dissertation arbeitete Emilie Tumarkin über *Wladimir Solowjew als Philosoph* und promovierte am 13. Januar 1905 bei Ludwig Stein mit summa cum laude.

Der Held ihrer Dissertation, Wladimir S. Solowjew, war Religionsphilosoph und Dichter. Seine universitäre Karriere endete 1881 mit der Aufforderung an den neuen Zaren Alexander III., die Mörder seines Vaters Alexander II. zu begnadigen. Das war ein wahrlich

89 Porträt von Emilie Zetlin-Tumarkin, Annas Cousine zweiten Grades

verwegener Aufruf, Alexander II. war am 13. März 1881 in Petersburg von zwei Studenten der Untergrundorganisation Narodnaja Wolja (Volkswille) mit Dynamit und einer Granate getötet worden. Über die erstaunliche Vielfalt von Solowjews Ideen und über sein dramatisches Leben wurden viele Bücher und Artikel in nahezu allen europäischen Sprachen verfasst. Emilies Feststellung, er sei eine der merkwürdigsten Persönlichkeiten überhaupt gewesen, zog sich später durch die gesamte Rezeption, obgleich nie auf sie als die Autorin verwiesen wurde. Vielleicht werde die Nachwelt mehr Solowjews Leben als sein Gedankensystem nachrühmen, meinte sie: «Er hat durch sein Leben eine grosse, die grösste sittliche Aufgabe eines Menschen erfüllt; er hat gelebt wie er gelehrt, wie er gedacht hat.»[150]

Im Gegensatz zu Anna war Emilie Tumarkin politisch aktiv. Sie verkehrte in revolutionären Zirkeln und verheiratete sich in erster Ehe mit dem prominenten Sozialrevolutionär Nikolai D. Awksentjew. Emilie wurde bei ihrer Rückkehr nach Russland kurzzeitig verhaftet, Ehemann Nikolai arrestiert und verbannt. Nachdem ihm die Flucht gelungen war, emigrierte das Paar ins Ausland. Emilie Tumarkin verkehrte auch mit ihrem zweiten Ehemann Michail O. Zetlin in revolutionären Kreisen.[151] Sie führte ein ganz anderes Leben als Anna und wird als mehrfach Vertriebene in Amerika sterben.

Anna blieb in Bern und vertiefte sich weiterhin in die Wissenschaft. Am 5. November 1903 bezog sie eine neue Bleibe, diesmal am Pavillonweg 1 im Stadtbach. Das Gebäude diente Harald Marthaler-Rüetschi, dem Pfarrer der Heiliggeistkirche, als Pfarrhaus. Er setzte sich vehement für die Abstinenzbewegung und für Ferienkolonien

90 Das Haus am Pavillonweg 1 heute

91 Die Buchhandlung Schmid, Francke & Cie neben dem Hotel Schweizerhof

zugunsten armer Schulkinder ein. Die historischen Reihenmehrfamilienhäuser am Pavillonweg waren 1873/1874 erstellt, die Häuser Nr. 1 und 1a waren 1889 ganz im Stile der Nebenhäuser angebaut worden. Die Wohnlage, unweit des südöstlich gelegenen Personenbahnhofs und des Post- und Telegrafengebäudes war begehrt.[152]

Wiederum wohnte Regierungsrat Albert Gobat, der als Erziehungsdirektor Tumarkins oberster Dienstherr war, in unmittelbarer Nähe. Er besass nun das Haus Nr. 7 und hatte einen seiner Arbeitsplätze gleich um die Ecke. Im Haus Kanonenweg 12 nämlich befand sich von 1892 bis 1924 das Internationale Ständige Friedensbüro, dessen Sekretär Gobat von 1907 bis zu seinem Tod 1914 war. Und ein zweites Mal erhielt Tumarkins Wohnnachbar den Friedennobelpreis. Sein Internationales Ständiges Friedensbüro bekam die Auszeichnung 1910.

Im neuen Logis benötigte Tumarkin geeignete Büchergestelle. Wie gewohnt bei praktischen Fragen wandte sie sich auch dieses Mal an Georg Sidler. Er zögerte nicht, dienstfertig in die Buchhandlung des Alexander Francke-Schmid am Bahnhofplatz zu eilen und sich beim Fachmann nach geeigneten Regalen zu erkundigen.

Bereits 1898, als sie in Sidlers Wohnung lebte, hatte er ein «Büchergestell für das Zimmer von Frl. Dr. Anna Tumarkin» beim Schreiner Johann Schranz in der Länggasse für 15 Franken besorgt.[153]

Dem Haus wird Schreckliches widerfahren. Der zweite Stock vom Pavillonweg 1 wird am Freitag, 15. März 2002, durch einen Grossbrand zerstört werden. Ein Todesopfer wird zu beklagen sein und allfällige Erinnerungen an alte Zeiten werden verbrennen. Immerhin wird das Haus danach in möglichst ursprünglichem Zustand wieder hergerichtet werden und der Charakter mit Garten, Peristyl und Veranda, mit Pilastern, Lisenen und geohrten Fenstern erhalten bleiben.[154]

Die neue Wohnlage war für Anna Tumarkin ideal. Vom Haus und seinem kleinen Vorgarten aus war es nämlich nur ein kurzer Spaziergang zu ihrem neuen Arbeitsplatz im 1903 neu errichteten Hauptgebäude der Universität Bern auf der Grossen Schanze.

Tumarkins Arbeitsplatz im neuen Hauptgebäude der Universität Bern

Seiner hohen Bestimmung gemäss überragte die Universität die Nachbarbauten
[Gustav Grunau]

Nachdem die alte Hochschule zu klein geworden und verlottert war, hatten die Berner Verantwortlichen lange Zeit Pläne für ein neues Hauptgebäude gewälzt. Kaum zwei Monate im Amt, nahm schliesslich der neugewählte bernische Erziehungsdirektor Albert Gobat den Neubau an die Hand. Zwar hatte auch er mit erstaunlichen Widerständen zu kämpfen und der erfolgsgewohnte Politiker meinte in seiner Festrede: «Ich war sehr verwundert, als ich wahrnehmen musste, dass [beim Universitätsneubau] nicht alles nach meinem Willen gehen werde.»

«Seiner hohen Bestimmung gemäss» hatte die Universität die Nachbarbauten, die Sternwarte bzw. das Tellurische Observatorium im Osten und das Verwaltungsgebäude der Jura-Simplon-Bahn im Westen zu überragen. Im Renaissancestil erbaut sollte ihre Silhouette mit den fünf erhabenen Kuppeln eine «ernste und ruhige Würde» ausstrahlen.[155] Beim Bau wurden einheimische Geschäfte und Handwerker berücksichtigt. Die Installationen waren modern. WC gab es je vier auf den Stockwerken: je eines für Professoren, je zwei für Studenten und je eines für die Damen.

92 Das 1903 neu errichtete Hauptgebäude der Universität Bern auf der Grossen Schanze

93 Anna Tumarkin las unter anderem im philosophischen Hörsaal Nr. 34 (heute Nr. 114) im ersten Obergeschoss.

94 *Haupttreppenhaus vom Erdgeschoss zum ersten und zweiten Obergeschoss*

1903 konnte Anna Tumarkin ihren Arbeitsplatz im dunklen Gemäuer des alten Klosters verlassen und ein helleres Auditorium im modernen Hauptgebäude der Universität auf der Grossen Schanze beziehen.

Die Räumlichkeiten der Philosophischen Fakultät waren zu Beginn im ersten Obergeschoss untergebracht. Das grosse stadtwärts gerichtete Auditorium Maximum lag in der Mitte.

Anna Tumarkin las im philosophischen Hörsaal Nr. 34 (heute Nr. 114), in der Mitte des südwestlichen Arms des ersten Obergeschosses. Ihre späte Schülerin Margarethe von Rautenfeld erinnerte sich an die schönen Stunden im kleinen Hörsaal Nr. 36 (heute Teil von Nr. 115) im südwestlichen Eckzimmer. Mit den Baronessen Rautenfeld aus Riga, den zwei älteren Damen in der ersten Reihe, pflegte sie sich leise zu unterhalten, wenn sie den Hörsaal betrat.[156]

Als Tumarkin 1926 eine feste Hörsaalzuteilung wünschte, wurde ihr nach persönlicher Absprache mit dem Anglistikprofessor der Raum Nr. 40 (heute Nr. 120) in der nordwestlichen Ecke zugewiesen. Sie hatte sich selbst um eine gütliche Lösung bemüht und keinen Machtkampf vom Zaun gerissen, wie dies gewisse Kollegen gerne taten (siehe S. 216). Der Kampf um prestigeträchtige Säle wurde mitunter hart geführt.[157]

Auftritt des Berner Studentinnenvereins und dessen Engagement für gleiche Rechte

Festzug mit Schärpen geschmückten Chargierten
[Gustav Grunau]

Bern war stolz auf seinen Palast bernischer Gelehrsamkeit, diesen Tempel der heiligen Wissenschaft und diese Burg für geistfrisches Streben. Obwohl man eine direkte Volksabstimmung vermieden hatte, fand Bern stolze Worte für den «aus dem Schweisse des Volkes erbauten Prachtpalast». Regierungsrat Gobat rühmte den kleinen Bauernstaat von nicht einmal 600 000 Einwohnern, der so beträchtliche Mittel für diesen Tempel des Schönen, Wahren und Guten bewilligt hatte.[158]

«Universitas litterarum bernensis» – der Gesamtheit bernischer Wissenschaften – wurde in grossen Lettern in der Hauptfassade eingemeisselt. Die neue Universität wurde zum Postkartensujet.

Am Donnerstag, 4. Juni 1903, wurde das neue Hauptgebäude der Universität Bern feierlich eingeweiht. Als der Festzug von der

EINWEIHUNG DER NEUEN HOCHSCHULE
DONNERSTAG DEN 4. JUNI 1903

FESTZUG
Sammlung 9½ Uhr

Zugsordnung

I. Abteilung.

Aufstellung: Plattform, Spitze beim untern Thor. Ordnung zu Vieren.

1. Stadtmusik.
2. **Offizielle Festteilnehmer.**
   - a) Regierungsrat.
   - b) Obergericht.
   - c) Grossrat.
   - d) Rektor, Prorektor und Dekane.
   - e) Delegierte auswärtiger Hochschulen und ehemalige Professoren.
   - f) Professoren, Dozenten und Assistenten der Hochschule, nach Fakultäten geordnet.
   - g) Bezirksbehörden.
   - h) Gemeinderat der Stadt Bern und Bureau des Stadtrates.
   - i) Zunftpanner.
   - k) Burgerrat von Bern.
   - l) Vertreter der Hochschulbibliothek, des Hochschulvereins, Hochschulverwaltung, Bauleitung.
   - m) Ehemalige Studierende der Berner Hochschule.

II. Abteilung.

Aufstellung: Junkerngasse. Spitze an der Kreuzgasse. Ordnung zu Dreien.

1. Metallharmonie.
2. **Korporationskonvent I.**
   - a) Halleriana.
   - b) Burgundia.
   - c) Stella.
   - d) Helvetia.
3. Kadettenmusik.
4. **Korporationskonvent II.**
   - e) Rhenania.
   - f) Concordia.
   - g) Studentengesangverein.
   - h) Zähringia.
5. Stadtmusik von Zofingen.
6. **Korporationskonvent III.**
   - i) Zofingia.
   - k) Kadimah.
7. Studentinnenverein Bern.
8. Catholica bernensis.

III. Abteilung.

Aufstellung: Gerechtigkeitsgasse, südliche Hälfte. Spitze an der Kreuzgasse. Ordnung zu Dreien.

1. Unionsmusik.
2. Reitergruppe.
3. **Wildenschaft I. Hälfte.**
   - a) Evang. theol. Fakultät.
   - b) Kath. "   "
   - c) Juridische Fakultät
   - d) Medizinische "
   - e) Vet. "
4. Trommler- und Pfeifercorps.
5. **Wildenschaft II. Hälfte.**
   - f) Philosophische Fakultät.
6. Reitergruppe.

Abmarsch punkt 10 Uhr unter Glockengeläute, in der Reihenfolge der vorstehenden Zugsordnung durch *Kramgasse* (südl. Teil), *Bogen des Zeitglockenturmes*, *Marktgasse* (südl. Teil), *Bogen des Käfigturmes*, *Spitalgasse* (südl. Teil), *Bubenbergplatz* (südl. Teil), *Schanzenstrasse*, *Universitätsstrasse*.

Aufmarsch und Feier vor der neuen Hochschule.

1. Abteilung I stellt sich zwischen Hochschulgebäude und Universitätsstrasse auf.
2. Die Abteilungen II und III defilieren mit klingendem Spiel vor dem Hochschulgebäude, marschieren um den Aussichtshügel herum und auf den Platz vor der Hochschule. Die Berittenen reiten aus der Universitätsstrasse gerade aus.

Nach Aufmarsch des Zuges:
3. a) **Choral**, gespielt von der Stadtmusik.
   b) **Uebergabe der Schlüssel der neuen Hochschule.**
   c) **Vaterlands-Hymne**, gespielt von der Stadtmusik.
   d) **Eintritt der Ehrengäste in die Hochschule.**
   Auflösung des Zuges.

Das Zugskomitee.

95 *Programm des Festzugs zur Universitätseinweihung vom 4. Juni 1903*

alten Hochschule beim unteren Tor durch die Stadt hinauf zur neuen Universität auf der Grossen Schanze schritt, sorgten Musikklänge und Glockengeläut für eine «weihevoller Stimmung». An der Spitze marschierten die Vertreter von Politik und Universität. Hier müsste Privatdozentin Anna Tumarkin als Mitglied des akademischen Lehrkörpers zu finden gewesen sein.

96 Der Berner Studentinnenverein 1903 mit Ida Hoff als Zweiter von rechts in der hinteren Reihe

Der Studentinnenverein marschierte selbstbewusst in der Abteilung der Verbindungen. Die Frauen trugen Barett. Ihre Anstecknadeln mit dem Vereinszeichen forderten «Gleiche Rechte». Die Medizinerin Maria Frese trat am Festbankett im Namen der Studentinnen auf. Sie hielt mit «kurzen, schneidigen Worten» die kürzeste Rede und «beschämte» damit nach Ansicht des *Bund*-Journalisten die langatmig redenden Männer.[159]

Auch die Medizinstudentin Ida Hoff schritt «würdig mit im Umzuge zur Einweihung der neuen Hochschule.»[160] Sie hatte im Herbst 1899 die Matura bestanden, am 9. Oktober 1901 ihre Mutter Anna verloren und schliesslich das medizinische Studium in Angriff genommen, das sie «wunderschön» fand.[161]

Anna Tumarkin stand im Mittelpunkt, wenn Zeitschriften wie schon nach ihrer Habilitierung von 1898 die allerersten Frauen der Wissenschaft aufzählten und vorstellten (siehe S. 84). Ihre Namen wurden weiterverbreitet, nicht nur in der Frauenpresse.[162] Die *Schweizer Hauszeitung*, die *Pädagogischen Blätter* und der *Bund* erwähnten stolz die drei Damen, die an den Schweizer Hochschulen als Privatdozentinnen zugelassen waren: Dr. Anna Tumarkin für die Geschichte der Literatur und Ästhetik in Bern, Alice Rodrigue für

Botanik in Genf und Marguerite Zebrowski für deutsche Sprache und Literatur in Neuenburg. Die *Frauenbestrebungen* und das *Berner Tagblatt* nannten wohlgefällig «nicht weniger als 13 Damen» die sich in der Schweiz in akademischen Ämtern bewegten. Davon seien sechs an der Berner Universität angestellt.[163] Gemeint waren Assistentinnen und Bibliothekarinnen.

Die Berner Universität stellte früh Frauen auf Hilfsstellen ab. Doch die Sache hatte einen Haken. Sie wurden vor allem dann angestellt, wenn es sich um ungeliebte Posten handelte, für die sich trotz verzweifelter Suche «nicht einmal ein Ausländer» finden liess. Gehilfinnen wurden für die angestrengtesten und angekettetsten Dienste eingestellt, wie zum Beispiel Elise Scheidegger am Observatorium. Sie hatte bei minimaler Besoldung und einer Wohngelegenheit im Hause des Meteorologieprofessors von 7 Uhr bis 22 Uhr die Wetterdaten anhand der Registrierapparate in der Berner Sternwarte abzulesen.[164]

Tumarkins Hebler-Publikation und ihre Vorträge

Heblers Arbeit erscheint mir besonders in ihrer Deutung der tragischen Furcht wertvoll
[Anna Tumarkin]

Anna Tumarkin veröffentlichte 1903 eine Abhandlung des Berner Philosophen Carl Hebler. Der Spezialist für Spinoza, Shakespeare und Lessing wurde gerade emeritiert, als Tumarkin mit ihrem Studium begann. Der «feine, stille, scheue» Hebler war zusammen mit dem «feurigen, lebensnahen, tatenfrohen und ausdrucksreichen» Gottlieb Trächsel Vorgänger auf dem Lehrstuhl von Ludwig Stein gewesen. Im Gegensatz zu seinem beliebten Kollegen war Carl Hebler «ein reiner Jünger der Wissenschaft, ein scharfer Denker und verschlossener, wortkarger Berner». Und weiter meinte der Universitätshistoriker: «Schüchtern, mit schwacher Stimme, war der hohe, schlanke Mann mit den scharfgeschnittenen Zügen und dem versunkenen Blick in der Welt nur halb zu Hause.» Eine Affinität zu Anna Tumarkin?[165]

Tumarkin sah in Hebler «vielleicht den bedeutendsten schweizerischen Philosophen des 19. Jahrhunderts» und Dilthey nannte ihn «eines der prachtvollsten Schweizeroriginale».[166]

Heblers Manuskript *Ueber die Aristotelische Definition der Tragödie* war unvollendet geblieben. So glaubte Anna Tumarkin, wie sie

97 Tumarkin vollendete Carl Heblers Arbeit über die Definition der Tragödie.

98 Leo Weber: «Seiner lieben Freundin Dr. Anna Tumarkin».

im Vorwort bekannte, «die Arbeit, die mir besonders in ihrer Deutung der tragischen Furcht wertvoll erscheint, in ihrer jetzigen Gestalt veröffentlichen zu müssen.» Es gelte als selbstverständlich, dass die Tragödie Lust bereite. So werde es in Heblers Text festgestellt. Wenn hier von der «Selbstidentifizierung des Zuschauers mit der tragischen Person», von einer lustvollen «Reinigung und Erleichterung» in der Katharsis die Rede sei, so bewege sich das Ganze im künstlichen Raum der griechischen Tragödie. Also nicht im Gemetzel des Chișinăuer Blutregens.[167]

Da Heblers Text manche griechischen Einsprengsel enthielt, konnte Tumarkin zeigen, dass sie nun der alten Sprache mächtig war.

Eine Postkarte, die sich vom Januar 1904 erhalten hatte, gab zuerst Rätsel auf. Die Rückseite mit der handschriftlichen Widmung versehen: «Seiner lieben Freundin Dr. Anna Tumarkin in Erinnerung an den 21. Januar 1904. Dr. Leo Weber».

Was hatte Anna Tumarkin mit dem Bundesrichter, eidgenössischen Oberauditor und Präsidenten des Schweizerischen Juristenvereins zu tun? Mit dem Nationalrat, der die Wiedereinführung der Todesstrafe bekämpfte und Mitglied des ständigen Schiedsgerichtshofes in Den Haag war? Webers waren mit dem Ehepaar Sidler eng befreundet. Anna war eine ehemalige Kommilitonin ihres Sohnes Norwin, und sie gewann auch die Freundschaft des Ehepaars Weber. Webers Frau Luise Perty, der Tochter des Berner Professors für Naturwissenschaften Maximilian Perty, wird Tumarkin später in einem feinfühlenden Nekrolog gedenken.[168]

Aber was geschah am Donnerstag, 21. Januar 1904, Ausserordentliches, woran zu erinnern war?

Vorschauen in der Berner Presse wiesen den richtigen Weg: «Frl. Privatdozent Dr. Anna Tumarkin» werde am 21. Januar 1904 über die *Idealität der ästhetischen Gefühle* sprechen.[169] Und zwar in der Reihe der akademischen Vorträge.

Auf das Angebot bestehender Vereine aufbauend, wurden akademische Vorträge gemeinsam mit dem Historischen Verein, der Geographischen und der Naturforschenden Gesellschaft seit 1889 durchgeführt. Vorbild war die University Extension, die Universitätserweiterung in Grossbritannien und in den USA. Zusätzlich zum universitären Betrieb sollten gemeinverständliche, unentgeltliche und frei zugängliche Hochschulvorträge angeboten werden. Sie sollten dem Zusammenhalt zwischen Hochschule und städtischer Bevölkerung dienen und das «gewöhnliche Volk» in das Leben der Hochschule «einweihen». Schliesslich musste das Berner [Stimm-]

Volk bei Laune gehalten werden, hatte es doch jeweils in vielen Abstimmungen die baulichen und finanziellen Wünsche der Elite zu bewilligen, und es sollte doch der Regierung keinen dicken Strich durch die Rechnung machen. Man tat also gut daran, seine Nützlichkeit öffentlich im Casino, im Museumssaal, im Grossratssaal oder auf dem Land zu demonstrieren.[170]

Anna Tumarkin verschloss sich diesem Anliegen nicht und stellte sich zur Verfügung.

Sie trug im Prunksaal der neuen, eben erst eröffneten Universität vor. Wände und Decke der Aula waren weiss, die plastischen Ornamente mit echtem Gold verziert. Sie sprach unter den Augen berühmter Berner Gelehrten. Deren gemalten Köpfe waren in den Rundbogenfeldern in 13 Medaillons verewigt, an zentraler Stelle prangte der grosse Albrecht von Haller.

Tumarkin wird wohl den damals ultramodernen Projektionsapparat nicht benutzt haben, der dank komplizierten mechanischen

99 *Die Aula der neuen Universität*

100 Das Schlosshôtel Freienhof in Thun

Vorrichtungen heranschweben konnte und auf den die Universität sehr stolz war.[171]

Der 63-jährige Leo Weber-Perty also interessierte sich an diesem Donnerstag für den Vortrag der 29-jährigen Privatdozentin Dr. Anna Tumarkin und widmete ihr in Erinnerung an den Abend eine seiner Porträtkarten. Der Vortrag wurde in der Zeitschrift für Philosophie abgedruckt, und einen Sonderdruck davon schenkte «Anjuta» selbstverständlich ihren Freunden, Georg und Hedwig Sidler.

Es war nicht der einzige Vortrag, den Anna Tumarkin für das «gewöhnliche Volk» hielt. Auch das Land wurde beschenkt. Für ihren Hochschulvortrag *Goethes sittliche Persönlichkeit* reiste sie nach Thun und beschloss am 6. März 1905 den Reigen der Hochschulvorträge im Schlosshôtel Freienhof.[172]

Die öffentlich und unentgeltlich angebotenen Vorträge und Vortragszyklen fanden allerdings nicht den erhofften Zuspruch.[173]

Die Ästhetik der Stadt Paris und der Tänzerin Eleonora Duse

Geniessen Sie es!
[Hedwig und Georg Sidler]

Nach dem Wintersemester 1903/04 leistete sich Anna Tumarkin zusammen mit ihrer Schwester Rosa einen Auslandurlaub in Paris. Angespornt wurde sie von Georg Sidler. Er hatte hier von 1852 bis 1854 studienhalber zwei volle Jahre gelebt, dabei Louis Napoléons Einzug als Kaiser der Franzosen am 2. Dezember 1852 und am 30. Januar 1853 den prunkvollen Zug zur Trauung des Kaisers mit der schönen Eugénie in der Kirche von Notre Dame miterlebt. 1889 war er erneut in Paris und besuchte zweimal die Weltausstellung.[174] Sidler schwärmte ihr vom Panthéon, vom Jardin de Luxembourg und von der Bibliothèque St. Geneviève vor. Und er schrieb ihr ins Hôtel de Londres an der Rue Bonaparte 3 im 6. Arrondissement: «Geniessen Sie es!».[175]

Die beiden Schwestern Tumarkin bewunderten im März 1904 die Sehenswürdigkeiten und überhaupt das Leben und Treiben in der französischen Metropole.

101 Die Rue Bonaparte im 6. Arrondissement von Paris, wo Tumarkin im Hôtel de Londres logierte.

102 «Mme Eleonora Duse dans la Dame aux Camélias»

Anna Tumarkin wird sich in der Ästhetik des Städtebaus ebenso verloren haben wie in der Schönheit der Gemälde und Skulpturen des Louvre. Es war wohl der einzige Auslandaufenthalt, den sie sich damals – abgesehen vom Berliner Studienaufenthalt und ihren Reisen in die Heimat – gönnte. Das jedenfalls wird sie später den Einbürgerungsbehörden gegenüber erklären.[176]

Nach der Pariser Reise hätte Anna Tumarkin auch gerne die Ästhetik des Tanzes genossen. Mit Hedwig Sidler zusammen, die zweifellos die treibende Kraft war, freute sich Anna Tumarkin auf die Darbietung der weltberühmten Schauspielerin Eleonora Duse. Ihre Verwandlungskunst, die Natürlichkeit ihres Spiels waren Legende. Die Duse missachtete alle Konventionen: keine Schminke, keine Krinolinen, keine Theatralik der Gebärden und keine Künstlichkeit in der Stimmführung. So revolutionierte sie, die nie eine Schauspielschule besucht hatte, den Darstellungsstil ihrer Zeit und lancierte nebenbei das Reformkleid.

Eleonora Duse hatte schon früher auf ihren Tourneen in Genf und Luzern Erfolge gefeiert, und nun hoffte man auf ein Gastspiel im Berner Schänzlitheater.[177]

Doch man wartete vergeblich.

Das Jahr war für die Diva kein glückliches. Schuld war der italienische Schriftsteller Gabriele d'Annunzio. Duse hatte mutig und liebend für seinen Ruhm gekämpft, die Stücke des noch Unbekannten lanciert und ihnen mit ihrer Schauspielkunst zum Erfolg verholfen. Wie die Medien wussten, zählte die Duse nämlich zu den ganz Grossen, die mit dem Zauberstabe der Kunst wertloses Material in blitzendes Gold verwandeln konnten. Und die selbst in mittelmässigen Salonstücken das Publikum zu stürmischer Begeisterung hinzureissen wusste. Sie opferte für d'Annunzio ihre Liebe, ihre Kunst und ihre Ersparnisse.

Als er schliesslich Erfolg hatte, durfte sie an seinem Triumph nicht mehr teilhaben. Er war ihrer überdrüssig geworden und hatte sie für eine Jüngere verlassen. Eleonora Duse fühlte sich verraten, betrogen und lag Anfang 1904 schwerkrank in einem Hotelzimmer in Genua.

Dieses «Ende einer Liebe» erregte Aufsehen und wurde am 5. Januar 1904 auch in der Berner Zeitung *Der Bund* beklagt. D'Annunzio habe «seiner treuen Genossin, Freundin und Interpretin» in seinem neuen Stück die Titelrolle verweigert. Duse habe deshalb den Dichter verlassen, alle seine Stücke aus ihrem Repertoire gestrichen und alle Kunstgegenstände aus ihrem Liebesnest verkauft. «Man will wissen, dass der Dichter seiner alternden Egeria [Nymphe], der er doch so vieles verdankt, müde war.»

La vecchia, wie sie der selbstverliebte d'Annunzio taktlos Dritten gegenüber nannte, war ein «Opfer ihrer Liebe» geworden. Mit ihren 46 Jahren übrigens war «die Alte» 1904 gerade mal knapp fünf Jahre älter als Gabriele d'Annunzio.

Die Duse durchlebte Phasen tiefer Traurigkeit, verabscheute ihren Beruf und sehnte sich nach einem Leben, in dem sie sich wie eine Schnecke in ihr Haus, in ihr Inneres zurückziehen könnte.

Zeitungen verkündeten im Sommer 1904 bereits «La retraite de la Duse». Hoffnung flackerte auf, als sich die Unvergleichliche zu einer «dernière tournée d'adieux» entschied, die sie in der Schweiz beginnen werde.[178] Eleonora Duse wird schliesslich auf die europäischen Bühnen zurückkehren und weiterhin Begeisterungsstürme und triumphale Erfolge feiern. Doch auf die geplante Abschiedstournee und ein Gastspiel in der Bundesstadt hoffte man vergeblich.

Georg und Hedwig Sidler mussten Anna Tumarkin am 25. August 1904 mitteilen, dass «laut direkter Auskunft» die Duse nicht nach Bern komme. Dabei hätten sie sich darauf gefreut, Anna im Theater für einen Augenblick wiederzusehen. Sie vermissten ihre Freundin, denn sie war tatsächlich nicht wie gewohnt in der Stadt.[179]

Anna Tumarkin genoss Sommerferien im Berner Oberland.

Referentin am II. Internationalen Philosophenkongress in Genf 1904

> *Im Mittelpunkt der Kantischen Ästhetik steht das Spiel der Kräfte*
> [Anna Tumarkin]

Die Tumarkin machte Ferien an der Lenk. Oder eher einen Ferienversuch. Den Hinweis auf das gesunde Simmental erhielt sie wohl von Dr. med. Georg Jonquière, dem Stiefbruder ihrer früheren Zimmervermieterin Josephine Jonquière. Er hatte das *Schwefel-Bad und den klimatischen Kurort an der Lenk im Berner Oberland* in einer medizinischen Broschüre propagiert. Tumarkin logierte nicht im mondänen Grand Hotel Kurhaus Lenk, sondern etwas oberhalb des Dorfes in der Seefluh.

Ihren Freunden, dem Ehepaar Sidler, schickte sie nicht nur einen Ferienbrief und ein Edelweiss aus der Lenk, sondern überraschte sie mit der freudigen Mitteilung, dass sie «in Genf sprechen» wolle.[180]

103 Die Seefluh mit Blick über Lenk zu den 2500 Meter hohen Spillgerten hinüber

Ganz ohne Arbeit war also auch ihr Kuraufenthalt in den Bergen nicht. Tumarkin bereitete sich nämlich auf ihren ersten internationalen Auftritt vor. In Genf fand vom 4. bis zum 8. September 1904 der IIe Congrès international de Philosophie statt. Anna Tumarkin beschloss, die grosse Bühne zu betreten.

Eingefädelt oder angeregt hatte ihren ersten Gastauftritt vor einem internationalen Fachpublikum Ludwig Stein, der schon am ersten Philosophiekongress anlässlich der Weltausstellung in Paris 1900 mitgemacht hatte und – zusammen mit Wilhelm Dilthey – in der Commission permanente internationale sass.[181]

Noch von der Lenk aus bekräftigte Anna Tumarkin am 2. August 1904 selbstbewusst ihre Anmeldung. Sie schrieb Edouard Claparède, dem Generalsekretär des Kongresses: «Dürfte ich Sie bitten, in das Verzeichnis der in der Section für Geschichte der Philosophie am philosophischen Congress angekündigten Vorträge auch den meinigen – ‹Das Spiel der Kräfte in Kants Urtheilskraft› aufnehmen zu wollen. […] Hochachtungsvoll Dr. Anna Tumarkin, Privatdocent an d. Univers. Bern».[182]

Sidlers waren ihr dabei behilflich, für die Kongressdauer ein Logis in Genf zu finden. Georg – oder wohl eher Hedwig Sidler – riet ihr am 15. August 1904, sich an das Foyer de Dames an der Rue de la Corraterie zu wenden. Hier fände sie ein Zimmer oder zumindest zweckdienliche Adressen.[183]

Anna Tumarkin liess sich von ihrer Schwester Rosa begleiten, von «Mlle Tumarkine Berne». Der Kongress dauerte fünf Tage vom Sonntag, 4., bis zum Donnerstag, 8. September 1904. Es gab fünf Plenarsitzungen und fünf Sektionsveranstaltungen mit insgesamt

80 Vorträgen. Eröffnet wurde er in der bis auf den letzten Platz gefüllten Aula der Genfer Universität vom Präsidenten Jean-Jacques Gourd und vom Ehrenpräsidenten Ernest Naville. Ziel der Zusammenkunft sei es, Philosophen ins Gespräch zu bringen, Fachzeitschriften würden nicht genügen. Gourd beschwor eine «confraternité intellectuelle».

Die Zusammenarbeit beschwor auch Tumarkins Mentor Ludwig Stein. Er war am zweiten Kongress einer der Hauptredner und Meistdiskutierenden. Keiner ergriff das Wort so oft wie er. In seinem Referat stellte er die lapidare Frage: «Was heisst Philosophie?» und er beschloss seinen Vortrag mit der Antwort: «Wir wollen zusammenwirken, die Gesetzeseinheit im Universum aufzudecken.»[184]

Die Kongressteilnehmenden stellten sich in der Mittagspause vom 5. September 1904 auf der Universitätstreppe Richtung Parc des Bastions dem Fotografen. Die Aufstellung war bezeichnend. Die Hauptfiguren des Kongresses sassen in der ersten Reihe. Generalsekretär Edouard Claparède (1) sass breitbeinig neben dem Präsidenten des Organisationskomitees, dem langbärtigen Jean-Jacques Gourd (2). Der zierliche Ernest Naville (3), Ehrenpräsident des Kongresses, wurde in der Mitte platziert. Daneben sassen mit Regenschirmen Emile Boutroux (4), Präsident des vergangenen ersten Philosophiekongresses, und Wilhelm Windelband (5), gewählter Präsident des kommenden dritten Philosophiekongresses. Neben ihnen nahm Paul-Gabriel d'Haussonville in vornehm gestreiften Hosen Platz (6). Der Historiker und Politiker war hier nicht als

104 Das Foyer de Dames an der Rue de la Corraterie in Genf

105 Die Teilnehmenden des II. Internationalen Philosophenkongresses in Genf am 5. September 1904.
Edouard Claparède (1), Jean-Jacques Gourd (2), Ernest Naville (3), Emile Boutroux (4), Wilhelm Windelband (5), Paul-Gabriel d'Haussonville (6), Anna Tumarkin (7)

Referentin am II. Internationalen Philosophenkongress in Genf 1904

106 Die Universität Genève, Ehrenpräsident Ernest Naville und die Insel Jean-Jacques Rousseau

Mitglied der französischen Académie des sciences morales et politiques anwesend, sondern als Hausherr von Schloss Coppet, das die Kongressteilnehmer am Montagnachmittag besuchten. Eindrücklich war der Auftritt von Ludwig Stein. Er hatte sich hinter Émile Boutroux mit Zylinderhut und Buch ins rechte Licht gerückt.[185]

Die klein gewachsene Anna Tumarkin hingegen stand in der zweiten Reihe (7) als Fünfte von rechts und wirkte in ihrem dunklen Kleid und dem kleinen Strohhut mit schwarzem Schleier ganz unscheinbar.

Wie die *Neue Zürcher Zeitung* schrieb, besuchten vor allem französische Philosophen den Kongress. Deutschland war mit wenigen, aber auserlesenen Namen vertreten, ebenso Italien und Skandinavien. Grossbritannien fehlte. Die USA wurden durch einen hervorragenden Vertreter des Panpsychismus repräsentiert. Russland und «Halbasien» hatten eine im Verhältnis ziemlich grosse Zahl von Vertretern entsandt. Tumarkin war demnach eine semitisch-russische Erscheinung. Dass die russischstämmige Denkerin sich nicht mit einem russischen Thema beschäftigt hatte, sondern ein klassisches Thema aus dem Bereich des deutschen Idealismus wählte, überraschte einige.[186]

Beherrschendes Thema war die «überragende Grösse Kants», die am Kongress im hellsten Lichte erstrahlte. Man könne überhaupt über nichts anderes reden als über Immanuel Kant, erklärte der NZZ-Berichterstatter. Alles andere reiche nicht an die Grösse des «Alleszermalmers» heran. Nicht nur würden eine ganze Reihe von Hauptreferaten über ihn und Teile seiner Philosophie gehalten, man begegne ihm auch in den Sektionsvorträgen auf Schritt und Tritt. Er stand nicht als eine blind zu verehrende Schulgrösse im Hintergrund, sondern als ein lebendig Fortwirkender.

Auch Anna Tumarkin sprach über Kant. Auch ihr ging es um eine Weiterentwicklung seiner Philosophie. Sie trug am Mittwochmorgen, 7. September 1904, ihre Gedanken zu *Kants Spiel der Kräfte* vor. Ihr Referat war nicht im Tableau der Plenarsitzung eingeteilt, sondern innerhalb der medial wenig beachteten «Travaux des sections». So sprach sie auch nicht in der Aula, sondern im Salle 45 der Universität.[187]

Im Mittelpunkt der kantischen Ästhetik stehe das Spiel der Kräfte stellte Tumarkin einleitend fest. Im ästhetischen Urteil wirkten Vorstellungskräfte, Einbildungskraft und Verstand in einem freien Spiel harmonisch zusammen. Tumarkin warf die Frage auf, woher das ästhetische Verhalten seinen spezifisch lustvollen Charakter bekomme. Letztlich, meinte sie, sei dies «eine instinktive Bejahung des eigenen Selbst». Geniessend und schaffend ergreife der Mensch immer nur sich selbst und werde sich so über seine Stellung klar. Gleich wie der Lehrling von Sais, der sich selbst erblickte, als er den Schleier vom geheimnisvollen Bild wegzog.[188]

Tumarkins Vortrag folgte eine lebhafte Diskussion über ästhetische Grundfragen, bei der es turbulent zuging. Der Heidelberger Privatdozent Theodor Elsenhans lobte sie für ihre interessanten Ausführungen.[189] Vom Freiburger Professor Jonas Cohn wurde sie kritisiert. Der Psychologe, Philosoph und frisch gebackene Vater meinte, Tumarkins Gedanken würden bei Kant vielleicht mitschwingen, doch der eigentliche Sinn seiner Lehre dürfte sich in seinem Werk etwas anders darstellen. In der Replik räumte Anna Tumarkin ein, dass es ihr «nicht so sehr um eine historische Interpretation, als um eine Fortbildung der Kantischen Gedanken im Sinne der neueren ästhetischen Theorie» gehe. Auch in der Wissenschaft versuchte Tumarkin, alte Pfade neu zu gehen und nahm in Kauf, ihre eigenen Ansichten modifizieren zu müssen.[190]

Der Kongress sei ein Erfolg gewesen, notierte die *Tribune de Genève*. Die Diskussionen seien ernst und höflich gewesen, die teilnehmenden Denker hervorragend.

Bedauert wurde höchstens, dass viel zu verschiedene Sujets in viel zu kurzer Zeit präsentiert werden mussten. Die Kongressbeiträge seien ein wenig zusammenhanglos gewesen und die Mobilität in den Auditoires ein wenig zu gross.

Bekümmert hatte es die Kongressverantwortlichen, dass der Anlass nicht von der Eidgenossenschaft subventioniert wurde. Der Redner, der in einem feurigen Toast auf den Conseil fédéral anstossen wollte, hielt mittendrin inne und rettete sich mit einem Hoch auf die «philosophie étant philosophe».[191]

Der Bundesrat hatte den Organisatoren mitgeteilt, dass das Subventionieren der Philosophie nicht in der Verfassung verankert sei. Tatsächlich fragte der Bundesrat damals stets nach der konkreten Nützlichkeit für den Staat. Die unmittelbare Brauchbarkeit konnte für einen internationalen Philosophenkongress nur schwer nachgewiesen werden. Daher fürchtete der Bund für die Zukunft unangenehme Konsequenzen in Form von ausufernden Beschickungs- und Subventionierungsansprüchen und schob den Begehren einen Riegel vor.[192]

Der Kongress war trotz fehlenden Bundesgeldern von einem bunten Strauss vergnüglicher Ausflüge und feierlicher Diners umrahmt, die Kongressisten, Gäste und Begleitpersonen geniessen konnten.

Nur zwei Frauen unter 80 Kongressvortragenden

Une section féminine …?
[Henry Fazy]

Neben den anstrengenden wissenschaftlichen Sitzungen konnte Anna Tumarkin auch die Schönheiten Genfs erkunden und Networking betreiben. Sie wurde in den glitzernden Luxus des Kongresstourismus eingeführt. Generalsekretär Edouard Claparède und der reiche Wohltäter Agénor Boissier liessen es sich nicht nehmen, die Gäste auf ihre Landsitze einzuladen.

Mit dem Schiff wurde das private Château Coppet besucht. Es war der Sitz der berühmten Madame Germaine de Staël, die in ihrem Salon herausragende literarische und politische Persönlichkeiten aus ganz Europa versammelt hatte. Der Besuch in Coppet musste Tumarkin darin bestärken, dass es Frauen unter günstigen Umständen schaffen konnten, ihre herausragende Persönlichkeit zu entfalten.

Am Abreisetag besuchten die Kongressisten im französischen Ferney das Schloss Voltaires, wo der grosse Denker im 18. Jahrhundert seine Abhandlung über die Toleranz geschrieben hatte.[193]

107 Foyer des Grand Théâtre de Genève

Zum imposanten Schlussbankett vom Donnerstagabend, 8. September 1904, hatten Staat und Stadt Genf ins prunkvoll gestaltete Foyer des Grand Théâtre de Genève geladen. Die überbordende Ästhetik des Second Empire durfte im *tenue de ville* genossen werden.

Die Genfer Crème de la Crème war anwesend. 270 Gedecke wurden fürs opulente Mahl aufgetischt. In den Tischreden wurde die Stadt Genf zu ihren intellektuellen Bewohnern beglückwünscht. Es genüge hier, dass ein Philosophiekongress angekündigt werde, und schon sprössen die Philosophen wie die Pilze nach einer Überschwemmung aus dem Boden.[194]

Nicht aber die Philosophinnen!

Henry Fazy, freisinniger Genfer National- und Regierungsrat, bedauerte im Namen des Magistrats in seiner Kongressrede, dass unter den 80 Vortragenden nur zwei Frauen waren: Er hätte, meinte er galant, gerne «une section féminine» gesehen.[195]

Neben Anna Tumarkin gab es nur noch eine Dame, die am Kongress referieren durfte: Mme Th. Darel. Unter diesem Pseudonym versteckte sich die 45-jährige Waadtländerin Adèle Erath-Tissot. Sie war eine Literatin, offen für Philosophie, Soziologie und Psychologie, für Mystik, Esoterik und Metaphysik. Darel suchte nach einer Lösung für die grossen Zeitprobleme und war *A la recherche du Dieu inconnu*.

Am Kongress referierte sie über Wissenschaft und Glauben.

Sie hatte 1898 philosophische Aperçus veröffentlicht. Später wird sie die Zeitschrift *Vers l'Unité* gründen. Diese *Revue internationale de recherche libre spiritualiste* wird sich auch feministischen Ideen verpflichtet fühlen.[196]

Etwas mehr Frauen hatte es unter den zugewandten Kongressbesuchern. Die Sitzungen nämlich waren «largement ouvertes à toutes», also auch für Amateure öffentlich zugänglich. Etliche Ehefrauen folgten den Vorträgen ihrer Männer, aber nicht nur sie. Auffallend sind die vielen Mitglieder der jungen Union des femmes de Genève, die das Rückgrat der frühen Genfer und Schweizer Frauenbewegung bildeten. Dass Edith und Emilie Gourd teilnahmen, überrascht wenig, waren sie doch die Töchter des Kongresspräsidenten Jean-Jacques Gourd. Emilie Gourd sollte im Kampf für das Frauenstimm- und Wahlrecht als langjährige Präsidentin des Schweizerischen Verbandes für Frauenstimmrecht eine zentrale Rolle spielen.[197]

Die Frauen der Familie Naville gehörten zum 88-jährigen Ehrenpräsidenten Ernest Naville, der das Frauenstimmrecht strikt ab-

108 Adèle Erath-Tissot alias Mme Th. Darel

lehnte. Seine 35-jährige Enkelin Hélène hingegen war eine «suffragiste de la première heure». Und die verwandte 52-jährige Gabrielle Naville hatte sich 1893 vergeblich für einen weiblichen Beitrag an der Weltausstellung in Chicago ins Zeug gelegt. Erneste Navilles Nichte Emilie de Morsier galt als «ardente philanthrope» und als «apôtre du relèvement moral».[198] Anwesend war auch die internationale Pionierin für Frauenrechte, Camille Vidart.

Diese Genferinnen waren massgeblich daran beteiligt, den 1. Schweizerischen Frauenkongress von 1896 und den ersten politischen Dachverband von 1900, den Bund Schweizerischer Frauenvereine – die heutige Alliance F – zu begründen.

Die Union des femmes de Genève schuf zudem in der Stadt Einrichtungen, die den Frauen dienten – wie eben auch das Foyer de Dames, das Tumarkin zu einer Übernachtungsmöglichkeit verhelfen sollte.

109 Kongressbesucherin Emilie Gourd

Tumarkins erstes Dozentenhonorar

Die Fakultät unterstützt das Gesuch der Frl. Dr. Tumarkin moralisch
[Philosophische Fakultät Bern]

Tumarkins erstes Kolleg vom Freitag, 4. November 1898, das sie vor 24 Zuhörenden hielt, brachte ihr kaum Geld ein. Nur gerade 15 ihrer Besucher waren zahlende Studierende, die je 5 Franken berappten. Anna Tumarkin verdiente also in ihrem ersten Lohn – abzüglich der 3 Prozent für Sozialausgaben – 72.75 Franken. Das war ihr gesamter Semesterverdienst, sie hatte kein Grundeinkommen.

Privatdozenten lebten von den Einnahmen, die ihnen jeder Studierende für jede besuchte Veranstaltung als Kolleggeld zahlen musste.

Das war eine Art Leistungslohn. Da Tumarkin mit Kursen, die nicht obligatorisch waren, wenig Studierende rekrutierte, flossen diese Kolleggelder spärlich. Der Reiz des Neuen, eine Frau auf dem Katheder zu sehen, verflog bald, und solange Prof. Ludwig Stein als grosser verehrter Meister und Prüfungsbevollmächtigter seine obligatorischen Kolloquien hielt, zogen Tumarkins ästhetischen und rein fakultativen Vorlesungen wenig. In den ersten fünfeinhalb Jahren verdiente sie an Kolleggeldern insgesamt 535 Franken, also rund 100 Franken pro Jahr.

In der gesellschaftlichen und wirtschaftlichen Hierarchie befanden sich Strassenwischerinnen ganz unten. Sie mussten frühmor-

110 Strassenwischerinnen vor der Neuen Mädchenschule an der Ecke Waisenhausplatz und Nägeligasse 6

gens um 3 Uhr beginnen, da Passanten nicht mit aufgewirbeltem Staub belästigt werden sollten. 1905 verdienten sie in 300 Tagen etwa 750 Franken. Um 100 Franken zu verdienen, arbeiteten Strassenwischerinnen also 40 Tage lang, Tumarkin ein Jahr.

Bauarbeiter, die in der anziehenden Konjunktur schwer begehrt waren, verdienten mit 1300 bis 1800 Franken ein Vielfaches von Anna Tumarkin. Der bestbezahlte Arbeiter in Bern, der Typograf, erhielt 2000 Franken. Universitätsabwart Ernst Bieri verdiente im gleichen Zeitraum 1800 Franken, Hochschulverwalter Johann Jenni 3800 Franken.[199]

Anna Tumarkins Einkünfte reichten nicht zur Bestreitung des Lebensunterhaltes. Sie wünschte sich daher eine Grundbesoldung, wie sie für dozierende Lehrbeauftragte im Kanton Bern vorgesehen war. Dafür mussten Hürden übersprungen und in einer Eingabe an die Staatsverwaltung nachgewiesen werden, dass ein Lohn gerechtfertigt sei. Deshalb legte Anna Tumarkin am 19. Juli 1903 Rechenschaft über ihre bisherige Lehrtätigkeit ab. Gestützt auf diese Listen erlaubte sie sich, dem Regierungsrat das höfliche Gesuch zu stellen, ihr ein Dozentenhonorar, einen Grundlohn für Dozierende, bewilligen zu wollen.

Tumarkins Bitte wurde drei Tage später der Fakultät zur Begutachtung zugeschickt. Annas Kollegen unterstützten sie einstimmig, sahen aber in der Fakultätssitzung vom 26. Oktober 1903 noch ein Problem: «Die Fakultät ist in der angenehmen Lage, das Gesuch der Frl. Dr. Tumarkin moralisch unterstützen zu können.» Die Fakultät würde es aber als nicht gerecht erachten, wenn nur Frl. Tumar-

111 Bettelnder Erziehungsdirektor Albert Gobat und sparsamer Finanzdirektor Alfred Scheurer

kin, als Privatdozent, ein Honorar erhielte, nicht die zwei in der gleichen Abteilung der Fakultät befindlichen, bis jetzt unbesoldeten Professoren, gleichgestellt würden. Es ging um den Ordinarius für Orientalische Sprachen, Eduard Müller-Hess und um den Extraordinarius für vergleichende Literatur, Sagenkunde und ältere deutsche Sprache, Samuel Singer.

Unterrichtsdirektor Alber Gobat unterstützte am 27. Dezember 1904 Tumarkins Forderung gegenüber dem Gesamtregierungsrat. Die von der Fakultät gemachten Vorbehalte seien inzwischen beseitigt. Man wies darauf hin, dass Tumarkin die Einzige sei, die Ästhetik im Lehrangebot habe. Zudem entlaste sie mit ihren philosophischen Übungen Prof. Ludwig Stein, der mit seiner grossen Zuhörerzahl sehr in Anspruch genommen sei.[200]

Waren die ersten Hürden, die Urteile der Fakultät und der Erziehungsdirektion genommen, so war jeweils noch als letzte Hürde, das Verdikt der Finanzdirektion zu abzuwarten. Tumarkin hatte Glück, es gab noch Geld in der kantonalen Kasse beziehungsweise noch etwas Luft bei den budgetierten Besoldungskrediten.

Der Kantonsbuchhalter liess den Finanzdirektor zudem wissen, dass Anna Tumarkin die Bedingung für eine Honorierung erfülle; sie habe während mindestens zwei Jahren mit besonderer Auszeichnung Vorlesungen gehalten. Die Finanzverantwortlichen gaben grünes Licht. Tumarkin erhielt vom 1. Januar 1905 an ein Dozentenhonorar von jährlich 580 Franken.[201] Dazu kamen nebst den Kolleggeldern, Einnahmen von Stellvertretungen und Honorare für Buchbesprechungen. Das Einkommen, das «Toumarkin Esther Anneta» versteuern musste, belief sich 1906 auf 200 Franken. Die Hälfte der Berner Steuerpflichtigen beglichen ein Einkommen von weniger als 500 Franken.

Ärztinnen und Lehrerinnen bezahlten höhere Steuern, ihre männlichen Kollegen noch reichlichere, denn sie hatten «selbstverständlich» höhere Löhne. Das System rechnete nicht mit Individuen, sondern mit Familienmitgliedern. Ein Gehalt musste aus damaliger Sicht für ein Familienoberhaupt reichen, der mehrere Kinder und Verwandte zu unterstützen hatte. Diskriminierend war, dass man selbst ledigen Männern ein Gehalt zahlte, als hätten sie familiäre Verpflichtungen, hingegen Frauen, die für ihre Eltern, Geschwister aufkommen mussten, nur den minimalen Frauenlohn.[202]

Auch beim damaligen Grundlohn gab es übrigens Ausnahmen. Um einen Star wie den Schöpfer des Schweizerischen Zivilgesetzbuches, Eugen Huber, nach Bern zu bekommen, hatte die Regierung – schon Jahre vorher – auch mal das Doppelte zugesichert. Ludwig Stein versteuerte ein professorales Grundhonorar von 4500 Franken, das er nebst allen anderen Einkünften bekam. Selbst das war ihm zu wenig. Sein Antrag auf eine Erhöhung auf 5000 Franken wurde aber 1903 abgelehnt.[203]

Auf ein Vielfaches an versteuerbarem Einkommen brachten es Professoren, die Zustüpfe aus privaten Nebenjobs und familiären Quellen generierten. Ludwig Steins Vermögen wurde mit 436 300 Franken versteuert. Keiner der Berner Professoren war so reich.

Gewöhnlich aber wurde man an der Universität Bern nicht wohlhabend. Auch männliche Dozenten darbten. Sie waren keine hochspezialisierten Experten, die gut bezahlte Gutachten schreiben konnten. Meistens kamen sie aus dem gymnasialen oder seminaristischen Lehramt. Viele mussten sogar auf eigenes Vermögen oder Nebeneinnahmen zurückgreifen können, um nur schon die Familie durchzubringen. Anglist Johann Küenzler arbeitete deshalb auch im Sekundarlehramt, Pädagoge Hans Rudolf Rüegg hatte seine Pfründe in der Politik. Der Historiker Philipp Woker und der Romanist Eugène Michaud bekleideten ein zusätzliches Amt in der christkatholischen Theologie.

Der Wirtschafts- und Sozialwissenschaftler Naum Reichesberg etwa klagte über private Defizite, war stark verschuldet und wurde mehrfach betrieben. Dies hatte «schwerwiegende Konsequenzen», es kostete ihn wohl die Einbürgerung (siehe S. 274).

Eine «wesentliche Besserstellung» versprach 1913 das neue Besoldungsdekret.[204] Alle waren dabei, als an der Senatssitzung vom 31. März über den Entwurf debattiert wurde. Auch Anna Tumarkin, denn sie hatte im Senat Einsitz nehmen können.

Senatorin Anna Tumarkin im Spitzengremium einer koedukativen Universität

Pour la première fois [une dame] fait partie du sénat académique
[Albert Gobat]

Anna Tumarkins Dozentenbesoldung, war sie auch noch so bescheiden, hatte ihre besondere Konsequenz. Sie katapultierte die junge Frau in den Senat und damit an die Spitze der Universität Bern. Gemäss Hochschulgesetz von 1834 bildeten nämlich «die ordentlichen und ausserordentlichen Professoren, und diejenigen Docenten, welche ein Honorar beziehen […], den akademischen Senat, welcher unmittelbar unter dem Erziehungsdepartement ED steht». Der Senat ist die vorberatende Behörde für alle allgemeinen Verfügungen in Betreff der Hochschule und besitzt auch das Recht, unaufgefordert seine Anträge dem Erziehungsdepartement vorzulegen. Das Gremium bewirtschaftete Fakultätsübergreifendes und wählte den Rektor als jährlich wechselnden Vorsitzenden.[205]

112 Das Senatszimmer im neuen Hauptgebäude der Universität Bern

358

113 Senatsprotokoll vom 17. Februar 1905, abends 8 Uhr, mit «Frl. Tumarkin»

Anna Tumarkin absolvierte ihre Begrüssungsvisite am Freitag, 17. Februar 1905, abends 8 Uhr im Senatszimmer. 21 Männer waren anwesend. Fräulein Tumarkin wurde vom Rektor, ihrem ehemaligen Lehrer Philipp Woker, offiziell begrüsst.

Das Senatszimmer mit seiner Deckenverzierung war neu und modern. Auf dem harthölzernen Parkett lag ein weicher Teppich. Gepolsterte Stühle standen um den Tisch und an der Wand. Von der Decke hing die Gasbeleuchtung mit Auerlicht. Bereits elektrifiziert hingegen war die Wanduhr. «Aei ho theos geōmetreî» («Gott geometrisiert immer») stand in goldenen Lettern an der Wand – dieses Plato-Zitat ist das Einzige, was in diesem Zimmer bis zum heutigen Tag überlebt hat. Das damals brandneue Zimmer hatte allerdings auch seine Mängel. Die Beleuchtung fiel beim geringsten Luftzug aus. Es war stickig, denn es fehlte an jeglicher Ventilation. Zudem störten sich die Professoren an den kahlen Wänden. Immerhin konnte an diesem Abend die Statue der Scientia verdankt werden, die den Raum schmückte. Sie war ein Geschenk des Geologieprofessors Armin Baltzer.[206]

Tumarkin war an diesem Februarabend 1905 nicht das einzige Senatsmitglied aus dem Ausland, das Verhältnis zwischen Schweizern und Ausländern war fifty-fifty.[207] Sie war auch nicht das einzige Mitglied mit israelitischem Hintergrund. Fünf der 21 Männer hatten jüdische Wurzeln. Aber Anna Tumarkin war weltweit die erste Senatorin. Das war so ausserordentlich, so sensationell, dass es in der Berner Zeitung *Der Bund* vermerkt wurde: «Hochschule Bern. Am 17.d. nahm zum ersten Male seit dem Bestand der Berner Universität eine Dame an der Sitzung des Senates teil. Es ist dies Fräulein Dr. Anna Tumarkin, welche bekanntlich als Lehrerin der Philosophie an der Hochschule mit schönem Erfolg wirkt.» Die Kunde verbreitete sich auch im Berner Oberland und in Thun, wo Tumarkin einen Tag nach der Inthronisation ihren Auftritt im Hotel Freienhof hatte.[208] (Siehe S. 122)

Erziehungsdirektor Albert Gobat war sich der Pioniertat stolz bewusst. Stets hatte er sich öffentlich für Frauenrechte eingesetzt, Vorträge dazu gehalten und gefordert, dass die Emanzipation der Frau kommen müsse.[209] Nun hielt er im *Annuaire* fest, dass im Winter 1904/1905 Anna Tumarkin das Dozentenhonorar erhalten habe und damit eine Frau «pour la premiere fois fait partie du sénat académique».[210]

Der 17. Februar 1905 war ein Datum für die Geschichtsbücher, weil weltweit erstmals eine Frau im Spitzengremium einer von Frauen und Männern gleichermassen besuchten Universität – einer koedukativen Hochschule also – sass. Inhaltlich brachte die Sitzung nichts Nennenswertes. Immerhin erfuhr Tumarkin, dass sie in der Person der Medizinerin Wilhelmine Schwenter-Trachsel eine Kollegin in der Privatdozentenschaft bekam. Mit der Biochemikerin Gertrud Woker, der Tochter des sie begrüssenden Rektors, würden sie bald zu dritt sein.[211]

Am 16. Oktober 1908 wurde das Hallerdenkmal als letzter Akt des Hochschulneubaus eingeweiht. Die Spitzen der Hochschule feierten mit Festzug, Festakt und Festkantate. Ein Foto zeigt die

114 Enthüllung des Hallerdenkmals mit dem Aufmarsch des Senats

Herren des Senats, wie sie zur Enthüllung des Hallerdenkmals aufmarschieren. Im Rudel der Zylinder tragenden Herren ist Senatorin Anna Tumarkin nicht zu sehen.²¹²

Anna Tumarkin gefiel es wenig in diesem hochkarätigen Senat. Sie liess sich an den Sitzungen kaum jemals blicken, geschweige denn vernehmen. «Aber wenn sie sich äusserte», erinnerte sich ein Kollege, «hatten ihre Worte ein starkes Gewicht.»²¹³

Allerdings schwänzten auch ihre Senatskollegen oft. Die Sitzungen dienten der Information zwischen den Fakultäten und zwischen schweizerischen und ausländischen Universitäten. Hier wurden fakultätsübergreifende Gesetze debattiert, Delegationen an Feiern und Jubiläen geschickt. Jedes Jahr wurde über Preisverleihungen, Ehrendoktoren und Nobelpreisnominierungen nachgedacht. Im Gegensatz zu den Fakultätssitzungen, die sie fleissig frequentierte, besuchte Anna Tumarkin pro Jahr nur ein bis zwei Senatstreffen. Sie war da, wenn der Lektionenkatalog besprochen, über Besoldungserhöhungen und die Rechte der Emeriti gesprochen wurde oder wenn ein Kollege seine Antrittsvisite machte.²¹⁴ Kurz: Tumarkin sass im Senat, wenn Geschäfte sie persönlich betrafen oder wenn es der Anstand verlangte. Dass sie als Unverheiratete und Kinderlose keine Meinung zur akademischen Witwen- und Waisenkasse hatte, kann man verstehen. Auffallenderweise aber fehlte Tumarkin, als über die Verschärfung der Aufnahmebedingungen für russische Studentinnen debattiert wurde und als sich Studierende aus dem Zarenreich von Ausweisungen bedroht sahen.[215]

Tumarkins Genugtuung, im Senat sitzen zu dürfen, wurde von politischen Ereignissen in Russland überschattet.

Sorgen um Russland: Pogrome und der Petersburger Blutsonntag von 1905

Heldenhafte Haltung der russischen Jugend im Kampf gegen den Zarismus
[Hochschul-Nachrichten]

Wurde auf Seite 2 der Zeitung *Der Bund* am 19. Februar 1905 Tumarkins Erfolg als erste Senatorin bejubelt, so war auf Seite 1 die Ermordung des Grossfürsten Sergius Romanow vom 17. Februar durch einen sozialrevolutionären Terroristen angezeigt und auf Seite 5 von den Opfern des Petersburger Blutsonntags vom 22. Januar 1905 zu lesen.[216] Am Abend des 17. Februar 1905 also hätte Anna Tumarkin ihren Einstand als Senatorin im privaten Kreis feiern – oder aber zum Wohltätigkeitsabend aufs Schänzli pilgern können, der den Hunderten massakrierten Petersburger Opfern gedachte.

Der Petersburger Blutsonntag war nur der Anfang einer Streikbewegung, die mit dem Aufstand der Matrosen auf dem Panzerkreuzer Potemkin im Juni 1905 und dem Generalstreik vom Oktober 1905 revolutionäre Höhepunkte erreichte. Auch in Tumarkins Heimatstadt Chișinău gab es politische Proteste. Sie wandelten sich einmal mehr zu einem Angriff auf die Juden um und arteten am 19. und 20. Oktober 1905 zu einem weiteren Pogrom aus.[217]

Sympathiekundgebungen in Bern galten zum einen den jüdischen Opfern der Pogrome und zum andern den revolutionären Zargegnern. Die schweizerische und mehr noch die russische Wildenschaft rückte jeweils in Scharen auf, um der «heldenhafte Haltung der russischen studierenden Jugend im Kampf gegen den despotischen absolutistischen Zarismus zu gedenken». Wie die *Hochschul-Nachrichten* allerdings maliziös festhielten, wurde ein Sympathietelegramm nicht an die Juden, sondern an die revolutionären russischen Studenten versandt.[218]

Nach dem brutalen Pogrom in Chișinău organisierte die Universität Bern Ende 1905 eine Vortragsreihe zugunsten der notleidenden Juden in Russland. Das *Frankfurter Israelitische Familienblatt* vom 8. Dezember 1905 fand dies einen schönen Gedanken und eine

115 Opfer des Pogroms von 1905

gute Tat: «Es wird ein Zyklus von vier Vorträgen veranstaltet, die alle das Wesen der Toleranz behandeln. Professor Dr. Stein spricht über *Toleranz in der Philosophie*, Professor Dr. Marti über *Toleranz in der Religion*, Professor Dr. Hilty über *Toleranz im Staatsrecht*, Professor Dr. Woker über *Toleranz in der Universalgeschichte*. Der Ertrag der Veranstaltung wird dem erwähnten Zwecke zugeführt.»²¹⁹

Tumarkin trat nicht auf – zu erschüttert vom Schicksal ihrer in Chișinău zurückgebliebenen Familienmitglieder? Oder doch eher, weil Mentor Stein den Part der Philosophie bereits übernommen hatte?

IV Der langwierige Weg zur ersten Professorin

Tumarkins zweiter Schritt auf der universitären Karriereleiter: Titularprofessorin

*Wahrlich, ich sage Euch, die Zeit ist nahe,
wo die Frauen menschliche Wesen sein werden*
[Anatole France]

Dozenten, «welche mit besonderer Auszeichnung Vorlesungen gehalten hatten und dadurch in einem Lehrfach eine Lücke ausfüllten», konnte gemäss bernischem Hochschulgesetz der Titel Professor verliehen werden.[220] Anna Tumarkin hatte mit ihrer Ästhetik eine Lücke geschlossen.

Am 12. Februar 1906 stellte Dekan Ludwig Stein den Antrag, Tumarkins Venia Docendi möge auf das ganze Gebiet der Philosophie ausgedehnt werden, da sie «mit vielem Fleiss gearbeitet» habe. Die Fakultät kam Steins Wunsch am 19. Februar 1906 nach und beschloss einstimmig die Ausweitung ihrer Lehrbefugnis. Die Erweiterung der Venia war nicht selbstverständlich. Als etwas später die Chemikerin Gertrud Woker darum bat, wurde dies rundweg abgelehnt.[221]

Bereits zwei Tage später, am 21. Mai 1906, gab Stein ihrer Karriere erneut einen Stupf. Von Oskar Walzel unterstützt, empfahl er Tumarkin in der Fakultätssitzung für den Professorentitel, sie sollte sich fortan Titularprofessorin nennen dürfen. Tumarkin habe nun 16 Semester mit gutem Lehrerfolg doziert, ihre wissenschaftlichen Arbeiten seien durchwegs «gediegen». Sie habe in den letzten Jahren auch ihre Kenntnisse in den alten Sprachen, in Latein und Griechisch, bedeutend ergänzt. Besonders hervorzuheben seien ihre rezensierenden Jahresberichte zur deutschen ästhetischen Literatur im Stein'schen *Archiv für systematische Philosophie*. Die Rezensentin war um einiges jünger als die begutachteten Autoren. Und sie war eine Frau. Das bewog sie, die vorgedruckte Zeile «überreicht vom Verfasser» handschriftlich zu ändern in: «Herzlichst überreicht von der Verfasserin» (siehe S. 2).

KANTON BERN.

Sitzung des Regierungsrates

vom 5. Juni 1906.

2796. Titularprofessur. — Nach Massgabe des Regierungsratsbeschlusses vom 12. Januar 1901 wird Frl. Dr. phil. Anna **Tumarkin**, von Kischinew, seit 1898 Privatdozentin für Geschichte der Philosophie, mit besonderer Berücksichtigung der Aesthetik an der philosophischen Fakultät, der Titel «Professor» verliehen.

An die Direktion des Unterrichtswesens.

Für getreuen Protokollauszug

der Staatsschreiber,

116 Anna Tumarkins Titularprofessur vom 5. Juni 1906

Berns Regierung beschloss am 26. Mai 1906, der gut 31-jährigen Anna Tumarkin den Titel «Professor» zu verleihen, was am Pfingstdienstag, 5. Juni 1906, offiziell protokolliert wurde.²²²

Diese «Auszeichnung» war ein stolzer Schritt, auch wenn die Beförderung keine finanziellen Konsequenzen hatte. Tumarkin behielt ihr Gehalt und ihren Senatssitz weiterhin als besoldete Privatdozentin.

Die Tageszeitungen der Stadt Bern nahmen keine Notiz von diesem Titel. In Tumarkins Fall stellte der Titel ja kaum mehr als eine hübsche Dekoration dar, allerdings eine wohlklingende. Die Presse war zudem mit den Schäden des Hochwassers beschäftigt, das die Aare in den flussnahen Quartieren angerichtet hatte, und mit der Opferhilfe für das nahe gelegene Dorf Plaffeien, wo in einer furchtbaren Brandkatastrophe 62 Familien oder 274 Personen innert zweier Stunden obdachlos geworden waren.²²³

Schweizerische Blätter erwähnten die Beförderung am Rande. Die *Hochschulnachrichten* brachten die Notiz vom «ersten weiblichen Professor an einer Schweizerischen Universität» dreimal. «Der erste weibliche Professor an einer Hochschule deutscher Zunge» imponierte der *Strassburger Post,* und diese Bezeichnung übernahm die *Academia*, das Organ der schweizerischen Studentenschaft.²²⁴

117 Die neue Berner Synagoge wurde am 10. September 1906 eingeweiht.

Die Frauen und die Juden freuten sich am Erfolg einer der ihren. Das *Israelitische Wochenblatt*, das in diesen Tagen der Einweihung der Synagoge von Bern entgegenfieberte, wies stolz darauf hin, dass «Fräulein Dr. phil. Anna Tumarkin, einer Jüdin aus Kischinew (Russland)», der Titel Professor verliehen worden sei. «Diese seltene Auszeichnung zeugt von der Tüchtigkeit dieser Dame, welche die Anerkennung der Behörden findet.»²²⁵ Die *Frauenbestrebungen* meldeten die Verleihung des Titels am 1. Juli 1906 nur kurz und trocken.

Im Ausland hatte es hin und wieder Frauen gegeben, die Professorinnen genannt wurden, ohne dass man ihnen entsprechende Funktionen und Rechte auf Universitätsstufe gewährt hätte. Aussergewöhnlich war bei Tumarkin, dass die junge Philosophin auf regulärem und normalem Weg Stufe um Stufe emporgestiegen war und auf traditionellem, gleichberechtigtem Wege Karriere gemacht hatte. Aussergewöhnlich war dabei, dass mit ihr eine als «Professorin» bezeichnete Frau auch die gleichen Rechte im Universitätsleben zuerkannt wurden.

118 Dieses Bild von Marie Curie hütete die Frauenzentrale Bern in ihrer Diasammlung.

Anders war das bei Sofja W. Kowalewskaja oder Marie Curie. Selbst diesen beiden bedeutenden Frauen, besser qualifiziert als die meisten Männer, hatte man eine Professur nur im Ausnahmezustand und -verfahren zugesprochen.[226] Auch waren sie in Stockholm und Paris nicht automatisch in die universitäre Hierarchie eingebettet worden.

Die russische Mathematikerin Sofja W. Kowalewskaja erhielt 1884 eine zwar ordentliche, aber eigens auf sie zugeschnittene und befristete Professur in Stockholm. Obwohl sie den renommierten Bordin-Preis gewann, hatte sie Mühe, im Juni 1889 für die zwei letzten Lebensjahre noch eine Professur auf Lebenszeit zu bekommen.

Die polnisch-französische Begründerin der Radiochemie und Nobelpreisträgerin Marie Curie wurde Nachfolgerin ihres am 19. April 1906 tödlich verunglückten Ehemannes Pierre. Am 3. Mai 1906, einen Monat vor Tumarkins Professorentitel und gut ein Jahr nach Tumarkins erstem Einsitz im Senat, wurde vorgeschlagen, ihr an der Mathematisch-naturwissenschaftliche Fakultät der Pariser Sorbonne die Kursverantwortung und die Leitung des Laboratoriums zu übertragen. Der Lehrstuhl jedoch blieb unbesetzt.

Marie Curies Werdegang wurde in der Schweiz beachtet. Die Frauenzentrale Bern beschaffte sich ein Glasdiapositiv der grossen Wissenschaftlerin. Die Presse berichtete, dass die Witwe des tragisch verunglückten Physikers zur Nachfolgerin ihres Gatten auf dem Lehrstuhl für allgemeine Physik an der Sorbonne gewählt und die Wahl vom Unterrichtsminister bestätigt worden sei. «Trotzdem Frau Curie, die bekanntlich an den Arbeiten und Entdeckungen ihres Mannes hervorragenden Anteil hat, die zur Bekleidung einer Hochschul-Professur erforderlichen Diplome besitzt, wird ihre Ernennung mehr als Ausnahme denn als Neuerung angesehen.»[227]

Immerhin war Marie Curie die erste Frau, die an einer französischen Universität als Dozentin auftrat. Am 5. November 1906 konnte sie unter grosser öffentlicher Aufmerksamkeit ihre erste Vorlesung halten. Das war «ein grosses Ereignis», fand die *Schweizer Hauszeitung* Ende des Monats, die zwischen seelenwärmenden Gedichten, deftigen Rezepten und akkuraten Schnittbögen auch frauenpolitische Kostbarkeiten verkündete. So kolportierte sie, was der spätere Literaturnobelpreisträger Anatole France nach Marie Curies Vortrag einem Reporter gegenüber anvertraute: «Wir feiern heute einen grossen Sieg des Frauenrechts, denn wenn die Frau zugelassen wird, den Studierenden beider Geschlechter den höchsten wissenschaftlichen Unterricht zu erteilen, wo bleibt dann die angebliche

Ueberlegenheit des Mannes? Wahrlich, ich sage Euch, die Zeit ist nahe, wo die Frauen menschliche Wesen sein werden.»[228]

Als «Professeur titulaire» wird Marie Curie erst am 16. November 1908 förmlich die erste Universitätsprofessorin Frankreichs werden.[229] Und 1911 wird sie ein zweites Mal den Nobelpreis erhalten. Tumarkins wissenschaftliche Erfolge waren nicht preisgekrönt. Sie entsprangen auch nicht dem Pröbeln und Forschen im Labor. Ihre Werkstatt war die Bibliothek, ihr Werkzeug das Buch.

Neben Einstein und Lenin in den Prunksälen der Berner Bibliothek

Stadt- und Hochschulbibliothek: Benützung für Professoren und Studierende unentgeltlich
[Adressbuch der Stadt Bern]

Als Anna Tumarkin 1892 nach Bern kam, gab es vor allem die von der Burgergemeinde getragene Stadtbibliothek an der Kesslergasse, der heutigen Münstergasse. Man betrat den vorgelagerten Hallersaal, der mit der Marmorbüste des Berner Universalgelehrten Albrecht von Haller geschmückt ist, und gelangte über die heute nicht mehr vorhandene Bibliotheksgalerie in den Schultheissensaal, der mit den Bildnissen der altbernischen Staatsoberhäupter verziert ist.

Daneben unterhielten die Hochschulinstitute eigene Bibliotheken.

119 Der Schultheissensaal mit den Bildern der altbernischen Staatsoberhäupter

120 Der Hallersaal mit der 1810 von Sébastien Caldelari geschaffenen Marmorbüste Albrecht von Hallers

Beim Neubau des Universitätshauptgebäudes hatte man 1903 aus Spargründen darauf verzichtet, auf der Grossen Schanze Bibliotheksräumlichkeiten zu integrieren oder anzubauen. Die Buchbestände wurden aber zur neuen Stadt- und Hochschulbibliothek zusammengefasst, an der sich die Burgergemeinde und der Kanton Bern beteiligten. Sie durfte von Dozierenden und Studierenden unentgeltlich benutzt werden, übrige Kantonseinwohner bezahlten einen Abonnementsbeitrag.[230]

Anna Tumarkin hatte also bequemen und kostenlosen Zugriff auf die Fachliteratur. Da sich die Ausleihbücher der Hochschulbibliothek von 1890 bis 1908 erhalten haben, weiss man auch, was sie sich hier ausborgte.[231]

Am 8. Juni 1904 holte sie für Herrn Professor Dr. Stein, Schänzlistr. 19, die Beilage zur *Allgemeinen Zeitung* vom 26. Mai 1904. Für sich selbst lieh sie am 21. Januar 1906 die *Vierteljahrsschrift für wissenschaftliche Philosophie* aus.[232] Die Schrift bot eine breite Bibliografie der erschienenen Bücher und der Artikel aus der angesagten internationalen Presse an. Vertreten waren Fachzeitschriften aus Berlin, Leipzig, Paris, Prag, Philadelphia, New York und London.

Selbst Helene Stöckers *Mutterschutz* wurde hier beachtet. Sie hatte die Frankfurter *Zeitschrift zur Reform der Sexuellen Ethik* lanciert, die sich für ledige Mütter, den Schwangerschaftsabbruch und den Frieden einsetzte.

Die Vierteljahrsschrift war eine Goldgrube für Tumarkins rezensierende Berichte über die deutsche ästhetische Literatur. In der Ausgabe vom Januar 1906 konnte sie auch über den 100. Todestag Friedrich Schillers lesen und erfahren, dass die Königlich-Preussische Akademie der Wissenschaften *Kant's Gesammelte Schriften* herausgegeben hatte. Daneben gab es einen Hinweis auf Jakob Freudenthals Spinoza-Biografie, woraus Tumarkin zitierte, als sie selbst über den portugiesisch-niederländischen Philosophen arbeitete und ihm acht Vorlesungen widmete.

Nicht nur Anna Tumarkin standen für ihre wissenschaftliche Arbeit reichlich Bibliotheken und Lesesäle zu Verfügung. Auch Albert Einstein und Wladimir Iljitsch Lenin bedienten sich hier. Einstein holte sich am 25. Februar 1905 aus der Stadt- und Hochschulbibliothek den 15. Band der *Annalen der Physik*, bevor er am 30. April 1905 seine bahnbrechende Arbeit *Eine neue Bestimmung der Moleküldimensionen* abschloss, die er drei Monate später als Dissertation an der Universität Zürich einreichte. Sie ist eine der fünf bedeutenden Veröffentlichungen, die der damals 26-jährige Physi-

121 Von 1899 bis 1931 war die Landes- bzw. Nationalbibliothek im Bundesarchiv einquartiert.

ker innerhalb weniger Monate als Angestellter des Patentamtes in Bern schrieb. Am 9. Juni 1905 veröffentlichte er seinen epochalen Artikel zur Deutung des Photoeffekts im 17. Band des gleichen Journals, für den er den Nobelpreis erhalten sollte und mit dem er sein *annus mirabilis* begründete.[233]

Ob Anna Tumarkin dem Genie wirklich begegnete, ist unbekannt. Sicher aber traf sie sich mehrfach mit seiner Schwester, der Romanistikstudentin Maja Einstein, die damals bei ihrem Bruder Albert wohnte. Sie war nämlich eine ihrer Schülerinnen, die sich im Sommer 1907 ihre Ausführungen zu den Griechen anhörte. Maja Einstein holte sich am 29. Juni 1907, wohl auf der Suche nach einer Stelle, das *Bulletin de la Société des instituteurs bernois*.[234] Zudem fand sie hier die Handschriften für ihre bei Karl Jaberg bearbeitete altfranzösische Dissertation.

Der russische Revolutionär Lenin erarbeitete in Bern die theoretischen Grundlagen für seine bolschewistische Revolution. Tumarkin könnte Lenin im Schultheissensaal begegnet sein, wo er die Werke von Friedrich Hegel und Carl von Clausewitz studiert haben soll. Zudem frequentierte Lenin die Schweizerische Landesbibliothek. Sie war ab 1899 für drei Jahrzehnte im Gebäude des Bundesarchivs untergebracht, bevor sie auf dem Kirchenfeld ein eigenes Gebäude erhielt. Lenin lieh sich hier am 29. Dezember 1914 unter anderem die Dissertation des Tumarkin-Schülers Peter Genoffs aus – und entrüstete sich über dessen Arbeit (siehe S. 230).

Tumarkins strauchelnder Mentor Ludwig Stein

Ludwig Steins Werk – eine Summe von Schiefheiten und Verkehrtheiten
[Ferdinand Tönnies]

Das Jahr 1906 wurde für den bewunderten und verwöhnten Ludwig Stein in vierfacher Hinsicht zum Albtraum. Privat erlebte er eine menschliche Tragödie, seine wissenschaftliche Reputation wurde angezweifelt und sein angeheirateter Reichtum verhöhnt. Zudem trafen ihn, den Ostjuden, fremdenfeindliche, antisemitische Vorwürfe, die erneut hochkochten, als eine terroristische Minderheit der russisch-jüdischen Gemeinschaft für internationales Aufsehen sorgte. Anna Tumarkin wurde von einigen als Geschöpf Steins betrachtet. Alle negativen Urteile über Stein, betrafen auch sie. Sie selbst mischte sich nicht in die «Russenfrage» ein.

Am 3. Februar 1906 meldete das *Berner Intelligenzblatt*, dass sich tags zuvor ein unbekannter Mann «beim Signal auf dem Gurten» durch Erschiessen das Leben genommen habe. Spätestens als die Zivilstandsnachrichten am 9. Februar den Tod des Eduard Adolf Stein «auf dem Gurten» meldeten, war es traurige Gewissheit, dass es sich um den ältesten Sohn von Ludwig und Auguste Stein-Ehrlich handelte. Eduard war Jusstudent, Leutnant der Infanterie und eben aus London zurückgekehrt.

Die «schwer geprüften Eltern» Stein begleiteten ihr totes Kind am 5. Februar 1906 morgens vom Trauerhaus an der Schänzlistrasse 19 zum Bahnhof und zum Krematorium des Bremgartenfriedhofs. Sie ignorierten die Halacha, das jüdische Religionsgesetz, das eine Feuerbestattung untersagt. Eduards Urne wurde weder im Berner jüdischen Friedhof noch in einem der christlichen Gräberfelder beerdigt. Möglich, dass sie auf privatem Boden platziert wurde oder dass sie Ludwig Stein nach Berlin mitnahm, das er kurz darauf besuchte.[235]

In Erinnerung an ihn stifteten die Eltern den Eduard-Adolf-Stein-Fonds zugunsten von Nachwuchswissenschaftlern.[236]

Äusserlich ungebrochen arbeitete Stein weiter und betrieb im Februar 1906 auch Tumarkins Karriere konsequent voran (siehe S. 145). Im März eilte er nach Berlin, nachdem er schon im Januar 1906 für die schweizerische Hochschullandschaft (mit dem preussischen Ministerialdirektor Friedrich Althoff) über die Gleichwertigkeit studentischer Vorbildung verhandelt und die Differenzen zwischen Preussen und Bern zu überbrücken versucht hatte. Seine erzielte Vereinbarung wurde am 30. April 1906 in der Berner Fakultät lebhaft verdankt, aber nicht umgesetzt.[237]

Zwar hatte es schon bei der Wahl zum Berner Ordinarius zweifelnde Stimmen gegeben, ob Ludwig Stein bei aller Beredsamkeit ernsthaft die notwendigen grundlegenden Kenntnisse für das Gesamtgebiet der Philosophie besitze. Nach und nach schlitterte sein Ansehen in tiefste Tiefen, was auch Anna Tumarkins wissenschaftlichen Ruf ramponierte.

Steins *Soziale Frage im Lichte der Philosophie* war 1897 noch mit Wohlwollen betrachtet und seine leicht geschriebene Übersicht über die soziale und soziologische Literatur goutiert worden. Das umfangreiche Buch lese sich «schon deshalb sehr leicht, weil es schön geschrieben» sei. Sein humanistisch-optimistisches Ziel fand Anklang, das Buch wurde viel beachtet und erlebte mehrere Auflagen.

Zwar räumte schon damals der Rezensent der *Zeitschrift für die gesamte Staatswissenschaft* ein, dass der Verfasser bei seiner Zusammenfassung der sozialen Frage auch «zu schiefen Urteilen und zu unvollständiger Würdigung» früherer Arbeiten komme und Autoren nicht immer rücksichtsvoll behandle. Ungerecht aber wolle Stein nie sein und «von der konstruktiven Gewaltthätigkeit des kritischen und positiven Gedankenaufbaues, welche noch vor einer Generation ihr Unwesen auf Lehrstühlen der Philosophie getrieben hat», sei bei Stein keine Spur zu entdecken.

Stein vermöge «den Zeitgenossen gleichsam ihre unausgesprochenen Wünsche von den Lippen zu lesen». Er stelle «solchergestalt jene Fackel» dar, «welche durch ihr bescheidenes Licht der Menschheit im Dunkel des immanent teleologischen Evolutionsprozesses den Weg beleuchte», befand der Rezensent.[238]

Naum Reichesberg setzte sich 1899 kritisch mit Ludwig Stein auseinander. Steins vornehmster Verdienst sei, in wissenschaftlicher und zugleich gemeinverständlicher Weise die wichtigsten und schwierigsten Probleme zusammenzufassen und in den innigsten Zusammenhang zu bringen. Stein wage den Versuch, «der nach Befreiung aus dem (von ihm geschilderten) social-philosophischen Chaos lechzenden Menschheit ein erklärendes Wort zu sagen». Er hoffe, «jenes Oelblatt als Friedenssymbol zu erhaschen, welches als Wahrzeichen dafür dienen mag, dass die Gewässer der uns bedräuenden socialen Sintflut sich zu verlaufen beginnen». Seine Lösung der sozialen Frage sei eine bekannte, sein sozialphilosophisches System wenig originell.[239]

«Wenn aber nach unserem Dafürhalten, das Steinsche System, die aufgezeigten Mängel aufweist, so sind wir andererseits nicht minder überzeugt, dass das Steinsche Buch trotzdem als eine bedeutende Leistung zu erachten ist.»

Das Buch enthalte einen ungeheuren Gedankenreichtum, sei geistvoll geschrieben und gebe Aufschluss über die meisten Fragen, die auf das soziale Leben Bezug haben. Reichesberg stiess auf, dass Steins Anschauungen und Interessen den sogenannten Mittelstand verkörperten. Ziehe man aber in Betracht, dass der Verfasser sich durchwegs «von einem warmen Gefühl für die ärmeren Bevölkerungsklassen leiten lässt», deren schlummerndes Gewissen durch das Buch einigermassen aufgerüttelt werden dürfte, so habe sich Stein um die soziale Bewegung in mancher Beziehung verdient gemacht.

Der spätere Berner Philosophie- und Pädagogikprofessor Paul Häberlin, damals noch Direktor des Lehrerseminars Kreuzlingen, attestierte 1904 dem Verfasser der sozialen Frage grosse Belesenheit und eine für das Laienpublikum geschickte Zusammenfassung der

122 Ludwig Stein, von einem warmen Gefühl für die ärmeren Bevölkerungsklassen geleitet

Forschungsergebnisse. Er vermisste aber «Gründlicheres». Ausserdem schien ihm Steins Originalität mehr im flüssigen Stil als in der Sache selbst zu liegen.[240]

Ferdinand Tönnies, der als Begründer der Soziologie in Deutschland gilt, zerzauste im gleichen Jahr Ludwig Steins Werk fundamental. In seiner Buchkritik attestierte er dem Werk «grosse Verworrenheit und widerspruchsvolle Unklarheit» in der Anlage und in den Grundgedanken. Er tadelte Steins «Weichheit der Denkgesinnung». Seine Begriffe nannte er «völlig unklar und wertlos». Er kritisierte Steins «Ungedanken» und meinte zu dessen Bildern: «Sagen wir ehrlich: das eine ist so unsinnig wie das andere.» Auch Steins schwülstige Schreibweise, seine «blümeranten Redensarten» goutierte Tönnies nicht: «Sie sind dem eigentümlichen Geschmack des Verfassers ‹schön›, aber ohne alle Rücksicht auf Grund und Wahrheit.»

Dass Steins Sprachstil «blümerant» genannt werden kann, bewies er mit Sätzen wie dem folgenden: «Die geilen Schösslinge einer überüppig wuchernden politisch-anthropologischen Phantasie müssten mit der schneidend-scharfen Gartenschere der logisch-methodologischen Prüfung aller wissenschaftlichen Begriffsbildung unbarmherzig abgeschnitten und als wissenschaftliches Material für echte, unbefangene Forschung verwendet werden.»

Ludwig Steins Werk, resümierte Tönnies brutal, sei eine «Summe von Schiefheiten und Verkehrtheiten», sein «hohles Theoretisieren» charakteristisch für seine Arbeit. «Man kann das Buch kaum aufschlagen, ohne auf etwas Nichtiges oder Verkehrtes oder auf Aufgebauschtes und Schales zu stossen.» Ferdinand Tönnies vernichtendes Urteil lautete: «Dem Buche als ganzem kann, wie sich von selbst ergibt, ein ‹Recht auf Existenz› nicht zuerkannt werden.»[241]

Ein Jahr später polemisierte der sozialdemokratische Wirtschaftswissenschaftler Frederick Hertz aus Österreich-Ungarn, der später von den Nazis als «Jude, Freimaurer und Pazifist» verfolgt werden sollte, gegen seinen Landsmann, den «Ungarländer» Ludwig Stein. In seinem Artikel *Ein Triumph der Philosophie oder Herr Professor Ludwig Stein aus Bern* bestätigte er den fachlichen Verriss. Ein paar Seitenhiebe zielten auf den Juden Stein und seine «wissenschaftliche Laufbahn als Rabbinatskandidat» sowie seine Begeisterung, «die andern Juden nach Palästina zu schaffen». Verspottet wurden Steins politische Bemühungen, «den Kampf der Mächtigen dieser Welt zu schlichten». Frederick Hertz spottete: «Da jedoch leider die schönen Zeiten vorüber sind, in denen Philosophen in Tonnen hausend Majestäten empfangen konnten, so brachte Professor Stein der Philosophie das Opfer, sich einige Millionen anzu-

Professor Dr. Ludwig Stein-Bern
Zeichnung von F. Liermann-Bern

„Meine Damen und Herren! Der Südpol ist ein Wärmenest. Diese Theorie gilt nicht nur jetzt und hier, sondern immer und überall!"

123 Karikatur Ludwig Steins im Grünen Heinrich

heiraten. An Stelle einer Tonne bezog unser Philosoph alsbald eine prunkvolle Villa.»

Neid erregte, dass Stein mit Notabeln wie Fürst Bernhard von Bülow und seiner Majestät Kaiser Wilhelm II. verkehre. Keine noch so mächtige Zeitung könne es wagen, Stein, «der heute zu den durch Geist, Besitz und Beziehungen einflussreichsten Männern Europas gehört», einen seiner endlosen Artikel zurückzuweisen. «Eine oft bemerkte Eigentümlichkeit Steinscher Prosa sind die zahllosen Zitate, die wie Perlen über die schwierigsten Erörterungen gestreut sind.» Nicht immer seien sie korrekt oder tiefgründig. Aber «einem so grosszügigen Manne» und seiner «allesverstehenden

Milde» könnten «natürlich kleine Verstösse nicht angerechnet werden». Aber wer könnte «den Ruhm des grossen Mannes» schwärzen, schrieb Hertz hämisch?

Der Berner *Bund* wies zwar auf Hertz' Artikel in der österreichischen Zeitschrift *Der Weg* hin, warnte aber sogleich, dass darin ein antisemitischer Zug mehrfach hervortrete und der Artikel polemischer Natur sei.[242]

Die Kritik kulminierte 1906, als Ludwig Stein eine wissenschaftlich-theoretische Einführung in die Soziologie schrieb. Das *Tagblatt* tadelte am 18. Oktober 1906 indigniert, dass Stein glaube, «den Bernern alles bieten zu können». Stein habe die gesammelten Vorträge in einem Ferienkurs gehalten. «Und als er diese Vorträge hielt, muss er wirklich seine Wissenschaft vorher in die Ferien geschickt haben.»[243]

Ludwig Stein versuchte, die *Anfänge der menschlichen Kultur* in der Überzeugung zu schildern, dass man «nur durch einen tieferen Einblick in Ursprung und Wesen von Sprache und Schrift, von Sitte und Recht, von Religion und Kunst das volle Verständnis für die Kulturprobleme der Gegenwart zu gewinnen vermöge». Sympathisch waren viele Stein'sche Bemerkungen, etwa: «Das Endziel der Geschichte ist die Humanität» oder «Die Rassentheorie ist ein Rückfall in vorwissenschaftliches Denken».[244]

Doch inhaltlich hielt die Einführung in die Soziologie kritischer Begutachtung nicht stand. Anna Tumarkin deutete später an, dass die soziologischen Arbeiten nicht mehr auf dem stabilen Grund eigener Forschungen fussten. Stein war in die Falle getappt, vor der sie Georg Sidler ehemals so eindringlich gewarnt hatte: sich als Fachidiot auf fremdes Terrain zu wagen (siehe S. 95). Ludwig Stein verdarb sein Ansehen, da ihn Leichtigkeit und Vielgeschäftigkeit zu flüchtiger Arbeit verleiteten, die sich mit bösen Versehen gerächt hatten, urteilte später der Universitätshistoriker.[245]

Das fand auch der Zürcher Zoologieprofessor Conrad Keller in seiner vernichtenden Kritik in der *Neuen Zürcher Zeitung* vom 3. Oktober 1906: «Du sollst nie über etwas schreiben, das du nicht verstehst!» Er attackierte Steins Vererbungs-, Rassen- und Haustiertheorie. Seine Vorstellung von der Domestizierung der Tiere, von der Verwandlung von Raubtieren in Haustiere sei ganz amüsant, seine Begründung zur Entstehung der artikulierten Sprache «wirklich gottvoll». Woher denn Stein diesen Unsinn habe, dass beim aufrechten Gang die Brust frei vom Druck der Eingeweide sei, der die Vierfüssler zu ewigem Gröhlen und Grunzen verurteile? Ob er denn noch nie einen Blick ins Freie getan habe? Keller spottete:

«Die Herren Philosophen sind wirklich grossartig im Naturbeobachten.»

Er lästerte, die Schrift sei unter dem Niveau eines simplen Gymnasialschülers. Stein habe Quellen aus populären Schriften siebenten und achten Ranges zu einem haarsträubenden Unsinn zusammengeschustert. Rhetorisch fragte er, ob Stein seine These, man erfriere am Nordpol und verbrenne am Südpol «in einer Champagnerlaune» verbrochen habe. Keller mokierte sich über Steins unglaubliche Unwissenheit und Gedankenlosigkeit: «Wir hielten es nicht für möglich, dass ein Kulturphilosoph […] so haarsträubenden Unsinn zusammenschreiben könnte, wie dies L. Stein tut.»[246]

Seine Arbeit sei nicht ernst zu nehmen: «Sein Buch ist ein seichtes Machwerk, in welchem freilich die Mache geschickt betrieben wird. Aber das Spreizen mit Gelehrsamkeit, das jongleurhafte Spielen mit allem möglichen und unmöglichen Wissenskram, der meist nur halb verdaut ist, endlich das pfauenartige Radschlagen mit blendenden Phrasen» könne nicht über die innere Gehaltlosigkeit der Stein'schen Schrift hinwegtäuschen. Auch Keller konnte es sich nicht verkneifen, diskret auf Steins Rasse und seine Geschäftstüchtigkeit hinzuweisen.

Die Angriffe wurden kolportiert. Weitere Zeitungen gossen Hohn und Spott über den Philosophieprofessor.[247] Stein schwieg sich «dem in seiner ganzen Art unerhörten Angriff gegenüber» aus.

Mitte September 1906 machte Stein sein «Recht auf Urlaub» geltend und reichte ein Gesuch für den Winter 1906/07 ein. Offiziell begründete er seinen Wunsch damit, «ein grösseres Werk», an dem er «seit zehn Jahren arbeite, zum Abschluss zu bringen.» Anna Tumarkin und Psychologe Ernst Dürr würden ihn vertreten.[248]

Böse Zungen brachten Steins verlangten Urlaub in Zusammenhang mit der vernichtenden Kritik an seinem Buch. Andere munkelten Übleres. Steins Absenzen seien nicht der Wissenschaft geschuldet, sondern seinen Finanzspekulationen und seinem Scharwenzeln «bis an die Stufen der Fürstenthrone».

Berns Bevölkerung, die auf republikanisches Understatement hielt, missfiel, dass Stein seinen Reichtum ungeniert mit vierspännigen Kutschenfahrten, seiner repräsentativen Villa Schönburg und rauschenden Festen vorzeigte. Und dass er sich im Hotel Bellevue, seinem Stammlokal, mit der politischen, wirtschaftlichen und diplomatischen Crème de la Crème traf. Und vielleicht gar an die Hochzeit geladen war, wo Alleinerbin Bertha Krupp mit Kaiser Wilhelms Segen Gustav von Bohlen und Halbach ehelichte.[249]

124 Karikatur im Nebelspalter nach Steins Behauptung vom heissen Südpol

Der *Nebelspalter* spottete: «Prof. Stein in Bern hat doch den Beweis erbracht, dass der Südpol einem sehr heiss machen kann.» Die Karikatur imaginierte millionenschwere Grundstückgewinne in Berlin und Stettin: «Vom sogenannten Optimismus – Berliner Grundstück-Gründung 1½ Millionen – Handelsstätte Spittelermarkt Berlin – Wissenschaft ist Macht!»

Der Sturm der Entrüstung liess Ludwig Stein zaudern. Sollte er in Bern bleiben oder zu neuen Ufern aufbrechen? Als seine Villa am 10. November 1906 im *Berner Tagblatt* zum Verkauf ausgeschrieben war, wurde Ende 1906 in Bern offen über seinen Weggang spekuliert: «Geht Stein oder nicht?»[250]

Die Antwort war bedeutsam für Anna Tumarkin.

Der Schatten Tatjana Leontjewas und die schweigende Anna Tumarkin

Ludwig Stein – ein Förderer russischer Hyänen der Revolution?
[Berner Volkszeitung]

Belastend für Ludwig Steins Ruf war auch die ihm unterstellte kompromittierende Nähe zum terroristischen Gedankengut seiner russischen Schützlinge. Ludwig Stein wurde für die Russifizierung der Berner Universität mitverantwortlich gemacht, da ihn die russischen Studierenden liebten und «schwärmend seinen Hörsaal» füllten.[251]

Wurde irgendwo mit Sprengstoff experimentiert oder eine Bombe gezündet, fehlte es nicht an Skandalberichten. Das Bild undurchschaubarer, seltsamer, ja gewalttätiger Verhältnisse an der Universität Bern fand neue Nahrung. Spezielles Aufsehen erregte der Fall Tatjana A. Leontjewa. Die Sozialrevolutionärin erschoss im Interlakener Hotel Jungfrau am 1. September 1906 den 73-jährigen französischen Rentner Charles Müller. Sie glaubte nämlich, den für das Petersburger Blutbad verantwortlichen hohen russischen Offizier und ehemaligen Innenminister Pjotr N. Durnowo vor sich zu haben. Durnowo wurden viele Todesurteile, Massenverhaftungen und die blutige Unterdrückung von Streikbewegungen angelastet. Er förderte die extremrechte und antisemitische Bewegung der Schwarzhunderschaften, die für Pogrome und Massaker verantwortlich zeichnete. «Revolutionäre Elemente» verfolgte er gnadenlos. Leontjewa wollte an ihm als einem Vertreter des verhassten russischen Zarenreiches ein Exempel statuieren.[252]

Also bezog auch sie am 27. August 1906 mit einem unbekannten Begleiter im nämlichen Grandhotel ein Zimmer und gab sich als Ehefrau des Henri Strafford aus Stockholm aus. Am 1. September 1906 ass Tatjana mittags allein an einem Tisch der Table d'hôte in einer Ecke des Speisesaales. «Beim Servieren des zweiten Ganges erhob sie sich plötzlich und feuerte zum Entsetzen aller Anwesenden» auf den Gast nebenan, «der eben ein Zeitungsblatt in der Hand hatte [...]». Fatalerweise trafen die sieben Kugeln aus ihrer halbautomatischen Browning aber nicht den grausamen Durnowo.

Tatjana Leontjewa kannte ihn nämlich nicht von Angesicht zu Angesicht. Zur Identifizierung des Pjotr N. Durnowo stand ihr nur eine Karikatur aus der *Tribune Russe* zur Verfügung. Und die war ungenau. Sie war ihr, der willfährig Verführten von revolutionär agierenden Freunden zugesteckt worden oder sie war gar – wie auch

125 Pjotr N. Durnowo war Gast im Hotel Victoria, Charles Müller im rechts anschliessenden Hotel Jungfrau, in dessen Restaurant das Attentat geschah.

126 Karikatur von Pjotr N. Durnowo, Bilder des Rentners Charles Müller und Pjotr N. Durnowos

Caricature de M. Dournovo publiée par la *Tribune russe*.

M. Charles Muller. — *Phot. Braun.*

M. Dournovo. — *D'après sa plus récente photographie.*

gemunkelt wurde – Opfer eines abgekarteten Spiels der zaristischen Geheimpolizei geworden.²⁵³

Internationale Medien berichteten tagelang über das Aufsehen erregende Attentat. Tatjana A. Leontjewas Tat genoss hierzulande einige Sympathien, denn Russlands grausamer Zarismus, verkörpert durch den «Massenmörder» Nikolaus II., wurde breit verurteilt. In Karikaturen wurde er als Tyrann inmitten von Gehenkten, Bomben und Totenköpfen gezeichnet.²⁵⁴

Am 25. März 1907 wurde Leontjewa im Schloss Thun der Prozess gemacht und am 28. März 1907 das Urteil verkündet. Gemäss bernischem Strafgesetz stand auf Mord eine lebenslängliche Zuchthausstrafe. Der italienische Anarchist Luigi Lucheni etwa, der acht Jahre zuvor am 10. September 1898 in Genf Kaiserin Elisabeth «Sisi» von Österreich auf offener Strasse niedergestochen hatte, war lebenslang hinter Gitter gewandert. 1908 wurde ein nach Genf geflüchteter russischer Polizistenmörder, der seine Tat ebenfalls als Notwehr gegen das repressive Regime in seiner Heimat verstanden haben wollte, nach Russland ausgeliefert, wo er zu zehn Jahren Zwangsarbeit verurteilt wurde.²⁵⁵

127 «*Unbekannte, vermutlich Russin*», *inhaftiert wegen* «*Mord in Interlaken*», *Karteikarte mit Signalement und Bild*

Leontjewa wurde vom Geschworenengericht in Thun dank verminderter Willensfreiheit und mildernden Umstände mit vier Jahren Zuchthaus nur gering bestraft. Mit der milden Strafe wolle das Gericht jedoch keineswegs «das Haupt Tatiana Leontieffs mit dem Glorienschein des Heldentums» umgeben, wie dies die Verteidigung getan habe.[256]

Aus dem Gefängnis schrieb Tatjana ihren revolutionären Kameraden, dass sie sich ungeachtet ihres Irrtums glücklich fühle, das absolut Nötige und zwingend Erforderliche getan zu haben. Sie sehe nicht ein, was falsch daran sei, einen Tyrannen zu töten. Wie die sozialistische Humanité in Paris schrieb, gelobte Tatjana, treu zu ihrer terroristischen Überzeugung und zu ihren revolutionären Kameraden zu stehen.[257]

Am 1. September 1910 wird Tatjana Leontjewa ihre Strafe verbüsst haben. Sie wird nicht ausgeschafft werden, sondern «auf Wunsch ihrer Eltern» in der Irrenanstalt Münsingen verbleiben, und hier am 16. März 1922 erst 39jährig an Tuberkulose sterben.[258]

Das Bild der terroristischen Russin konnte unheilvollerweise auf alle studierenden Slavinnen projiziert werden.[259] Indirekt war Anna Tumarkin dreifach involviert. Erstens, weil sie sich als russisch-jüdische Frau mit Reflexen und Verdächtigungen konfrontiert sah, die gegenüber Russinnen, Jüdinnen und Frauen bestanden. Eine russische Studentin, hiess es, erwecke «denselben Schauer» wie «eine am Galgen baumelnde Zarenmörderin».[260] Zweitens war Tumarkin betroffen, weil ihr Renommee eng mit dem Ansehen ihres Förderers Stein zusammenhing, der für die Russenflut mitverantwortlich gemacht wurde. Drittens war Tumarkin direkt beteiligt, weil sie sich als Senatorin und Fakultätsmitglied mit den geplanten Massnahmen zur Einschränkung des russischen Kontingents an der Berner Universität befassen musste.

Es waren fremdenfeindliche Gruppen, die das «anarchistische Unkraut» ausmerzen, ausrotten, ausstechen wollten. Es war der Druck ausländischer Politiker, welche die Largeheit der Schweiz im Umgang mit gefährlichen Elementen tadelten und die Frage stellten, ob die Schweiz, wo «Dynamit, Browning und Parabellum» Triumphe feierten, als Asylland nicht zu weit gehe und man nicht besser das ganze Pack spediere.[261] Es gab aber auch angesichts der Verdoppelung der Studierendenzahlen ungelöste sachliche Probleme.

Es regte sich wachsender Widerstand gegen die «Russenflut», die breit und international kolportiert wurde. «Die Russophilie [...] wächst bald ins Aschgraue», hiess es im *Berner Tagblatt,* das geld-

128 Die – nicht – verschwundene Russin

gierige Dozenten und «einige Gewaltige in Israel» dafür verantwortlich machte.²⁶²

Bern wollte vom Gespött wegkommen. Die Berner Universität dachte ernsthaft über Mittel und Wege nach, der «Russifizierung der Hochschule» Einhalt zu gebieten.

Ende Mai 1907 wurde das Problem der ungenügend ausgebildeten russischen Frauen im Berner Senat diskutiert. Mindestens sollten die Anforderungen, die man zum Eintritt in die Petersburger Frauen-Hochschule verlangte, auch in Bern gestellt werden. Wer den Ausweis von der Güte eines russischen Knabengymnasiums nicht habe, sollte eine Ergänzungsprüfung machen müssen. Zudem wollte man die Institutsgebühren für Fremde verdoppeln.²⁶³

Bemerkenswert ist, dass weder Anna Tumarkin noch Ludwig Stein an dieser Sitzung anwesend waren, die eine Verschärfung der Aufnahmebedingungen beschloss. Als das Problem in einer weiteren Senatssitzung vom 12. Juli 1907 behandelt wurde, fehlten Anna Tumarkin und Ludwig Stein erneut.

Auffallend ist, dass sich Anna Tumarkin auch nicht äusserte, als Monate später für eine weitere Verschärfung der Zulassungsbedingungen votiert wurde und sie im Plenum sass.[264]

Die Verschärfung der Zulassungsbedingungen hätte «die Russenfrage» beruhigen sollen. Der *Nebelspalter* monierte aber am 23. November 1907: «Ich sehe lauter Russinnen, die *nicht* verschwunden sind». Das Problem sollte sich definitiv erst nach Lenins Oktoberrevolution von 1917 und dem Ersten Weltkrieg lösen. Hatten 1907 noch 720 Studierende aus dem russischen Reich in Bern studiert, so waren es 1920 gerade noch 50. Mit sinkender Tendenz.[265]

Referentin am III. Internationalen Philosophenkongress in Heidelberg 1908

Sie hat einige von ernstem Streben zeugende Arbeiten über Kant veröffentlicht
[Vossische Zeitung]

1908 präsentierte sich Anna Tumarkin erneut am Internationalen Philosophenkongress als Rednerin. Vom 1. bis zum 5. September 1908 beherbergte Heidelberg den III. Internationalen Kongress für Philosophie. Tumarkins Förderer Wilhelm Dilthey und Ludwig Stein traten hier nicht auf, sassen aber in der permanenten internationalen Kommission, die nach Heidelberg eingeladen hatte.[266]

Die Kongressteilnehmenden wurden am Montagabend, 31. August 1908, zwanglos im neuen Konzert-, Ausstellungs- und Konferenzgebäude versammelt, das einen weit über 2000 Personen Platz bietenden Saal besass.

Eigentlicher Kongressort aber war das seit 1901 der Universität dienende Neue Kollegienhaus am Ludwigsplatz. Hier wurde am 1. September im Grossen Saal der Kongress eröffnet und am 5. September geschlossen. Hier fanden die allgemeinen Sitzungen statt. Hier war im Parterre das Büro eingerichtet. Hier hielt Anna Tumarkin ihren Kant-Vortrag.

Wilhelm Windelband, Neukantianer und Professor an der Ruprecht-Karls-Universität in Heidelberg, präsidierte den III. Inter-

129 Das Neue Kollegienhaus am Ludwigsplatz in Heidelberg

nationalen Kongresses für Philosophie und sein Doktorand Arnold Ruge organisierte die Zusammenkunft. Tumarkin hatte den Geheimrat ein Jahr zuvor kontaktiert, um nach der Quelle einer seiner Zitate zu fragen.[267]

Am Kongress sprach Geheimrat Windelband einleitend über die Stellung der philosophischen Forschung. Die grosse Kulturaufgabe der Philosophie sah er im Sinne des gemeinsamen Humanitätsideals aller Völker. Die Philosophie wolle die Wahrheit suchen, aber: «Wir wollen keine Synode und kein Konzil sein, dass irgendwelche Lehren dogmatisch festlegt.»[268]

Theodor Elsenhans, eben zum ordentlichen Professor für Philosophie und Pädagogik an der Königlich Sächsischen Technischen Hochschule zu Dresden bestimmt und Generalsekretär des Kongresses beschwor Immanuel Kants *Zum ewigen Frieden*. Man wolle eine Versammlung sein, in der «ohne Unterschied der Nation so viele Forscher mit dem Willen zur Wahrheit in einem Werke der Kultur» sich zusammenfänden. Die Vertreter der verschiedensten Völker sollten gemeinsame Friedensarbeit leisten.[269]

Das war – sechs Jahre vor Ausbruch des Ersten Weltkriegs – ein frommer Wunsch.

Doch die Organisatoren, der Humanität verpflichtet, taten ihr Bestes. Sie verzichteten aus Rücksicht auf die zahlreichen französischen Kongressteilnehmer auf den obligaten Sedantag. Die Sedanfeier gedachte nämlich der Kapitulation der französischen Armee am 2. September 1870 nach der Schlacht bei Sedan, in der preussische, bayerische, württembergische und sächsische Truppen nahe der französischen Stadt Sedan den entscheidenden Sieg im Deutsch-

Französischen Krieg errungen hatten. Der Verzicht auf diese Feier war ein grosses Opfer für die Professoren des Deutschen Kaiserreichs und er wurde nicht überall verstanden.[270]

Der Kongress vereinigte Delegierte aus vielen Nationen, auch aus Russland und den USA. Auch Schweizer Dozenten trugen vor. Tumarkins Kollege Ernst Dürr hielt zwar keinen Vortrag, diskutierte aber eifrig mit. Und da war auch noch der eben in Bonn habilitierte Richard Herbertz am Kongress. Er sollte bald, was Anna Tumarkin nicht ahnen konnte, erst ihr Kontrahent und dann ihr Kollege werden.[271]

Anna Tumarkin sprach am Donnerstagnachmittag, 3. September 1908, in der Sitzung der Sektion I um ca. 15.30 Uhr im Hörsaal 17 des Neuen Kollegienhaus am Ludwigsplatz über Kant.[272] Die *Vossische Zeitung* hatte sie als «ausserordentlicher Professor an der Universität Bern» und als Schülerin Ludwig Steins angekündigt. «Sie hat einige von ernstem Streben zeugende, wenn auch nicht gerade epochemachende Arbeiten über Kants Philosophie, besonders seine Ästhetik, veröffentlicht und wird auch auf dem bevorstehenden Kongress mit einem Vortrag über das kritische Problem in den vorkritischen Werken Kants debütieren.»[273]

Mit einem solchen klassischen Kongressthema konzentrierte sie sich auf einen kanonischen Autor und auf die «gängigste Form eines erfolgversprechenden philosophischen Forschungsbeitrags», meinte der spätere Leipziger Philosophiehistoriker Ulrich Johannes Schneider.[274]

Nach den Vorträgen wurde diskutiert. Anna Tumarkin wagte es ein einziges Mal, sich zu melden. Sie fand den Mut zur Wortmeldung vielleicht nur, weil der Referent Richard Kroner ganze neun Jahre jünger war als sie selbst und noch keine wissenschaftlichen Palmarès vorweisen konnte. Sie ging mit dem 24-jährigen, eben erst promovierten und verheirateten Breslauers einig, dass der Kritizismus keine erkenntnistheoretische Resignation zu bedeuten brauche: «Ich glaube aber, dass eine solche von jeder Resignation freie Auffassung des Kritizismus sich nur ergibt, wenn wir die alle Gegenstände der Erfahrung umfassende Welt der Erscheinung für die einzige reale Welt halten [...].»[275]

Nach der allgemeinen Sitzung vom 3. September 1908 im grossen Saal stellten sich die Philosophen und Philosophinnen vor dem Neuen Kollegienhaus dem Fotografen. Anna Tumarkin ist auf dem Bild als Dritte von links hinter dem sitzenden Mann mit weissen, wallenden Haaren zu sehen: klein, mit weissem Kragen und Hut. Die Aufnahme sei vorzüglich ausgefallen und habe allgemein lebhaften Anklang gefunden, wusste der *Mannheimer Generalanzeiger* anderntags zu erzählen.²⁷⁶

Auch dieser Kongress bot den Teilnehmenden zahlreiche Lustbarkeiten. Eine geplante italienische Nacht im Schlossgarten fiel allerdings ins Regenwasser. Ein Ausflug mit der neuen elektrischen Bergbahn führte auf den Königsstuhl.²⁷⁷ Von einem Besuch in Ziegelhausen fuhren rund 300 Mitglieder des Philosophenkongresses mit Schiffen den Neckar hinunter nach Heidelberg und fanden Schloss und Brücken festlich beleuchtet vor. Eigens für den Kongress war ein prachtvolles Feuerwerk inszeniert worden.²⁷⁸ Beim Festmahl mit der grossherzoglich-badischen Regierung war Tumarkin zweifellos festlich gekleidet, denn Besuchs- oder Promenadenanzug war Vorschrift.²⁷⁹

Der III. Internationale Kongress für Philosophie in Heidelberg bemühte sich 1908 nicht nur um Humanität und Frieden, sondern auch um die Frauen.

130 Kongress 1908: Anna Tumarkin steht klein, mit weissem Kragen und Hut als Dritte von links hinter dem sitzenden Mann mit weissen, wallenden Haaren.

Aktive Damen am Heidelberger Kongress und «euphorische Aufbruchsstimmung»

Der Männer, die öffentlich so vorurteilslos über unsere Sache sprechen, sind noch sehr wenige
[Clara Keller-Hürlimann]

Baden spielte, was das Frauenstudium betrifft, eine für deutsche Verhältnisse fortschrittliche Rolle (siehe S. 51) und die Heidelberger luden nicht nur Hochschulgelehrte ein, sondern auch Laien, wovon gelehrte Frauen profitierten.[280] Man suchte sie selbst im fernen Amerika. Abgesehen von Ehefrauen, Töchtern und Cousinen der Redner verfolgten auch einige Studentinnen und wenige freie Wissenschaftlerinnen die Vorträge. Sie hielten sich aber am Kongress still und stumm.[281]

Vier Damen aber wagten sich und nahmen – wie die *Vossische Zeitung* ausdrücklich hervorhob – am Heidelberger Kongress «als aktive Mitglieder» teil, das heisst, sie hielten öffentlich Vorträge. Neben Anna Tumarkin waren dies die Amerikanerin Christine Ladd-Franklin, die Französin Clarisse Coignet-Gauthier und die Engländerin Constance Jones.

Als die US-amerikanische Mathematikerin, Logikerin und Psychologin Christine Ladd-Franklin am III. Internationalen Kongresses für Philosophie in Heidelberg auftrat, war sie 60 Jahre alt und schaute auf ein wissenschaftliches Leben voller Tücken und Vorurteile zurück.

Sie hatte am Vassar College für Frauen studieren können, einem der berühmten Seven-Sisters-Colleges. An diese weibliche Elitehochschule im US-Bundesstaat Maryland schaffte sie es nur, weil sie glaubhaft gemacht hatte, dass sie schlechte Chancen auf dem Heiratsmarkt hätte. Sie arbeitete dann als Mathematiklehrerin in Pennsylvania und New York und veröffentlichte mathematische Arbeiten. 1878 konnte sie dank gewichtiger Fürsprache an der privaten Johns Hopkins University im Graduate Program studieren. 1882 heiratete sie den Mathematikprofessor Fabian Franklin. 1883 schloss sie ihr Studium mit einer formvollendeten Doktorarbeit in Logik ab. Ihr amtliches Doktordiplom erhielt sie allerdings erst 1926, 43 Jahre später, da Frauen damals auch an dieser Spitzenuniversität nicht promovieren durften. Am Kongress 1908 sprach sie demnach erst als eine Frau Doktor in spe und als provisorische Lecturer der Johns Hopkins University. Immerhin war sie Mitherausgeberin des *Dictionary of Philosophy und Psychology*.

131 Die amerikanische Kongressteilnehmerin Christine Ladd-Franklin

Ladd-Franklin war Frauenrechtlerin, ebenso ihre Tochter, Mutter und Tante. Zeitlebens setzte sie sich für die Förderung von Frauen an Universitäten und im Wissenschaftsbetrieb ein. Um sie von wichtigeren Positionen fernzuhalten, wurden damals die seltsamsten Einwände vorgebracht. Als Ladd-Franklin forderte, dass Frauen im damals führenden Seminar für experimentelle Psychologie vortragen dürften, suchte man sie mit dem Hinweis abzuwimmeln, dort würde viel geraucht. Sie liess dies nicht gelten und meinte, sie würde selbst rauchen. Christine Ladd-Franklin sprach am 1. September 1908 in Heidelberg über die Erkenntnistheorie der Logiker, über *Epistemology for the Logician*.[282]

Bereits 85 Jahre zählte die dreifache Mutter Clarisse Coignet-Gauthier, als sie am Kongress den Philosophen Henri-Louis Bergson vorstellte. Bergson vertrat in Frankreich das, was Dilthey in Deutschland propagierte: eine Lebensphilosophie nämlich, die nicht einseitig die Rationalität nach Art der Naturwissenschaften betonte, sondern eine Ganzheitlichkeit, die auch nicht rationale, kreative und dynamische Elemente umfasste. Die Moralphilosophin, Pädagogin und Historikerin Coignet-Gauthier war eine wichtige Vertreterin der französischen gesellschaftspolitischen Bewegung namens *La Morale Independente*, die im 18. Jahrhundert entstanden war. Ihren Einfluss übte sie vor allem als Redakteurin der Zeitung *La Morale* aus. Sie verfocht eine säkularisierte Erziehung und eine von Wissenschaft und Religion unabhängige Moral. Sie propagierte schreibend die Reform des französischen Bildungssystems, einschliesslich die Berufsschulen für junge Frauen.[283]

132 Die französische Kongressteilnehmerin Clarisse Coignet-Gauthier

Die Engländerin Constance Jones konnte am Girton College, einer von der Universität Cambridge eingerichteten Frauenschule, studieren. Ganz reibungslos verlief aber auch ihr Studium nicht. Es wurde verzögert, denn als Tochter hatte sie sich um ihre Tante zu kümmern, bei der sie lebte, und zum andern hatte die Ausbildung ihrer jüngeren Brüder Vorrang. Sie kehrte 1884 als Forschungsstudentin und Assistenzdozentin ins Girton College zurück. Constance Jones arbeitete auf dem Gebiet der Logik und publizierte eine Reihe von Essays über zeitgenössische englische Philosophen. Sie wurde ein angesehenes Mitglied der englisch-philosophischen Gesellschaft, 1892 als erste Frau in die Londoner Aristotelian Society aufgenommen und schliesslich Schuldirektorin in Girton. Auch Jones war bereits 60-jährig, als sie in Heidelberg auftrat, und das gleich zweimal.[284]

133 Die englische Kongressteilnehmerin Constance Jones, gemalt 1916 von John Lavery

Frauen sprachen nicht nur auf dem Kongress. Sie halfen auch mit, die Berichterstattung für die Nachwelt zu sichern, was die Organisatoren öffentlich «zu lebhaftem Danke» verpflichtete.[285]

Ebenfalls ungewöhnlich war es, dass man mit Marianne Weber-Schnitger eine Frau ins Organisationskomitee des Heidelberger Kongresses bestimmt hatte und erst noch eine überzeugte Frauenrechtlerin. Im Gegensatz zu Tumarkin, Jones, Coignet-Gauthier und Ladd-Franklin trat sie am Kongress selbst nicht auf, ebenso wenig ihr bekannter Mann Max Weber, der sich nur einmal kurz in einer Diskussion zu Wort meldete.

Marianne Weber-Schnitger gehörte zu den Frauen, die noch nicht regulär studieren konnten. Sie durfte nur – und auch das nur mit einer besonderen Genehmigung als Gasthörerin – Vorlesungen und Seminare an der Albert-Ludwigs-Universität in Freiburg i. Br.

besuchen. Sie studierte hier ab 1896 Philosophie und Nationalökonomie. Nachdem sie ihrem Mann nach Heidelberg gefolgt war, fuhr sie mit dem Schreiben wissenschaftlicher und frauenpolitischer Texte fort. Nach ihrer ersten Buchveröffentlichung von 1900 über *Fichtes Sozialismus und sein Verhältnis zur Marxschen Doktrin* erschien 1907 ihr Hauptwerk: *Ehefrau und Mutter in der Rechtsentwicklung.* Sie hielt auch Vorträge, zum Beispiel über *Beruf und Ehe* oder über *Die Beteiligung der Frau an der Wissenschaft.*[286]

Marianne Weber-Schnitgers Ehe mit dem «genialisch gestörten», immer wieder kranken Weber, der ausser den beiden obligatorischen Hochschulschriften kein zusammenhängendes Buch zustande brachte, war schwierig.[287]

Der Soziologe, der so prägnante Begriffe schuf wie die «Entzauberung der Welt» und der die Gesinnungs- von der Verantwortungsethik unterschied, war in Frauensachen banal. «[...] wir sind dann aneinandergebunden und ich werde hart gegen Dich sein und Dich nicht schonen. Ich sage Dir: ich gehe den Weg, welchen ich muss und den Du jetzt kennst – Und Du wirst ihn mit mir gehen», schrieb er ihr in seinem Verlobungsbrief.[288]

Auch nach Einführung des Frauenwahlrechts hielt Max Weber Politik als ein genuin männliches Betätigungsfeld.[289] Seiner Braut empfahl er vor der Hochzeit, sich der praktischen Hausarbeit zu widmen, damit ihr Schwerpunkt nicht auf rein geistig-philosophischem Gebiet läge; besser sei es, wenn sie eine ihm unnahbare Domäne für sich habe.[290]

Marianne Weber-Schnitger publizierte weitere Bücher, die für Frauen wichtig waren, und engagierte sich im Vorstand des Bundes Deutscher Frauenvereine (BDF): «Wir wollen unsere Töchter nicht [...] ahnungslos in die Arme des Mannes werfen», forderte sie. «Wir wollen ihnen endlich die Bildung und geistige Selbständigkeit mitgeben, die sie befähigt, später auch ihren Söhnen nicht nur Pflegerinnen, sondern geistige Kameradinnen zu sein, in der festen Überzeugung, dass jede Steigerung der Achtung vor der Frau, nicht als Geschlechtswesen, sondern als Mensch, auch die sittliche Kultur des Mannes steigert.»[291]

In den folgenden Jahren sollte es zwischen dem Organisator des Kongresses, Arnold Ruge, und der Frauenbewegung in Heidelberg zu einer Auseinandersetzung kommen, in die auch Marianne Weber-Schnitger samt Ehemann Max verwickelt wurden. Die bizarre Causa Ruge wird 1911 in einer Forderung zum Duell eskalieren.[292]

Die Demokratin Marianne Weber-Schnitger wird überraschend in die badische verfassunggebende Nationalversammlung gewählt

*134 Marianne Weber-Schnitger,
Mitglied des Organisationskomitees*

und zur Vorsitzenden des Bundes deutscher Frauenvereine bestimmt werden. Unverbrüchlich wird sie sich selbst nach dem Tod ihres Ehemannes von 1920 um seinen Nachlass und um seine vier Nichten und Neffen kümmern. Sie wird aus seinen Zettelbeigen und Entwürfen dessen Hauptwerk *Wirtschaft und Gesellschaft* herausdestillieren, wofür sie die Ehrendoktorwürde der Universität Heidelberg bekommen wird.[293]

Anna Tumarkin war also am Kongress nicht nur von vielen bekannten Philosophen umgeben, sondern auch von eindrücklichen Wissenschaftlerinnen. Es war eine Zeit, in der international unter Frauenengagierten eine «euphorische Aufbruchsstimmung» herrschte.[294]

Zehn Jahre nach ihrem ersten öffentlichen Auftritt formulierte die Grande Dame der Schweizer Frauenbewegung, Helene von Mülinen, in einem programmatischen Artikel die Forderung nach dem Frauenstimmrecht.[295] Frauen meldeten sich vermehrt und öffentlich zu Wort. Anna Mackenroth, die erste Schweizer Anwältin, etwa sprach in Zürich. Grosser Andrang herrschte bei Helene Stöckers Rede zum Mutterschutz im Berner Grossratssaal. Mit ihren pazifistischen Ideen und «unmoralischen» Vorträgen hatte sie für Skandale gesorgt – auch in Bern.[296] Die in Zürich ausgebildete Romanistin Käthe Schirmacher stellte die Frage: «Was bringt die Frauenbewegung dem Manne?» Und stellte im Berner Grossratssaal den praktischen Nutzen der Frauenbewegung drastisch dar: Es genüge für die unverheirateten Frauen nicht mehr, die Zeit mit dem geschäftigen Nichtstun zu verbringen. Man müsste also, falls man ihnen zu arbeiten verbiete, von Staatswegen eine Pension auszahlen, oder sie – totschlagen.²⁹⁷

Anna Tumarkin konnte den frauenpolitischen Aufbruch, der allerdings nur eine kleine Minderheit der Schweizerinnen erfasst hatte, in ihrem Umfeld mitverfolgen. Und sie konnte zur Kenntnis nehmen, dass sich selbst ihr allererster Schüler aus ihrem allerersten Kolleg vom Winter 1898/99, Eduard Platzhoff, zum Frauenstimmrecht äusserte. Sein Vortrag schien einigen Frauenrechtlerinnen zwar «allzu gemässigt». Doch waren ihm die *Frauenbestrebungen* «zu grossem Dank verpflichtet; denn der Männer, die öffentlich so vorurteilslos über unsere Sache sprechen, sind noch sehr wenige».²⁹⁸

Reaktion eines russischen Gelehrten auf Tumarkins Spinoza-Forschung

Ach, wissen Sie, Tumarkin ist ja gar keine Frau, sondern ein Mann
[Georgij Ivanovič Čelpanov]

1908 veröffentlichte Anna Tumarkin eine Studie über den portugiesisch-niederländischen Philosophen Baruch de Spinoza. Sie war aus acht Vorlesungen gewonnen, die sie über die *Geschichte der neueren Philosophie bis Kant* gehalten hatte. Sie konnte ihren *Spinoza* in der noch jungen Sammlung von *Abhandlungen zur Philosophie und ihrer Geschichte* veröffentlichen. Hier publizierten auch ihr Kollege Ernst Dürr und eine der «bedeutendsten und verdientesten Führerinnen» der deutschen Frauenbewegung, Helene Lange.²⁹⁹

In ihrem Vorwort betonte Tumarkin ihren Willen, unvoreingenommen zu sein: «Ob es mir gelungen ist, ein historisch treues, objektives Bild von Spinozas Weltanschauung zu geben, mögen andere entscheiden. Das aber glaube ich sagen zu dürfen, dass ich mit Bewusstsein seinen Aeusserungen nirgends Gewalt angetan, nirgends in ihn etwas hineininterpretiert und dass ich nach nichts so sehr gestrebt habe, wie nach Objektivität der Darstellung.» Tumarkin würdigte die grosszügige Konsequenz von Spinozas mathematisch strenger Weltanschauung, «die gleichgültig bleibt gegen alles, was die Menschen quält und wonach sie sich sehnen, gegen ihre höchsten Ideale und ihre tiefsten seelischen Qualen». Sie verstand, wie unbefriedigt damit die Zeitgenossen waren, die sich nach menschlichen Utopien sehnten und deren Gemüt an liebgewonnenen Illusionen hing. Tumarkin wusste um die Macht der einfach gläubigen Verehrung des Unbekannten, des Geheimnisses. Sie wusste auch, dass es kein Zurück gab, wenn man einmal vom Baum der Erkenntnis gekostet hatte. Aber ähnlich Spinoza war ihr dieses Licht der Erkenntnis, um das ihre Gedanken immer kreisten, nicht brutal, nicht losgelöst vom realen Leben. Und sie erkannte, dass Spinoza «einsam, wie kein anderer unter den neueren Denkern war».[300]

Anna Tumarkin sah in Baruch de Spinoza auch ein Stück eigener Familiengeschichte und widmete ihre Betrachtungen dem Andenken ihres Vaters. Sie beschrieb Spinozas Kluft zum Judentum, seine Verstossung durch die eigene Familie. Tumarkin bewunderte seine Gelassenheit, Selbstbeherrschung, seine Bedürfnislosigkeit. Nicht seine äusseren Schicksale, sondern sein Denken und Forschen hätten sein wahres Leben gebildet. Es war eine Haltung, der sie selbst nachlebte.

Der österreichische Positivist und Spinoza-Kenner Richard Wahle lobte Tumarkins «schöne, lesenswerte Arbeit». Sie sei so sympathisch, weil sie keine langatmige Schönrednerei enthalte, sondern eine Schlichtheit zeige, deren Wärme besonders in der Darstellung der Affektlehren und der Ethik im engeren Sinne zu wirksamem Ausdruck komme.[301]

Auch dem Hildesheimer Essig- und Spirituosenfabrikanten Richard Jost gefiel Tumarkins Werk. Seine Briefe, erst an den Herrn, dann an die Frau Professor adressiert, beweisen, dass belesene Laien ihre Arbeiten schätzen, ja trösten konnten. «Durch den Krieg in tiefstes Leid versenkt, bin ich durch Zufall in Besitz Ihres Werkes gelangt», schrieb Jost Ende April 1918. Tumarkins Schrift habe ihm Spinozas Philosophie «durch die praecise Fassung der Intuition» völlig erklärbar gemacht. Ihre glänzende Sprache habe ihn entzückt. Jost bat sie, ihm eine Liste ihrer anderen philosophischen Werke zugehen zu lassen. Nach Tumarkins Antwort lud er sie zu ungezwungener Einkehr und Unterkunft ein, damit sie sich in Hildesheim in die Schönheit der weltberühmten mittelalterlichen Gässchen und in die uralte Pracht der Kirchen versenken könne.[302]

Dem jungen russischen Philosophen Grigori Gordon gefiel Tumarkins Werk über alle Massen, wohl weil er ihre Ansichten zum Grundproblem der Ethik teilte. Er schrieb für *Questions of Philosophy and Psychology* eine enthusiastische Rezension. Gordon nannte das Buch eine «überaus klare und kunstvolle Darstellung der Philosophie Spinozas, eine Darstellung, die höchsten wissenschaftlichen Ansprüchen genügt und sich auszeichnet durch eine beeindruckende Kenntnis der einschlägigen Literatur».

Gordons Lehrer, der russische Logiker Georgi I. Tschelpanow [Georgij Ivanovič Čelpanov], aber weigerte sich, diese Rezension in sein Journal aufzunehmen. Tumarkins Buch sei «zu unbedeutend». Als es zu einer Unterredung kam und Gordon Tumarkins Werk vehement verteidigte, suchte Tschelpanow Ausflüchte. Er versuchte, mit einem Witz, begleitet von unaufrichtigem Gelächter davonzukommen und bemerkte schliesslich, da ihm die Argumente fehlten: «Ja, wissen Sie, Tumarkina ist nicht einmal eine Frau, sondern ein Mann, ihr wächst ein Schnurrbart.»

135 Georgi Iwanowitsch Tschelpanow, in der Bildmitte sitzend

Grigori Gordon erfuhr schliesslich die Hintergründe, wieso Tschelpanow so schlecht auf Anna Tumarkin zu sprechen war. Sie sei auf dem Genfer Kongress als Gegnerin seinen Ansichten aufgetreten und habe ihn derart scharf und überzeugend kritisiert, dass dieser ihr nicht verzeihen konnte.[303]

Tumarkins dritter Schritt auf der universitären Karriereleiter: Extraordinaria

Das vielgenannte Fräulein Tumarkin als erster weiblicher Professor einer deutschen Hochschule
[Schweizer Hauszeitung/Fremden-Blatt, Wien]

Am 17. Dezember 1908 wünschte Anna Tumarkin in einem handschriftlichen Brief an die Erziehungsdirektion, zur Extraordinaria befördert zu werden, und sie empfahl all ihre Vorlesungen und Publikationen Gobats «geneigtem Wohlwollen». Der Erziehungsdirektor schickte das Begehren am 21. Dezember 1908 der Fakultät zu, die es in ihrer späten Abendsitzung vom Montag, 25. Januar 1909, nach ausführlicher Begründung durch Ludwig Stein und Ernst Dürr zur Annahme empfahl. Neun Tage später, am Mittwoch, 3. Februar 1909, beförderte der Regierungsrat Anna Tumarkin zur ausserordentlichen Professorin. Ihr Auftrag umfasste das ganze Gebiet der Philosophie mit besonderer Berücksichtigung der Ästhetik. Eine zusätzliche, spezielle Besoldung gab es keine, sie erhielt weiterhin ihr bisheriges Dozentenhonorar und musste lange auf das ihr zustehende Gehalt einer Extraordinaria warten.[304]

Die Beförderung hatte eine bedeutende Auswirkung: Als ausserordentliche Professorin bekam Anna Tumarkin nun Sitz und Stimme im Leitungsgremium der Fakultät, d. h. in der universitären Organisationseinheit, die alle Institute und Lehrstühle der natur- und geisteswissenschaftlichen Richtung zusammenfasste.[305]

KANTON BERN.

Sitzung des Regierungsrates
vom 3. Februar 1909.

497. Beförderung. — Dr. Anna **Tumarkin**, seit 1898 Privatdozent an der philosophischen Fakultät der Hochschule in Bern für das *ganze Gebiet der Philosophie mit besonderer Berücksichtigung der Aesthetik,* seit 1906 Titularprofessor, erhält die *ausserordentliche Professur* für die gleichen Gebiete, ohne Besoldung, aber unter Belassung des Dozentenhonorars.

An die Direktion des Unterrichtswesens.

Für getreuen Protokollauszug
der Staatsschreiber,

136 Anna Tumarkin wurde am 3. Februar 1909 zur Extraordinaria befördert.

Die Beförderung der russischen Philosophin Anna Tumarkin wenige Tage vor ihrem 34. Geburtstag in Bern erschien der Presse weniger brisant als die Verleihung des titularen Professorentitels von 1906 und wurde im In- und Ausland kaum bemerkt.[306]

Als Jahre später die Neuigkeit vom «ersten weiblichen Professor an einer deutschen Hochschule» im *Wiener Fremden-Blatt* erschien, war sie nicht mehr wirklich neu.

Immerhin war die *Schweizer Hauszeitung* begeistert: «Endlich hat auch die Alma Mater Bernensis ihren ersten weiblichen Professor erhalten und zwar in der Person der wissenschaftlich vielgenannten Fräulein Anna Tumarkin». Das Wort «auch» ist verwirrend, gab es doch dannzumal nirgends eine Professorin in diesem Rang.

Festlichkeiten gab es nicht, obwohl es mit dem 75. Geburtstag der Hochschule ein Jubiläum zu feiern gab und sie sich mit der Ernennung einer echten Extraordinaria hätte rühmen können. Die Universität hatte sich mit der Einrichtung der akademischen Witwen- und Waisenkasse, sowie mit der Haller- und Calvinfeier vorausgabt. Sie verzichtete «in anbetracht uns gestellter Aufgaben» auf eine besondere Feier des Stiftungstages. Dem Berner *Bund* gefiel es nicht, dass es die Hochschule fertiggebracht habe, «die Gelegenheit, ein so ehrwürdiges und verdienstvolles Alter zu feiern, vorübergehen zu lassen und von jedem festlichen Gepränge abzusehen».

Im Namen und Auftrag des akademischen Senats rief Rektor Ferdinand Vetter, der eben mit seiner deutschen Hörigkeit einen Skandal entfacht hatte, zu einem bescheidenen Anlass auf: «Auch an Sie, hochgeehrter Herr, ergeht hiemit die Einladung, sowohl an dem Festakt als an dem Abendessen im Kasino (Gedeck mit Wein 3 Fr. 50 Rp.) teilzunehmen.»

Anna Tumarkin, Professorin und Senatsmitglied, war in diesem Schreiben nicht eigentlich mitgemeint.[307]

Tumarkins scheidender Mentor Ludwig Stein und seine «Spezialschülerin»

Kraft besonderen Auftrags
[Verwaltungsbericht der Erziehungsdirektion]

Anna Tumarkins wissenschaftlicher Karriereplan war mit der Gewährung des Dozentenhonorars auf den 1. Januar 1905, mit der Ausweitung ihrer Lehrbefugnis vom 19. Februar 1906, dem Titel einer Professorin vom 26. Mai 1906 und der Beförderung vom 3. Februar 1909 zur ausserordentlichen Professorin aufgegangen. Die entscheidende Rolle dabei spielte ihr Mentor Ludwig Stein. Nicht nur setzte er sich in der Fakultät stets für sie ein, er verhalf ihr auch zu universitären Einsätzen. Einzige Bedingung der Erziehungsdirektion war es nämlich, dass Stein während seinen grosszügigen Abwesenheiten jeweils auf eigene Kosten eine Stellvertretung organisierte. Und er berief stets Anna Tumarkin. Mitte Mai 1906 liess sich Stein von der Erziehungsdirektion sogar einen Blankocheck geben, dass er «von Zeit zu Zeit» Pausen einlegen dürfe.[308]

Als die junge Anna Tumarkin «kraft besonderen Auftrags» auch für den Winter 1906/07 Steins Stellvertreterin wurde, übernahm sie zusammen mit dem jungen Psychologen Ernst Dürr seine Vorlesungen, die Betreuung seiner Studierenden und die Institutsleitung. Dürr, der bereits 1913 mit 35 Jahren sterben wird, führte in Bern die experimentelle Psychologie ein.[309]

Für Anna Tumarkin wiederholte sich das Spiel. Je nachdem ob Stein da war oder nicht, hatte sie weniger oder mehr Zuhörende – und Einnahmen. Zum Zankapfel gediehen auch die bezahlten Examina. Da Stein für sich das Recht beanspruchte, Doktorprüfungen persönlich zu leiten, wurden in Bern philosophische Examina abgehalten oder auch nicht. Das wurde in den Medien verurteilt und Stein im *Nebelspalter* verspottet.[310]

Ludwig Stein tauchte Mitte Januar 1907 plötzlich erneut in Bern auf. Als er am Dienstagabend, 30. April 1907, einen öffentlichen

137 Marie und Ernst Dürr bitten auf der Kartenrückseite «um ein freundliches Eingedenken».

Vortrag hielt, war die Aula vollgestopft. Er fand aber nicht mehr unkritisiert zu seinem alten Erfolg zurück. Erst wurde er von den Einheimischen ausgepfiffen, dann von Beifallsbezeugungen überrollt, schliesslich wurden seine Worte von der Schlussovation der Ausländer übertönt. Slavinnen und Russen würden ihn lieben, berichtete die *Academia*, Schweizerinnen und Berner gewöhnlich ablehnen.[311]

Sowohl im Sommer 1907 als auch im Winter 1907/08 drängten Studierende in gewohnt hoher Zahl in seinen Hörsaal. Etwas bescheidener war der studentische Zudrang zu den Lehrveranstaltungen Steins in den drei darauffolgenden Semestern vom Sommer 1908 bis Sommer 1909. Tumarkin war seiner Konkurrenz in keiner Art und Weise gewachsen. Nachdem sich im Stein-losen Winter 1906/07 immerhin 75 Studierende für ihre Philosophiegeschichte interessierten, erreichte sie in der Folge nur mehr bescheidene Zuhörerzahlen.[312]

Anna Tumarkins Einsatz hing von Ludwig Steins Launen ab.

Ihr anderer Mentor, der liebenswürdige Georg Sidler, konnte ihr keine Stütze mehr sein. Er starb 76-jährig am 9. November 1907 in Bern. Freund Leo Weber würdigte ihn in seiner Trauerrede. Ein Jahr zuvor hatte ihm die Universität Bern mit einer zierlichen Urkunde für sein 50-jähriges «aufopferungsvolles Wirken» im Berner Schul- und Universitätsdienst gedankt. Gattin Hedwig Sidler war erblindet, und sie wird bis zu ihrem Tod 20 Jahre später auf Hilfe angewiesen sein. Zu Ehren Sidlers wird die Stadt Bern eine Strasse neben der Universität nach ihm benennen.[313]

Trotz Ludwig Steins erneuten Erfolgen verstummte die wissenschaftliche Kritik nicht. Die Stein'schen Aussagen seien «sehr geistreich, aber nicht richtig», ätzte der Zürcher Dozent und frühe Vertreter der Soziologie, Abraham Eleutheropulos.[314]

Die Basler Zeitung *Der Samstag* holte mit diffamierenden Worten zum antisemitischen Rundumschlag gegen Ludwig Stein aus. In Bern habe der Jude Stein allerdings «einen überaus günstigen Nährboden» gefunden. «Nirgends hätte er in diesem Mass jene überlegen sein sollende Vorurteilslosigkeit gefunden, wie sie sich der Ununterrichtete leisten kann.»

Die Zeitung mokierte sich über die Harmlosigkeit, mit der bekannte Berner Dozenten wie der Autor des *Glücks*, Carl Hilty, und die «Kirchensäule» Fritz Barth mit Stein in einem Vortragszyklus über die Toleranz zusammengestanden seien (siehe S. 144). Missbilligend erwähnt wurde die Berner Lehrerin und Frauenrechtlerin Eugénie Dutoit, die bei Stein doktoriert hatte. Und bewusst wurden Mitarbeitende der *Berner Studien zur Philosophie und ihrer Geschichte* aufgezählt, die an ihren Namen unschwer als Juden und

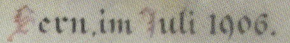

138 Dank an Georg Sidler für seine 50-jährige Tätigkeit im Berner Schuldienst, speziell an der Universität

Jüdinnen zu erkennen waren. Unter ihnen auch Anna Tumarkin. Sie wurde in diesen Kreisen fortan als Steins «Spezialschülerin» diffamiert, der er «den Lehrstuhl und die Vertretung seiner Ideen» anvertraut habe.[315] Nicht nur Ludwig Stein selbst wurde als Wissenschaftler, Lehrer und Vorbild diskreditiert. Schlimmer noch, auch der Ruf seiner Studierenden und Kollegen wurde angekratzt. Das betraf Anna Tumarkin direkt.

Ein allerletztes Mal brillierte Ludwig Stein vom 20. bis zum 24. Juli 1909 in Bern mit seinem organisatorischen Talent und seinem internationalen Netzwerk, indem er den VII. Internationalen Kongress für Soziologie in der Aula der Berner Hochschule managte. Ludwig Stein hatte sich stets emsig um soziale und soziologische Fragen bemüht, und Anna Tumarkin hatte den Eindruck, dass er sich durch die «Fühlung mit seinen Schülern, die zum grossen Teil aus dem revolutionär gestimmten Osten kamen», immer stärker der Soziologie zugewandt hatte.[316]

139 Werweissen um Ludwig Steins Rücktritt

Zwei Tage nach Kongressende forderte Ludwig Stein für das Wintersemester 1909/10 erneut Urlaub ein. Auf seinem Recht beharrend, erläuterte er der Erziehungsdirektion die Modalitäten: «Professor Tumarkin, die [...] mich auch schon einmal mit Erfolg vertreten hat, [ist] mit meiner Vertretung für das Wintersemester zu betrauen. Fräulein Tumarkin ist hierzu bereit. Kosten erwachsen dem Staate aus dieser Stellvertretung nicht. Ich bin im übrigen gerne bereit, auf meinen Gehalt während der Dauer meines Urlaubes zu verzichten.» Er bestand diesmal nicht mehr darauf, mit den Doktorexamen bis zu seiner Rückkehr zu warten. Stein trug die Kosten für Tumarkins Stellvertretung im Winter 1909/10 und sie war nun stellvertretende Institutsleiterin.[317]

Auf den 1. Oktober 1909 stand turnusgemäss Steins Wiederwahl an. Doch Ludwig Stein war verschollen. Niemand wusste, ob und wann er wieder aus dem Urlaub auftauchen würde. Am 12. Oktober 1909 endlich liess Stein den Regierungsrat wissen, dass er «wegen einer anderweitigen Stellung», die ihm angeboten wurde, nicht in der Lage sein werde, seine Lehrtätigkeit an der Berner Universität fortzusetzen.

Doch nichts geschah. Stein schwieg sich an seinem neuen Wohnort am Lützowufer im Berliner Tiergarten aus. Die Zeitungen verkündeten wahlweise: «Er geht!» oder sie fragten: «Ist er eigentlich noch Professor oder ist er es nicht?»[318]

Für Tumarkin war es eine seltsame Zeit des Interregnums. Eigentlich hatte sie wohl eine Romreise geplant.[319] Nun hing sie in der Luft.

140 Anna Tumarkins Zeit der
Unsicherheit im Winter 1908/09

Am 9. November 1909 tauchte Stein nochmals überraschend im Senat auf.[320] Sein Besuch in Bern stand offensichtlich in Zusammenhang mit dem Verkauf seiner Liegenschaft an der Schänzlistrasse 19. Ludwig Stein konnte nämlich endlich am 17. November 1909 seine Villa Schönburg inklusive Stallgebäude und laufendem Brunnen, mit Baumgarten, Garten und Pflanzland verkaufen. Für den stolzen Preis von 550 000 Franken übernahm sie Pierre von Bensson, Attaché bei der kaiserlich russischen Gesandtschaft in Bern, samt Mobiliar.[321]

Die Stein'sche Demissionsfrage aber zog sich weiterhin in die Länge. Nach Langem einigte man sich schliesslich auf einen Deal: Am 30. November 1909 bestätigte der Direktor des Erziehungswesens mit Protokoll Nr. 5175 Ludwig Stein ordnungsgemäss als ordentlichen Professor für Philosophie – um gleichzeitig mit Protokoll Nr. 5176 dessen Demission zu bewilligen.[322]

Damit war der «Fall Stein» besiegelt, aber noch nicht kommuniziert. Der Dekan der Philosophischen Fakultät sah sich veranlasst, schriftlich nachzufragen, «in welchem Stadium sich die ‹Angelegenheit Stein› gegenwärtig befinde». Und am 3. Dezember 1909 erkundigte er sich reichlich alarmiert, was ins Vorlesungsverzeichnis geschrieben werden sollte, ob die Studierenden im Fach Philosophiegeschichte überhaupt noch etwas zu erwarten hätten.[323]

Erziehungsdirektor Emil Lohner unterrichtete schliesslich mündlich den Rektor Ferdinand Vetter, dass Stein nicht wieder kommen werde. Dies wurde Dekan Eduard Müller-Hess anvertraut, der es am 6. Dezember 1909 im Beisein von Anna Tumarkin den Fakultätsmitgliedern eröffnete. Es sei wünschenswert, fand der Erziehungsdirektor, «wenn die Fakultät veranlassen würde, dass Frln. Prof. Tumarkin Prof. Stein's Vorlesungen übernehme». Als sie ihren Mentor Ludwig Stein ersetzte, war sie wenigstens für das *Oberländer Tagblatt* nicht die schillernde Schülerin des verfemten Professors, sondern die «ernste Gelehrtin in gutem Ansehen».[324]

Eine schriftliche und offizielle Auskunft der Erziehungsdirektion, dass Stein auf den 1. April 1910 seine Entlassung nehme, erfolgte erst am 11. Januar 1910. Erst jetzt konnte sich die Fakultät ernsthafte Gedanken zur Nach-Stein-Ära machen. Die Fakultät war einstimmig der Ansicht, dass die Regierung die Wahl von Prof. Steins Nachfolger beschleunigen sollte.[325]

141 «Ja lue nume, Mutzli – mir ist soeben ein Stein vom Herzen gefallen!»

Steins Abgang im Frühjahr 1910 wurde allgemein als Entlastung empfunden. «Mir ist soeben ein Stein vom Herzen gefallen», kommentierte der *Nebelspalter* und publizierte eine ganzseitige Karikatur zu einer Affäre von mittlerweile gesamtschweizerischer Bedeutung.[326]

Anna Tumarkin brach nicht den Stab über Ludwig Stein. Sie liess den Kontakt mit ihrem Mentor nicht abbrechen. Sie bedauerte am 17. Oktober 1911, dass sie «schon lange» keine Nachrichten mehr von ihm bekam und ahnte vielleicht, dass er den Abschied von Bern doch nicht so leicht wegsteckte, wie es sich den Anschein gab. «Ich hoffe, es gehe [ihnen] recht», schrieb sie ihm via Berliner Lützowplatz ins Hotel Hungaria nach Budapest.[327]

Sie kontaktierte ihn, weil sie Wilhelm Dilthey nach dessen Tod in Steins *Archiv für Geschichte der Philosophie* würdigen wollte. Anna Tumarkins «wundervoller Nekrolog» wurde schliesslich publiziert und sorgte beim Geschäftsführer der Kantgesellschaft für «tiefe Ergriffenheit».[328] Der letzte noch erhaltene Brief an den «lieben Herrn Professor» Stein hatte einen persönlichen Touch und sie beglückwünschte ihn zur neuen Tätigkeit als Herausgeber von *Nord und Süd*.

Ludwig Stein wird am 13. Juli 1930 in Salzburg sterben, ohne seine angekündigte Geschichte der Philosophie zu Ende geschrieben und das Schlusskapitel seiner Memoiren ausformuliert zu haben.[329] Sein Tod wird in der Presse betrauert werden. Dabei werden das *New Yorker Jewish Daily Bulletin* und die *New York Times* Anna Tumarkin neben Rosa Luxemburg und Leo Trotzki zu Steins bekannten Studierenden zählen.

Anna Tumarkin wird im Berner *Bund* einen freundlichen Nachruf auf ihren Mentor veröffentlichen. Sie wird auf seinen unverbrüchlichen Zukunftsglauben hinweisen. Der Optimismus, zu dem sich Ludwig Stein immer bekannte, sei ihm «tiefstes inneres Bedürfnis» gewesen. «Eine grosse Zahl von Schülern verdankt ihm die Einführung in die Philosophie und gedenkt heute mit Dankbarkeit des Lehrers, der mit nicht versagendem Wohlwollen ihre ersten Schritte auf diesem geistigen Gebiete leitete.»[330]

Vollmitglied und Gutachterin an der Berner Philosophischen Fakultät

Die erste Frau in Europa, die das Recht hatte, Dissertationen und Prüfungen abzunehmen
[Agnes Debrit-Vogel]

Reichte es, eine besoldete Dozentin zu sein, um im Senat Einsitz nehmen zu können, so waren seltsamerweise die Anforderungen in den Fakultäten höher. Man musste ordentlicher oder ausserordentlicher Professor sein, um hier Sitz und Stimme zu erhalten. Und das Recht und die Macht auszuüben, über Doktorierende und Habilitierende zu urteilen. An der Spitze der Fakultät stand der Dekan. Er wurde wie der protokollierende Sekretär alljährlich ausgewechselt.[331]

Anna Tumarkin sass am 1. März 1909 zum ersten Mal im Leitungsgremium der Philosophischen Fakultät. Die Sitzung der Gesamtfakultät, die sowohl die natur- als auch die geisteswissenschaftliche Abteilung repräsentierte, begann morgens um 8.15 Uhr. Still lauschte Tumarkin den Voten ihrer Kollegen. Zur Sprache kam der üble Streit zwischen Carl Friedheim und Alexander Tschirch. Tumarkin wurde also gleich am ersten Tag mit den harten Duellen hinter wissenschaftlich-öffentlichen Kulissen konfrontiert. Sie lernte von Beginn weg, dass es auch an den Hochschulen nicht bloss um einen fein ziselierten Wettkampf im Streben nach wissenschaftlichen Wahrheiten geht, sondern um Macht, Geld und Einfluss, um Leben und Tod.[332]

Der Chemiker Prof. Carl Friedheim fand antisemitische Beachtung: «Unter den Studenten schweizerischer Nationalität […] war schon lange Zeit grosse Unzufriedenheit herrschend über die angeb-

142 Carl Friedheim sitzt vorn in der Mitte, Ida Hoff ganz links in der ersten Reihe.

liche Bevorzugung der Ausländer, namentlich Russen israelitischer Herkunft seitens einzelner Professoren», wusste das *Berner Tagblatt* 1908 zu erzählen.[333] Einer dieser «einzelnen Professoren» war Friedheim. Das Fass zum Überlaufen brachte er, als er einige (schweizerische) Apothekerkandidaten, die bei anderen Professoren gut abschnitten, durchfallen liess.

Die Studenten beschwerten sich, und Pharmazieprofessor Alexander Tschirch stellte sich hinter sie. Im akademischen Senat waren bereits Mitte Januar 1909 die Fetzen geflogen, und das Vorgehen Tschirchs gegenüber seinem Kollegen Friedheim als unkollegial und unzulässig gerügt worden. Schliesslich prügelten sich die Schweizerstudenten mit den Russen, die zu Friedheim hielten, und brachten ihm auch eine furchtbare Katzenmusik.

Die Fehde konnte nicht friedlich beigelegt werden. Friedheim sollte entnervt demissionieren und am 5. August 1909 noch vor dem Rücktritt «in Folge eines Schlaganfalles in Bönigen» sterben. Freunde werden seinen Tod mit der Hetze gegen ihn kausal in Zusammenhang bringen. Beim Schlagabtausch vom 1. März 1909 war Tumarkin dabei. Sie äusserte sich nicht und schwieg auch während ihren nächsten Fakultätssitzungen.[334]

Als Fakultätsmitglied war es ihre Hauptaufgabe, Studierende zu promovieren und Probanden zu habilitieren. Anna Tumarkin war nun also, wie die befreundete Frauenrechtlerin und promovierte Philologin Agnes Debrit-Vogel stolz verkünden wird, «die erste Frau in Europa, die das Recht hatte, Dissertationen und Prüfungen abzunehmen».[335] Die Hauptverantwortung für Promotion und Zuteilung einer Venia Docendi lag beim Doktorvater und bei den begutachtenden Experten. Selten widersprach ihnen das Fakultätskollektiv. Vorerst ging es bei Tumarkin noch nicht um eigene Prüflinge, die sie in der Fakultät als «Doktormutter» hätte vorstellen können. Auch zur begutachtenden Examinatorin war sie noch nicht bestimmt worden.

In der Nachmittagssitzung des 19. Juli 1909 ergriff Anna Tumarkin zum ersten Mal das Wort. Da die Habilitierung des Kunsthistorikers Wilhelm Worringer einstimmig erfolgte, muss sie sich also zustimmend geäussert haben. Der Kunstwissenschaftler wird in Deutschland lehren. Er wird die Jahre 1933 bis 1945 in innerer Emigration überdauern, nach dem Krieg 1945 eine Professur an der Universität Halle annehmen und 1950 die DDR aus politischen Gründen verlassen.[336]

Am 15. November 1909 trat sie erstmals als Examinatorin auf. Gustav Falter wollte in Bern Privatdozent werden. Obwohl seine

143 Anna Tumarkin, vermutlich um 1910 am Pavillonweg

Dissertation zu den schwächsten gehörte, war er in Marburg am 4. April 1906 problemlos promoviert worden und reichte nun in Bern eine Habilitationsschrift ein.

Um sich ihr Interesse an seiner Arbeit zu sichern, hatte Gustav Falter im Oktober 1909 Anna Tumarkin vorgängig besucht. Mit von der Partie war der Giessener Philosophieprofessor Walter Kinkel. Sie verbrachten, wie sich Kinkel in seinem Dankesschreiben ausdrückte, «interessante angenehme Stunden». Er fürchte bloss, Tumarkin mit seiner «mathematischen Begeisterung gelangweilt zu haben». Gern erfülle er sein Versprechen, «ihr einige Bücher zum Selbststudium zu nennen». Anna Tumarkins Liebe zur Mathematik war nicht erloschen.[337]

Sowohl Dürr als auch Tumarkin schrieben ein Gutachten zu Falters Arbeit. Die beiden Referenten gelangten über den Wert der Arbeit allerdings zu entgegengesetzten Ansichten.

In der Fakultätssitzung wurde sehr lange diskutiert. Ernst Dürr fand nur Falters historischen, nicht aber den systematischen Teil akzeptabel. Tumarkin war auch nicht in allen Punkten mit Falters Arbeit einverstanden, aber sie fand, er sei dem Grundsatz, die Idee gestalte die Wirklichkeit, konsequent treu geblieben. Dem Altphilologen Otto Schulthess, der den Teil über das Altertum unter die Lupe genommen hatte, machte die Arbeit keinen guten Eindruck. Die Arbeit zeige Unreife. Sie sei unter dem Niveau einer mittelmässigen Doktorarbeit und als Habilitationsschrift in vorliegender Weise ungenügend. Germanist Samuel Singer war der Ansicht, Falter habe viel und namentlich an Quellen gearbeitet. Seine Arbeit solle nicht abgewiesen, sondern im Sinne von Prof. Dürr abgeändert werden. Er enthielt sich allerdings in der Abstimmung, und Tumarkin unterlag knapp mit sechs zu sieben Stimmen. Falter wurde nicht habilitiert.

Ein Jahr später legte Falter eine etwas abgeänderte Version seiner abgelehnten Habilitationsschrift vor. Inzwischen war Steins Nachfolger am Ruder, der in der Fakultätssitzung Falters Arbeit wegen verschiedenen starken Unzulänglichkeiten für ungenügend erklärte. «Herr Prof. Dürr», hielt das Protokoll fest, «schliesst sich im eingehenden Votum diesem Antrag an. Frl. Tumarkin erklärt keinen Gegenantrag zu stellen.» [338]

Sie war in der Fakultät knapp in die Minderheit versetzt worden, sie hatte bei ihrem ersten Auftreten eine Niederlage erlitten und sich gefügt. Ein halbes Jahr später wird sie der Fakultät als Doktormutter ihre eigenen Doktorandinnen und Doktoranden präsentieren können.

Tumarkins verwehrter vierter Schritt auf der universitären Karriereleiter: keine Ordinaria

Gegen die Besetzung einer so exponierten Stellung mit einer Dame
[Berufungskommission]

Ludwig Stein war also auf den 1. April 1910 von seinem Lehramt zurückgetreten. Am 11. Januar 1910 wurde die Professur für Philosophie in den Blättern von Bern, Zürich, Frankfurt, Leipzig, München und Wien ausgeschrieben. Man beeilte sich mit der Berufung eines Nachfolgers, weil auch Zürich, ewiger Konkurrent der Berner Hochschule, einen Philosophiegeschichtler suchte.

Die gelehrte und angesehene Anna Tumarkin wagte es, sich als Nachfolgerin Steins und damit auf die Beförderung zur ordentlichen Professorin zu positionieren.

Am 23. Januar 1910 verfasste sie in ihrer Wohnung am Pavillonweg 1 ein Bewerbungsschreiben an den Erziehungsdirektor. Sie listete ihre Publikationen und die Lehrveranstaltungen ihrer elfjährigen universitären Tätigkeit samt Zuhörerschaft auf. Sie fügte hinzu, dass sie im Winter 1906/07 in Vertretung Steins das philosophische Seminar geleitet habe und dass sie ihn bei Doktorpromotionen und Lehrveranstaltungen vertreten habe.

Sie war die einzige Frau neben 30 Männern, die sich für Steins Nachfolge interessierte.

Die Berufungskommission bestand aus dem Philosophen Ernst Dürr, dem Alttestamentler Karl Marti, dem Germanisten Harry Maync und dem klassischen Philologen Otto Schulthess sowie dem Dekan, Sprachwissenschaftler Eduard Müller-Hess.[339]

Man suchte ein Pendant zum Psychologen und Pädagogen Ernst Dürr und verlangte nach einem Gelehrten, der sich auf die Geschichte der Philosophie spezialisiert hatte. Die Berufungskommission listete am 28. Februar 1910 die Vor- und Nachteile der Bewerber und der einen Bewerberin auf. Nicht infrage kamen die Männer ohne grosse akademische Erfahrung, zu alte, unproduktive oder zu sehr von der katholischen Kirche beeinflusste Herren. Keine Chancen hatten Dozenten, die im «Zeitungslärm» standen oder die auf eine einzige Richtung fixiert waren. Diltheys Schwiegersohn, Georg Misch, schied als zu literarisch aus. Interessant sind die Bemerkungen zum Kulturphilosophen und Soziologen Georg Simmel, der in Deutschland unter dem Antisemitismus litt und einen Berner Ruf gerne angenommen hätte. Er galt als Ludwig Steins wahrscheinlichster Nachfolger. Die Kommission entschied sich gegen ihn. «Da die Behandlung der Kant'schen Philosophie zu den speziellsten Beschäftigungen von Fräulein Tumarkin» gehöre, wäre die Berufung Simmels «eine unnötige Verdoppelung bereits vorhandener Lehrkräfte auf Kosten fehlender». Er wird 1914 einen ordentlichen Lehrstuhl für Philosophie in Strassburg erhalten und hier 1918 sterben. Simmels Partnerin, mit der er eine verleugnete Tochter hatte, war Gertrud Kantorowicz aus Posen. Sie wäre als frei arbeitende Kunsthistorikerin, Dichterin, Übersetzerin und Philosophin für Tumarkin eine interessante Gesprächspartnerin gewesen. Kantorowicz wird später Simmels unvollendete Schriften publizieren. 1942 wird sie bei ihrem Fluchtversuch über die Schweizer Grenze verhaftet und 1945 in Theresienstadt ermordet werden.[340]

Die Mitglieder der Berner Berufungskommission wussten an diesem 28. Februar 1910 viel Erfreuliches über ihre Kollegin Anna Tumarkin zu berichten: «Fräulein Tumarkin hat eine Reihe wissenschaftlich einwandfreier Abhandlungen über ästhetische Gegenstände, über die Kant'sche und die spinozistische Philosophie in Zeitschriften veröffentlicht, hat ein gutes Buch über Spinoza geschrieben und hat in langjähriger Dozententätigkeit nach und nach das Gesamtgebiet der Geschichte der Philosophie, sowie ästhetische und erkenntnistheoretische Probleme in Vorlesungen und Seminarübungen behandelt.»

Nachdem im *Bund* vom 4. März 1910 zu lesen war, dass die Fakultät einen Zweiervorschlag mit deutschen Privatdozenten vorlege, griff der 59-jährige Georg Jonquière-de Coulon am 7. März 1910 zum Füllfederhalter. Es ging schon gegen Mitternacht zu, als er dem hochgeehrten Herrn Regierungsrat Anna Tumarkin als Nachfolgerin Steins ans Herz legte. An der Spitze der Erziehungsdirektion stand nun nicht mehr Albert Gobat, sondern der Thuner Freisinnige Emil Lohner. Jonquière war Kurarzt, Arzt und Privatdozent für die Hals-Nasen-Ohren-Heilkunde. Seine Stiefschwestern Josephine und Martha hatten das allererste Kolleg der jungen Philosophin Tumarkin besucht und Josephine Isenschmid-Jonquière war deren Vermieterin in der Villa Lindenegg gewesen (siehe S. 97). Zudem waren Vater und Sohn Jonquière Ärzte für die Studentenkrankenkasse.[341]

Es war vermutlich nicht (nur) die weibliche Fürsprache, die Georg Jonquière für Anna Tumarkin eintreten liess, sondern seine Begeisterung für Kant. 1917 sollte er «ein grosses, tiefdurchdachtes und Aufsehen erregendes Werk» herausgeben. Unter dem Titel *Grundsätzliche Unannehmbarkeit der transzendentalen Philosophie Immanuel Kants* wird er «den herrschenden Meinungen zuwider-

144 Georg Jonquière-de Coulon, gezeichnet von Rudolf Stürler

laufende revolutionäre Ansichten» vertreten. In einer Fussnote wird er auf Tumarkins *Kants Lehre vom Ding an sich* hinweisen.[342]

Jonquière machte der Regierung in seiner schwer entzifferbaren Ärzte-Handschrift den Vorschlag, «sich einen unnöthigen zweiten ordentlichen Philosophieprofessor zu ersparen, da man schon eine vorzügliche ausserordentliche Kraft in Frl. Tumarkin besitze, die sich nach allen Richtungen auch als physische Dauerarbeiterin bewährt habe». Anna Tumarkin sei zum ausserordentlichen Professor mit entsprechendem Gehalt und zur Nachfolgerin Steins zu ernennen. Dies sei zugleich ein Akt demokratischer Gerechtigkeit und republikanischen Freisinns. Anderntags doppelte Jonquière nach: «Mir scheint diese Lösung die einfachste, billigste, sachlich und fachlich gegebene.» Und im Postskriptum versicherte er: «Die Tumarkin ist nicht etwa Feministin und sie ist eine sarkastische Gegnerin der Souffragetten.»[343]

Die Kommission ging nicht darauf ein, ihr Entschluss stand fest. Sie urteilte zwar über Tumarkins «wissenschaftliche Arbeitsweise und über ihre Lehrtätigkeit durchaus anerkennend». Trotzdem kam sie nicht infrage, Nachfolgerin ihres Doktorvaters zu werden. «Wenn Fräulein Tumarkin – erklärte die Kommission – trotzdem nicht die geeignete Persönlichkeit für das zu besetzende Ordinariat zu sein scheint, so hat dies darin seinen Grund, dass ihre Arbeitskraft doch nicht den Vergleich aushalten kann mit derjenigen der tüchtigeren unter ihren männlichen Mitbewerbern. Trotz der Musse zu wissenschaftlichen Arbeiten, die ihr eine nicht allzu anstrengende Dozententätigkeit lassen musste, ist sie bisher mit keinem grösseren philosophischen Werk hervorgetreten, wenn man die kurze Darstellung von Spinozas Leben und Lehre nicht als solches will gelten lassen.»[344]

Es ist nicht zu bestreiten, dass Tumarkins dicke Bücher zehn und mehr Jahre später erst erschienen: 1920 *Die romantische Weltanschauung*, 1923 die *Prolegomena zu einer wissenschaftlichen Psychologie* und 1929 *Die Methoden der psychologischen Forschung*. Zwar war sie jahrgangmässig nicht jünger als der schliesslich Auserwählte, doch angesichts des langen Weges, den sie vom Russischen zum Deutschen und schliesslich zum Griechischen und Lateinischen hatte zurücklegen müssen, kam die offene Stelle für sie zu früh.

Allerdings hätte es ihr nichts genützt, wenn sie den Büchern ihrer Mitkonkurrenten Gleichwertiges hätte entgegensetzen können. Mit schonungsloser Offenheit nämlich erklärte die Kommission das, was Frauen schon immer behaupteten, dass weibliche Wesen nämlich nicht nur gleich, sondern besser zu sein hätten. Die Berufungskommission gab zu bedenken, «dass gegen die Besetzung einer so exponierten Stellung mit einer Dame, die nicht durch aussergewöhnliche Leistungen eine Autorität sich erworben hat, vor welcher Kritik und Opposition verstummen, gewisse Bedenken sich erheben». Aus diesen Gründen stellte sie einstimmig den Antrag, die Fakultät wolle von einer Berücksichtigung der Kandidatur Tumarkin bei ihren Vorschlägen an die Erziehungsdirektion Abstand nehmen.[345]

Vermutlich war die Fakultät auch ganz glücklich, nicht gerade die – wie in der Öffentlichkeit bekannt – ebenfalls jüdische, russische Doktorandin des verfemten Steins nominieren zu müssen und so auf die Glättung der nachbrandenden Wogen im «Fall Stein» hoffen zu können.

Wenn Anna Tumarkin unverdientermassen nicht Ordinaria wurde, so erreichte sie immerhin ein hohes Ziel. Dass sie dabei im Gegensatz etwa zu Emilie Kempin-Spyri oder Gertrud Woker eigentlich auf wenig Schwierigkeiten stiess, hatte verschiedene Gründe. Nie stellte sie sich parteipolitisch quer wie etwa Gertrud Woker. Selbst ihr unbestrittenes Engagement für die Frauenpolitik ist publizistisch-wissenschaftlich leise. Sie konzentrierte sich auf die Philosophie und lebte für die Wissenschaft. Sie musste sich nicht – wie Emilie Kempin-Spyri – vierteilen im Bemühen, den unfähigen Mann und die hungernden Kinder durchzubringen, ihrem Vater die Stirn zu bieten, gegen die unwillige Fakultät anzukämpfen, und sie hatte sich nicht beruflich in Publizistik, Beratung und Wissenschaft auf zwei Kontinenten zu verzetteln.

Als Letzter im Kandidatenkarussell verblieb schliesslich Richard Herbertz aus Bonn: Er zeige sich, urteilte die Kommission, «als ein aus ersten Quellen schöpfender, Probleme klar und scharf erfassender und meisterhaft entwickelnder Philosophiehistoriker». Er sei «ein ungewöhnlich geschickter Dozent und Übungsleiter voll vielseitiger Interessen […] und ein liebenswürdiger Mensch voll Zuverlässigkeit.» Richard Herbertz schreibe viele Bücher von «grundlegender Bedeutung für das Studium der Philosophie».

Am 13. April 1910 wurde Richard Herbertz zum ordentlichen Professor für allgemeine Philosophie mit einer Besoldung von 5000 Franken gewählt und einen Monat später im Beisein von Anna Tumarkin im Senat als «neuer Kollege» begrüsst.

Eine komplizierte Übereinkunft regelte am 9. Mai 1910, wann Richard Herbertz, Ernst Dürr und Frl. Tumarkin welche Doktorierenden prüfen sollten. Eine Examinationsordnung legte fest, dass Fräulein Tumarkin diejenigen in Philosophie begutachten sollte, die deutsche Literatur im Hauptfach hatten und diejenigen, deren Dissertationen unter ihrer Leitung zustande kamen.[346]

Tumarkins Bestürzung über Herbertz' Wahl zum Philosophieprofessor

Nicht auf das Schicksal, sondern auf das, was wir daraus machen, kommt es an
[Julius Sturm/Anna Tumarkin]

Anna Tumarkin teilte man telefonisch mit, dass nicht sie, sondern Richard Herbertz am Mittwoch, 13. April 1910, zum neuen Philosophieprofessor gewählt worden sei.

Die Nachricht traf sie unverhofft. Später beschrieb sie diesen entscheidenden Augenblick der befreundeten Paula Häberlin-Baruch, Ehefrau des Pädagogen Paul Häberlin. «Noch verwirrt von der telephonisch erhaltenen unerwarteten Nachricht» habe sie ihren Kalender aufgeschlagen und ihre Augen seien auf folgende Verszeilen gefallen: «Über Nacht, über Nacht/Kommt Freud und Leid,/Und eh du's gedacht,/Verlassen dich beid/Und gehen, dem Herren zu sagen,/Wie du sie getragen».[347]

Die Zeilen des spätromantischen Dichters Julius Sturm vermochten sie, wie sie Paula Häberlin schrieb, tatsächlich etwas aufzurichten: «Und lachen Sie über meine abergläubische Sentimentalität – es hat mir in jenem schwankenden Zustand gut getan. Und darum habe ich mich damals gehalten: nicht auf das Schicksal sondern auf das was wir daraus machten, kommt es vor einem höheren Gericht an.» Tumarkin gestand dies ihrer Freundin, als diese sich selbst in einer schwierigen Situation befand: «Ich schreibe das Ihnen nur, um Ihnen zu sagen, dass ich Ihnen nachfühlen kann und Ih-

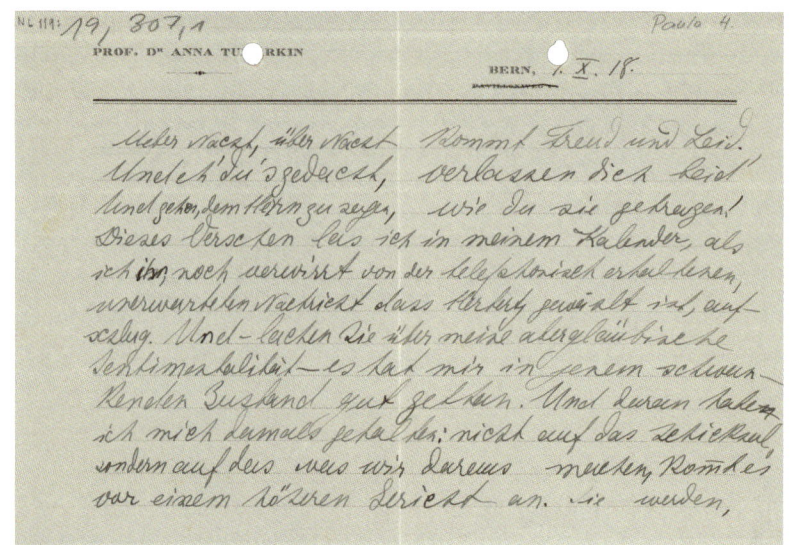

145 «Ueber Nacht, über Nacht kommt Freud und Leid»: Anna Tumarkin an Paula Häberlin

146 Über Nacht *von Julius Sturm, vertont von Hugo Wolf*

nen zugleich wünsche, dass sie über Ihr Pech hinwegkommen. Ihre Anna Tumarkin.»

Eine zweite Chance auf ein Ordinariat wird sich Tumarkin in Bern nicht mehr bieten. Für den Lehrstuhl in Psychologie und Pädagogik wird sie sich trotz einiger Arbeiten auf diesem Gebiet nicht qualifiziert genug fühlen. Wenn dann Herbertz endlich seinen Philosophie-Sessel räumen wird, sollte Anna Tumarkin bereits fünf Jahre im Ruhestand leben. Und ein zusätzliches, drittes Ordinariat auf philosophischem Gebiet wird erst fast ein Vierteljahrhundert nach ihrer Emeritierung geschaffen werden.

In gewisser Weise tat es im Nachhinein der Berner Philosophisch-historischen Fakultät leid, dass sie nur die erste Dozentin und Extraordinaria, nicht auch die erste Ordinaria «zu ihren Mitgliedern zählen» durfte, denn sie blickte durchaus mit Stolz auf ihre Pioniertat und war überzeugt, damit sich selbst zu ehren. In einer Mischung aus Bedauern, Mitleid und schlechtem Gewissen wird dann der Fakultätsvertreter am offenen Grabe Tumarkins nochmals auf das verpasste Ordinariat zu sprechen kommen (siehe S. 422).

Anna Tumarkin fügte sich in die Gegebenheiten, machte das Beste aus ihrem Schicksal und hielt sich an die Philosophie als ihrer Richtschnur. Diese Haltung suchte sie auch ihren Schülern zu vermitteln. Darüber berichtete Jakob Amstutz. Als er in die Sommer-Rekrutenschule einrücken musste und nach der letzten Vorlesungsstunde sein Testatheft zum Katheder brachte, schaute ihn Tumarkin mit ihren graublauen Augen fragend an: «Fräulein Professor, ich werde Landsknecht», erklärte er ihr. «Ich muss in die Rekrutenschule.» – «Ist ihnen sehr bange?», fragte die Lehrerin und er antwortete: «Ein wenig schon». – «Ach, Sie werden sehen», bemerkte Anna Tumarkin, «dass die Kontinuität des philosophischen Bewusstseins nie aufhört!» Sie habe sein Heft unterschrieben und ihm die Hand gereicht.

Ein Freund, der dies mitbekam, fragte ihn während strenger Soldatentagen: «Wie stehts mit der Kontinuität deines philosophischen Bewusstseins?» In seinen Erinnerungen reflektierte er Tumarkins Aussage: «Wir wussten wohl, dass unsere Lehrerin mit jenem Spruch wahr gesagt hatte über uns, wie über den denkenden Men-

147 Tumarkins Schüler, wie Fritz Marti in der hintersten Reihe als Sechster von rechts, waren auch Soldaten. Sie äusserte sich philosophisch zum Militärdienst.

schen im Allgemeinen: Ein Grad der Wachheit kann, einmal erreicht, nicht wieder verloren oder rückgängig gemacht werden. Der Weg kann nur weiter führen zu höheren Graden des Bewusstseins.»[348]

Keine Lohnaufbesserung – aber allen Grund, froh und still zu sein?

> *… damit endlich Fräulein Prof. Tumarkin die entsprechende Besoldung erhalte*
> [Paul Häberlin]

Die Berufungskommission suchte Tumarkin 1910 mit einer kleinen Beförderung über ihre Nichtwahl hinwegzutrösten. «Im übrigen sind sämtliche Kommissionsmitglieder der Ansicht», schrieb sie in ihrem Gutachten, «dass Fräulein Tumarkin, die nicht nur die Pflichten ihres Extraordinariats gewissenhaft erfüllt, sondern ein Semester lang auch die Amtsgeschäfte des unbesetzt gebliebenen Ordinariats geführt hat, ohne den entsprechenden Gehalt zu beziehen, dass Fräulein Tumarkin, die als Extraordinarius angestellt ist, auch das Extraordinariatsgehalt beziehen sollte».[349]

Doch das dauerte.

Am 2. Februar 1913 nahm Anna Tumarkin selbst einen Anlauf und bat Regierungsrat Emil Lohner, «eine Stunde zu bestimmen», in der sie ihn sprechen könne. Nach dem Treffen vom Dienstag, 4. Februar 1913, um 11.30 Uhr, schickte sie ihm das verlangte «Material zur Frage der Besoldungserhöhung»: die Einschreibelisten aus den Jahren 1910–1913.

Sie hatte Erfolg. In seinem Vortrag an den Gesamtregierungsrat betonte Emil Lohner, dass sich die Berufskommission in der Nachfolge Stein über Tumarkins wissenschaftliche Arbeit und über ihre Lehrtätigkeit durchaus anerkennend ausgesprochen habe. Lohner wollte ihr ab 1. Januar 1914 eine Besoldung von 2300 Franken anbieten.

Doch er wurde vom Finanzdirektor Karl Könitzer zurückgepfiffen, dem attestiert wird, dass es ihm als Direktor der Finanzen und Domänen gelungen sei, die Berner Staatsfinanzen zu sanieren.

Könitzer nörgelte, es habe damals – 1909 – eigentlich gar kein Bedürfnis bestanden, ein philosophisches Extraordinariat für Tumarkin zu schaffen. Ihre Beförderung könne man nun «natürlich nicht rückgängig machen». Es sei aber unnötig, ihr auch noch eine Besoldungsaufbesserung zu geben. Schon gar nicht das Maximum des Gehalts eines ausserordentlichen Professors. Die Ausgaben für die Hochschule vertrügen keine weiteren Erhöhungen.

Tumarkins Grundbesoldung wurde am 7. März 1913 auf den 1. Januar 1914 hin nur leicht auf 1200 Franken erhöht. Das war ein knapper Viertel von Herberz' Anfangsgehalt.³⁵⁰

Ende 1913 erkrankte Tumarkin und pausierte auf ärztliche Verordnung hin zwei, drei Wochen. Anfang 1914 musste sie sich operieren lassen und fehlte wieder drei Wochen. ³⁵¹

Tumarkins Fakultätskollegen liessen sie nicht hängen. Der klassische Philologe Otto Schulthess regte in der Fakultätssitzung vom 2. Februar 1914 an, die Regierung sei zu ersuchen, Tumarkins Gehalt nach Möglichkeit zu erhöhen.

Dekan Samuel Singer schrieb dem Erziehungsdirektor zwei Tage später und unterbreitete ihm den einstimmigen Wunsch der Fakultät, Tumarkin das volle Gehalt eines Extraordinarius von 2500 Franken zuzuerkennen. Sie widme ihre ganze Tätigkeit ihrem Lehramt, die Natur ihres Faches erlaube keinen Nebenerwerb und ihre Kollegiengelder bewegten sich «in sehr bescheidenen Grenzen».

Die Besoldung wurde aber wieder nur leicht auf 1500 Franken angehoben. Zwei weitere Jahre vergingen. Im Einvernehmen mit der Fakultät drängte Paul Häberlin am 30 Januar 1916 erneut darauf, dass «endlich Fräulein Prof. Tumarkin die ihrer 1909 erfolgten Beförderung zum Extraordinariat entsprechende Besoldung erhalte». Tumarkin erfülle ihre Pflichten in vorzüglicher Weise und verdiene das Maximum der für Extraordinarien vorgesehenen Besoldung.

Am 1. Februar 1916 war es Dekan Arthur Weese, der beim Erziehungsdirektor den einstimmigen Antrag der Fakultät wiederholte. In Anbetracht ihrer Leistungen, ihrer eifrigen Hingabe, ihres wissenschaftlichen Ernstes und Erfolges sei Tumarkins Gehalt von 1500 auf 3000 Franken zu erhöhen.

Erziehungsdirektor Emil Lohner war damit einverstanden, Tumarkins Besoldung auf mindestens 2500 Franken zu verbessern.³⁵²

Das aber sah der Finanzdirektor und spätere Bundesrat wider Willen, Karl Scheurer, ganz anders. Wie schon bei früherer Gelegenheit von den Finanzverantwortlichen bemängelt, sei «Frl. Tumarkin offenbar bloss deshalb zur Extraordinaria befördert» worden, weil sie «eine Zeit lang einen Ordinarius» vertreten habe. Ein Bedürfnis habe nicht bestanden. Der Regierungsrat habe damals trotz finanzpolitischer Einwände ein Gehalt von 1200 Franken bewilligt, das später sogar noch auf 1500 Franken erhöht worden sei. Damit müsse es «nun aber unbedingt sein Bewenden haben,» fand Scheurer am 29. August 1916. «Frl. Tumarkin habe also allen Grund,

148 Paul Häberlin, Erziehungsdirektor Emil Lohner und Otto Schulthess

über die ihr zu teil gewordene Beförderung froh» zu sein und still zu halten. Scheurer konnte dem Antrag der Erziehungsdirektion «auf keinen Fall zustimmen». Es gehe nicht an, der Petentin auch noch weitere Besoldungserhöhungen zuzuschanzen.

Anna Tumarkin war verzweifelt. Am 11. September 1916 schrieb sie von der Amthausgasse aus dem Erziehungsdirektor. «Da diese Besoldung zu der von mir zu leistenden Arbeit in keinem Verhältnis steht und, als Ertrag meiner vollen Arbeitskraft, mir nach bald zwanzigjähriger Thätigkeit an der Berner Hochschule noch keine Möglichkeit giebt, meinen Lebensunterhalt zu bestreiten, erlaube ich mir noch einmal an Sie mit der Bitte um Erhöhung meiner Besoldung zu gelangen.»

Tumarkins Gehalt wurde schliesslich nicht wie vorgeschlagen von 1500 auf 3000 oder 2500 Franken erhöht. Am 14. September 1916 beschloss der Regierungsrat nur, ihre Besoldung vom 1. Januar 1917 an auf 2000 Franken festzusetzen.[353]

Es sollte nicht das letzte Ringen um ein angemessenes Gehalt gewesen sein. Und schliesslich waren es ganz andere Gründe, die ihr zu mehr Lohn verhalfen (siehe S. 256).

Akzeptiert als öffentliche Rednerin und «Sekretär» der Fakultät

Mit einem Hauch des erhabenen Geistes
[Der Bund]

Am 2. Februar 1912 trat Anna Tumarkin in der Reihe *Akademische Vorträge* auf. Wie es in der Vorschau hiess, waren die Veranstaltungen öffentlich und unentgeltlich: «Jedermann, mit Ausnahme von Kindern, ist zu deren Besuch freundlichst eingeladen.» Tumarkin fragte in der Aula vor dichtgedrängtem Publikum: *Was ist uns heute Kant?* Der Berichterstatter des Berner *Bunds* hatte einiges zu kritisieren. «Die Persönlichkeit Kants in ihrer ungeheuren sittlichen Kraft trat für unser Empfinden gar zu sehr in den Hintergrund, gerade da strömt noch ein lebendiger Quell. […] Aus Fräulein Tumarkins überzeugter Rede wehte uns wohl ein Hauch des erhabenen Geistes an; doch ist über dem Bestreben, Kant als den formelhaften Systematiker, als dem unpersönlichen Methodiker hochzuheben, manche bedeutendere Seite unbeachtet geblieben.» Doch die sehr anregenden und vortrefflich vorgetragenen Ausführungen der Rednerin ernteten starken Beifall.[354]

Tumarkin kam mit ihrem Auftritt einer moralischen Pflicht nach, indem sie die Universität «nicht im Stich» liess und keinen «schlechten Eindruck» machte. Beinahe leidenschaftlich nämlich hatte die Universitätsspitze anlässlich des 75-Jahr-Jubiläums alle Herren Kollegen dringend eingeladen, sich an verschiedenen Orten für gemeinverständliche Vorträge zur Verfügung zu stellen, um Sympathien für die Hochschule zu gewinnen. Tumarkin ging zwar mit ihrem öffentlichen Auftritt nicht aufs Land, wo der Aufwand für Reise und Nachtquartier vergütet, ein Honorar von 20 Franken pro Vortrag angeboten und für Projektionsapparate gesorgt worden wäre. Sie erledigte in der Stadt ihre Aufgabe, obwohl der verzweifelte Aufruf nur «an die Herren Professoren und Dozenten der Hochschule Bern» gerichtet war.[355]

Selbstverständlich unterzog sie sich auch der Pflicht, die Fakultätssitzungen zu protokollieren. Vermutlich war es schlicht der mechanisch ablaufende Turnus, der die grosse Mehrheit der philosophischen Gesamtfakultät am 19. Februar 1912 Anna Tumarkin zum «Sekretär» wählen liess.[356]

Bereits zwei Jahre zuvor war bei der Sekretärswahl überraschend oder versehentlich eine Stimme auf «Frl. Prof. Tumarkin» gefallen. Sie war nicht an dieser Sitzung und konnte sich also nicht selbst

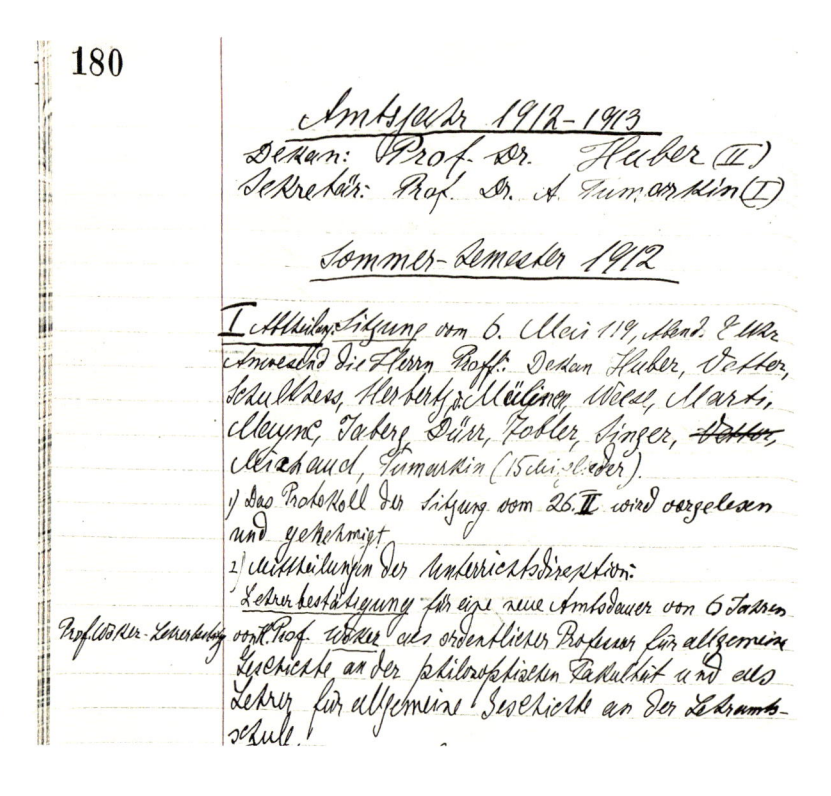

149 6. Mai 1912, abends 8 Uhr: das erste von Anna Tumarkin verfasste Protokoll

gewählt haben. Am Abend des 6. Mai 1912 schrieb Tumarkin ihrem neuen Amt geschuldet ihr erstes Protokoll.[357]

In ihrer zweisemestrigen Amtszeit bis zur Morgensitzung vom 1. März 1913 protokollierte sie unter anderem das Summa cum laude von Luise Zurlinden, die beim Germanisten Oskar Walzel doktoriert hatte und mit ihren romantischen Platonikern den grossen Kulturkritiker Walter Benjamin in Rage bringen sollte. Sie notierte die erfolgreichen Promotionen des Baslers Heinrich Barth und der Warschauerin Emilia Lurie, die beide von ihr ausgebildet worden waren, und sie notierte den Vorschlag, an der kommenden Landesausstellung von 1914 Bilder «hervorragender verstorbener Mitglieder» auszustellen.[358]

Das Amt des Sekretärs belastete Tumarkin insofern, da sie nun alle Sitzungen der Fakultät besuchen musste, die oft abends auf 20.00 oder 20.30 Uhr angesetzt waren. Ansonsten war es kein besonders einschneidendes Erlebnis in ihrem Leben.

Hingegen war es ein bedeutender Schritt, dass sie am 8. April 1912 mit Ida Hoff zusammenzog.

Von der Wohngemeinschaft zur unzertrennlichen Gemeinsamkeit

> *Ida Hoff nahm die Professorin in ihre für sie allein zu grosse Wohnung auf*
> [Georg Leuch]

Als Ida Hoff Ende Juli 1906 erfolgreich promovierte, war Tumarkin eben Titularprofessorin geworden. Nach dem Staatsexamen bildete sich Hoff an der berühmten Berliner Charité weiter. Gerne erzählte sie die Geschichte vom Berliner Kutscher, «der nicht losfahren wollte, weil er nicht begriff, dass der ‹Herr› Doktor schon in der Kutsche sass!»[359]

Hoff arbeitete dann als Assistentin bei den Berner Medizinprofessoren Josef Jadassohn, Theodor Kocher und Theodor Langhans. Beim international ausgebildeten Hermann Sahli konnte sie als 1. Assistentin wirken, also im Rang einer Oberärztin. Das bedeutete «eine seltene Würde für eine Frau».

1911 eröffnete Ida Hoff im Vatterhaus an der Marktgasse 10 ihre eigene Praxis als «Spezialarzt für innere Krankheiten». Im folgenden Jahr bezog sie Räumlichkeiten an der Amthausgasse 26.[360] Sie nahm

150 Ida Hoff nach dem Staatsexamen

151 Die Amthausgasse 26 ist links vom grossen Haus der Nationalbank zu sehen, neben dem schmalen Haus der Ober-Gerwern.

Anna Tumarkin, die noch am Pavillonweg 1 lebte, «in ihre für sie allein zu grosse Wohnung auf».

Das Haus gehörte nicht überraschend einer alten Bekannten von Anna Tumarkin, nämlich Josephine Isenschmid-Jonquière, Witwe des Bankiers und Teilhaberin.

Es stand zwischen dem Anwesen Nr. 24 der Papeterie Kaiser & Co und dem Haus Nr. 28 der Gesellschaft zu Ober-Gerwern. Auf einem alten Foto ist es rechts neben dem schmalen Zunfthaus zu sehen. Über die Gasse vis-à-vis von Hoffs Praxisräumen wurde zu eben dieser Zeit die neu erbaute Nationalbank bezogen.[361]

Die beiden Frauen Hoff und Tumarkin verstanden sich so gut, dass sie schon bald nach einer grösseren Wohnung suchten.

Im Frühling 1921 mieteten sie sich an der Hallwylstrasse 44 im Kirchenfeld ein. Es war wohl die 6-Zimmer-Wohnung, die als «herrschaftliche Parterrewohnung mit Dienstenzugang, Badzimmer, usw. el. Licht, Etagenheizung, Veranda und eigenem Garten» für 2400, dann für 2200 Franken ausgeschrieben worden war.[362]

Die private Wohnung war mit dunkeln Möbeln aus der Jahrhundertwende eingerichtet. Eine Bibliothek ausgesuchter Bücher war ihre Freude und ihr Stolz.

Im markanten Eckbau in Louis-XVI-Formen mit Jugendstileinschlägen, zopfiger Bauornamentik und Schmiedeisenarbeiten führte Ida Hoff auch ihre Arztpraxis.[363] Hier richtete sie ihre medizinischen Sprech- und Behandlungszimmer ein.

Nur zwei Jahre nach Eröffnung ihrer privaten Arztpraxis für Innere Medizin wurde sie 1913 als erste in Bern zur nebenamtlichen Schulärztin gewählt. Lächelnd erzählte sie, dass sie sich in eben dem Zimmer als Schulärztin vorstellte, in dem sie 20 Jahre zuvor wegen ihrer muntern Streiche vom Direktor ernstlich ermahnt wurde.

152 Die 43-jährige Anna Tumarkin am 2. September 1918 an der Amthausgasse 26

Dr. med. Ida Hoff sollte nun über 30 Jahre für das Wohlergehen der Schülerinnen des Gymnasiums und der städtischen Mädchensekundarschule zuständig sein.³⁶⁴

Diese besondere Aufgabe war so recht nach ihrem Sinn, meinte Agnes Debrit-Vogel. Mit Kindern habe sie sich mit ihrem trockenen Humor so gut verstanden, dass selbst Knaben als Erwachsene noch ihren ärztlichen Rat wünschten.

Ihr Patientenkreis wuchs stetig. «Ihre schlanke, gepflegte Gestalt, die durchdringenden braunen Augen wirkten beruhigend auf die Kranken und bald war deren Kreis gross, so gross, dass er die immer hilfsbereiten Kräfte der Ärztin vor der Zeit aufgebraucht hat», seufzte Agnes Debrit-Vogel.³⁶⁵

Wie Freundinnen und Patientinnen berichteten, war Hoff eine hingebungsvolle, manche meinten gar, eine zu aufopferungsvolle Ärztin. Mit ihrer Sachlichkeit und ihrer unerschütterlichen Ruhe lebte sie einem sehr hohen Berufsethos nach.³⁶⁶

Obwohl Ida Hoff nicht gerne Vorträge hielt und überhaupt ungern öffentlich auftrat, erfüllte sie auch diese Pflicht. Als sie die

Bern — Hallwylstrasse (Kirchenfeld)

153 Anna Tumarkins langjähriger Wohnsitz an der Hallwylstrasse 44 um 1910

154 Die Hallwylstrasse 44 heute

155 Der Fries Im Schularztzimmer *von Hannah Egger*

Notwendigkeit dazu erkannte, rief sie jährlich einmal die Eltern der Schülerinnen zusammen und klärte sie kurz, sachlich und leicht verständlich über alle nötigen Anforderungen der Schul- und Jugendhygiene auf. Bei Bedarf machte sie täglich Krankenbesuche. «Wie oft hat sie einer Kranken wegen, die Ferien verschoben», erinnerte sich Agnes Debrit-Vogel, «wieviel Freizeit verwendete sie für den Besuch von Weiterbildungskursen, für das Studium der Fachzeitschriften! Sie versäumte keine Gelegenheit, um sich bis zuletzt in ihrem schwierigen Berufe auf der Höhe zu halten.» Tatsächlich musste selbst Anna Tumarkin ihren Geburtstag auch mal ganz still feiern, weil «Frl. Hoff [...] in Zürich bei einem Kurs für Schulärzte» weilte. Selbst ein Aufenthalt im mondänen Luxusbad Nauheim, dem Jugendstilbad mit Sprudelhof, habe vornehmlich beruflichen Interessen gegolten. Profitieren konnte Anna Tumarkin hingegen vom Notizblock, den Hoff von der Antigrippine-Herstellerin als Reklamegeschenk bekam und in den sie ihre Vorlesungsnotizen zu «Plato's Staat» schrieb.[367]

Mit ihrer Freundin Anna Tumarkin teilte Ida Hoff die Hingabe an den Beruf und den Willen zum lebenslangen Lernen. Man traf nämlich auch eine ergraute Ida Hoff noch bei Kollegen in der Vorlesung an.[368]

«Aus der anfänglichen Wohngemeinschaft, welche die beiden ohne nähere Familie der Vereinsamung entzog», war die grosse Freundschaft fürs Leben entstanden, konstatierte Bundesrichter Georg Leuch. Er war mit der feministisch engagierten Mathematikerin Annie Reineck verheiratet und kannte die beiden Frauen. Zwar seien sie grundverschieden gewesen, aber sie «wuchsen zusammen zu einer unzertrennlichen Gemeinschaft».[369]

Anna Tumarkins Kritik der deutschen Romantik

Die romantische Weltanschauung, wie sie unsere feinsinnige Philosophieprofessorin liebt und übt
[Der Bund]

Nach dem Ersten Weltkrieg beschäftigte sich Anna Tumarkin mit dem Verhältnis zwischen der Weltanschauung der Klassiker und dem Weltgefühl der Romantiker. Sie widmete dem Thema eine Vorlesung und ein Buch mit dem Titel *Die romantische Weltanschauung*. Ihre Studie, konstatierte Hans Strahm, erregte grosses Aufsehen unter Philosophen und Literaturhistorikern. «In der Gegenüberstellung der beiden künstlerischen Prinzipien: des Waltenlassens und des Durchbrechens der Form, oder des Gegensatzes zwischen der objektiven Gestaltung des Lebens und der Hingabe an die Subjektivität des unmittelbaren Erlebens, erläuterte sie ihren philosophischen Standpunkt, den sie bis zuletzt immer wieder neu festigte und vertiefte.»[370]

156 Das Werbegeschenk, das Ida Hoff erhalten hatte, benutzte Tumarkin als Notizblock.

Anna Tumarkin war keine Romantikerin. Sie stand deren Grundelementen kritisch gegenüber. Romantiker pochten auf die Rechte des Gefühls, der Liebe, der Freundschaft und die persönliche Verehrung, stellte sie fest. Soziale Bindungen, Sitte und Gesetz erschienen den Romantikern «als konventionelle Fesseln». Sie aber wollten «an deren Stelle die innere Stimme der Gefühle» setzen.[371]

Die Subjektivität der romantischen Lebensauffassung äussere sich nicht nur in der Auflösung einzelner positiver Werte; auch gegen die Vernunft selbst, richte sich die Opposition, war sich Tumarkin sicher. «Ein durchgehender Irrationalismus dient der romantischen Umprägung der Werte zur Grundlage. Und das Irrationelle in der romantischen Dichtung ist darum so wirksam», weil diese Lebenseinstellung auf die Möglichkeit objektiver absoluter Werte überhaupt verzichte.

«Zersetzend aber wirkt die Romantik erst dadurch, dass dieses Rütteln an den Grundfesten der Erkenntnis, dieses Durchbrechen der Grenzen der Wirklichkeit, auch die Sicherheit der Wertung erschüttert und zu einer Desorientierung in der Beurteilung des Lebens führt.» Die romantische Lebensauffassung, in der sich das Durchbrechen jeder Form, die Scheu vor jeder Bindung, jedem Ziel, sich geltend mache, stünde den Werten des Lebens gegenüber.[372]

Tumarkin vermisste den positiv sittlichen Willen, die menschlichen Pflichten: «Die ‹göttliche Willkür› der Romantiker wahrt dem Individuum unbeschränkte Rechte, aber sie lässt keinen Raum für Pflichten. Auch die Freiheit ist für sie ein negativer durch Abstraktion entstehender Begriff: es ist die Freiheit von allem Zwang und allen Bindungen, nicht die Freiheit zu einer Betätigung, in der ein positiver Wert realisiert werden sollte. In dem gepriesenen Müssiggang der Romantiker, in der Passivität des ‹reinen Vegetierens› fehlt jede Triebfeder des sittlichen Wollens.»

Sie schliesst ihr Buch mit der Kritik am romantisch-orientierungslosen Gefühl und an seinem eigenen inneren Widerspruch, dem eigentlich nur das von Walter Benjamin angemerkte Verstummen angemessen gewesen wäre. «Den Romantikern fehlt die allgemeine Grundlage für irgendeine objektive Bestimmung des menschlichen Verhaltens, und so wohl uns ein Verweilen unter ihnen tut, weil es uns vor jeder Form des praktischen Dogmatismus, der Voreingenommenheit in der Lebensbeurteilung warnt und in uns den Sinn schärft für den Reichtum der Lebenserscheinungen, eine Orientierung in diesem Reichtum suchen wir bei ihnen vergebens.»[373]

Der *Kleine Bund* wies auf die «scharfen Striche» hin, mit denen Tumarkin in ihren klaren, vorsichtig-sicheren Untersuchungen die Beziehung Klassik-Romantik zeichne. Sie suche «das Weltgefühl auf den innersten Kern zurückzuführen» und finde «bei der einen das Waltenlassen der Form, beim andern das Durchbrechen jeder Form als leitendes Merkzeichen».[374] Die *Neue Bündner Zeitung* war begeistert: «Tumarkins Buch ist so klar geschrieben und eröffnet so weite Blicke, dass es jedem, der sich etwas Mühe gibt, zugänglich ist. Es wäre geradezu eine Schande, wenn dies treffliche Werk eines schweizerischen Autors keine weitere Auflage erleben würde.»[375]

80 Jahre später wird Sir Isaiah Berlin seine fundamentale Kritik an der romantischen Philosophie in *The roots of romanticism* darlegen. Der russisch-britische Philosoph jüdischer Abstammung, der als Professor an der University of Oxford lehrte, wird sich in keiner Weise auf Tumarkin beziehen oder ihre Schrift zitieren. Berlin wird die realen Auswirkungen der Romantik vom Existentialismus zum Faschismus darstellen: «Die Vorstellung, der Idealismus sei et-

was Gutes und der Realismus etwas Schlechtes verdankt sich der romantischen Bewegung.» «Auch der Faschismus ist ein Erbe der Romantik [...], weil auch er das Konzept eines unberechenbaren Willens eines Menschen oder einer Gruppe vertritt, der sich Bahn bricht, ohne dabei irgendwie organisierbar, vorhersehbar oder rationalisierbar zu sein [...] die hysterische Selbstüberschätzung und die nihilistische Zerstörung bestehender Institutionen, die angeblich den unbeschränkten Willen behindern.» «Im Grunde ist die ganze Bewegung der Versuch, der Wirklichkeit ein ästhetisches Modell überzustülpen [...], dass Menschen blosser Stoff sind, dass sie einfach eine Art Material sind.»[376]

Tumarkins Buch über die romantische Weltanschauung wurde überraschend öffentlich ausgestellt. Und zwar vom 1. bis zum 14. Oktober 1923 an der ersten Frauengewerbe-Ausstellung in Bern. Hauptzweck der Präsentation war es, das Frauengewerbe zu heben und «ihm möglichst viele junge Kräfte zuzuführen». Die Frauen wollten vorzeigen, was sie leisteten.

«Es ist keine grosse Ausstellung», schrieb Agnes Debrit-Vogel in der *Berner Woche*, «aber eine feine, gediegene Schau, die erfrischt, anregt und Respekt einflösst. Denn zum ersten Mal sehen wir hier auch die Arbeiterin selbst ausstellen, leistet sie nicht nur einen Beitrag an irgend ein Serienwerk, sondern tritt mit einer selbstgemachten, individuellen Arbeit auf.» Gezeigt wurden Gegenstände des künstlerischen, hauswirtschaftlichen und beruflichen Gewerbes – auch der literarischen Produktion. Und mitten im lieblichsten Kunterbunt thronte Anna Tumarkins *Die romantische Weltanschauung*.

157 Tumarkins Werk zur Romantik an der ersten Frauengewerbe-Ausstellung von 1923

158 *Tumarkins Werk zur Romantik an der ersten Frauengewerbe-Ausstellung von 1923*

«Ist's Zufall oder Wille?», fragte sich da die Journalistin Agnes Debrit-Vogel: «Im Zentrum der Frauengewerbe-Ausstellung, dort, wo sich alle Wege kreuzen, steht das Buch. Heiter eingerahmt von den Schöpfungen der Mode, prangt die kleine Anlage, die dem Gewerbe der bücherschreibenden Frauen gewidmet ist, und in ihrem Aufbau die Form eines Tempelchens hat.»[377]

Und im *Bund* war zu lesen: «Von den Frivolitäten, die eine Frau in allen Züchten pflegen und zu welchen sie hier die fachmännische Anleitung erhalten kann, bis zu den Erörterungen über die romantische Weltanschauung, wie sie unsere feinsinnige Philosophieprofessorin Anna Tumarkin liebt und übt, ist hier nur ein kleiner Schritt.»[378]

V   Anna Tumarkins professorale Kollegen

Herbertz' Forderung nach einer dem Professorenamt würdigen Lebensführung

Ich habe das wissenschaftliche Niveau bedeutend gehoben
[Richard Herbertz]

Am 13. April 1910 also war Richard Herbertz zum ordentlichen Professor für allgemeine Philosophie mit einer Jahresbesoldung von 5000 Franken gewählt worden. Anna Tumarkin war anwesend, als Dekan Johann Graf am 9. Mai 1910 in der Fakultät und Rektor Ferdinand Vetter am 13. Mai 1910 im Senat den neugewählten Kollegen begrüssten.[379]

Es war für Anna Tumarkin nicht einfach, Herbertz, dem sie unterlegen war, sachlich-freundlich zu begegnen. Vor allem nicht, weil er die frühere Berner Philosophie herabwürdigte und in private Probleme verstrickt war, die er mit nach Bern brachte.

Es ging um die Untreue seiner ersten Frau Auguste Henke und die Unterhaltszahlungen für seinen Sohn.[380] In den schmutzigen Scheidungskrieg wurde die Universität Bern hineingezogen, da die Gegenpartei, die Partei Frau Henkes, von einem Einkommen Herbertz' ausging, dessen Höhe ihr die Erziehungsdirektion verraten haben sollte. Gemäss Herbertz waren die Angaben objektiv falsch. Ein als zu hoch eingestuftes Einkommen konnte die vermögensrechtlichen Streitigkeiten im Prozessverlauf auf Appellationsebene zu seinen Ungunsten beeinflussen, das heisst, er hätte mehr Unterhalt für Frau und Sohn zahlen müssen.[381]

Dass seine Vorgesetzten seiner Prozessgegnerin Belastungsmaterial geliefert hätten, könne nur an einer tiefgehenden Verstimmung der Regierung ihm gegenüber liegen, argwöhnte Herbertz. Er entschuldigte mit dem Ehezerwürfnis seine prekäre finanzielle und mentale Situation. Die mit der «Scheidung meiner Ehe verbundenen tiefen Erregungen haben mich seelisch so mitgenommen und nervös so heruntergebracht, dass es mir nicht möglich ist, zum vorgeschriebenen Termin meine Vorlesungen wieder zu beginnen». Zudem sei die Anwartschaft auf das Vermögen seiner neuen, zukünftigen Frau in der Inflation verloren gegangen. Wortreich und detailliert schilderte Herbertz sein Unglück, sodass heute die schmutzige Wäsche bei den universitären Akten liegt. Auch konnte er schon mal lapidar erklären: «Weihnachten steht vor der Tür und da braucht man Geld!»[382]

Herbertz pochte auf eine angemessene, seinem Professorenamt würdige Lebensführung. Nach Abzug der Unterhaltszahlungen an Frau und Sohn blieb zwar sein Einkommen «deutlich über dem Einkommen eines Facharbeiters aus der Maschinen- und Metallindustrie».[383] Doch schien es Herbertz selbstverständlich, dass die Standards, die er und seine Frau gewohnt waren, finanziert würden. Er stieg in erstklassigen Hotels ab, liess sich Reisen bezahlen und residierte mit seiner zweiten, jüngeren Frau Helene Ruth Geissel und ihrer Tochter vom 23. Mai 1919 an in der obersten Etage des Hotels Beau Rivage in Thun.[384]

Immer auf der Suche nach Einnahmen machte Herbertz auch an einem Wettbewerb für die Zahnpasta Chlorodont mit. Die Werber wollten der Allgemeinheit Gelegenheit geben, über die vielseitige Verwendbarkeit des Poliermittels ausserhalb der Kosmetik

159 Richard Herbertz residierte im Hotel Beau Rivage in Thun.

nachzudenken und sich reklame-psychologisch zu betätigen. Sie verlangten bis zum 30. November 1935 einen zugkräftigen Artikel, der 250 Worte nicht übersteigen durfte

Herbertz schlüpfte in die Haut des wortgewaltigen Predigers Abraham a Santa Clara und dichtete: «Chlorodont ist dem Mund, was der Seele die Reue,/Drum putzet sie beide immer aufs neue!/Denn nie und nimmer, ihr Sündenlümmel!/Kommt ein ungewaschnes Maul in den Himmel!»

Als er mit diesem Werbetext 500 Goldmark gewann, geriet der Philosoph ins Kreuzfeuer der sozialdemokratischen Presse.[385]

Die Leo-Werke, die Chlorodont vertrieben, veröffentlichten nämlich das Elaborat «von Universitätsprofessor Dr. Richard Herbertz» nicht nur ganzseitig. Die Firma zog mit flächendeckenden Kampagnen auch alle medialen Register ihrer Zeit. Die Werke gingen so weit, ein Flugzeug in eine Chlorodont-Verpackung aus Pappe zu kleiden, wo es am Himmel kühne Schleifen und waghalsige Schrauben vollführte, sich einfach und mehrfach überschlug. Dieser gierige, konsumfokussierte Kapitalismus missfiel der sozialdemokratischen *Berner Tagwacht*. Und dass sich Richard Herbertz dafür einspannen liess.

«Das hat noch gefehlt», fand die *Berner Tagwacht* am 5. Mai 1926, «dass ein Philosophieprofessor seinen sonst guten Namen hergibt, um Zahnpasta zu empfehlen.» Herbertz rechtfertigte sich gegenüber dem Berner Universitätsrektor in einem viereinhalbseitigen Brief, der in massiven Vorwürfen gipfelte. «Es ist [...] buchstäblich wahr, dass ich verhungern müsste, wenn ich mir nicht Nebenverdienst nach der Art der Beteiligung am Preisausschreiben verschaffte.» Soll er dies in Zukunft nicht mehr tun, so erwarte er eine Besoldungserhöhung, die mindestens das Existenzminimum für sich und seine Familie sichere. «Der Satte hat es leicht den Hunger zu tadeln! Grade von einem sozialistischen Blatt war also der Angriff auf meine Person besonders deplaziert!», wetterte er.[386]

Die Chlorodont-Kampagne geriet wenig später ins Zwielicht, als das Werbeflugzeug am 23. Juli 1926 abstürzte. Der kampferprobte Pilot der deutschen Fliegertruppe, «der einzige noch lebende Pour-le-Mérite-Flieger», kam dabei ums Leben. Er wurde das Opfer schnöder Geschäftsreklame: «Den mannigfachen Tücken des Krieges war er heil entkommen, um nun als ein armer Teufel auf dem Schlachtfeld des Kapitalismus zur Strecke gebracht zu werden!»[387]

Im Kampf um mehr Geld bekämpfte Herbertz erbittert sämtliche Konkurrenz. Er bemühte sich um die Psychologievorlesungen, die er seinem Freunde Dürr aus rein persönlichen Gründen überlas-

Predigt
des Abraham a Santa Clara
von Universitätsprofessor Dr. Richard Herbertz

(Ein Beitrag zu unserem Chlorodont-Preisausschreiben vom November 1925)

Silentium! Ruhe! Seid still und stumm!
Macht keinen Lärm mehr und kein Gebrumm,
Und höret mit demütig-frommem Gesicht,
Was Abraham a Santa Clara spricht:

„Was steht ihr Sünder da, dumm und faul,
Mit ungeputzten Beißern im Maul,
Statt eurer Zähne Gehege zu pflegen,
Sorgfältig mit CHLORODONT es zu fegen?

Und öffnet den Mund ihr – beim Fluchen und Gähnen –
So sieht man zwei Kiefer mit .... faulen Zähnen
Von Tobaks-Beize ganz scheußlich und braun,
Meint ihr, das sei lieblich wohl anzuschaun?!"

„Wir ließen doch" – sagt ihr – „die schlechten plombieren,
Vergaßen auch Schlemmkreide nie, zum Schmieren!"
„Nichts nützen euch goldene Plomben und Platten,
Wenn durch Bimsstein und Kreide sie bald schon ermatten!

Wenn Säure und Sand sie zerkratzt und zerreißt,
Den kostbaren Schmelz euch herunterbeißt,
Dagegen im Munde es glänzet und sonnt,
Wenn täglich man reinigt mit: CHLORODONT!

Was in ganz besonderer Putzkraft und Stärke
Verfert'gen in DRESDEN die LEOWERKE.
CHLORODONT ist dem Mund, was der Seele die Reue,
Drum putzet sie beide immer aufs neue!

Denn nie und nimmer, ihr Sündenlümmel!
Kommt ein ungewaschnes Maul in den Himmel!....
Die Predigt ist aus! Nun eilet in Haufen,
Euch heute noch CHLORODONT zu kaufen!"

160 Richard Herbertz' Predigt als Beitrag zum Chlorodont-Preisausschreiben von 1925

sen habe, von dessen Nachfolger nun aber wieder einforderte: «Das völlige Abgeschnittensein von der Psychologie brachte jedoch für mich Benachteiligungen innerer und äusserer Natur mit sich.» Wenn Herbertz 1913 und 1922 den Vorschlag unterstützte, dass er und Tumarkin die gesamte Philosophie einschliesslich der Psychologie übernähmen und die Pädagogik abspalteten, so war auch das zu seinem Vorteil. Die Psychologie gehörte dann ihm, er musste das Fach nicht mit einem Ordinarius für Psychologie und Pädagogik teilen. Immerhin hätte er dabei einem Ordinariat Tumarkins zugestimmt.

Erbost wetterte er gegen öffentliche akademische Vorträge. Diese Rivalität könne er gar nicht gebrauchen, schon gar nicht zu Tageszeiten, zu denen er selbst las (siehe S. 302).

Herbertz' Klagen und sein «Mut», sich in der Schweiz einbürgern zu lassen

Wir dürfen die geistigen Werte nicht mit der «ökonomischen Sphäre» verquicken
[Richard Herbertz]

Im Gegensatz zu einem Menschen wie Anna Tumarkin forderte Herbertz ungeniert Gefälligkeiten ein und verlangte Gefolgschaft. «Ihr seid wirklich schwer zufriedenzustellen, Ihre [sic] beiden lieben Fachkollegen!», tadelte er, wenn Häberlin und Tumarkin seine Meinung nicht teilten. Bei Unstimmigkeiten legte er in aller Form und mit Nachdruck Protest auf höchster Ebene ein. Einmal drohte er, seine weitere Mitwirkung an den Fakultätsgeschäften einzustellen.[388] Er pokerte bei Raumzuweisungen.[389] Zudem sollte sich die Fakultät in Terminfragen nach ihm bzw. nach dem Fahrplan des Zuges Thun–Bern richten.[390] Für einen Vortrag im kulturhistorischen Zyklus verlangte er mehr Zeit, da ihm eine Kürzung nicht gelingen wolle ohne «sinnstörende Verstümmelung». Und er quengelte: «Ich hätte dann an der ganzen Sache keine Freude mehr.»[391] Der Dekan meinte milde, dass ihm die Kürzung «doch sicher, wie allen andern Kollegen gelingen» werde.

Richard Herbertz eckte an, wurde nie Dekan, nie Rektor.[392]

Er liess es sich nicht nehmen, seinen Kollegen vom Hotel Beau Rivage herunter moralische Unzulänglichkeit zu unterschieben und sie zu ermahnen, Geist vor Geld zu stellen. Anlass dazu fand er in der Vorschrift, dass Promotionen erst rechtsgültig wurden, wenn die Dissertationen und Habilitationsschriften gedruckt und auch fristgerecht vorlagen. Anna Tumarkin oblag es Ende 1935 zusammen mit der Rektoratssekretärin und Kanzlistin Rosa Crivelli eine Liste der noch nicht eingegangenen Habilitationsschriften anzulegen und sie einzufordern.³⁹³ Es gab aber gerade in wirtschaftlich schwierigen und in kriegerischen Zeiten Lebensschicksale, die es verboten, eine Mahnung zu verschicken. Erschütternde Briefe, die um Fristverlängerungen oder um Erlass des Druckzwangs baten, gingen in den Fakultäten ein.³⁹⁴

Herbertz war empört und er gefiel sich in der Mahnung: «Ich glaube wir dürfen die geistigen Werte nicht in dieser Weise mit den Werten der ‹ökonomischen Sphäre› verquicken, wir dürfen nicht dem Grundsatz huldigen: ‹point d'argent, point de docteur!›.» Jahre später mokierte er sich, dass man durch die Finger sehe und keine Drucke mehr verlange.³⁹⁵

161 Richard Herbertz fand, dass er der Schweiz einen Dienst erweise, wenn sie ihn einbürgere.

Ansprüche und finanzielle Mittel waren bei Herbertz zeitlebens nie im Gleichgewicht. Steuernachlassgesuch, Besoldungsabzüge zur Bezahlung von Staatsschulden und Lohnpfändung waren ihm nicht unbekannt.³⁹⁶

Besonders schwerwiegend wog sein Geldmangel, als er sich gegen Ende der 1930er-Jahre einbürgern lassen wollte. Herbertz pries in überschwänglichen Worten seine «dankbare Freude», dass er in der von ihm so sehr geliebten Schweiz leben und dem Staate Bern dienen könne.

Das war nun zweifellos der ungünstigste Zeitpunkt im 20. Jahrhundert. Die Schweizer Hochschulen hatten, abgesehen von vielen jüdischen Anfragen, auch Schweizer Professoren zurückzunehmen, die in Deutschland politische Schwierigkeiten bekamen, wie etwa der klassische Philologe Albert Debrunner oder der Mediziner Hans Bluntschli.³⁹⁷

Überdies war eine Einbürgerung wie für alle andern Pendenten nicht gratis. Herbertz feilschte monatelang um die Einbürgerungssumme. Er haderte, jammerte und tadelte aufs Schärfste, dass es einer «Majorität offenbar vollständig am höheren idealen Gesichtspunkt» fehle und dass «sie sich nicht über einen Krämergeist zu erheben» vermöge, «der – engherzig und kleinlich – aus dieser Einbürgerung eine reine Geldangelegenheit» mache.³⁹⁸

Thun könne stolz sein, meinte Richard Herbertz 1939, dass er als Deutscher den Mut habe, seine schweizerische Gesinnung mit einem Einbürgerungsgesuch zu bekunden. Er war der Ansicht, dass er der Schweiz einen Dienst erweise, wenn sie ihn einbürgere. «Ich bin kein Emigrant, nicht ‹heimatlos›, kein Jude, der [...] in der Schweiz ein Obdach sucht; ich suche also das Schweizerbürger-

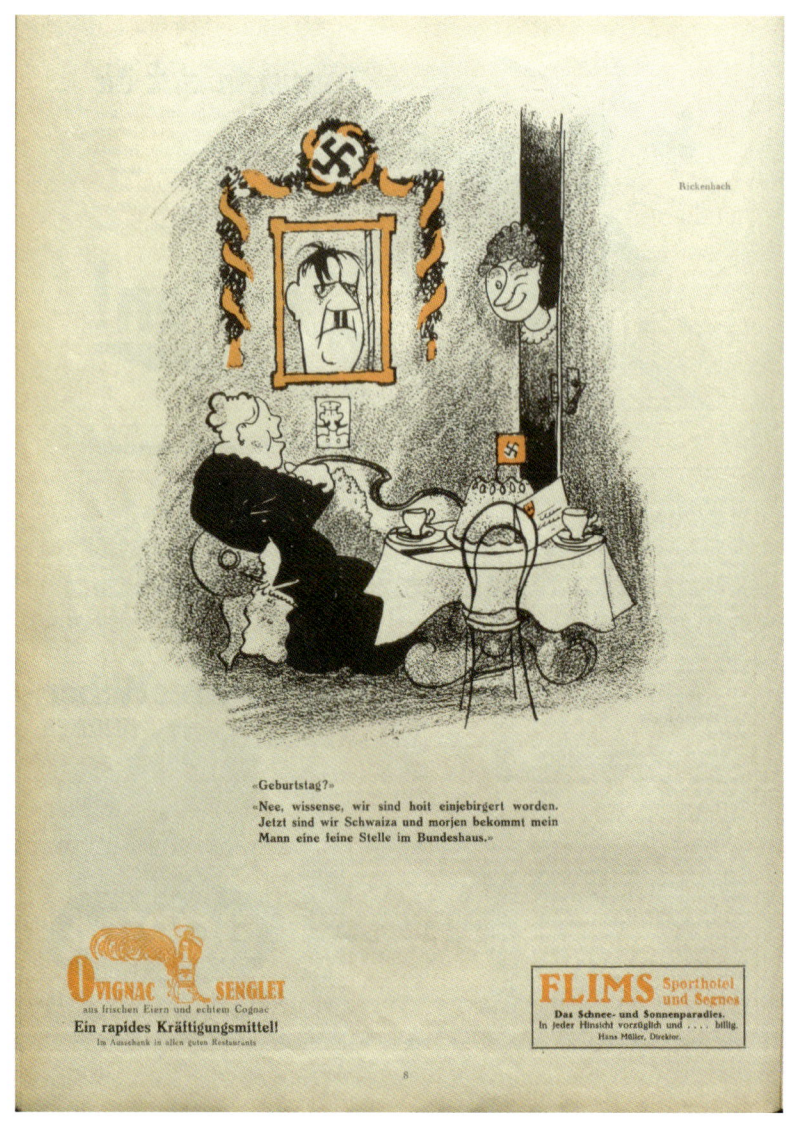

162 Skepsis gegenüber neu eingebürgerten Deutschen im Nebelspalter vom 7. Februar 1936

tum nicht unter dem Druck irgendwelcher äusseren oder inneren Verhältnisse, sondern einzig und allein aus idealen Gründen, aus Gesinnung, aus weltanschaulicher Überzeugung. Ich sollte glauben, dass es auch dem titl. Stadtrat [Thun] als etwas nicht ganz wertloses erscheinen würde, wenn gerade heute, in dieser weltgeschichtlichen Stunde, ein gebürtiger Deutscher mit seinem Einbürgerungsgesuch ein weltanschauliches Bekenntnis ablegt und den Mut hat, seine Gesinnung dadurch zu bekunden.» Sein Hinweis, dass weniger charakterfeste Menschen bei einer Ablehnung des Einbürgerungsgesuchs der NS-Weltanschauung in die Arme getrieben würden, konnte man als Drohung verstehen.[399]

Schliesslich wurde er im Oktober 1939 eingebürgert.

Der «legendäre» Herbertz und sein «fleissiger» Schüler Dürrenmatt

> *Sich selbst nannte er einen metabatischen Peditionisten und war stolz darauf*
> [Friedrich Dürrenmatt]

Richard Herbertz stilisierte sich nach seiner Emeritierung als professoraler Kriminalpsychologe. Sein Lehrauftrag rechtfertigte sich unter anderem, weil er im Juli 1925 im Schwurgerichtsprozess gegen den Massenmörder Fritz Angerstein in Limburg an der Lahn mit einem psychologischen Gutachten forensisches Neuland betreten hatte. Sein Gutachten änderte nichts am Prozessausgang. Angerstein wurde wegen achtfachen Mordes achtmal zum Tode verurteilt. Herbertz verarbeitete seine Erkenntnisse in seiner Abhandlung *Verbrecherdämmerung* noch im gleichen Jahr. [400]

Der später so bekannte Friedrich Dürrenmatt, der in Herbertz' Veranstaltungen sass, liebte das Groteske und das Schauerliche. Das fand er auch in seinem Professor. Er lauschte Herbertz begierig, der doch einst «den berüchtigten Massenmörder Haarmann» begutachtete, «der Lehrbuben getötet und zu Wurstwaren verarbeitet» hatte.

Dürrenmatt, der in Bern zwischen 1943 und 1946 studierte, zeichnete seinen sonderlichen Professor in farbig-drastischen Strichen: «Herbertz war schon damals eine legendäre Gestalt. Er war […] weisshaarig, zerhacktes Gesicht, ein akademischer Grandseigneur, dessen Vater noch Konsul des türkischen Sultans gewesen sein soll und dessen Vermögen er, soweit es überhaupt durch Inflation, Konkurse, Pleiten von ganzen Banken zu retten gewesen war, in Thun allmählich verbrauchte.»

Er sei Mitglied der pflichtschlagenden und farbentragenden Studentenverbindung Corps Hansea Bonn gewesen, habe viel von Logik verstanden und die Philosophen in Metabatiker und Peditionisten eingeteilt: Sich selbst habe er einen metabatischen Peditionisten genannt und sei stolz darauf gewesen, einer zu sein. «Ich denke», meinte Dürrenmatt, «er war auch einer, wenn mir auch nie ganz klar wurde, was er darunter verstanden wissen wollte.» [401]

Herbertz habe eine grosse Gabe zu klärender vereinfachender Darstellung gehabt. Nicht selten sei die Lebendigkeit des Vortrages noch durch freie, in der Vorlesung selbst stattfindende Diskussionen erhöht worden.[402] Herbertz wiederum hielt Dürrenmatt für einen seiner fleissigsten Studenten, da er, wie er meinte, seine Vorlesungen am eifrigsten mitschrieb. Wie Dürrenmatt später enthüllte, war

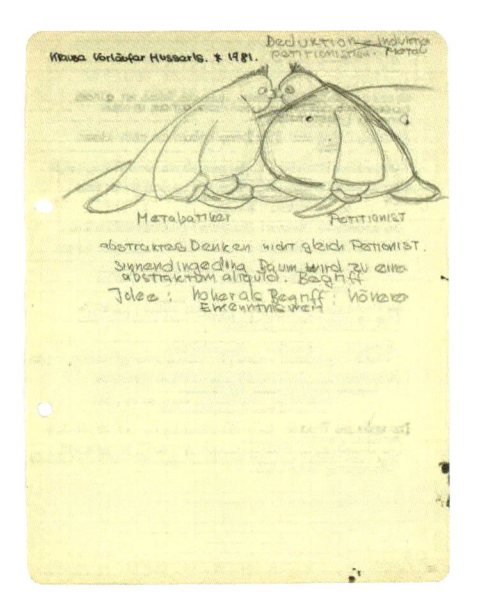

163 Richard Herbertz, der Metabatiker, und Friedrich Dürrenmatt, der Peditionist

das ein verständlicher Irrtum: «Ich zeichnete seine Vorlesungen, statt sie nachzuschreiben, in einem Zyklus von philosophischen symbolischen Karikaturen.»

«Am Morgen musste man den Professor am Bahnhof aus dem Zug von Thun in Empfang nehmen», erinnerte sich Dürrenmatt: «Der Schaffner half ihm hinunter, dann hatte man mit ihm zum Bahnhofsrestaurant zu rasen, in Windeseile eine Flasche Roten mit ihm zu trinken und dann im Eilschritt zur Universität hinaufzustürzen, wo er nun beschwipst und gleichzeitig nüchtern seine Vorlesungen oder donnerstags sein Seminar hielt, kreideverschmiert, denn er liebte es, mit gelber, roter, blauer, grüner und weisser Kreide tiefsinnige zeichnerische Verdeutlichungen seiner Gedanken an der Wandtafel abzubilden, gegen die er sich auch anzulehnen pflegte, die farbigen Gedankensymbole erschienen dann spiegelverkehrt auf seinem Rücken, auch verschmierte er sich das Gesicht, weil er, wenn er sich konzentrierte, in seine gespreizte Hand sprach, in der er sein Gesicht barg, wenn er einen schwierigen Gedanken entwickelte. Ich pflegte ihn darauf aufmerksam zu machen und ihm, so gut es ging, den Rücken zu säubern, die Spuren seines Denkens im Gesicht liess er gleichgültig stehen. Während seiner Vorlesung und seines Seminars durften wir rauchen, er selbst schlotete mehr als wir alle zusammen Villiger- oder Hediger-Stumpen, seine wenigen weiblichen Zuhörerinnen sassen bleich am langen Tisch, an dem wir schrieben und rauchten, doch hielten sie aus Liebe zur Philosophie aus. Vor der Tür hing ein Zettel ‹Zuspätkommende gleichwohl eintreten›. Der kleine schmale Raum, in welchem der Professor dozierte, füllte sich im Verlaufe einer Vorlesung oder eines Seminars nur nach und nach, […] erst nach einer Stunde waren wir vollzählig.»[403]

In der Vorlesung konnte er auch einmal «mit furchterregender Miene und Gebärde in den Hörsaal» brüllen.

Dies bestätigte Herbertz' Nachfolger auf dem Philosophiestuhl, Hermann Gauss: Der «philosophische Eros erwies sich auch als treibende Kraft in seiner Lehrtätigkeit […]. Hinter Herbertz stand etwas Elementares; blosse Buchgelehrsamkeit war ihm völlig fremd. […] Seine Kurse waren immer irgendwie dramatisch. Er liebte den lebendigen Kampf um grosse Prinzipien.»[404] Der Religionshistoriker Gershom Scholem beschrieb es ähnlich: «Herbertz, der im Tone eines philosophischen Marktschreiers zu reden und das eigentlich Existierende des Aristoteles auszurufen pflegte wie

164 Richard Herbertz zwischen Nietzsche und Sokrates

der Ankündiger die Dame ohne Unterleib», konnte ihn allerdings nicht begeistern.⁴⁰⁵

«Nach der Vorlesung oder nach dem Seminar», wusste Dürrenmatt zu erzählen, «raste man mit ihm (er konnte in nüchternem Zustand nur schnell gehen) zum Bahnhof hinunter, um ihn in den Speisewagen nach Thun zu verfrachten, wo er gerettet war, der Wein wartete schon auf ihn, der Kellner wusste Bescheid.»

Der Schriftsteller war auch beim Professor daheim: «Zu Hause in Thun im ‹Beau-Rivage› standen seine verstorbenen Hunde ausgestopft herum, zwischen ihnen der noch nicht verstorbene, ein Foxterrier, der den ausgestopften glich wie ein Foxterrier einem anderen Foxterrier gleicht, man wusste nie recht, welcher Foxterrier nun ausgestopft und welcher lebendig war.»⁴⁰⁶

Herbertz' Weinsessions und Seminare waren ganz nach Dürrenmatts Geschmack, und vermutlich hat er einiges zur Belebung beigetragen. Wenig hingegen hielt er von Herbertz' Psychologie, da sei er von einer fixen Idee nicht mehr losgekommen, «er leitete jede seelische Misere vom Coitus interruptus ab».

Bedeutsam ist Dürrenmatts positives Urteil über Herbertz als Philosophielehrer: Trotz seiner «bizarren Züge war er nicht nur ein tüchtiger Professor, dem ich viel verdanke, sondern auch ein leidenschaftlicher Denker und Grübler, dem ich noch mehr verdanke. Er wusste in mir die Ahnung zu erwecken, was Denken heisst. Das Denken ereignete sich bei ihm als etwas Vulkanisches und zugleich Hilfloses. Er war ein kindlicher Mensch, rührend und von einer echten Liebenswürdigkeit.»⁴⁰⁷

Die Tumarkin lernte den geistsprühenden lauten Dürrenmatt nicht mehr kennen. Die Professorin hatte im Sommer 1943, als der junge Dramatiker zu seinem Philosophiestudium nach Bern kam, eben ihre letzte reguläre Vorlesung gehalten.

Herbertz verzweifelte Versuche zu bezahlten Aufträgen – zu Examen, Vorträgen, Reden – zu kommen, machten ihn für Anna Tumarkin zu einem übergriffigen Konkurrenten.[408] Wie weit Richard Herbertz Anna Tumarkin auch als Rednerin oder Teilnehmende an Festlichkeiten und Jubiläen verdrängte, ist unklar. Möglich, dass ihre Bescheidenheit sie vor öffentlich wirksamen Auftritten fernhielt. Tumarkin ist weder auf den Fotos der Umzüge zur Hallerfeier von 1908 noch zur 100-Jahr-Feier der Universität von 1934 zu sehen. An der Akademischen Gedächtnisfeier der Universität Bern zum 200. Geburtstag Kants in der Aula Bern vom 3. Mai 1924 trat sie, die exzellente Kantkennerin, nicht auf. Festredner waren Richard Herbertz mit seinem Vortrag zu *Kant als Grenzaufrichter* und Hermann Lüdemann mit *Kant's praktische Philosophie*.[409] Tumarkin trat weder an der akademischen Pestalozzifeier vom 17. Februar 1927 in Erscheinung noch 1932 an der Goethefeier.[410]

An der grossen schweizerischen Paracelsusfeier in Einsiedeln vom 4. bis zum 6. Oktober 1941 hätte sie allerdings auftreten sollen. Sie war zu einem 20-minütigen Vortrag eingeladen worden. Doch Richard Herbertz trat auf, nachdem er sich vergewissert hatte, dass Reisevergütung und Entschädigung gewährt würden.[411]

Vielleicht mied Tumarkin die Paracelsusfeier, weil der Gelehrte von der nationalsozialistischen Begeisterung als «faustischer Mensch» vereinnahmt worden war und als idealer Vorläufer der NS-Medizin betrachtet wurde?[412] Wie auch immer, der Senat der Universität Bern bestimmte am 14. November 1941 in Abwesenheit Tumarkins den Mediziner Prof. Walther Frey, den Apotheker Prof. Paul Casparis und den Philosophen Prof. Richard Herbertz zu Delegierten.[413]

Herbertz war generell der stärkere Part an der Universität Bern. Das Verhältnis Tumarkin-Herbertz war distanziert. Tumarkin publizierte nie in den *Neuen Berner Abhandlungen zur Philosophie und ihrer Geschichte*, die Herbertz herausgab. Dass Anna Tumarkin weder in den Festschriften zu seinem 60. noch zu seinem 70. Geburtstag einen Beitrag verfasst hat, dürfte kein Zufall sein.[414] Einzig an ihrem 70. Geburtstag kam Herbertz nicht darum herum, seiner Kollegin im Namen der Fakultät zu gratulieren (siehe S. 395).

Richard Herbertz wird heute als Lehrer seiner bekannten Schüler Friedrich Dürrenmatt und Walter Benjamin beachtet. Seine

165 Richard Herbertz, Rektor Walther Frey und Paul Casparis an der Paracelsusfeier 1941 in Einsiedeln

eigene philosophische Leistung wurde schliesslich von keiner einzigen der bedeutendsten philosophischen Fachschriften würdig befunden, kommentiert zu werden, musste sein Biograf feststellen.[415] Ihm war es nicht gelungen, seine grosse Konzeption in einem Buch adäquat niederzulegen. Anna Tumarkin aber hatte man nicht zur Nachfolgerin gewählt, weil sie «nicht durch aussergewöhnliche Leistungen eine Autorität sich erworben» hatte, vor welcher Kritik und Opposition verstummen würden. Herbertz hatte keine aussergewöhnliche Leistung vollbracht. Trotzdem war er Nachfolger Ludwig Steins geworden.

Richard Herbertz wird am 7. Oktober 1959 nach längerem Leiden, im 82. Lebensjahr sterben und auf dem Friedhof Thun begraben werden.[416]

Eugen Hubers Problem mit Tumarkins Weiterbildung und frauenbewegten Studentinnen

Mir war der Gedanke zu peinlich, die Fachmännin jederzeit vor mir zu haben
[Eugen Huber]

Eine international renommierte Persönlichkeit, der Tumarkin begegnete, war der Schöpfer des Schweizerischen Zivilgesetzbuches, Eugen Huber. Das heisst, sie wäre dem Rechtsprofessor gerne begegnet. Mehr noch, sie wäre Ende 1910 gerne seine Schülerin geworden, denn Anna Tumarkin hielt viel von Weiterbildung. Das Ansinnen erschreckte aber den Berner Professor Huber sehr, und er vertraute sich seinem Tagebuch an: «Vor der Rechtsphilosophie kam Frl. Tumarkin zu mir ins Dekanatszimmer u. fragte, ob ich gestatte, dass sie die Vorlesung höre. Ich war perplex u. lehnte höflichst ab, indem ich sagte, sie sei für Juristen, nächstes Jahr würde ich vielleicht etwas lesen, was eher für sie passe. In Wirklichkeit aber war mir der Gedanke zu peinlich in diesem erstmaligen Colleg die Fachmännin jederzeit vor mir zu haben. Walter Burckhardt, der auch gerade da war, fand meine Antwort correct.»[417]

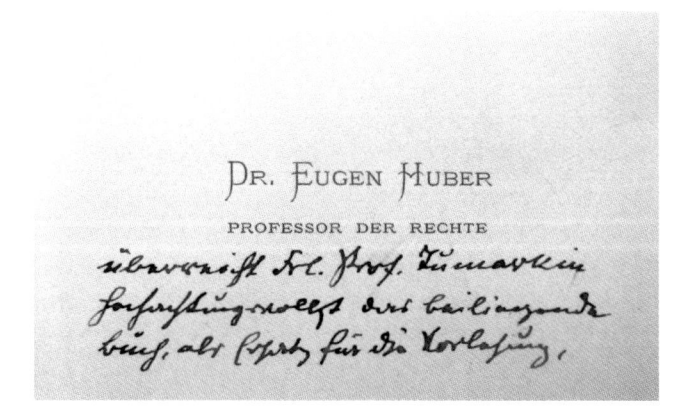

166 Visitenkarte von Dr. Eugen Huber vom 1. Dezember 1920

Als er Tumarkin im Sommer 1915 traf, konnte er erleichtert feststellen, dass sie seinen Aufsatz über die *Realien der Gesetzgebung* gelesen hatte. Damit sei die Gereiztheit wegen seiner Weigerung ihres Besuchs der Rechtsphilosophie wohl beseitigt, bemerkte er in seinem Tagebuch. Jahre später sandte er ihr seine Arbeit mit seiner Visitenkarte zu. «Als Ersatz für die Vorlesung», von deren Besuch er ihr seiner Zeit abgeraten habe. Wenig später, am 30. Januar 1921, dankte er ihr für «den Genuss und Gewinn», den ihm ihre *Romantische Weltanschauung* bereitet habe: «Der Schluss mit der Selbstnegation der Romantik durch die Romantik ist sehr überzeugend.»[418]

Er blieb allerdings Akademikerinnen gegenüber skeptisch. Mit der Mathematikerin Annie Reineck, einer «etwas sonderbaren Dame» plauderte er Ende 1911 beim Nachtessen «über allerlei, namentlich auch über die Tumarkin». Er vermöge sie jetzt besser zu beurteilen, meinte er. «Aber nicht gerade günstiger.»[419]

Gegenüber Reineck hatte er ebenfalls Vorbehalte. Auch die promovierte Mathematikerin hatte den Fehler begangen, sein Praktikum besuchen zu wollen: Sie stand nachmittags vor seiner Tür, um sich die Erlaubnis dazu einzuholen. Huber wies ihr Gesuch ab: «Ich bin froh es gethan zu haben, wenn es auch etwas schroff heraus kommt. Es ist so besser, man muss den ‹Dörrigen› die Stange halten.» Auch wenn Huber Annie Reinecks Ehemann Georg Leuch schätzte, fand er es doch eigentümlich, wie der von ihm promovierte Jurist die acht Jahre ältere Reineck hatte heiraten können: «Ich bemerkte schon früher einmal, dass die studierten Frauen scheints jungen [sic] Männer an sich reissen», bemerkte er schnippisch. Annie sei «voll Enthusiasmus u. voll Rücksichtslosigkeit». Ihm missfiel, dass «Frl. Reineck von der individualistischen Auffassung der Ehe sich ganz beherrscht zeigte. Die Leute denken nicht nach. Sie vertiefen sich nicht!», urteilte Eugen Huber hart. Ähnlich schätzte er Emma Graf ein. Ihn dünkte, die aktive Lehrerin, Wissenschaftlerin und Frauenrechtlerin sei zu sehr in den «Geist des Naturalismus u. Materialismus» verstrickt.

Ende 1912 will Marie Huber eine Feindschaft von Annie Reineck zu Anna Tumarkin und Ida Hoff bemerkt haben. Eugen Huber notierte böse in sein Tagebuch: «Das ist eine nette Geschichte. Zwei Jüdinnen mit einer Germanin in ächtem Rasseconflict, der begann, sobald die Germanin nicht mehr in seichtem Wasser der andern schwimmen wollte, sondern etwas Enthusiasmus angenommen hat. Ich bin begierig, wie es weiter geht.» Annie Leuch-Reineck wird den beiden freundschaftlich verbunden bleiben und ihr Mann Georg Leuch wird sogar die Trauerrede auf Ida Hoff halten. Ihre Schwester Theodora, Leiterin bei der Evangelischen Deutschen Bahnhofsmission, zeichnete zudem ein liebevolles Porträt der Anna Tumarkin.[420]

Eugen Huber war Tumarkin und Hoff gegenüber auch wegen einer «Testamentsgeschichte» verstimmt. Hedwig Sidler hatte ihn nach dem Tode ihres Gatten aufgesucht, um sich wegen eines Erbgangs beraten zu lassen und um «gegenüber ihren Verwandten» gerecht zu handeln. Bitter notierte Huber in sein Tagebuch: «leider erschien als spiritus rector wieder die unvermeidliche Frl. Dr. Sommer,

167 Die mit «Reineck» signierte Zeichnung von Anna Tumarkin stammt von Theodora Reineck, der Schwester von Annie Leuch-Reineck.

die schon Sidler zur Testamentserrichtung oder – Abänderung bewog u. dabei für sich u. Frl. Prof. Tumarkin – du kennst den Fall – einige tausend Franken ergatterte.»⁴²¹ Es ging um je 5000 Franken. Hedwig Sidler suchte sich wohl rechtlich abzusichern. Dass Georg Sidler der Tumarkin etwas hatte zukommen lassen, ist glaubhaft. Dr. Martha Sommer war eine Vertraute der Tumarkin, die sie in medizinisch-sozialen Fragen beriet. Sie führte als eine der ersten Schweizerinnen in Bern eine Praxis als Frauenärztin und war sozial engagiert.

Eugen Huber hatte ein spezielles Problem mit den studierten Frauen. Seine geliebte Adoptivtochter *Marieli* nämlich wollte zu seinem Leidwesen auch studieren, zumindest Vorlesungen als Hörerin besuchen. So sass sie denn auch in Tumarkins Veranstaltungen. Zudem war sie gerne mit akademischen Frauen zusammen. «Marieli war mit einigen Damen, Frl. Reineck, Tumarkin etc. unterwegs, kam erst halb elf zurück», ängstigte er sich etwa im Juli 1911.⁴²² Lieber hätte er es gesehen, wenn sich seine Tochter von der schädlichen «Blaustrumpfumgebung» losgesagt hätte, die seinem Marieli Flausen in den Kopf setze.

Obwohl sich Huber mit Frauenstudium, Frauenstimmrecht und Frauenemanzipation schwertat, konnte er letztlich Maries akademische Bemühungen nicht ganz verbieten. Die bei Tumarkin verbrachten Stunden blieben Marie Huber in «ganz besonders lieber und warmer Erinnerung». Dies versicherte sie ihrer Lehrerin Tumarkin noch Jahre später, als sie bereits Mutter zweier Kinder war und am 21. Dezember 1922 Festtagswünsche aus den Ferien in Ennenda sandte: «Auf Ihre freundliche Weisung hin habe ich diesen Herbst Plato gelesen – mit unbeschreiblicher Freud!» Sie liess Frl. Dr. Hoff grüssen und unterschrieb als «Ihre ergebene Marie Huber.»⁴²³ Nachdem Tumarkin ihr zum Tod ihres Vaters Eugen Huber kondoliert hatte, schickte ihr Marie Huber ein ausdrucksstarkes Amateurbild-

168 Marie Huber und ihre Familie

chen und bedankte sich spät und «in herzlichem Gedenken». Ein Foto aus Familienbesitz zeigt Marie Huber im Kreis ihrer Familie. Zu sehen sind darauf von links nach rechts: ihr Neffe Dr. iur. Walther Huber, ihre Tochter Dorothea Huber, Chemikerin, ihr Ehemann Dr. Paul Huber, Mathematiklehrer an der höheren Töchterschule Zürich, sie selbst und ihr jung verstorbener Sohn Eugen.

Ebenso wenig, wie Marie von universitären Lektionen abzuhalten war, konnte Eugen Huber vermeiden, dass Studentinnen in seine Veranstaltungen kamen und bei ihm doktorierten. Das waren zwar nur eine Hand voll Frauen. Immerhin promovierten mit Lina Graf und Gilonne Brüstlein zwei der ersten Juristinnen überhaupt bei ihm. Die in Zürich praktizierende Brüstlein wird eine linke Frauenrechtlerin, die Appenzellerin Graf eine freisinnige Redaktorin in Zug werden. Sie war 1892 übrigens extra wegen des berühmten Juristen Eugen Huber von Speicher nach Bern gekommen. Und er bemühte sich recht wohlwollend um die Palmarès der Bauerntochter.[424]

VI Die Lehrerin, ihre Schüler und Schülerinnen

Tumarkins allererste Doktorandin, die Ukrainerin Eva Schapira

Was ich war – bin ich weiterhin.
Der Titel ändert nichts
[Eva Schapira]

Mochten auch Studierende anderer Fakultäten in ihren Kollegs sitzen, am nachhaltigsten und intensivsten hatte sich Anna Tumarkin selbstverständlich um die 13 Studierenden zu kümmern, die bei ihr doktorierten. Sie lassen sich in drei Gruppen einteilen. Zuerst examinierte sie fast ausschliesslich junge Leute aus dem Osten: eine aus der Ukraine (Chava Eva Schapira), einen aus Russland (Mejer M. Furschtschik), drei aus Bulgarien (Peter Genoff, Soja Stawrewa, Luka Sapundschijeff) und zwei aus Polen (Emilia Lurie, Albert Zubersky). Dann begleitete sie wissenschaftlich vier Männer aus der Schweiz und schliesslich, gegen Ende ihrer Laufbahn, setzte sie je einer Frau aus Deutschland und der Schweiz den Doktorhut auf. Insgesamt prüfte sie zwischen dem 8. Juli 1910 und dem 11. Dezember 1942, d. h. in den 32 Jahren ihrer Lehrtätigkeit, 13 Doktorierende.

Am 8. Juli 1910 nahm die 35-jährige Extraordinaria Anna Tumarkin zum ersten Mal als verantwortliche «Doktormutter» ein Examen ab.

Die erste von einer Frau promovierte Person war Chava Schapira, die am 26. Dezember 1876 im kleinen ukrainischen Städtchen Slawuta geboren wurde. Sie arbeitete über den Meister der Aphorismen, Georg Christoph Lichtenberg, und wies in ihrer Dissertation darauf hin, dass seine Philosophie die stete Berührung mit dem konkreten Leben verlange. Da konnte sie mitreden, denn sie hatte einen bemerkenswerten Werdegang hinter sich. Angemessen verheiratet hatte sie als Mutter eines Sohnes in Warschau das behagliche Leben einer gut situierten, jüdischen Dame mit Dienstboten und Badereisen geführt. Als sie 23-jährig im tschechischen Kurort Franzensbad den 37-jährigen jüdisch-weissrussischen Literaturkritiker Reuven Brainin traf, verliebte sie sich nicht nur in ihn, sondern sah ihr bisheriges Leben mit anderen Augen. Es erschien ihr nicht mehr nur gefühlsmässig unbefriedigend, sondern wirklich unfrei. Sie verliess Ehemann und Sohn. Nach einem Abstecher in Wien reiste sie nach Bern, wo sie unter dem christianisierten Namen Eva Schapira und bei verjüngter Altersangabe Philosophie studierte.[425] Im letzten Moment drohte ihr Promotionsvorhaben wegen der Turbulenz um Ludwig Stein zu scheitern, der zu dieser Zeit die Universität Bern verliess. Schon fürchtete sie, ein weiteres Semester bei einem anderen Professor anhängen oder das Thema ändern zu müssen. Glücklicherweise aber legte ihr die Universität Bern keine Steine in den Weg. Sie wurde am 27. Juni 1910 zur Doktorprüfung zugelassen und Extraordinaria Anna Tumarkin wurde beauftragt, ihr die Prüfung abzunehmen.

169 Eva Schapira, Tumarkins erste Doktorandin

Wie sie, inzwischen geschieden, ihrem geliebten Reuven Brainin anvertraute, fühlte sie überhaupt keine spezielle Genugtuung, ihre Studien mit dem Doktortitel gekrönt zu haben: «Was ich war – bin ich weiterhin. Der Titel ändert nichts.» Dabei hätten Studium und Doktortitel doch das Eintrittsbillet in ein befreites, erfülltes und unabhängiges neues Leben sein sollen. Doch auf Chava Schapira wartete ein Leben voller Kämpfe, Depressionen und Tragödien. Reuven verliess sie. Zwar führte Dr. Schapira nun für kurze Jahre ein kosmopolitisches, kultiviertes Leben in Berlin und verbrachte viel Zeit mit Reisen. Sie arbeitete als hebräische Journalistin und erwarb sich den Ruf einer intellektuellen Outsiderin und Pionierin der jüdischfeministischen Bewegung in der Periode zwischen dem Schtetl und der Moderne. Nach Kriegsausbruch kehrte sie nach Russland zurück, wo sie 1917 die Februarrevolution erlebt. 1919 wird sie froh sein müssen, sich und ihren Sohn vor Pogromen in die Tschechoslowakei retten zu können. Eine neue Ehe, die sie 1930 54-jährig in Prag eingehen wird, um wirtschaftlich und sozial gesichert zu sein, wird sich als zehnjährige Hölle mit einem Geisteskranken erweisen. Zudem wird ihr nach dem nationalsozialistischen Vormarsch erneut Pogrom und Verfolgung drohen. Ihren Sohn wird sie 1937 rechtzeitig in die USA retten können. Sie aber wird 1941 mit ihrem Mann nach Theresienstadt verfrachtet werden. Angesichts sadistischer Attacken eines Wärters gegenüber ihrer Freundin wird sie einen Herzinfarkt erleiden und am 18. Februar 1943 sterben.

Lenins Kritik an Anna Tumarkin als prüfender Doktormutter

Diese völlig schülerhafte Arbeit besteht fast ausschliesslich aus Zitaten
[Wladimir Iljitsch Lenin]

Nur drei Tage nach ihrem ersten Einsatz als Doktormutter waltete Anna Tumarkin ein zweites Mal ihres Amtes. Sie examinierte am 11. Juli 1910 den Bulgaren Peter Genoff aus Zarko-Selo. Er hatte Ludwig Feuerbachs Erkenntnistheorie und Metaphysik bearbeitet.[426]

Peter Genoffs Dissertation wurde am 29. Dezember 1914 für einen Tag von Lenin in der schweizerischen Nationalbibliothek ausgeliehen, die damals im heutigen Bundesarchiv logierte. Wladimir Iljitsch Uljanow, der mit seiner Frau Nadeschda Krupskaja und der Schwiegermutter vom September 1914 bis Februar 1916 in Bern lebte und eifrig die Bibliotheken besuchte, interessierte sich für Feuerbach und dessen markante und einflussreiche Religions- und Idealismuskritik.[427]

Der Ausleihzettel ist noch heute mit anderen in der Bibliothek aufbewahrt. Leider zeigt das ebenfalls noch vorhandene Buch keine Spuren des berühmten revolutionären Lesers – weder Eselsohren noch Unterstreichungen.

170 Ausleihschein 29./30. Dezember 1914 von Wl. Uljanow, Journalist, Distelweg 11

Lenin konnte Genoffs Arbeit wenig abgewinnen. «Diese völlig schülerhafte Arbeit besteht *fast ausschliesslich* aus Zitaten aus Feuerbachs Werken [nach der Ausgabe von Jodl]. Nützlich kann sie *nur* sein als Zusammenstellung von Zitaten, und auch als solche ist sie nicht vollständig. Der Verfasser hat das Thema bei weitem nicht erschöpft.» [428]

Kulturphilosoph Peter Genoff kehrte mit seinem Doktortitel nach Hause zurück, um hier als Gymnasiallehrer zu arbeiten. «Hochachtungsvoll» erstattete er am 6. Februar 1911 seiner Doktormutter Bericht. Seit September 1910 unterrichte er in den obersten zwei Gymnasialklassen von Philippopol Psychologie, Logik und Ethik. Sein Gymnasium sei eines der besten in Bulgarien. Hier arbeiteten etwa 800–900 Schüler und 30–40 Lehrer. Genoff wollte Karriere machen. Er bereite sich auf die Staatsprüfung vor, um eine bessere Beschäftigung zu finden. «Wollen Sie die Güte haben», fragte er seine einstige Lehrerin am 6. Februar 1911, «mir bessere Bücher über Ethik und Aesthetik» zu empfehlen.

Am 1. April 1911 bedankte sich Genoff von Philippopol aus herzlich für ihre Literaturempfehlungen, ihre «gütige Karte» und ihre «herzerfreulichen» Glückwünsche. Er erzählte ihr von seiner Arbeit und seinen Zukunftshoffnungen. Sein Erfolg liege nicht ausschliesslich in seiner Gewalt. Es seien ja so viele Umstände äusserlichen wie auch innerlichen Charakters, welche die Zukunft vorausbestimmten. Er sei bestrebt, seine Anerkennung zu rechtfertigen, soweit das von ihm abhänge, indem er seinen Kopf «mehr und mehr aufkläre».[429]

Das breite ideologische Spektrum der russischen Tumarkin-Doktoranden

*Ich empfehle seine Arbeit trotz ihrer
methodischen Mängel*
[Anna Tumarkin]

Bei Anna Tumarkin studierten Menschen verschiedenster Ideologien und Religionen. Nach Heinrich Barth, dem ersten Doktoranden aus der Schweiz, kamen die nächsten vier Studierenden erneut aus dem Osten. Selbst hier war die Spannweite sehr breit. Tumarkin examinierte den Mönch ebenso wie die Revolutionärin. Sie alle bedankten sich bei ihrer Lehrerin.

Die Kaufmannstochter Emilia Gerschowna Lurie hatte das russische Mädchengymnasium in Warschau besucht und wurde nach bestandener Zulassungsprüfung am 3. März 1902 in Bern immatrikuliert. Lurie widmete ihre Leben der Revolution. Somit war es gezeichnet von Verhaftung, Gefängnis und Flucht, von Untergrundarbeit, Parteieintritten und -ausschlüssen.

1905 machte sie an der erfolglosen Februarrevolution mit, wurde gefangen und verbannt. 1907 gelang ihr die Flucht aus dem Gouvernement Astrachen, und so studierte sie ab 5. Mai 1908 an der Universität Bern weiter. Lurie beherrschte das Jiddische, Hebräische, Polnische, Deutsche, Russische und Englische, was ihr viele Publikationsmöglichkeiten bot. Am 1. März 1913 doktorierte sie mit einem matten cum laude bei Anna Tumarkin über Schleiermachers Ästhetik.[430]

Emilia Lurie wird als politische Emigrantin in New York leben und 1913–1918 der Sozialistischen dann der Kommunistischen Partei der USA angehören. Sie wird Arbeiten zur Philosophie wie *Die Grundzüge der deutschen Romantik* veröffentlichen und sich in der Frauenfrage engagieren. Erst im März 1921, nach der Machtübernahme durch Lenin und seiner Bolschewiki, wird sie wieder nach Russland reisen und als Bibliothekarin, Lehrerin, Dolmetscherin tätig sein. Lurie wird sich philosophisch nicht in den marxistisch-leninistischen Mainstream jener Jahre pressen lassen. Als sie sich in den 1930er-Jahren um Aufnahme in die Kommunistische Partei der UdSSR bemühen wird, sollte sie 1937 wegen Beziehungen zum feindlichen Ausland sowie politischer Irrtümer und Abweichungen als «nicht vertrauenswürdig» aus der Partei ausgeschlossen werden. Im April 1942 wird die Philosophin Emilia Lurie in der Leningrader Blockade ums Leben kommen.[431]

Soja Stawrewa kam aus der alten bulgarischen Zarenstadt Tirnowo. Sie arbeitete über das Mitleid, das sie als Fundament der Schopenhauerschen Moral sah. Sie hatte erst befürchten müssen, nicht bei Tumarkin abschliessen zu können, weil die Professorin krank war. Einfühlsam schrieb ihr die Schülerin am 16. Februar 1914: «Es ist mir innigst Erfreuliches von der Besserung Ihrer Gesundheit zu wissen. Die schlimme Zeit, die uns alle so grosse Unruhe verursacht hat, ist vorbei und ich sehe mit grosser Freude den Tagen entgegen, in denen ich Sie ganz gesund wieder an der Arbeit begrüssen kann.» Nach der Promotion vom 18. Juni 1914 kehrte Soja Stawrewa unverzüglich nach Tirnowo zurück. Sie nahm sich nicht einmal die Zeit, ihre Doktorurkunde abzuholen, die direkt an die bulgarische Unterrichtsdirektion in Sofia geschickt werden sollte. Diese Weisung gab Stawrewa am 29. Juni 1914 – am vorangegangenen Tag waren Erzherzog Franz Ferdinand und seine Ehefrau Sophie in Sarajewo erschossen worden. Sie gestand am 2. Juli 1914 Anna Tumarkin ihre alten und neuen Gefühle: «Seit Gestern freue ich mich an meinem [sic] Heimat, das ich vor 3 Jahren voll Schmerzen verlassen habe.» Zu Hause habe man «mit gesteigerter Freude» auf sie gewartet. «Meine Mutter fühlt sich glücklich, Sie zu grüssen und Ihnen herzlich zu danken für die Güte, die Sie über mich bewiesen haben. An die vergangene Studienzeit erinnere ich mich mit grosser Freude und an meine Plätzchen im philosophischen Seminar, das ich so ungern verlassen habe.»[432]

171 Soja Stawrewas Postkarte vom 19. Juni 1914 aus Tirnowo an Anna Tumarkin

Aus Bulgarien kam auch der christlich-orthodoxe Luka Naydenov Sapundschijeff, aus Koprivstitza. Er hatte sechs Jahre am bulgarischen Geistlichen-Seminar in Konstantinopel studiert und war als Jerodiakon mit dem Namen Ewthimi Sapundschijeff als Mönch in den geistlichen Stand getreten. Wie viele bulgarische Geistliche und berühmte Professoren der Theologischen Fakultät Sofias hatte auch er sich dann an der theologischen Akademie in Kiew weitergebildet und 1908 promoviert. Danach hatte er die Universitäten in Jena, Göttingen und München besucht, als Lehrer in den bulgarischen Geistlichen-Seminaren und im praktisch-administrativen Dienst der bulgarischen heiligen Synode gearbeitet. Schliesslich kam er nach Bern. Die Berner Dissertation des 30-Jährigen trug den umständlichen Titel *Die Entstehung der Idee von fremden Erlebnissen und die Sympathie mit denselben nach David Hume, verglichen mit der Einfühlungslehre von Theodor Lipps.*[433]

Hatte sich der geistliche Sapundschijeff ganz der Theologie verschrieben, so lebte Tumarkins siebter Doktorand wieder für die Revolution, die bolschewistische Agitation und die Sowjetunion.

Mejer M. Furschtschik aus dem russischen Wosnessensk war vom Sommer 1915 bis zum Sommer 1919 ein eifriger Besucher von Anna Tumarkins Veranstaltungen. Tumarkin empfahl am 7. Juli 1919 seine Dissertation *Die Ethik in Descartes' System der Philosophie* zur Annahme, und er wurde am 17. Juli 1919 cum laude promoviert. Furschtschik sprach seinem «verehrten Lehrer Fräulein Professor Dr. Anna Tumarkin» seinen tiefsten Dank aus.[434]

Meyer Furschtschik vertrat die junge, 1917/18 installierte Sowjetrepublik und arbeitete auf dem Nachrichtenbüro der russischen Sowjetmission am Bundesrain 8 in Bern. Er blieb unbehelligt in der Schweiz und wurde auch am 12. November 1918 nicht mit der Sowjetmission abgeschoben, als man in den aufgewühlten Tagen des Schweizer Generalstreiks den russischen Bolschewiken eine Mitverantwortung zutraute und sie auswies.[435]

Später wird Furschtschik für die deutsche Ausgabe Leninscher Werke besorgt sein und in *Unter dem Banner des Marxismus,* dem Theorieheft der KPD, publizieren. Er wird in Moskau an der sozialwissenschaftlichen Kaderuniversität der KPdSU, am Institut der Roten Professur mitarbeiten. Schliesslich wird auch er in den Stalinschen Säuberungen untergehen und die Verurteilung zu zehn Jahren Lagerhaft vom 14. September 1938 nicht überleben.

Albert Zubersky aus dem polnisch-russischen Stawiski ist ein treffliches Beispiel für die russisch-jüdische Jugend, die sich von der alten zaristischen Willkürherrschaft und den orthodox-jüdischen Vorbildern abwandten und neue Freiheiten suchte. In seinem Lebenslauf berichtete er von seinem Durst nach persönlicher Selbstverwirklichung, von seiner Angst vor jüdischen Diskriminierungen und seiner Flucht vor politischer Verfolgung: «Ich [wurde] für das theologische Studium bestimmt und in den jüdisch-othodoxen Schulen» unterrichtet. «Durch die sozial-politischen Ideen der revolutionären Bewegung in meinen streng religiösen Ueberzeugungen erschüttert, wandte ich mich im Jahre 1906 dem Studium der modernen Wissenschaften zu. […] Leider musste ich aus politischen Gründen Russland bald verlassen und kam im Jahre 1912 nach Bern.» Nach einigen, meist der finanziellen Not geschuldeten Umwegen entschloss er sich seiner «natürlichen Neigung folgend, für das Studium der reinen Philosophie. «Von Anfang an fand ich [im] neubegründeten kritischen Idealismus eine meinem eigenen Denken entsprechende Geistesrichtung.» Tumarkin riet ihm zum Dissertationsthema *Salomon Maimon und der kritische Idealismus.*

In ihrem Gutachten schrieb sie, Zuberskys Arbeit zeige einen scharfsinnigen und für die Grundprobleme der Philosophie lebhaft

172 Letzte Zeilen des Gutachtens von Anna Tumarkin zu Albert Zuberskys Dissertation

interessierten Kopf. Allerdings habe er Mühe, «sich in die Grenzen methodischer Forschung zu fügen. [...] Mit Rücksicht auf die Reife und Selbständigkeit seines Denkens und die Lebhaftigkeit seines philosophischen Interesses» akzeptierte sie aber Ende 1923 seine Dissertation «trotz ihrer methodischen Mängel».[436]

Zubersky wollte in die Schweiz «in einer erweiterten Erziehungstätigkeit» nebst «innerer Bereicherung auch eine Erwerbsquelle» für eine bescheidene Lebensführung finden. Er bat deshalb Paul Häberlin, Ernst Dürrs Nachfolger auf dem Pädagogenstuhl, an ihn zu denken, falls in seinem grossen Wirkungskreis erzieherische Hilfe gesucht werde. Doch von Deutschland aus schrieb er Häberlin auch offen: Der schwierigste Fall sei er selbst, er sei gehemmt und «dem eigenen Dämon überlassen».[437]

Die Doktorierenden aus dem Osten, die Anna Tumarkin betreute, hatten schwierige Zeiten hinter sich und vor sich, viele endeten grauenvoll.

Vier Schweizer Professoren aus der Schule Anna Tumarkins

Tumarkin möge entschieden öfter und ausführlicher schreiben
[Gustav Emil Müller]

Auch vier Schweizer promovierten bei Anna Tumarkin: Heinrich Barth 1913, Fritz Marti 1920, Gustav E. Müller 1923 und Hans Strahm 1929. Alle wurden sie Professoren. Man könnte von einer erfolgreichen Lehrerin sprechen, der es gelang, die Karrieren der ihr anvertrauten einheimischen Schüler bestmöglich zu fördern. Ihrem Weg nach oben allerdings fehlte jeweils die Leichtigkeit. Zwei mussten sich ihren Erfolg in den USA suchen, einer wurde Direktor ohne akademischen Lehrstuhl und einer musste äusserst lange auf Anerkennung und ein vollwertiges Amt warten. Interessant ist auch, dass sie ihren philosophisch-akademischen Weg nicht von Beginn an vorgezeichnet sahen. Hans Strahm war diplomierter Landwirt. Fritz Marti war Maschinenbauer. Heinrich Barth nahm nicht wie seine Brüder Karl und Peter den familiär vorgezeichneten theologischen Weg. Und Gustav E. Müller fühlte sich ebenso als Wissenschafter wie als Poet, Dramatiker, Rezensent, Gitarrist und Lyriker mit Neigung zu intellektuellem Spott.

Anna Tumarkin war keine Doktormutter für normierte Persönlichkeiten.

Heinrich Barth war der Sohn des religiös-sozialen Theologieprofessors Fritz Barth-Sartorius, der sich auch für die kirchlichen Frauenrechte engagiert hatte. Er wandte sich nach der Berner Promotion vom 20. Februar 1913 als Lehrer und Universitätsprofessor nach Basel, wo er seine *Philosophie der Erscheinung* erarbeitete und am Aufbau der dialektischen Theologie seines Bruders Karl mitwirkte. Die wenigen überlieferten Briefe zwischen Tumarkin und Barth sind freundschaftlich, ja vertraut. Die Doktormutter machte sich anfänglich Sorgen um den wissenschaftlichen und beruflichen Weg ihres jungen Schülers: «Furchtbar leid thut es mir, dass Ihrer Arbeit wieder neue Schwierigkeiten sich in den Weg stellten», schrieb sie am 14. Februar 1925. Obwohl Bruder Karl damals noch in Göttingen lehrte, fragte sie: «Kann denn Karl wirklich nicht für eine halbwegs Stellung an der Universität erwirken? Darf ich Ihm nicht deswegen schreiben? Ihn zu sprechen wäre der einzige Zweck meiner Reise nach Basel. Denn für mich ist es peinlich vor übelwollendem Publicum zu sprechen.» Wen genau sie damit meinte,

173 Heinrich Barth, Anna Tumarkins erster Schweizer Doktorand

ist unbekannt. Tumarkin fühlte sich im philosophischen Basel offensichtlich nicht wohl, obwohl hier seit 1922 der befreundete Paul Häberlin lehrte.[438]

Mit Heinrich Barth verhandelte sie am 8. Januar 1938 auch das Schicksal der Anna Bachmann, die ab 1917 als erste Frau in Bern Theologie studierte, aber nicht ordiniert wurde und so keine angemessene Arbeit fand. Finanziell blieb Bachmann ans Elternhaus gebunden, das sie als Nachbarin der Theologenfamilie Fritz Barths mit ihrer Schwester Margaret bis zu deren Tod (1971) bewohnte. Als 58-Jährige erhielt sie von der Gesamtkirchgemeinde Bern einen Teilzeitauftrag und sie durfte die Kinderseelsorge am Jennerspital übernehmen.

52 Jahre alt musste der Existenzphilosoph Heinrich Barth-Helbing werden, bevor er nach einer ausserordentlichen Professur in Basel Lehrstuhlinhaber für Philosophie werden konnte.[439]

174 Fritz Marti, Anna Tumarkins zweiter Schweizer Doktorand

Fritz Marti studierte an der ETH Maschinenbau und Mathematik. Er diente während des Ersten Weltkriegs als Ingenieur in der Schweizer Armee und als Nachrichtenoffizier in England, um zu Beginn des Krieges deutsche Staatsbürger daran zu hindern, unter dem Deckmantel schweizerischer Staatsangehörigkeit nach Deutschland zurückzukehren. Nach dem Krieg wandte er sich der Philosophie zu und promovierte 1922 in Bern. Anna Tumarkin zeichnete ihn mit summa cum laude aus. Sie verhalf ihm mit einem exzellenten Empfehlungsschreiben an die Oregon State University, in dem sie ihm «durchaus selbständiges» Denken attestierte, zum Start in eine wechselvolle amerikanische Karriere.[440]

Während 56 Jahren lehrte Marti bis zum 82. Jahr an verschiedenen amerikanischen Instituten und Universitäten. Während des Zweiten Weltkriegs bildete er in Kursen an der University of Maryland Offiziere der US-Streitkräfte aus. Sie gingen als *90-Day Wonders* in die Geschichte ein.

Fritz Marti war Experte für den postkantianischen deutschen Idealismus. Er war in den USA bekannt für eine Reihe von Büchern und Abhandlungen über Themen der Bildung und Ästhetik. In den 1940er-Jahren gründete er mit seiner Frau Gertrude Austin, mit der er sechs Kinder hatte, die Berglihof School of Ohio. Die Schule wird nach Dayton ziehen und 1956 als The Marti School in eine College-Vorbereitungsschule umgewandelt werden. Sie sollte weiterbestehen als Fritz und Gertrude in den frühen 1960er-Jahren in den Ruhestand gehen werden.[441] Fritz Marti wird 1991 hochbetagt bei seiner Tochter in Tucson, Arizona, sterben.

175 Gustav Emil Müller, Anna Tumarkins dritter Schweizer Doktorand

Gustav E. Müller war der Sohn des ersten sozialdemokratischen Berner Stadtpräsidenten. Seine Dissertation über den *Geschichtsphilosophischen Grundbegriff bei Marx* bewertete Tumarkin 1923 mit magna cum laude.[442]

Müller ergatterte nach weiteren Studien in Heidelberg und am British Museum in London Arbeit an der amerikanischen *University of Oregon im Staate Maryland.* Später lehrte er 38 Jahre lang an der University of Oklahoma.

Er publizierte ausladend und extensiv wissenschaftliche und populäre Werke. Müller hielt engen Briefkontakt mit Anna Tumarkin, wobei leider ihre Antwortschreiben nicht überliefert sind. Offenherzig, ja zutraulich berichtete er ihr von seiner Suche nach befriedigenden Stellen und von seinem Leben. Er schickte ihr seine Poesie, im Mai 1921 sein *Gedicht für eine hochverehrte Lehrerin. Schicksal* war der Titel des dreizehnstrophigen Werkes, dessen Sinn sich schwer erschliesst und dessen Reime genötigt klingen. «Grausam schön mit den erzürnten Blicken/Streiten wir mit letztem Atemzug/Gegen das, was droht uns zu entrücken/Alles war uns Sinn und Fug.»

Im September 1927 berichtete er dem «lieben Frl. Professor», dass er ein Angebot von 4000 Dollar ausgeschlagen habe und nun an der «wunderschönen Küste» von Newport in Oregon einige Ferientage verbringe.

Müller gestand seiner Lehrerin auch freimütig seine Schwierigkeiten mit der Philosophie von Heinrich Barth und Paul Häberlin. Hingegen begeistere er sich für Hegel «je länger desto mehr» und machte dabei ein überraschendes Geständnis: «Ich habe letzte Woche die Hegelsche Logik beendet, obschon ich die für mich stellenweise unverständliche Sprache übergehen musste.»[443]

Gustav E. Müller fachsimpelte, urteilte und schnödete. Und nicht immer war man sicher, ob er etwas lobte oder sich über eine Meinung lustig machte. Immer wieder bedankte er sich für einen lieben Brief, stellte eindringlich philosophische Fragen und erkundigte sich nach Tumarkins Meinung: «Wie haben Sie meine Artikel im *Kleinen Bund* über *Zeitgenössische Ethik und Dialektik* gedünkt? – «Was Sie mir über meinen Essayismus sagten, geht mir oft im Kopf herum.» Er erwähnte neuste Werke und meinte: «Ich wäre auch begierig Ihr Urteil zu vernehmen.» Am 12. Juli 1929 freute er sich sehr, «vom Meer ein Lebenszeichen» von ihr erhalten zu haben und er bat seine Doktormutter, sie möge «entschieden öfter und ausführlicher schreiben».

Gustav E. Müller versuchte vergeblich, sich mit Anna Tumarkins Hilfe eine universitäre Anstellung in Bern zu verschaffen. Sie

176 Gustav E. Müllers Karte vom Hafenviertel Newport im September 1927

betrachtete, wie ihre Schweizer Kollegen, Müllers «amerikanisches» Wissenschaftsgebaren kritisch. 1937 wäre er gerne als Gastdozent nach Bern gekommen. Er wollte die noch unbekannte neuere englische und amerikanische Philosophie vorstellen, die «heute als Weltanschauung demokratischer Länder von besonderem u. erhöhtem Interesse sein dürfte». Doch das kam bei Kollege Herbertz gar nicht gut an. Er geriet in Rage, weil sein früherer Schüler nicht Rücksprache mit ihm genommen hatte.[444] Einmal mehr witterte er Ungemach. Müller bearbeite ein allzu grosses Gebiet, das er höchstens oberflächlich streifen könne. Zudem nahm er in der Fakultätssitzung Anstoss, dass es sich bei Müller um einen auswärtigen Dozenten handle, der zudem politisch werden könnte: «Ich würde es für zum mindesten inopportun halten, wenn Gastvorträge an unserer Universität das politische Gebiet bestreichen würden. Die Tragweite resp. Folge hiervon wäre nicht abzusehen», befürchtete Richard Herbertz im April 1937. Er vergass allerdings, dass er als Deutscher selbst ein Auswärtiger war.

Die Fakultät zögerte in ihrer Sitzung vom 26. April 1937, Müllers Wunsch zu erfüllen. Anna Tumarkin meinte, sie möchte den Eifer und die Geschicklichkeit dieses ihres Schülers mehr loben als dessen Gründlichkeit und Überproduktion. Carlo Sganzini bezeichnete Gustav E. Müllers Arbeiten als «Feuilleton-Philosophie». Als man sein Angebot einer Gastdozentur aber rundweg ablehnen wollte, wies der eben eingebürgerte Anglist Otto Funke auf das ähnliche Gesuch des Luftfahrtingenieurs William G. Friedrich von der University of North Cartolina hin, das überwiesen worden sei.[445]

Man suchte einen Ausweg. Auf Antrag von Anna Tumarkin und Fritz Strich wurde erwogen, Vorlesungen, die nicht ganz in den Rahmen der Fakultät passten, von Seminaren oder als öffentliche Abendvorlesungen organisieren zu lassen. Anna Tumarkin sah in diesem Rahmen eine Möglichkeit, Müllers aussergewöhnlichen Kenntnisse dennoch zur Geltung zu bringen. Tatsächlich konnte er im Winter 1937/38 die amerikanische Philosophie in Vorträgen vorstellen.[446]

Er trat der gängigen Amerika-Legende entgegen, dass es hier keine eigentliche Philosophie gäbe. Nur über die sogenannten Neu-Realisten goss Müller eine «fast versöhnlich funkelnde Schale des Spottes». Im *Bund* wurde Müllers Klarheit in der Darstellung der amerikanischen Philosophie gelobt, der Buchrezensent war notabene Fritz Marti von der University of Maryland.[447]

Tumarkin konnte ihrem Schüler zwar zu Gastvorträgen in der Heimat verhelfen. Eine eigentliche Professur aber konnte und wollte sie ihm nicht verschaffen. Als Gustav E. Müller 1938 erneut das Gesuch stellte, es möchte ihm eine ausserordentliche Professur für Philosophie übertragen werden, wurde eine Kommission bestellt. Sie untersuchte, ob Müller «eine so ausserordentliche Kraft sei, dass sich die Errichtung eines Extraordinariats aufdränge». Wie ein Sudel aus der Sitzung belegt, zeigte sich die Kommission unbeeindruckt. Müllers vorgelegte Arbeit zur *Amerikanischen Philosophie* sei merkwürdig, lächerlich und «ausgesprochen oberflächlich». Sein Buch *Der Mensch im Sein. Eine Heimkehr aus Zweifelhaftem* wurde als eher zweifelhafte Heimkehr verspottet, und das Kapitel zu Kant zeige, dass der Verfasser den kantschen Kritizismus in seinen Tiefen nicht erfasst habe. Richard Herbertz' Gutachten vom Juni 1938 war vernichtend bis bösartig. Nur Tumarkin äusserte sich sympathisch und erwähnte den Bezug zur platonischen Dialektik nach Karl Barth.

Kommission und Fakultät lehnten Müllers Begehren auf eine Berner Anstellung ab. Ins Gewicht fiel auch, dass keine Notlage eines Auslandschweizers vorlag – Müller war kein Jude und kein Verfolgter. Zudem bestehe kein bildungspolitisches Bedürfnis, die Ästhetik werde von Prof. Tumarkin und die Soziologie von Privatdozent Dimitri Gawronsky gelehrt.

Tumarkin war Müller freundschaftlich verbunden. Umso behutsamer und detaillierter formulierte sie die Ablehnung und begründete sie in einem «ganz ausserordentlich ausführlichen und gründlichen Gutachten».

Gustav E. Müller wird erst im Mai 1968 zum Karriereende mit seiner Frau René in die Schweiz zurückkehren. Er wird 1987 in Bern sterben und seine *collected papers* werden in der University of Oklahoma archiviert werden.

Müllers Nachruf wird Freund Jakob Amstutz, ein anderer in die USA und nach Kanada emigrierter unorthodoxer Schweizer Philosoph verfassen. Amstutz war der Sohn eines Lehrerehepaars aus Vorderfultigen und arbeitete über 20 Jahre als Pfarrer in der Bauerngemeinde Frauenkappelen. Studieren konnte er nur nebenher. Er war ein treuer und bewundernder Schüler von Anna Tumarkin. Seine Dissertation wurde von Prof. Herbertz bejubelt.

Amstutz' jahrelangen Habilitationsversuche scheiterten kläglich. Seine Arbeit zu Martin Heidegger wurde als bloss beschreibend und wenig eigenständig gerügt. Seine undogmatische Art, Theologie zu lehren, liess ein Lehramt an der Universität Bern nicht zu. «Ich glaube nicht, dass ich gut daran täte, mich nach Bern in die Nesseln setzen zu kommen», musste er sich 1977 desillusioniert eingestehen.

177 Hans Strahm, Anna Tumarkins vierter Schweizer Doktorand

Er lehrte an verschiedenen amerikanischen Universitäten, unter anderem in Oklahoma, Berkeley, Pittsburg, Huntingdon, Plainfield. 1970 trat er als Professor für Philosophie in den Dienst der kanadischen Universität Guelph in Ontario, wo man ihn als fantastischen Lehrer und liebenswürdige Persönlichkeit ehrte und wo er 1986 in den Ruhestand treten wird.[448]

Der 1929 mit magna cum laude promovierte Berner Hans Strahm amtete nach einem landwirtschaftlichen Praktikum, einer Ausbildung zum Gymnasiallehrer und einem Berliner Aufenthalt von 1957 bis 1972 als Honorarprofessor für Bibliothekswesen und mittelalterliche Geschichte an der Universität Bern. Zudem war er 1946 bis 1972 Direktor der Berner Stadtbibliothek. Er war politisch aktiv und wissenschaftlich kreativ, konfrontierte er doch in zahlreichen Beiträgen zur Geschichte Berns überkommene Auffassungen mit überraschenden Entdeckungen.[449] Strahms grosser Verdienst wird es sein, Tumarkins Bedeutung als erste Professorin frühzeitig zu erkennen und ihren Nachlass rechtzeitig in Sicherheit zu bringen (siehe S. 427). Mit der Burgermedaille ausgezeichnet wird er 1978 in Bern sterben.

Letzte Promotionen: die Deutsche Johanna Dürck und die Schweizerin Lina Bärtschi

Sie wollte uns Mädchen so rührend helfen
[Berta Berger]

Erst gegen Ende ihrer Karriere konnte Anna Tumarkin auch zwei zentraleuropäische Frauen promovieren: die Deutsche Johanna Dürck und die Schweizer Nachwuchshoffnung Lina Bärtschi. Das waren nur zwei Doktorinnen, obwohl sich Tumarkin an der Universität ihrer Studentinnen besonders annahm. Sie «wollte uns Mädchen so rührend helfen», erinnerte sich die Germanistin Berta Berger, und Suzanne Landsberg erzählte: «Sie hat mich mal beiseite genommen und mir Vorwürfe gemacht, weil ich meiner Begabung für Philosophie zu wenig Opfer bringe. Sie redete mir zu, mich auf die Philosophie zu konzentrieren und anderes sein zu lassen.» Das war typisch Tumarkin, fand Landsberg. «Sie lebte ausschliesslich und unter Opferung vieler kultureller Genüsse einzig ihrer Arbeit.»

Johanna Dürcks Familie zog nach dem Tod des Vaters von Deutschland aus nach Winterthur, wo Johanna 1921 die Matura bestand. Sie studierte in München, Heidelberg und Bern, promovierte

1926 bei Anna Tumarkin mit der Dissertation *Die Psychologie Hegels*. «In wissenschaftlicher Hinsicht bin ich in erster Linie Fräulein Professor der Philosophie Anna Tumarkin zu aufrichtigem Dank verpflichtet,» schrieb sie in ihrem Lebenslauf.

Dürck arbeitete bis 1933 als Journalistin in Berlin und begann dann ihre Ausbildung in Psychotherapie. 1943 heiratete sie den Psychotherapeuten Edgar Herzog, der 1934 wegen seiner Opposition gegen den Nationalsozialismus aus der Beamtenlaufbahn hatte ausscheiden müssen. Nach dem Zweiten Weltkrieg wurde Johanna Herzog-Dürck Mitglied im 1946 von der amerikanischen Militärregierung genehmigten Institut für Psychologische Forschung und Psychotherapie in München. Sie führte bis in die 1980er-Jahre ihre psychotherapeutische Praxis und hielt Vorlesungen am Institut. Sie gilt als Vertreterin der daseinsanalytischen Psychologie und gehörte zu den ersten, die in den 1960er-Jahren einen neuen Dialog zwischen den verschiedenen Disziplinen Psychoanalyse und christliche Seelsorge suchten.[450] Sie wird 89-jährig 1991 in München sterben.

178 Johanna Herzog-Dürck, Anna Tumarkins erste Doktorandin

Lina Bärtschi, die preisgekrönte Schülerin, wuchs in Chur auf, wo sie das Bündnerische Lehrerseminar absolvierte. Sie arbeitete als Lehrerin an der Unterschule Nufenen, absolvierte einen Sprachkurs in London und war Hauslehrerin in Basel, bevor sie in Zürich und dann in Bern studieren konnte. Ihr Vater Fritz Bärtschi sei eigentlich avantgardistisch gewesen, fand Linas Grossnichte Pascale Milliet. Als er sich nur für eines seiner vier Kinder ein Universitätsstudium leisten konnte, habe er beschlossen, dies für seine Tochter Linnie und nicht für seinen Sohn zu tun.[451]

Auf dem Foto, das nach langem Suchen schliesslich im Schoss der Familie gefunden werden konnte, ist der Vater mitten ins Bild gesetzt. Lina sitzt ganz links, dann folgen Hans, Margrit, Adèle und Mutter Klara Bärtschi.

Während ihres Studiums musste sich Lina Bärtschi nebenbei auch noch auf die Matura an der Kantonsschule Chur vorbereiten. 1941 erhielt sie an der Uni Bern einen Fakultätspreis für ihre Arbeit über Carl Hebler. Der Berner Philosoph war auch Thema ihrer Dissertation, mit der sie Ende 1942 bei Tumarkin magna cum laude promovierte. Sie dankte ihrer Doktormutter herzlich aus «tiefstem Bedürfnis für die Anregung und Hilfe bei der Arbeit».

Wie ihre Lehrerin hielt sie Hebler für «einen der bedeutendsten schweizerischen Denker des 19. Jahrhunderts», obwohl er «kein philosophisches *System* hinterlassen» habe – oder gerade weil er kein System kannte. Schülerin Bärtschi teilte die philosophischen Einschätzungen Tumarkins. Auch sie empfand es als «typisch schwei-

179 Lina Bärtschi, Anna Tumarkins Schweizer Doktorandin, im Kreise ihrer Familie

zerisch», dass es Hebler keineswegs wichtig schien, seine Philosophie in Form eines Systems darzustellen: «Philosophie als System war und ist den Schweizern im allgemeinen etwas Fremdes. Diese Gleichgültigkeit gegenüber systematischer Vollständigkeit und Geschlossenheit hat ihren tiefen Grund in der allgemeinen praktischen Einstellung des Schweizers, die auch in Heblers Denken deutlich zum Ausdruck kommt. Diese praktische Einstellung verlangt vor allem, dass sich die Philosophie im Leben als tätig erweise, dass sie gestaltend und veredeln auf dieses einwirke, und dazu ist nicht in erster Linie Systematik nötig.» Heblers praktischer Idealismus trage der Wirklichkeit, «wie unserer höhern Bestimmung, volle Rechnung» und sei ein «Standpunkt, der wirklich im praktischen Leben als Richtschnur gelten» könne.[452]

Lina Bärtschi wird sich schliesslich der Psychologie zuwenden. Als Anhängerin von Rudolf Steiner und seiner anthroposophischen Medizin wird sie an der Seftigenstrasse in Bern eine psychologische, heilpädagogische und heileurythmische Praxis leiten.[453] Sie wird sich auch später freuen, Tumarkin in Bern zu sehen und ihrer Doktormutter zum 70. Geburtstag öffentlich danken (siehe S. 396). Und in der Familie wird die 1984 verstorbene Lina Bärtschi als eine intellektuell brillante, originelle Frau in Erinnerung bleiben, die ihrer Zeit deutlich voraus war.[454]

Kein Schüler, aber ein Besucher: Walter Benjamin bei «Frl. Dr. Tumarkin»

Das Grausen, das einen überkommt, wenn Frauen entscheidend mitreden wollen, ist unbeschreiblich
[Walter Benjamin]

Im Kriegswinter 1917/18 besuchte mit dem 25-jährigen Berliner Walter Benjamin ein Student Tumarkins Vorlesung, der als undogmatischer Kulturphilosoph und Schriftsteller berühmt werden sollte. Der Sohn eines Antiquitätenhändlers aus assimiliert-jüdischem Haus und verheiratet wollte der deutschen Kriegsbegeisterung und einer drohenden Einberufung ins Militär entgehen. So kam er nach Bern, besuchte bis im Sommer 1919 philosophische Veranstaltungen bei Richard Herbertz und Paul Häberlin sowie Literaturgeschichte bei Harry Maync. Bei Anna Tumarkin belegte er die Vortragsreihe über den *Grundriss der Philosophie*. Damals war Benjamin auf der Suche nach einem geeigneten Thema für seine Doktorarbeit und befragte dazu auch die Kant-Expertin: «Ich habe Frl. Dr. Tumarkin besucht und ihr meine Absicht, mich mit Kants Geschichtsphilosophie in systematischer Hinsicht versuchsweise zu befassen, gesagt. Ich habe ihre, Häberlins und Herbertz Vorlesungen gehört und finde ihr Schweigen über diese Dinge, wie es mir wahrscheinlich war, völlig gerechtfertigt. Meine ganze Hoffnung setze ich auf die eigne Arbeit.»[455]

Benjamin spielte auf Tumarkins Aussage an, die sie in ihrer Arbeit über die romantische Weltanschauung niederschreiben wird: «Das Verstummen wäre der einzige wahre Ausdruck der romantischen Weltanschauung.»[456] (Siehe S. 209)

Walter Benjamin erkor Richard Herbertz zu seinem Doktorvater. Tumarkin wurde nicht seine Doktormutter. Vielleicht störte ihn, dass sie nur Extraordinaria war und eine schwache Stellung innerhalb der Fakultät hatte? Vielleicht interessierte sie sich zu wenig für sein Doktorthema? Philosophierende Frauen waren Benjamin eh ungeheuer, wie er am 31. Juli 1918 Ernst Schoen anvertrauen sollte, nachdem ihm Luise Zurlindens Gedanken Platons in der deutschen Romantik in die Hände gefallen war: «Das Grausen, das einen überkommt, wenn Frauen in diesen Dingen entscheidend mitreden wollen, ist unbeschreiblich. Es ist die bare Niedertracht»,[457] schimpfte er über die Arbeit einer Witwe, die als Studierende, Schulbetreiberin und alleinerziehende Mutter ihr Leben meistern musste.

Benjamin wählte Richard Herbertz zu seinem Doktorvater, da er «recht farblos» war. Das war ihm ebenso angenehm, wie Herbertz' Ansicht, dass Philosophie nur «im Gespräch und als Gespräch gelehrt» werden könne. Benjamin wollte nicht belehrt werden. Er liess sich weder einordnen noch beirren und fand letztlich alle Hochschulen öd und langweilig. Herbertz bewunderte seinen Schüler, promovierte ihn am 27. Juni 1919 mit summa cum laude und bot ihm, allerdings erfolglos, gar eine Berner Habilitation an.[458]

Benjamins Doktorarbeit befasste sich schliesslich mit dem Begriff der Kunstkritik in der deutschen Romantik, nicht mit Kants Geschichtsphilosophie. Anna Tumarkin hatte im Wintersemester 1912/1913 über die Lebens- und Kunstanschauung der Romantiker gelesen und war daran, die romantische Weltanschauung zu beschreiben. Die Romantik lag auch ihr seit Langem am Herzen und sie war am 23. Juni 1919 an der Fakultätssitzung dabei, als Herbertz Benjamins Doktorarbeit zur Annahme empfahl.[459] Benjamin zitierte in seiner Dissertation keine Tumarkin'schen Arbeiten. Er wird sich später seiner alten Lehrerin Anna Tumarkin erinnern, die er 1937 am 9. Philosophenkongress in Paris hätte treffen können, als

180 Walter Benjamin: «Ich habe Frl. Dr. Tumarkin besucht.»

sie hier über Methode und Grenze bei Plato referierte.[460] Es sollte nicht sein: «Leider versäumte ich, die alte Tumarkin (aus Bern) zu hören»,[461] wird er danach bedauernd schreiben. Schon drei Jahre später wird Walter Benjamin, von den Nazis zu Tode gehetzt, im katalonischen Portbou sterben.

Der lange Atem von Anna Tumarkins frauenbewegten Studentinnen

Es gehörte schlicht zum guten Ton, wenigstens einmal in Anna Tumarkins Kursen zu sitzen
[Berta Berger]

In den ersten Jahren des 20. Jahrhunderts folgten vermehrt lernbegierige und freiheitsdurstige Schweizerinnen den ausländischen Studentinnen als Studierende der Universität Bern. Vielfach waren es Primarlehrerinnen. Die Perspektiven für einen akademischen Beruf waren allerdings nicht rosig. Standes- und Berufsorganisationen verhinderten lange den Eintritt ins akademische Berufsleben für Juristinnen, Theologinnen. Verheiratete Lehrerinnen mussten den Lehrberuf an den Nagel hängen, da kein Doppelverdienertum geduldet und das Zölibat verordnet war. Vielfach blieben die Primarlehrerinnen trotz Studium Lehrerinnen auf unteren Stufen. Erst nach dem Zweiten Weltkrieg konnten sie an öffentlichen Gymnasien beamtet werden.

181 Zukünftige Primarlehrerinnen an der Städtischen Mädchenschule Bern um 1904

Betrachtet man zum Beispiel das Klassenfoto der Seminarklasse der Städtischen Mädchenschule Bern von 1904, so sind darauf 27 zukünftige Primarlehrerinnen zu sehen.[462] Einzig die achte Frau von links, Mathilde von Orelli, promovierte. Doch sassen hier zum Beispiel auch Lina Mäder und Martha Kernen, die bei Tumarkin studierten. Die beiden kehrten dann als Pädagoginnen an die Schule zurück, die sie als Schülerinnen besucht hatten.

Weder die Anzahl noch der Charakter ihrer Schweizer Studentinnen änderte sich im Laufe der Jahre signifikant. Alle aber sassen sie einmal zu Tumarkins Füssen, was die Germanistin Berta Berger mit den Worten kommentierte: «Also, wir haben alle einmal bei ihr die *Einführung in die Philosophie* gehört. Das gehörte sich, als ich studierte.»

Von Tumarkin sprach man mit Respekt. «Ich hörte immer mit Verehrung von Anna Tumarkin reden, mit Hochachtung und immer auch mit einer Spur Liebe», erzählte die Kindergärtnerin Marie Elisabeth Gaugler, die sich 1932 von ihr in die Philosophie der Neuzeit einführen liess.[463]

Selbst eine Frau wie Verena Gosteli, die als Hauswirtschaftslehrerin kein philosophisches Fachwissen mitbrachte und nur als Hörerin Tumarkins Ausführungen folgte, war begeistert. Für die musisch versierte Gosteli war es der spezielle philosophisch-ästhetische Blick, den Tumarkin auf die Kunst zu werfen verstand und der ihr eine ganz neue Betrachtungsweise erschloss. Zudem hätten Persönlichkeit und Charisma der Professorin alles überstrahlt, erzählte notabene die Nichte von Marthe Gosteli, der Gründerin des Frauenarchivs im bernischen Worblaufen.

Viele bedeutende Schweizer Frauenrechtlerinnen waren unter Tumarkins Zuhörerinnen, oder, anders ausgedrückt, auffallend viele Lehrerinnen engagierten sich für weibliche Rechte und Chancen. Das kam nicht von ungefähr. Vor allem Pädagoginnen erlebten die weibliche Diskriminierung im Berufsalltag hautnah. Einige Mädchenbildnerinnen, an eigener Erfahrung gereift, nahmen sich denn besonders engagiert ihrer Schülerinnen an und zeigten ihnen ein selbstbestimmtes und eigenständiges Leben. Anna Tumarkin war dabei ein sichtbares Vorbild. Die Liste der Frauen, die erwiesenermassen in Anna Tumarkins Kursen sassen und frauenpolitisch aktiv waren, ist lang.[464]

Ihr Engagement brauchte bekanntlich einen langen Atem, bis die Schweizer Männer 1971 das Frauenstimm- und -wahlrecht an der Urne bewilligten. «Das ist meine Mutter», freute sich Elisabeth Rich-Schneider, Tochter von Mathilde Schneider, als sie im *Tages-*

182 «Das ist meine Mutter»: Tumarkins ehemalige Schülerin Mathilde Schneider mit Transparent

Anzeiger vom 2. Februar 1963 ein Bild ihrer Mama entdeckte, wie sie ein Transparent mit dem Motto hochhielt: «Die Frau soll nicht schweigen in der Gemeinde.»[465] Die promovierte Zoologin Mathilde Schneider-von Orelli engagierte sich bis zum Lebensende für dieses Recht.

Selbst wenn alle fortschrittlichen Frauen rechtliche und berufliche Chancengleichheit anstrebten, so waren sie dennoch keine homogene, eindimensionale Gruppe. Verschiedene Vorstellungen, Charakteren und Gefühle prallten aufeinander. Im Nachlass der Seminarlehrerin Ida Somazzi, die mehrere Tumarkin'sche Veranstaltungen besucht hatte und in UNO- und UNESCO-Gremien wirkte, findet sich ein Tagebucheintrag, der emotionale Differenzen andeutet. Sie hätte sich gerne öfter mit der Hauswirtschaftslehrerin Elisabeth Rothen getroffen, der Sekretärin des zweiten Schweizerischen Kongresses für Fraueninteressen von 1921, hielt sie in ihrem Journal fest.

Doch die böse «Graf-Weidenmann-Tumarkin-Stucki-Kluft» habe sie davon abgehalten, sich ihr zu nähern. Zur Clique um Emma Graf, Helene Stucki und Anna Tumarkin zählte sie auch die Lehrerin und Dichterin Julie Weidenmann, die als erstes weibliches Mitglied in der Radio-Programm-Kommission sass. Ihre Distanz bereute Somazzi nun anlässlich des Todes von Elisabeth Rothen: «Ich bin tief betrübt, erkenne, wie lieb sie mir war, wie gerne ich mit ihr manches Anliegen geteilt hätte.» Und sie tadelte sich selbst. «Immer zog ich mich davor zurück, fühlte die Störung des Vertrauens und ward selber misstrauisch vor all den Freundinnen, die sich nicht für mich zu wehren schienen. Aber meine Sympathie blieb wach, und leidet nun am Verlust, nach unausgelebter

183 Ida Somazzi, Tumarkins Schülerin, war Präsidentin der Arbeitsgemeinschaft Frau und Demokratie.

Liebe, nach unausgeschöpften Möglichkeiten.» So fühlte sie sich in der «Front der vorwärtsstrebenden Frauen doch allein [...]. Mein Stolz schloss mir den Mund und ich ward hier zum Outsider, und niemand kam, mich daraus zu lösen, trotz aller Leistung.» Ida Somazzi beklagte die enorme Macht der Verleumdung, der sie sich ausgesetzt fühlte, und ihren eigenen fehlenden Mut, für jemanden einzustehen. Zum konkreten Inhalt der Verleumdung äusserte sie sich nicht.

Als sie diese trüben Gedanken dem Tagebuch anvertraute, stand Ida Somazzi unter Druck. In der Arbeitsgemeinschaft Frau und Demokratie, die sie präsidierte, gab es heftige Auseinandersetzungen über die Zukunft der AG und ihr Verhältnis zum Bund Schweizerischer Frauenvereine. Persönliche Differenzen im Vorstand führten zu belastenden Konflikten. Somazzis Beziehung zur imposanten Helene Stucki hatte sich über die Jahre sehr eingetrübt. Sie sah allüberall Undank und fürchtete, dass eine Hetze gegen sie losgehe: «Ekel über Ekel – Qual». 1954 wurde dann die Arbeitsgemeinschaft als Verein konstituiert und Ida Somazzi als Präsidentin bestätigt.

Besonders wichtig war ihr die 1953 beginnende tiefe Freundschaft mit Maria Felchlin. Das vertraute Zusammensein, das sie mit Elisabeth Rothen vielleicht verpasst hatte, fand sie nun bei der ersten praktizierenden Ärztin Solothurns, der erfolgreichen Pistolenschützin und freisinnigen Frauenstimmrechtskämpferin. Felchlin schätzte Somazzi und diese bewunderte deren Offenheit, seelische Freiheit und Eigenständigkeit. «Ich mag sie sehr gern», vertraute Somazzi ihrem Tagebuch an. In ihrem Umfeld fand sie wohl die Alternative zur Clique um Stucki und Graf, zu der sie auch die inzwischen verstorbenen Weidenmann und Tumarkin zählte. Und sie reflektierte ihre verpassten Chancen. Selbstkritisch tadelte sie sich als Narr, bedauerte ihre eigene Naivität und ihren Irrtum zu glauben, «dass die Wahrheit doch [immer] siegen werde».[466]

184 Elisabeth Rothen, Sekretärin des zweiten Schweizerischen Kongresses für Fraueninteressen

Die Vorlesungen der Lehrerin als das eigentliche wissenschaftliche Lebenswerk

Mit sokratischer Geduld und schneidender Schärfe des kritischen Urteils
[Hans Strahm]

Ihre Schüler und Schülerinnen schwärmten von anregenden Stunden und erinnerten sich, dass Tumarkin jede Vorlesung mit den Worten «Werte Anwesende» eröffnete. Man entsann sich, dass ihr lebendiger und tadelloser Vortrag manchmal vom Blatt abgelesen, manchmal frei gesprochen wurde. Aufgrund weitgehend ausgearbeiteter und bis zuletzt immer wieder ergänzter und neu gefasster Notizen trug sie in der Regel frei vor – ihre Manuskriptgekritzel war ja auch nicht wirklich leicht zu entziffern.

Anna Tumarkin sprach Hochdeutsch. Sie «beherrschte das Deutsch völlig, doch Aussprache und Tonfall verrieten den russischen Akzent», wusste André Mercier. Die Zuhörenden freuten sich

185 *Ein Blatt aus der Vorlesung Geschichte der Philosophie des Altertums vom Sommer 1926*

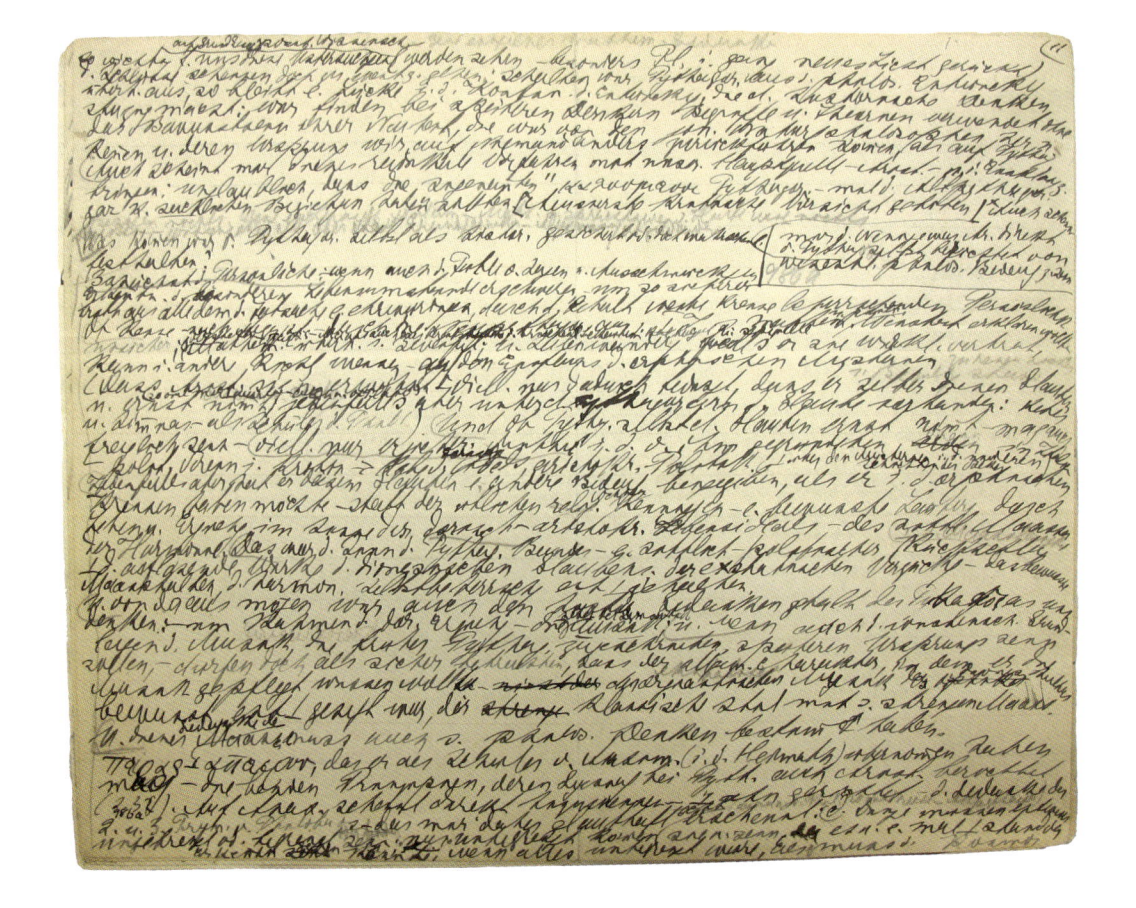

an «ihren klar und scharf durchdachten Vorlesungen».[467] Dass diese immer «eine grosse Zahl von Hörern anzogen», wie Helene Thalmann-Antenen und Blanche Hegg-Hoffet behaupteten, war wohl freundschaftlich übertrieben.[468] (Vgl. Seite 181)

Berns Schulzahnärztin Maria Wäber-Merz besann sich nur auf etwa ein halbes Dutzend Leute. Suzanne Landsberg erinnerte sich an das Seminar über Aristoteles: «Trauigerweise hatte sie sehr wenige Hörer. Es brauchte ja drei, damit eine Veranstaltung zu Stande kam. Zuletzt waren wir nur noch zu zweit und die Stunden fielen aus.» Diese Tumarkin'schen Seminare fand sie ausgezeichnet, allerdings anspruchsvoll und sehr streng.[469]

Anna Tumarkins Schüler und Schülerinnen waren von ihrer tiefgründigen Befragung philosophischer Texte beeindruckt. Die unzerstörbare Lauterkeit ihrer Beurteilung und die echte Ehrfurcht vor dem Grundsatz der philosophischen Textinterpretation führten sie nicht selten zur «fast schneidenden Schärfe» ihres kritischen Urteils. Doch mit sokratischer Geduld und Beharrlichkeit konnte sie ihre Schüler zum Durchdenken der Probleme führen, schrieb Hans Strahm. Ihre Anforderungen an die Studierenden waren sehr hoch, ihre Beurteilung selten auszeichnend. Wortreiche und tiefsinnige philosophische Aphoristik, die nicht vorhandenes Denken und nicht existierende Probleme vortäuschten, war Tumarkin im Innersten zuwider. Nie gab sie fertige Schablonen der theoretischen oder systematischen Erkenntnis von sich. Sie führte in die Tiefe der Problematik hinein, bis zu den Grenzen des Erkennens, lobte Strahm. Anna Tumarkin hatte eine Art, die Probleme leidenschaftlich zu erleben und mit einer innern Beteiligung darzustellen, die uns junge Studenten hinriss, begeisterte und zu heilsamer Katharsis führte.[470]

Und Gustav E. Müller erklärte: «Ja – bei ihr lernte man, was lesen heisst! Ihre sokratischen Fragen: Wie meinen Sie das? Was wollen Sie eigentlich damit sagen? verwirrten und bewegten uns. [...] Die grossen Philosophen wurden leidenschaftlich erlebt, man musste sich mit ihnen auseinandersetzen; sie gingen uns selbst an.» Man wird Anna Tumarkin eine «überlegene Interpretin» nennen.[471]

Karl Jaberg gefiel ihre Art, die Dinge darzustellen: «Es kommt hier nicht darauf an, scheint mir, den eigenen Standpunkt in verbohrter Diskutierwut herauszukehren, sondern darauf, mit Liebe und Verständnis auf die Wurzeln der Anschauungen anderer einzugehen; und dass diese oft ausserwissenschaftlich sind, ist eine Überzeugung, die ich mit Ihnen teile.»[472]

Es gab auch Kritik, etwa von Nelly Ryffel-Dürrenmatt, die sich speziell für griechische Philosophie interessierte und einmal bei ihr einen Semesterkurs besuchte: «Ich muss sagen, sie hat mich wahnsinnig enttäuscht. Erstens hat sie gar nichts Neues und Eigenes gebracht, sondern einfach alles, was man in den Büchern lesen konnte, wiedergegeben. Auch hatte sie kein eigenes Konzept.» Vielleicht auch kein System.[473]

Bei ihren Studierenden, die sie über längere Zeit gehört hatten, bestand kein Zweifel, dass nicht ihre Bücher, sondern ihre öffentlichen und privaten Vorlesungen als ihr eigentliches wissenschaftliches Lebenswerk zu betrachten seien.

In ihren Privatissima verbanden sich Lehramt mit dem Privatleben. Briefe und Erinnerungen verweisen auf Zusammenkünfte im ausgewählten Kreis, die Tumarkin gerne in ihrer Wohnung abhielt. Sie waren da fürs Fachsimpeln, aber auch für die gesellige Freundschaft. «Wie viel schöne Abende haben wir arbeitend und feiernd bei unserer verehrten Lehrerin zugebracht! Diesen nahen menschlichen Kontakt empfinden bestimmt noch viele andere mit mir als besondern Segen der Studienzeit», war sich Lina Bärtschi sicher.[474] Gleiches empfand Hans Strahm: «Wer das Glück gehabt hat, in den Kolloquien oder Privatissima bei ihr zu Hause in gemeinsamer Lektüre die platonischen Dialoge, Augustin, Hegel oder auch Shakespeare und andere Dichter – von denen sie Gottfried Keller ganz besonders verehrte – zu lesen und zu interpretieren, dem werden solche Stunden sicher zu den unverlierbarsten Eindrücken seiner Studienzeit gehören.»[475]

186 Von Tumarkin enttäuscht: Nelly Ryffel-Dürrenmatt

VII Anna Tumarkin privat: Reisende und Kunstliebhaberin

Rare Familienbesuche und die kranke Schwester Rosa

Dass im Leben alles Trennung bedeutet von dem, was uns lieb und teuer ist
[Rosa Tumarkin]

Anna Tumarkin hatte auch ein familiäres und privates Leben. Ihre Familie in Chişinău sah sie notgedrungen selten, etwa im Sommer 1913. Vom Aufenthalt in Bruder Lazars Garten vom 25. Juli 1913 wissen wir nur dank eines überlieferten und aufwendig retuschierten Fotos. Ein Eintrag im Berner Fremdenbuch lässt vermuten, dass sie bei dieser Gelegenheit ihren Pass erneuern liess.[476]

Engen Kontakt pflegte sie mit ihrer älteren Schwester Rosa. Es war allerdings eine schmerzhafte Verbindung. Rosa erkrankte geistig zur Zeit des Ersten Weltkriegs. Ab dem Winter 1914/15 hatte sie sich in Bern als Auskultantin an der theologischen, dann an der Philosophischen Fakultät eingeschrieben. Doch ihr psychisch labiler Zustand verschlimmerte sich stetig. Sie wohnte in Pensionen, die sie

187 Anna Tumarkin (links) am 25. Juli 1913 in Lazars Garten in Chişinău

188 Pension Jolimont
in der Äusseren Enge

häufig wechselte. Schliesslich hatte sie bis 1918 alle ausprobiert: die Villa Favorite an der Schanzeneggstrasse 25, die Villa Bois-Fleury am Riedweg 17 und vor Kriegsausbruch die Pension Jolimont an der Reichenbachstrasse, wohin sich 1900 schon Georg Sidler krankheitshalber zurückgezogen hatte. Schliesslich bewohnte Rosa noch die Pension Berna an der Schanzeneckstrasse 19.[477]

Anfang 1918 holte sich Anna Tumarkin Hilfe bei der Ärztin Martha Sommer. Sie fürchtete, Rosa bevormunden zu müssen, und wollte diesen medizinisch-psychiatrischen Entscheid nicht allein ihrer Freundin Ida Hoff überantworten. Dr. Sommer war eine sehr erfahrene Frauenärztin, die zuletzt an der Spitalgasse 38 praktiziert hatte, bevor sie 1917 mit 54 Jahren ihre Arztpraxis aufgab. Sommer begutachtete «Frau Rosa Tumarkin gesch. Dubner aus Kischinew, R geb. 1873, Privatière, Schanzeneckstr. 19» und legte am 12. März 1918 ihren ärztlichen Bericht vor. Ihr Gutachten war niederschmetternd.

Die Vormundschaftskommission stellte dem Amtsgericht das Begehren, Rosa Dubner-Tumarkin unter Vormundschaft zu stellen. In der Sitzung vom 4. Juni 1918 im Amtshaus Bern stellte das Gericht in Abwesenheit von Rosa Tumarkin fest, dass sie an Verfolgungswahn, Grössenwahn und Wahnideen leide. Sie gebe Geld in einer Weise aus, die in keinem Verhältnis zu ihren dermaligen Mitteln stehe. Zwar besitze sie in Russland noch Vermögen, aber bei den dortigen politischen Verhältnissen sei nicht vorauszusehen, ob davon noch etwas erhältlich sei. Rosa Dubner-Tumarkin sei in ihrem krankhaften Zustand nicht mehr fähig, ihre finanzielle Situation zu überblicken und ihre Angelegenheiten selbst zu besorgen. Sie sei nicht vor Amtsgericht erschienen, habe nicht auf die

189 Tumarkins Vertraute Annie und Georg Leuch-Reineck

amtliche Vorladung reagiert. Daran schon sei zu erkennen, dass sie eine abnormale Person sei. Sie fürchte sich vor Verrat, wenn sie ihre Unterschrift erteile. Damit sei der Tatbestand des Art. 369 ZGB gegeben.

Es galt, für Rosa einen Vormund zu suchen. Anna Tumarkin fand ihn in der Person von Annie Leuch-Reinecks Ehemann Georg, damals Obergerichtsschreiber, später Bundes- und internationaler Schiedsrichter. Rosa Dubner-Tumarkin wurde vom jungen, noch nicht promovierten Psychiater Oscar L. Forel betreut und später, wie Georg Leuch den Behörden mitteilte, in ihre Heimat nach Chișinău abgeschoben.[478]

Georg Leuch setzte sich auch für eine finanzielle Besserstellung Anna Tumarkins ein. 2000 Franken reichten nicht. Tumarkin sollte erwarten dürfen, in Bern wenigstens ihren Lebensunterhalt bestreiten und für Krankheit und Alter vorsorgen zu können. Die Situation war dramatisch, als sie auch für Rosa sorgen musste. Georg Leuch wusste von den drückenden Unterstützungspflichten, die auf der Professorin lasteten. Er berichtete am 12. Dezember 1919 im Vertrauen und ohne Wissen Tumarkins dem Erziehungsdirektor Leo Merz von ihrer «schwierigen Situation». Trotz äusserster Sparsamkeit und Einschränkung genüge Anna Tumarkins Einkommen bei Weitem nicht. Die privaten Zuschüsse aus Russland, die ihr früher die nötigen Existenzmittel verschafften, hätten seit dem Krieg vollständig aufgehört und bei dem niederen Stand der Rubelkurse sei auf absehbare Zeit gar nicht daran zu denken, dass sie wieder einsetzten. Tumarkin habe eine Lohnerhöhung bitter nötig. [479]

Dass Anna Tumarkin nicht nur für eine Person zu sorgen hatte, sondern auch «für den Unterhalt einer in Bern lebenden, arbeitsunfähigen & mittellosen Schwester, die leicht geisteskrank ist», vollständig aufkommen müsse, beeindruckte Leo Merz.

Doch das Spiel zwischen den Departementen wiederholte sich: Der Erziehungsdirektor wollte vom 1. Januar 1920 an 5000 Franken sprechen, Finanzdirektor Scheurer drückte Tumarkins Lohn vorerst auf 4500 Franken hinunter.

Am 18. Oktober 1922 kündigte Anna Tumarkin an, in den folgenden Semestern zwei Stunden mehr, also 7–8 Stunden wöchentlich zu lesen, und sie ersuchte um eine Gehaltserhöhung. Die Fakultät erklärte, «dass man zwar Frl. Tumarkin nicht zum Ordinarius befördern könne, da es nicht angehe, drei Ordinariate für Philosophie zu schaffen». Doch sie leiste dieselbe Arbeit wie ein Ordinarius. Dank erhöhter Pflichtstundenzahl wurde ihre Grundbesoldung auf 6000 Franken aufgestockt, was Tumarkin geradezu überschwänglich verdankte.[480] Zudem wurde ihre Lehrverpflichtung auf das ganze Gebiet der Philosophie ausgeweitet und der diskriminierende Zusatz «insbesondere der Aesthetik» gestrichen. Bei der Lohnerhöhung hatte wohl eine Rolle gespielt, dass sie nun nicht nur für sich allein, sondern auch für ihre Schwester aufkommen musste. Wie ein Mann, der nach ehernem Lohnprinzip so besoldet wurde, dass er als Oberhaupt für eine Familie sorgen konnte, war sie nun in den damaligen Augen eine Art Familienvorständin. Es galt also, sie – zumindest annähernd – nach männlichem System zu entlöhnen.

Rosa blieb bei ihrer Familie in Chișinău und vermisste ihre Schwester Anna. Zum 66. Geburtstag schickte sie eine sehnsuchtsvolle Postkarte. Die Vorderseite zeigt den *Tombeau de Richelieu* in der *Sorbonne*. Es ist eine wehmütige Erinnerung an die glücklichen Tage, welche die beiden Schwestern im März 1904 in Paris verlebt

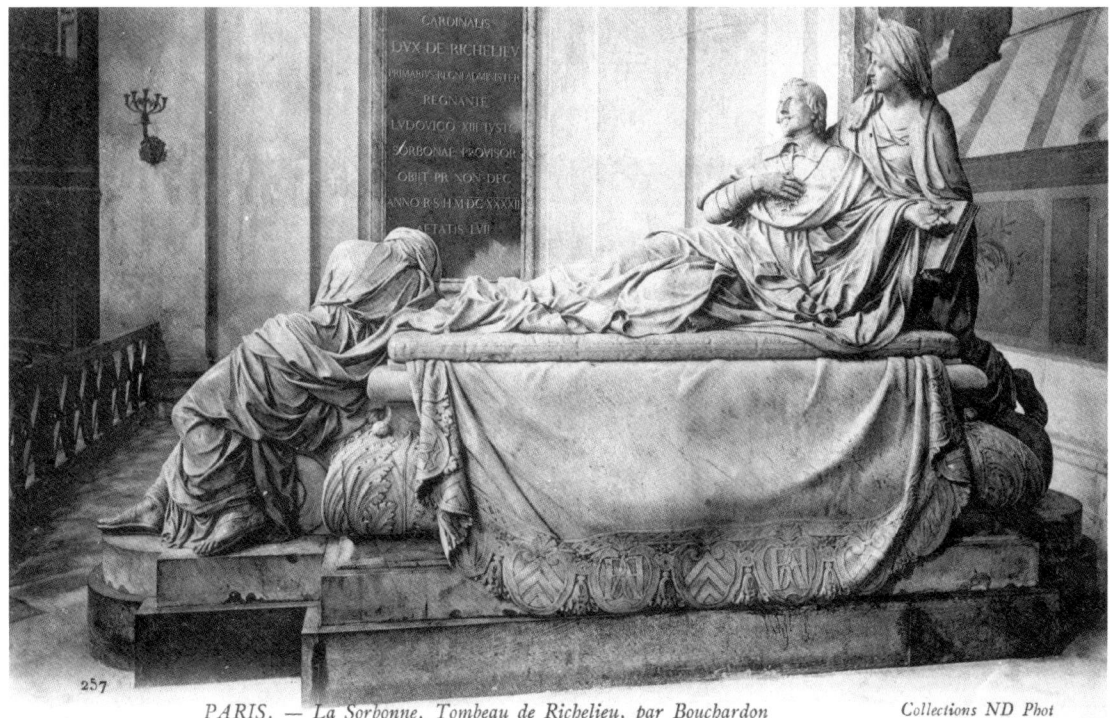

PARIS. — La Sorbonne, Tombeau de Richelieu, par Bouchardon   Collections ND Phot

hatten.[481] Rosa beweinte den Tod ihres Bruders Lazar und fragt: «Soll ich nicht zu Dir kommen für die Frühlings- oder Sommermonate, bei angenehmen Lebensbedingungen ein bisschen länger bleiben, mit der Möglichkeit, zurückzukehren? Im gegenseitigen Trost des persönlichen Umgangs und der Pflege sehe ich die[se] Möglichkeit». «Im Bewusstsein der Einsamkeit» grüsste sie als «Dir zugetane, *Dich liebende und Dir unverändert ergebene Schwester Rosa.*»

Auf russisch schrieb Rosa quer über Richelieus Grab: «Mit der Trauer der Sterblichkeit quält uns der gedrückte Geist damit, dass im Leben alles Trennung [bedeutet] von dem, was uns lieb und teuer [ist].»

190 Rosas Postkarte aus Paris: La Sorbonne, Tombeau de Richelieu, par Bouchardon

Reisen zu den Verwandten in die alte Heimat Russland

Jene selbstvergessene Hingabe an den Augenblick, jener Rausch des Lebensgenusses
[Anna Tumarkin]

Anna Tumarkin vergass ihr Vaterland nicht, sie hing an ihrer alten Heimat.[482] Nachdem sie als Studentin oft in den Sommerferien und am Jahresende nach Hause gefahren war, wurden die Reisen rarer. Im Sommer 1925 war es wieder einmal so weit. Mit Ida Hoff zusammen besuchte sie ihre Verwandten in Chişinău. Nun trafen nicht mehr Russinnen auf Russen, sondern Schweizerinnen auf Rumänen.

Von dieser Reise haben sich drei kostbare, sorgfältig restaurierte Familienbilder erhalten. Die Bilder sind einzigartig, da sie Ida Hoff gemeinsam mit Anna Tumarkin zeigen. Auf dem Gartenbild steht Ida Hoff mit weisser Bluse zwischen Anna Tumarkins Neffen Dimitri (links) und Sascha, eigentlich Alexander (rechts). Ganz rechts vorn sitzt Annas Bruder Lazar, ganz links seine Frau Sonja, daneben Saschas Ehefrau Niura, eigentlich Anna.[483]

Ein zweites Bild zeigt die Familie auf der Terrasse. Anna Tumarkin und Ida Hoff sitzen auf der Gartenbank, vis-à-vis von Neffe Sascha. Bruder Lazar ist am Kopfende des Tisches zu erkennen.

Auf dem dritten Bild hat sich die Familie am festlich gedeckten Tisch im Innern des Hauses niedergelassen.

Es war Tumarkins letzter Besuch in Chişinău. Ende Jahr hingegen kam ein Stück Heimat zu ihr nach Bern, als der russische Don-Kosaken-Chor auf seiner Europatournee auch in der Schweiz auftrat.

Die Kosaken waren eigentlich Repräsentanten der alten zaristischen Ordnung. Sie hatten gegen die bolschewistische Machtübernahme in der Oktoberrevolution von 1917 gekämpft. Nach ihrer Vertreibung 1920 durch die Rote Armee hatte Serge Jaroff in einem türkischen Internierungslager aus Resten jenes Heeres, «das bis zuletzt versucht hatte, das alte Russland vor dem Untergang zu bewahren» einen Chor zusammengestellt. Mit ihrer heissen Liebe zum Vaterland, mit schwermütigen Liedern und sehnsüchtigen Erinnerungen feierte die Truppe russischer Flüchtlinge triumphale Erfolge. Auch in Bern.

Anna Tumarkin besuchte am 25. November 1925, eines der drei Konzerte und berichtete darüber im *Bund*. Die Begeisterung habe nicht nur der Kunst gegolten; es sei auch «menschliche Sympathie

191 Anna Tumarkin zusammen mit Ida Hoff im Garten ihrer Familie in Chișinău

192 Anna Tumarkin zusammen mit Ida Hoff am Esstisch ihrer Familie in Chișinău

193 Anna Tumarkin zusammen mit Ida Hoff auf der Terrasse in Chișinău

mit den heimatlos gewordenen Repräsentanten des alten Russland» gewesen, die den «hier ganz ungewohnten Beifallssturm» ausgelöst habe, wusste sie.

Während die Kosaken auf ihren Tourneen das Publikum begeisterten, tobte in Russland nach Lenins Tod vom Januar 1924 ein erbitterter Nachfolgekampf, in dem sich Partei-Generalsekretär Stalin gegen Trotzki durchsetzen und seine Macht durch gezielten Terror festigen sollte. Noch aber war nichts entschieden.

Tumarkin vergass in ihrer Besprechung *Die Lieder der Kosaken* ihre sonst scharfsinnig hinterfragenden Textinterpretationen. Sie schwelgte leidenschaftlich in den Bildern ihrer alten Heimat. Bewegt beschwor sie die alten russischen Kirchengesänge, die «voll tiefer Mystik und inniger Seligkeit» im Konzert erklangen und die alten Dome in byzantinischer Schönheit mit goldenen Kuppeln auferstehen liessen. Sie schrieb ergriffen: «Und wie dann die weltlichen Lieder anheben, übermütig und wehmütig, wild und zart, verwegen und sehnsüchtig zugleich, wie der wilde und doch fast geometrisch geformte Kosakentanz im seltsamen Kontrast zur Unbeweglichkeit der Sänger eine für den Westeuropäer ganz ungewohnte künstlerische Atmosphäre schafft, da steigt eine andere Seite des alten russischen Lebens vor uns auf: jene selbstvergessene Hingabe an den Augenblick, jener Rausch des Lebensgenusses, in den sich das Gefühl der Ewigkeit mischt, und der allem, was unmittelbar aus russischem Leben entspringt, eine eigenartige Kraft verleiht.»

Sie fragte in ihrem Artikel auch nach dem heutigen Russland, das den Westeuropäern so rätselhaft geworden sei. «Kälte und Hunger und das ganze Elend des duldsamen russischen Volkes» treibe die Revolutionäre an. All dieses Leid erzeuge ihr Mitleid. Groll, bitterer Groll, heiliger Groll gäre in ihrer Brust. Die Rohheit der Russen selbst sei eigentlich eine verschämte heilige Liebe für den leidenden Menschen. Ihr allzu weiches Inneres kehre sich nach aussen und sie erstickten ihr persönliches Leid im gemeinsam entfachten blutigen Weltbrand – den Segen Gottes dazu erbittend.

Die Lieder der Kosaken, meinte Tumarkin, beinhalteten keine Stellungnahme für oder gegen den Bolschewismus. Sie seien Ausdruck der russischen Psyche für das so rätselhafte Nebeneinander von tiefer Religiosität und unstillbarem Lebenshunger, von ungelöster Erdenschwere und lichter Frömmigkeit, von seelischer Weichheit und elementarer Kraftentfaltung.

In der strengen, engen Gebundenheit der im Konzert in Reih und Glied aufgestellten ernsten Chorgestalten und ihrem geometrisch geformten Kosakentanz erkannte Tumarkin eine äussere

Form, die sie in bewussten Gegensatz zum amorphen Inhalt einer wehrlosen leicht verletzlichen Psyche stellte. Ihr Artikel endete mit der Hoffnung, dass Russland aus der starren Bindung der äusseren Form den Weg «aus dem Chaos in den Kosmos des Lebens» finde.[484]

Bildnisstudien, Ausflüge und Autofahrten mit Kunstmaler Rudolf Münger

> *Zu uns kommen Sie, wann [immer] es Ihnen Freude macht*
> [Cuno Amiet]

1912 erwarb Anna Tumarkin – wohl im Hinblick auf den Einzug in die Amthausgasse – ein Bild von Cuno Amiet. Amiet gilt als Wegbereiter der modernen Malerei in der Schweiz, da er als Erster der Farbe den Vorrang in der Komposition gab. 1908 hatte er sich auf der Oschwand bei Riedtwil ein Wohnhaus im Jugendstil bauen lassen, 1912 konnte er das angrenzende 200-jährige Bauernhaus dazu kaufen und das Tenn in ein grosszügiges, von Tageslicht durchflutetes Atelier umbauen. Wohnhaus, Atelierhaus und Garten, eingebettet in die idyllische Landschaft, bilden noch heute ein Ensemble mit besonderer Ausstrahlung.[485]

Hierhin luden Cuno und Anna Amiet-Luder am 12. April 1912 Anna Tumarkin ein: «Sehr verehrtes Fräulein. Da das Wetter nun wieder besser geworden ist, so darf ich Ihnen auch zumuten zu uns zu kommen Wäre es Ihnen recht am Sonntag Nachmittag zu kommen. Es gibt einen Zug, mit dem sie 1 40 in Rietwil sind. Schreiben Sie uns vielleicht noch u bringen Sie Frl. Dr. Hoff mit? Mit schönen Grüssen ergebenst Ihr C. Amiet.»[486]

Anna Tumarkin liess sich nicht zweimal bitten.[487] Sie entschied sich, den sitzenden Mädchenakt zu kaufen, für den Greti Adam, die adoptierte Nichte von Anna Amiet Modell gestanden hatte.

Das Bild war im Sommer 1911 in Baden-Baden und ein Jahr später an der legendären Sonderbundausstellung in Köln gezeigt worden. Als 2012 die Ausstellung rekonstruiert wurde, weil sie so wegweisend war, konnte man auch Cuno Amiets «nacktes, schamvolles Mädchen» wiedersehen.[488] Tumarkin zahlte 1000 Franken «für das sitzende Greti. Es freut mich u. meine Frau sehr, dass Sie dauernd Freude an dem Bild haben u. wir wollen bei nächster Gelegenheit es uns bei Ihnen ansehen», schrieb ihr der Maler und meinte: «Zu uns kommen Sie wann [immer] es Ihnen Freude macht.»[489]

*194 Cuno Amiet beim Malen
seiner Frau Anna*

Nach Tumarkins Tod wird Ida Hoff das Bild umgehend dem Kunstmuseum Bern vermachen.

Ein anderes Amiet-Bild sorgte für Furore.

Auf Vorschlag des Berner Ordinarius für Kunstgeschichte, Artur Weese, wurde Amiet 1919 die Ehrendoktorwürde der Philosophisch-historischen Fakultät der Universität Bern für seine eigenartige und «folgensichtige Behandlung der koloristischen Probleme» verliehen. Anna Tumarkin war an dieser entscheidenden Sitzung vom 23. Juni 1919 dabei.[490]

Als Dank schenkte Amiet der Universität Bern ein grossformatiges Gemälde mit dem sinnigen Titel *Die Freude*. Diesmal war es Amiets Pflegetochter Mineli, die Modell stand. «Die titelgebende Freude wird von einem in leuchtenden Farben gemalten, naturalistisch gezeichneten nackten Mädchen verkörpert, das mit hymnischer Geste tänzerisch durch eine abstrahiert dargestellte, licht-

195 Tumarkin kaufte Cuno Amiets Mädchenakt Greti, gemalt 1911

durchflutete Vegetation von frühlingshafter Farbigkeit schreitet», schrieb Kunstkritiker Franz Müller.[491]

Das Bild provozierte. Der damalige Rektor Paul Gruner, in dessen Büro der monumentale weibliche Akt hing, verhängte es aus «moralischen» Gründen. Gruner war übrigens der theoretische Physiker, der Einsteins Habilitation erfolgreich beantragt hatte. Als das Bild im Senatszimmer aufgehängt wurde, polemisierten die Zeitungen gegen den Rektor. 13 Senatsmitglieder unterzeichneten eine Eingabe, welche die Entfernung des Bildes aus diesem Zimmer wünschten, in dem auch Examen stattfanden.

Die Diskussionen, die das Motiv des nackten Mädchens im Rahmen der Universität auslösten, waren voraussehbar. Artur Weese jedenfalls malte sich bereits Ende 1919 mit pikanten Andeutungen gegenüber Amiet die Wirkung des Bildes bei seinen Professorenkollegen und ihren Gattinnen aus: «Nun freue ich mich schon auf das Freudenmädchen! Die ältesten Professores spitzen schon auf das liebe Ding und passen Sie auf: Susanna im Bade hat nicht soviel auszuhalten gehabt, wie es die ‹Allegria› wird müssen. Ich kenne die alten Knaben.» Germanistikprofessor Samuel Singer bezog Stellung zugunsten des Malers. Er war mit Amiet befreundet und hatte ihn auf der Oschwand besucht; der Künstler hatte ihn, diesen «Professor der Universität, klein, bukelig, mit einem guten Kopf», mehrfach gemalt.⁴⁹²

Die Presse mokierte sich über dieses «vaudevilleske Abenteuer», über das Entsetzen und den Skandal, den «ein junges Mädchen im Eva-Kostüm, hervorrief, das in einer Geste von wunderschöner Harmonie der Natur oder dem Schöpfer seine Jugend zu widmen scheint». Vielleicht war es weniger die Nacktheit, die Anstoss erregte, als die gespreizte, unnatürlich verrenkte Darstellung. Man raunte sich zu, dass nur der Kopf der Frau von Amiet sei, den Rest hätten seine Assistenten gekleckert. ⁴⁹³

Im Beisein von Anna Tumarkin beschloss der Senat am 10. Februar 1922 mit 34 gegen 13 Stimmen, dass das Bild definitiv im Senatszimmer bleiben soll. Der Aufruhr schadete Amiet nicht wirklich. 1927 wurde er trotz allem zum Mitglied des akademischen Kunstkomitees gewählt. ⁴⁹⁴

Die Freude wird noch einmal einen Auftritt haben. Als die Universität Bern den 125. Geburtstag Anna Tumarkins mit einer Strassenbenennung im Senatszimmer feierte, hing dort noch immer – oder wieder – Cuno Amiets Geschenk. Unübersehbar (siehe S. 428).

In der Wohnung von Anna Tumarkin und Ida Hoff hing auch ein Pastellbild auf braunem Papier vom Blumenmärchenmaler Ernst Kreidolf. Es war Anna Durheim, die Ida Hoff diesen *Weihnachtskaktus* vermacht hatte, wohl ein Dank für ihre medizinische Betreuung.⁴⁹⁵

1923 schuf Rudolf Münger ein Porträt von Ida Hoff. Sie hatte ihm imponiert, anders lässt sich das kraftvolle Bild nicht interpretieren. Ida Hoff war, wie es die Ärztin Julia Rupp-Haller ausdrückte, «eine sehr feine, aristokratische Erscheinung.»⁴⁹⁶

Auch Rudolf Münger, der Dekorationsmaler, Heraldiker und Heimatschützer wurde von der Universität Bern mit dem Ehrendoktor geehrt, und Anna Tumarkin war dabei, als ihn die Fakultät am Abend des 27. Oktober 1924 für «seine grossen Verdienste um die Erziehung des Berner- und Schweizervolkes» zur Auszeichnung empfahl.⁴⁹⁷ Tumarkin und Hoff verkehrten gern mit Rudolf Münger-Zimmermann und seiner Frau Marie. Sie besuchten sich regelmässig. «Abends mit Mueti und Hedi zu Frls. Tumarkin und

*196 Ida Hoff, gezeichnet von
Rudolf Münger, 1923*

Dr. Ida Hoff», notierte Münger dann in sein Tagebuch. Sie schrieben sich Postkarten aus den Ferien, und Tumarkin fragte etwa aus Engelberg, ob die beiden wohl hinaufkommen könnten.[498] Vor allem unternahmen sie zu viert gerne Autofahrten in Ida Hoffs Wagen, den sie sich als eine der ersten Frauen und ersten Ärzte in Bern zugelegt hatte, um ihre Patientinnen besser betreuen zu können.[499] In der Freizeit fuhren sie in die Natur oder zur Kunst.

Hoffs Gefährt diente auch der Vereinigung bernischer Akademikerinnen, die ihre Automobilistinnen gerne dafür einspannte, ihre Mitglieder zu spannenden Kulturstätten zu chauffieren. 1937 etwa reisten die Akademikerinnen in sechs Wagen nach St. Urban. Die Zisterzienserabtei war nicht nur eine bedeutende Anlage und

197 Detail aus dem
Chorgestühl von St. Urban

ein ehemals wichtiges Wirtschaftszentrum. In eine psychiatrische Klinik umgewandelt bot sie wissenschaftlich-berufliche Einblicke. Nach dem Besuch des Klosters und der Barockkirche mit dem berühmten Chorgestühl, gab es auf der Heimfahrt auch eine prächtige Aussicht auf der Lueg.

Die Medizinerin Ida Hoff war auch mit von der Partie, als am Samstagnachmittag, 3. Dezember 1938, das kantonalbernische Säug-

*198 Autoausflug zum Zister-
zienserkloster St. Urban*

lings- und Mütterheim in der Elfenau besichtigt wurde.[500] Bei den Ausflügen der Akademikerinnen vereinigten sich standes- und frauenpolitische Interessen mit der Liebe zur Wissenschaft, der Freude an der Kunst und dem Vergnügen in der Natur.

Reiseeindrücke aus Griechenland

Nicht Tod und Verwesung fühlten wir auf den Ruinen, sondern ewiges Leben
[Anna Tumarkin]

Eine Kulturreise nach Griechenland im Frühling 1927 bereitete den beiden Freundinnen Tumarkin und Hoff «grossen geistigen Genuss». Die Vereinigung Hellas organisierte für schweizerische Akademiker, Künstler, Studenten und Gymnasiasten eine Fahrt auf dem Extradampfer der italienischen Reederei, der Triestiner Lloyd.[501] Die Reise führte an all die berühmten Orte: Athen, Olympia, Delphi, Korinth, Eleusis, Mykene, Kreta.

Tumarkins Schüler Hans Bloesch hatte eine frühere Reise zu den Kunststätten Griechenlands getan und in einem sehr schön bebilderten Buch seine Reiseeindrücke beschrieben. Er schilderte in *Hellas* seine persönlichen Reisegefühle und schweizerischen Überlegungen. Fasziniert verglich er die grandiosen griechischen Kunstwerke mit seinen Erwartungen. Mit zeitgenössischen Augen wies er auch auf vollgestopfte Autobusse und elektrische Schnellbahnen hin, auf Strassengetümmel, Untergrundgetrommel und durchdringenden Teergeruch.[502]

Ganz anders Anna Tumarkin.

Als Philosophin suchte sie «über das rein Persönliche hinaus den objektiven Gehalt der Reise zu erfassen». Hans Strahm nannte ihre Schrift ein «beredtes Zeugnis der vergeistigten dichterischen Kraft ihrer Darstellung». «In tiefempfundenen, oft geradezu visionären Schilderungen von ergreifender Schönheit» lasse sie das alte Griechenland und die antike Mittelmeerwelt vor unseren Augen auferstehen.[503]

Anna Tumarkin nahm Walter Benjamins Bemerkung über den Verlust der Aura vorweg, als sie ausrief: «Und wir haben diese Kunstwerke gesehen an Ort und Stelle, wo sie hingehören. Wer schon andere Werke der Antike in den grossen Museen Europas gesehen hatte, musste fühlen, welcher Unterschied es sei, ob man die von den Tempeln Griechenlands weggeführten Skulpturen in London oder München, oder sonstwo studiert, oder ob man sie an dem gleichen Orte wiederfindet, für den sie der Künstler geschaffen, und an dem sie die Griechen einst gesehen und bewundert hatten.»[504]

Anna Tumarkin war ergriffen. Sie wusste viel über das alte Griechenland, kannte dessen Sprache, Kultur, Religion, Philosophie und Staatsverständnis. Und dies alles sprang sie nun aus den alten Steinen an und wurde für sie lebendig.

Überwältigt war sie auch vom vorhellenischen Leben: «[…] das Wort Barbarei will nicht mehr über unsere Lippen», gestand sie nach ihrem Besuch auf Kreta. Aus der Reise schöpfte sie auch Zuversicht. Sie erkannte im Leben der Menschheit den lebendigen Strom, in dem gewaltige Kulturen sich entfalteten und wieder untergingen: «Und wo die Zerstörung am radikalsten war, […] dort war auch die Kraft des Neuaufbaus am erstaunlichsten.» So habe ihre Reise in die Vergangenheit in die Zukunft vorgeleuchtet: «[…] nicht Tod und Verwesung fühlten wir auf den Ruinen, sondern ewiges Leben ging von ihnen aus.»[505]

Die Reise nach Griechenland machten auch Sekundarlehrer Emil Bünzli und seine Frau Martha Bünzli-Bühler mit. Bünzli war Tumarkins fleissiger Schüler, der eine Nachschrift ihrer Vorlesung *Verhältnis der Psychologie und Philosophie* vom Winter 1921/22 stenografiert hatte. Zu viert schickten sie nun Paul Häberlin eine Postkarte. Sie zeigte Hermes, den Schutzgott der Reisenden, modelliert von Praxiteles, einem der bedeutendsten Bildhauer der griechischen Antike.

199 Der griechische Gott Hermes mit dem Dionysos-Knaben auf dem Arm, um 340 v. Chr.

«Wir haben wunderbare Kunstwerke gesehen, die zu dem Schönsten gehören, was von der antiken Kunst erhalten ist […] der Hermes von Praxiteles, der Seelenführer mit der leisen Schwermut in all der Kraft und Schönheit der Jugend, wie er dem kindlichen Dionysos die Traube reicht: das sind Eindrücke, die uns keine Abbildungen hätten vermitteln können, Eindrücke, die man, wenn man sie einmal empfangen hat, nie mehr vergisst», schwärmte Tumarkin.[506]

Tumarkin fasste ihre Reiseeindrücke in der Hauptversammlung der Hellasgesellschaft zusammen. «Ein gedankentiefer, vor allem aber erlebnisdurchzitterter Vortrag war es», meinte der *Bund*-Journalist – offensichtlich beeindruckt.[507]

Auf Einladung des langjährigen *Bund*-Redaktors Georg Luck, der sie schon lange zuvor zur Mitarbeit am literarischen Sonntagsblatt aufgefordert hatte, berichtete sie auch im *Kleinen Bund* über die griechische Kultur und ihre tiefen Erkenntnisse: «Die Anforderungen, welche die von der Hellasgesellschaft im Frühling 1927 gemachte Reise an Geist und Körper stellte, waren ungeheuer. Aber ungeheuer waren auch die Eindrücke, war das unverlierbare Gut, das wir mitgebracht haben.»[508]

Die Griechenlandreise war etwas Aussergewöhnliches. Das vertraute sie auch einem Formular an, das sie ausfüllen musste, als sie sich einbürgern lassen wollte.

VIII Die bewusste Schweizerin in den 1920er-Jahren

Stolz und glücklich mit dem Schweizer Bürgerrecht

Nun bin ich ein Mitglied des «schwerlebigen Berner Volkes»
[Anna Tumarkin]

Im März 1918 annektierte Rumänien Tumarkins russische Heimat Bessarabien, und dies wurde 1920 im Pariser Vertrag durch die westlichen Alliierten bestätigt. Schwer wogen die Sorgen um ihre Angehörigen.[509] Nachdem Chișinău an den rumänischen Staat «übergegangen» war, verlor es seinen Status als Hauptstadt und damit an Bedeutung. Tumarkins russischer Pass wurde ungültig und die 43-jährige Philosophin staatenlos.

So entschloss sie sich, Schweizerin zu werden.

Ohne äusseren Anlass hätte sie den Wechsel der Staatsangehörigkeit nicht ins Auge gefasst, denn sie habe ihre «ursprüngliche Heimat nicht vergessen und hätte unter andern Umständen die rechtliche Zugehörigkeit zu ihr um so weniger aufgeben mögen, als diese Heimat zur Zeit in Trümmern» liege. Doch Russin könne sie nicht bleiben, Rumänin zu werden sehe sie keinen Anlass, aber Schweizerin wolle sie umso lieber werden, als sie es «innerlich schon in dem Masse» sei, «in dem überhaupt ein Mensch einer zweiten Heimat zugetan sein» könne, schrieb Tumarkin am 29. November 1920 dem Eidgenössischen Politischen Departement und stellte zu Handen des Bundesrates das maschinengeschriebene *Gesuch um Bewilligung zum Erwerb des Schweizerbürgerrechtes*.

Sie habe in der Schweiz 25 Jahre zugebracht, «davon die letzten 22 Jahre ohne andern Unterbruch als etwa durch gelegentliche Reisen». «Ich fühle mich mit der Schweiz durch die mannigfachsten Bande der Anhänglichkeit und Dankbarkeit verbunden. Die hier herrschende Freiheit und Weitherzigkeit haben mir erlaubt, eine zweite Heimat zu finden, die Heimat meiner geistigen Ausbildung und Betätigung. Eine anregende Lehrtätigkeit und der Verkehr mit

Freunden und Schülern haben mir erlaubt, mit Verstand und Gemüt Wurzel zu fassen.»

Das eidgenössische Einbürgerungsverfahren ist dreistufig angelegt. Bund, Kanton und Gemeinde müssen zustimmen. Dieses Prozedere durchlief auch Anna Tumarkin.

Einen Tag nach ihrem höflichen Brief wurde von ihr am 30. November 1920 die *Formularverwendung* verlangt. Diesem Begehren kam sie am 10. Dezember 1920 nach. Sie füllte die Papiere handschriftlich aus und legte die verlangten Ausweise bei: den von der städtischen Polizeidirektion bestätigten Wohnsitz und das Zeugnis über ihren guten Leumund, den abgelaufenen russischen Pass aus dem Jahre 1913 und anstelle des fehlenden Geburtsscheines einen amtlichen Ausweis mit Übersetzung. Tumarkin wurde noch ersucht, «die Richtigkeit der Übersetzung Ihres russischen Geburtsscheins von kompetenter Stelle z. B. durch Hrn. Prof. Reichesberg» oder einem Übersetzungsbüro beglaubigen zu lassen.[510]

Die Angaben «betr. Fräulein Toumarkina Ester Anneta» wurden am 24. Dezember 1920 der Bundesanwaltschaft weitergereicht. Am 29. Januar 1921 wurde ihr das schweizerische Bürgerrecht vorbehältlich der Erlaubnis von Gemeinde und Kanton zugesichert und das Verfahren nahm seinen gemächlichen Gang.

In einem artigen Brief wandte sich Anna Tumarkin am 9. Februar 1921 an den Gemeinderat der Stadt Bern (Exekutive). Zu Handen des Stadtrats (Legislative), stellte sie das Gesuch um Aufnahme ins Stadtberner Bürgerrecht, da sie nun «vom hohen Bundesrat die Bürgerrechtsbewilligung bekommen» habe.[511]

Nachdem die städtische Einbürgerungskommission am 29. April 1921 im Gemeinderatssaal an der Junkerngasse 32 Tumarkins Aufnahme empfohlen hatte, sicherte ihr der Stadtrat am 7. Juli 1921 gegen Entrichtung einer Einkaufssumme von 300 Franken das Gemeindebürgerrecht zu.[512] Nun musste ihr nur noch der Kanton Bern das Bürgerrecht erteilen, was dieser am 28. September 1921 auch tat.[513]

Im Verlauf des Verfahrens wurde Tumarkin auf Herz und Nieren geprüft. Es wurden verschiedenste Stellen angefragt, ob sie etwas gegen Tumarkins Einbürgerung vorzubringen hätten. Doch ihr wurde bescheinigt, persönlich handlungsfähig und im Stande zu sein, sich selbst erhalten zu können (8.12.1920). Auch die Innerpolitische Abteilung des Eidgenössischen Politischen Departements (21.1.1921), die Kriegssteuerverwaltung (24.12.1920), die Zentralstelle für Fremdenpolizei (24.12.1920), die Städtische Fremdenpolizei, die Städtische (7.12.1920) und die Kantonale Polizeidirektion (20.1.1921) hatten «keine Einwendungen». Sie konnte sich «über

N° ~~106~~ 3646

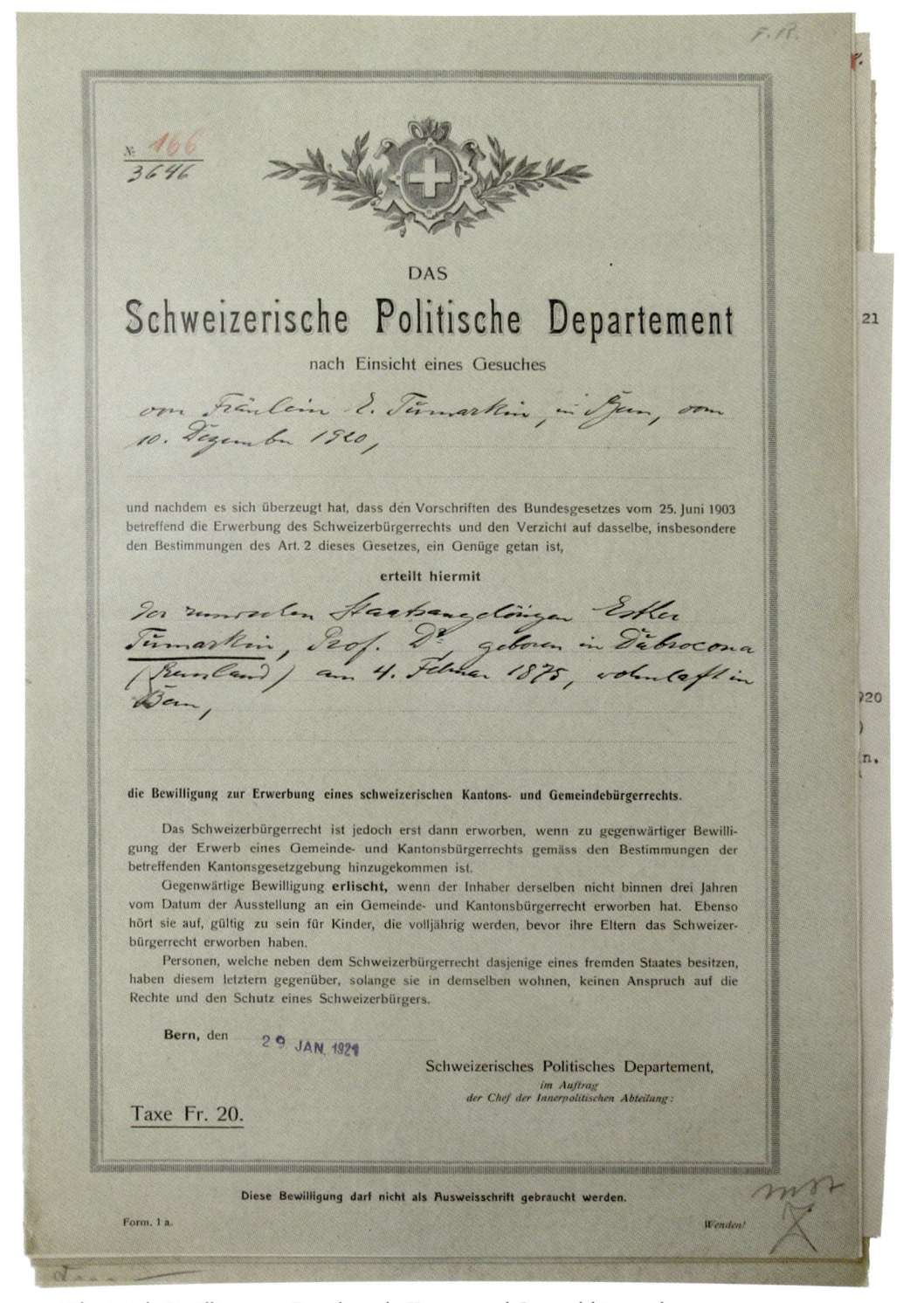

DAS
Schweizerische Politische Departement

nach Einsicht eines Gesuches

von Fräulein E. Tumarkin, in Bern, vom 10. Dezember 1920,

und nachdem es sich überzeugt hat, dass den Vorschriften des Bundesgesetzes vom 25. Juni 1903 betreffend die Erwerbung des Schweizerbürgerrechts und den Verzicht auf dasselbe, insbesondere den Bestimmungen des Art. 2 dieses Gesetzes, ein Genüge getan ist,

erteilt hiermit

der russischen Staatsangehörigen Esther Tumarkin, Prof. Dr. geboren in Dubrocona (Russland) am 4. Februar 1875, wohnhaft in Bern,

die Bewilligung zur Erwerbung eines schweizerischen Kantons- und Gemeindebürgerrechts.

Das Schweizerbürgerrecht ist jedoch erst dann erworben, wenn zu gegenwärtiger Bewilligung der Erwerb eines Gemeinde- und Kantonsbürgerrechts gemäss den Bestimmungen der betreffenden Kantonsgesetzgebung hinzugekommen ist.

Gegenwärtige Bewilligung **erlischt,** wenn der Inhaber derselben nicht binnen drei Jahren vom Datum der Ausstellung an ein Gemeinde- und Kantonsbürgerrecht erworben hat. Ebenso hört sie auf, gültig zu sein für Kinder, die volljährig werden, bevor ihre Eltern das Schweizerbürgerrecht erworben haben.

Personen, welche neben dem Schweizerbürgerrecht dasjenige eines fremden Staates besitzen, haben diesem letztern gegenüber, solange sie in demselben wohnen, keinen Anspruch auf die Rechte und den Schutz eines Schweizerbürgers.

Bern, den 29 JAN. 1921

Schweizerisches Politisches Departement,
im Auftrag
der Chef der Innerpolitischen Abteilung:

Taxe Fr. 20.

Diese Bewilligung darf nicht als Ausweisschrift gebraucht werden.

Form. 1 a.   Wenden!

200 *Eidgenössische Bewilligung zur Erwerbung des Kantons- und Gemeindebürgerrechts*

den Genuss eines guten Leumundes, den Besitz der bürgerlichen Rechte und Ehren, sowie über günstige Vermögens- und Erwerbsverhältnisse» ausweisen. Sie war «seit dem 24. Juni 1898 tatsächlich und ununterbrochen hierorts polizeilich gemeldet und wohnhaft».

Das Verfahren hatte ein Jahr gedauert, und es ging bei Anna Tumarkin ohne jegliche Schwierigkeit über die Bühne. Das war nicht selbstverständlich. Naum Reichesberg, der sich sehr um die russischen Studierenden bemühte und sich immer wieder zur Verfügung stellte, um wie bei Anna Tumarkin für die Behörden zu übersetzen oder Übersetzungen zu kontrollieren, machte schlechte Erfahrungen. Als er ein Jahr nach Tumarkins Einbürgerung mit seiner Frau Anna Reichesberg-Zukier das Schweizer Bürgerrecht erhalten wollte, urteilten die Behörden unverhohlen negativ. Sie ängstigten sich, er falle Bern finanziell zur Last. Reichesberg habe Mühe, seine Familie zu unterhalten, zahle weder Gemeinde- noch Kantonssteuern, sondern müsse jedes Jahr betrieben werden, und ihm habe sogar bereits die Pfändung gedroht. Dass Naum Reichesberg offenbar auch viel Geld für die Unterstützung notleidender russischer Studierender und seines Bruders ausgab, schlug nicht zu Buche. Hingegen wurde bemerkt, dass seine Frau nicht haushalten könne und viel Geld für «extravagante Toiletten» verschwende.

Was die Behörden besonders gegen das Paar einnahm, waren Anna Reichesbergs ätzend giftigen Bemerkungen über die Schweiz und ihre Institutionen. Ihr Gatte Naum, lästerte sie, warte nur auf einen russischen Ministerposten und dann seien sie froh, diese kleine, arme und geistig rückständige Schweiz zu verlassen. Man kam bei den Schweizer Behörden zur Ansicht, dass das Ehepaar nicht wirklich Schweizer und Schweizerin werden wollte, sondern sein Gesuch nach rund 30-jährigem Aufenthalt in Bern aus rein opportunistischen Gründen stellte. Reichesberg sah sich tatsächlich aus ähnlichen Gründen wie Tumarkin veranlasst, sich ein neues Bürgerrecht zu besorgen. Nach 1917 wurde nämlich der russische Pass, der von den zaristischen Behörden ausgestellt worden war, wertlos. Und als Staatenloser hatte er keinen gesicherten Aufenthaltsstatus mehr. Die Entscheidung, unter diesen Umständen die schweizerische Staatsbürgerschaft zu beantragen, war folgerichtig. Der Bundesrat beschloss aber am 4. Dezember 1922, auf das Gesuch Naum Reichesbergs nicht einzutreten.[514]

Anna Tumarkin strahlte, als sie Schweizerin geworden war. Ihr Schüler Gustav E. Müller erinnerte sich noch Jahrzehnte später an dieses Ereignis: «Wie stolz und glücklich war sie, als sie 1921 das bernische Bürgerrecht erworben hatte. Das war eine Feier!»[515]

Sie war nun also, wie sie es selbst nannte, ein Mitglied des «schwerlebigen Berner Volkes» geworden. Sogleich hinterfragte sie die Schwerlebigkeit philosophisch. Den Grund dafür sah sie in der schweizerischen Aufklärung, als das zwinglianische «helle Grundgewebe des schweizerischen Geisteslebens» von Calvins «dunklem Einschlag» überdeckt wurde. Und die «Calvinistische Orthodoxie mit der auf dem Menschen schwer lastenden Furcht vor Höllenstrafen» habe auch im Berner Land das Leben verdüstert und schwer gemacht.[516]

Akademische Abendvorlesungen im Geiste der University Extension

Tumarkin sprach in ausserordentlich fesselnder Weise über die griechische Philosophie
[Der Bund]

In den Jahren des Ersten Weltkriegs hatten die traditionellen akademischen Vorträge stagniert oder waren den behördlichen Massnahmen zur Einsparung des Heizmaterials ganz zum Opfer gefallen. Nach dem Krieg nun dürstete man nach Wissen, Kenntnissen und Unterhaltung. Eine ganze Reihe von wiederaufgenommenen oder neu arrangierten Veranstaltungen blühte auf. [517]

Die Universität Bern und der Hochschulverein organisierten selbstständig populäre, gemeinverständliche Vorlesungen im Geiste der *University Extension*. Hochschulvorträge, Aulavorträge, öffentliche wissenschaftliche Vorträge, Abendvorlesungen sollten wiederum dem Volk oder mindestens einer breiteren interessierten Öffentlichkeit auf angenehme Weise Wissen vermitteln. Das System der Volksabstimmungen in der Schweiz liess es ratsam erscheinen, den Bürgern die Universität von der besten Seite zu zeigen.

Richard Herbertz verabscheute solche Universitätserweiterungen. Mit einem bitteren Seitenhieb auf Vorgänger Ludwig Stein verwahrte er sich aufs Entschiedenste gegen jegliche popularisierende Unterhaltungsvorträge. Solches verböten ihm sein wissenschaftliches Gewissen und die Rücksicht auf das Ansehen der Universität.[518]

Trotzdem konnten die Universität Bern und der Hochschulverein begnadete Redner aufbieten, die originelle, skurrile oder hausfrauentaugliche Themen wählten und zu denen die Hörer und Hörerinnen in Scharen strömten. Beliebt bei den Damen waren etwa Fritz Strich mit seinen literarischen Köstlichkeiten und Philipp Woker mit seinen engagierten Geschichtslektüren. Begehrter Redner war selbstverständlich Ludwig Stein gewesen. Er hatte es wie kein Zweiter verstanden, originelle philosophische oder soziologische Themen eloquent zu präsentieren. Seine Freude an publikumswirksamer Einfachheit war allerdings nicht immer gut angekommen. Von den Antisemiten scharf beobachtet, wurde etwa sein Vortrag übers Silberputzen arg verspottet.

Den beliebten Rednern huldigten auch edle, gut gekleidete Damen der besseren Gesellschaft. Ihre Vorträge in und ausserhalb der Universität gingen als «Pelzmantelseminare» in die Geschichte ein.[519]

Anna Tumarkin hatte nicht Steins Anziehungskraft. Ihre Philosophie, die sie als tiefernste Lebenshaltung verstand, war weder einer Aktualität noch einer Mission verpflichtet. Ihr lag das leicht hingeworfene Wort wenig. Trotzdem: Am 10. Dezember 1926 hielt sie wieder einmal einen öffentlichen akademischen Vortrag, nachdem sie in diesem Rahmen 1904 über ästhetische Gefühle, 1905 über Goethe, 1912 über Kant vorgetragen hatte und 1941 mit einem Vortrag über Beat von Muralt brillieren wird (siehe S. 358). Und sie hatte mit ihrem philosophisch-wissenschaftlichen Thema über das *Apollinische und das Dionysische in der griechischen Philosophie* erstaunlichen Erfolg, obwohl dies nicht wirklich ein Thema für einen Strassenfeger sein konnte.

Die Kritik im Berner *Bund* war wohlwollend: «Fräulein Prof. Dr. A. Tumarkin sprach in ausserordentlich fesselnder Weise über zwei Tendenzen in der griechischen Philosophie.» Sie habe «im Grunde nichts weniger als einen Abriss der Entwicklung griechischer Philosophie» gegeben. Im Wechselspiel zwischen dionysischer Welle und apollinischer Gegenwelle habe sie das ganze griechische

201 Das Apollinische und das Dionysische in der griechischen Philosophie, Titelblatt

202 Ankündigung von Tumarkins Vortrag zwischen stark leuchtendem Radium und Hollywood-Star Douglas Fairbanks

Geistesleben entfaltet. Tumarkin habe «ein aufschlussreiches, lebendiges, die grossen Zusammenhänge betonendes Bild synthetischer Geistesbetrachtung» geboten.[520]

Anna Tumarkins Ruhm im Reigen deutscher Wissenschaftlerinnen

Der weibliche Gelehrte ist auch heute noch eine seltene Erscheinung
[Zeitbilder Berlin]

Die Berliner *Zeitbilder* publizierten am 30. Januar 1927 die Porträts von sieben weiblichen Gelehrten.

Heute könne niemand mehr über den «physiologischen Schwachsinn des Weibes» dozieren, meinte die Zeitschrift dazu, «ohne dass man ihn entweder für einen üblen Spassmacher oder für

203 *Die* Zeitbilder *aus Berlin veröffentlichten 1927 Bilder weiblicher Gelehrter*

einen gemeinschädlichen Narren halten würde».⁵²¹ Trotzdem hätten die Frauen noch immer Widerstände zu überwinden – selbst die Töchter von Gelehrten.

«Der weibliche Gelehrte», folgerte die Zeitschrift, «ist auch heute noch eine seltene Erscheinung.» Nebst dem Foto Anna Tumarkins konnte sie noch Porträts von sechs Frauen publizieren, die es an deutschen Universitäten zu einer Professur oder Dozentur geschafft hatten.⁵²² 1927 gab es in Deutschland, Österreich und in der Schweiz zwar noch ein paar weitere habilitierte Frauen, aber kaum Professorinnen. Immerhin wären aus schweizerischer Sicht noch zusätzlich erwähnenswert gewesen: die Medizinerin Lina Stern, seit 1918 ausserordentliche Professorin in Genf, die Zoologin Marie Daiber, seit 1922 Titularprofessorin in Zürich, und die Medizinerin

LEHRTE

Prof. Emmy Noether,
außerord. Prof. der Mathematik
an der Universität Göttingen.

Anneliese Wittgenstein,
Privatdozentin der Medizin an
der Berliner Universität.
Becker & Maaß.

Prof. Anna Tumarkin,
die einen Lehrstuhl für Literatur
in Bern inne hat.

zu denen man ihnen den Schritt sicherlich nicht leicht gemacht hat. Denn es steht außer Zweifel, daß bis in die jüngste Zeit selbst in alten Gelehrtenfamilien die Töchter alle die Ermunterung entbehrt haben, die die Söhne auf den Weg der wissenschaftlichen Arbeit geradezu drängte. Die wenigen Ausnahmefälle der gelehrten Töchter von Gelehrten sind ziemlich allgemein bekannt. Namen wie v. Harnack, Masaryk oder Curie fallen wohl einem jeden ein. Gewöhnlich haben aber Frauen hier Widerstände zu überwinden gehabt. Dazu finden meistens nur diejenigen die Kraft, die vom stärksten Zug der Zeit mit fortgerissen werden. So erklärt es sich, daß die Frauen von hoher geistiger Begabung sich vorwiegend den sozusagen modernsten Wissenschaften, den Naturwissenschaften, und namentlich den Gebieten der angewandten Wissenschaft, wie zum Beispiel Medizin, zugewendet haben.

Hedwig Frey, seit 1924 Titularprofessorin in Zürich. In Österreich erhielt die Romanistin Elise Richter 1921 eine ausserordentliche Professur in Wien. Obwohl die erwähnte Mathematikerin Emmy Noether 1922 eine kümmerliche, nicht beamtete ausserordentliche Professur in Göttingen erhalten hatte, gelten eigentlich die beiden 1923 berufenen Pflanzenkundlerin Margarethe von Wrangell und die Pädagogin Mathilde Vaerting als die ersten deutschen Professorinnen.

Wie auch immer: Anna Tumarkin war eine Ausnahmeerscheinung auch im internationalen Vergleich. 1927 schaute sie bereits auf beinahe 20 Jahre Professorinnentätigkeit zurück und auf elf erfolgreich betreute Doktorierende.

Mit glühendem Eifer an der Schweizerischen Ausstellung für Frauenarbeit (SAFFA)

Diese Zusammenarbeit eines Volkes von Frauen, wie ich sie nie vergessen werde!
[Anna Tumarkin]

Die erste Frauengewerbeausstellung in Bern von 1923, in der Tumarkins Werk über die *Romantische Weltanschauung* ausgestellt war (siehe S. 210), erwies sich als eine Art Hauptprobe für eine viel bedeutendere nationale Präsentation, für die Schweizerische Ausstellung für Frauenarbeit (SAFFA) von 1928. Die Frauen waren mutiger und selbstbewusster geworden und liebäugelten mit der kühnen Idee, in einer grossen Schau zu zeigen, wozu sie imstande waren und dass sie in allen Berufen etwas zu bieten hatten. Die Schweizerfrauen verstanden ihr Wirken als Teil der nationalen Arbeit, die sich auf dem Weltmarkt behaupten musste. «Da hilft kein Sträuben und keine Empfindsamkeit: wir müssen uns mit Begriffen wie Rationalisieren und Standardisieren als Notwendigkeiten unseres Wirtschaftslebens im Guten abfinden», hiess es in der *Berner Woche*.[523]

Die Ausstellung war beispiellos, wenn auch nicht ganz ohne internationales Vorbild. Ältere Schweizer Frauenbewegte erinnerten sich an die Weltausstellung von 1893 in Chicago mit der *Illinois Woman's Exposition*, die der schweizerischen Frauenbewegung wesentliche Impulse gegeben hatte, obwohl sie die Expo selbst nicht offiziell beschicken konnten.[524] Dank 30 Frauenvereinigungen und 700 ehrenamtlichen Mitarbeiterinnen konnte nach einer logistischen und organisatorischen Meisterleistung die SAFFA am 25. August 1928 in Bern eröffnet und bis zum 30. September 1928 gezeigt werden. Die

204 Ehepaar Adèle und Hans Bloesch-Stöcker

SAFFA wurde vom Bund Schweizerischer Frauenvereine (BSF), vom Schweizerischen Katholischen Frauenbund (SKF) und von 28 weiteren Frauenvereinigungen organisiert. Um alle für die SAFFA arbeitenden Frauenkomitees aufzuzählen, brauchte es im Ausstellungskatalog 13 eng bedruckte Seiten.

Die SAFFA sollte ausschliesslich mit weiblichen Kräften durchgeführt werden – abgesehen von Feuerwehr- und Polizeimännern. Die Architektin Lux Guyer baute die Frauenstadt in lockerem Pavillonstil auf knapp 100 000 Quadratmeter auf dem Viererfeld auf. Eine eigene SAFFA-Zeitung, ein SAFFA-Wettbewerb mit Frauenbildnissen und ein Theaterstück wurden kreiert, ein SAFFA-Gedicht und ein SAFFA-Walzer geschrieben. Das SAFFA-Frauenorchester spielte unter der Dirigentin Adèle Bloesch-Stöcker, der Frau von Tumarkins Schüler Hans Bloesch. Das von einer Frau komponierte Eröffnungsspiel besang nicht Helvetiens streitbare Söhne, sondern seine friedvollen Töchter.

Die SAFFA-Frauen mit ihrer Präsidentin, der Bernerin Rosa Neuenschwander, waren bemüht, alle politischen, religiösen und wirtschaftlichen Lager zu vereinen. Selbst die Linke liess sich am allerletzten SAFFA-Tag noch in einem Umzug blicken und La Lutte Syndicale zeigte sich beeindruckt, dass sich das stürmische Wetter wie durch ein Wunder beruhigte, als ihr Cortège begann: «Der Himmel trocknete seine Tränen, um den Marsch dieser Feen der Produktion nicht zu stören.»[525]

Die Männer der Politik hatten vorgängig eine Defizitgarantie von 75 000 Franken für die Ausstellung geleistet. Für die SAFFA

205 Eigenständiges Handeln und Denken der Frauen war unvorstellbar.

sei einem weniger bang als für manch andere Ausstellung, wenn man sich vorstelle, «was für eine Begeisterung heute schon durch die ganze Frauenwelt» gehe.[526]

Allerdings gab es auch Ungläubige, die am Erfolg der SAFFA und am Leistungsvermögen der Frauen zweifelten. «Es nehme einem denn doch wunder, was die Frauen aus eigener Kraft zustande brächten auf einem Gebiet, wo bis heute zur Hauptsache die Männer allein tätig gewesen».[527] Eigenständiges Handeln und Denken der Frauen war schwer vorstellbar.

Das Saffa=Fräulein.
Fred Bieri.

„— — Unsere Ausstellung ist ein großer Erfolg — aber ein Mann wäre mir lieber!"

206 Das Saffa-Fräulein: «Ein Mann wäre mir lieber.»

Doch die SAFFA wurde ein beispielloser Erfolg. Dass die kühnsten und optimistischsten Hoffnungen übertroffen worden waren, liess wenige missgünstige Männer madig werden. Sie verunglimpften die SAFFA-Frau als rauchendes Mannweib, das keinen Mann fand.

Eröffnet wurde die SAFFA mit einem Festzug. Er dauerte inklusive imposantem Korso der Automobilistinnen zwei Stunden. 2000 Frauen in 14 Gruppen zogen 40 Themenwagen. Zehntausende von Zuschauern aus der ganzen Schweiz standen zusammengedrängt entlang der Festroute. Die spektakulärste Nummer war die Stimmrechtsschnecke, die als Symbol für die äusserst langsamen «Fort-

207 Das Bild der Erinnerung zeigt die Stimmrechtsschnecke am SAFFA-Umzug.

schritte», mit der man die Forderung nach dem Frauenstimmrecht bis anhin behandelt hatte, von den Suffragetten des schweizerischen Verbandes für Frauenstimmrecht durch die Strassen gezogen wurde. Unter ihnen auch gute Bekannte von Anna Tumarkin. Das «Bild der Erinnerung» zeigt ganz rechts an der Zugstange Annie Leuch-Reineck in hellem Kleid und Hut. Links neben ihr mit schwarzem Hut ist Emilie Gourd zu sehen. Die Präsidentin des Schweizerischen Verbandes für Frauenstimmrecht war Tumarkin vom Genfer Congrès de Philosophie von 1904 her bekannt. Daneben gehen die Waadtländerin Lucie Dutoit mit gut sichtbarer Schärpe und die «*Berna*»-Redaktorin Agnes Debrit-Vogel mit hellem Hut. Der kleine Bub davor ist ihr Sohn Felix.

Die Akademikerinnen, unter ihnen Anna Tumarkin und Ida Hoff, spielten an der SAFFA eine grosse Rolle. Sie galten als Beweis, dass Frauen in alle männlichen Sphären eindringen konnten, sogar in die wissenschaftliche.

Im Eröffnungsumzug wurde zu Ehren der Akademikerinnen ein Wagen mit dem Sujet *Die vier Fakultäten* mitgeführt. Die veterinärmedizinische gab es damals noch nicht, und die philosophische Fakultät umfasste noch die Geistes- und Naturwissenschaften gemeinsam. Die vier ernsten Damen, in Grau und Silber gekleidet, allegorisierten die Theologische, die Medizinische, die Philosophische und die Juristische Fakultät.[528] Sie trugen symbolisierende Gegenstände, etwa die Waage für das Recht.

Die SAFFA-Gestalterinnen gaben sich Mühe, dem Eindruck, dass Wissenschaft etwas Totes sei, mit lebendigen Darbietungen entgegenzuhalten. «Dass sie eminent lebendig sein kann, beweist nicht zuletzt der Demonstrationsraum in Halle 8, in dem Tag für Tag akademisch gebildete Frauen Vorträge halten, teilweise mit Projektionen, wo in populärer Weise allerlei Vorgänge aus dem Gebiet der Naturwissenschaften demonstriert werden. Dieser Teil der Ausstellung Wissenschaft verdient besonders lebhafte Beachtung.»

Tatsächlich bespielten die Vorführungen der über 60 Wissenschaftlerinnen alle Fachbereiche vom Abstrakten zum Alltäglichen. Das Angebot war ebenso breit und nachhaltig, wie bodenständig und zierlich. Die Botanikerin, Titularprofessorin Clara Zollikofer aus Zürich etwa stellte ihre *Studien über das Nicken der Huflattichköpfchen* vor. «Und das Publikum kam wirklich, Männer wie Frauen, es kam sehr zahlreich und verfolgte die täglichen Demonstrationen und Vorträge mit ungeteiltem Interesse», freuten sich die SAFFA-Macherinnen.[529]

Anna Tumarkin und Ida Hoff hatten ihren Anteil am SAFFA-Erfolg und ihren Platz in der wissenschaftlichen SAFFA-Welt. Ida Hoff arbeitete als Vizepräsidentin in der Gruppe Hygiene und Krankenpflege mit. Noch waren die akademischen Berufe einer Ärztin, Zahnärztin und Apothekerin ungewohnt. Die Malerin Erica von Kager stellte ihre Arbeit in typischen Berufssituationen dar.

Ida Hoffs Präsentationen fielen auf. Markant waren ihre «gut und volkstümlich ausgeführten» medizinisch-statistischen Tabellen, die Hoff 1923/24 bei der grossen Kropfkampagne aus dem Gebiet der Jodanwendung erarbeitet hatte. Die *Neue Zürcher Zeitung* verwies speziell auf die interessanten Darstellungen zum Thema Kretinismus und Taubstummheit. Sie lobte auch das «trefflich ausgestattete Schularzt-Zimmer», das grosses Interesse finde. Illustratorin Hannah Egger, wusste die *«Berna»*, habe es «unter der Anleitung unserer Mädchensekundarschulärztin Dr. Jda Hoff ganz reizend, bei aller sehr nützlichen Belehrung, hergerichtet».[530] (Siehe S. 207)

Anna Tumarkin machte in der Gruppe Wissenschaft, Musik und Literatur mit, die von ihrer ehemaligen Kommilitonin Eugénie Dutoit geleitet wurde, die nun als Lehrerin und Journalistin arbeitete.

Die Wissenschaftlerinnen hatten das Problem, dass geistige Arbeit schwer darzustellen war. Ihr Pavillon in der Halle der Wis-

208 *Eugénie Dutoit, Präsidentin der Gruppe Wissenschaft, Musik und Literatur*

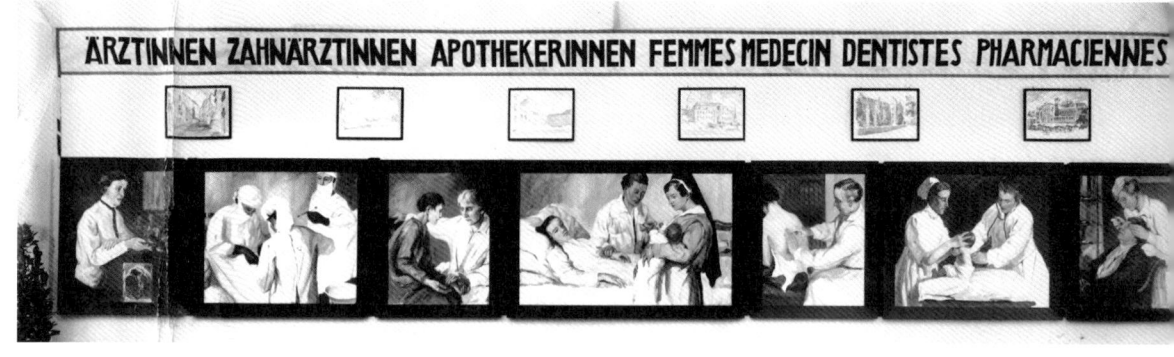

209 Erica von Kagers Fries mit der Darstellung medizinischer Berufe

210 Julia Wernly erarbeitete mit Tumarkin das Verzeichnis der Publikationen von Schweizerfrauen.

senschaft war denn auch kleiner als andere Schaugebäude. «So klein aber diese Halle auch ist, so reich ist sie an Werten», tröstete die *Berner Woche,* und die *«Berna»* zählte sie zu den wichtigsten Ausstellungshäusern.

Die Bibliothek mit Lesesaal wirke ruhig und vornehm. Sie biete «zwar nicht stark in die Augen fallende Bilder», aber man fühle in ihrem Raum «den Morgenwind einer Zeit, in der die Frau mehr noch als bis heute ihr Wort zum geistigen Geschehen reden wird», zeigte sich die *Lehrerinnenzeitung* zuversichtlich.[531]

In zwei grossen Vitrinen und vier Triptyque-Bücherschränken barg der Büchersaal etwa 6000 Titel von und über Schweizerinnen. Dass es in der ländlich-bäuerlich orientierten Schweiz so viel gedrucktes weiblichen Geist gab, so sei dies auch dem frühen Frauenstudium mit seinen Hochschulen geschuldet: 3000 Schriften nämlich waren Dissertationsarbeiten. An der Wand hängen die Porträts bemerkenswerter Schweizerinnen: Soweit erkennbar sind es Barbara Schulthess, Isabelle de Charrière, Madame de Staël, Hortensia Gugelberg von Moos [grosses Bild], Sibylla Merian und Julie Bondeli (v.l.n.r.).[532]

All diese Publikationen von Schweizerfrauen waren gesucht, gefunden und in einem zweisprachigen Sonderkatalog bibliografisch erfasst worden. Tumarkin erarbeitete ihn zusammen mit ihrer früheren Schülerin, der Bibliothekarin Dr. Julia Wernly. Vorbild für ihr *Verzeichnis der Publikationen von Schweizerfrauen* war zweifellos der *Catalogue of American Library Association,* gezeigt 1893 im *Woman's Building* an der *World's Columbian Exposition* in Chicago.[533]

Die Germanistin Julia Wernly hatte bei Tumarkin Philosophie gehört. Sie arbeitete nach der Promotion als Lehrerin am Aarauer Lehrerinnenseminar, wurde aber als Frau nicht definitiv gewählt. Als ihr ein männlicher Konkurrent vorgezogen wurde, kündigte sie. So wurde sie Vorstandsmitglied der Vereinigung bernischer Akademikerinnen und Mitglied des bernischen Frauenstimmrechtsvereins.

Während drei Jahrzehnten war Wernly in der Landesbibliothek als wissenschaftliche Gehilfin angestellt. Hier wurde die hingebungsvolle Bibliothekarin «das Trösterlein» genannt, da sie Ratsuchende ebenso beriet wie sie zuvor als Lehrerin verängstigte Frauen aufgerichtet hatte.

Anna Tumarkin und Julia Wernly wollten den Geist der Schweizerinnen zwischen zwei Buchdeckeln einfangen. Sie unterzogen sich einer minutiösen, ja pedantischen Arbeit. Zwar war die Schweiz mit zwei Millionen Frauen klein, aber viersprachig.[534]

Anderthalb Jahre arbeiteten Wernly und Tumarkin, exzerpierten in Bibliotheken aus Buchverzeichnissen und Katalogen, durchsuchten die halbe Million Zettel der Zürcher Zentralbibliothek. Auf dem Zirkularweg suchten sie bei Privaten und Familienarchiven nach Druckschriften und Manuskripten. Schliesslich wurden gegen 70 schweizerische Frauenklöster gebeten, Verzeichnisse ihrer alten Bücher und Handschriften zusammenzustellen. Zudem sollten die Hochschulen Einsicht in ihre Protokolle geben, um die weiblichen Dissertationen auflisten zu können. Nach Folien und Pergamenten wurde gesucht, selbst ungedruckte Manuskripte aufgelistet.[535]

In der Frauenpresse wurde das gut ausgestattete *Verzeichnis der Publikationen von Schweizerfrauen* als «einzigartiges Nachschlagwerk» propagiert.[536] *Le mouvement féministe* bewunderte die schlaflosen Nächte von Julia Wernly und ihre Hingabe für die Sache

211 *Die SAFFA-Bibliothek mit Lesesaal*

der Frau. Es habe Opfergeist und Ergebenheit gebraucht, um ein solches Werk zu vollenden. Auch die Journalistin Elisabeth Thommen zeigte sich von Tumarkins «unendlich zeitraubender, verantwortungsreichen und minutiöser Arbeit» tief beeindruckt. Sie habe «ihre reichen Kenntnisse und ihren Arbeitseifer der Erstellung eines Katalogs» mit bleibendem Wert geliehen. Der Verleger des Werkes *Schweizer Frauen der Tat* wollte sie sogar zur Mitarbeit an seiner Publikation bewegen.[537]

Der «gediegene» Katalog von Dr. Julia Wernly und Prof. Dr. Anna Tumarkin sei «unentbehrlich für jede künftige Arbeit, die sich irgendwie mit den literarischen oder wissenschaftlichen Arbeiten von Schweizerinnen» befasse, war sich die *Berner Woche* sicher. Er zeige, dass die Schweizerinnen wie Anna Tumarkin ebenso hingebend auf dem Gebiet der reinen Wissenschaft arbeiteten, wie eine Ida Hoff in den angewandten Wissenschaften. Zu denken sei auch an die Menschheitsdienste, wie sie Gertrud Woker mit ihrem Kampf gegen den Giftgaskrieg leiste.

Kritik äusserte der Bibliothekar, Familienforscher und spätere Vizedirektor der Schweizerischen Landesbibliothek, Wilhelm J. Meyer. Er war zwar vom Verzeichnis «durch seinen reichhaltigen Inhalt und seine Ausstattung recht angenehm überrascht»: «Die bibliographisch genauen Titelangaben verraten Leute vom Fache, die im Vorworte die Quellen, die sie benützten, gut verzeichnen.» Die mühevolle Arbeit, die geleistet wurde, verrate viel Kenntnis, fachlich exakte und eifrige Ausführung. Der Druck sei schön und mache einen vornehmen Eindruck, er verrate Geschmack und Verständnis. Meyer kritisierte hingegen, dass kein Titelverzeichnis angelegt wurde, denn so hätten nicht alle anonymen Schriften aufgefunden werden können. Und gerade Frauen hätten sehr oft unter einem Pseudonym Schriften veröffentlicht. Das Register sei «recht willkommen», enthalte aber nur die Namen der Verfasserinnen, nicht auch der Biografierten.[538]

Das Titelblatt des Publikationsverzeichnisses war dem Brevier der Johanna von Aarberg nachempfunden. Ihr *Calendarium et Breviarium romanum,* geschrieben um 1446 im Augustinerinnenkloster Interlaken, diente als hübsche Vorlage. Das auf Pergamentblättern geschriebene Gebetbuch war ein mit kunstreichen Initialen und glänzenden Vergoldungen verziertes kalligrafisches Prachtwerk.[539] Es legte, wie Hans Bloesch sich ausdrückte, «von der Kunstfertigkeit der vor einem halben Jahrtausend tätigen bernische Schreibkünstlerin beredtes Zeugnis» ab. Von der Künstlerin Helene Marti neu interpretiert, bezauberte das Cover des Verzeichnisses: «La couverture vous charmera établi avec beaucoup de compétence», freute sich *Le mouvement féministe*. Sogar Wilhelm J. Meyer fand den Umschlag sehr originell und gediegen.[540]

Die SAFFA war für Ida Hoff «ein bedeutendes Erlebnis», für Anna Tumarkin eine Erleuchtung.[541] Sie zeigte sich an der SAFFA wie verwandelt. Tumarkins Begeisterung fiel vor allem der Gymnasiallehrerin Dr. Blanca Röthlisberger auf. Sie war die Tochter eines Berner Rechtsprofessors und einer Kolumbianerin, studierte und liebte Kunstgeschichte und Literatur. In Frauenfragen eher zurückhaltend, betreute sie an der SAFFA die Bibliothek und war Mitverfasserin der Broschüre *Die Frau in der Literatur und der Wissenschaft*. Röthlisberger formulierte es geradezu enthusiastisch: «Nirgends hat sich diese Begeisterungsfähigkeit deutlicher gezeigt und ausgewirkt als an der SAFFA, wo Fräulein Tumarkin in der Gruppe Wissenschaft als ein mitreissend eifriges Mitglied gearbeitet» habe. «Sie glühte dabei vor Eifer, weil sie mit ganz besonderer Bewusstheit den Zusammenschluss der Schweizerinnen zu einer grossen Unternehmung und deren Gelingen miterlebte. Dass die Frauen fähig sind, ein weitgestecktes Ziel in gemeinsamer Anstrengung zu erreichen, ist eine Erfahrung, die Fräulein Tumarkin in ihrem Leben wohl nicht missen möchte. Dass dies in anhaltender Eintracht möglich

212 Das Calendarium et Breviarium romanum von 1446

213 Titelblatt des Verzeichnisses der Publikationen von Schweizerfrauen

war, wie sie es in ihrer Gruppe erfuhr, beglückte sie. Es wäre aber auch eine Kunst gewesen, Reibungen zu haben, wo zwei so klarsichtige und liebenswürdige Frauen wie Eugénie Dutoit und Anna Tumarkin der ganzen Gruppenarbeit den Stempel ihres Wesens aufdrückten.»[542]

Tumarkins Blick in das eigenwillige Geistesleben der Schweizer Frauen

Auf eigenen Wegen langsam,
aber unbeirrbar vorwärts
[Anna Tumarkin]

Anna Tumarkin studierte die Geschichte der Schweizerinnen intensiv. Indem sie sich in deren Bücher vertiefte, tat sie gleichzeitig einen philosophischen *Blick in das Geistesleben der Schweizer Frauen einst und jetzt*. Im *Bund* vom 26. August 1928 erklärte sie der Leserschaft, dass ein Überblick «in solcher Vollständigkeit», wie ihn ihr Katalog bot, in keinem anderen Land existiere.

Von den verschiedenen Gesichtspunkten, die sich bei der Betrachtung des gesammelten, recht umfangreichen Materials aufdrängten, hob Tumarkin einen einzigen hervor: «Ueberblickt man das Ganze in Gedanken an die Frauenliteratur in andern Ländern, so gewinnt man bald den Eindruck, dass es sich hier [in der Schweiz] um eine Entwicklung eigener Art handelt, die auch mit einem eigenen Masstab gemessen werden will.»[543] Ihr Blick ins Geistesleben wurde am Sonntag, 26. August 1928, im *Bund* publiziert und später als Sonderdruck veröffentlicht. *Le Mouvement féministe* lobte die exzellente Broschüre «aus der von unseren Lesern stets geschätzten Feder unserer Mitarbeiterin».[544]

In ihrem Artikel erinnerte sie an die geistigen Leistungen der Schweizerfrauen aus dem 17. bis ins 19. Jahrhundert. Sie erwähnte die Basler Naturforscherin und Künstlerin Sibylla Merian, die Berner Salonnière Julie Bondeli, die Neuenburger Literatin Isabelle de Charrière, die schöngeistige Zürcherin Barbara Schulthess-Wolf, die Genfer Literatin und Philosophin Germaine de Staël, die Pädagogin Rosette Niederer-Kasthofer, die Zuger Mädchenerzieherin Josephine Stadlin. Sie alle hatten gelebt, gedacht und geforscht, bevor die Frauen an einer Universität studieren durften. Ihre Publikationen wären seit der Aufklärung an die Stelle getreten, die früher die geistlichen Schriften eingenommen hatten.

Der Schweizerin sei die zupackende Art und die Hinwendung zum Beruflichen eigen, diagnostizierte Anna Tumarkin. Das geistige Leben der Schweizerin habe sich in einer so ganz «eigenen Art» entwickelt, dass es «auch mit einem eigenen Masstab gemessen werden» wolle.[545]

Es werde weniger durch allgemeine Zeitströmungen, durch eine fremde Idee oder abstrakte Doktrin bestimmt. Schweizerinnen hätten sich nicht von revolutionären Menschenrechtserklärungen à la française, vom Romantikkult des Individuums wie in Deutschland oder von einem Positivismus, wie er bis in den Osten Europas betrieben wurde, verführen lassen. «Die grossen geistigen Strömungen, die in andern Ländern die Frau ‹geweckt› haben, [...] – sie alle gingen an der Schweizerfrau verhältnismässig spurlos vorbei.» Ihr Denken sei «durch eigene unabweisbare Lebensbedürfnisse» bestimmt und folge immer dem Ernst des Lebens. «Der Wille zur Arbeit ist das treibende Motiv ihrer ganzen Entwicklung».

Die Schweizerin war nüchtern.

In dieser nüchternen Haltung, vermutete Tumarkin, läge nicht nur der Schlüssel einer von anderen Ländern abweichenden Entwicklung. Sie habe auch die Schranke gebildet, welche die Schweizerinnen nach dem frühen Frauenstudium trotz gemeinsamen Leben an ihren Universitäten von den Ausländerinnen trennte. Ausländerinnen «kamen meist mit einer Doktrin in die Schweiz», die Schweizerin hingegen blieb sachlich, praktisch und nüchtern. Es

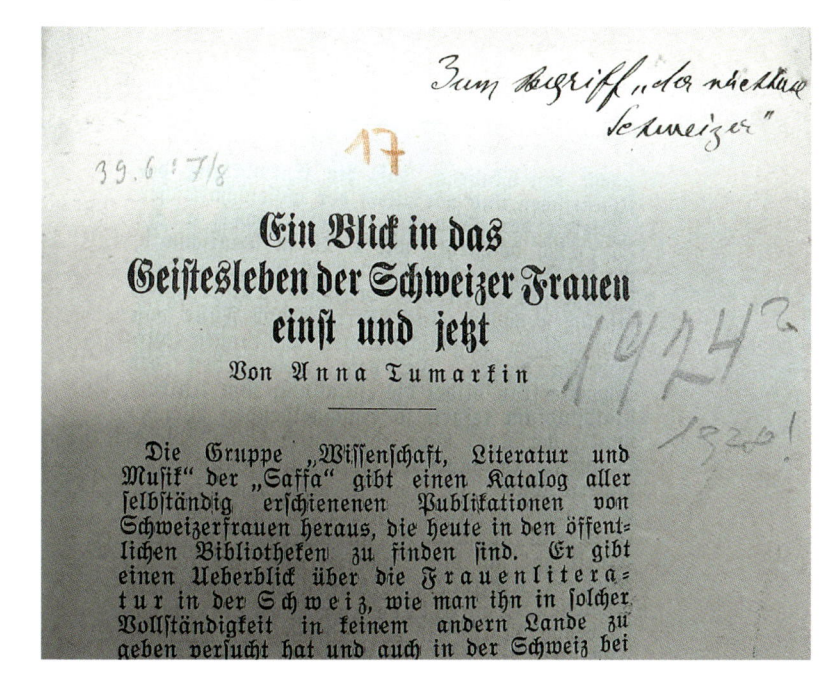

214 Zum Begriff des nüchternen Schweizers – Notiz von Anna Tumarkin

war also «mehr als blosse Äusserlichkeit der Lebensformen, was dem gegenseitigen Verständnis im Wege lag».[546]

1867 wurde in der Schweiz das Frauenstudium begründet, und als erste Schweizer Doktorandin bezeichnete Tumarkin richtigerweise die Zürcher Ärztin Marie Heim-Vögtlin, deren Dissertation in das Jahr 1874 fiel. Und die ersten der 3000 Universitätsschriften, die Tumarkin in ihrem SAFFA-Katalog auflistete, fielen ins Gebiet der Medizin. Das schien ihr natürlich. Die Schweizerin wollte ihren alten Beruf, das Leben zu pflegen und zu hegen, in vollkommenerer Weise erfüllen, und wandte sich als Erstes dem medizinischen Studium zu. Ein Blick in die Vergangenheit zeige aber, dass ihr auch der rein wissenschaftliche Trieb nicht fremd sei.

Im Geistesleben der Schweizerin habe die Zulassung zum Universitätsstudium allerdings keinen einschneidenden Wendepunkt bedeutet. Tumarkin erklärte dies damit, dass «in erster Linie Bedürfnisse des Berufslebens» und der Wille zur Arbeit für ein Studium ausschlaggebend gewesen seien.

Leider sei «die berufliche Verwertung» weiblicher Geistesarbeit unvergleichlich schwierig gewesen. Tatsächlich war es leicht, in Genf, Zürich und Bern zu studieren. Eine akademische Arbeit zu erhalten war aber trickreich. Die Berufsverbände wussten, das eine oder andere Hindernis einzubauen, um Frauen bzw. die Konkurrenz der Frauen fernzuhalten.

Tumarkin dachte dabei vor allem an die Theologinnen. Sie mokierte sich darüber, dass der theologische Abschluss zum Bestrittendsten im akademisch-universitären Reich zählte. Es läge keine von der Theologischen Fakultät appropriierte Arbeit vor, die sie in ihrem Verzeichnis hätte aufnehmen können. Dabei hätten sich doch Schweizerinnen ihre theologisch-philosophischen Studien schon sehr früh ganz selbst erschlossen! Und sie zählte eigens eine ganze Reihe Frauen auf, die sich Gedanken zu Gott und zur Religion gemacht und die sie philosophisch beeindruckt hatten.

Tumarkin hatte sich nämlich, trotz jüdischer Herkunft und weltlichem Engagement, in die im katholisch-klösterlichen Leben entstandenen Werke eingearbeitet. Sie fand und ehrte Nonnen, die eigenständig gedacht und geschrieben hatten. «In die gottselige Stimmung der Klosterfrauen jener Zeit» liess sie sich vom «wunderbaren Brevier aus dem Kloster Interlaken» versetzen. Das Gebetbuch gefiel so sehr, dass es ihrem SAFFA-Katalog als Vorlage fürs Titelblatt diente.

In die Zukunft der Schweizerin schaute Anna Tumarkin «zuversichtlich». Dies erlaube der Blick auf «eine von allen äussern Einflüssen unabhängige Kontinuität». «Die Geschichte der Schweize-

215 Helene Stucki betonte die Eigenständigkeit des langsamen Weges als unverzichtbare Taktik.

216 Der Bärenspiegel prognostizierte 1928 die erste Nationalrätin für 1978.

rin», schloss sie ihren *Blick in das Geistesleben der Schweizer Frauen* ab, zeige «nirgends rasch vorwärts drängende Entwicklung; dafür aber baut sie auf einem Grund, der ihr eigen ist, und schreitet auf eigenen Wegen langsam, aber unbeirrbar vorwärts».547

45 Jahre später wird ihre Schülerin, die Lehrerinnenbildnerin und Mädchenerzieherin Dr. h.c. Helene Stucki, die Eigenständigkeit des langsamen schweizerischen Weges als unverzichtbare Taktik rechtfertigen. Als sie mit der Aussage eines Rechtsprofessors konfrontiert wurde, es habe sich ja keine Schweizerin einsperren lassen, wie das etwa in England gang und gäbe war, gab Stucki zurück: «Nein, wir haben auch keine Scheiben eingeschlagen und keinen

Hungerstreik organisiert. Jede Gewalttat war uns fremd […]. Aber, so seltsam es klingt: Was in jahrzehntelanger friedlicher Zähigkeit erreicht worden ist, das hat eben […] trotzdem etwas Revolutionäres, es ist die völlige Umwandlung in der Stellung der Frau.»[548]

Anna Tumarkin sollte recht behalten. Der unbeirrte und eigenständige Weg wird die Schweizerin via Volksabstimmung der Männer zum Frauenstimm- und Wahlrecht und zur ersten Nationalrätin führen. Allerdings erst 1971. So war auch diese Prognose richtig, dass es ein langer Weg sein würde.

Wie Anna Tumarkin Stimmrechtlerin wurde

Da wurde mir auch ihre Forderung des politischen Stimmrechts zum eigenen Anliegen
[Anna Tumarkin]

Am 23. Februar 1929 wurde Anna Tumarkin von Agnes Debrit-Vogel, der Redaktorin der *Frauen-Zeitung «Berna»*, gefragt, wie sie zur Stimmrechtlerin geworden sei. Debrit-Vogel erklärte ihren Leserinnen, die Berner Philosophieprofessorin sei «aus fremden Landen» gekommen. Sie sei nun aber «durch die Dauer der Jahre und die liebende Einfühlung» so sehr mit der Schweiz verwachsen, «dass wir sie mit Recht und mit Stolz auch zu uns zählen dürfen».

Tumarkin erzählte, dass sie die Forderung der Schweizerinnen nach ihren Rechten zuerst irritiert habe und erst schwer nachvollziehbar war. «Ich war aufgewachsen in dem alten Russland, wo weder Frau noch Mann das Stimmrecht hatten, wo es politische Rechte überhaupt nicht gab», begann Anna Tumarkin ihren Bericht. «Es gab nur politische Pflichten, oder vielmehr Gesetze, und eine – oft gesetzwidrige – heilige Liebe zu seinem Volk, für das Mann und Frau ihr Bestes zu opfern bereit waren. Man hatte unvergessliche Bilder von politischen Märtyrerinnen in sich aufgenommen, von Frauen, die in dem ungleichen Kampfe des russischen Volkes gegen die politische Macht die Fahne des Glaubens an eine bessere Zukunft immer hoch hielten. Von der seelischen Grösse der russischen Dulderin, die nicht Worte, sondern grösste Opfer auf den Altar des Vaterlandes brachte, macht man sich in der Schweiz […] keine richtige Vorstellung. Wer aber einmal einer dieser wahrhaft grossen politischen Heldinnen gegenüber gestanden ist, für den konnte die Gleichstellung von Mann und Frau im politischen Leben überhaupt nicht in Frage gestellt werden.»

217 *Agnes Debrit-Vogels Umfrage zum Frauenstimmrecht*

218 Anna Tumarkin in «Wie sind Sie Stimmrechtlerin geworden?»

Vor diesem Hintergrund erläuterte Tumarkin ihre anfängliche Skepsis gegenüber der schweizerischen Frauenstimmrechtsbewegung: «Und nun hörte ich die Schweizerfrauen seit Beginn unseres Jahrhunderts ihre politischen Rechte reklamieren. Rechte? Hatten denn jene Heidinnen der russischen Geschichte, wenn sie ihre zur Zuchthausarbeit in Sibirien verurteilten Männer begleiteten, wenn sie ihr eigenes Leben opferten, wenn sie ihre Männer und Söhne zu dem schwersten Leiden und Tod drohenden Kampfe segneten, je an die Frauenrechte gedacht? War nicht gerade die selbstvergessene Hingabe, die Liebe, die nichts von ihren Rechten weiss, das, was den Heiligenschein um sie [die russischen Märtyrerinnen] wob? Für die Frau, die nach Politik nur darum frägt, weil sie ihre Rechte wahren will, konnte ich mich nicht erwärmen. Politische Rechte ohne uneigennützige Liebe zum Volk und reines, ursprüngliches Interesse für den Staat schien mir kein ideelles Ziel.»

Aber je mehr Anna Tumarkin die soziale Tätigkeit der Schweizerinnen kennen lernte, desto mehr wuchs in ihr die Überzeugung, dass ihren Forderungen nach politischen Rechten die Uneigennützigkeit nicht fehle. Sie lernte verstehen, dass sie die Ungerechtigkeit des fehlenden Stimm- und Wahlrechts vor allem deshalb empfanden, weil sie dadurch in ihrer tatkräftigen Hilfe für andere und für ihr Volk gebunden waren.[549]

Entscheidend für ihren Sinneswandel war die SAFFA, die ihr zum unvergesslichen Erlebnis wurde: «Und dann kam die Saffa: diese Zusammenarbeit eines Volkes von Frauen, wie ich sie nie vergessen werde! Diese Kundgebung von Kräften, die nach Betätigung verlangten, und die in ungeahnter Fülle in der gesammten Schweizer Frauenwelt hervorbrachen, als die einigende Parole der Schweizer Frauenarbeit ausgegeben wurde: und diese Ergriffenheit, wegen der die Arbeitenden von den Aussenstehenden oft verspottet und dadurch noch mehr zum Zusammenschluss unter einander getrieben wurden; diese Begeisterung für ein ideales Ziel, das über das rein Persönliche hinausführt; dieses beglückende Bewusstsein, sich in einer Gemeinschaft zu betätigen; und die Kraft, […] dieser wahrhaft politische Sinn! Und wie mir mit der Saffa, in der mitgearbeitet zu haben zu meinen schönsten Erlebnissen gehört, die Schweizerfrau in ihrer ihr eigentümlichen Grösse wuchs, wurde mir auch ihre Forderung des politischen Stimmrechts zum eigenen, dringenden Anliegen.»

Wann genau Anna Tumarkin schliesslich Mitglied bei den Stimmrechtlerinnen wurde, lässt sich nicht bestimmen, da sich die vorhandenen Protokolle auf die Vorstandssitzungen und die Generalversammlungen beschränken, die einfachen Mitgliederversammlungen aber kaum berühren. Immerhin erinnerten sich Zeitgenossinnen, dass sie «von jeher rege Verbindungen, namentlich mit der Stimmrechtsbewegung» unterhalten und häufig die Sitzungen des Berner Frauenstimmrechtsvereins besucht habe.

Für Partnerin Ida Hoff war die Zugehörigkeit zur Frauenbewegung «etwas ganz Selbstverständliches», weil sie ihr Studium als ein Privileg betrachtete, das sie der Frauenbewegung verdankte. Sie sass lange Jahre im Vorstand des Frauenstimmrechtsvereins Bern, war Kassiererin, Unterschriftensammlerin und Finanzmitglied im Aktionskomitee zur Erlangung des Frauenstimmrechts in Gemeindeangelegenheiten.[550]

Zudem war ihr Engagement für die Rechte der Frau witzig und fröhlich. Hoffs geistreiche Einfälle, die schon den Schulalltag be-

219 Ferdinand Hodlers Bild Der Tag *von Ida Hoff feministisch interpretiert*

lebt hatten (siehe S. 88), bereicherten manche geselligen Anlässe. Die Frauen erinnerten sich genüsslich daran, wie sie einige Brunnenfiguren der Stadt Bern zum Leben erweckte oder am Unterhaltungsabend des 2. Schweizerischen Kongresses für Fraueninteressen Hodlers Bild *Der Tag* in sarkastischen Worten frauenpolitisch interpretiert hatte.

Der Tag – meinte Ida Hoff keck – habe ursprünglich *Die Frauentagung* geheissen. Das Gemälde stelle «das verschiedene Verhalten der Frau zur Frauenfrage» dar: In der Mitte sitze «die fortschrittlich gesinnte Frau, bestimmt und entschieden in ihrer Stellung zur Frauenfrage, in den radikalen Mitteln entschlossen, vor keinen Konsequenzen zurückschreckend, alle Hüllen der Konvention von sich werfend, verkündet sie der Welt den kommenden Tag». Zu ihren beiden Seiten seien «Frauen in heftigem seelischem Kampf zwischen Altem und Neuem» zu sehen. «Diese geblendet von dem Licht, das von der neuen Zeit ausstrahlt, jene die Kraft nicht findend mit den alten Traditionen zu brechen. Die beiden äussersten Gestalten, in ihre weibliche Zierde gehüllt, noch gefesselt durch alte Bande, hindämmernd im alten Schlendrian, die eine wie mit Scheuklappen sich die Augen vor allem Neuen verschliessend, die andere des selbstständigen Handelns ungewohnt um eine starke führende Hand flehend.»[551]

Eine Viertelmillion Unterschriften für das nationale Frauenstimm- und -wahlrecht

Wäre es da nicht gerechter und auch einfacher eine Petition einzuleiten?
[Anna Tumarkin]

Tumarkin machte sich über den demokratischen Wert des Frauenstimm- und -wahlrechts Gedanken und begründete ihr Ja am 13. November 1928 im Berner *Bund* auch philosophisch: «Der Staat mag, wie alles Wirkliche, mit manchen Fehlern behaftet sein, seinem Sinn nach bleibt er, als umfassendste reale Gemeinschaft, die höchste Aufgabe des Menschen. Und wie darf einem Menschen die Erfüllung seiner höchsten Aufgabe verwehrt werden, wie darf er sich selber davon ausschliessen?»

Sie äusserte sich auch zur Taktik und nahm öffentlich Stellung zur Frage: «Soll man die Frauen fragen?» [552] Tumarkin war einer Konsultativabstimmung gegenüber skeptisch. Eine Abstimmung, die den Willen der Gesamtheit zum Ausdruck bringe, setze grosse politische Reife voraus, antwortete Tumarkin. «Wäre es da nicht eine Ungerechtigkeit, wenn gerade diejenige Abstimmung unter den Schweizerfrauen, von der ihr politisches Leben entscheidend bestimmt werden sollte, gemacht würde, bevor den Frauen im aktiven politischen Leben Gelegenheit geboten würde, sich die nötige politische Reife anzueignen?»

Tumarkin bevorzugte eine Petition. «Dann würde das Schweizervolk erfahren, ob es sich bei seinen Frauen um eine ihnen gewaltsam aufoktroyierte fremde Idee handelt, oder um ein aus dem Leben selbst herausgewachsenes tiefes Verlangen mitzuarbeiten an den allgemeinen Aufgaben des Volkes.» Neue Pflichten würden den Frauen erwachsen, gewiss auch manche Enttäuschungen, aber auch neue Kräfte.

Ihr Rat wurde befolgt.

Der Schweizerische Stimmrechtsverein und die Frauenagitationskommission der SP Schweiz lancierten 1929 eine nationale Petition, die in Ergänzung der schweizerischen Bundesverfassung das volle Stimm- und Wahlrecht verlangte. Nach einer Parforceleistung wurde die Bittschrift schliesslich von 170 397 Frauen und 78 840 Männern unterzeichnet. Die Viertelmillion Unterschriften war ein stolzes Resultat, und diese nationale Frauenstimmrechtspetition gilt denn als eine der erfolgreichsten – wenn nicht als die erfolgreichste überhaupt – in der Geschichte des schweizerischen Petitionsrechts.

220 *Die Petitionen der Frauen wurden gemäss Bärenspiegel alle verbrannt.*

Die Unterschriftenbögen wurden am 6. Juni 1929 bei strömendem Regen in einem langen Demonstrationszug durch Bern getragen. Ein solcher Marsch galt als extreme Aktionsform, die Schweizer Frauen hatten sie bei der *International Woman Suffrage Alliance IWSA* abgeschaut. 70 Vertreterinnen der Kantonalkommissionen trugen – erstaunt über die eigene Kühnheit – die Pakete zum Bundeshaus.[553]

Die Frauenrechtlerinnen wurden dann allerdings enttäuscht. Die Bundesversammlung stellte sich zwar positiv zum Begehren, überwies es aber sang- und klanglos dem Bundesrat, wo es in der Schublade verschwand.[554]

Die Frauen werden bis zum fernen Erfolg Niederlage um Niederlage einfahren. Nach dem Schwarzer Donnerstag, dem *Black Thursday* vom 24. Oktober 1929, wird auch in der Schweiz die Weltwirtschaftskrise, wenn auch verzögert, wirksam werden. In den schrecklichen Jahren danach werden die Schweizerinnen ihre Forderungen einmal mehr zurückstellen müssen. Ihre Begehren wurden, wie die Karikatur im *Bärenspiegel* zeigte, im Ofen verbrannt.

221 *Die Petition mit insgesamt 250 000 Unterschriften verlangte das volle Stimm- und Wahlrecht.*

IX Die Intellektuelle in den schwierigen 1930er-Jahren

Die Genfer Abrüstungskonferenz und die Abrüstungspetition der Frauen

Die unterzeichneten Männer und Frauen fordern die allgemeine und totale Abrüstung
[IFFF/Tumarkin]

Wirtschaftlich und politisch zogen dunkle Wolken auf. Viele befürchteten das Ende friedlicher Zusammenarbeit. Im Januar 1932 forderte Anna Tumarkin «die allgemeine und totale Abrüstung». Sie unterzeichnete nämlich die internationale Abrüstungspetition zuhanden des Völkerbunds.

Der Völkerbund hatte in Genf eine Konferenz zur Reduzierung der Waffenarsenale einberufen, die sich mit verschiedenen Abrüstungsvorschlägen befasste. Hier wurde auch über ein Verbot bestimmter kriegerischer Massnahmen debattiert: Bombenabwürfe aus der Luft, chemischer, Brand- und bakteriologischer Krieg. Zudem wurden die Begriffe der Verteidigungs- und der Angriffswaffen gegeneinander abgegrenzt.[555]

Die Internationale Frauenliga für Frieden und Freiheit IFFF kämpfte seit Langem für eine weltweite Abrüstung. Die schweizerische Sektion organisierte im Hinblick auf die Konferenz eine internationale Abrüstungspetition zuhanden des Völkerbunds.

Unterzeichnerinnen waren alle drei Frauen, die zu der Zeit an der Universität Bern als Dozentinnen lehrten: Anna Tumarkin, Gertrud Woker und Franziska Baumgarten-Tramer.[556] Mit der Petition solidarisierte sich eine ganze Reihe der damaligen Schweizer Frauenrechtlerinnen, wurde doch nebst der Kriegsächtung auch die Gleichberechtigung von Mann und Frau gefordert. Herausragende Aktivistin war Gertrud Woker, die mit Tumarkin im Senat sass.[557]

Berühmteste internationale Unterzeichner waren der Physiker Albert Einstein, der Philosoph Bertrand Russell, der Dichter Stefan

Zweig, die Schriftstellerin Selma Lagerlöf und die mit dem Friedensnobelpreis geehrte Feministin Jane Addams.

Das Internationale Arbeitsamt in Genf brachte einen Satz Gedenkmarken zur Abrüstungskonferenz von 1932 in Genf heraus. Gestaltet wurde die Friedenstaube auf zerbrochenem Schwert von Maurice Barraud.

Der Krieg ist geächtet, deshalb fordern wir die Ächtung der Kriegsmittel, erklärten die Unterzeichnenden. Sie waren überzeugt, «dass die jetzige Rüstungspolitik den Völkern keine Sicherheit gewährt und alle Staaten zugleich dem wirtschaftlichen Ruin entgegenführt. Dass diese Politik einen neuen Krieg unvermeidlich macht. Dass in Zukunft jeder Krieg ein Vernichtungskrieg sein wird. Dass die Friedenserklärungen der Regierungen zwecklos bleiben, solange die gleichen Regierungen die Abrüstung immer wieder hinausschieben, die doch die selbstverständlichste Folge der Kriegsächtung sein sollte.» Sie forderten daher «die allgemeine und totale Abrüstung». Die Regierungen sollten ihren nach Genf entsandten Delegierten dringendste Weisung geben, alle Abrüstungsvorschläge zu prüfen und Massnahmen zu treffen, die die rasche Verwirklichung der Weltabrüstung sichern.

Die Petition war ein Erfolg, sie wurde von rund 300 000 Menschen unterschrieben.[558] Das Ziel, den Frieden zu sichern oder auch nur die Aufrüstung abzudämmen, wurde allerdings nicht erreicht. Die Karikatur im *Bärenspiegel* zeigte die erdolchte Friedenstaube.

222 Friedenstaube auf zerbrochenem Schwert

223 Friedenstaube mit Schwert erdolcht

Tumarkins kulturhistorische Vorlesungen zur Aufklärung und zur Romantik

Über die fachwissenschaftlichen Schranken hinweg die universitas litterarum herstellen
[Der Bund]

Wissenschaftliches und kulturelles Zusammenstehen war bei der wirtschaftlichen und politischen Bedrohung wieder gefragt. Das betraf das Innenleben der Universität ebenso wie ihre Aussenwirkung.

Um innerhalb der Universität den abschottenden Tendenzen der einzelnen Fakultäten entgegenzuwirken und die *allgemeine* Forschung und Entwicklung zu fördern, wurden kulturhistorischer Vorlesungszyklen organisiert. Sie sollten über die fachwissenschaftlichen Schranken hinweg das Bewusstsein der *universitas litterarum* herstellen. Mehrstündige, fächerübergreifende Kurse für die Hörer und Hörerinnen aller Fakultäten sollten geboten werden. Im Winter 1929/1930 behandelte man das *Zeitalter der Aufklärung*. Anna Tumarkin war dabei und hatte nun reichlich Zusatzarbeit zu leisten. Im kulturhistorischen Zyklus las sie am Mittwoch, 17–19 Uhr, über die *Philosophie der Aufklärung*. Montag und Dienstag, 17–18 Uhr, sprach sie im Rahmen ihres Lehrauftrags über die *Philosophie der Neuzeit*, am Donnerstag, 17–18 Uhr, über *Psychologische Typenlehre* und am Freitag, 10–12 Uhr, hielt sie ein Seminar über *Anthony Ashley Cooper, den 3. Earl of Shaftesbury* ab, einen englischen Philosophen aus dem 17./18. Jahrhundert. Im Anschluss an ihre Vorlesung leitete sie ein zweistündiges Kolloquium.[559]

Ähnlich arbeitsreich war der folgende Winter 1930/31, wo im kulturhistorischen Zyklus das *Zeitalter der Romantik* betrachtet wurde. Zwölf Geisteswissenschaftler und Tumarkin bestritten die Vortragreihe, unter anderen der Kunsthistoriker Arthur Weese und der Sohn von Ludwig Stein, Philosoph Arthur Stein, nicht aber Richard Herbertz.[560]

Der zusätzlichen Belastung mit freiwilligen Vorträgen waren nicht alle Dozenten gewachsen. Im Winter 1937/38 wurde auf eine eigene kulturhistorische Vorlesung verzichtet, «um den immer wieder herangezogenen Kollegen eine Pause zu gönnen».

Um die Beanspruchung der Dozentenschaft weiter zu lindern, wurde zudem auch die Fusion von Abendvorlesungen und Volkshochschulkursen vorbereitet und 1939 endgültig vollzogen. Nach langwierigen Sticheleien zwischen Hochschullehrern und Volksrednern war nun das Tandem in den schwierigen Kriegsjahren erfolgreich. Die Zeiten hatten sich geändert, was die Vertreter der Volkshochschule etwas hämisch zur Kenntnis nahmen: «‹Die Herren der Hochschule› mögen entschuldigen, wenn ich erwähne, dass gewisse Kreise der Hochschule damals zu den stärksten Gegnern [einer Volkshochschule] gehörten. Der Name Volkshochschule war ihnen verdächtig, er wurde als Anmassung empfunden.» Man spielte auf Richard Herbertz' erbitterte Gegnerschaft an, der solch «popularisierende Unterhaltungsvorträge» verdammte und dagegen wetterte. Und einmal mehr klar machte, dass er eine solche Rivalität keinesfalls zu dulden gewillt sei.[561] (Siehe S. 216)

224 Arthur Weese, gesehen von Fritz Pauli, war Referent bei den kulturhistorischen Vorlesungen.

Als in der Fakultätssitzung im Juni 1931 wieder über Sinn und Zweck der Abendvorträge und die Zusammenarbeit zwischen Hochschule und Volkshochschule gestritten wurde, goss Richard Herbertz mit einem scharfen Eilbrief nochmals Öl ins Feuer. Er schrieb zuhanden der Fakultät: «1. Geistige Ersatzbefriedigung. Das ist wohl ungefähr die Kategorie, unter die man psychologisch die Abendvorlesungen zu rubrizieren hätte.» Damit beleidigte er alle Kollegen und Tumarkin, die sich bemüht hatten, Allgemeinverständliches vorzutragen. Dazu mokierte er sich darüber, dass ein Kollege die charakteristische Bemerkung getan habe, er könne und dürfe in den Abendvorlesungen dem Ausdruck «transzendental» nicht brauchen. Er ereiferte sich, solchen Zuhörern von Abendvorlesungen sollte man nahelegen, «statt des verbilligten ‹Ersatzes› das (allerdings teurere!) ‹Echte›» zu besuchen», nämlich seine eigenen regulären Vorlesungen. «Eine philosophische Vorlesung, in der man nicht wagen darf, zu erklären, was ‹transzendental› ist, ist meines Erachtens eine ‹Sünde wider den heiligen Geist›», also eine Todsünde.

Beleidigt bemängelte er in Punkt 2, dass in den von ihm bestrittenen zwei Abendveranstaltungen kein einziger seiner Studenten anwesend gewesen sei und vice versa unter seinen regulären Studierenden kein einziger Besucher der Abendvorlesungen. Abgesehen von seiner «allgemeinen und grundsätzlichen Ablehnung der Abendvorlesungen» forderte Herbertz in Punkt 3, dass die Abendvorlesungen nicht mehr mit dem Tagesplan der regulären Vorlesungen kollidieren dürften, also nicht vor 19 Uhr anzusetzen seien und dass bei deren Ankündigung unzweideutig zum Ausdruck komme, dass es sich bloss um «populäre» Veranstaltungen handle.

Herbertz Brief wurde in der Fakultätssitzung vorgelesen. Als ein Mitglied die «schiefe Wiedergabe einiger seiner Äusserungen» zurückwies, war es Anna Tumarkin, die auf den Bericht der Kommission zurücklenkte. Dabei vertrat sie deren Vorschlag, die abendlichen Vorlesungen in öffentliche umzuwandeln. Statt die Dozentenschaft über die regulären Vorlesungen hinaus zu belasten, sollten sie aber «in diese selbst einbezogen» werden. Tumarkin wollte schlicht einige reguläre Veranstaltungen fürs Publikum öffnen. Sie stellte keinen Antrag, wollte bloss eine Besprechung anregen. Die Fakultätsmehrheit sprach sich gegen ihren Vorschlag aus.[562]

Die Debatte um die von Herbertz verlangte zeitliche Ansetzung der Abendvorträge wurde in «scharfer Form» geführt. Die Verlegung der Kurse auf eine so späte Stunde, dass sie nicht mit den Lehrveranstaltungen kollidiere, bedeute eine zu starke Zeitbeschränkung, wurde argumentiert.

Schliesslich wurde beschlossen, die Abendvorlesungen zwischen 20 und 21 Uhr zu platzieren, sie unbedingt in einem Lokal der Universität selbst zu beherbergen und ihren Titel *Abendvorlesung* unverändert zu belassen.

Anna Tumarkin trat weder in der Volkshochschule noch auf dem Lande auf, wenn man vom Thuner Vortrag (siehe S. 122) absieht. Ihre Probleme mit der *Überwindung der Mimesislehre* oder dem *Begriff des Apeiron* deckten sich nicht wirklich mit der Alltagserfahrung der Bevölkerung. Doch für eine erweiterte Zuhörerschaft innerhalb und ausserhalb der Universität war sie zu haben. Sie engagierte sich im angemessenen Rahmen und im Gegensatz zu Richard Herbertz an den kulturhistorischen Vorlesungsreihen und beteiligte sich an öffentlichen Abendvorlesungen, die auch in der *Frauen-Zeitung «Berna»,* propagiert wurden.

Tumarkins Arbeiten über den Ästhetiker Johann Georg Sulzer

Der bedeutende Philosoph, auf den die Schweiz stolz sein darf
[Anna Tumarkin]

Anna Tumarkin publizierte 1933 ein Buch über die Ästhetik des Winterthurer Aufklärers Johann Georg Sulzer. Dieser war universal gebildet und Lehrer bzw. Professor an verschiedenen Instituten der Schweiz und Deutschlands gewesen.

Nach langjähriger Vorarbeit war 1771 und 1774 sein Hauptwerk, die *Allgemeine Theorie der schönen Künste,* erschienen. Es war die erste deutschsprachige Enzyklopädie, die alle Gebiete der Ästhetik systematisch behandelte. Sie fand grosse Verbreitung, trotz Kritik der jüngeren Generation an der darin vertretenen moralischen Bestimmung der Kunst. Es begründete Sulzers Stellung als Hauptvertreter der deutschen Ästhetik in der zweiten Hälfte des 18. Jahrhunderts und diente Künstlern und Kunstliebhabern als eigentliches Lehrbuch.

Sulzers komprimierte Aufklärung wurde nach Erscheinen seiner *Allgemeinen Theorie der schönen Künste* vom jungen Goethe äusserst abfällig und ironisch verrissen.

Die Aufgabe der Kunst bestand nach Sulzer in der möglichst «lebhaften Rührung der Gemüther» und der «Erhöhung des Geistes und Herzens». Kunst sollte in uns eine «verfeinerte Sinnlichkeit» bilden. Sie müsse aber unter der «Führung der Vernunft» stehen, um nicht in Fanatismus oder Weichlichkeit auszuarten. Wegen seiner universalen Interessen, seines Strebens nach Glück und Harmonie sowie seines liebenswürdigen Wesens wurde Johann Georg Sulzer von seinen Zeitgenossen «der Weltweise» genannt.[563]

Als Anna Tumarkin mit ihrer Arbeit über Sulzer begann, glaubte sie sich darauf beschränken zu können, die Stellung zu bestimmen, welche die Kunsttheorie Sulzers unter den verschiedenen ästhetischen Richtungen des 18. Jahrhunderts einnahm. Doch sie täuschte sich: «Im Verlauf der Arbeit aber zeigte es sich mir, wie eng seine Kunsttheorie zusammenhängt mit seiner ganzen Weltanschauung, die so gut wie seiner Ästhetik auch seiner Psychologie und seiner Pädagogik zugrunde liegt, und wie alle seine Theorien in seinem systematischen Denken sich zu einem einheitlichen Ganzen zusammenschliessen, das man mit Recht als seine Philosophie bezeichnen kann.»[564]

Tumarkin musste also ihre Forschungsarbeit erheblich ausweiten. Dabei stiess sie auf Schwierigkeiten. Es fehlten nämlich Arbeiten über Sulzers Philosophie, auf denen man hätte auf- und weiterbauen können. So musste sie die allgemeinen Voraussetzungen seiner Ästhetik selbst aus seinen zerstreuten Schriften herausklauben. Sie musste also erst das Material sammeln und es wissenschaftlich verarbeiten, bevor sie an eine Darstellung seiner Ästhetik denken konnte.[565]

Tumarkin betrachtete ihre Arbeit als allerersten Versuch, Sulzer als einen systematischen Denker vorzustellen, dessen Kunsttheorie philosophisch fundiert war. Seufzend wünschte sie sich, dass sich eine Möglichkeit finden möge, alle Sulzer'schen Werke zu sammeln, um eine «würdigere Behandlung dieses achtunggebietenden Denkers» erreichen zu können.

Anna Tumarkin bemühte sich auch um ein Porträtbild von Johann Georg Sulzer. Johannes Leo, Schriftleiter in Königsberg, sandte ihr am 15. Januar 1934 ein selbst gemachtes Foto eines Kupferstichs des Sulzer'schen Porträts und bat um die übliche Vergütung, da er «ohne festes Engagement» sei. Die Königsberger *Hartungsche Zeitung*, bei der er angestellt war, hatte unter politischem Druck nach fast 300-jährigem Bestehen ihr Erscheinen am 31. Dezember 1933 eingestellt.[566] Das Porträt wurde nicht abgedruckt.

Tumarkins Sulzer-Buch beeindruckte die Rezensenten, vor allem ihre beiden Schüler Hans Bloesch und Hans Strahm. Bloesch, der als eminenter Kenner der Berner Buch- und Druckgeschichte bekannt wurde, sah seine Laufbahn als Bibliothekar vorerst keines-

225 Johann Georg Sulzer,
Gemälde von Anton Graff,
Kupferstich von Daniel Berger

wegs als gegeben, schon gar nicht als erstrebenswert an. Der Jugendfreund von Paul Klee und Gatte der Violinistin Adele Stöcker verstand sich lieber als Künstler, kurze Zeit gar als Aussteiger. Bereits das Studium langweilte ihn bald: «Dieses neue Leben fängt mich schon an anzuöden. Ich habe zu viel erwartet und fühle mich nun sehr enttäuscht.» Schliesslich wählte er Oskar Walzel zum Doktorvater, der «sehr nett» zu ihm war und «immer grosse Erwartungen» in ihn gesetzt hatte.[567] Als er bei der Schweizerischen Landesbibliothek eine feste Anstellung erhielt, kommentierte er es mit den Worten: «Ich habe heute einen besseren Selbstmord begangen.» Schliesslich

226 Hans Bloesch, gesehen von Oscar Lazar, 1933

wurde er ab 1927 Oberbibliothekar der Stadt- und Hochschulbibliothek Bern. Er wusste aber als Herausgeber und Schriftsteller, mit künstlerischem Engagement historische «Stoffe brillant in lebendige literarische Bilder» zu verwandeln.⁵⁶⁸

Dieser Hans Bloesch nun gestand im *Bund*, dass ihn Tumarkins Buch angeregt habe: «Wenn ich heute meiner Zuneigung zu Sulzer offen Ausdruck geben darf, so verdanke ich dies einem kleinen aber schwer befrachteten Buche unserer Berner Philosophin Anna Tumarkin, die darin zum erstenmal ein geschlossenes Bild der ganzen Weltanschauung dieses bedeutenden systematischen Denkers gibt, seine Bedeutung für die Kunstanschauung seiner Zeit aufzeigt und nachweist, wie nachhaltig und tiefgreifend sein Einfluss ist, wie nicht nur Kant und Schiller auf seinen Schultern stehen und ihm in vielem und wesentlichem verpflichtet sind.» «Sulzer hat sich selber um den ihm gebührenden Platz in der Entwicklungsgeschichte der Ästhetik gebracht durch seine Methode, dadurch, dass er seine Theorie nicht systematisch verarbeitet hat, sondern in Anlehnung an die grossen Enzyklopädien der Aufklärung in der Form eines Wörterbuches, in dem in alphabetischer Folge einzelne Artikel aneinandergereiht sind.» Die Aufgabe, das Wörterbuch in eine vollständige systematische Theorie zurückzuverwandeln habe nun Anna Tumarkin glänzend und überzeugend gelöst. Sie habe damit «einen zielbewussten Denker offenbart, wohl den bedeutendsten schweizerischen Philosophen von einer gerade heute überraschenden Aktualität.» Bloesch hätte gerne einem lange Verkannten die Stellung in der Geistesgeschichte zugewiesen, die ihm zukomme: «Wir haben in dem Buche von Frl. Anna Tumarkin eine Vorarbeit, wie sie nicht besser gewünscht werden kann.» [569]

Hans Strahm hatte von Anna Tumarkin «mit herzlichem Dank für manchen guten Rat» das Sulzer-Buch geschenkt erhalten.[570] Es ist bemerkenswert, dass eine Professorin sich bei einem Schüler bedankt. Auch Strahm fand, Sulzer sollte der Vergessenheit entrissen werden. Von Sulzer habe man nur seine Irrtümer gekannt, mit denen man ihn lächerlich gemacht habe. Doch Sulzer sei einer der ersten gewesen, der aus echtester demokratischer Gesinnung heraus «das Recht auf Erziehung und Bildung durch die Kunst nicht bloss einigen wenigen glücklichen Seelen zuerkannt wissen, sondern das ganze Volk an ihren Segnungen teilnehmen lassen wollte». Der demokratische Glaube an die volkserzieherische Sendung der Kunst hebe Sulzer weit über seine Zeit hinaus. Er verdiene es, neu wieder gelesen zu werden und es sei Tumarkins Verdienst, ihn entdeckt zu haben.

In der *National-Zeitung* vom 17. September 1933 wurde Tumarkins Werk «als der erste wesentliche Versuch einer objektiv-syste-

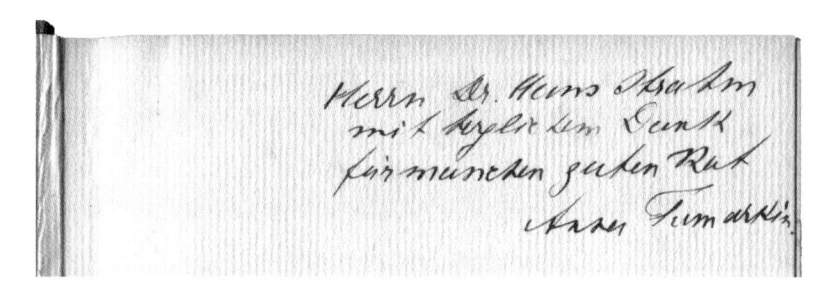

227 Widmung Tumarkins im Sulzer-Buch für Hans Strahm

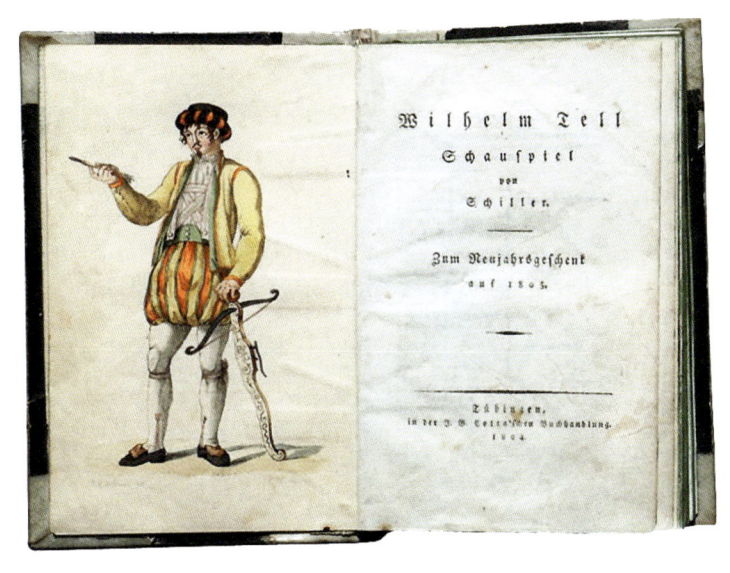

228 Friedrich Schiller, Willhelm Tell. Erstdruck, Tübingen 1804.

matischen Darstellung und Interpretation von Sulzers Theorien auf wissenschaftlich einwandfreier» quellenmässiger Grundlage gelobt.⁵⁷¹ Tumarkin habe nicht bloss eine Ehrenrettung Sulzers geboten, sondern «darüber hinaus entgegen allen Vorurteilen und Schwierigkeiten in anschaulich-überzeigender Weise Sulzers» Weltbild in Zusammenhang mit dem Denken und Fühlen der Aufklärung auf eine Basis gestellt, «ohne die nun keine weitere Beschäftigung mit dem Werke dieses wirklich ‹achtunggebietenden Denkers› mehr möglich» sei.

Und die *Neue Zürcher Zeitung* erklärte, die Verfasserin verstehe es meisterhaft, unter der allzu trockenen Schale «den lebendigen Kern der Sulzerschen Lehre und Wirksamkeit herauszuholen». Durch das ausgezeichnete Werk von Anna Tumarkin werde «die Leistung des Schweizer Denkers wohl zum ersten Male ins rechte Licht gerückt».⁵⁷²

Vom Gegensatz der Demokratie zum Absolutismus, wie ihn das vorliegende Buch der Berner Philosophieprofessorin auslegte, wollte der spätere Zürcher Philosophiedozent Erich Brock nichts wissen. Er publizierte in den *Schweizer Monatsheften* einen veritablen Verriss. Dabei nannte er seltsamerweise Tumarkin nie beim Namen. Zwar habe Sulzers Ästhetik die grossen deutschen Klassiker nicht unwesentlich beeinflusst, doch eigentlich sei seine Ästhetik kaum der Rede wert: «Überhaupt ist dieses Sulzer-Buch im ganzen kaum als gelungen anzusehen. Zwar ist Sulzers Ästhetik sehr verständig und belehrend zergliedert, aber er war denn doch ein Denker von zu wenig kraftvoller Originalität, als dass eine so losgelöste Darlegung seiner Lehre ihm zuletzt angemessen wäre.» Dem Buch fehlten die zeitgeschichtlichen Bezüge, kritisierte Erich Brock.[573]

Anna Tumarkin befasste sich mehrfach mit Johann Georg Sulzer, diesem bedeutenden Philosophen, auf den die Schweiz stolz sein dürfe. Sie verstand ihn als «Bahnbrecher schweizerischer Erziehungslehre».[574] Sie wies auf den demokratischen Gehalt hin, indem sie «auf den gemeinsamen Ursprung von Sulzers Ästhetik und Kants Philosophie der praktischen Vernunft» aufmerksam machte.

Die höchste Aufgabe, die Sulzer in die Kunst setze, sei die Erziehung zur öffentlichen Tugend, zur Achtung vor dem gemeinen Mann. Daher komme Sulzers patriotischer Traum eines nationalen öffentlichen Schauspiels, das ein ganzes Volk für die Rechte der Menschlichkeit entflamme. Tumarkin war sich sicher, dass es Sulzer war, der Friedrich Schiller zu seinem *Wilhelm Tell* angeregt hatte. Schiller beendete sein letztes Drama 1804, 25 Jahre nach Sulzers Tod.

Publizieren zwischen deutscher Geistesgrösse und schweizerischem Kuhmist

Eine Tochter der Alma mater bernensis im deutschen Geistesleben
[Verlag Huber & Co]

Tumarkin war die demokratische Hinwendung wichtig. Am 30. Januar 1933 war Adolf Hitler deutscher Reichskanzler geworden. Die Spannungen zwischen Deutschland und der Schweiz wuchsen auch im universitären Berner Leben. Und sie bildeten die Kulisse zu Tumarkins Publikation über die Ästhetik des Aufklärers Johann Georg Sulzer. Wäre ihnen Tumarkins Buch bereits bekannt gewesen, hätten es die Studenten des Nationalsozialistischen Deutschen Studentenbunds am 10. Mai 1933 wohl verbrannt, als sie zusammen mit ihren Professoren eine deutschlandweite Orgie der Bücherverbrennung «wider den undeutschen Geist» feierten. Die Bücher der Jüdin Tumarkin und ihre Philosophie waren dieser Ideologie gemäss sehr «undeutsch».

Tumarkin erklärte in den ersten Zeilen des Sulzer-Buches, dass es der ordentliche Professor für Deutsche Sprache und Literatur, Harry Maync gewesen war, der sie auf Sulzer aufmerksam gemacht hatte. Der Goethespezialist aus Berlin hatte sie «freundlichst zu einer Darstellung des Ästhetikers J. G. Sulzer» aufgefordert. Sie war ihm deshalb «von Herzen dankbar», dass er sie zu dieser ihr lieb gewordenen Arbeit angeregt hatte und dass er ihr Zeit liess, sie «ruhig reifen zu lassen».⁵⁷⁵

So war von Beginn weg klar, dass sie ihren Sulzer in der von Maync 1922 gegründeten Reihe *Die Schweiz im deutschen Geistesleben* veröffentlichen konnte. Verlegt wurde die Reihe von den Nachfolgerinnen und Nachfolgern des risikofreudigen Leipziger Verlegers Hermann Haessel. Da Haessel als Entdecker des grossen Schweizer Dichters C. F. Meyer galt und enge Beziehungen zur Schweiz pflegte, war diese Verbindung bedeutungsschwer.

Der Qual, nach einem Verleger suchen zu müssen war Tumarkin damit entledigt. Das Publizieren in Mayncs Reihe wurde allerdings je länger, desto bedenklicher.

Der Sagen-, Legenden-, Schwank- und Rätselsammler Arnold Büchli hatte «dieses gross geplante literarische Unternehmen» 1922 beachtenswert und sympathisch gefunden, «schon weil es sich vom Blute leibhaften Stammesleben durchpulsen lässt». Man könnte ihm auch eine politische Seite abgewinnen: «Die Selbstverständlichkeit, mit der man draussen im Reich die Einheit alles geistig schaffenden Deutschtums auch im ausländischen Volksverband überblickt, neben der verbissenen Abneigung weiter Kreise unserer alemannischen Schweiz gegen alles, was nordwärts des Rheins gedacht und getan wird. Sie ist wohl doch eine notwendig eintretende Folgeerscheinung eigenbrödlerischer Kleinstaaterei, während der Deutsche im umfassenden Reichsland es leichter hat, die geistigen Zusammenhänge über die entschiedenste politische Trennung hinweg zu erkennen», schrieb er in den *Schweizerischen Monatsheften für Politik und Kultur*.⁵⁷⁶

In der Publikationsreihe wurden bedeutende Schweizer von namhaften Autoren vorgestellt und die *Die Schweiz im deutschen Geistesleben* ging 1926 sogar vom Leipziger Verlag zum Schweizer Verlag Huber in Frauenfeld über.⁵⁷⁷ Doch in Harry Mayncs Selbstverständnis gehörte die ganze deutschsprachige Kultur als ein edles Grosses zusammen. Seine deutschnationale Gesinnung wuchs angesichts des politischen Auseinandertriftens der beiden Staaten. Nationale und persönlich-familiäre Ressentiments entfremdeten Maync seiner bernischen Wahlheimat und der Stadt seiner bürgerlichen Frau. Wie der Schweizer Schriftsteller Carl Albert Loosli kolportierte, widerte ihn das Geschreibsel der Eingeborenen in Bern an. Insbesondere jenes von Jeremias Gotthelf war gemäss Maync mit «Kuhmistgestank behaftet».⁵⁷⁸

Maync liess sich 1929 auf den Lehrstuhl in Marburg berufen, gab aber die Reihe weiterhin heraus. Im November 1933 unterzeich-

229 *Harry Maync, Herausgeber der Reihe* Die Schweiz im deutschen Geistesleben

> **Eine Tochter der Alma mater bernensis**
>
> ist die von **Prof. H. Mayne** in **Bern** begründete Sammlung
>
> # Die Schweiz im deutschen Geistesleben
>
> Elf Professoren der Berner Universität (H. Fehr, O. v. Greyerz, W. Hadorn, H. Hoffmann, H. Mayne, W. Näf, H. Schöffler, S. Singer, O. Tschumi, A. Tumarkin, F. Vetter) haben nicht weniger als neunzehn Bände beigetragen an dieser größten Sammlung schweizerischen Kulturgeistes. Sie ist heute schon für Viele ein fast unentbehrlicher Bestandteil einer rasch und zuverlässig orientierenden Handbibliothek; sie ist eine Art Enzyklopädie des deutschschweizerischen Geistes. Sie ist in guten Buchhandlungen vorrätig. ,-12976
>
> **VERLAG HUBER & CO. AKTIENGESELLSCHAFT IN FRAUENFELD**

230 Inserat des Verlags Huber & Co in Frauenfeld

nete er das Bekenntnis der Professoren der deutschen Universitäten und Hochschulen zu Adolf Hitler. Kurz zuvor hatte Anna Tumarkin ihren Sulzer als Band 79/80 publiziert.

Es waren die letzten zwei Bände, in denen Harry Maync als Herausgeber genannt wurde.

Am 2. Juni 1934 machte der Verlag Huber deutlich, dass die Publikationsreihe etwas Schweizerisches sei. Die Reklame bezeichnete die Reihe als eine Tochter der Alma Mater Bernensis: «Elf Professoren der Berner Universität […] haben nicht weniger als neunzehn Bände beigetragen an dieser grössten Sammlung schweizerischen Kulturgeistes. Sie ist eine Art Enzyklopädie des deutschschweizerischen Geistes.»

Im Band 81, der 1935 herauskam, wurde Harry Maync erstmals nicht mehr als Herausgeber, sondern als Begründer der Reihe genannt. 1939 wird Harry Maync in Marburg in den Ruhestand treten und 1947 sterben.

Die Jahrhundertfeier der Universität Bern von 1934

Geh ich nun zum Männerbankett ins Kasino oder zum Damenkränzchen ins Bellevue?
[Bärenspiegel]

Am 2. und 3. Juni 1934 feierte die Universität Bern ihren 100. Geburtstag «in stolzer Würde» und im «Gefühl, von Bund, Kanton und Stadt getragen zu sein». Nur die sozialistisch oppositionelle *Berner Tagwacht* stimmte nicht in die Feststimmung ein und kritisierte eine kleinbürgerlich gewordene Universität.[579]

Der Feier war programmatisch auf die Männer zugeschnitten. Die Spitzen der Universität vom Erziehungsdirektor bis zu den Dekanen waren männlich. Ebenso die Delegierten anderer Universitäten in ihren exquisiten Talaren. Gemäss Fahrplan versammelte sich der Lehrkörper am frühen Samstagmorgen in «schwarzer Kleidung und Zylinder» im Casino. Beim anschliessenden Festakt im Münster hielten verschiedene Herren Reden und 28 Männer wurden zu Ehrendoktoren bestimmt. Unter diesen Geehrten war keine Frau. Die Landeshymne am Schluss des Festaktes flehte zu Gott: «Betet, freie Schweizer, betet!» Den Studenten wurde viel Raum und Zeit geboten für den freitäglichen Fackelzug, den samstäglichen Festzug und den Kommers des Corporationen-Konventes.

231 Der Jubiläumsfestzug in der Münstergasse, vorbei am Von-May-Haus und am Frohsinn

Immerhin gelang der eine oder andere weibliche Einsprengsel. Im Festzug vom Samstagmorgen marschierten die Biochemikerin Gertrud Woker, die Psychologin Franziska Baumgarten-Tramer und die Romanistin Marie-Louise Herking mit.

Der Weg führte vom Casino, das 1907 bis 1909 auf dem alten Hochschulplatz erstellt worden war, durch die festlich beflaggte Münstergasse zum spätmittelalterlichen Münster. Mit Ausnahme der amtsältesten Anna Tumarkin und der eben frisch habilitierten Steuerrechtlerin Irene Blumenstein-Steiner marschierte somit der gesamte weibliche Lehrkörper im Zug mit. Nicht mit den vorgeschriebenen Zylindern wie die Männer, aber immerhin mit Hüten und Regenschirmen, denn Regengüsse waren nicht auszuschliessen. Tatsächlich regnete es freitagabends und samstagabends am Akademischen Tanzfest im Kursaal Schänzli heftig und «schwemmte die Massen in die Säle».[580]

232 Speisesaal im Casino um 1910

233 Speisesaal im Hotel Bellevue Palace

Eine Frau als Dozentin schien der Öffentlichkeit noch immer seltsam und man brachte Weiblichkeit und Wissenschaft nicht wirklich unter einen Hut. So spendete die Berner Regierung am Samstagmittag den offiziellen Ehrengästen im Casino ein Bankett, den Damen hingegen wurde vom Senat zur gleichen Zeit ein Essen im Hotel Bellevue Palace kredenzt.[581]

Der satirische *Bärenspiegel* fand das lustig, und er karikierte das Dilemma der Anna Tumarkin: «Da bin ich schön in der Klemme. Geh ich nun als Dozent zum Männerbankett ins Kasino, oder laut Geburtsschein als weibliches Wesen zum Damenkränzchen ins Bellevue – ?!» Illustrator Fred Bieri zeichnete die Tumarkin mit Attributen, die in den Köpfen der Zeitgenossen beim Wort Frauenstudium sofort aufblitzten: mit der berühmten blauen Brille der russischen Pionierinnen, mit Schlips, Kurzhaarschnitt und Zigarre der Verbindungsstudenten.[582]

Es ist nicht wirklich vorstellbar, dass sich Anna Tumarkin ins Hotel Bellevue Palace abschieben liess, aber auch nicht, dass sie sich abends im Kurhaus Schänzli ins «Gstungg» tanzender und zechender Studenten mischte. Vielleicht aber genoss sie den Empfang der Ehrengäste durch den Gemeinderat, das Souper der Geladenen, das «von keiner offiziellen Rede getrübt» wurde oder den sonntäglichen Ausflug nach Interlaken.[583]

Die frauenpolitisch engagierten Studentinnen von 1934 hatten sich dafür entschieden, sich als etwas Selbstverständliches zu präsentieren. Sie mischten sich unter die farbentragenden Verbindungen und die Wilden. Das Fotoalbum der Germanistin Berta Berger

Zur bernischen Hochschulfeier
Zeichnung von Fred. Bieri

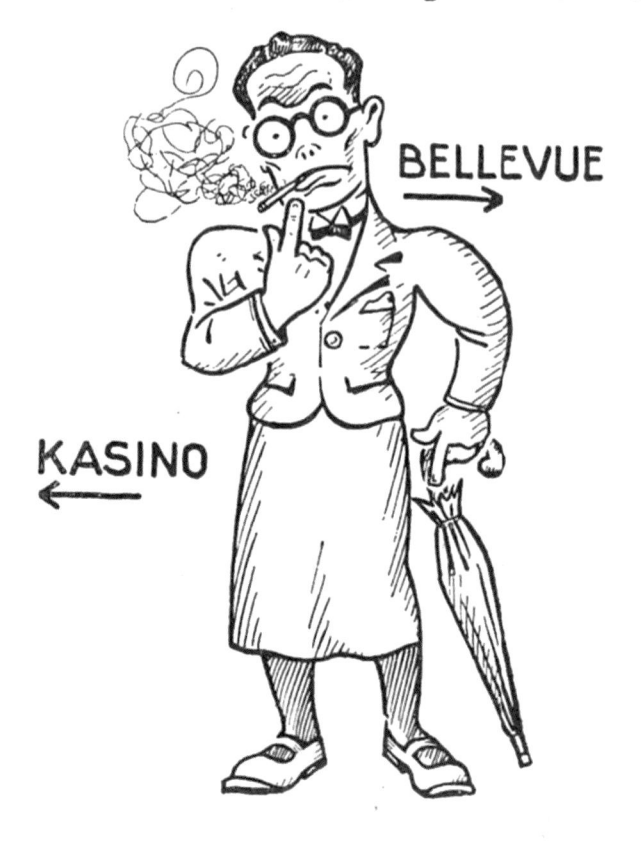

BELLEVUE →

← KASINO

„Da bin ich schön in der Klemme. Geh ich nun als Dozent zum Männerbankett ins Kasino, oder laut Geburtsschein als weibliches Wesen zum Damenkränzchen ins Bellevue — ?!"

234 Karikatur zur bernischen Hochschulfeier

nämlich beweist, dass auch der Studentinnenverein freitagnachts seine Fackeln leuchten liess. Auch die jungen Frauen genossen «das nächtlich phantastische Erlebnis eines Fakelzuges», der «langsam und schwankend in rotem Scheine ersteht» und als «feurige Schlange die alten Strassenzüge hinaufgeistert».[584]

Berta Berger präsidierte diesen Verein, der eben auf das Jubiläum hin neu gegründet wurde. Die Idee dazu sei von Fräulein Professor Tumarkin ausgegangen, wusste sie zu erzählen.[585] Dass die fast

60-jährige Tumarkin nicht im Festzug erschien, hatte also nicht mit mangelndem Engagement zu tun, sondern – vermutlich – damit, dass sie schlecht zu Fuss war.

Die Tages- und Wochenpresse brachten Sonderseiten zum Jubiläum. Die promovierte Historikerin und Schriftstellerin Maria Waser-Krebs konnte in ihren Erinnerungen nicht auf kämpferische Tage der Frauenbewegung zurückblicken, denn die Berner Universitätszeit bedeutete für sie «weit eher eine idyllische als eine heroische Phase» ihres Lebens. «Niemand dachte daran, uns zu befehden, und wenn ich mich recht besinne, fühlten wir uns eher gehätschelt als geduldet und hatten also in dieser kampflosen Atmosphäre nicht den geringsten Grund, uns auf unser Studium etwas einzubilden.»[586]

Die *Berner Jllustrierte,* die Wochenbeilage zur *Neuen Berner Zeitung,* präsentierte zur Jahrhundertfeier der Universität Bern Bilder berühmter Berner Gelehrter. Wissenschaftlerinnen waren nicht dabei, aber die Zeitung versicherte, dass in allen Fachgebieten an der Berner Universität «mehr und mehr auch das weibliche Element vertreten» sei, und zeigte auf einer Sonderseite eine lesende Frau, die ihren Kopf in die Hand stützte, und eine andere, die ins Reagenzglas blickte.[587]

Strafrechtler Philipp Thormann erwähnte in seiner offiziellen Festansprache als Rektor der Universität viele Gelehrte. Dazu auch die aufgeklärte Salonnière von Bern, Julie Bondeli: «Um Julie Bondeli hatte sich ein Kreis schöner Geister versammelt, der mit auswärts in lebhaften Verkehr trat, in ihrem Mittelpunkt stand die junge Bernerin, von der Jean-Jacques Rousseau mit Bewunderung schrieb, sie vereinige Gründlichkeit und Schönheit der Darstellung, Richtigkeit und Anmut, den Verstand eines Mannes und den Geist einer Frau, die Feder Voltaires und den Kopf eines Leibnitz.»[588] Zeitgenossinnen waren ihm nicht bekannt.

In der *Neuen Berner Zeitung* präsentierten Professoren ihre Wissenschaften. Als einzige Dozentin war Anna Tumarkin dabei, die hier ihren Beitrag zu Johann Georg Sulzer als «Bahnbrecher schweizerischer Erziehungslehre» platzierte (siehe S. 310).[589]

Nach der Jubiläumsfeier zum 100. Geburtstag der Universität Bern machte die festlich-fröhliche Atmosphäre einer besorgt-nachdenklichen Stimmung Platz. Der Historiker PD Edgar Bonjour, damals Vizedirektor des Schweizerischen Bundesarchivs, stellte fest: «Der hundertste Geburtstag unserer Universität fällt wieder in eine Zeit geistiger und politischer Erneuerung. Allenthalben regt sich der Angriff gegen die Freiheitswerte, um derentwillen unsere Universität gegründet und unter deren Schutz sie gross geworden ist.»[590]

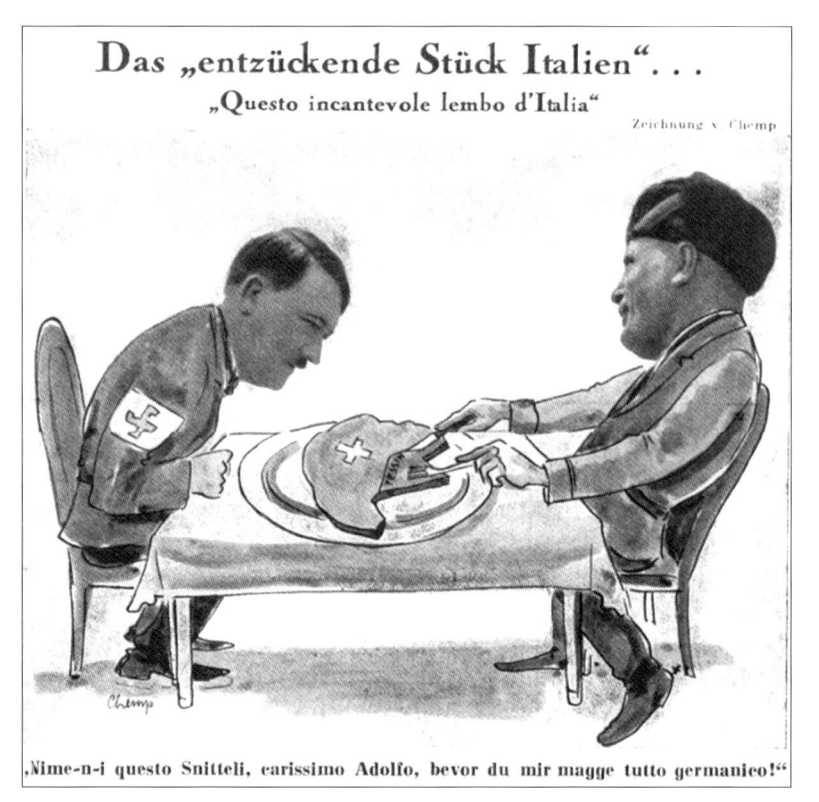

Das „entzückende Stück Italien"...
„Questo incantevole lembo d'Italia"

Zeichnung v. Chemp

„Nime-n-i questo Snitteli, carissimo Adolfo, bevor du mir magge tutto germanico!"

235 Die Schweiz zwischen Hitler und Mussolini im Juli 1934

Und der *Bärenspiegel* zeigte, wie sich Hitler und Mussolini das Tessin einzuverleiben hofften.

Glückwünsche zum 60. Geburtstag für die begeisterungsfähige Tumarkin

Als Landesfremde den Reichtum und das Glück meines Lebens gefunden
[Anna Tumarkin]

Am 16. Februar 1935 konnte Anna Tumarkin ihren 60. Geburtstag feiern. Sie hatte es geschafft, ihr Name wurde in den Lexika genannt. Ihre Leistungen als Professorin, Literaturforscherin und Philosophin waren erwähnt im *Grossen Brockhaus*, im *Historisch-biographischen Lexikon der Schweiz*, in *Kürschners Deutschem Gelehrten-Kalender*, im *Schweizerischen Zeitgenossen-Lexikon*.[591]

Zum Geburtstag durfte sie viele Ehrungen und reichlich Anerkennung erfahren. *Le Mouvement féministe* schickte beste Wünsche «à la femme de science» und die *Frauen-Zeitung «Berna»* widmete ihr die Titelseite.[592]

236 Agnes Debrit-Vogel:
«Professor Dr. Anna Tumarkin»

Obwohl Tumarkin es sich verboten hatte, erinnerte Agnes Debrit-Vogel an ihren Geburtstag: Wir sind stolz, «dass Anna Tumarkin die erste Frau in Europa war, die das Recht hatte, Dissertationen und Examen zu leiten, die erste Privatdozentin der Berner Hochschule, 1909 schon ausserordentlicher Professor». Ihr Tätigkeitsfeld sei «nicht das laute Leben, nicht das Organisieren und gemeinschaftliche Verwalten anvertrauter Güter, sondern das einsame Forschen nach Wahrheit», wusste Debrit-Vogel. Noch stolzer waren deshalb die Bernerinnen, dass sie sich destotrotz nicht in unnahbare Höhe zurückzog, sondern «stets lebendigen, herzlichen Anteil» am Streben und Wirken der Frauen nahm. Der Dienst an der Wissenschaft, wie ihn Tumarkin verstehe, sei ein strenger unerbittlicher Dienst, der kein Abschweifen und keine Kompromisse kenne. Tumarkin

237 Foto von Anna Tumarkin zum 60. Geburtstag

sei das Vorbild, das die Frauen lehre, «auf welchem Wege allein die vorgerückte Stellung erreicht wird: durch Arbeit, Leistung, unbeugsame Sachlichkeit.»

Elisabeth Thommen ehrte sie im *Jahrbuch der Schweizerfrauen* 1936 als akademische Pionierin. Die begabte Wissenschaftlerin stehe mit ihren 60 Jahren noch mittendrin in voller Tätigkeit: «Es ist der Geist, der jung hält – nicht die Kosmetik!», meinte sie launig. Das *Jahrbuch* veröffentlichte ein Foto, das die Jubilarin inmitten ihrer Bücher und Schriften, mit Tintenfass und Brieföffner zeigt. Es wurde wohl von Photopress speziell zum hohen Geburtstag gemacht und erschien auch in der *Schweizer Jllustrierten Zeitung*.[593]

Gymnasiallehrerein Blanca Röthlisberger, die an der SAFFA 1928 mit Tumarkin zusammengearbeitet hatte, würdigte im *Schweizerischen Frauenblatt* vom 1. März 1935 auch intimere Züge der Tumarkin: ihre «jung erhaltende Herzenswärme», ihre «überaus grosse Bescheidenheit, die alles lehrhaft Überhebliche aus ihrem Wesen» verbanne und «ihre seltene Begeisterungsfähigkeit».[594]

Auf der Titelseite des *Bunds* gratulierte Gymnasiallehrer Hans Strahm, der spätere Bibliotheksdirektor, Honorarprofessor und Politiker, dem «Fräulein Prof. Dr. Tumarkin zum 60. Geburtstag». Als ihr ehemaliger Schüler dankte er ihr für die Vermittlung ihres «im höchsten Masse lebendigsten Wissens»: «Nicht blosser Stoff war es, den Jhr Vortrag uns vermittelte – durch unablässiges Eindringen in die Welt der Probleme selbst lehrten Sie uns Ehrfurcht vor dem philosophischen Wort [...]. Was jedoch den nachhaltigsten Eindruck in uns erweckte, das war der tiefe sachliche Ernst, die unerbittliche Gründlichkeit der Jnterpretation und die unbestechliche Objektivität der Darstellung».[595]

238 Blanca Röthlisberger, Mitarbeiterin an der SAFFA

Ungewohnterweise meldete sich sogar der Dekan: «Sie wissen», meinte Karl Jaberg, «dass es in unserer Fakultät nicht üblich ist, die Lebensetappen der Fakultätsmitglieder mit Feiern und Festen zu begleiten. Aber erlauben Sie mir, Ihnen zu Ihrem 60. Geburtstag wenigstens die herzlichen Glückwünsche der Fakultät zu übermitteln und Ihnen ein paar Blumen zu überreichen. Sie sind – ich bin dessen erst jetzt inne geworden – das älteste Mitglied der Fakultät. Seit 37 Jahren stellen Sie der Wissenschaft und der Universität in selbstloser Weise ihre Kraft und Ihre Lebenserfahrung zur Verfügung. Sie haben Ihre Schüler durch die Gründlichkeit Ihres Wissens, den Ernst und die Redlichkeit ihres wissenschaftlichen Strebens und die Wärme Ihrer Ueberzeugung für sich gewonnen. Sie haben Ihre Erkenntnisse in einer Reihe von Werken niedergelegt, die Ihren Namen und den Ruf der Universität weitergetragen haben.»[596]

Tumarkin bedankte sich herzlichst für den Glückwunsch und die wundervollen Rosen. Und sie wand Bern und seiner Universität ihrerseits ein Kränzchen: «Dass ich hier als Landesfremde die Arbeit gefunden habe, die mir sonst nirgends hätte zu teil werden können und die den Reichtum und das Glück meines Lebens ausmacht, ist an sich schon eine so hohe Gunst des Schicksals, dass ich dafür nicht dankbar genug sein kann.»[597]

239 Dekan Karl Jaberg gratulierte zum 60. Geburtstag.

Kriegsangst, Verwandtensorgen und eine bedrohliche Gegenwart

Ich lebe in der Vergangenheit und in der Zukunft, denn die Gegenwart bietet wenig Freude
[Anna Tumarkin]

So beglückend ihr Geburtstag auch gefeiert wurde, Tumarkin konnte die politische Umwelt nur mit Sorge und Düsternis betrachten. Die Ernennung Adolf Hitlers zum Reichskanzler, der Reichstagsbrand, die Aushebelung der Verfassung mit Notverordnungen, Ermächtigungsgesetz, Gleichschaltungsgesetz, Berufsbeamtengesetz: Innerhalb weniger Monate beseitigten Hitlers Regime und seine NSDAP 1933 den demokratischen Rechtsstaat.

Ende Juni/Anfang Juli 1934 liess Hitler anlässlich des Röhm-Putsches politische Gegner und potenzielle Rivalen in den eigenen Reihen ermorden. Nach Hindenburgs Tod am 2. August 1934 regierte er als Führer und Reichskanzler. Als er am 13. Januar 1935 bei der Saarabstimmung unter der Losung «Deutsch ist die Saar, immerdar!» einen Prestigeerfolg errang, beeindruckte das haushohe Resultat auch das Ausland. Die *Berner Jllustrierte* widmete dem Ereignis die ganze Titelseite und reihenweise Fotos.[598]

Angesichts der wachsenden Bedrohung suchte sich die schweizerische Milizarmee gegen deutsche Übergriffe zu wappnen. Eine eidgenössische Wehrvorlage wurde aufgegleist. Zu ihrer Propagierung marschierten am 17. Februar 1935 militärische Vereine, Schützen, Turner, Studentenchöre und Bereitermusik in der städtischen Reitschule auf der Schützenmatte in Bern auf, und Bundespräsident Ruedi Minger verteidigte die Wehrvorlage vor 7000 Menschen in einer «zündenden» Rede. Die Bevölkerung stand hinter der Wehrvorlage, die am 24. Februar 1935 bei grosser Stimmbeteiligung mit 510 000 gegen 430 000 an der Urne angenommen wurde.[599]

Drei Wochen nach dem Abstimmungssonntag wurde die Berner Presse vom «Fall Jacob» aufgeschreckt, der ein grelles Licht auf perfide nationalsozialistische Machenschaften warf und die Angst vor deutscher Übergriffigkeit auf schweizerische Souveränität schürte. Am Samstag, 9. März 1935, entführte die geheime deutsche Staatspolizei den ausgebürgerten Journalisten Berthold Jacob vom schweizerischen Basel ins deutsche Weil am Rhein. Als investigativer Reporter hatte er Fememorde und die gemäss Versailler Verträgen verbotene deutsche Aufrüstung aufgedeckt.

240 David mit Steinschleuder und Goliath mit Berthold Jacob, gefangen im Vogelkäfig

Während der entführte Berthold Jacob in einem Berliner Gefängnis festgehalten und gefoltert wurde, fand seine Frau Else Jacob-Leu Unterkunft in der Villa von Adolf und Alice Hahn-Nördlinger in St. Gallen.⁶⁰⁰

Der Bundesrat protestierte gegen die Verletzung der schweizerischen Hoheitsrechte und verlangte Wiedergutmachung. Angesichts der Weigerung der deutschen Behörden leitete er vor dem internationalen Schiedsgericht ein Verfahren ein.

Die deutsche Reichsregierung lenkte schliesslich ein, weil sie wegen diesem Fall europaweit erheblich an Ansehen einbüsste. Sie übergab Jacob am 17. September 1935 den schweizerischen Behör-

241 Berthold Jacob im September 1935 in einem Pariser Hotel

den. Der «Fall Jacob» wurde in der Presse gross aufgemacht und eifrig verfolgt. Dem *Bund* war er gar eine Titelstory wert. *Jacobs Sünden* titelte das Blatt am 25. April 1935 sarkastisch. Berthold Jacob präsentierte diese Zeitungsnummer dem Fotografen, als er sich nach seiner Freilassung in einem Pariser Hotel erholte. [601]

Die Basler Polizei klärte den «Fall Jacob» rasch auf. Die verantwortlichen deutschen Beamten konnten zwar nicht belangt werden, der Lockspitzel Hans Wesemann aber wurde vom Strafgericht Basel am 6. Mai 1936 verurteilt und 1938 abgeschoben.

Berthold Jacob wird 1941 schliesslich erneut von der Gestapo in Lissabon entführt werden und 1944 in Berlin an den Folgen der Inhaftierung sterben.

Der dunkle politische Hintergrund war ganz dazu angetan, dass sich Anna Tumarkin an ihrem Geburtstag Sorgen machte. Besonders schwer wog das Schicksal ihrer jüdischen Verwandten, die in Russland und Deutschland lebten und vom Terror diktatorischer Politik und Willkür bedroht waren.

Tatsächlich erhielt sie einen Brief von ihrem Neffen Sascha Tumarkin aus Berlin, der von ernsthaften Schwierigkeiten berichtete. «Dein Brief, für welchen ich Dir herzlich danke, hat mich sehr betrübt», antworte ihm Anna am 28. November 1935. Aus ihrem Brief geht nicht hervor, woran es im Einzelnen fehlte. Das lässt sich aber leicht zusammenreimen, wenn man weiss, dass die deutschen Juden ab 1933 zunehmend ausgegrenzt und entrechtet, durch die Nürnberger Rassengesetze vom 15. September und 14. November 1935 ausgeschaltet wurden. Das Regelwerk zum *Schutze des deutschen Blutes und der deutschen Ehre* legte die Grundlage für die Verfolgung der Juden in Deutschland. Antisemitismus war fortan nicht nur legal, sondern gesetzlich verordnet.⁶⁰²

Saschas Tochter Natalia [Natascha] hatte wohl ihre Arbeit verloren, und Anna Tumarkin empfahl ihr ein Studium: «Sehr leid tut es mir um Natascha. Kann sie die freie Zeit nicht zum Erlernen der alten Sprachen verwenden, deren Kenntnis ihr in Zukunft sehr nützlich wären? Gebe Gott bloss, dass es ihr im nächsten Jahr gelingen wird, sich von neuem an eine reguläre Arbeit zu machen.»

Auch Sohn Paul war offenbar auf der Suche nach Arbeit. Hilfsbereit wie immer, bot Anna Tumarkin an, ihn bei ihrer «guten Bekannte Dr. Getzowa» zu empfehlen, «vielleicht könnte sie ihm von Nutzen sein». Die russisch-jüdische, in Bern ausgebildete und habilitierte Medizinerin Sophie Getzowa war 1925 nach Erez-Israel ausgewandert. Unter anderem mithilfe Albert Einsteins wurde sie Direktorin eines pathologischen Instituts in Jerusalem.⁶⁰³

242 Sophie Getzowa, Tumarkins medizinische Kollegin an der Universität Bern

Auch ein drittes Familienmitglied, Saschas Schwester Nadja, war unglücklich. Anna bemitleidete die mit Gothia Unikiel verheiratete Nichte: «Sehr traurig ist auch, was Du über Nadja und ihre Familie schreibst. Von Herzen hoffe ich für sie, dass ihr Wunsch in Erfüllung gehen möge.»

Schliesslich sprach Anna Tumarkin über ihre eigene Befindlichkeit: «Du fragst, was es bei mir zu hören gibt. Persönlich kann ich mich nicht beklagen; die Arbeit geht ihren gewohnten Gang, die Gesundheit ist bis jetzt nicht schlecht, aber oft fühle ich mich müde und reizbar. Ich lebe in der Vergangenheit und in der Zukunft, denn die Gegenwart bietet wenig Freude.»⁶⁰⁴

Im Sommer 1933 hatte Tumarkin das letzte Mal ein Familienmitglied gesehen, als ihre Grossnichte Natalia auf ihrer Durchreise nach Italien Bern für eine Woche besuchte. Natalia erinnerte sich später an ihre Begegnung: «Anna Pavlovna, oder Tante Anyuta, wie wir sie nannten, war klein, sehr gemütlich und maskulin aussehend, aber dennoch eine äusserst süsse und warmherzige Frau von grosser Gelehrsamkeit und beruflichem Ansehen.»⁶⁰⁵

Trotz düsterer Wolken erträumte sich Anna Tumarkin weiterhin ein privates Wiedersehen mit Neffe Sascha und seiner Frau Niura sowie ein Treffen in Chişinău mit all ihren russischen Familienangehörigen: «Trotzdem hoffe ich die guten Zeiten noch zu erleben, wenn ich zusammen mit Euch mich am Leben freuen und mit Freude Eure liebe Einladung annehmen kann», schrieb sie am 28. November 1935. «Mich schreckt nur die lange Reise», fährt sie fort, «aber Zeit wäre es für uns alle zu einem Wiedersehen! Wir alle haben so viel erlebt seit damals, als wir uns das letzte Mal gesehen haben!» Das Treffen sollte nicht mehr zustande kommen.[606]

Die Schweiz, die Demokratie, und was kann die Frau tun?

Jeder ihrer Fehler wird nur zu leicht der gesamten Frauenwelt auf ihr Schuldkonto geschrieben
[Anna Tumarkin]

Selbst die Schweizerinnen, die ohne Stimmrecht waren und sich nicht um Politik kümmern sollten, bemerkten Anfang der 1930er-Jahre die unheilvollen Zeichen. Als Antwort auf die diktatorische Machtergreifung der Nationalsozialisten, die bedenkliche Aufrüstung und das rechtswidrige Gebaren schlossen sich die Engagiertesten zur überparteilichen und interkonfessionellen Arbeitsgemeinschaft *Frau und Demokratie* zusammen. Mitglied der Arbeitsgemeinschaft war auch die Vereinigung Bernischer Akademikerinnen, die am 31. Oktober 1923 gegründet worden war und der Dr. med. Ida Hoff als 8. und Prof. Dr. phil. Anna Tumarkin als 22. der anfänglich 24 Mitglieder angehörte.[607]

Schon auf den Nationalfeiertag 1933 hin machten sich die erfolgreich arrondierten Verschworenen öffentlich bemerkbar. Frauenvereinigungen vom Katholischen Frauenbund bis zur Zentralen Frauen-Agitationskommission der Sozialdemokratischen Partei erliessen auf den 1. August 1933 einen Appell an die Schweizerfrauen, um sie zum «Kampfe für die Demokratie» aufzufordern. «Unser Land ist in Gefahr», warnten sie und riefen zur nationalen Einheit aller Sprachen, Konfessionen und Rassen auf. Sie baten, für Demokratie, Gerechtigkeit, Freiheit einzutreten. «Die Stummen reden», wunderten sich die (männlichen) Zeitgenossen und waren bass erstaunt. Es war bis dahin undenkbar gewesen, dass eine so breit abgestützte, grenzüberschreitende Frauengemeinschaft das Wort laut und öffentlich an sich gerissen und ungefragt in politischer Sache interveniert hatte.[608]

Die Allianz betonte die in der schweizerischen Staatsform verankerten Grundsätze von Humanität und Toleranz, die Gleichheit aller Bürger vor dem Gesetz und die Ausübung der Regierungsgewalt durch das ganze Volk. Sie war eine treibende Kraft gegen das Volksbegehren zu einer Totalrevision der Bundesverfassung, das die rechtsradikale Nationale Tatgemeinschaft gemäss ihrer Ideolo-

243 Karikatur der Maison Helvetia im Bärenspiegel

gie lancierte und das am 8. September 1935 zur Volksabstimmung gelangen sollte. Die «Hausmütter» des Schweizer Volkes warnten im Vorfeld der Abstimmung mit Vorträgen und Kursen vor dem drohenden Verlust einer Demokratie, die sie unterstützten, obwohl sie politisch davon ausgeschlossen waren. Höhepunkt ihrer Kampagne war der dezentral organisierte und breit abgestützte «Tag der Schweizerfrauen» vom 1. September 1935. Die Frauen, die sich öffentlich in Basel, Bern, Lausanne und Zürich versammelten, wehrten sich gegen diktatorische Gelüste im nationalsozialistischen Norden und faschistischen Süden.[609]

Die Frauen verkauften für 50 Rappen ein Abzeichen mit der Inschrift «Der Schweiz die Demokratie». Es hat sich keiner dieser Pins erhalten.[610]

In der am 1. September 1935 gefassten Resolution bedauerten die Schweizerinnen, dass sie in dieser entscheidenden Verfassungsfrage

244 Inserate für den 1. September 1935 in der Frauen-Zeitung «Berna»

kein Mitspracherecht hatten. Sie zeigten sich überzeugt, dass es dies eigentlich «unter sich gleichberechtigten Bürger» – und Bürgerinnen – bedurft hätte, um gegen wesensfremde Einflüsse und Angriffe vorzugehen. Immerhin erwarteten sie von den Männern, dass sie «entgegen heutiger Strömungen, die Grundsätze der persönlichen Verantwortung und Freiheit, der Gleichberechtigung, der Solidarität, der Menschlichkeit und Toleranz weiterhin durch die Verfassung verbürgten».[611]

Die stimmberechtigten Männer waren tatsächlich gleicher Meinung wie diese nicht stimmberechtigten Frauen und schmetterten am 8. September 1935 an der Urne das rechtsradikale ständestaatliche Begehren für eine Totalrevision der Schweizer Bundesverfassung mit über 72 Prozent ab.[612]

«Was kann die Frau tun?» Elisabeth Thommen stellte den Schweizerinnen, die in diesen bedrohlichen Zeiten politisch abseitsstehen mussten, im *Jahrbuch der Schweizerfrauen* von 1936 generell die Frage. Die Antworten wurden auch im *Bund* wiedergegeben.

Thommen hatte zuvor feststellen müssen, dass die Parteimänner der politischen Gleichberechtigung eher abgeneigt waren: Ihre Enquête hätte «eher klägliche» Resultate gezeitigt und nur die Sozialdemokratie sei vorbehaltlos für dieses Recht eingestanden. Nun frug die Journalistin: «Was kann die Frau tun, um die private und die öffentliche Achtung vor ihrem Geschlecht zu fördern?» Nur knapp die Hälfte der 25 angefragten Frauen aus verschiedensten Berufszweigen antworteten, unter ihnen Anna Tumarkin. «Durch nichts kann die Frau, die in irgendeinem Berufe steht, die private und öffentliche Achtung vor ihrem Geschlecht besser fördern, als durch den Einsatz ihrer vollen Kraft für die einmal übernommene Arbeit. Denn jeder ihrer Fehler wird nur zu leicht der gesamten Frauenwelt auf ihr Schuldkonto geschrieben. So möge sie auch in dem, was ihr gelingt, nicht eine Ausnahme sein wollen, sondern sich freudig in den Dienst der gemeinsamen Frauensache stellen.»[613]

Bei allen Sorgen und Mühen konnte sich Anna Tumarkin wenigstens an einer Ehrung freuen, die ihr persönlich zuerkannt wurde: dem Theodor-Kocher-Preis.

245 Elisabeth Thommen befragte Tumarkin für das Jahrbuch der Schweizerfrauen.

Theodor-Kocher-Preis für Tumarkins Arbeiten zur schweizerischen Philosophie

*Der Fachwelt durch überragende
Veröffentlichungen bekannt*
[Fakultätsprotokoll]

Anna Tumarkin gewann 1936 als erste Frau nach zehn Männern den ambitionierten Theodor-Kocher-Preis der Universität Bern.

Der Berner Medizinprofessor Theodor Kocher hatte die Chirurgie international positioniert, ein modernes Spital etabliert und die biomedizinische Grundlagenforschung gefördert. 1909 erhielt er den Nobelpreis für Medizin, Er war schon zu Lebzeiten ein Star, obwohl auch er nicht gegen medizinische Irrtümer gefeit war.

Der Gelehrte mit dem hervorragenden internationalen Ruf stiftete mit 200 000 Franken einen Preis, der Professoren und Studierenden der Hochschule zugutekommen sollte, die wissenschaftliche Erkenntnisse unterstützten und erleichterten. Der Theodor-Kocher-Preis wurde ab 1915 alle drei Jahre in der Reihenfolge Theologie, Jurisprudenz, Medizin und Philosophie verliehen.[614]

1936 erhielten ihn Karl Jaberg und Anna Tumarkin zugesprochen. Beide waren um die 60 Jahre alt. Auch die Kommission, die über die Preisvergabe wachte, fiel auf, dass die beiden keine zukunftsträchtigen Talente mehr waren. Doch momentan seien keine überragenden Leistungen oder unterstützungswürdigen Arbeiten bekannt, rapportierte der Kommissionssprecher. Dagegen lägen von vielen hervorragende Leistungen vor. Lege man der Auswahl die Anciennität zugrunde, so ständen unter den Ordinarien Herr Jaberg und unter den Extraordinarien Frl. Tumarkin voran. «Beide sind der Fachwelt durch überragende Veröffentlichungen bekannt und haben an unsrer Fakultät seit nahezu 30 bzw. 40 Jahren eine sehr erfolgreiche Tätigkeit entfaltet. Die Kommission schlägt daher vor, den Preis von 3000 Fr. zu gleichen Teilen unter die beiden Kollegen zu verteilen als Anerkennung ihrer vorzüglichen Leistungen entsprechend der ersten Zweckbestimmung des Fonds.» In der Fakultätssitzung vom 22. Juni 1936, bei der Jaberg, nicht aber Tumarkin anwesend war, wurde der Kommissionsantrag einstimmig angenommen. Etwas bange wurde empfohlen, vor dem Senat die wissenschaftlichen Verdienste der Geehrten, nicht das Dienstalter in den Vordergrund zu stellen.[615]

Der Senat stimmte dem Vorhaben in der Abendsitzung vom 10. Juli 1936 einstimmig zu. Prof. Tumarkin wurde «für ihre lange,

246 Theodor Kocher, Büste von Karl Hänny beim Haupteingang des Inselspitals in Bern

247 Das Wandgemälde von Walter Clénin in der Aula

der reinen Forschung gewidmete akademische Tätigkeit und insbesondere für ihre Arbeiten zur Geschichte der schweizerischen Philosophie» ausgezeichnet.

Überreicht wurde Tumarkin die Auszeichnung am Dies academicus, am Samstag, 28. November 1936. Die Stimmung in der Aula war krisengedämpft.[616]

Das Wandgemälde von Walter Clénin, vor dem Tumarkin während der Feier sass, war brandneu, zur 100-Jahr-Feier eben erst erworben. Das «Meisterwerk» sollte die Verbundenheit zwischen Volk und Universität zeigen. «Möge es immer ein frohes aber auch ein ernstes Volk sein, das die Agora bevölkert», hoffte Erziehungsdirektor, Regierungsrat Alfred Rudolf. Dass dieses Volk nie zum Töpfermarkt herabsinke, ermahnte er die «Herren Senatoren-Professoren», das läge in ihrer Hand! Die Senatorin, Anna Tumarkin, war hier wohl mitgemeint, auch als vom «gottbegnadeten Lehrkörper» die Rede war.[617]

Tumarkins Ehrung wurde in die *Chronik der schweizerischen Frauenbewegung* aufgenommen. Und *der Mouvement féministe* freute sich am 15. Mai 1937 über die «hommage à la longue activité universitaire de Mlle Anna Tumarkin». Mit dem Preis seien speziell ihre Arbeiten über die Geschichte der Schweizer Philosophie gewürdigt worden und das Frauenblatt gratulierte: «Toutes nos meilleures félicitations vont à cette amie de longue date de notre cause.»[618]

Erst 30 und 60 Jahre später sollten weitere Frauen diese Auszeichnung erhalten.

Tumarkins Disput mit Kollege Herbertz über die Verleihung des Lazarus-Preises

Form und Paragraph über Menschlichkeit und menschliches Mitleiden gestellt?
[Richard Herbertz]

Der Theodor-Kocher-Preis war die bedeutendste Auszeichnung, welche die Universität Bern zu vergeben hatte. Ausser dieser exquisiten Prämierung und der Verleihung einer Hallermedaille sprach die Universität Bern Preise für gelungene Seminararbeiten aus und für Lösungen von Aufgaben, die von der Fakultät eigens gestellt wurden. Zudem gab es den Lazarus-Preis, bei dessen Verleihung es zum Eklat kam. Anna Tumarkin war involviert.

Der Lazarus-Preis war vom Völkerpsychologen Moritz Lazarus gestiftet worden. War der Berner Medizindozent Gustav Valentin 1836 der erste ungetaufte jüdische Professor in Europa, so war Lazarus der erste Jude, dem man 1863/64 das Amt eines Rektors anvertraut hatte.[619]

Zwar kehrte Lazarus nach kurzer Zeit wieder nach Preussen zurück, doch zuvor stiftete er am 13. November 1865 der Universität Bern noch einen Preis für besonders gute Lösungen vornehmlich auf Fragen der Ethik, Pädagogik und Psychologie. Der Preis wurde jahrelang entrichtet, fiel dann aber in Vergessenheit – «tombé en désuétude» – und das Schenkungskapital wuchs insgeheim erfreulich an.

Psychologieprofessor Carlo Sganzini entdeckte 1935 die Stiftung wieder, und 1936 wurde der Lazarus-Preis mit neuem Reglement reaktiviert.[620]

Die Philosophen Richard Herbertz und Carlo Sganzini bildeten zusammen mit Anna Tumarkin eine Kommission, die im Turnus die Preisfrage stellen, die eingereichten Arbeiten begutachten und den Lazarus-Preis für die beste Antwort verleihen sollte.

Sganzini formulierte die erste auf den 1. November 1936 zu lösende Preisfrage zu den ethischen und pädagogischen Anschauungen von Carl Hilty. Tumarkin und Herbertz waren mit dem Thema einverstanden. Allerdings gingen keine Lösungen ein, auch nicht nach der Verlängerung der Eingabefrist für einen Lazarus-Preis von 1937.

Auf den 1. Oktober 1938 stellte Herbertz die Preisfrage «über kausale und statistische Gesetzmässigkeit und die Möglichkeit ihrer Synthese».[621] Herbertz war überzeugt, dass die eingelaufene Antwort «partielle Faktorenkonstanz» von Selig Nussbaum preiswürdig sei.[622] Selig Nussbaum aus Fulda hatte kurz in Bern studiert, war dann aber nach Deutschland zurückgekehrt und war nun in Schwierigkeiten, denn das NS-Regime entzog ab 1933 allen, die ihm nicht passten, die deutsche Staatsangehörigkeit und konfiszierte deren Vermögen. Auf diesen Ausbürgerungslisten fand sich ein Grossteil der geistigen Elite des damaligen Deutschlands wieder. Der Jude Nussbaum sollte schliesslich als Nummer 86 auf der Liste 100 geführt werden.[623]

Herbertz wollte Nussbaum mit dem Lazarus-Preisgeld unter die Arme greifen. Eigentlich als Trostpreis, weil seine Arbeit als ungenügend in der Fakultätssitzung durchgefallen war.[624] «Hoffentlich längt es jetzt noch zur Fakultätssitzung [7.11.38] und zum dies academicus??», fragte er am 31. Oktober 1938 rhetorisch und «in Eile». Er hielt die Preisvergabe an Nussbaum für eine reine Formsache. Die Fakultät hielt am 7. November 1938 im Beisein von Sganzini und Tumarkin dagegen. Das Lazarus-Reglement sehe keinen Trostpreis vor.

Herbertz zürnte am 10. November 1938 in einem Brief an Dekan Hans R. Hahnloser, dass über seinen Antrag überhaupt nicht abgestimmt worden sei. Diesen Formfehler bedauerte er, weil durch die Abstimmung offengelegt worden wäre, welche Fakultätsmitglieder «Form und Paragraph» über «Gesichtspunkte der Menschlichkeit und menschlichen Mitleidens» gestellt hätten. Erbost forderte er, die Fakultät solle gefälligst dem Mann sein «Todesurteil» selbst mitteilen und im Protokoll müsse der Sachverhalt zu «unzweideutigem Ausdruck» kommen, dass ihn keine Schuld und keine Verantwortung am Unglück Nussbaums treffe. «Denn es liegt mir daran, dass die zu erwartenden tragischen Folgen des Fakultätsbeschlusses lediglich von denjenigen Mitgliedern der Fakultät zu verantworten sind, die *gegen* meinen Antrag gewesen sind.»[625]

Am 13. November 1938 wandte sich Herbertz erneut an den Dekan. Nussbaum hoffe, mit einer Einladung zur Preisübergabe zu einem «Sondervisum» zu kommen, das ihn zur Ausreise in die Schweiz berechtigte

Tumarkin schrieb am 14. November 1938 ihrem «sehr geehrten Herrn Kollege!» einen Brief. Darin erklärte sie sich einverstanden, dass im Protokoll die Divergenz zwischen Fachkollegen und Fakultät in der Handhabung eines Trostpreises festgehalten werde: «Denn es muss unterschieden werden zwischen dem sachlichen Urteil der Fachkollegen und dem Urteil der Fakultät, die sich an das Reglement hielt, in welchem ein Trostpreis nicht vorgesehen ist. Ein direkter Antrag, in diesem Einzelfall gegen das Reglement zu beschliessen, ist in der Fakultät nicht gestellt worden. Also war auch meiner Meinung nach kein Anlass da über den Fall abzustimmen. Ich glaube, dass in der Unterscheidung des sachlichen und des formalen Urteils auch für den Verfasser der Arbeit ein Trost liegt, und hoffe, dass ihm das hilft den Misserfolg zu tragen.»[626]

Richard Herbertz zeigte sich am nächsten Tag unzufrieden mit dem «sehr geehrten Fräulein Kollege». Zwar sei im Reglement des Lazarus-Preises kein Trostpreis vorgesehen, es sei aber auch kein Trostpreis verboten: «Und man darf doch gewiss nicht annehmen, dass alles verboten ist, was nicht ausdrücklich als erlaubt bezeichnet ist (oder dies vielleicht nur in Zuchthäusern oder autoritären Staaten, von deren beider Vorbild sich meines Erachtens die Fakultät nicht bestimmen lassen sollte.)»

Sein Antrag auf einen Trostpreis, behauptete er nun, sei unabhängig vom Lazarus-Preis gestellt und darüber sei in der Fakultät widerrechtlich nicht abgestimmt worden. In der Sitzung selbst hatte Herbertz nicht auf eine Abstimmung gepocht. Tumarkin reagierte kühl. Handschriftlich kritzelte sie auf dessen Brief: «Auf den zweiten Teil des Briefes habe ich nicht geantwortet, denn selbstverständlich darf eine Stiftung nicht zu einem Zweck verwertet werden, der von ihr nicht vorgesehen ist.»

248 Anna Tumarkin reagierte kühl auf Herbertz Anschuldigungen.

Nussbaum erhielt den Lazarus-Preis nicht. Man versuchte anderweitig, ihn zu unterstützen, indem man vorschlug, seine Arbeit anzukaufen, und ihm am Dies academicus vom 28. November 1938 einen ersten Seminarpreis zuerkannte.[627]

Die Verweigerung des Lazarus-Preises war nicht Nussbaums Todesurteil. Nach Aufenthalten in Lausanne hatte er sich am 27. Oktober 1937 erneut in Bern immatrikuliert, ab 1943 als Kolleggeld befreiter Student der Staatswissenschaften. Danach wird er mit Unterbrüchen in Bern und Umgebung leben, sich als Journalist oder wissenschaftlicher Mitarbeiter betätigen und am 11. März 1998 in Basel sterben.[628]

Auf den 1. Oktober 1939 war Anna Tumarkin mit einer Themenvorgabe an der Reihe. Sie wollte, dass über den Einfluss Sulzers auf Kant und dessen Philosophie der praktischen Vernunft nachgeforscht werde. Und sie erläuterte: Kant lernte David Hume aus Sulzers Schriften kennen und er gesteht, vom Engländer aus seinem dogmatischen Schlummer geweckt worden zu sein.

Anna Tumarkin hatte Kant und Sulzer studiert. Von Hume verschaffte sie sich eine zeitgenössischen Buchausgabe mit den *Essays and treatises on several subjects: in two volumes.* Das zweibändige Werk steht heute in der Universitätsbibliothek Bern mit dem Vermerk, dass Tumarkin eine frühere Eigentümerin war.[629]

Kant habe immer vom vortrefflichen Sulzer gesprochen, fuhr Tumarkin weiter, und ihm sogar seine Dissertation von 1770 gewidmet. Diesem Einfluss müsse nachgegangen werden. Tumarkin erwartete von der Antwort viel: «Irre ich nicht, so würde das nicht nur zu einer gerechteren Würdigung Sulzers führen, sondern auch einen neuen Zugang öffnen zum Verständnis der inneren Motive der Kantischen Philosophie. Die Aufgabe lockt mich selbst, doch würde es mich freuen, wenn sich ein Berner Student fände, der ihr gewachsen wäre.»[630]

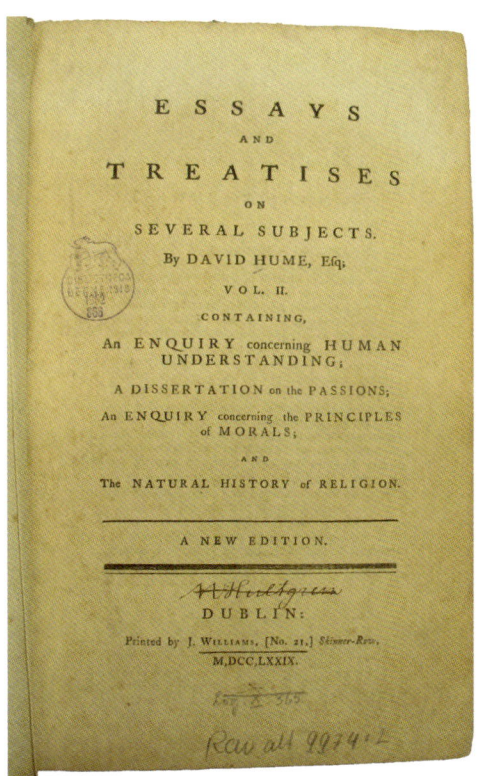

249 *David Hume:* Essays and treatises on several subjects: in two volumes, *1711–1776*

Der Aufgabe war kein Schüler, keine Schülerin gewachsen. Zudem war zwei Monate vor Abgabetermin der Krieg mit dem Überfall Polens angezettelt und die *Generalmobilmachung* der schweizerischen Armee ausgerufen worden.

Der Start in die neue Ära der Lazarus-Preisträger war missglückt. Offenbar waren die Fragen zu ambitioniert. Man wählte deshalb in den ersten 1940er-Jahren Themen, die bereits in Bearbeitung standen und auf einen bestimmten Preisträger gemünzt waren. Da viele Männer an der Grenze standen und Militärdienst leisteten, hatten weniger Männer Zeit für wissenschaftliche Zusatzaufgaben. Es gab auch weniger Konkurrenz und tatsächlich erhielten zwei Frauen einen Lazarus-Preis zugesprochen.

Carlo Sganzini hielt 1940 die Arbeit von Marguerite Hubert von Genf für auszeichnungswürdig. Sie sei 300 Seiten stark, zwar nicht perfekt, aber «immerhin eine ansehnliche Arbeitsleistung», da die Vertiefung ihrer Doktorarbeit nicht geringe Anstrengung verlangte. Die Tochter des Chefs der französischen Abteilung der bernischen Staatskanzlei, die als Lehrerin und Erzieherin in der Mädchenerziehungsanstalt Viktoria Wabern gearbeitet hatte, promovierte über Heinrich Pestalozzis *Abendstunde eines Einsiedlers* und Maurice Blondels *Action*. Für die Erwähnung der Preisträgerin am Dies academicus reichte es nicht mehr, Fräulein Hubert wurde das Preisgeld von 280 Franken verspätet überwiesen.[631]

Eigentlich war danach Richard Herbertz wieder an der Reihe, ein Thema für die Lazarus-Preis-Arbeit vorzuschlagen. Doch er schmollte und verzichtete am 19. Oktober 1940 darauf. Am 22. März 1941 reklamierte er zudem, dass der Lazarus-Preis gemäss Stiftungsurkunde allein seinem Lehrstuhl zugedacht wäre. Nun aber werde er der Gesamtfakultät zugeteilt.

Carlo Sganzini sprang ein und am Dies academicus 1941 wurde der Ehemann von Nelly Ryffel-Dürrenmatt, Rechtsphilosoph Hans Ryffel, mit dem Lazarus-Preis geehrt.[632]

Anna Tumarkin war 1942 ein letztes Mal an der Reihe, die Preisfrage zu stellen. Sie wollte *Den Einfluss von Platos Staat auf das philosophische Denken in der Schweiz* untersucht haben. Zwei ihrer Lieblingsthemen, Plato und die schweizerische Philosophie, waren so verknüpft. Hedwig Schmid-Opl reüssierte. Sie doktorierte bei Sganzini über Gesellschaft und Gemeinschaft im Denken Pestalozzis, ein Thema, das er zwischenzeitlich auch für den Lazarus-Preis vorgeschlagen hatte und offenbar für Tumarkins Thema zurückzog.[633]

Hedwig Schmid-Opl von Zimmerwald widmete ihre Dissertation der linken deutschen Pädagogin Anna Siemsen, die 1933 in die Schweiz emigrieren musste und hier von 1933 bis 1946 als sozialdemokratisches Mitglied deren frauenpolitische Zeitschrift *Die Frau in Leben und Arbeit* redigierte.[634] Schmid-Opl schrieb unter dem Pseudonym Barbara ein Vierteljahrhundert in der Zeitschrift *Wohnen*. Im Januar 1979 wird sie sich mit einer Tour d'Horizon über die Schweizer Geschichte von ihrer Leserschaft verabschieden und auf die Annahme des Frauenstimm- und Wahlrechts vom 7. Februar 1971 zurückblicken: «Als anfangs der siebziger Jahre das Stimmvolk geruhte, den Frauen die politische Gleichberechtigung zuzubilligen, wollte ich es zuerst nicht glauben, so gewohnt war ich an die ständigen Niederlagen.»[635]

Hedwig Schmid-Opl, Marguerite Hubert und die Trägerin des Fakultätspreises von 1939, Lina Bärtschi, hatten alle bei Tumarkin studiert und sich in ihren Dissertationen für ihre Anregung, Hilfe und Förderung bedankt. Tumarkin hatte die frauenpolitisch aktiven Frauen gefördert, und die Universität Bern hatte dies zumindest zugelassen. Am Dies academicus 1943 kürte sie mit der St. Galler Kunsthistorikerin Dora Fanny Rittmeyer auch ihre erste Ehrendoktorin.

250 Hedwig Schmid-Opl, Gewinnerin des Lazarus-Preises 1942

Referentin am IX. Internationalen Philosophenkongress in Paris 1937

Die Methode und die Grenze der Methode bei Plato
[Anna Tumarkin]

Anna Tumarkin trat 1937 in Paris am *IXe Congrès international de philosophie* auf. In der französischen Hauptstadt war gleichzeitig die *Exposition Internationale dans la Vie Moderne* zu Gast. Weltausstellung und Kongress tagten in einer «époque de désespoir», einem politisch spannungsgeladenen und grausamen Umfeld.[636]

In der stalinistischen Sowjetunion begann der Grosse Terror. Politische Gegner Josef W. Stalins wurden 1937 in Moskauer Schauprozessen zum Tode verurteilt, hochrangige Militärs der Roten Armee wegen Hochverrats hingerichtet, Juden schikaniert.

In Deutschland wurde Jagd auf Juden, Pazifisten und politische Gegner des NS-Regimes gemacht. Kurz vor Kongressbeginn wurden in einer Verhaftungswelle Ende Juni 1937 Mitglieder der Bekennenden Kirche inhaftiert. Im Juli 1937 eröffnete München die Propagandaausstellung *Entartete Kunst,* auf der Werke von verfemten Künstlern vorgezeigt wurden, und man begann das Konzentrationslager KZ Buchenwald zu errichten.

Es war noch nicht alles allgemein bekannt. Doch über bedenkliche Zustände konnte Tumarkin auch in der Berner Zeitung *Der Bund* lesen: Am 15. Juli 1937 gab es hier einen Bericht über «das politische Morden in Russland». Am 26. Mai 1937 wurde der *Völkische Beobachter* im *Bund* mit einem Kommentar zur Einschränkung der Reisefreiheit zitiert: «Allen ordnungsfeindlichen Elementen aus Deutschland solle mit dem Verbot der Ausreise die Möglichkeit genommen werden, irgendwelche Sabotageakte auszuüben, die dem deutschen Volk in die Schuhe geschoben würden.» Die Ausreise deutscher Gelehrter, um den *IXe Congrès international de philosophie* in Paris zu besuchen, war also gefährdet.

Die Weltausstellung präsentierten sich mit kaum mehr zu überbietender Monumentalität und architektonisch greifbarer politischer Spannung. Pablo Picasso protestierte mit *Guernica,* einem drei auf sieben Meter grossen Gemälde, gegen den Angriff der deutschen Legion Condor im spanischen Bürgerkrieg. Die stalinistische Sowjetunion und das nationalsozialistische Deutschland lieferten sich den «Krieg der Paläste».

1936 gewann der neu gebildete linke Front populaire mit der Parole «Brot, Frieden, Freiheit» die französischen Parlamentswahlen, und der Sozialist Léon Blum wurde zum Ministerpräsidenten gewählt. Irène Joliot-Curie war in seinem Kabinett Unterstaatssekretärin für wissenschaftliche Forschung geworden, wie das *Jahrbuch der Schweizerfrauen* stolz hervorhob. Die Volksfront verfolgte konsequent das Prinzip der Nichteinmischung gegenüber dem spanischen Bürgerkrieg und praktizierte gegenüber dem NS-Regime eine Beschwichtigungspolitik.[637]

251 Exposition Internationale in Paris 1937. Links der sowjetische Pavillon mit Hammer und Sichel, rechts das Deutsche Haus mit dem Reichsadler.

Nach den pompösen Olympischen Spielen des Vorjahres in Berlin wollte Paris nicht zurückstehen. Die französischen Philosophen feierten 1937 ihre geistigen Helden, allen voran René Descartes, der 300 Jahre zuvor anonym seinen *Discours de la méthode pour bien conduire sa raison* publiziert hatte – seine Abhandlung über die Methode, vernünftig zu denken und die Wahrheit in den Wissenschaften zu suchen.

«Wohl noch nie ist das Zentenar des Erscheinens eines Werkes so grosszügig gefeiert worden wie das Jubiläum, das in Frankreich anlässlich der dreihundertsten Wiederkehr des Erscheinungsjahres von Descartes ‹Discours de la méthode›», schrieb die *Neue Zürcher Zeitung* am 30. April 1937. Man unterstrich die neue Rolle der Philosophie: «La philosophie est des siècles, non du jour. En elle, il n'y a pas d'actualité.» [638]

Der Kongress wurde von den Société Française de Philosophie, einer 1901 gegründeten französischen Gelehrtengesellschaft, organisiert. Die Eröffnungszeremonie fand im Grand Amphithéâtre der Sorbonne im Beisein hoher Politiker und Wissenschaftlern statt. Die Kongressverantwortlichen wollten von Descartes und den Problemen seiner Philosophie ausgehen, um dann die Grundfragen nach dem Wesen und Wert der Vernunft in den Mittelpunkt der Betrachtungen zu rücken.[639]

Um die Fülle der Vorträge zu bändigen, gruppierte man sie um sechs grosse Themen-Blöcke.[640]

Zu jedem Thema gab es eine Vollversammlung, dazu eine Serie von «Communications» in Sektionen und Untersektionen. Die Voten wurden simultan in zehn Sälen disputiert. Die Kongressisten erhielten fortlaufend alle Texte. Das ergab ein platzraubendes Gepäck von 12 dicken Bänden. Es sei ein geradezu pittoreskes Spektakel gewesen, zu beobachten, wie sich die bunt gemusterte Menge froh durchs Quartier Latin bewegte, die Hände von Bücherlasten beschwert. [641]

Anna Tumarkin referierte im zweiten Block *La Méthode et les méthodes* zum übergeordneten Thema *L'unité de la science dans l'histoire de la pensée.* Hier beschloss sie ihren Vortrag zu *Methode und Grenze der Methode bei Plato* mit den Worten: «Indem die Philosophie sich selbst durch einen eigenen, aus ihren ursprünglichen Bedürfnissen hervorgegangenen Glauben an die Vernunft selbst eine Grenze setzt, sichert sie sich damit die systematische Einheit ihres Vernunftgehaltes.»[642]

Zu Descartes äusserte sie sich nicht.

In den Besprechungen und Rezensionen wurde sie nicht erwähnt. Einzig der Betrachter, der auf die russische Philosophie fo-

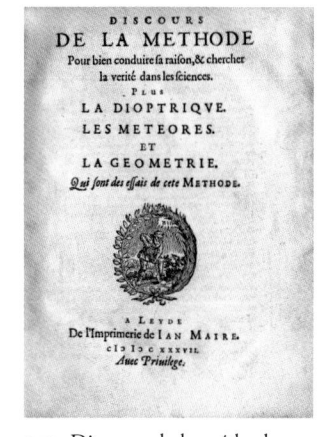

252 Discours de la méthode pour bien conduire sa raison & chercher la vérité dans les sciences, *Leiden 1637*

kussierte und Anna Tumarkin dazu zählte, schrieb enttäuscht: «Die Kongressveteranin Anna Tumarkin» aus Bern sei «im kanonischen Textfeld» geblieben und habe über Platon gesprochen.[643]

Die Kongressverantwortlichen organisierten wie üblich schöne Vergnügungen: das Mozart-Konzert und der Nouveau Palais des Beaux-Arts konnten im *tenue de soirée,* der Louvre im *tenue de ville* genossen werden. Die Bibliothèque nationale zeigte eine Descartes-Ausstellung. Exkursionen und zusätzlich organisierte Reisen führten vornehmlich an Orte, an denen Descartes gelebt und gewirkt hatte.

Selbst über den Kongressbetrieb hinaus wurden Ausflüge organisiert. Sie waren nicht gratis. Wollte Anna Tumarkin die Vallée de Chevreuse und Versailles besuchen, kostete das 75 Franken. Ein Trip zu den Loire-Schlössern wurde für 200–350 Franken angeboten. Da sie schon in Paris war, kann man annehmen, dass Anna Tumarkin zumindest die Weltausstellung besuchte.

Der Einfluss des Nazi-Regimes und die Auseinandersetzung mit Martin Heidegger

Gegen die herrschende liberal-demokratische Wissensauffassung
[Deutsche Antwort]

Am Kongress fehlte eine offizielle russische Vertretung. Das hatte seine politische Dimension, «weil wohl Paris inzwischen das wichtigste Exil für russische Denker» war. Die neun Russen auf der Liste der Teilnehmenden, zu denen auch mal Anna Tumarkin gezählt wurde, bezeichneten ihr Gastland oder ihren Fluchtort als ihre Herkunft. Die Société russe de philosophie des sciences firmierte zum Beispiel unter Frankreich.[644]

Länderzuweisungen in der offiziellen «Liste des Membres» waren also mit Vorsicht zu geniessen, denn Juden, Pazifisten und Sozialisten waren oft im Exil oder auf der Durchreise. Der «englische» Kongressbesucher Theodor Wiesengrund aus London etwa war der deutsch-jüdische Philosoph Adorno. Er brachte sich zuerst nach Grossbritannien, dann in die USA in Sicherheit.[645]

Für die Verfolgten war der Kongress über die wissenschaftlichen Ziele hinaus auch eine Möglichkeit, sich nach sicheren Aufenthalten und Beschäftigungen umzusehen. Oder eine Flucht zu planen. Trotz oder wegen der politisch schwierigen Zeit hatte sich jedenfalls eine niemals erwartete hohe Anzahl Besucher und Besucherinnen für den Kongress interessiert. Über 800 aktive oder assoziierte Mitglieder aus 38 Nationen schrieben sich regulär zu den 320 «Communications» ein.[646]

Die Deutschen brachten mit 19 Mann die grösste aktive Philosophendelegation nach Paris. Sie trat martialisch auf, manche Professoren trugen Parteiuniform.[647]

Angesichts der dramatischen politischen Ereignisse gerieten die philosophischen Erörterungen ins Hintertreffen. Schon die Eröffnung des Kongresses liess anhand gefährdeter Philosophen die Problematik erahnen.

Der grosse französische Lyriker Paul Valéry eröffnete den Kongress im Namen der Académie française, der ältesten und prestigereichsten Institution im geistigen Leben Frankreichs. Die ausländischen Gäste wurden vom britischen Adeligen Herbert Samuel vertreten. Er war Vorsitzender der Liberal Party und der erste nicht konvertierte Jude, der eine der grossen britischen Parteien anführen durfte. Zum Ehrenpräsidenten des Kongresses war der jüdische Philosoph und Nobelpreisträger Henri Bergson aus Paris bestimmt worden. Als Sekretär arbeitete der belgische Dozent Raymond Bayer, unter dessen fürsorglicher Leitung auch die umfangreichen Kongressbeiträge veröffentlicht wurden. Das Organisationskomitee präsidierte der französische Philosophiehistoriker Prof. Emile Bréhier.

Für sie alle waren es damals keine unbeschwerten Jahre. Entweder waren sie Juden wie Zay, Samuel und Bergson, die sich mit dem Antisemitismus konfrontiert sahen, oder sie waren nicht im Einklang mit den Ideen der allmählich erstarkenden politischen Meinungen. Auf sie wartete kaum je eine glückliche Zukunft. Der französische Abgeordnete Édouard Herriot wird 1942 vom Vichy-Regime unter Hausarrest gestellt, Jean Zay 1944 von der Vichy-Miliz im Wald von Molles bei Vichy hingerichtet werden. Paul Valéry wird 1941 mit seiner Gedächtnisrede zu Ehren des jüdischen Philosophen Henri Bergson die Stellung als universitärer Direktor einbüssen. Der 78-jährige Franzose Henri-Louis Bergson, der auch angesichts des anschwellenden Antisemitismus seine jüdischen Wurzeln nicht verleugnen und sich trotz massiven Diskriminierungen als Jude registrieren lassen wird, sollte aber demonstrativ auf alle seine Auszeichnungen, Titel und Mitgliedschaften verzichten müssen. Emile Bréhier, der im Ersten Weltkrieg den linken Arm eingebüsst hatte, 1925 nach Kairo abgeschoben, 1936 nach Rio de Janeiro versetzt worden war, bevor er eine «magistrale» *Histoire de la Philosophie* schrieb, wird erst 1941, bereits 64-jährig, Bergsons Nachfolger an der Pariser Universität werden können. Raymond Bay-

253 Die Mitglieder des IXe Congrès international de philosophie 1937 in Paris. Anna Tumarkin ist die vierte Frau von links in der vordersten Reihe.

er hingegen, verheiratet mit einer von Bréhiers Töchtern, sollte es besser ergehen und er wird gleich nach dem Kongress Professor im belgischen Caen und 1942 in Paris Professor werden.

Hinter den Kongresskulissen gab es ein tödliches Gerangel um politischen und wissenschaftlichen Einfluss. Manche mit dem nationalsozialistischen Regime kooperierende deutsche Philosophen, unter ihnen Martin Heidegger und Hans Heyse, wollten nämlich die Tagung nutzen, um dem zu erwartenden «Vorstoss der herrschenden liberal-demokratischen Wissensauffassung überhaupt» eine klare deutsche Antwort zu erteilen.

Martin Heidegger, Freiburger Philosophieprofessor und NSDAP-Mitglied, wartete dann allerdings vergeblich darauf, offiziell von deutscher Seite als Delegationsleiter nach Paris geschickt zu werden. Nach Rangeleien zwischen Partei- und Amtsstellen sagte er schliesslich gekränkt seine Teilnahme ab.[648] Auch der mit Heidegger geistig verbundene Karl Jaspers fehlte. Verheiratet mit einer jüdischen Frau war er von der Heidelberger Universitätsverwaltung ausgeschlossen und 1937 zwangspensioniert worden, schliesslich in die innere Emigration abgetaucht.[649]

Führer der deutschen Delegation wurde Hans Heyse, Leiter der Kant-Gesellschaft und Nietzsche-Kenner. Er hatte 1919 bei Tumarkins deutschem Kollegen Richard Herbertz promoviert. Seine Doktorarbeit, die nach langer französischer Kriegsgefangenschaft entstanden war, widmete er seinem gefallenen Bruder und den toten Freunden. «Über alles Sichtbare hinaus» hätten diese Kriegsopfer eine Gemeinschaft erschaffen, die unvergänglich sei, «weil in ihr die Idee des Lebens selbst, als die lebendige Idee der Ethik, gegenwärtig» sei.[650] Heyse war dann 1935 gegen den Willen der dortigen Philosophischen Fakultät nach Göttingen berufen worden, nachdem man den angesehenen Ordinarius Georg Misch vertrieben hatte. Der Dilthey-Schüler und -Schwiegersohn musste 1938 nach Grossbritannien emigrieren. Nach seinem Rauswurf setzte sich Anna Tumarkin noch persönlich für die Familie Mischs ein (siehe S. 365).[651]

Heyse präsentierte sich am Kongress als Göttinger Professor und «Vertreter des nazistischen Post-Cartesianismus». «Die neue deutsche Universität», verkündete er, «hat nur ein Gesetz: aus dem Urgrund unserer germanisch-deutschen Wirklichkeit heraus [...] den tiefsten Absichten und Zielen des Führers des deutschen Volkes zu dienen.»[652] Die «Gewissheit eines neuen Seins und Lebens, das sich neue Ordnungen, Formen und Werte schaffen wird, dämmert herauf», war sich Heyse sicher. Das neue Leben habe für den germanisch-deutschen Menschen bereits Gestalt gewonnen in der «Idee und Wirklichkeit des Neuen Reichs». 1938 wird Heyse zum Präsidenten der Wissenschaftlichen Akademie des NS-Dozentenbundes an der Universität Göttingen ernannt werden. 1945 wird er des Amtes enthoben und 1953 offiziell emeritiert werden.[653]

Anna Tumarkin hatte sich Mitte der 1930er-Jahre mit der Philosophie Martin Heideggers beschäftigt, kam aber nicht mit ihr zurande, sodass ein angedachter Vortrag ausfiel.[654] Nach dem Kongress wird sie sich erneut mit seiner Ideologie auseinandersetzen. Hans Strahm vermutete, dass ihr, der Platonikerin, die Beschäftigung mit Heidegger «wohl die tiefste Erschütterung ihres philosophischen Denkens verursacht» habe: «Sie, die sonst mit Büchern so behutsam umging wie mit Menschen, hat Heideggers *Sein und Zeit* förmlich zerpflügt. Er vermochte jedoch ihre grundsätzliche Einstellung zum objektiven Gehalt des Lebens schliesslich nur zu festigen. Das Ergebnis dieser leidenschaftlichen Auseinandersetzung ist die Studie unter dem Titel *Heideggers Existenzialphilosophie*. Hier in dieser Auseinandersetzung kommt ihr bereits erwähnter Grundsatz der philosophischen Interpretation: ‹Soll ein Mensch, dessen Ideen wir nicht teilen, von uns verstanden werden, so müssen wir erkennen, warum er selber diese Ideen für richtig hält›, in vorbildlicher Weise zum Ausdruck. ‹Ich kenne keine Philosophie›, so meint Tumarkin, ‹aus der ein so ernst gemeinter, tiefer Zweifel an einen objektiven

254 Martin Heidegger 1934 mit dem alten Hoheitszeichen der NSDAP

Sinn des Daseins spräche, wie ihn Heidegger als Stimme des Gewissens zu vernehmen glaubt›.»⁶⁵⁵

Ihre Antwort auf Martin Heidegger, der 1945 mit einem Lehrverbot durch die Besatzungsmacht belegt werden wird, gab Anna Tumarkin 1943 in ihrer Untersuchung über den *Begriff des Apeiron in der griechischen Philosophie*. Hier legte sie ihre Auffassung des objektiven Gehalts des Lebens im Spiegel der Interpretation von Plato letztmalig mit aller Entschiedenheit klar.⁶⁵⁶

Referentinnen am Philosophenkongress

Ein unbekannter Aussenseiter und dazu noch eine Frau bar aller gläubigen Ehrfurcht
[Albert Menne/Magdalena Aebi]

Auch den Referentinnen, die am IX. Kongress vortrugen, sass die Politik im Nacken. Grete Hermann stammte nur auf dem Kongresspapier aus dem dänischen Ostrupgaard. Hier war die Bremerin auf ihrer Flucht gerade gestrandet und lebte mit sieben älteren Kindern in einer Exilschule. Sie zog dann nach London weiter, schloss eine Scheinehe und erwarb die britische Staatsangehörigkeit.

Nach dem Krieg wird Grete Henry-Hermann am Aufbau der Pädagogischen Hochschule Bremen mitwirken. Ihre Schülerinnen, die Unterernährung, Krankheit, zerstörtes Elternhaus erlebt hatten und sich «in einem gebrochenen Weltbild am Suchen» befanden, empfanden es als Glück, Hermann zum Vorbild zu haben: «An ihr konnten wir uns neu aufrichten.» Grete war selbstbestimmt, vernünftig und «der Inbegriff von Toleranz und klarer Glaubwürdigkeit».⁶⁵⁷ Schliesslich wird sie als Professorin für Philosophie und Physik lehren und sich in der bildungspolitischen Arbeit der SPD und der Gewerkschaften engagieren.

Die 49-jährige deutsch-jüdische Indologin Betty Heimann war in Halle habilitiert und 1931 zur nicht beamteten ausserordentlichen Professorin ernannt worden. 1931/32 hielt sie sich, finanziert durch ein britisches Stipendium, zu Forschungszwecken in Indien auf. Als ihr die Lehrbefugnis im Herbst 1933 als Folge antijüdischer Gesetze entzogen wurde, befand sie sich gerade auf einer Vortragsreise in England und wohnte damals gerade in Pine Cottage, Amberley. Sussex.⁶⁵⁸ Deshalb wurde Betty Heimann am Kongress als Engländerin betrachtet. Heimann kehrte nicht nach Deutschland zurück. Sie wirkte bis Kriegsende als Dozentin für Indische Philosophie in

255 *Grete Hermann, Referentin am Philosophenkongress in Paris 1937*

London. Von 1945 bis 1949 wird sie als Professorin für Sanskrit an der Universität in Colombo (Sri Lanka) lehren.[659]

Aktive weibliche Gelehrte verirrten sich auch in den 1930er-Jahren selten unter die Kongressisten. Ehefrauen der Redner kamen als Mitbringsel zu den Konferenzen. Der Genfer Philosoph Charles Werner erschien 1937 mit seiner Sekretärin und seiner Frau Edith Gourd, der Schwägerin der Frauenrechtlerin Emilie Gourd auf dem Philosophenkongress. Tragisch war der Besuch der Genferin Hélène Claparède-Spir mit Gatte Edouard. Das Ehepaar vertrat den Vortrag seines Sohnes Jean-Louis. Er war im April plötzlich an Herzversagen verstorben, während er über der Arbeit zur Philosophie seines Grossvaters African Spir sass, die er am Kongress vorstellen wollte.[660] Tumarkin kannte Edouard Claparède vom 2e Congrès international de Philosophie her, dem er 1904 in Genf als Generalsekretär gedient hatte (siehe S. 126 und 127).

Das Internationale Philosophenmeeting von 1937 in Paris war für lange Zeit das letzte gewesen. Der im niederländischen Groningen für 1941 geplante Kongress konnte wegen des Zweiten Weltkriegs nicht durchgeführt werden.[661]

In der Nachfolge Tumarkins wird später die in Zürich promovierte Magdalena Aebi dafür sorgen, dass weiterhin eine Schweizerin an den internationalen Philosophentreffen 1948 in Amsterdam, 1953 in Brüssel und 1968 in Wien teilnehmen wird.[662] Mit den Tantiemen aus der väterlichen Landmaschinenfabrik zu Burgdorf gönnte sich die Kant-Kennerin ein freies, unabhängiges Leben ohne eigene Haushaltsverpflichtungen. Aebi wird nach einer frühen erfolglosen Berner Bewerbung zeitlebens keine universitäre Dozentur anstreben, aber auf zahlreichen Kongressen und Tagungen auftreten.

Die eigenwillige Frau wird die Philosophenwelt schockieren, indem sie Kant in zentralen Beweisgängen logische Fehler nachweist. Es wird Aufsehen erregen, wenn «ein unbekannter Aussenseiter und dazu noch eine Frau bar aller gläubigen Ehrfurcht» das stolze Kant'sche Gebäude mit «scharf geschliffener» Logik erschüttert.[663] Enttäuscht von der Inexaktheit und Unzuverlässigkeit der neukantischen Interpretationen und der nachkantischen Systeme aber wird Aebi nur mit Kants Originaltexten arbeiten. So wird es denn in ihren vielhundertseitigen Büchern auch keinen Hinweis auf Tumarkins Kant-Arbeiten geben.[664]

256 Büste von Betty Heimann, gestaltet von ihrer Freundin Grete Budde

257 Hélène Claparède-Spir mit dem Bild ihres Mannes Edouard

258 Magdalena Aebi, Tumarkins Nachfolgerin als Kongressrednerin

X Verfechterin schweizerischer Werte in den 1940er-Jahren

Die «Weisen von Zion», der tote NSDAP-Funktionär und die geistige Landesverteidigung

Die Einigkeit unter allen Eidgenossen muss den Sieg davon tragen
[Robert Grimm]

Wie auf dem Kongress trafen auch an der Universität Bern begeisterte Deutsche und bedrohte Juden aufeinander. Nationalsozialisten, die sich nicht vom Führereid entbinden lassen wollten, wurden aus Bern ausgewiesen. Die Universität Bern stellte Dozenten ein, deren Leben in Deutschland unmöglich gemacht wurde. Die Universitätsleitung versuchte, die Klippen zu umschiffen, ohne die Hochschule zu gefährden.

In den Vorkriegsjahren herrschte eine gespannte Atmosphäre, wenn Probleme an die Öffentlichkeit und in die Medien drangen. Das war besonders bei den beiden Gerichtsverfahren um die *Protokolle der Weisen von Zion* der Fall. In den Protokollen wurde mit gefälschten Dokumenten eine jüdische Weltverschwörung behauptet. In ihrer antisemitischen Propaganda bedienten sich Nationalsozialisten und Frontisten gerne des verleumdenden Machwerks.

1933 suchten Berner israelitische Gemeinden dieser Hetzschrift gegen die Juden mit einem Gerichtsentscheid beizukommen. Die Verhandlungen vor dem Amtsgericht Bern konnten in der Presse engmaschig verfolgt werden. «Aus dem Gerichtssaal. Schweizerische Juden gegen schweizerische Nationalsozialisten», berichtete der Berner *Bund* am 17. November 1933: «Die beiden Organisationen erheben Strafklage gegen die Gauleitung nationalsozialistischer Eidgenossen sowie gegen Unbekannt. Sie machen geltend, dass nach Entstehung und publizistischer Tätigkeit der Fronten sich jüdische Kreise in ihren Persönlichkeitsrechten schwer verletzt fühlen.» Bilder zeigten die beiden Kläger mit ihren Berner Anwälten: Darauf waren vorne links Marcel Bloch, Vertreter des Schweizerischen Israelitischen Gemeindebundes, und neben ihm Emil Bernheim von der Israelitischen Kultusgemeinde Bern zu sehen. Hinter Bloch sass Zivilprozessrechtler Prof. Hans Matti, Tumarkins Kollege aus der Juristischen Fakultät, und neben ihm Fürsprech Dr. Georges Brunschvig.⁶⁶⁵

Das Berner Amtsgericht stellte schliesslich im Mai 1935 fest: «Irgend ein Beweis dafür, dass die sog. Protokolle, wie sie in der Broschüre Fritsch enthalten sind, irgendwo und irgendwann von einem oder mehreren Juden im Auftrag einer geheimen jüdischen Weltregierung ausgearbeitet, vorgetragen, beraten worden sind, ist nicht erbracht worden.» In erster Instanz wurden mehrere Angeklagte wegen der Verbreitung von Schundliteratur verurteilt.

Das Berner Obergericht hob dieses Urteil im November 1937 wieder auf, da der Begriff «Schundliteratur» gemäss Berner Straf-

259 *Prozess um die Protokolle der Weisen von Zion: Marcel Bloch, Emil Bernheim, Hans Matti, Georges Brunschvig (v.l.n.r.)*

gesetzbuch auf politische Propaganda ohne pornografische oder obszöne Komponente nicht anwendbar sei. Es fand sich kein Paragraf im Gesetzbuch, mit dem die Hetzer hätten verurteilt werden können. Das Gericht zog jedoch den von der Vorinstanz festgestellten fiktiven Charakter der *Protokolle* nicht in Zweifel und bezeichnete das von den Frontisten verteilte Material als «Hetzartikel gemeinster Sorte».[666]

Das Urteil war wohl rechtsstaatlich ebenso sauber, wie politisch enttäuschend.

Heftig war der Zusammenstoss zwischen nationalsozialistischen Deutschen und demokratischen Schweizern, als David Frankfurter am 4. Februar 1936 in Davos den NSDAP-Funktionär Wilhelm Gustloff erschoss. Der in Bern immatrikulierte jüdische Medizinstudent wollte die Misshandlungen deutscher Juden durch die Nazis anprangern.

Nur gut drei Wochen zuvor hatte Carl *Bö* Böckli auf der Titelseite des *Nebelspalters* die allzu large Haltung der Schweiz gegenüber Nationalsozialisten karikiert. Unter dem Titel *Gustloff und wir!* zeichnete er den Leiter der NSDAP-Landesgruppe Schweiz, wie er der Schweiz auf der Nase herumtanzt.[667]

Für die NSDAP war Gustloff ein bewunderter «Blutzeuge». Die nationalsozialistische Regierung Deutschlands verdammte die «Schweizer Hetzpresse». Sie benutzte die Tat zu antijüdischer Propaganda sowie zu Angriffen auf die Schweiz.

Der Prozess in Chur erregte Mitte Dezember 1936 internationales Aufsehen, als David Frankfurter wegen Mordes zu 18 Jahren Haft und lebenslänglicher Landesverweisung verurteilt wurde. Er wird nach Kriegsende begnadigt werden und umgehend nach Palästina ausreisen.

Beängstigendes passierte am Samstag, 12. März 1938, als die Truppen der deutschen Wehrmacht die Grenze bei Braunau überschritten und ohne Widerstand in Österreich einmarschierten. «Auf dem Marsch vom Bahnhof in die Kantonnemente wurden die Truppen von der Bevölkerung in den Strassen und vom österreichischen Militär mit Jubel begrüsst», notierten die Zeitungen. Bilder von den Grenzübergängen zeigten die in aller Plötzlichkeit gebildete österreichische SA, die den Kontrolldienst mit angehängtem Gewehr und Hakenkreuzarmbinde übernahm.[668]

Der schweizerische Bundesrat beteuerte hierauf feierlich den Willen des Schweizervolkes, sich von fremden Händeln fernzuhalten und die eigene Unabhängigkeit notfalls mit Waffengewalt zu verteidigen.

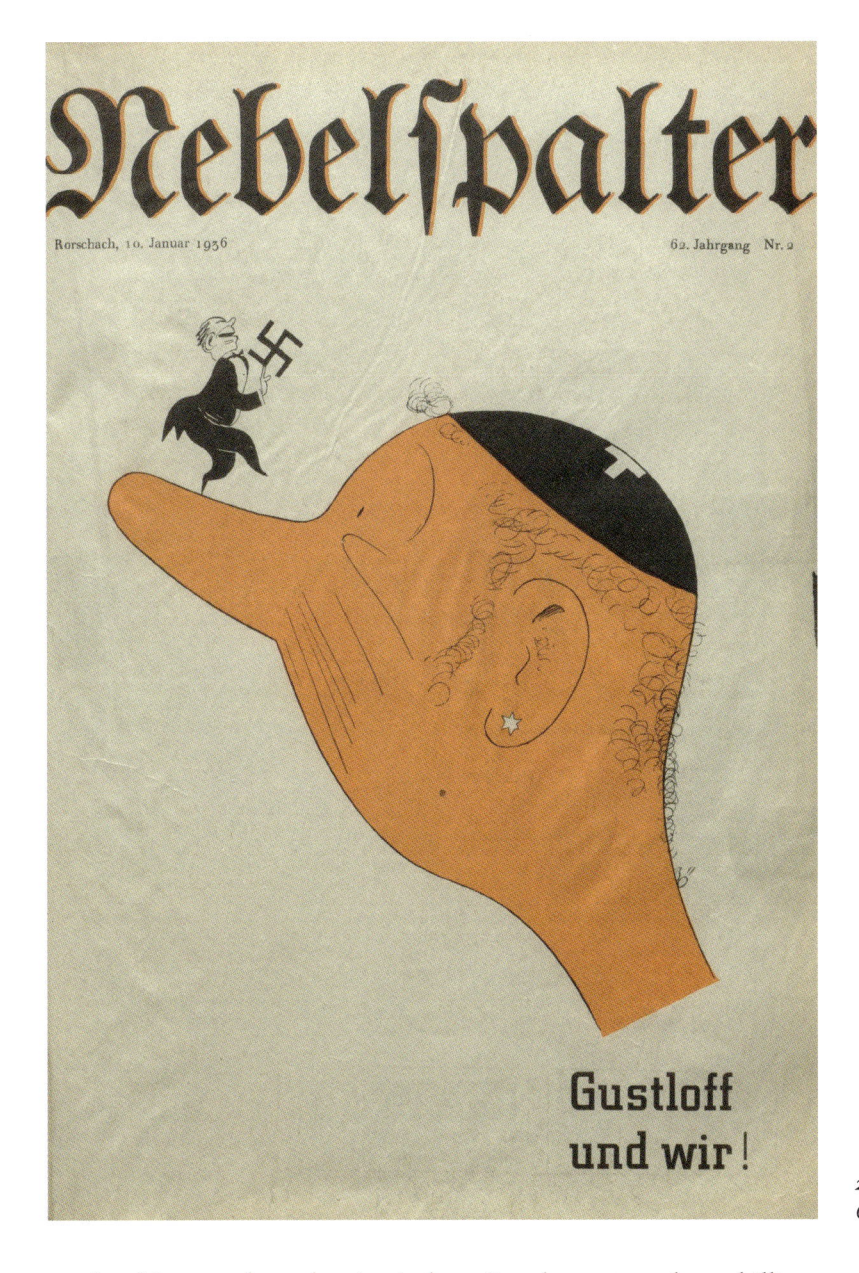

260 Carl Böckli: *Gustloff und wir!*

Im Namen der schweizerischen Bundesversammlung billigte Arbeiterführer Robert Grimm am 21. März 1938 die Erklärung des Bundesrates. Er erinnerte an die Tapferkeit des Kriegshelden Adrian von Bubenberg aus dem 15. Jahrhundert und an seine Weisung: «So lange in uns eine Ader lebt, gibt keiner nach.» Das Schweizervolk sei bereit, die Opfer zu bringen. «Aber die militärische Rüstung», gab Grimm zu bedenken, «wäre nutzlos, wenn sie sich nicht auf die geistigen und moralischen Kräfte des gesamten Volkes stützen

261 Gleichschaltung in Österreich. An der schönen braunen Donau

könnte: Die Einigkeit unter allen Eidgenossen muss den Sieg über politische und wirtschaftliche Gegensätze davon tragen.»

In der bundesrätlichen Botschaft vom 9. Dezember 1938 erhielt die Geistige Landesverteidigung aus der Feder von Bundesrat Philipp Etter eine offizielle Formulierung. Die Schweiz war überzeugt: Das Land brauchte Einigkeit, einen Schulterschluss über alle Parteien hinweg und die Überwindung der Klassengegensätze.[669]

Engagierte Frauenvereinigungen protestierten energisch dagegen, dass der Bundesrat nicht auch offiziell an die Frauen appelliert hatte, waren doch auch sie «bis ins Tiefinnerste» getroffen. Erneut traten sie mit einer *Kundgebung der Schweizer Frauen* für

262 *Links zeigt Robert Grimm den Weg; rechts geht General Henri Guisan.*

Demokratie und Unabhängigkeit an die Öffentlichkeit. Mit dabei war wiederum der Verband der Akademikerinnen, dem Tumarkin und Hoff angehörten.[670]

Am 1. Oktober 1938 marschierten deutsche Truppen in die Tschechoslowakei ein. In der Reichspogromnacht vom 9./10. November 1938 führten Judenverfolgungen zur organisierten Zerstörung von Synagogen und zur Verschleppung von etwa 30 000 männlichen Juden in Konzentrationslager. Darüber konnte man auch im Berner *Bund* lesen, inklusive Göbbels Lüge von der «berechtigten und verständlichen Empörung des deutschen Volkes» über einen feigen jüdischen Meuchelmord.[671] Am 23. August 1939 wurde der Hitler-Stalin-Pakt geschmiedet. Der deutsch-sowjetische Nichtangriffspakt ebnete den Weg für die Invasion und Besetzung Polens. Und am 1. September 1939 begann mit dem deutschen Angriff auf Polen der Zweite Weltkrieg.

Der Bundesrat ordnete die Generalmobilmachung an. Am 30. August 1939 wählte die Vereinigte Bundesversammlung Henri Guisan zum Oberbefehlshaber der Schweizer Armee. Der Mobilmachungsbeschluss erschien am 2. September in den Zeitungen. Am 3. September 1939 erklärten Grossbritannien und Frankreich Deutschland den Krieg.

Der Krieg hatte seine Auswirkungen auch im Kleinen und für die Universität Bern. Der Mangel an Heizmaterial und kriegsbedingte Anordnungen wie etwa die Verdunkelungsvorschriften erschwerten die universitäre Institution. Die Einberufung militärdienstpflichtiger Dozierender und Studierender ins Ausland oder an

263 Samstag, 2. September 1939: Generalmobilmachung der schweizerischen Armee

die Schweizer Grenze lähmten den Lehrbetrieb. Vermehrt wurden Frauen eingestellt, wenn auch nur interimistisch. Anna Tumarkin musste die Arbeit von abwesenden Kollegen übernehmen. Sie hielt Kolloquien von 20.00 bis 21.30 Uhr ab, da sie «keine andere für alle passende Stunde finden» konnte.[672]

Ida Hoff hatte als Schulärztin und als Allgemeinpraktikerin viel zusätzliche Arbeit zu leisten. Dazu kamen 1940 noch die sanitarischen Untersuchungen der Berner FHD-Rekrutinnen.[673]

Feriendaten, Semesteranfang und -ende wurden nach den jeweiligen Mobilisationsterminen gerichtet. Es gab Schwierigkeiten mit Flüchtlingen und Internierten zu meistern, die hier ihr Studium fortsetzen sollten. Festivitäten wie das Rosengartenfest, der akademische Ball, der Korporationskonvent und die Fackelzüge fielen aus.[674] Die Schweiz besann sich auf sich selbst und suchte Zuversicht in den heroischen Ereignissen in ihrer Geschichte. Mit grosser Inbrunst feierte die Bundesstadt am 25. Juni 1939, noch vor dem eigentlichen Kriegsbeginn, die siegreiche Schlacht bei Laupen von 1339.

1941 feierte man die 650 Jahre der wohl 1291 gestifteten schweizerischen Eidgenossenschaft und die 750 Jahre der mutmasslich 1191

264 Feier zum Sieg in der Laupenschlacht 1939 auf dem Münsterplatz

gegründeten Stadt Bern. Die Hochschule ging aus einer «lebhaften Anteilnahme heraus» den grossen Festivitäten der Stadt voran und gedachte am 27. Juni 1941 mit Festzug und Aula-Feier der Stadt- und Staatsgründung. An dem von Studenten organisierten Festzug war die Dozentenschaft in corpore – mit Anna Tumarkin? – vertreten.[675]

Anna Tumarkin an der Landesausstellung im Kriegsjahr 1939

Die Besinnung auf das Eigene
[Walther Hünerwadel]

«Die beste Form der geistigen Landesverteidigung scheint mir die Besinnung auf das Eigene zu sein», schrieb der liberale und vom klassischen Bildungsideal geprägte Rektor der höheren Städtischen Schulen Winterthurs, Walther Hünerwadel. Er propagierte Ende 1938 eine weltoffene Vaterlandsliebe: «Die Lage und die Struktur der Schweiz weisen ihr aber auch den Weg zur richtigen Verwertung der für sie doch auch wieder unentbehrlichen Einflüsse aus den landesfremden Kulturen und verhindern damit einen engherzigen Chauvinismus.»[676]

An der Landesausstellung, die vom 6. Mai bis zum 29. Oktober 1939 in Zürich gezeigt wurde, fand die geistige Verteidigung ihren publikumswirksamsten Ausdruck. Dass der «Landigeist» im

265 Hermann Haller: Mädchen mit den erhobenen Händen

4,5-Millionen-Volk weitgehend auf Zustimmung stiess, bewies auch die überraschend hohe Besucherzahl mit über 10 Millionen bezahlten Eintritten. Der Schifflibach, die schiffbare Wasserstrasse und die Landi-Seilbahn, die über den See schwebte, waren Hauptattraktionen auf dem grossen Gelände mit der Vorstellung industrieller und gewerblicher Leistungen und den mannigfaltigen Attraktionen.

Die Ausstellung wurde «schnell zu einem Massenritual nationaler Selbstbehauptung» und stolz geschmiedeter Volksgemeinschaft. «Wir wollen andere Nationen davon überzeugen, dass wir Schweizer nicht nur eine Interessengemeinschaft sind, sondern ein wahres Volk, geeint kraft gemeinsamen Willens und besonderer Sendung.»[677]

Nach Kriegsausbruch blieb die Landesausstellung für drei Tage geschlossen. Es mussten die ausgestellten Waffen für den Ernstfall bereitgestellt werden. Die Wiedereröffnung der *Landi 39* wurde vom eben gewählten und nur in Kriegszeiten eingesetzten General Henri Guisan veranlasst.[678]

Wenn sich die Landesausstellung bemühte, Einheit zwischen den Parteien, den Sprachregionen, den Klassen, den Konfessionen, den alteingesessenen, den ausländischen und den «gewordenen Schweizern» zu demonstrieren, so waren nach damaliger Sicht die Frauen mitgemeint. Anliegen und Leistungen der Schweizerinnen wurden nicht speziell hervorgehoben, sondern bloss in die Ausstellung mithineingewoben. So ist verständlich, dass sich die auf der Landiwiese stehende Mädchenskulptur nach Anerkennung sehnte und ihre Arme hilfesuchend in den Himmel reckte … [679] Hermann Haller, der Begründer der modernen Plastik in der Schweiz, stellte sein *Mädchen mit den erhobenen Händen* auf ein meterhohes Podest. Frei von einengenden Kleidern fordert die junge Frau noch heute mit zurückgeworfenem Kopf den Himmel ein.

In der grossen Ehrenhalle waren 150 grosse Persönlichkeiten der Schweiz porträtiert, unter ihnen nur drei Frauen: Napoléons Feindin, die Schriftstellerin Germaine de Staël, die *Heidi*-Autorin Johanna Spyri und die erste diplomierte Ärztin der Schweiz, Marie Heim-Vögtlin. In dem von Hochschule und Wissenschaft publizierten Buch *Grosse Schweizer Forscher* fand sich unter 120 Männern gar keine Frau. Es gab an der Landesausstellung zwar einen speziellen Frauentag, doch die offizielle Ansprache auf dem Festplatz durfte ein Mann halten. Auch fehlte jeglicher Hinweis auf die Vorbildfunktion der SAFFA, an der Anna Tumarkin ihren Anteil hatte.[680]

Die allzu geringe Beachtung der Schweizerin schlug sich auch in den Erinnerungsbüchern und Bildbänden nieder. Die Schweizerischen Frauenverbände mussten sich also selbst um ihre Erinnerungskultur kümmern. Sie publizierten unter anderem das Heft *Du Schweizerfrau*, in dem auch über die «rôle de la femme universitaire en Suisse» nachzulesen war.[681] Und vor allem rückten die Schweizerinnen mit einem eigenen Pavillon auf und organisierten sich einen achteckigen Ausstellungsbau unter dem Motto: «Laissez la voie libre aux femmes capables» – «Geben Sie fähigen Frauen den Weg frei».[682]

Die den Frauen zugestandene Ausstellungsfläche war allerdings klein, und der Pavillon auf dem Orientierungsplan im *Offiziellen Führer* nicht einmal eingezeichnet.[683] Es mute eigentlich sonderbar an, meinte denn auch eine Besucherin in der Zeitung *Ostschweiz*, «dass die Frauen selbst in diesem kleinen achteckigen Pavillon versuchen mussten, ihre Bedeutung innerhalb des Schweizervolkes zur Geltung zu bringen, dass sie selbst bezahlen, selbst die Mittel dazu aufbringen mussten, um nun neben all den anderen teils viel grösseren und bedeutenden Pavillons, die man an der Ausstellung zu sehen bekommt, ebenfalls um die Aufmerksamkeit der Besucher zu werben».[684]

Die Leistungen der Frauen, ihr Nutzen für die Volkswirtschaft und die geistige Landesverteidigung mussten auf kleinstem Raum zusammengedrängt und im aufgefächerten Pavillon mit der Bemerkung «Frauenwerk hat kein Ende» zur Schau gestellt werden. Es wurde auf die politische Ungleichbehandlung der Frauen hingewiesen. «Wäre es nicht ein Vorteil für das Land, wenn die Fähigkeiten der Schweizerfrau auch der erweiterten Familie der Schweizer, dem Grosshaushalt unseres Staates zuflössen?», fragte Annie Leuch-Reineck behutsam. Und Anna Martin, die Initiantin des Pavillons, meinte, es gehe den Frauen «nicht um Recht und Macht», sondern um «Mitarbeit, Mitbestimmung, Mitverantwortung».[685]

Satirische Darstellungen unterstrichen im Pavillon die Forderung nach Gleichberechtigung. Die Frauen plakatierten in ihrem Pavillon weitere Wünsche: Fortbildung für Mädchen, Einführung der Mutterschaftsversicherung, Einfluss auf die Preispolitik, die Frau im Richteramt, die beamtete Pfarrerin und «und vieles Andere mehr».[686]

Der Pavillon der Schweizerinnen und ihre Forderungen standen nicht gerade im Mittelpunkt der medialen Aufmerksamkeit. «Ist die verhältnismässige Kleinheit des Raumes, der den schweizerischen Frauenverbänden für die Darstellung des Frauenwirkens in der Schweiz überlassen wurde, nicht symbolisch für das noch immer sehr beschränkte Mitspracherecht der Frau im schweizerischen Staatswesen überhaupt», fragten sich die *Neuen Zürcher Nachrich-*

ten. Und im *Schweizer Frauenblatt* meldete sich ein «freier schweizerischer Staatsbürger» zu Wort, dem die vorgezeigte Geringschätzung «fast peinlich» war. Der «gerecht denkende Schweizermann» nämlich müsse gestehen, dass die Gleichberechtigung der Frau keine Frauenfrage sei, sondern eine Männerfrage – denn die Männer hätten die Mittel in der Hand, ihre «Lebens- und Arbeitskameraden gleichberechtigt zu machen». [687]

Eine Ausstellungsecke befasste sich mit der weiblichen Wissenschaft. Hier konnte Anna Tumarkin sich selbst begegnen, falls sie zusammen mit Ida Hoff die *Landi 39* besuchte. Es wurden nämlich die Professorinnen der schweizerischen Universitäten mit Fotos vorgestellt. Dass das Bild der *Frauen als Hochschul-Lehrer* schliesslich auch für die breitere Öffentlichkeit sichtbar wurde, war Gottlieb Duttweiler, dem Migros-Gründer, LdU-Nationalrat und Befürworter des Frauenstimmrechts, zu verdanken. Er rückte nämlich grosszügig etliche Bilder aus dem Frauenpavillon in sein Werk über *Eines*

266 Frauen als Hochschul-Lehrer *mit Tumarkins Bild*

Volkes Sein und Schaffen ein. Unter anderem publizierte er auch als einziger die Fotos der Universitätsdozentinnen: Clara Zollikofer, ab 1933 Zürcher Titularprofessorin für Botanik; Sophie Piccard, ab 1938 Neuenburger Extraordinaria für Mathematik; Anna Tumarkin, ab 1909 Berner Extraordinaria für Philosophie; Gertrud Woker, ab 1933 Berner Extraordinaria für Biochemie; Elsa Mahler, ab 1938 Basler Extraordinaria für Russisch; Hedwig Frey, ab 1924 Zürcher Titularprofessorin für Medizin.

Duttweiler sprach vom «Vaterland der Seele» und war überzeugt, dass die Grösse des Schweizerlandes die seines Geistes sei. Diesen Geist und diese Seele verkörperten auch Frauen wie Anna Tumarkin, die Gelehrte mit den russisch-jüdischen Wurzeln. Sie war eine der von ihm beschriebenen Vertriebenen, welche «die Schweiz als Zufluchtsort» gewählt und die – wie Duttweiler anerkannte – der Schweiz von jeher die grossen Werte gebracht hatten.[688]

Anna Tumarkin war in die *Landi 39* eingebunden worden. Und sie stellte sich aktiv der geistigen Landesverteidigung zu Verfügung.

Würdigung des bernischen Kulturphilosophen Beat von Muralt

Lebhafter Beifall dankte Frl. Prof. Tumarkin für ihre Ausführungen
[Der Bund]

1928 hatte Anna Tumarkin die ganz eigene Geistesgrösse der Schweizer Frauen beschrieben, in den 1940er-Jahren wandte sie sich der Philosophie der Schweizer Männer zu. Es dürfte einmalig sein, dass eine national gefasste wissenschaftliche Lehre sich erst auf die weiblichen Grundlagen stützte und erst danach die männliche Ausformung beschrieb.

Zwar hatte sie sich bereits Anfang des Jahrhunderts mit dem Berner Carl Hebler (siehe S. 119) befasst, allerdings nur als Herausgeberin eines seiner Werke. 1933 war ihr, wie die Kritiker rühmten, mit der Arbeit über den Schweizer Ästhetiker Johann Georg Sulzer gar die Ehrenrettung eines zu Unrecht verkannten grossen Schweizers gelungen.[689] Als sich die Schweiz bedroht sah, wandte sich eine dankbare Tumarkin mit besonders leidenschaftlichem Interesse der Schweizer Philosophie zu. Sie hielt Kolloquien über Haller, Sulzer und Rousseau und las Werke von Beat von Muralt und Jean-Jacques Burlamaqui.

Im Sommer 1940 bearbeitete sie für die *Schweizerische Hochschulzeitung* das *Problem der Freiheit in der Schweizer Philosophie*. In diesem Aufsatz berührte sie die Freiheitslehre Heblers, der nichts anderes gewollt habe, «als sich als einfacher Wähler mit seinesgleichen über das alltäglichste politische Schlagwort zu verständigen». Und dies, schloss Tumarkin im Kriegsjahr 1940, «mag uns lehren, den praktischen Idealismus der schweizerischen Philosophen ernst zu nehmen».[690]

Am 28. November 1941 hatte sie im Rahmen der Akademischen Vorträge im Auditorium maximum ihren grossen Auftritt. Sie sprach über den Kulturphilosophen des 17./18. Jahrhunderts, Beat von Muralt.[691] Der Bernburger und Aufklärer war als Hauptmann der Schweizergarde in französischen Diensten gestanden.

Eine «wohlabgerundete Studie», nannte der Rezensent des *Bunds* den Vortrag, den Tumarkin über diese fesselnde Gestalt geboten und die damit ein Stück Geschichte der Schweizer Philosophie präsentiert habe, in der sie sich besonders gut auskenne. Anna Tumarkin habe Beat von Muralt als eine Art neuen schweizerischen Sokrates bezeichnet, dem der Mut zur Wahrheit durchaus nicht gefehlt habe. Muralt müsse als aufschlussreicher Vorläufer der schweizerischen Aufklärung in ihrer grossen Problematik verstanden werden. Er habe gleichsam ein Programm des ganzen 18. Jahrhunderts aufgestellt, «indem er Bodmer vorwegnahm mit seiner Wendung zu England. Sulzer mit dem Kern einer Aesthetik, die grossen Erzieher und schliesslich Haller mit der allgemeinen Kritik der Kultur unter dem Gesichtspunkt der allgemeinen Bestimmung des Menschen.» Als Berner, Schweizer und als Mensch überhaupt habe man sich «durch diese Gestalt angesprochen» gefühlt und lebhafter Beifall dankte Frl. Prof. Tumarkin für ihre Ausführungen.

Ihr Vortrag wurde am 1. Februar 1942 auf sechs grossen Zeitungsseiten im *Kleinen Bund* veröffentlicht. Geschmückt war er – wenn auch seitenverkehrt und in Schwarz-Weiss – mit einem ovalen Porträt des Kulturphilosophen, das Charles Le Brun 1690 gemalt haben soll.[692]

Anna Tumarkin reihte sich in besonderer Weise in die geistige Landesverteidigung ein. Sie traute und schrieb der Schweiz eine eigene Denkweise zu. Dabei weise sie nach, meinte ein Rezensent des *Berner Schulblatts*, «dass schweizerisches Denken immer zur zielbewussten Gestaltung des Lebens» dränge. Und in der *Revue de Théologie et de Philosophie* wurde sie nun selbst als ein Teil der «philosophie en Suisse alémanique» betrachtet. [693]

267 *Beat von Muralt, das Porträt wird Charles Le Brun (1619–1690) zugeschrieben.*

Tumarkins Radiovortrag im Dienst der Geistigen Landesverteidigung

*Schweizern ist Philosophie etwas Tätiges,
das sich auf allen Gebieten des Lebens auswirkt*
[Anna Tumarkin]

Die Schweizerische Rundspruchgesellschaft (SRG) war 1931 von den regionalen Radioprogrammorganisationen in Bern als nationale Dachorganisation gegründet worden. Dem Radio als neuem Medium kam bei der Geistigen Landesverteidigung eine besondere Stellung zu, erreichten doch die halbe Million Radiokonzessionen rund zwei Millionen Zuhörende. Das Schweizer Radio strahlte nicht nur via die Landessender Beromünster, Sottens und Monte Ceneri Beiträge aus, es bot auch Programme aus Brüssel, Wien, Florenz, Frankfurt, Rom, München, aus Grossbritannien und Frankreich an. Das Radio war eine Weltmacht geworden und die suchte man für die geistige Schweiz zu nutzen.[694]

Unmittelbar nach dem Anschluss Österreichs hatte der Direktor der SRG die Radiostudios im ganzen Land aufgefordert, den nationalen Grundwerten mehr Aufmerksamkeit zu schenken, und

268 *Der Beitrag in der Zürcher Jllustrierten zur Weltmacht Radio*

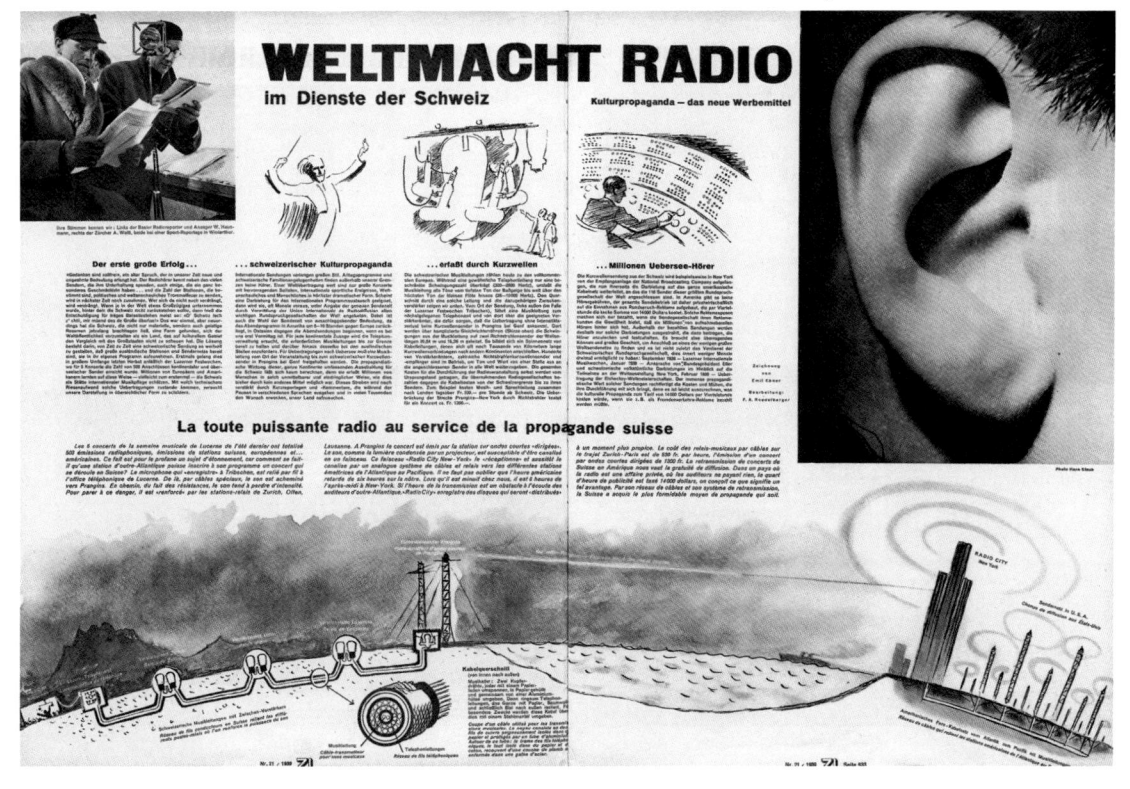

Bundesrat Philipp Etter resümierte, das Radio sei dafür zum «wichtigsten und mächtigsten Instrument» geworden

Der schweizweite Zusammenhalt war das Gebot der Stunde. Der *Bärenspiegel* zeigte eine Helvetia, die all ihre Kinder zu sich rief. Sie sollten sich von den Blumen fernhalten, die in Form von Hakenkreuzen, faschistischen Rutenbündeln und bourbonischen Lilien gezeichnet waren.

Da Einigkeit erstrebt wurde, dachten die Radioleute auch an die Arbeiter und die Frauen. Es wurde von den Anfängen des Arbeiterschutzes berichtet und das Selbstgespräch eines unbekannten Arbeiters wiedergegeben.[695] Aus «der Arbeit der Frau» wurde

269 *Chinder, jitz heissts zämeha!*

berichtet, und die Hausfrauen galten nun als «Schrittmacher der Wissenschaft». Es gab aber auch Bildberichte in der *Radio-Zeitung* über das Leben aussergewöhnlicher Schweizerinnen. Beispielsweise erschien dort Annemarie Schwarzenbachs Reportage über *Afghanistan – die Schweiz Asiens* und Dora Fanny Rittmeyers Bericht über Ulrico Hoeppli.[696]

Ebenso überraschend wie selbstbewusst strahlte Radio Beromünster eine zehnteilige Reihe über den *Anteil der Schweiz an der Entwicklung der Wissenschaften* aus. Die zehn Folgen gingen zwischen dem 23. Januar 1940 und dem 18. Juni 1940 über den Äther.[697] Anna Tumarkin übernahm die sechste Folge. Sie sprach am Freitag, 12. April 1940, nach 18.30 Uhr 20 Minuten lang über den *Anteil der Schweiz an der Entwicklung der Philosophie*. Sie war die einzige Frau, die bei diesem wissenschaftlichen Radiozyklus mitmachte – oder mitmachen durfte.

«Frl. Prof. Dr. Tumarkin» betonte die Bodenhaftung schweizerischer Gedankenspiele. «Dem Schweizer ist die Philosophie, um das Wort Johann Georg Sulzers zu gebrauchen, ‹nicht etwas Spekulatives, sondern etwas Tätiges›, etwas, das sich auf allen Gebieten des Lebens und der Forschung auswirkt.» «Wo schweizerische Denker in die allgemeine Entwicklung der Philosophie aktiv eingegriffen haben, geschah es immer im Sinne der Umorientierung von einer unfruchtbaren Spekulation zur zielbewussten Gestaltung des Lebens», vertraute sie den Ätherwellen an. Der «tätige» Idealismus der Schweizer habe ihre Philosophen davon abgehalten, sich die grossen metaphysischen Systeme anzueignen. Hätten schweizerische Philosophen des 19. Jahrhunderts einzelne Gedanken des deutschen Idealismus übernommen, so hätten sie sie in ihre eigene praktisch-weltanschauliche Denkart umgeformt. Dem souveränen Spiel der philosophischen Konstruktion sei nun eine Ernüchterung gefolgt, deren tiefste Stufe Tumarkin in der schweren philosophischen Krise der Gegenwart erlebte. Gemeint war die barbarische Kriegsideologie. Falls die Zukunft die Philosophen lehren würde, ihre Ideen so zu fassen, dass die Wirklichkeit des menschlichen Lebens darin «eingebildet werden könne», meinte Tumarkin, dann würde vielleicht auch für die Schweiz die Zeit kommen, in die allgemeine Entwicklung der Philosophie von neuem aktiv einzugreifen.[698]

Die Radioaufnahme existiert nicht mehr, der Text wurde im Sammelband *Die Schweiz und die Forschung – Eine Würdigung schweizerischen Schaffens* publiziert.

Eidgenössische Selbstbesinnung in der neuen Philosophischen Gesellschaft

Anna Tumarkin hielt einen hochinteressanten wissenschaftlichen Vortrag
[Der Bund]

Auch der Zusammenschluss philosophischer Vereine zur Schweizerischen Philosophischen Gesellschaft und die Gründung einer lokalen Berner Vereinigung wurden als ein Akt geistigen Landesverteidigung und als Beitrag zur eidgenössischen Selbstbesinnung empfunden.[699]

Tumarkins Kollege Carlo Sganzini schrieb in einen programmatischen Bericht, geistige Selbständigkeit sei zum «Lebenserfordernis» geworden. Diese Haltung dürfe selbstredend nicht Absperrung und Einkapselung bedeuten, sondern das Gegenteil: «Die Schweiz soll (und will) auf schweizerische Art die übernationalen geistigen Belange hüten und pflegen.»[700]

Als die neu gegründete Ortsvereinigung Bern der Philosophischen Gesellschaft am 27. April 1940 «ihr erstes öffentliches Lebenszeichen» von sich gab, war es Anna Tumarkin, die auftrat. Sie sprach im Gartenrestaurant Innere Enge allerdings nicht über die schweizerische Gedankenwelt, sondern über die *Kunsttheorie des Aristoteles im Rahmen seiner Philosophie*. Die Kunstlehre wurde später als Buch herausgegeben. Sie habe sie mit Edouard Tièche und Albert Debrunner in gemeinsam abgehaltenen Übungen «durchinterpretieren und bis ins einzelnste besprechen können», bemerkte darin eine ebenso dankbare wie faire Tumarkin.

An diesen «hochinteressanten wissenschaftlichen Vortrag», hiess es im *Bund*, habe sich «eine gehaltvolle und anregungsreiche Diskussion» angeschlossen. «Das Bedürfnis nach grundlegender philosophischer Orientierung und zugleich nach gegenseitiger Verständigung im Bereiche der Weltanschauung ist heute stärker, und zweifellos auch notwendiger denn je», schloss der Zeitungsbericht.[701]

Tatsächlich war es 1940 wichtig, die Schweiz ideologisch zu festigen. Im November 1940 forderte die *Eingabe der Zweihundert* die Absetzung deutschkritischer Schweizer Chefredaktoren, um das nationalsozialistische Deutschland nicht zu reizen. Die Frontistenorganisation *Nationale Bewegung der Schweiz* und die Kommunistische Partei wurden in der Schweiz verboten.

Als man am 3. November 1940 an der Gründungstagung der Schweizerischen Philosophischen Gesellschaft die schweizerischen

270 Tumarkins Kollege Carlo Sganzini

*271 Das Gartenrestaurant
Innere Enge*

Forscher aufzählte, die wertvolle und fruchtbare Arbeit geleistet hätten, wurde auch Anna Tumarkin genannt.[702] Tumarkin fühlte sich wohl in einer philosophischen Gesellschaft, bei deren Gründung Kollege Carlo Sganzini und Freund Paul Häberlin eine bedeutende Rolle gespielt hatten und wo ihr Doktorand Heinrich Barth, ihre Schüler Hans Barth und Wilhelm Keller mitmachten.

Nachdem sie bereits früher bei den Zürcher Philosophen vorgetragen hatte, trat sie noch mehrfach auf lokaler, auf deutschschweizerischer oder nationaler Ebene auf. Sie sprach über das *Apeiron* und das *Schweizer Naturrecht,* über den Begriff des *Unendlichen bei den Griechen* und *Heideggers Existentialphilosophie*.[703]

Ihre Arbeiten fanden in der philosophischen Zeitschrift *Jahrbuch*, dem offiziellem Vereinsorgan der Gesellschaft, Beachtung. Man hatte diese deutschschweizerische Publikationsreihe nicht nur als Pendant zur französischsprachigen *Revue de Théologie et de Philosophie* geschaffen. Sie sollte auch ein Ersatz «für die ausgefallenen und voraussichtlich nicht so bald wieder aufkommenden deutschen Veröffentlichungen» sein. Dies war zweifellos ein ebenso ambitioniertes wie selbstbewusstes Unterfangen.

Viel später wird der in Zürich lehrende deutsche Pfarrerssohn und Ethiker Helmut Holzhey die Bemühungen um eine schweizerische Philosophie despektierlich kommentieren: «Im zerfallenen Pathos dieser Rede [von Paul Häberlin] wird man an die Anfänge der Schweizerischen Philosophischen Gesellschaft erinnert, die Geburt der Institution, mit der das Gären schweizerischer Philosophie zu einem Resultate fand.»[704]

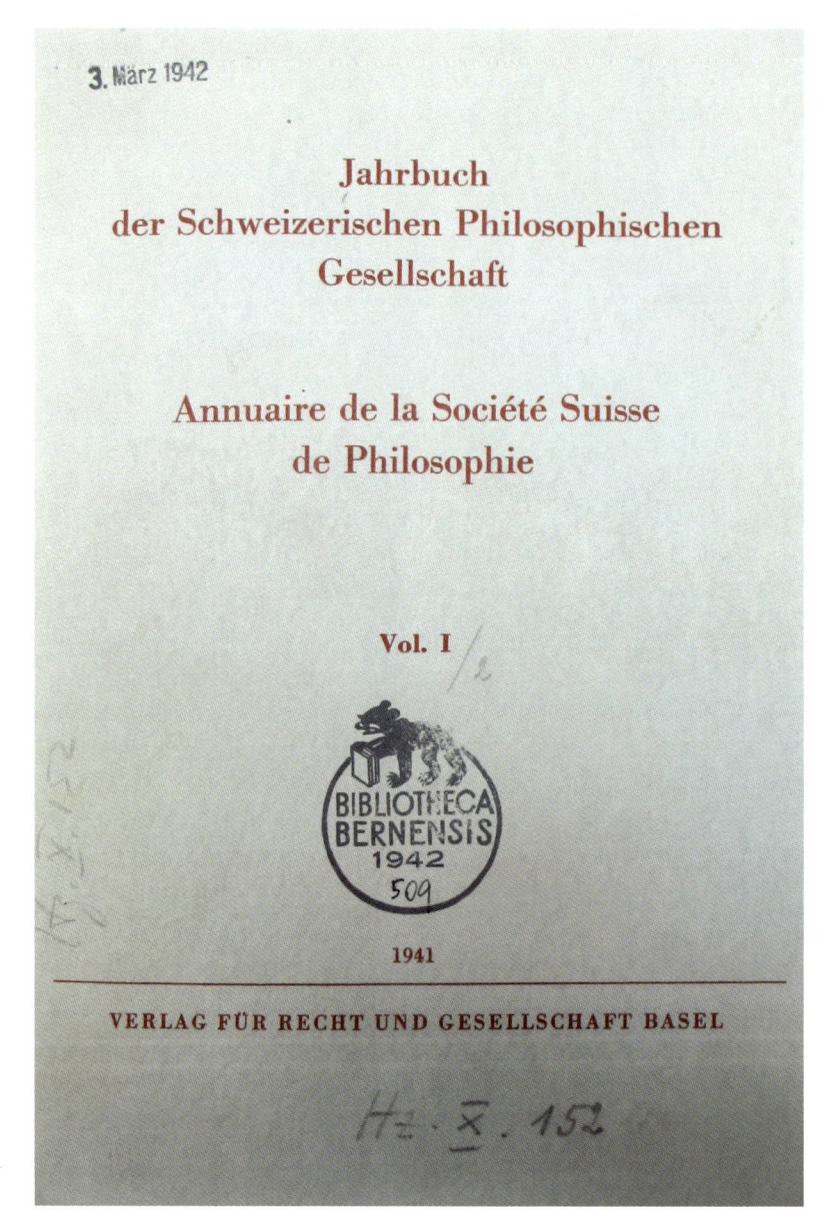

272 Der erste Band des Jahrbuches der Schweizerischen Philosophischen Gesellschaft erschien 1941.

Tumarkin, die in Bern heimisch gewordene russisch-jüdische Philosophin, konnte bestimmt kein Pathos in der schweizerischen Philosophie erkennen, nur schiere geistige Selbstverteidigung.

XI Die Philosophin im menschlichen Leid

Tumarkins verzweifelte Versuche, Verwandte zu retten

> *Ich war bei der Polizei und erklärte überall,*
> *dass ich Shura zu mir eingeladen habe*
> [Anna Tumarkin]

Während sich Anna Tumarkin in die Unabdingbarkeiten der Geistigen Landesverteidigung und in den Geist schweizerischer Philosophie hineinkniete, wurde die Lage für die in Deutschland und Russland lebenden Juden und Jüdinnen verzweifelter und gefährlicher. Schon im Ersten Weltkrieg hatte sich Anna Tumarkin um den einen oder anderen «Schützling» bemüht.[705] Nun wurde sie wieder um Hilfe gebeten und um Ratschläge angegangen. Auch von der Familie ihres verehrten Berliner Lehrers Wilhelm Dilthey. Seine Tochter Klara Dilthey verheiratet mit dem konvertierten jüdischen Philosophen Georg Misch, wandte sich am 6. Januar 1939 an Tumarkin. Deren jüngste Tochter Elisabeth studierte damals Medizin in Genf. Mutter Klara frage nun in ihrem Brief an, ob Elisabeth auf dem Weg nach Genf bei Tumarkin in Bern vorbeikommen könnte. Als sie diesen Brief schrieb, lebte Georg Misch noch immer in Göttingen. Als aber die Lage nach den Pogromen vom 9./10. November 1938 immer brenzliger wurde, emigrierte er im April 1939 nach Cambridge, wo er aber ohne feste Anstellung kaum ein Einkommen hatte. Seine Frau hingegen wollte Deutschland nicht verlassen, wo sie von der Göttinger Universität eine kleine Beihilfe bekam.

Die Mischs sollten relativ glimpflich davonkommen. Elisabeth Misch, später Elisabeth Baum-Misch, promovierte 1944 als Medizinerin in Zürich. Vater Georg Misch wird nach dem Krieg am 9. Juni 1946 als erster emigrierter Professor aus dem Exil zu seiner Frau nach Göttingen zurückkehren. Schwager Felix Bloch-Misch wird 1952 den Nobelpreis für Physik erhalten und als Beurlaubter der Stanford University Generaldirektor des CERN in Genf werden.[706]

Was genau Anna Tumarkin zum Wohl der Mischs beitragen konnte, ist nicht bekannt. Dank einiger erhalten gebliebener Briefe hingegen kann nachvollzogen werden, was sie zum Überleben ihrer in Berlin lebenden Familienmitglieder getan hatte, um ihnen allenfalls zur rettenden Ausreise und definitiven Weiterreise nach den USA zu verhelfen.

Dass Ausländer zur Einreise in die Schweiz oder zur Durchreise ein Visum brauchten, war Anfang September 1939 im *Anzeiger für die Stadt Bern,* dem amtlichen Publikationsorgan, publiziert worden. Die Pässe von reichsangehörigen Juden waren auf Geheiss Deutschlands und mit Duldung der Schweiz mit dem Judenstempel gekennzeichnet. Alle Ausländer hatten sich binnen 24 Stunden persönlich unter Vorlage ihres Ausweispapieres bei der Ortspolizei zur Regelung des Aufenthaltsverhältnisses anzumelden, sofern sie nicht bereits eine entsprechende Bewilligung hatten.[707]

Einige Brieffragmente an Neffe Sascha in Berlin und an seine Frau Niura, die sich wohl rechtzeitig nach Frankreich absetzen

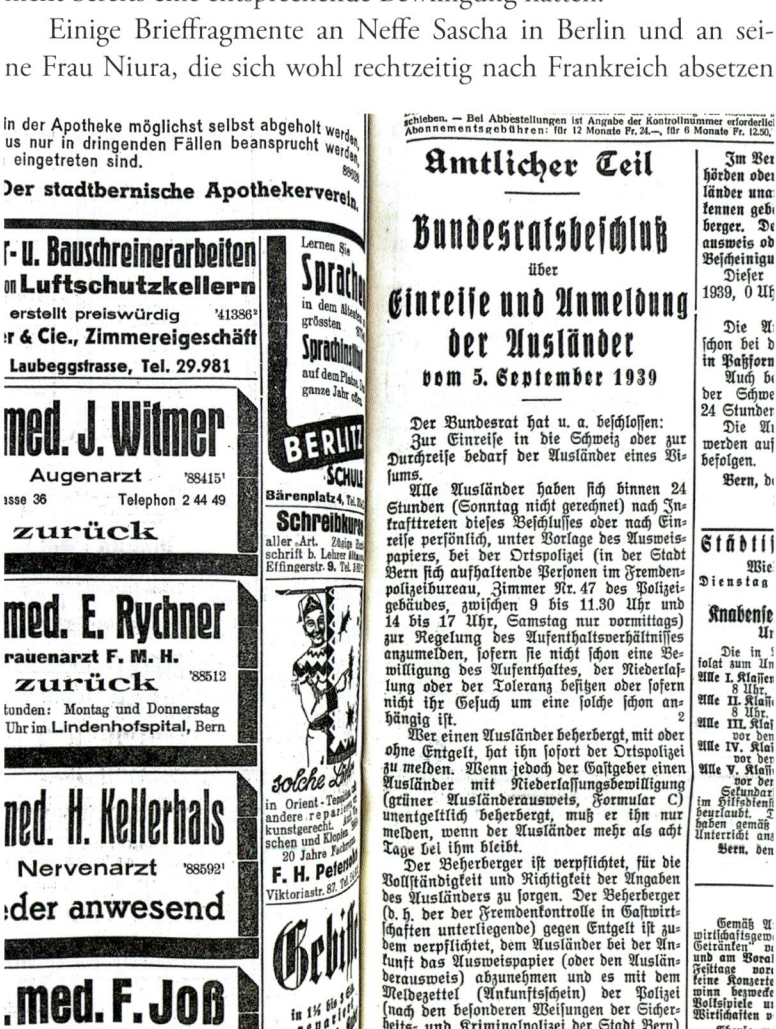

273 Bestimmungen zur Einreise und Anmeldung der Ausländer

konnte, haben sich aus dieser Zeit erhalten. Diese Schriften zu lesen, ist ebenso langwierig wie quälend. Um von den Schwierigkeiten eine Ahnung zu bekommen, müssen sie hier einigermassen langatmig geschildert werden.

Anna bemühte sich zuerst um ein Visum für Saschas Schwiegersohn Shura Frenkley, den Ehemann von Natalia: «Ich war bei der Kantonalen und der Stadtpolizei und erklärte überall, dass ich Shura zu mir eingeladen habe, für seine Ausgaben aufkomme und er hierher reise, um eine Kur zu machen. Vielleicht, wenn die Angelegenheit an die Stadtpolizei gelangt, wird man sich bei mir nach ihm und seinen Plänen erkundigen. Gib mir genauen Bescheid. Ein Visum zu erhalten ist jetzt sehr schwierig – auch für echte Deutsche. Man erteilt es nur, so wurde mir gesagt, wenn der Aufenthalt hier absolut unerlässlich und die Rückreise aus der Schweiz gewährleistet ist.» Auffallend ist der Ausdruck «echte Deutsche»![708]

Annas Sorge galt aber vor allem Saschas Gesundheit. «Gerade bekam ich Deinen Brief vom 29. [November 1939], der mich sehr traurig macht», gestand die 64-jährige Anna Tumarkin am 2. Dezember 1939 ihrem in Berlin lebenden 54-jährigen Neffen Sascha. Sie fragte sich, wie ein Ausreisevisum aus Deutschland für ihn erwirkt werden könnte. Denn dann, war sie sich sicher, könnte man auch ein hiesiges Visum für einen schweizerischen Aufenthalt bekommen.[709]

Anna schilderte offenbar ihrem Neffen, dass die Schweizer Behörden eine Garantie verlangten, dass er die Schweiz nur als Durchgangsstation benützen und sogleich weiterreisen sollte. Sascha dankte, begriff das Verlangen der betreffenden Behörde. Aber es war ihm absolut nicht klar, wie er eine solche Garantie würde beibringen können. Er zählte vage einige Möglichkeiten auf und schickte Anna ein weiteres Mal zu den Behörden, um diese Frage nochmals zu klären und herauszufinden, ob diese sich mit einigen Erklärungen begnügten: «Ich will aber hoffen, dass die dortigen Behörden keine unnütz Schwierigkeiten in dieser Frage und in Bezug auf meine Person machen werden», meinte er am 5. Dezember 1939. Einiges sei ihm nicht klar, aber er hoffe, dass sie sich im Januar 1940 sehen könnten und er «in Bern ein möbliertes Zimmer ohne Schwierigkeiten finden» werde.

Anna gab ihm auf einer Postkarte konkrete Anweisungen. Er habe, bestätigte ihr Sascha am 10. Januar 1940, an die Eidgenössische Fremdenpolizei in Bern geschrieben, und die Unterschrift auf seiner Verpflichtung, die Schweiz nur als Durchgangsland zu benützen, notariell beglaubigen lassen. Sascha hatte «wieder frische Kräfte und Mut» und war Anna «viel mehr als dankbar».

Es sah gut aus. Am 31. Januar 1940 konnte Anna ihrem Neffen Hoffnung auf einen Berner Aufenthalt machen. «Gerade war ich bei der Kantonspolizei. Dort wird man keine weiteren Schwierigkeiten mehr machen.» Zwar werde sie «wieder von neuem durch alle Instanzen» ziehen müssen, und es werde einige Zeit vergehen, bis – wie sie sehr hoffe – die Erlaubnis eintreffe. «Auf jeden Fall», meinte sie zuversichtlich, «kannst Du schon jetzt überlegen, wie Du Dich hier einrichtest – in einem Hotel, einer Pension oder einem Sanatorium. Wenn Du möchtest, dass ich alles für Dich vorbereite, so teile mir bitte im voraus Deine Wünsche mit. Ein bisschen befürchte ich, dass Dir, gewöhnt an das hauptstädtische Leben in einem grossen Bekanntenkreis, das hiesige Leben langweilig und monoton erscheint. Aber wichtig ist für Dich jetzt ja doch der Seelenfrieden! Ich küsse Dich herzlich in der Hoffnung auf ein baldiges Wiedersehen. Deine Dich liebende Anjuta».

Es war mehr als der Seelenfrieden, es war ein Leben in Sicherheit, das Sascha in Bern zu finden hoffen musste.

Sascha bemühte sich um das amerikanische Affidavit, um die Bürgschaft eines Amerikaners, um via Schweiz nach den USA auswandern zu können. Am 19. Februar 1940 erhielt er Antwort vom amerikanischen Konsulat mit der Zusicherung, das Visum bzw. das Zwischenvisum für ein neutrales Land sofort zu erhalten, sobald er sich das Affidavit beschafft hätte.

Das schien kein Problem zu sein, auch wenn die Prozedur «verschiedene Monate in Anspruch» nähme. «Wie Du weisst», schrieb er Anna, «ist mein und Niuras grösster Wunsch», diese Monate des Wartens auf das definitive Visum «in der Schweiz zu verbringen, um auch dort meine Gesundheit wieder herzustellen, dass es hier [in Berlin] nicht möglich ist, brauche ich nicht erst zu betonen.» Die Lage schien Sascha «jetzt wirklich unzweifelhaft klar». Sollte es mit Amerika doch nicht klappen, habe er sich verpflichtet, die Schweiz allenfalls nach sechs Monaten zu verlassen und «nötigenfalls nach Deutschland zurückzureisen».

Sascha räumte seine Berliner Wohnung aus, die er an der Heilbronnerstrasse 6 besass, und verpackte das Mobiliar in vier grosse Lagerlifte. Er wickelte die zollamtlichen und versicherungstechnischen Modalitäten ab und beauftragte eine Berliner und eine Berner Firma mit dem Transport. Anna sollte «nur die entsprechende Versicherungsprämie» für 50 000 Schweizer Franken bezahlen.

Drei Koffer mit Kleidern, Wäsche, Pelzen usw. sandte Sascha am 5. März 1940 als Reisegepäck nach Bern. Er schickte Anna die Kofferschlüssel und die Gepäckscheine mit dem Auftrag, die drei

274 Annas Brief an Sascha vom 31. Januar 1940 in Russisch

Transportkisten mit 15 000 Schweizer Franken zu versichern, und sie mit neuem Gepäckschein und den Schlüsseln an Niura per Post weiter zu spedieren. Dies alles, nahm er am 6. März 1940 zuversichtlich an, sei mit keinerlei Schwierigkeiten verbunden. «Ich spaziere nunmehr in unserer grossen leeren Wohnung und hoffe auch mit

275 Sascha Tumarkins Wohnsitz an der Heilbronnerstrasse 6 als Ruine

Dir, dass mir da fragliche Visum bald erteilt wird. Du kannst Dir gar nicht vorstellen, wie ich mich freuen werde, Dich wieder zu sehen. Schreibe bitte Niura paar Zeilen. Ich küsse Dich herzlich.»

Eine Woche später jubelte Sascha: «Eine freudige Stunde! Die Botschaft hat angerufen und mitgeteilt, dass das Visum erteilt ist. Ich danke Dir unendlich für alles, was du für mich getan hast. Wie ich mich freue, kannst Du Dir vorstellen.»

Man hätte erwartet, dass Sascha sich nun in den nächsten Zug Richtung Bern setzen würde. Aber weit gefehlt. Er unterschätzte offensichtlich die Gefahr, in der er schwebte. Er konnte sich nicht vorstellen, dass er als Jude ernsthaft in Gefahr war, dass er überstürzt aus Berlin eilen müsste und dass sich sein Haus in der Heilbronnerstrasse 6 bald in eine Ruine verwandeln sollte. Immer wieder kam etwas dazwischen, eine Krankheit, die Sorge um das Tafelsilber oder ein Buchgeschenk für Anna.

Sascha blieb in Berlin.

Erst wollte er mit grösster Energie alles Geschäftliche schnellstens erledigen: «Du weisst», schrieb er Anna, «ich habe hier einen umfangreichen Besitz und muss das Schicksal jedes einzelnen Objektes getrennt regeln und zwar auf lange Sicht.» Zwar war es ihm peinlich, die mit Arbeit überlastete Anna auch «noch bezgl. unseres Mobiliars» zu belästigen. «Aber was soll ich tun? Es ist ja das Einzige, was uns noch geblieben ist und was uns ermöglicht, uns [ein] neues Heim aufzubauen.»

Dann teilte er mit, dass er krank sei und unbedingt einen Arzt aufsuchen müsse. Er tue aber alles, «um in der ersten Hälfte des April wegfahren zu können, hoffentlich wird es mir gelingen, sonst muss ich das Visum verlängern». Sascha schien ehrlich anzunehmen, Visa seien in diesen Zeiten ohne Weiteres zu ändern.

Danach wollte Sascha Anna wenigstens einen kleinen Gefallen tun und ihr «wertvolle Bücher» aus ihrem Gebiet besorgen.

Der Erwerb der Bücher benötigte zweifellos erneut Zeit, die er nicht hatte. Ebenso erfolglos waren Saschas Bemühungen, seine «alte Njanja», die viele Jahrzehnte in der Familie Tumarkin gedient hatte, für ein paar Monate mit in die Schweiz zu nehmen: «Unter Flehen und tränenden Augen und eigener Verantwortung meiner Julie Petrowna habe ich Dich als Referenz angegeben», gestand er Anna in seinem Brief vom 20. März 1940. Er erlebte die unangenehme Überraschung, dass auch seine Kinderfrau eine Bewilligung für die Schweiz benötigte.[710]

Einmal mehr versprach er, alles zu tun, um alle nötigen Papiere rechtzeitig in Ordnung zu bringen. Und wieder liebäugelte er mit einer Verlängerung der Fristen: «Je näher die Zeit rückt, umsomehr Angst bekomme ich, dass ich bis Anfang April nicht fertig werde und darum eine Prolongation der Einreise beantragen muss.»

276 *Annas Postkarte an Alexander Tumarkin (Sascha) vom 1. April 1940: mit Reichsadler, Hakenkreuz und dem Vermerk «Oberkommando der Wehrmacht».*

Hoffnungsfroh schrieb ihm Anna am 1. April 1940 an die Heilbronnerstrasse 6: «Nun hoffe ich, es geht alles gut, ohne unliebsame Ueberraschungen.» Die Postkarte wurde zensuriert. Sie zeigt den Stempel mit Reichsadler, Hakenkreuz und dem Vermerk «Oberkommando der Wehrmacht».

Kein glückliches Wiedersehen mit Neffe Sascha in Bern

Und nicht wahr, in dem Augenblick, wo sich eine Lösung zeigt, ergreifst Du sie sofort
[Anna Tumarkin]

Am 9. April 1940 besetzten die Deutschen Dänemark und griffen Norwegen an. Saschas Visa verfiel am 12. April 1940. Zwar wurde es ihm bis zum 15. Mai 1940 verlängert. Allerdings klappte es nun mit dem Rückreisevisum nicht mehr, das er für die Schweiz mitbringen musste, da dieses Land nur als Durchreisestation dienen wollte.

«Es ist wirklich schwer anzusehen, wie die Tage schnell laufen, der neue Termin sich wieder nähert […]. Ein Schiffbrüchiger sieht endlich das rettende Land, es ist schon ganz nah und kurz vor dem Ziel kommt irgend ein Gegenwind und er weiss nicht, ob er im letzten Augenblick nicht wieder ins offene Meer zurückgetrieben wird», schrieb er am 19. April 1940. Das hinderte ihn nicht, erneut nach Annas Bücherwünschen zu fragen: «Ich hinterlasse hier ein enormes Bücherlager und durch Austausch kann ich mir jedes beliebige Buch ohne Kosten verschaffen. Es würde mir wirklich leid tun, wenn ich diese nie wiederkehrende Möglichkeit nicht auch für Dich ausnutzen könnte.»

Sascha liess lebenswichtige Visa verfallen, Limiten verstreichen. Anna Tumarkin muss gelitten haben, tatsächlich kränkelte sie.

Am 24. April 1940 wandte sich Anna Tumarkin – dem Schriftbild nach nicht nur in Eile, sondern sehr erregt – an ihren Neffen Sascha. «Wenn du weisst, wie ich Dir helfen könnte, schreibe mir bitte sofort.» Und drängend riet sie ihm: «Und nicht wahr, in dem Augenblick wo sich eine Lösung zeigt, ergreifst Du sie sofort und lässt Dich durch nichts anderes zurück halten!» Sie übernahm weitere Botengänge und Zahlungsaufträge.

Am 29. April 1940 erzählte ihr Sascha lang und breit von seinem Dilemma. Visa, feste Zusagen seien inzwischen nicht mehr gültig, ein Affidavit zu spät angekommen. Um die eine Genehmigung zu bekommen, brauche man erst eine andere, die zu erhalten nur mit ersterer möglich sei: Ein Circulus vitiosus. Überdies sei das Berliner Konsulat so ungewöhnlich mit Arbeit überlastet. «Damit Du Dir einen Begriff machen kannst: es waren nur im letzten halben Jahr und nur auf die russische Quote dort ca. 40 000 Anträge gestellt.»

Ende April 1940 hatte Sascha einen neuen Plan. Er fragte Anna nach einem geschickten Anwalt, der seine Einreisebedingungen ändern sollte. «In jedem Land sind für solche Sachen Spezialisten, die die nötigen Verbindungen und die nötigen Wege am besten kennen. Hilf mir bitte nur in dem, dass Du die ganze Sache einem solchen Spezial-Anwalt überträgst.»

Sascha Tumarkin liess auch den zweiten Termin vom 15. Mai 1940 verfallen. Drei Tage später, am 18. Mai 1940, schickte er eine Liste von Kant's Gesammelten Schriften, hrsg. von der Preussischen Akademie der Wissenschaft nach Bern. Er habe 14 Bände davon bestellt, erkundigte sich nun aber, ob Anna diese Reihe oder doch eher die elf von Ernst Cassirer publizierten Bände haben möchte.[711]

Ende Mai gab Sascha seine Wohnung auf, musste sie aufgeben, da er als Jude enteignet wurde. Er wohnte nun erzwungenermassen in einer möblierten Wohnung an der Berliner Hohenstaufenstrasse 50.[712] Heute erinnern hier sogenannte Stolpersteine an die von den Nazis ermordeten Juden und Jüdinnen, die hier wohnten.

Am 7. Juni 1940 erwartete Sascha wieder voller Hoffnung eine Ausreiseerlaubnis. Wieder glaubte er, dass dies «keine Schwierigkeiten und keinen grossen Zeitverlust erfordern» werde.[713]

Sascha täuschte sich. Die Situation hatte sich im Frühsommer 1940 erneut rasant verschlechtert.

Angst vor einem unmittelbar bevorstehenden deutschen Einmarsch

Bleiben wir ruhig, stark, einig!
[General Guisan]

Am 10. Mai 1940 überrannte die deutsche Wehrmacht mit Bombern, Panzern und mechanisierter Infanterie die Niederlande, Belgien und Luxemburg. Frankreich sollte in wenigen Tagen erobert werden.

Die Schweiz vermutete, dass die Deutschen das französische Verteidigungswerk im Elsass, die Maginot-Linie, südlich umgehen und ihren Weg durch die Schweiz nehmen würden. Am 10. Mai überflogen deutsche Flugzeuge den Rhein Richtung Frankreich. Deutsche und französische Behörden sperrten die Grenzübergänge.

Der 10. Mai war für die Schweiz der Tag von höchster Gefahr und möglichem Untergang.

Die zweite allgemeine Mobilmachung wurde auf Samstag, 11. Mai 1940, angeordnet. Sie betraf fast 700 000 Wehrmännern oder 20 Prozent der Bevölkerung. Der Oberbefehlshaber der Armee, General Henri Guisan gab am 11. Mai 1940 die Parole aus:

277 Von den deutschen Nazis besetztes Paris

«Bleiben wir ruhig, stark, einig! Auf diese Weise werden wir freie Menschen bleiben.»[714]

An den darauffolgenden Tagen verdichteten sich die Gerüchte über einen deutschen Einmarsch. Teile der Schweizer Zivilbevölkerung flohen aus den Ballungsräumen in die Alpen. Bankguthaben wurden abgehoben, Hamsterkäufe getätigt.

Am 10. Juni 1940 trat Italien in den Krieg ein, nachdem Mussolini bereits im November 1936 die Gründung der sogenannten Achse zwischen Berlin und Rom, verkündet und am 22. Mai 1939 den «Stahlpakt» – patto d'acciaio – zum gegenseitigen militärischen Beistand ausgebaut hatte.

Die deutsche Wehrmacht besetzte den grössten Teil Frankreichs, eroberte am 14. Juni 1940 Paris und erreichte am 17. Juni die Schweizer Grenze bei Pontarlier. «Reste einer geschlagenen Armee betreten Schweizer Boden», titelte die *Schweizer Jllustrierte Zeitung* am Monatsende und brachte Bilder der 40 000 Franzosen und 8000 Pferde, die im Jura über die Grenze kamen.[715] Ende Juli brachte die *Zürcher Jllustrierte* Bilder aus dem besetzten Paris.

Mit dem Waffenstillstand von Compiègne vom 22. Juni 1940 wurde Frankreich zweigeteilt. Das nördliche Frankreich mit Paris war nun deutsche Besatzungszone und das südliche Land Vichy-Gebiet unter Marschall Pétain. Somit war die Schweiz weitgehend von den Achsenmächten umschlossen: Im Norden die Nationalsozialisten, im Süden die Faschisten. Einige Verwandte Tumarkins lebten in Frankreich.

Anna Tumarkins finanzielle, politische und moralische Unterstützung ihrer Verwandten

*Richtig verstehen könntest Du mich nur,
wenn Du hier an Ort und Stelle wärest*
[Sascha Tumarkin]

«Es kommt Sorge zu Sorge», schrieb Sascha am 6. Juli 1940 aus Berlin. «Ich lebe hier in Ungewissheit und jeder Tag kann irgend eine radikale Änderung in meine Situation bringen.» Noch immer träumte er von einem Schweizer Aufenthalt: «Richtig verstehen könntest Du mich nur, wenn Du hier an Ort und Stelle wärest», schloss er seinen Brief und bemerkte, dass er die Erlaubnis zum Versand seiner restlichen Sachen und ihrer Bücher in den nächsten oder übernächsten Woche erhalten werde.[716]

Ab 10. Juli 1940 tobte die Luftschlacht um England. Deutschlands wollte die Lufthoheit über den britischen Luftraum durch die Vernichtung der Royal Air Force gewinnen.

Ende Juli 1940 erwog Sascha unvermittelt, nach Paris zu fahren, «wo das Leben unvergleichlich billiger ist, als in Amerika und wo ich am ehesten eine Zukunft für mich haben könnte».[717]

Über das Schicksal seiner in Frankreich lebenden Frau Niura machte sich Sascha «die schlimmsten Gedanken», erhielt aber dank Annas Vermittlung erfreuliche Nachrichten. Sie befand sich im französischen Saint-Jean-de-Luz, «près de Bayonne», im Hotel Continental. Sie habe von ihren Kindern bereits ein «Billet» nach den USA bekommen und werde hoffentlich bald ein spanisches und portugiesisches Visum erhalten. Saschas und Niuras 1908 geborener Sohn Paul war bereits im Juni 1938 in die USA emigriert. Sascha war ausser sich vor Freude und schrieb am 7. August 1940 seiner Frau mit einer vor Erregung und Begeisterung grossenteils unleserlichen Schrift: «Meine liebe, meine geliebte Njurotschka, […] Ich bin heute so glücklich, es war dies eigentlich die erste glückliche Minute, als ich die Nachricht von Tante Anjuta erhielt, dass man Dich gefunden habe, dass Du lebst. Was für schreckliche, schwere Zeiten!»

Für sich selbst sah Sascha Tumarkin am 7. August 1940 keine Möglichkeit mehr, zu fliehen: «Leider habe ich überhaupt keine Hoffnung, jetzt die Erlaubnis zum Wegfahren zu erhalten», schrieb er Niura. Am 27. August erhielt Sascha von Niura das erlösende Telegramm aus New York, dass sie glücklich angekommen sei.[718] Am 3. September 1940 erfuhr Anna von Niura selbst, dass sie mit ihren Kindern vereint und in Sicherheit war.

Am 11. September 1940 konnte ihr Sascha mitteilen, dass es Freunden in Finnland gelungen war, für ihn eine zweieinhalb bis drei Monate gültige Einreiseerlaubnis zu erhalten. Von dort sollte er auf einem gewöhnlichen Frachtdampfer einen etwas gefährlichen, aber direkten Weg über Petsamo nach New York nehmen. Wieder schien alles klar, doch Sascha zögerte und wollte «doch vielleicht versuchen, die Reise über die Schweiz, alsdann per Flugzeug nach Lissabon usw. und nach Amerika anzutreten».

Noch immer bekümmerte ihn das Schicksal seines Mobiliars, seines Silberkastens und Nadjas Tafelservice. Alle Bände von Kant und seine eigenen Sachen befänden sich bereits bei einem Freund in Lausanne.

Für seine Abreise nach Finnland setzte er sich den Termin vom 25. Oktober. Anna war es, die ihm rechtzeitig die Affidavits der Kinder übermittelte und Sascha hatte persönliche Bekannte bei einer finnischen Reederei kontaktiert, die ihm versprachen, ihn «auf jeden Fall irgendwie» auf einem Frachter mitzunehmen. «Die grösste Gefahr», vertraute er Anna an, «liegt für mich auf einem ganz andern Weg. Hoffentlich bleiben die Beziehungen zwischen Finnland und Russland die bisherigen und kommen keine Überraschungen, sonst könnte ich leicht statt in Amerika in Sibirien landen, wo ja schon der jüngere Bruder Niuras sitzt, der Bürger in Polen war.»[719]

«Gebe Gott, dass auch Sascha bald mit Ihnen vereint ist», schrieb Anna am 16. Oktober 1940 an Niura. «Trotz aller meiner Anstrengungen ist es mir leider nicht gelungen, für ihn ein Visum in die Schweiz zu erhalten. Emigranten werden hier auf keinen Fall hereingelassen, denn im Vergleich zu dem, was für die Schweiz jetzt tragbar ist, sind hier schon zu viele Emigranten. Von hier aus nach Amerika zu fahren, ist jetzt ebenfalls fast unmöglich», klagte Anna Tumarkin. Sie verwies auf Emilie Tumarkins Verwandten und den in Bern lehrenden russischen Philosophiedozenten Dimitri Gawronsky. Sie wollten auch nach Amerika, hätten aber dazu noch keine Möglichkeit gefunden. «Sie können sicher sein», versprach Anna Tumarkin, «dass ich alles tun werde, was mir möglich ist.»[720]

Sie bemühte sich auch um ihre in Frankreich lebenden Nichten Nadja und Vera, Saschas Schwestern. Nach dem unbesetzten Frankreich könne man nämlich im Prinzip Geld senden, doch müsse man ein Gesuch an die Schweizerische Nationalbank richten. Das tat Anna Tumarkin am 16. Oktober 1940, nachdem sie Niura bereits 2000 Franken durch die Kantonalbank hatte übermitteln lassen.[721]

Gesicherte Nachrichten von ihren Verwandten aus Chişinău zu erhalten, war hingegen schwierig bis unmöglich. Und was Anna Tumarkin trotzdem von Sascha vernahm, war nicht erfreulich. «Nur ein Teil konnte flüchten, der grösste ist angeblich geblieben.»[722] Am 17. Februar 1941 wurde ihr von Schwester Rosa «in tiefem Mitgefühl der geteilten Trauer» mitgeteilt, dass ihr Bruder Lazar gestorben sei. Er war rund 75 Jahre alt geworden, Rosa sprach von einem vorzeitigen Verlust ihres lieben Bruders.

Die Schlacht von Stalingrad, Hitlers totaler Krieg und die «Endlösung der Judenfrage»

Wie haben wir uns eine Invasion praktisch vorzustellen?
[Schweizer Jllustrierte Zeitung]

Die Schweiz war militärisch und wirtschaftlich bedrängt. So erhielt das Fussballländerspiel Schweiz–Grossdeutschland in Bern eine überhöhte, eine politische Bedeutung. Als am 20. April 1941 – notabene am Geburtstag des Führers – Deutschlands Fussballer im Wankdorfstadion gegen die Schweiz antraten, standen General Henri Guisan, Bundesrat Karl Kobelt und der deutsche Gesandte, Minister Otto Koecher auf der Ehrentribüne. Koecher und die deutschen Besucher, wie zuvor die ganze deutsche Nationalmannschaft, hatten die Hand zum Hitlergruss erhoben. Die Schweiz gewann vor 33 000 begeisterten Zuschauern 2:1. Die Fotos von Hans Steiner, die in der *Schweizer Jllustrierten Zeitung* gezeigt wurden, mussten der Zensur vorgelegt werden: Zens. Nr. V/B 376.[723]

Am 22. Juni 1941 überfielen die deutschen Nazis ihren einstigen Verbündeten, die Sowjetunion und starteten den Russlandfeldzug. Sie wollten der «arischen Herrenrasse» ihren «verdienten Lebensraum im Osten» erobern und den «jüdischen Bolschewismus» bekämpfen. Die Nazis systematisierten die Ermordung des jüdischen Volks. Die Wannsee-Konferenz zur «Endlösung der Judenfrage»

278 General Henri Guisan auf der Ehrentribüne, der deutsche Gesandte Dr. Otto Koecher mit Hitlergruss (links) und rechts mit Brille Bundesrat Karl Kobelt

legte im Januar 1942 den Plan fest, wie die Deportationen und die Vernichtung der Juden aus westeuropäischen Ländern zu realisieren waren.

Der Eintritt der Vereinigten Staaten ins Kriegsgeschehen bzw. die Kriegserklärung Deutschlands an die USA vom 11. Dezember 1941 wurde zum entscheidenden Wendepunkt im Zweiten Weltkrieg, nachdem weder die Luftschlacht um England im Sommer 1940 noch der Russlandfeldzug Deutschland den erwarteten raschen Sieg gebracht hatte.[724]

Im Spätsommer 1942 wurde die Asylpolitik der Schweiz drastisch verschärft. Per Präsidialverfügung beschloss der Bundesrat, «künftig [...] in vermehrtem Masse Rückweisungen von ausländischen Zivilflüchtlingen» zu veranlassen, «auch wenn den davon betroffenen Ausländern daraus ernsthafte Nachteile (Gefahren für Leib und Leben) erwachsen könnten». Bundesrat Eduard von Steiger, Vorsteher des EJPD, verteidigte die Verschärfungen vor dem Nationalrat. In einer Rede verglich er das Land mit einem «stark besetzte[n] kleine[n] Rettungsboot mit beschränktem Fassungsvermögen» eine Methapher, die unter der Formel «Das Boot ist voll» berühmt werden sollte.[725]

Die Alliierten machten schliesslich an allen Fronten Boden gut. In der Schlacht von Stalingrad kämpfte ab Juli 1942 die deutsche Wehrmacht gegen das sowjetische Militär und wurde vernichtet. Die letzten in Russland eingeschlossenen deutschen Verbände stellten am 2. Februar 1943 die Kampfhandlungen ein und gingen in sowjetische Kriegsgefangenschaft.

Noch rief Nazi-Deutschland zur totalen Mobilisation auf. Im Berner *Bund* waren «Goebbels 10 Fragen» nachzulesen, die er am 18. Februar 1943 an der Grosskundgebung mit Hakenkreuzfahnen und dem Transparent «TOTALER KRIEG – KÜRZESTER KRIEG» am 18. Februar 1943 im Berliner Sportpalast gestellt hatte: «Glaubt ihr mit dem Führer [...] an den endgültigen, totalen Sieg des deutschen Volkes? – Wollt ihr den totalen Krieg?»[726]

Die Schweiz sah sich im Juli 1943 erneut gefährdet, als die deutsche Wehrmacht durch das italienische Festland nach Norden zog. Die *Schweizer Jllustrierte Zeitung* stellte öffentlich die bange Frage: «Wie haben wir uns eine Invasion praktisch vorzustellen? – Wie sieht ein Invasions-Fahrplan aus?»[727]

Schweizer Territorium wurde von 1940 bis 1945 insgesamt 77-mal bombardiert. Der intensiv geführte Luftkrieg der Briten und der Amerikaner ab August 1940 gegen Deutschland und Italien führte zu einer häufigen Verletzung des schweizerischen Luft-

Stalingrad

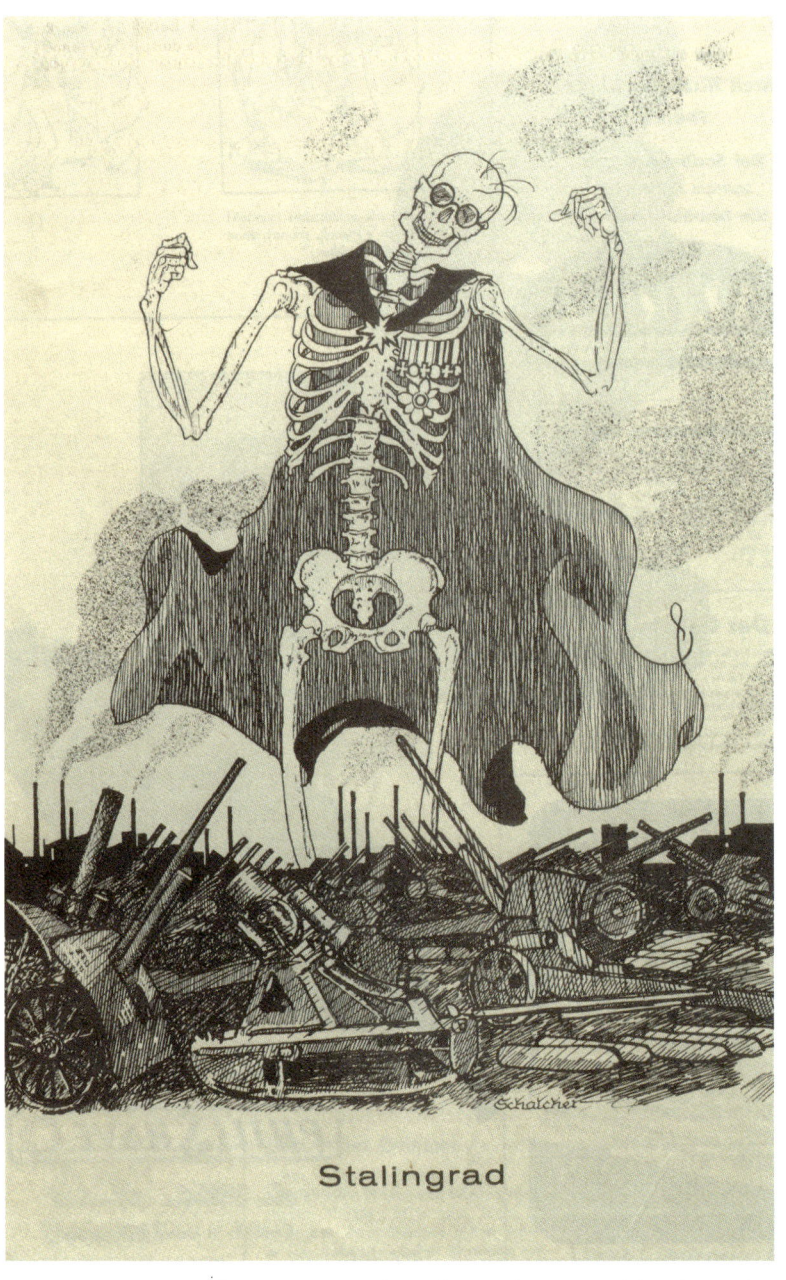

279 Stalingrad. Karikatur im Nebelspalter vom 3. Dezember 1942

raums. Im November 1940 wurde auf Druck Deutschlands in der Schweiz die Verdunkelung eingeführt, um alliierten Piloten die Orientierung zu erschweren. So fielen hin und wieder Spreng- und Brandbomben auf schweizerisches Gebiet, etwa in der Nacht vom 16./17. Dezember 1940 in Basel, am 22./23. Dezember 1940 in Zürich und etwas später im Thurgau. Dass die Zürcher Bombardierung weniger ein Versehen war als ein gezielter Angriff auf

280 Bombardierung von Schaffhausen 1944

die Maag-Fabrik, die Rüstungsmaterial nach Deutschland lieferte, wurde stark vermutet.[728]

Der gravierendste Zwischenfall war die Bombardierung von Schaffhausen am 1. April 1944 mit 40 Toten und über 100 Verletzten. Eine US-Bomberstaffel war von Grossbritannien aus mit dem Ziel gestartet, das deutsche Ludwigshafen anzugreifen. Doch trotz klarer Sicht verirrten sich die Piloten, weil die noch neue Radartechnologie ausfiel. Am 22. Februar 1945 wurde Stein am Rhein bombardiert. Vier Frauen und fünf Kinder wurden dabei getötet und 15 Personen schwer verletzt. Am 4. März 1945 wurden erneut auf Zürich und Basel Bomben abgeworfen.[729] Betrauert wurde in Wort, Bild und Geste auch jeder der Schweizer Piloten, der vom Himmel fiel.

Die Landung der Alliierten in der Normandie am D-Day vom 6. Juni 1944 brachte die Entscheidung und die Umklammerung der Schweiz löste sich durch die Achsenmächte im August 1944. Am 27. Februar 1945 meldete der Berner *Bund* den Luftangriff der Alliierten auf Berlin, heftige Luftkämpfe an der Ostfront und die Schlacht um den Rhein. Der Zeitungsbericht rechnete vor: «Die Alliierten 18 Kilometer vor Köln, 13 Kilometer vor München-Gladbach, 29 Kilometer vor Duisburg».[730]

Die deutsche Kapitulation am 8. Mai 1945 bedeutete das Ende des Kriegs in Europa.

XII Frieden für Europa, Schock für Anna Tumarkin

Begeisterung und Erleichterung nach der deutschen Kapitulation

Um 20 Uhr läuteten am 8. Mai im ganzen Land die Kirchenglocken
[Berner Zeitung]

Der 8. Mai 1945 war ein strahlend sonniger Tag. Aus dem Radio hörten die Menschen die Nachricht von der bedingungslosen Kapitulation der deutschen Wehrmacht. Ende Feuer in Europa! Am Abend läuteten um 20 Uhr im ganzen Land eine Viertelstunde lang die Kirchenglocken. Berner und Bernerinnen versammelten sich vor dem Berner Münster, um das Kriegsende zu feiern.[731]

Anna Tumarkin hatte frei, sie hatte ihre letzten Veranstaltungen an der Universität Bern eben beendet.

Der Bundesrat stellte am 8. Mai 1945 fest, dass keine offizielle Reichsregierung mehr bestehe. Die deutschen Vertretungen in der Schweiz wurden geschlossen und deren amtliche Räume und Archive zu treuen Händen einer künftigen Rechtsnachfolgerin in Verwahrung genommen.[732] Die deutschen Gesandtschaftsgebäude am Berner Willadingweg 78 und an der Elfenstrasse waren, wie bereits am Vorabend insgeheim vorgesehen, am 8. Mai um 14 Uhr durch das Politische Departement übernommen. Im Keller fand sich eine verräterische Kartei mit den Namen deutschfreundlicher und deutschfeindlicher Dozenten. Sie belegte, dass Tumarkins deutscher Kollege Helmut de Boor Spitzeldienste geleistet hatte.

Der Germanist de Boor hatte sich frühzeitig aus idealen Gründen der NSDAP angeschlossen und der Weltanschauung der Partei grosses Interesse entgegengebracht. Ende Februar 1944 war er in Abwesenheit Anna Tumarkins einmütig zum Dekan der Philosophischen Fakultät Berns bestimmt worden.[733] Im Frühjahr 1944 wurde er in Deutschland für seine Verdienste um die nationalsozialistische Sache und dank seiner Stellung als Vertrauensmann zur

281 Menschen feierten am 8. Mai 1945 vor dem Berner Münster das Kriegsende.

282 Aufräumen im Heizungskeller der deutschen Gesandtschaft

deutschen Gesandtschaft mit dem Kriegsverdienstkreuz II. Klasse ausgezeichnet.⁷³⁴

Noch im Februar und März 1945 war Helmut de Boos Rednertätigkeit engagiert gewesen. Er hatte, noch immer Dekan, im Rahmen des Volksbildungswerkes der nationalsozialistischen Deutschen Arbeitsfront DAF in Bern, Olten, Basel und im Tessin über historisch-politische und germanisch-mythische Themen gesprochen.

Die 14 angelegte Fichen mit de Boors Auskünften, von denen heute noch 12 vorhanden sind, beurteilten die Gesinnung bernischer Dozenten. Bei einem Einmarsch der deutschen Wehrmacht hätte dies für die Gegner deutscher Politik zweifellos Gefängnis oder Tod bedeutet – für Jüdinnen wie Anna Tumarkin und ihre Gefährtin Ida Hoff sowieso.⁷³⁵

Helmut de Boor, der die Schweiz nach Grossbritannien als das verlogenste Land hielt, wollte seine Informationen als rein wissenschaftliche Mitteilungen über allfällig einzuladende Referenten verstanden wissen. Doch der Karteifund brachte das Fass zum Überlaufen. Die Berner Polizei war der Meinung, dass der Professor «als Intellektueller besser in der Lage (war), die Wirkungen und Folgen seiner Handlungen vorauszusehen als ein gewöhnlicher Bürger» und deshalb sein Verhalten «umso verwerflicher» gewesen sei. De Boor wehrte sich, machte Rekurs und wurde von etlichen Studierenden und Kollegen unterstützt, die ihn als hervorragenden Gelehrten behalten wollten.

Im August 1945 wurde ein Ausweisungsverfahren gegen ihn eröffnet. Der Bundesrat erachtete nun die Staatsgefährlichkeit de Boors als gegeben. Ende Jahr wurde im Nationalrat Kritik über die unzulänglichen Säuberungsmethoden laut. Es wurde gefragt, wieso Prof. de Boor, ein Denunziant, wie er im Buche stehe, noch in der Schweiz sei und wer ihn protegiere.[736]

War es schliesslich Reue und Einsicht oder nur ein allerletzter, wenn auch erfolgloser Versuch, der Ausweisung zu entgehen, als Helmut de Boor am 5. Januar 1946 dem «Hochverehrten Herrn Bundesrat» schrieb: «Ein missleitetes Treuegefühl hat mich allzulange an die Träger der staatlichen Hoheit in meinem Heimatlande gebunden, und ich muss die Folgen auf mich nehmen»? Durch Bundesratsbeschluss vom 23. November 1945 wurde er auf den 15. Januar 1946 ausgewiesen. So schied er denn am 20 Januar 1946 aus Bern, und der Dramatiker Friedrich Dürrenmatt beschrieb seinen Abgang so: «Ich sehe ihn noch, wie er kurz vor seiner Ausweisung […] Richtung Bärengraben marschierte, der Regenmantel flatterte, das breite, glotzäugige Gesicht ratlos, die Arme ruderten, zerteilten die Luft.»[737]

Bildreportagen zu Judenvernichtung und Konzentrationslagern

Da fehlen uns die Worte
[Schweizer Jllustrierte Zeitung]

Das «Tausendjährige Reich» der Nationalsozialisten, das die Welt in den Abgrund gestürzt hatte, war untergegangen. Als die Waffen endlich schwiegen, waren mehr als 60 Millionen Opfer zu beklagen. Gefallen im Krieg, ermordet in Konzentrationslagern, verbrannt in Bombennächten, gestorben an Hunger, Kälte und Gewalt auf grossen Fluchtbewegungen.

Nach und nach erfuhr die Welt auch in vollem Umfang, was in deutschem Namen in den Vernichtungslagern des Regimes geschehen war. Entscheidungsträger mögen früh über die gezielte Vernichtungspolitik der Nazis und die Gräueltaten an der Ostfront informiert gewesen sein. Nicht aber die «gewöhnlichen» Schweizer und Schweizerinnen, die denn auch behaupteten, erst in den späten Kriegsjahren von den grauenvollen Konzentrationslagern ge-

283 Gefangene des Konzentrationslagers Theresienstadt nach der Befreiung

wusst zu haben. Abgesehen davon, dass sie dem «Volk der Dichter und Denker» solche Bestialität nicht zutrauten, hatte die Zensur schreckliche Nachrichten in den Medien abgeblockt.[738]

Zwar wurde bereits Anfang 1933 von den Lagern berichtet, aber behutsam, trocken, ohne grausamen Einzelheiten. Das Wort Auschwitz in der Bedeutung des abscheulichen Vernichtungs- und berüchtigten Massenlagers erschien in den Schweizer Zeitungen ab 5. Juni 1944, im Berner *Bund* am 7. Juni 1944. Die *Neue Zürcher Zeitung* brachte die Nachricht einen Monat später mit einer Erklärung des Schweizerischen Israelitischen Gemeindebundes.[739]

Man konnte an den Tatsachen definitiv nicht mehr vorbeischauen, nachdem das deutsche Konzentrationslager in 's-Hertogenbosch am 5./6. September 1944 vor den heranrückenden alliierten Armeen aufgegeben worden war, und eindrückliche Bilder öffentlich gezeigt wurden. «Ein Vorhang geht auf» titelte die *Schweizer Jllustrierte Zeitung* am 17. Januar 1945 und bildete ein erobertes Konzentrationslager mit Stacheldraht und Wachttürmen ab.

Nachdem das Lager Bergen-Belsen durch britisch-kanadische Truppen am 15. April 1945 befreit worden war, sah sich die *Schweizer Jllustrierte Zeitung* am 25. April 1945 genötigt, «das Grauen in deutschen Konzentrationslagern» drastisch zu zeigen. Einleitend schrieb sie: «Die Welt möchte am liebsten die Augen und Ohren verschliessen, den Frauen und Kindern den Anblick der grausamsten Dinge und das Wissen um die grössten Unmenschlichkeiten ersparen. Sie kann es nicht.»

Im Frühling 1945 war der Krieg eigentlich entschieden. In Jalta berieten Anfang Februar 1945 die USA, Frankreich, Grossbritannien und die Sowjetunion schon über eine Nachkriegsordnung, obwohl die Nationalsozialisten noch immer nicht aufgaben und noch alles in eine letzte Schlacht warfen.

Doch Rücksichten auf den nördlichen Nachbar waren nun kaum mehr zu nehmen. Unter dem Titel *Da fehlen uns die Worte* wurden am 2. Mai 1945 «Bilddokumente aus deutschen Konzentrationslagern» mit lebenden Skeletten und Leichenbergen gezeigt. Namentlich genannt wurden Lagerkommandant Josef Kramer und SS-Arzt Fritz Klein: Die «Scheusslichkeiten, mit denen er seine Opfer zu Tode quälte […], sind nicht zu beschreiben.»

Als die *Schweizer Jllustrierte Zeitung* am 15. August 1945 weitere bebilderte Reportagen aus den «Stätten des Grauens» brachte, thematisierte sie nun die «Kriegsverbrecher, von denen man bisher schwieg». Der Bericht *Von der Zensur verboten* erörterte, warum die Pressekontrolle die Publikation verschiedener Bilder untersagt hatte.

Am 2. September 1945 kapitulierte Japan nach dem amerikanischen Abwurf der Atombomben im August 1945 auf Hiroshima und Nagasaki.

Weitere Details des Grauens kamen in der *Gerichtsberichterstattung zum Vorschein,* als am 17. September 1945 erstmals die Verbrechen des Nationalsozialismus vor einem britischen Militärgericht in Lüneburg verhandelt wurden. Unter dem Titel *Die Menschenschlächter von Belsen stehen vor ihren Richtern* beurteilte die *Schweizer Jllustrierte Zeitung* die Gräueltaten männlicher und weiblicher Aufsichtspersonen in den Konzentrationslagern. Humanitäre Hilfeleistung wie zum Beispiel der Versuch, Opfer von Buchenwalde und Dachau in der Schweiz aufzupäppeln, wurde im Artikel *Wöchentliche Gewichtszunahme von 9 bis 12 kg gehören zur Regel* gewürdigt.[740]

Die Schweiz war mit 4050 durch Krankheit, Unfall oder Suizid getöteten Soldaten glimpflich davongekommen.[741] Wie Edgar Schumacher in *Bedrohte Schweiz* voraussagte, hätte ein Angriff auf die Schweiz mit grosser Wahrscheinlichkeit nicht dem Lande selbst, sondern einem Dritten gegolten, der sich eine günstige Ausgangslage schaffen oder eine Erfolg verheissende Operationslinie verfolgen wollte. Keiner der Feinde sah sich dazu genötigt. «Unsere Neutralität, das ist uns kein Geheimnis mehr, ist anderen in dem Masse wert, als sie ihnen dient», meinte der Schweizer Oberstdivisionär und Schriftsteller realistisch.[742]

Eine glückliche Schweiz konnte sich daranmachen, die Zukunft zu gestalten. Die *Schweizer Jllustrierte Zeitung* beschrieb die anstehenden Aufgaben: man wolle Arbeitsbeschaffung, eine beste Sozialpolitik bei vernünftiger Wirtschaftspolitik, eine Mutterschafts- und eine Altersversicherung.[743]

Schocknachricht über deportierte, umgebrachte und vertriebene Verwandte

Vous êtes je crois la seule survivante de cette famille
[Moura Konstantinowsky]

Vielleicht bemerkte Anna Tumarkin früher als andere, was sich jeweils hinter den dürren Zeitungsmeldungen verbarg. Vielleicht las sie zwischen den belanglosen Zeilen, vielleicht erahnte sie dank telegrafischen Nachrichten ihrer Bekannten früher als eine durchschnittliche Bernerin das ganze Ausmass nationalsozialistischer und faschistischer Bestialität.

Gräueltaten waren ihr von den jüdischen Pogromen her bekannt.

Trotzdem muss es sie mit voller Wucht getroffen haben, als sie gegen Ende Oktober 1945 den Brief eines jungen, unbekannten Verwandten bekam, der ihr Gewissheit über das grausame Schicksal ihrer engsten Verwandten gab und ihr schonungslos mitteilte, dass faktisch ihre ganze Familie ausgelöscht worden war.

Ihr Grossneffe Moura Konstantinowsky – der Enkel ihres Bruders Moses und der ältere Sohn ihrer Nichte Vera Konstantinowsky-Tumarkin – war ihr nur vom Hörensagen bekannt. Er hingegen hatte oft von ihr sprechen hören, ein letztes Mal in Nizza von seinem Vater, der ihm sagte, sie würde gerne Neuigkeiten aus der Familie kennen. «Celles que je puis vous donner sont bien tristes», schrieb Moura und teilte ihr mit, dass alle Chișinăuer Familienmitglieder von den Deutschen umgebracht worden seien: «Vous êtes, je crois, la seule survivante de cette famille si prospère et heureuse dans le temps.» Sie sei die einzige Überlebende einer ehemals so prosperierenden und glücklichen Familie.[744]

Zudem erfuhr Anna mit Bestimmtheit, dass auch ihr Neffe Sascha, dessen Rettung sie so beharrlich und engagiert betrieben hatte, an den Folgen unmenschliche Verhältnisse gestorben war. Zwar war es ihm gelungen, nach Finnland zu entkommen. Am 11. September 1940 hatte er ihr noch erleichtert von der finnischen Möglichkeit geschrieben, berichtet, dass das Tafelsilber gerettet und Niura glücklich bei den Kindern in New York angekommen sei.

> J. Constantin
> 6 Av du Coq Paris
>
> Paris 22 X 45
>
> Ma chère tante Anna,
>
> C'est la première fois que je vous écris, car vous ne me connaissez sans doute que par oui-dire. Je suis le fils aîné de votre nièce Vera Toumarkine et de Senia Konstantinowsky. Moi-même j'ai beaucoup entendu parler de vous et dernièrement par mon père à Nice qui me dit que vous vouliez avoir des nouvelles de la famille.
>
> Celles que je puis vous donner sont bien tristes. Ma pauvre maman a été arrêtée et déportée par les Allemands à Paris quelques mois avant la libération. On est sans aucune nouvelle d'elle et elle doit être considérée comme perdue. Sa soeur Nadia ainsi que le mari Sothia Unikiel et leur fils Michel âgé de 15 ans ont été arrêtés et déportés au début de 1942 et depuis longtemps nous les considérons comme morts. Le frère de maman Alexandre Toumarkin a réussi à partir de Berlin en pleine guerre et est parti pour rejoindre sa femme et ses enfants à New York, mais le bateau a été torpillé en route. Il s'est sauvé ayant été recueilli par des pêcheurs d'Islande et est finalement arrivé à New York mais il est mort peu de mois après à la suite des fatigues subies au naufrage

284 Grossneffe Moura Konstantinowsky an Anna Tumarkin, 22. Oktober 1945

285 Die Überreste einer Chișinăuer Strasse

```
Alexander Tumarkin                    Berlin W. 30, dem 11.9.40.
                                      Hohenstaufenstr. 50

                        Fräulein
                        Professor Dr. Anna Tumarkin,
                        B e r n /Schweiz
                        Hallwylstr.44


                   Ich küsse Dich herzlichst
              Meine liebe Anjuta!
                        Lange Zeit habe ich Dir nicht geschrieben, da
              ich nicht wusste, wie sich mein Schicksal gestalten wird.
              Nunmehr kann ich Dir berichten, dass es meinem Freunde
              in Finnland gelungen ist, eine Einreiseerlaubnis für
              mich nach dorthin zu erhalten auf 2 1/2 bis 3 Monate
              und hoffe ich, dass ich von dort das Amerikanische Vi-
              sum bezw. die fehlenden Unterlagen dafür von den Kin-
              dern auf telegrafischem Wege erhalten kann. Von dort
              habe ich einen etwas gefährlichen, aber direkten Weg
              über Petsamo nach New York auf einem gewöhnlichen Fracht-
              dampfer, da ein Passagierdampfer nach Amerika von dort
              aus nicht fährt. Aber dieser Weg ist direkt und ver-
              hältnismässig billig Meine Aufenthaltsschwierigkeiten
              sind in der Weise geregelt, dass ich bis Mitte Oktober
              eine weitere Genehmigung erhalten habe. Sollte ich bis
              dahin des Amerikanische Visum erhalten, werde ich doch
              vielleicht versuchen, die Reise über die Schweiz , als-
              denn per Flugzeug nach Lissabon usw und nach Amerika
              anzutreten. Ich danke Dir auf jeden Fall für alle Dei-
              ne Sorgen und Bemühungen für mich. Es war die ganzen
              Monate für mich ein sehr grosser Trost und eine mora-
              lische Stütze, dass jemand draussen über mich und mein
              Schicksal wacht.
                        Inzwischen und zwar am 4.9. ist es mir gelungen,
              nach langen Bemühungen das Tafelservice von Nadja frei-
              zubekommen und es Dir herüberzuschicken. Die Spesen
              konnte ich nur bis zur Deutschen Grenze bezahlen und
              bitte ich Dich, die kleinen Spesen, die noch bis zu
              Deiner Wohnung entstehen werden, von dem Depot Tante
              Njura abzuziehen. Vielleicht kannst Du Nadja darüber
              benachrichtigen. Von hier aus ist bis jetzt noch kein
              Postverkehr. Von Njura habe ich am 27.8. ein Telegramm
              aus New York erhalten, dass sie dorthin glücklich ange-
              kommen ist und erwarte nunmehr täglich den ersten aus-
              führlichen Brief . Du kannst Dir vorstellen, wie ich
              mich freue, dass ihre Strapazen nunmehr zu Ende sind.
              Aus Kischineff habe ich keine Nachrichten, aus Indirek-
              tem muss ich annehmen, dass es Onkel und Kindern nicht
              schlecht geht und dass es bei den neuentstandenen Ver-
              hältnissen  für sie das Richtige gewesen ist.
```

286 Sascha Tumarkin, Hohenstaufenstrasse 50, an Anjuta in Bern, 11. September 1940

Doch das Boot, das gestrandete Diplomaten von Finnland nach Amerika bringen sollte, wurde bombardiert und sank bei den Färöern. Die meisten Passagiere, unter ihnen auch Sascha, konnten von isländischen Fischern gerettet und auf neutrale Schiffe gebracht werden. Die Weiterfahrt verzögerte sich aber für Sascha, da er seine Papiere nicht auf sich trug und sie mit dem Schiff verloren gingen. Schliesslich gelangte er aber doch nach New York und wurde mit seiner Frau und seinen Kindern wiedervereint. Doch er war ein kranker und gebrochener Mann und starb «à la suite des fatigues subies au naufrage» innert weniger Monate mit 56 Jahren.

Grossneffe Moura kannte auch das tragische Schicksal der Familienmitglieder, die in Frankreich gelebt hatten und die Anna Tumarkin 1940 ein letztes Mal zu kontaktieren versucht hatte (siehe S. 377). «Ma pauvre maman a été arrêtée et déportée par les Alle-

287 Das Sammel- und Durchgangslager Drancy bei Paris

mands à Paris quelques mois avant la libération», musste Moura berichten. Saschas Schwester und Annas Nichte Vera Konstantinowsky wurde in Paris von den Deutschen deportiert. Die Familie blieb ohne jegliche Nachricht: «Elle doit être considerée comme perdue.»

Saschas zweite Schwester, Annas Nichte Nadja Unikiel, wurde mit ihrem Ehemann und dem 15-jährigen Sohn Anfang 1942 ebenfalls verschleppt: «Depuis longtemps nous les considerons comme morts», schrieb Moura über seine Tante und deren Familie.

Wie im Gedenkbuch für die *Opfer der Verfolgung der Juden unter der nationalsozialistischen Gewaltherrschaft in Deutschland 1933–1945* vermerkt ist, wurde Nadja Unikiel-Tumarkin, geboren am 21. Dezember 1896 im russischen Mohilew, wohnhaft in Berlin, nach Paris emigriert und mit Tausenden anderen am 22. Juli 1942 ab Sammellager Drancy nach Auschwitz deportiert. Am 24. Juli 1942 kam sie im Konzentrations- und Vernichtungslager an und wurde am 5. August 1942 ermordet. Ihr Ehemann Gothia Unikiel wurde am 15. August und ihr Sohn Michael am 18. August ermordet.[745]

Wenigstens von sich selbst konnte der Grossneffe Moura am 22. Oktober 1945 einigermassen Erfreuliches berichten. Er nannte sich nun Georges Constantin, lebte in Paris und hatte Familie. Zwar sei nach der Deportation und dem sicheren Tod seiner Mutter das Leben nicht mehr heiter gewesen. Doch persönlich könne er sich nicht beschweren: «Moi-même je suis marié à une jeune française et nous avons un charmant petit garçon de deux ans, qui est à la fois notre seule joie et ma seule consolation.» Sobald es in Frankreich etwas besser ginge und etwas Freiheit zurückgekehrt sei, versprach er Anna, wolle er gerne seiner Frau und seinem Sohn ihre schöne Schweiz zeigen. Mitfühlend fragte er Anna nach ihrem Leben: «J'éspère que vous vous portez bien ma tante et que vous n'êtes pas seule et j'aurais du plaisir si vous me le confirmeriez un jour par lettre en carte. Très affectueusement votre petit neveu Moura Konstantinowsky, dit Georges Constantin, 6 Av. du Coq Paris IXe.»

XIII Die Emeritierte und ihr Werk über die Schweizer Philosophie

Kollegiale Glückwünsche zum 70. Geburtstag

Tumarkin, die eine Zierde unserer Universität war und bleibt
[Conrad von Mandach]

Als Anna Tumarkin am 16. Februar 1945 ihren 70. Geburtstag feierte, wurde sie von Helmut de Boor zu Hause besucht. Er gratulierte ihr als Dekan persönlich, zusammen mit Carlo Sganzini, dem Vertreter der Philosophischen Gesellschaft. Im Namen der Fakultät überreichte er ihr «die übliche Blumenspende».[746] Wieweit Anna Tumarkin damals wusste oder ahnte, dass ihr, der Jüdin, damit ein aktiver Nationalsozialist alles Gute wünschte, ist nicht bekannt. Sein Kriegsverdienstkreuz II. Klasse wird de Boor wohl beim Besuch Tumarkins nicht getragen haben.

Es war der Physiker André Mercier, der sich zuallererst um Anna Tumarkins Geburtstag gekümmert hatte. Er fragte Ende Oktober 1944 im Namen der Berner Philosophischen Gesellschaft die Universität bzw. die Fakultät an, ob man gewillt sei, etwas zu Tumarkins 70. Geburtstag zu organisieren. Andernfalls plane die Gesellschaft einen nicht zu umfangreichen Anlass, welcher «der Bescheidenheit von Frl. Tumarkin» entsprechen würde.[747]

Mercier sass 1945 nicht nur im Vorstand der Schweizerischen Philosophischen Gesellschaft und war Präsident der Bernischen Vereinigung, das Ehepaar Mercier war auch mit der Philosophin befreundet. Der junge André Mercier hatte nach seinen Pariser Postgraduate-Studien beim Nobelpreisträger Niels Bohr in Kopenhagen gearbeitet. Eine nette Gemeinsamkeit war, wie Mercier gerne betonte, dass sie beide eine Grosstante hatten, die eine Privatschule für Mädchen führte. Aus Dänemark brachte Mercier vertiefte Kenntnisse nach Zürich, Genf und schliesslich nach Bern, wo man ihn in der Nachfolge des Einstein-Lehrers Paul Gruner zum Professor für theoretische Physik, später für Physik und Philosophie

288 *André und Ruth-Marie Mercier-Fossum auf ihrem Schloss Jolly sur Rabretière*

ernannte. Als er hier seine öffentliche Antrittsvorlesung über Kosmologie hielt, sass in der ersten Reihe Anna Tumarkin. «Nach dem Vortrag», erinnerte sich André Mercier, «kam sie zu mir, umarmte mich beinahe und sagte: ‹Das ist wunderbar. Nun haben wir einen Physiker, der sogar etwas von Philosophie versteht!›» Anna Tumarkin war damals schon eine ältere Dame, erzählte Mercier und dass er auch als Professor zu ihren Vorlesungen ging.

Er habe, gestand der Physiker, das Privileg genossen, in Tumarkins Lektionen Antworten auf viele Fragen des menschlichen Seins erhalten zu haben: «Je crois que Vous avez beaucoup donné à ceux qui cherchaient près de Vous la clarté explicative. Merci. C'est un don rare que Vous avez fait. Je ne doute pas que Vous l'ayez fait avec la plus grande joie.»[748] Mit seiner Frau, der dänischen Pianistin Ruth Mercier-Fossum, verstand sich Anna Tumarkin trotz des grossen Altersunterschieds gut. Der Physiker erinnerte sich, wie ihm Anna Tumarkin einmal telefonierte und um deren Begleitung bat: «Hören Sie, es ist so schön heute draussen. Könnte ich ihre Frau bitten, mit mir einen Spaziergang längs der Aare zu machen? Wir werden die Vögel hören!»[749]

Viele gratulierten Anna Tumarkin zum 70. Geburtstag. Er war auch ein Anlass, die Philosophin zu fotografieren.

Die Berner Philosophische Gesellschaft schenkte ihr eine schlichte Urkunde, in der man ihr «für Ihr Bestreben» dankte, «das Leben der Gesellschaft und das philosophische Studium in Bern zu fördern».[750] Eine *Manifestation des Dankes* erhielt sie von der Schweizerischen Philosophischen Gesellschaft, die 1945 vom NZZ-Redaktor Dr. Hans Barth präsidiert wurde. «Dass Sie Ihre Arbeitskraft wenig oder ganz unbekannten Schweizer Denkern gewidmet

289 *Die 70-jährige Philosophieprofessorin Anna Tumarkin 1945 in Bern*

haben, verpflichtet uns Ihnen gegenüber aus besonderen Gründen, die mit Selbstbesinnung und Selbstkritik eng zusammenhängen.»[751]

Ihre universitären Kollegen schickten ihr einen Brief oder eine Karte. Manche ihrer Würdigungen lesen sich wie ein Nachruf, manche wie ein Beitrag zu einer Festschrift, auf die man glaubte, verzichten zu können.[752]

Kurz und herzlich beglückwünschte der Direktor des Kunstmuseums, Conrad von Mandach, die Jubilarin, «die eine Zierde unserer Universität war und bleibt».[753]

290 Hans Barth, Gratulant für die Berner Philosophische Gesellschaft

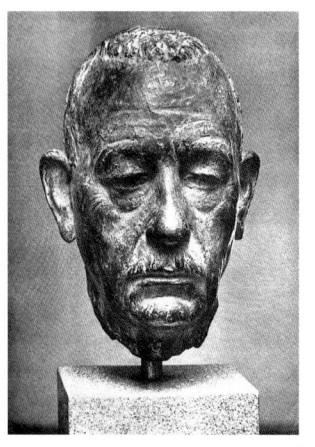

291 Gratulant Conrad von Mandach

Kirchengeschichtler Heinrich Hoffmann lobte ihren Einsatz, der mit ganzer Persönlichkeit, einschliesslich des Herzens geleistet werde.

Interessant ist es, dass sich die Mehrheit der kollegialen Gratulanten in ihren Schreiben mit deutschen, lateinischen oder griechischen Gedichten und Sprichwörtern behalf.

Germanist Fritz Strich sandte seiner «sehr verehrten Kollegin» statt eigener Worte Goethes Zwischengesang: «Lasst fahren hin das allzu Flüchtige …». Historiker Werner Näf widmete ihr Vadians Wort: «Est enim amor omnium studiorum fomes» – Die Liebe ist der Zündstoff allen Lernens. Mit Senecas Zitat plädierte Alfred Amonn für eine Nachhaltigkeit, die er wohl in Tumarkins Lehre fand: «Paucis natus est, qui populum aetatis suae cogitat» – Für wenige ist geboren, wer nur an seine Zeitgenossen denkt. Mit Abraham Gotthelf Kästners ketzerischer Bemerkung zur Philosophie wagte sich der Jurist und Ökonom allerdings auf schlüpfrigen Boden: «Auf ewig ist der Krieg vermieden; Befolgt man, was der Weise spricht, Dann halten alle Menschen Frieden, Allein die Philosophen nicht.»

Ausgerechnet Albert Debrunner, Professor für klassische Philologe, gestand, dass er mit seinen Versuchen, ihr mit eigenen lateinischen Verschen Glück zu wünschen, kläglich gescheitert sei. Er bedauerte dies, denn im Latein könne «man die fehlenden hohen Gedanken durch formale Kunstgriffe etwas verhüllen …» Aber «Sie sind ja als Mensch und als Philosophin grossmütig genug, um auch mein trockenes Deutsch als echt anzunehmen», meinte Debrunner bescheiden.

Prähistoriker Otto Tschumi nahm Tumarkins Ausspruch «Das Grab ist die Wiege der Religionen» zum Anlass, die verehrte Jubilarin mit einer vierseitigen Abhandlung über Gräberkult und Götterkult zu beschenken. Auch andere liessen ihrer Gelehrsamkeit freien Lauf und widmeten der Jubilarin ihre philosophischen Betrachtungen. Der liberale Theologe Martin Werner wartete mit einer «schönen alttestamentlichen Spruchweisheit auf: ‹Lass dein Brot übers Wasser fahren, so wirst du es wieder finden nach langer Zeit!›» Werner gefiel Tumarkins klare Sprache: «Wenn doch nur alle Philosophen eine so verständliche Sprache reden würden!», rief er aus, und auch der Kunstwissenschaftler Hans R. Hahnloser sprach es unumwunden an: «Ihre Vorträge gehören zu den wenigen Ihres Fachs, die ich verstanden zu haben glaube. Einmal, weil sie so klar waren; zum andern, weil es Ihnen darum ging, uns die Probleme als solche nahe zu bringen und nicht in erster Linie die Art, wie sie Ihnen zufällig erscheinen; endlich aber und vor allem, weil sie getragen waren von jener Wärme des Empfindens, die wir zu den schönsten Vorzügen einer Frau zählen. Über lange Jahre in meiner Fakultät neben einer solchen Kollegin tätig gewesen zu sein, von ihr in den gemeinsamen kulturhistorischen Vorlesungen gelernt zu haben, zählt zu meinen liebsten Berner akademischen Erinnerungen,» schrieb er ihr Ende 1944 «im Feld».

Richard Herbertz fiel es nicht leicht, wie er selbst zugab, die rechten Worte zu finden, um «seine freundlichen Gedanken und seine herzlichen Glückwünsche» zum Ausdruck zu bringen. Typisch Herbertz erklärte er wortreich, kompliziert und verquer, dass es ihm zwar vor den Fakultätsmitgliedern leichtgefallen sei, «aus Überzeugung und aus Herzensbedürfnis» Worte des Dankes und der Anerkennung zu sprechen, nicht aber eine Laudatio auf Tumarkin persönlich zu halten.

292 Gratulant Hans R. Hahnloser

Samuel Singers Gratulation war ebenso einfühlsam wie verständig. Der österreichische Jude, körperlich ein Zwerg, ahnte, wie sehr Tumarkin unter den Zeitläufen zu leiden hatte: «Liebe Kollegin!», schrieb er ihr zum 70. Geburtstag, «Sie wissen, wie hoch ich Ihre wissenschaftliche Tätigkeit stelle, und so werden Sie es nicht missverstehen, wenn ich Ihnen heute, an Ihrem Ehrentage, sage, dass ich Sie als Menschen noch höher schätze denn als Gelehrte. Denn ich habe Sie noch als Studentin gekannt und nicht nur Ihren wissenschaftlichen Werdegang, sondern auch Ihr menschliches Erleben und Erleiden verfolgen können. Und wenn Sie mir als gelehrte Frau Achtung eingeflösst haben, so haben Sie mir als Mensch imponiert. Und so lassen Sie es sich denn heute gesagt sein: vor Ihnen müssen wir Alle den Hut ziehen, denn Sie sind ein tapferer Mensch. Mit herzlichen Grüssen Ihr S. Singer.» Die berührenden Zeilen des «unvergesslichen Professor Singer» beeindruckten auch Blanche Hegg-Hoffet, die sie in ihrer Rede an Tumarkins Grab rezitieren wird.[754]

293 Gratulant Samuel Singer

Die Dankbarkeit der Frauen und Freundinnen, ihrer Studentinnen und Schüler

Durchglüht von der Liebe zur Weisheit bereicherte sie ihre Hörer mit tiefem Wissen
[Lina Bärtschi]

Auch die Presse gratulierte Tumarkin zum 70. Geburtstag. Die *Neue Zürcher Zeitung* erinnerte daran, «dass sie in verdienstvoller Weise den Berner Philosophen Carl Hebler […] der unbegründeten Vergessenheit entrissen» habe, und der *Bund* publizierte ihr Porträt.[755] Die *Frauen-Zeitung «Berna»* hingegen blickte vorwärts. Anna Tumarkin sei «zu einem eingehenden Studium der Schweizer Philosophen des 18. Jahrhunderts» gelangt, bemerkte Agnes Debrit-Vogel. Nun aber sei es ihr eine grosse Freude und lasse sie das Älterwerden vergessen, dass sie «dieses Studium auch nach beendeter Lehrtätigkeit fortsetzen» könne. Es werde «ein bedeutendes Werk entstehen», war sich Debrit-Vogel sicher, das «ein noch wenig erforschtes Gebiet des schweizerischen Geistesleben erschliesst».[756]

Gross und herzlich war die Anteilnahme von Tumarkins ehemaligen Schülern und Schülerinnen. Der leidende und dem Tode nahe Hans Bloesch dachte noch einmal an ihre Darstellungsgabe, welche die subtilsten Probleme mit überzeugender Anschaulichkeit zu klären und auch dem Nichtfachmann verständlich zu machen wusste.[757] Wilhelm Keller war sich gewiss, «dass, wenn mir das Eine oder andere zu leisten vergönnt sein sollte, Ihr Anteil daran sehr gross sein wird.» Noch Privatdozent sollte Keller wenig später ordentlicher Philosophieprofessor in Zürich werden. Der Basler Philosophieprofessor Heinrich Barth hatte bereits «im Vorblick auf die Vollendung ihres 70. Lebensjahres» seiner Lehrerin einen gedruckten akademischen Vortrag über die Anfänge der griechischen Philosophie gewidmet.[758]

«Possumus ingredi in atrium, in sacrarium non admittamur» – Wir können das Atrium betreten, im Allerheiligsten sind wir nicht zugelassen, gab Bibliothekar Hans Strahm zu bedenken. «Wir werden immer ausserhalb der vollkommenen Erkenntnis bleiben», übersetzte ihr ehemaliger Schüler das Leibniz-Zitat. Wohl aber könnten wir nach dem Wahren streben und Ehrfurcht haben vor dem, was Frühere erstrebt und erkannt hätten. «Das haben Sie, verehrte Jubilarin, Ihren Schülern in reichem Masse vermittelt, und das danken wir Ihnen.»[759] Ihre letzte Doktorandin, Lina Bärtschi, wandte sich im *Bund* vom 22. Februar 1945 mit einem *Dank an Anna Tumarkin*:

294 Die 70-jährige Anna Tumarkin in ihrem Studierzimmer 1945 in Bern

Schon der «rasche Aufstieg zur akademischen Lehrtätigkeit» zeuge von ihren aussergewöhnlichen Fähigkeiten. Ein noch lebendigeres Zeugnis dafür seien aber ihre Vorlesungen und Seminare gewesen. «Durchglüht von Liebe zur Weisheit, gelang es ihr immer wieder, ihre Hörer anzuspornen, zu begeistern und mit tiefem Wissen zu bereichern.»

Ein Geburtstagsgeschenk dürfte Anna Tumarkin besonders gefreut haben: die Blumenradierung von Paula Häberlin.

Mit dem Ehepaar Häberlin verband sie eine langjährige Freundschaft. Das war nicht ganz selbstverständlich, denn Tumarkin hielt

295 Lina Bärtschi dankte Anna Tumarkin im Bund.

den Philosophen Paul Häberlin für mimosenhaft und kritikunfähig. Sie warnte sogar Heinrich Barth, Häberlin gegenüber «äusserste Vorsicht walten zu lassen. Das Beste scheint es mir zu sein, sich mit ihm, besonders in Gegenwart von Anderen, überhaupt in keine Diskussion einzulassen.: je weniger sicher er wissenschaftlich ist, desto weniger verträgt er […] Widerspruch. So beurteile ich ihn nach meinen Erfahrungen in der Psycholog. Gesellschaft.»[760]

Dass sie nicht immer gleicher Meinung waren, vermittelte ihm Anna Tumarkin sehr behutsam: «Lieber Herr Häberlin!», schrieb sie am 25. Dezember 1916. «Ich habe eben Ihr Buch zu Ende gelesen, und möchte Ihnen gleich, bevor ich noch das dritte Opus gelesen

296 Paul und Paula Häberlin-Baruch

habe, sagen, dass es mich sehr freut bei aller Verschiedenheit der Sprache und der Methode der Darstellung doch so viel Uebereinstimmung in den letzten Zielen des Philosophierens bei uns beiden zu finden. Auf verschiedenen Wegen suchten wir im Grunde dasselbe, so dass in den meisten Fragen beim näheren Zusehen mein anfänglicher Widerspruch gemildert, wenn nicht ganz gehoben wurde.»[761]

Sie verkehrte mit ihrem Kollegen Paul Häberlin und seiner Frau auf sanfte Weise. Auch Ida Hoff wollte keinesfalls Häberlins Wohlwollen verlieren. Sie unterzeichnete jeweils Tumarkins Briefe mit vielen Grüssen und liess Tumarkin einmal gar einen Entschuldigungsbrief schreiben: «Frl. Hoff macht mich darauf aufmerksam, dass wenn auch ich selbst bei meiner gestrigen Kritik der Psychoanalyse nicht an Sie gedacht habe, ich doch in diesem Sinne hätte verstanden werden können. Es thäte mir natürlich furchtbar leid, wenn das der Fall wäre. Läge mir diese Möglichkeit nicht so fern, so hätte ich nicht so unbefangen in Ihrer Gegenwart meine Einwände vorbringen können [...]. Ich hoffe sehr, sie haben mich nicht missverstanden und meine Kritik nicht persönlich genommen.»[762]

Anna Tumarkin hatte am 16. Februar Geburtstag, Häberlin einen Tag später. Die Tradition, sich gegenseitig zum Geburtstag zu gratulieren, wurde jahrzehntelang beibehalten, auch nachdem das Ehepaar Häberlin 1922 nach Basel übergesiedelt war.[763] Anna verdankte etwa auch eine reichliche Weihnachtsbescherung oder lud das Paar «mit dem Wunsch, Ihnen den versprochenen Champagner zu kredenzen», zu sich nach Hause ein.[764]

297 Paula Häberlin-Baruch,
Zwei Frauenschuhe,
Radierung, 1945

1938 sandte ihr Paul Häberlin eine von seiner Gattin verfertigte Bleistiftzeichnung, die ihn im Seitenporträt zeigte und schrieb dazu: «Der Umstehende naht sich an Ihrem Geburtstag wenigstens im Bilde um Ihnen für das neue Lebensjahr alles Gute zu wünschen.»[765]

Zu Anna Tumarkins 70. Geburtstag nun schickten Häberlins nicht nur Glückwünsche. Künstlerin Paula Häberlin schenkte der Philosophin ein Blumenbild. Sinnigerweise zeigte es zwei Frauenschuhe – *Cypripedium calceolus* – aus der Familie der Orchideen.[766]

Anna Tumarkin freute sich über all die Geburtstagsgrüsse. Bei Wilhelm Keller bedankte sie sich für die beiden Schriften, in denen sie seine Auffassung «vom Wesen des Menschen» wiederzuerkennen glaubte. «Ich bin zwar nicht ganz Ihrer Meinung, dass das letzte Wort der Gegenwartsphilosophie auch das letzte und abschliessende Wort der Philosophie als solche ist, aber begrüsse es sehr, wenn die Philosophie der Gegenwart als adäquater Ausdruck unserer Zeit und ihrer geistigen Nähe gründlich studiert wird.»[767]

Hans Strahm dankte sie «für die Mühe», die er sich gemäss André Mercier gegeben habe, um sie «wissen zu lassen, dass auch Andere» ihrer freundlich gedenken: «Dass mich die freundliche Erinnerung meiner Schüler an das, was ich ihnen zu geben vermochte, am meisten freut, brauche ich Ihnen kaum zu sagen. «Ist doch das, was von uns in Anderen fortwirkt, die lebendige Spur unseres Daseins, wenn dieses zu Ende geht.»[768]

298 Paul Häberlin, 1937 gezeichnet von Paula Häberlin-Baruch

Krankheit, Emeritierung und eine letzte Vorstellung

Der Abschied fällt mir nicht leicht,
denn ich liebe meine Arbeit
[Anna Tumarkin]

1939 war Anna Tumarkin zum fünften und letzten Mal für eine sechsjährige Amtszeit bestätigt worden, die vom 1. Februar 1939 bis 31. Januar 1945 dauern sollte.[769]

Liest man Tumarkins Schreiben, gewinnt man den Eindruck, dass sie selten so krank war, dass sie nicht lesen konnte. Länger musste sie Ende 1913, Anfang 1914 pausieren und sich operieren lassen. 1925 plagte sie eine anhängliche Grippe. Wann allerdings bei ihr die Elephantiasis aufgetreten sein soll, von der Zeitgenossinnen sprachen, ist unklar.

Ernsthafter stand es nach 1940 um ihre Gesundheit. Schon an der *Landi 39* war sie unwohl. Im Frühling 1940 erholte sie sich noch gut nach Unpässlichkeiten, die eine ärztliche Behandlung notwendig machten. Danach fehlte es an diesem oder jenem. Januar und Februar 1941 plagten sie die Gallenwege. Mitte Januar 1943 war es eine akute Herzstörung, die eine sechswöchige Liegekur im Salem-Spital nötig machte. Vermutlich hatte sie dem Körper mit ihrem regen Geist und ihrem gewaltigen Arbeitseifer zu viel zugemutet. Die Angst um ihre Verwandten im Horror des Krieges war niederdrückend. Da sie im Wintersemester 1942/43, freitags 17–19 Uhr, die Lektüre und Interpretation der Vorsokratiker gemeinsam mit Prof. Edouard Tièche bestritt, war ihre Abwesenheit für die Studierenden nicht allzu fühlbar. Im März 1943 konnte Erziehungsdirektor Alfred Rudolf «mit Vergnügen» davon Kenntnis nehmen, dass sie ihre Vorlesungen wieder aufnehme. Allerdings müsse sie sich noch schonen, und sie liess sich von der einstündigen Vorlesung *Der Gottesbegriff in der Geschichte des philosophischen Denkens* dispensieren.[770]

Doch dann ging es bergab.

Anna Tumarkin überstand die Strapazen des Sommersemesters 1943, fühlte aber, dass sie so nicht weitermachen konnte. Am 2. Juli 1943 liess sich die 68-Jährige medizinisch untersuchen, wohl auch von ihrer fachkundigen und mitfühlenden Freundin Ida Hoff. Anderntags erklärte sie ihren Rücktritt: «Hochgeehrter Herr Dekan! Ich muss Ihnen leider mitteilen, dass ich meine Arbeit an der Universität nicht länger fortsetzen kann. Zwar habe ich dieses Semester lückenlos durchführen und auch das im vorigen Semester wegen Krankheit Versäumte nachholen können. Aber ich fühlte selbst, dass ich auf die Dauer mich nicht mehr so werde einsetzen können.

Und das ärztliche Urteil hat das – gestern – bestätigt: ich soll meine Kräfte unbedingt schonen. Unter diesen Umständen bleibt mir nichts anderes übrig, als meine Arbeit niederzulegen.

Der Abschied fällt mir nicht leicht, denn ich liebe meine Arbeit. Umsomehr aber weiss ich es zu schätzen, dass ich sie so lange habe behalten dürfen; und ich scheide von der Berner Hochschule mit tiefem Gefühl der Dankbarkeit für Alles, was sie mir an unverlierbarem Lebensgehalt geboten hat. Mit vorzüglicher Hochachtung Anna Tumarkin».[771]

Die Fakultät nahm am Montagmorgen, 12. Juli 1943, vom krankheitsbedingten Rücktritt auf den 1. Oktober 1943 Kenntnis. Erziehungsdirektor, Fakultät und Dekan bedauerten in einem Brief den Verlust «lebhaft». Wie protokollarisch vermerkt, gab Herbertz «von einem Briefe Kenntnis, den er als nächster Fachkollege an Fräulein Tumarkin gerichtet» habe und der «dieses Bedauern gleichfalls» ausspreche.[772]

299 *Mit Edouard Tièche bestritt Tumarkin gemeinsame Veranstaltungen.*

300 Anna Tumarkins Rücktrittsschreiben vom Samstag, 3. Juli 1943

Da im Sommer 1943 auch ihr Kollege Tièche emeritiert wurde, verband die Geisteswissenschaftliche Fakultät ihre traditionelle Zusammenkunft «mit einer kleinen Feier zu Ehren ihrer scheidenden Kollegen Fräulein Tumarkin und Herrn Tièche». Die Abschiedsfeier der Fakultät vom 16. Juli 1943 fand in der Rotonde im ersten Stock des Café Rudolf an der Laupenstrasse 1 statt. Noch mitten im Krieg, bei rationierten Lebensmitteln und bei darbender Gastronomie spendierte die Fakultät um 19.30 Uhr ein Nachtessen.

Es ist bemerkenswert, dass Ida Hoff als Tumarkins Begleitung miteingeladen war: «Wir würden uns ausserordentlich freuen», liess Sekretär Werner Näf die Ärztin wissen, «wenn Sie, sehr geehrtes Fräulein, an diesem Abend unser Gast sein wollten.»[773] Dekan Fritz Strich habe ihn beauftragt, «Sie namens der Fakultät herzlich einzuladen».

301 Rotonde des Café Rudolf mit Aussicht auf den Bubenbergplatz

Anderntags machten die beiden Frauen Ferien. Ida Hoff meldete sich in ihrer Praxis bis zum 10. August 1943 ab.

Offiziell wurde Anna Tumarkin «unter Verdankung der geleisteten Dienste» auf den 1. Oktober 1943 aus ihrem Amt entlassen. Erziehungsdirektor Alfred Rudolf schickte ihr den formellen Beleg zu – nicht ohne sich für den bürokratischen, trockenen Ton des amtlichen Schreibens zu entschuldigen und ihr in einem eigenen liebenswürdigen Schreiben zu versichern, dass die Universität und auch die Staatsverwaltung ihre treuen Dienste und ihre selbstlose Hingabe nicht verkennen und nicht vergessen würden.[774]

Der Rücktritt Anna Tumarkins wurde am 17. Oktober 1943 auch im *Bund* und damit der Öffentlichkeit mitgeteilt.[775]

Zum Semesterende fand am Freitag, 3. März 1944, eine weitere Abschiedsfeier im kleinen Kreis statt. Anderntags dankte Tumarkin dafür Dekan Fritz Strich für den reizenden Abend: «Er hat mir or-

302 Abwesenheitsannonce von Ida Hoff

dentlich ‹Längiziti› nach der gemeinsamen Arbeit im Rahmen der Fakultät gemacht.» Die Demission, liess sie Regierungsratspräsident Alfred Rudolf wissen, sei ihr schwergefallen. Ihre Arbeit sei für sie kein Opfer, sondern eine Freude gewesen, und deshalb bedaure sie auch doppelt, dass sie ihre Arbeit vor der gesetzlich vorgeschriebenen Grenze habe aufgeben müssen.[776]

Dann die grosse Überraschung. Anna Tumarkin gab ein kurzes Comeback.[777]

Sie kehrte im Winter 1944/45 ein letztes Mal als lehrende Extraordinaria an die Universität Bern zurück. Jeweils am Dienstag von 17 bis 18 Uhr berichtete sie im kleinen Zimmer Nr. 35 (heute Teil von Nr. 115) neun Zuhörern und Zuhörerinnen von der *Schweizerischen Philosophie im Zeitalter der Aufklärung*.[778]

Ihren allerletzten Auftritt an der Alma Mater Bernensis hatte sie gemäss Semesterplan am Dienstag, 27. Februar 1945, am Tag, da der Berner *Bund* den Luftangriff der Alliierten auf Berlin meldete.[779]

Als die Fakultät Anfang 1946 die Nachfolge regeln wollte und einen Bericht Tumarkins zu ihrer Vakanz erwartete, musste sie passen: ihr war ein «Lese- und Schreibverbot ärztlich auferlegt» worden. Um sie zu schonen, hatte wohl Ida Hoff definitiv ein Machtwort gesprochen.[780]

303 Erziehungsdirektor Alfred Rudolf verdankte Tumarkins geleistete Dienste.

Die Verarbeitung des Schrecklichen

Meine Frau und ich frugen uns, wie Sie sich mit den Ereignissen abgefunden haben
[Moritz Tramer]

Nach der deutschen Kapitulationserklärung vom 8. Mai 1945 war der Krieg, der 60–80 Millionen Tote gefordert hatte, am 2. September 1945 definitiv zu Ende. Deutschland und Österreich waren viergeteilt. Tumarkins ehemaliges russisches Reich war zur Union der Sozialistischen Sowjetrepubliken UdSSR unter Josef Stalins Führung geworden.

Tumarkin war emeritiert, ihre Familie ausgelöscht. Unendlich litt sie an der Vernichtung ihrer Vaterstadt und am grauenhaften Schicksal von Familienangehörigen.[781] Ida Hoff, die ebenfalls eine bekennende, wenn auch nicht praktizierende Jüdin war, litt mit Anna Tumarkin.

Ida Hoff wandte sich im März 1944 an Moritz Tramer-Baumgarten. Der jüdische Psychiater und Leiter der Solothurner Anstalt

304 Moritz und Franziska
Tramer-Baumgarten

305 Ida Hoff an Moritz Tramer,
22. März 1944

Rosegg war der Ehemann der Psychotechnikerin Franziska Baumgarten, mit der Tumarkin im Senat sass. Zwar ging es im Briefwechsel recht harmlos um die Vereinigung der Amtsärzte und einen Einführungskurs in die Mädchenpsychiatrie. Aus einem Antwortschreiben Tramers geht aber hervor, dass sie ihn in eigener Sache schon kontaktiert hatte, denn er schrieb: «Ich würde Ihnen wieder zur Verfügung stehen, wenn Sie das Bedürfnis danach hätten oder es sonst Ihr seelischer Haushalt erforderte.» «Hinter Ihren Träumen» herzugehen, hielt er allerdings nicht für richtig. «Wir, d. h. meine Frau und ich sprachen oft von Ihnen und frugen uns, wo Sie eigentlich sind, wie es Ihnen geht, wie Sie sich mit den Ereignissen abgefunden haben. u.s. Wohl vernehmen wir hin und wieder von Drittpersonen etwas, aber es war zu unbestimmt, um unser Bedürfnis nach positivem Wissen zu befriedigen.»[782]

Tumarkin gab sich konzentriert der Philosophie hin, wie sie es einem ihrer Studenten geraten hatte, der sich vor dem Militärdienst fürchtete. Ein letztes Mal stürzte sie sich in Arbeit und widmete ihre letzten Kräfte dem «noch wenig erforschten Gebiet des schweizerischen Geisteslebens».[783] (Siehe S. 396)

Wesen und Werden der schweizerischen Philosophie als Lebenswerk

Es wird ein bedeutendes Werk entstehen
[Agnes Debrit-Vogel]

Es werde ein bedeutendes Werk entstehen, hatte Agnes Debrit-Vogel angekündigt. Tatsächlich erwies Anna Tumarkin ihrem Gastland die Reverenz, indem sie ihm in ihrem letzten Buch eine eigenständige Denkkultur bescheinigte. Die Abkehr von luftigen Lehrhüllen und die Hinwendung zu erdiger Sachlichkeit im schweizerischen Geistesleben hatte Tumarkin erst bei den Frauen erkannt (siehe S. 290). Dann übertrug sie die nüchterne Haltung generell auf die Schweizer Philosophie und setzte mit *Wesen und Werden der schweizerischen Philosophie* den «Schlussstein ihres Lebenswerkes».[784]

Anna Tumarkin eröffnete ihre Untersuchung mit der Frage, ob man überhaupt von einer schweizerischen Philosophie sprechen dürfe, die das besondere Gepräge des schweizerischen Geistes trage. Sie stellte fest, dass die schweizerische Geistesgeschichte im Unterschied zur ausländischen keine kühn konstruierte, in sich geschlossene philosophische Systeme kenne und fremden philosophischen

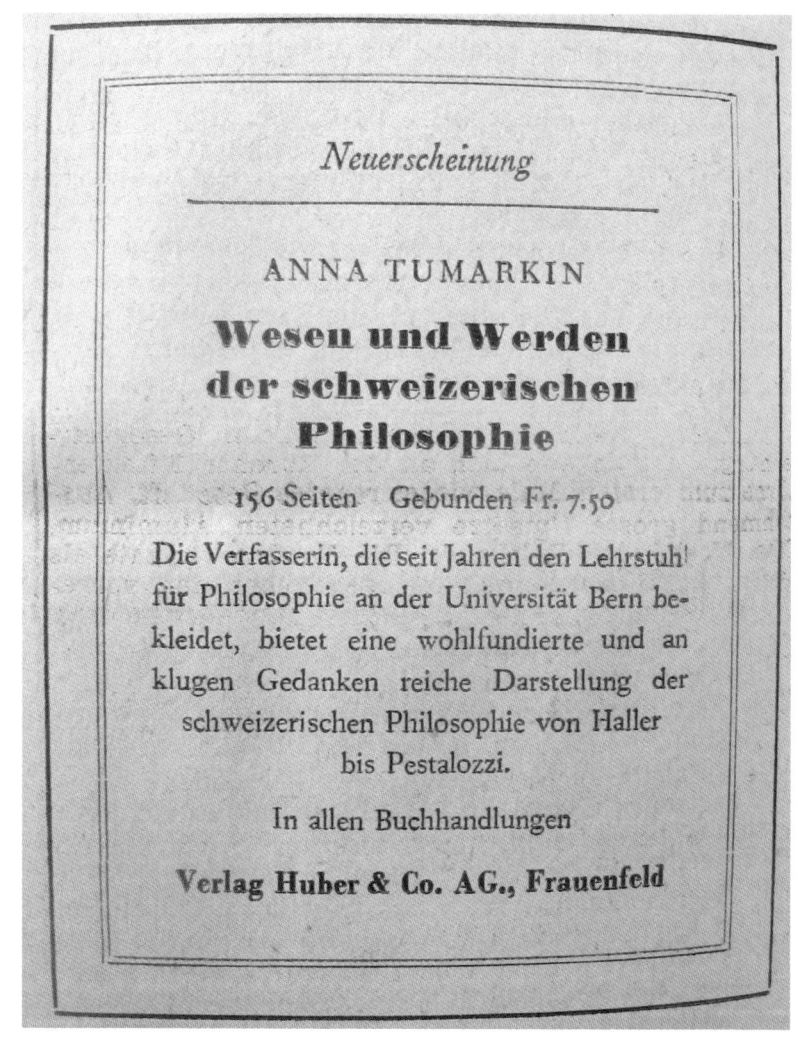

> *Neuerscheinung*
>
> ANNA TUMARKIN
>
> **Wesen und Werden der schweizerischen Philosophie**
>
> 156 Seiten   Gebunden Fr. 7.50
>
> Die Verfasserin, die seit Jahren den Lehrstuhl für Philosophie an der Universität Bern bekleidet, bietet eine wohlfundierte und an klugen Gedanken reiche Darstellung der schweizerischen Philosophie von Haller bis Pestalozzi.
>
> In allen Buchhandlungen
>
> **Verlag Huber & Co. AG., Frauenfeld**

306 Anna Tumarkin: Wesen und Werden der schweizerischen Philosophie

Systemen kein lebhaftes Interesse entgegenbringe. Sie fragte nach den Gründen. Unvermögen sei es nicht, konstatierte sie. Doch der Schweizer halte eine philosophische Systembildung mit ihrer Abstraktion, die von der konkreten Fülle des Lebens ablenke, schlicht «nicht für zweckmässig» und lehne sie gar ab.

Desto gebieterischer drängte sich ihr die Frage auf, was denn das treibende Motiv für des Schweizers eigenes Philosophieren und Denken sei. Schweizerisches Philosophieren wirke so lebendig, weil seine beiden Forderungen, die Forderung eines unmittelbar erlebten Gehalts und die formale Forderung seiner Fassung in einer allgemeingültigen Form, einander die Waage hielten. Das Studium des philosophischen Geistes der Schweizer fand Anna Tumarkin interessanter als das anderer Völker, an denen, um mit dem Berner

Philosophen Carl Hebler zu sprechen, «das Systematische das einzige Philosophische» sei.

Beim Betrachten des schweizerischen Denkens fiel Tumarkin die «eigentümliche Sachlichkeit» auf. Schweizer suchten im Objekt ernsthaft nach einer inhaltlich bestimmten Erkenntnis. Worauf es ihnen ankomme, sei nicht die Erkenntnis als Selbstzweck oder als freies Spiel des Erkenntnisvermögens. In der Schweiz gäbe es kein Denken um des Denkens willen. Für die Schweizer habe die Philosophie ihren ursprünglichen Sinn, wie ihn Sokrates formulierte, noch nicht verloren: Philosophie «bedeutet noch immer jenen Ernst des Lebens, hinter dem das blosse Spiel der geistigen Tätigkeit an Gewicht und Bedeutung weit zurücktritt».

«Und je kunstloser dieses Denken sich gibt, je mehr es selbst auf jede künstliche Konstruktion und systematische Begründung verzichtet, desto williger gibt man sich dem unmittelbaren Eindruck seiner inneren Wahrhaftigkeit hin», gestand Tumarkin. Die Sachlichkeit sei ein von den Schweizern bewusst gesuchtes Ziel ihrer Betrachtung der Wirklichkeit und das mache den philosophischen Charakter ihres Denkens aus. Schweizer Philosophie stelle sich «in den Dienst einer reinen, wirklichkeitstreuen und bewusst von aller Konstruktion absehenden Erkenntnis». Ihr Interesse gelte der Praxis des Lebens. Die Philosophie bedeute für sie, sich Rechenschaft zu geben über die letzten Ziele ihres Lebens.

Kants kritische Frage, wie Wissenschaft überhaupt möglich sei, werde gar nicht gestellt, «weil ein starker Wirklichkeitssinn einen prinzipiellen Zweifel an der Wissenschaft nicht aufkommen lasse und der ganze Komplex der damit zusammenhängenden erkenntnistheoretischen Fragen» wegfalle.[785]

Der unvoreingenommene Beobachter bekomme dabei das beruhigende Gefühl, dass man diesem sachlichen Denken gegenüber nicht vor Täuschungen auf der Hut zu sein brauche. Und je kunstloser dieses Denken sich gäbe, je mehr es selbst auf jede künstliche Konstruktion und systematische Begründung verzichte, desto williger gäbe man sich dem unmittelbaren Eindruck seiner inneren Wahrhaftigkeit hin. Dieses Denken entgehe konstruierten – idealisierten – Zusammenhängen.

Tumarkin erinnerte an ihren Berliner Lehrer Dilthey, der seit seiner Jugend vom Formalismus der kantischen und später der neukantischen Philosophie unbefriedigt gewesen sei. Wer den wahren Ernst der Philosophie erblicke, könne – wie die Schweizer – nicht anders, als alle Philosophie aus dem Leben selbst verstehen.[786]

War es vielleicht, so frage sie sich, gerade dieser eigene, so ganz auf die konkrete Gestaltung des wirklichen Lebens gerichtete Idealismus der Schweizer, der sie davon abhielt, eine Philosophie mitzumachen, die sie als eine Flucht aus der Wirklichkeit des Lebens in ein unbeschwertes Reich der Idee empfinden mochte?

Das philosophische Denken der Schweizer zeichne sich durch seine Unmittelbarkeit aus, es wolle nichts anderes bieten als eine objektive Fassung des an sich subjektiven Erlebens. Der eigentümliche Charakter sei es, bewusst auf alle Spekulationen, willkürlichen Konstruktionen und kunstvoll aufgebauten Systeme zu verzichten. Wo schweizerische Philosophen aktiv in die allgemeine Entwicklung der Philosophie eingriffen, sei dies immer im Sinne der Umorientierung von einer unfruchtbaren Spekulation zur zielbewussten Gestaltung des Lebens geschehen. Das halte sie davon ab, sich grosse metaphysische Systeme anzueignen[787] und grossen Ideologien nachzuhängen. Tumarkin zog eine Verbindung des «grausamen Kriegsgeschehens» und der «ratlosen Menschheit» zur abgehobenen, weltanschaulich idealisierten Philosophie.

Dreh- und Angelpunkt des Tumarkin'schen Werkes war die schweizerische Aufklärung des 18. Jahrhunderts. Sie benannte mehrere Schweizer Aufklärer, etwa Albrecht von Haller, Johann Georg Sulzer und vor allem den Zürcher Reformator Huldrych Zwingli. Ihm widmete sie mehrere Seiten. «Der besondere Charakter der schweizerischen Aufklärung», schrieb Tumarkin, «war dadurch bestimmt, dass breite Kreise des Schweizervolkes durch ihr kritisches Denken nicht wie andere Völker […] zu einer ablehnenden Stellung gegenüber der religiösen Überlieferung getrieben wurden, sondern vielmehr in ernster Selbstbesinnung auf ihr starkes unmittelbares religiöses Empfinden eine Neubelebung desselben erfuhren.» Die Aufklärung habe dem philosophischen Denken der Schweizer einen kräftigen Anstoss gegeben und eine Philosophie mit eigener religiös fundierter Weltanschauung entstehen lassen. Luthers Dogmatismus und Calvins Orthodoxie hingegen gefielen Tumarkin nicht. Auch der Katholizismus kam schlecht weg, denn gemäss Zwingli konnte ein überzeugter Eidgenosse auch in religiösen Fragen keine fremde Autorität gelten lassen und musste die Abhängigkeit von Rom als unwürdige Bevormundung empfinden.[788]

Anhand eines grossen Bogens von der Antike bis zur Gegenwart betrachtete Anna Tumarkin das philosophische Denken der Schweizer «als eine Erscheinung ihres eignen, von fremden Einflüssen unabhängigen und nur aus schweizerischen Beweggründen erwachsenen geistigen Lebens». Sie erkannte «in der selbständigen

HULDRYCH ZWINGLI
einer der Größten unter den Großen der «Ehrenhalle».
Bildnis von Hans Asper (Museum Winterthur).

Das Christentum ist die Verneinung des Macht- und Rache-Gedankens: der Dienende ist stärker als der Befehlende - der Gebende seliger als der Nehmende, der durch Gewalt Besiegte siegt durch seine Aufopferung.

Erst wenn solcher Glaube im täglichen Verkehr unter Menschen als bare Münze Kurs hat, wird er stark genug sein, den Frieden unter den Völkern zu erhalten. Dazu muß Glaube eine männliche Angelegenheit sein, auf die wir uns nicht nur gerade dann besinnen, wenn wir Furcht empfinden.

Alle großen Männer des Glaubens waren Kämpfer und die Größten kämpften bis in den Tod

307 Huldrych Zwingli in der Darstellung an der Schweizerischen Landesausstellung 1939

Entwickelung des schweizerischen Denkens eine geistige Eigenart», die ihr erlaubte, von «einem den Schweizern eigentümlichen philosophischen Geist» zu sprechen.

Plädoyer für die eigentümliche Sachlichkeit der schweizerischen Philosophie

Das geht hart am Stil von Bundesfeierreden vorbei
[Emil Spiess]

Anna Tumarkins *Wesen und Werden der schweizerischen Philosophie* wurde recht breit besprochen. Die Verwunderung, dass die Schweiz kein «Holzboden für Kultur» sein sollte und dass es «so etwas» wie eine schweizerische Philosophie überhaupt gäbe, war bei den Rezensenten allgegenwärtig. Historiker Eduard Fueter meinte, die schweizerischen Philosophen hätten als Vermittler, nicht als grosse schöpferische Gestalter europäische Bedeutung gewonnen. Dies betonte auch Philosoph Hermann Gauss. Er billigte der Schweiz 1946 zu, zwar keine eigene Philosophie, aber «eine eigene charakteristische Denkart» ausgebildet zu haben.[789]

Paul Häberlin, der «schweizerische Philosophie» klar von der «Philosophie in der Schweiz» unterschied, glaubte, dass Philosophie als solche eigentlich generell guter Schweizer Eigenart entsprechen müsste. Philosophie sei, «wenn sie, wie diese, ehrlich, sauber, gewissenhaft, fleissig» sei und «auch in einem gewissen Sinn nüchtern, ohne grosse Töne und mysteriöse Allüren, – und kritisch, abhold aller Spekulation und allem Geschwätz, und nicht der Mode nachlaufend, – und endlich ‹politisch› im wahren Sinn der Polis: erfüllt von Verantwortlichkeit für die Gemeinschaft, und auch in der Darbietung auf diese Gemeinschaft ausgerichtet, also pädagogisch, – wiederum im wahren Sinn des Wortes.» Der Schweiz fehle aber manchmal der Mut zum Ungewöhnlichen, Nicht-Alltäglichen, Nicht-Praktischen, meinte Häberlin. «Es fehlt wohl etwas an Kühnheit, sich über das Nützliche zu erheben. Wir sind vielleicht zu stark auf Brauchbarkeit der Leistung gerichtet; nicht nur technische, sondern auch moralische Brauchbarkeit, gewiss, aber immerhin Brauchbarkeit. Wir überschätzen vielleicht die ‹Arbeit› in diesem Sinn, wir unterschätzen den Sinn der Beschaulichkeit, wenn wir sie nicht geradezu moralisch unerlaubt finden.»[790] Ähnlich äusserte sich der Zürcher Professor Wilhelm Keller über die Definition des schweizerischen Geistesleben als einer Philosophie, die erfüllt von Verantwortlichkeit für die Gemeinschaft, und auf diese Gemeinschaft ausgerichtet im wahren Sinn der Polis eine «politische» sei.[791]

Heinrich Barth freute sich, dass die langjährige Inhaberin einer philosophischen Professur der Schweiz attestierte, in Sachen Philosophie keineswegs ein so hoffnungsloser Fall zu sein, wie es das weit verbreitete Vorurteil wahrhaben wollte. «Fast sind wir beschämt von den gewissen Anerkennungen, die unserer Geistesart hier zuteil werden.» Er fand ihre Konzentration auf eine Grundhaltung – auf das Wesen – legitim. Er sah es nicht ungern, dass sich Jean-Jacques Rousseau in diesen Reigen nicht einfügen liess. «Allzu harmonisch würde sich sonst der Bogen spannen, von der schweizerische Geistigkeit überwölbt wird.»[792]

«Negativ ist diese schweizerische Philosophie charakterisiert durch ein tiefbegründetes Misstrauen gegen Konstruktionen, die der Fülle des wirklichen Lebens nicht gerecht werden», erkärte Gustav E. Müller. «Und positiv gewendet ist sie ausgezeichnet durch das Eingehn auf die Fülle des eigenen Erlebens, das in seiner Ursprünglichkeit geklärt und zum denkenden Selbstverständnis gebracht

308 Pulsierender Bahnhofplatz Bern, 1947

wird. [...] Wer aber den wahren Ernst der Philosophie in ihrem weltanschaulichen Gehalt erblickt [...] wird auch über das philosophische Denken der Schweizer ein anderes, viel günstigeres Urteil fällen.» Er bemängelte allerdings, dass Tumarkin die Einheitlichkeit zu sehr herbeigezwängt habe.[793]

Sie sei in der Beschränkung zu weit gegangen, um ihr Werk nach einem gewissen Schema zurechtzustutzen und ein kompaktes Wesen der schweizerischen Philosophie zu erhalten, tadelte der geistliche Philosoph und Priester Emil Spiess, der seine Rezension im *Vaterland*, in den *Neuen Zürcher Nachrichten* und in der *Ostschweiz* publizierte. Er bemängelte das Fehlen aufgeklärter katholischer Denker und Mönche in ihrem Werk. Ihm missfiel, dass Zwingli «so als eine Art formaler Beurteilungsmasstab» erschien. Das Bild einer Schweiz der Denker verleite die Autorin zu Fiktionen. «Das geht hart am Stil von Bundesfeierreden vorbei», spottete Spiess.[794]

Man könne «den Standort der Mitte und des Masses gewissermassen ‹extrem› vertreten», tadelte die anthroposophische *Gegenwart* und das hinterlasse «dann den Eindruck des Mägerlichen, Matten und Farblosen».[795]

In der zeitgenössischen Diskussion werden Anna Tumarkin und ihr Einstehen für eine eigene Schweizer Philosophie gewöhnlich beiseitegeschoben. Dass es überhaupt eine schweizerische Philosophie geben soll, wird verneint, kritisiert oder misstrauisch kommentiert. Lexika und Datenbanken fassen zusammen und folgern: Es gebe keine schweizerische Philosophie im Sinne einer eigenständigen Strömung oder Schule. Es existiere kein besonderer schweizerischer Geist. Dass sich ein schweizerisches Philosophieren ausmachen lasse, werde da und dort zwar behauptet, sei aber umstritten. Tumarkins Versuch einer Wesensbestimmung der schweizerischen Philosophie sei erfolglos geblieben, deren Eigenständigkeit werde heute verworfen.[796]

Der in St. Peterburg lehrende Schweizer Walter Sennhauser, der über Tumarkin auf Russisch publizierte, meint: «Es kommt darauf an, was man sich darunter vorstellt. Wenn man sich unter Philosophie ein Gedankengebäude à la Hegel vorstellt, dann gibt es ganz einfach keine schweizerische Philosophie. Wenn man das Wort Philosophie im Sinne von seriösem wissenschaftlichem Nachdenken über grundlegende Fragen zu unserem Leben und unserer Welt begreift, dann gibt es eine schweizerische Philosophie.»[797] Er folgte damit Tumarkins eigener Erklärung.

Den Einwurf nämlich, dass es keine Schweizer Philosophie gebe, hatte Tumarkin vorausgesehen und sie hatte ihren Kritikern

Schweizerische Philosophie?

Es ist immer eine gefährliche Sache, wenn das Geistesleben in politische Kategorien gefaßt werden soll. Einseitigkeiten und Mißdeutungen lassen sich dann schwer vermeiden. Weltanschauliche Gegensätze, die im Geistesleben etwas Selbstverständliches sind, erhalten einen seltsamen Beigeschmack, wenn sie mit politischen Begriffen verbunden werden. Der Ordinarius emeritus für Philosophie an der Universität Bern, Anna Tumarkin, hat uns eine in mancher Hinsicht interessante, teilweise auch etwas eigenartige Studie geschenkt: «Wesen und Werden der schweizerischen Philosophie» (Verlag Huber, Frauenfeld).

309 «VIM putzt alles», aber gibt es eine schweizerische Philosophie?

entgegnet: «Wer daher in der Philosophie nichts anderes sucht als eine Begründung der Wissenschaft, wird kaum geneigt sein, den Schweizern eine eigene Philosophie zuzusprechen.» Wer aber auf Spekulationen verzichten wolle und die Gefahr willkürlicher Konstruktionen umgehe, der werde über das philosophische Denken der Schweizer ein anderes, viel günstigeres Urteil fällen.[798] «Vielleicht ist es Frl. Prof. Tumarkin gerade weil sie ursprünglich Ausländerin war, gelungen, das Typische am schweizerischen Denken so klar zu erfassen», urteilte ihre Schülerin Lina Bärtschi in ihrem Dank an Anna Tumarkin.[799]

XIV Das Alter, der Tod und die Erinnerungen

Die Wirklichkeit des körperlosen, freien, ungebundenen Geistes

Wer ist die Hässliche, die beim Reden schön wird?
[Jakob Amstutz]

Tumarkins Hässlichkeit war legendär.

«Einen so hässlichen Menschen hatten wir noch nie gesehen», gestand Jakob Amstutz, der seine erste Begegnung mit der Philosophin beschrieb: «Da kam eine kleine verwachsene Frau in den Hörsaal. Ihr Kopf war im Verhältnis zum Körper viel zu gross. Ausserdem machte ihr graues Haar, das sie in einem Knoten obenauf trug, den Kopf noch grösser. [...] Nun aber stieg diese Zwergin aufs Katheder und war offenbar Anna Tumarkin. Sobald sie lauter zu sprechen anfing, überraschte sie uns nochmals durch etwas Groteskes: Ihre Stimme hatte nur die höchsten und tiefsten Töne, zwischen denen sie immerfort wechselte, meist am Ende des Satzes zu erstaunlicher Tiefe sinkend. [...] Andertags ging ich wieder hin. [...] Wieder kam die greise Zwergin herein in ihrem schwarzen Kleid mit der schmalen weissen Rüsche um den Hals, ging aufs Katheder, nahm Notizen aus ihrer schwarzen Tasche und fing an zu sprechen. Ihre Stimme ging auf und ab, von Höhe zu Tiefe. Ihre wurzelhaften kleinen Hände begleiteten die Rede hie und da mit einer unscheinbaren Bewegung.»[800]

«Sie können sich nicht vorstellen, wie hässlich sie war!», erklärten einhellig alle Zeitgenossinnen. «Sie war wirklich ‹wuescht›, hatte ein vierschrötiges Gesicht. [...] Dann hatte sie einen schwarzen, bis zu den Schuhen hängenden schwarzen Rock an», erinnerte sich Berta Berger. Hans Thalmann-Baumann, Sohn der frauenbewegten Juristin Helene Thalmann-Antenen, drückte es drastisch aus: «Sie war hässlich wie die Nacht.» Für Viola Marti-Tomarkin war sie «eine uralte Frau, mit grusiger Warze.»

310 Berta Berger fand Tumarkin hässlich, aber eine sehr liebe Person.

Ihr Aussehen erschreckte vor allem die Kinder: «Als Kind ängstigte ich mich stets ein wenig, wenn Anna Tumarkin zu Besuch kam. Die schwarze Gestalt und die Art, wie sie redete, flössten mir Furcht ein», erinnerte sich Hans Kurth. Er war der Sohn des Musikprofessors Ernst Kurth und der Apothekerin Marie-Louise Herren, in dessen Haus Tumarkin verkehrte.[801]

«Ihre plumpe Gestalt im langen schwarzen Kleid, ihr deutlicher Bartwuchs machte einen mann-weiblichen Eindruck», bestätigte Gustav E. Müller, und dieser wurde verstärkt durch ihre Stimme, die beständig von hoch nach tief umschlug, wie bei einem Jüngling im Stimmbruch.[802]

Tumarkins Vortrag «mit dieser ganz unangenehmen Stimme» irritierte Nelly Ryffel-Dürrenmatt sehr. «Wie sie ihr ‹apeiron› herausschrie! Auch wie sie aussah, unweiblicher geht es nicht! Sie war grundhässlich. Ich fand, sie war nicht für das Professorenamt geschaffen.»

311 Maria Wäber-Merz erinnerte sich an eine abstossende Hässlichkeit, die schon wieder angenehm war.

Die sonderbaren Stimmhöhen fielen auch Berns Schulzahnärztin Maria Wäber-Merz auf, die ihre Räumlichkeiten neben der Schulärztin Ida Hoff an der Thunstrasse hatte und Tumarkin hin und wieder begegnete. «Sie sah aus wie ein verkleideter hässlicher Mann», erinnerte sie sich, um dann überraschend fortzufahren: «Sie war so abstossend hässlich, dass es schon wieder angenehm war.»

Tumarkins stupende Hässlichkeit wurde einstimmig behauptet, doch alle, wirklich alle schoben ihren Worten ein grosses Aber hinterher: «Aber, wenn sie redete, vergass man ihr Aussehen, und hörte fasziniert zu!», erklärte Hans Kurth. «Aber sie war eine so liebe Person [...]. Sie war ein bisschen naiv, aber eine sehr gescheite Frau. [...] eine arme, aber nett», meinte Berta Berger, und Suzanne Hegg, die Tochter von Tumarkins Freundin Blanche Hegg-Hoffet, sagte: «Aber sie war unbezahlbar, *ganz öpper gmüetvolls*». «Aber sie war sehr sanft», bestätigte Viola Marti-Tomarkin. «Sie schien mir eine sehr liebenswürdige Frau, und sie hatte grosse Freude, dass wir sie besuchen kamen. Sie gab sich Mühe mit mir. Sie ging auf mich junges *Meitschi* ein, ihren Möglichkeiten gemäss.» Tumarkins Schülerin, Dr. Suzanne Landsberg formulierte es so: «Aber die Ausstrahlung ihrer Augen war sprühend. Wenn sie sprach, hat ihre geistige Lebendigkeit alles übertönt. In solchen Momenten fand ich sie schön und sah ihre äusserlichen Deformationen nicht mehr.»[803]

Gustav E. Müller schwärmte in seiner Erinnerung von Tumarkins Ausstrahlung: «Doch all dies Aeusserliche versank sofort ins Wesenlose, wenn sie zu sprechen anfing und die klaren blauen Augen aufleuchteten – man erlebte die Macht und die Wirklichkeit des körperlosen, freien, ungebundenen Geistes.» Sie vermittelte, wie es Hans Strahm mit fast denselben Worten ausdrückte, die Aura einer «fast körperlos vergeistigten Persönlichkeit».[804]

Selbst Jakob Amstutz beschrieb das Schauspiel, wie sich die verwachsene Zwergin mit ihren Runzeln und Warzen, ihren wurzelhaften kleinen Händen und der auf und ab kippenden Stimme vor seinen Augen in eine faszinierende Persönlichkeit verwandelte: «Ich war gebannt und hörte, hörte und schaute. Ich vergass nicht allein, dass sie hässlich war, ich fand sie schön. Von Alexandre Vinet in Lausanne hatte ein ausländischer Predigthörer gesagt: ‹Qui est ce laid qui devient beau quand il parle?› Ähnlich hätte einer über Anna Tumarkin fragen können.» Amstutz verwies auch auf ihre Seelengrösse, wenn sie andern Glück und Erfolg gönnte: «Wieder geschah, wie sie so sprach, die Wandlung: Die reine neidlose Freude der Hässlichen an der Schönen machte jene selber wieder schön.»

Nun, die Aussagen der Zeitzeugen über ihre Hässlichkeit stammen alle aus der Periode, da die Philosophin alt und krank war. Anna Tumarkin war nicht immer hässlich gewesen. Ein alter Herr und väterlicher Freund von Jakob Amstutz wusste, dass sie «einmal eine grosse Schönheit» gewesen war. «Aber dann wurde sie schwer krank, und die Krankheit zerstörte ihren Körper. Ich denke, mancher Mann hat für sie geschwärmt, sie geliebt, ich jedenfalls auch», gestand Amstutz' Bekannter.[805]

Anna Tumarkin selbst erzählte Suzanne Landsberg, dass sie eine Elephantiasis, ein krankhaftes Anschwellen von Geweben und Organen mit unförmiger Hautverdickung durchgemacht habe. Deshalb, wusste Landsberg, hatte sie eine Knollennase, ihre Hände waren dick und deformiert.

In ihren alten Tagen wurde Tumarkin auch verspottet, wusste Jakob Amstutz. Farbenbrüder machten burschikose Bemerkungen über die Zwergin. Oder sie verliessen fluchtartig den Hörsaal, wenn sie ihrer ansichtig wurden. Auch über Tumarkins Anhänger machte man sich lustig. Jakob Amstutz, der nach eigenem Bekunden in keiner ihrer Vorlesungen fehlte, und der für sie manchmal Bücher herumtrug oder sie zur Strassenbahn begleitete, wurde von Couleurstudenten gehänselt. «Sie ist Deine Seelenbraut», frotzelten sie.

In ihren letzten Jahren, die Anna Tumarkin bis wenige Tage vor ihrem Tod in der geräumigen und gemütlichen Wohnung an der Hallwylstrasse verbrachte, konnte sie sich auf Bekannte und Freundinnen stützen.[806]

Den stärksten Halt gab ihr ihre Gefährtin Ida Hoff. Vor allem, als Anna Tumarkin Ende 1949 erneut oder noch immer leidend war.[807]

Tod und Begräbnis der ersten Professorin

*Heute nachmittag entschlief plötzlich unsere liebe
Anna Tumarkin*
[Ida Hoff]

Die Ärztin Ida Hoff nahm ihr weiterhin die Sorgen des Alltags ab, schaute, dass sie recht angezogen war, «umhegte und pflegte sie mit vorbildlicher Treue».[808] Sie betreute ihre Gefährtin bei sich zu Hause an der Hallwylstrasse, bis es einfach «gar nicht mehr ging». Von der aufreibenden, beispiellosen Pflege entkräftet, brachte Ida Hoff ihre 75-jährige schwerkranke Gefährtin am Donnerstag, 28. Juni 1951, ins Erholungs- und Diakonissenheim Siloah nach Gümligen.[809]

Hier wurde Tumarkin von der 34-jährigen Sr. Martha Grundbacher betreut. Die Diakonisse war als erstes von neun Kindern aufgewachsen, früh «in den Dienst Jesu» getreten und auch als Psychiatrieschwester ausgebildet worden. Als Prof. Tumarkin im Siloah ankam, sei sie sehr verwirrt, unruhig gewesen und habe laut geschrien, erzählte Schwester Martha. Sie habe – vielleicht mit Ausnahme von Dr. Hoff – niemanden mehr erkannt bzw. richtig wahrgenommen. Man habe ihr viele Beruhigungsmittel geben müssen und sogar das Gitter am Bett befestigt, damit sie nicht aus dem Bett fiel und sich verletzte.[810]

«Vom Tode gezeichnet und völlig verwirrt», starb Prof. Dr. Anna Tumarkin 40 Tage nach ihrem Eintritt, am Dienstagnachmittag, 7. August 1951. «Im Namen der Verwandten und Freunde» unterzeichnete Ida Hoff die Todesanzeige: «Heute nachmittag entschlief plötzlich nach langem, schweren Leiden unsere liebe Anna Tumarkin gew. Prof. an der Universität Bern in ihrem 77. Lebensjahr.» Ihr Tod wurde an der Universität und in der Presse angezeigt.[811]

312 Diakonisse Martha Grundbacher

Anna Tumarkin wurde nicht nach jüdischen Religionsgesetzen beigesetzt, die eine Feuerbestattung untersagten. Zwar trat Anna Tumarkin noch kurz vor ihrem Tod der Jüdischen Gemeinde Bern bei.[812] Sie führte allerdings ein säkularisiertes Leben, war wohl kaum je in der Synagoge von Bern und wurde nicht auf dem jüdischen Friedhof beerdigt. Nur einmal äusserte sie sich explizit zum Thema Judentum, als sie die Aarauer christliche Studentenkonferenz einlud, im März 1920 einen Vortrag zur Deutung des Weltgeschehens durch die Historie zu halten. Anna Tumarkin dankte für das Vertrauen, das man ihr mit dieser Anfrage entgegengebracht habe: «Aber als Jüdin möchte ich doch nicht in einer Vereinigung sprechen, die sich von vornherein auf den christlichen Standpunkt

313 Das Erholungs- und Diakonissenheim Siloah in Gümligen

stellt. Ich bin zwar überzeugt, dass in Weltanschauungsfragen eine weitgehende Verständigung für uns möglich ist, aber Aarau scheint mir nicht der richtige Ort zu sein, um dieses Gemeinsame hervorzuheben.» Sie fürchte Missverständnisse, die der Klärung des Verhältnisses nur hinderlich wären und hoffe, die Studenten fänden einen passenderen Referenten für das in Aussicht genommene Thema.[813]

Anna Tumarkin wurde kremiert, und die Urnenbeisetzung fand auf dem Bremgartenfriedhof am Freitag, 10. August 1951, um 11 Uhr, statt. Ihre Asche wurde in die Urnenhalle II, Feld 3, Nische 269, gelegt.

314 *Die Urnen von Anna Tumarkin und Ida Hoff wurden auf dem Bremgartenfriedhof Bern beigesetzt.*

Gedenken an Weihestunden von unvergesslicher Eindrücklichkeit

Ihre Worte waren von geradezu dichterischer Klarheit und Schönheit
[Hans Strahm]

Freunde, Kollegen und Schüler trafen sich im Krematorium «zu einer Trauerfeier, die so schlicht und phrasenlos war, wie es dem bescheidenen, allem Lauten und Aufdringlichen abgeneigten Wesen der Dahingegangenen entsprach», berichtete die *Neue Berner Zeitung*.[814] Diese Bescheidenheit lobte auch Albert Debrunner, der im Namen der Universität *Worte des Gedenkens* sprach, die im *Bund* publiziert wurden: «Es entspricht nicht ihrem äusserst bescheidenen Wesen, sich irgendwie vorzudrängen oder gar eine führende Rolle spielen zu wollen; aber gerade diese Eigenschaft in Verbindung mit der allgemeinen Hochachtung vor ihrer Person und ihrer Leistung sicherte ihrem Wort, wenn sie sich äusserte, ein starkes Gewicht.»[815]

Die Hochschule und die Fakultät, fuhr Debrunner fort, seien stolz darauf, «dass sie diese erste Dozentin zu ihren Mitgliedern zählen und damit sich selber ehren durften». In einer Mischung aus Bedauern, Mitleid und schlechtem Gewissen kam Albert Debrunner am offenen Grabe Tumarkins nochmals auf das verpasste Ordinariat zu sprechen: «Dass ihr der letzte Schritt, der zum Ordinariat, versagt blieb, geschah auf keinen Fall aus Missachtung ihrer wissenschaftlichen und akademischen Verdienste, auch schwerlich deshalb, weil man doch Bedenken hegte, einer Frau die höchste Verantwortung eines Dozenten, die ordentliche Vertretung eines Lehrstuhls, anzuvertrauen, sondern deshalb, weil bis heute für die drei Fächer Philosophie, Psychologie und Pädagogik an unsrer Fakultät nur zwei ordentliche Professoren zur Verfügung stehen.» Einmal mehr verwies er auf die Bescheidenheit, dieser «hochgelehrten und edlen Frau».

Dr. Blanche Hegg-Hoffet trauerte am Grabe im Namen der Vereinigung bernischer Akademikerinnen, des Verbandes für Frauenstimmrecht und der bernischen Vereinigung für Psychologie. Tumarkin sei «als tapferer Mensch ebenso wie als Forscherin» hochgeschätzt worden.[816]

Die Zeitungen meldeten ihren Tod und gedachten der Professorin.[817] Ihr ehemaliger Doktorand, der Basler Philosophieprofessor Heinrich Barth arbeitete dabei für den *Bund* einen viel zu umfangreichen Aufsatz aus, den die Redaktion ihren Lesern nicht zumuten konnte. Barth entschloss sich, seine achtseitige Broschüre auf

315 Albert Debrunner sprach Abschiedsworte am Grab.

«dem ungewöhnlichen Wege einer privaten Zusendung» Tumarkins Schülern und Freunden zukommen zu lassen. Er schloss seine Erinnerung mit dem Hinweis, dass Anna Tumarkins philosophisches Lebenswerk uns zeigen könne, was es heisse, «im Probleme der Menschlichkeit fortschreitend Fuss zu fassen. Sie tat es in einer Liebe zum Nächsten, die sich als reife Frucht ihrer Liebe zum Fernsten zu erkennen gab.»[818]

Selbst Richard Herbertz schrieb in den *Basler Nachrichten* einen Nachruf: Er bedachte auch Tumarkins Situation im Kreis ihrer männlichen Kollegen, die «sowohl grundsätzlich als auch in manchen Besonderheiten keine leichte» gewesen sei. «Aber sie war dieser Situation gewachsen durch ihren echten Herzenstakt, ihre Bescheidenheit und ihre Güte.» Anna Tumarkin sei kein «Blaustrumpf» und keine Pedantin gewesen. In ihrem «männlichen» Beruf habe sie sich gleichwohl ihre «fraulichen Eigenschaften des Gemütes und des Charakters bewahrt». So sei Anna Tumarkin zur vollen Selbstverwirklichung gelangt.[819]

316 Helene Thalmann-Antenen erinnerte an der Gedenkfeier der Akademikerinnen an Tumarkin.

Auch die Vereinigungen, denen Anna Tumarkin angehörte, gedachten der Toten. Im Namen der Berner Stimmrechtsfrauen würdigte Emma Flück im Tierpark Dählhölzli, wo Privatdozentin Monika Meyer-Holzapfel seit Kurzem als erste Frau Europas einen Zoo leitete, Tumarkin als eine «überzeugungstreue Verfechterin der Frauenrechte».[820]

Die Vereinigung Bernischer Akademikerinnen widmeten ihrem treuen Mitglied zwei Veranstaltungen: Helene Thalmann-Antenen sprach an der *Gedenkfeier* und Blanche Hegg-Hoffet in der *Abschiedsstunde* anlässlich der Jahresversammlung in der Münz.[821]

Die psychologische und philosophische Gesellschaft versammelte sich am 25. Januar 1952 im Hotel Bristol zu einer gemeinsamen Sitzung. Hans Strahm skizzierte das wissenschaftliche Lebenswerk der Dilthey-Schülerin und ersten Frau auf einem Lehrstuhl Europas. Dem Adel ihres Denkens, betonte er, entsprach die Klarheit und Schlichtheit ihres Stils. Sie vermied es, Tiefsinn durch klangvolle Wortwahl bloss ahnen zu lassen. Bescheiden und schlicht trat sie vor den Problemen selbst zurück, die Sachverhalte sprechen lassend. Aber ihre Worte waren oft von geradezu dichterischer Klarheit und Schönheit. «Eindrücklicher noch als ihre geschriebenen Worte war die Wirkung ihrer Rede.» «Ihre Wirkung», meinte er zusammenfassend, «ging nicht in erster Linie von einem literarischen Werk aus, sondern von ihrer grossen überragenden und feinsinnigen Persönlichkeit.»[822] Strahm war von ihrer fast körperlosen, vergeistigten Persönlichkeit ergriffen. Wenn Tumarkin von der immanenten Kritik zur Würdigung eines Denkers überging, wenn sie «die tieferen Zusammenhänge seiner Lehre darlegte und die letzten Grenzen philosophischer Problematik uns offenbarte, dann waren dies oft Weihestunden von unvergesslicher Eindrücklichkeit», urteilte er.[823]

Der Tod der aufopferungsvollen Ärztin und Freundin Ida Hoff

Gut sein und sich bis zum Ende aufrecht halten
[John Galsworthy/Ida Hoff]

Ida Hoff war nach der langdauernden aufreibenden Pflege der Freundin, die an Selbstaufopferung grenzte, völlig erschöpft. Ihr Lebenswille war erschüttert. «Mit mir isch nüt meh!», meinte sie – und arbeitete weiter, getreu Goethes Motto: «Dieweil ich bin, muss ich auch tätig sein.»[824]

Hoff war nun häufig leidend. Insbesondere auch ein schweres Ohrenleiden, das periodisch chirurgische Eingriffe nötig machte, war sehr schmerzhaft. Das Amt als Schulärztin hatte sie bereits 1945 aus gesundheitlichen Gründen aufgeben müssen.

Am Nachmittag des 4. August 1952 begann das Herz der 72-Jährigen zu versagen und hörte in der Morgenfrühe des 5. August zu schlagen auf. Im Sprechzimmer lag alles noch so, wie sie es verlassen hatte, als ob der nächste Patient erwartet würde. So können wir wohl sagen, dass sie mitten aus der Arbeit heraus sterben durfte.

Zwei Bekannte aus dem Kreis der Stimmrechtlerinnen, zwei nächste Verwandte und Annie Leuch unterzeichneten die Todesanzeige.[825]

Ida Hoff habe nach dem unvergänglichen Worte Horaz' gelebt: Aequam memento rebus in arduis servare mentem – Bewahre in bösen Tagen den Gleichmut, so wie du in den guten dein Herz vor überbordender Freude behütet hast. Unter den Büchern, die sie in ihren letzten Tagen gelesen, fanden die trauernden Freunde ein Buch des Nobelpreisträgers John Galsworthy, in dem sie, eigentlich gegen ihre Gewohnheit, einen Satz unterstrichen hatte. «Gut sein und sich bis zum Ende aufrecht halten — weiter gibt es nichts». Dieser Satz aus der *Forsyte Saga* habe den ganzen Menschen Ida Hoff treffend charakterisiert.[826]

317 Ida Hoff auf dem Balkon an der Hallwylstrasse 44

Die Redaktorin des *Jahrbuchs der Schweizerfrauen*, Seminarlehrerin Dr. h. c. Georgine Gerhard, die 30 Jahre lang in Hoffs Haus ein und ausgegangen war, publizierte den Nachruf *Aerztin und Freundin* in der *Nationalzeitung*. Agnes Debrit-Vogel stellte eine Gedenkschrift mit Hoffs Lebenslauf zusammen und sprach an der Trauerfeier im Krematorium des *Bremgartenfriedhofs* zusammen mit Bundesrichter Georg Leuch die Abschiedsworte.[827] Im Oktober 1952 kamen die frauenbewegten Freundinnen noch einmal zu einer heiteren Gedenkfeier im altvertrauten *Daheim* zusammen und trösteten sich mit Hoffs oft vernommenem Satz: «Wir haben es doch schön gehabt im Leben.»[828]

Fast genau ein Jahr nach der Beerdigung Anna Tumarkins wurde die Urne Ida Hoffs ins Grab ihrer Freundin in der Urnenhalle des Berner Bremgartenfriedhofes gelegt.

In ihren Testamenten hatten sich die beiden Freundinnen gegenseitig als Erbinnen eingesetzt. Nach dem Tode Anna Tumarkins verfügte Ida Hoff über ihrer beider Vermögen. Der Erlös ging an ihre Verwandten und an karitative Organisationen, etwa an die Stiftung Lindenhofschwestern.[829]

318 Georgine Gerhard schrieb den Nachruf auf Ida Hoff.

319 Die amtliche Feststellung des Todes und der Grablegung von Anna Tumarkin und Ida Hoff.

Tumarkins ehemalige Schülerin, die promovierte Psychologin Blanche Hegg-Hoffet half bei der Nachlassverwaltung. Sie stand Anna Tumarkin nahe und hatte eine ganze Reihe ihrer Vorlesungen, Übungen oder Kolloquien besucht. Auch Ehemann Hans hatte bei ihr studiert, und er bemerkte später, ihm sei «der Weg von hervorragenden Dozenten» wie Anna Tumarkin vorgezeichnet worden. Beruflich widmete sich Blanche Hegg dann der «praktischen Arbeit der Hingabe» bei der Pro Juventute. Da sie im Auftrag der International Federation of University Women (IFUW) notleidende Akademikerinnen in Flüchtlingslagern unterstützt hatte, wurde sie in der renommierten Londoner *The Times* interviewt. «Es geht von ihr ein Fluidum von Jugend, von Ausdauer und Güte aus», schrieb das Blatt, und «sie verkörpere in seltener Vereinigung Hingabe und praktischen Sinn.»[830]

320 Blanche Hegg-Hoffet erhielt eine Kaffeetasse in Erinnerung an Anna Tumarkin.

Als sich Tumarkins Bekannte Erinnerungsstücke aussuchen durften, liess sie sich eine Kaffeetasse schenken. Blanches Tochter

Suzanne bewahrt sie auf. Und wenn sie sich an Anna Tumarkin erinnert, so sieht sie die Philosophin vor sich, wie sie bei einem privaten Besuch glücklich Kirschen im Garten pflückte.[831]

Tumarkins Nachlass und ihre postume Würdigung

Was von uns in Anderen fortwirkt, ist die lebendige Spur unseres Daseins
[Anna Tumarkin]

Nach ihrem 70. Geburtstag hatte Anna Tumarkin in ihrem Dankesschreiben an Hans Strahm einen Blick über ihren Tod hinaus geworfen und erkannt: «Ist doch das, was von uns in Anderen fortwirkt, die lebendige Spur unseres Daseins, wenn dieses zu Ende geht.» (Siehe S. 401)

Um Anna Tumarkins Andenken lebendig zu erhalten, nahm Bibliotheksdirektor Hans Strahm ihren Nachlass zu sich in die Stadt- und Universitätsbibliothek und arrondierte ihn. Heute liegt er im Staatsarchiv Bern.[832] Er enthält ihr wissenschaftliches Werk und viele Briefe aus dem beruflichen Umfeld, aber keine rein persönlichen Schreiben, auch keine Liebesbriefe.

321 Hans Strahm nahm Anna Tumarkins Nachlass zu sich in die Stadt- und Universitätsbibliothek.

Zum 100. Geburtstag würdigte der amerikanische Philosophieprofessor und Tumarkinschüler Gustav E. Müller seine Doktormutter 1975 im *Kleinen Bund*. Mit der ihm eigenen Prägnanz erklärte er: «Anna Tumarkin ist das kostbarste Geschenk, welches das weite Russland der engen Schweiz vermacht hat.»[833] In ihren schmalen Werken gäbe es keinen Satz, der nicht kristallklar und sorgsam bedacht, aber auch keinen, der nicht lebendig sei: «für jeden steht eine ganze Persönlichkeit voll ein, verantwortungsfreudig».

Zu ihrem 125. Geburtstag wurde 2000 in Bern eine kleine Strasse nach der Philosophin benannt. Der Tumarkinweg führt der Mauer ihres universitären Wirkungsorts entlang und trifft auf die nach ihrem Mentor benannten Sidlerstrasse. Rektor und Gemeinderat enthüllten am 16. Februar 2000 in einer kleinen Feier Bild und Strassenschild. Dass dabei Amiets skandalumfächeltes Bild *Die Freude* im Hintergrund hing, war Zufall (siehe S. 264).

Anna Tumarkins nächste Verwandten reisten danach aus den USA an, um den Weg zu Ehren ihrer Vorfahrin zu bewundern. Die Philosophin und erste Professorin an einer koedukativen Universität erhielt fortan etwas mehr Aufmerksamkeit.

322 Rektor und Gemeinderat enthüllen bei der Einweihung des Tumarkinwegs 2000 das Porträt der Philosophin.

323 Der Tumarkinweg im Februar 2000.

324 Nina Tumarkin besuchte 2000 den Weg, der zu Ehren ihrer Verwandten eingeweiht wurde.

325 Anna Tumarkins Porträt im Freilichtmuseum der Berner Altstadt

Als die Schweizerinnen 2021 das 50-Jahr-Jubiläum der siegreichen Volkabstimmung vom 7. Februar 1971 feierten, die ihnen das Frauenstimm- und Wahlrecht brachte, gedachten sie ihrer Pionierinnen. Dazu zählten sie auch Anna Tumarkin. Ihr Porträt funkelte in einer multimedialen Panoramaprojektion über die Fassade des Bundeshauses, worauf der Verein Hommage 2021 die schweizerische Frauengeschichte projizierte. Zudem war ihr Foto zusammen mit den Pionierinnen aller Kantone in einem Freiluftmuseum in der Berner Altstadt ausgestellt. Anna Tumarkin konnte mit Handy fotografiert und ihre Geschichte dank QR-Codes abgefragt werden.

Um den Nationalfeiertag vom 1. August 2021 für einmal frauenfreundlich zu begehen, wurden die Bildnisse der Pionierinnen, mitten unter ihnen das Porträt Anna Tumarkins, vom Vierwaldstättersee hinauf aufs Frauenrütli getragen, wo das Jubiläum festlich und weiblich gefeiert werden konnte.

326 Pionierinnen, mittendrin Anna Tumarkin, wurden am 1. August 2021 aufs Frauenrütli getragen.

Kleinere Arbeiten zu Tumarkins Philosophie sind veröffentlicht worden.[834] Eine eingehende Auseinandersetzung mit ihrer Geistesgeschichte fand (noch) nicht statt. In diesem Buch soll zumindest ihre Biografie mit Fotos und Originaltexten ins Zeitgeschehen eingebettet und vorgestellt werden, sodass am 16. Februar 1925 ihr 150. Geburtstag gebührend begangen werden kann.

Anhang

Abkürzungen
(Vgl. Abkürzungen bei Zeitungen und Literatur)

aoP:	ausserordentlicher Professor, ausserordentliche Professorin
AT:	Anna Tumarkin
AUB:	Album Universitatis Bernensis, Immatrikulationsbuch
BE:	Bern
BR:	Bundesrat
BRP:	Bundesratspräsident
BSF:	Bund Schweizerischer Frauenorganisationen/alliance F
BV:	Bundesverfassung
ED:	Erziehungsdepartement, auch Unterrichtsdepartement
EJPD:	Eidg. Justiz- und Polizeidepartement
EPD:	Eidg. Politisches Departement (heute EDA)
Expo:	Schweizerische Landesausstellung
Fak:	Fakultät
FIN:	Finanzdirektion Bern
FStV:	Frauenstimmrechtsverein Bern/Verein Frau und Politik Bern
GR:	Grossrat, Grosser Rat in Bern
GmdR:	Gemeinderat in Bern
hs:	handschriftlich
HonP:	Honorarprofessor, Honorarprofessorin
Hrsg:	Herausgebende
HVBE:	Historischer Verein des Kantons Bern
HTL:	Historisch-Topographisches Lexikon, siehe Weber
Jb:	Jahresbericht
LA:	Lehrauftrag
Mtt:	Mitteilung
N:	Nachlass
NR:	Nationalrat
oP:	ordentlicher Professor, ordentliche Professorin
PA:	Privatarchiv
PD:	Privatdozent, Privatdozentin
Phil. Fak.:	Philosophische Fakultät
Regl:	Reglement
RR:	Regierungsrat
RRB/SRR:	Regierungsratsbeschluss, auch Sitzung des Regierungsrats
SAFFA:	Schweizerische Ausstellung für Frauenarbeit 1928 und 1958
Sd:	Sonderdruck, Separata
SPS:	Sozialdemokratische Partei der Schweiz
SR:	Ständerat
SVA:	Schweizerischer Verband der Akademikerinnen
SVF:	Schweizerischer Verband für Frauenstimmrecht
TitP:	Titularprofessor, Titularprofessorin
UHG	Universitätshauptgebäude
UNO:	United Nations Organization
VBA:	Vereinigung Bernischer Akademikerinnen
VHS:	Volkshochschule
ZGB:	Schweizerisches Zivilgesetzbuch
ZH:	Zürich
ZV:	Zentralvorstand

Archive, Nachlässe

Persönliche Briefe von Anna Tumarkin befinden sich im Private archive of Nina Tumarkin: Nina Tumarkin ist Anna Tumarkins nächste überlebende Verwandte. Anna Tumarkin war ihre Urgrosstante. Sie ist Kathryn Wasserman Davis Professor of Slavic Studies, Professor of History und Leiterin des Russian Area Studies Program am Wellesley College, Harvard University, Cambridge, Massachusetts USA.

Private Briefe aus dem Besitz von Natalia Frenkley-Tumarkin, Jerusalem, sind im Private archive of Nina Tumarkin. Übersetzung aus dem Russischen: Monika Bankowski.

Der wissenschaftliche Nachlass von Anna Tumarkin befindet sich im Staatsarchiv Bern StABE.

ABJ: Archiv Bibliographia Judaica
AEG: Archives de l'État de Genève
AGoF: Gosteli Stiftung, Archiv zur Geschichte der schweizerischen Frauenbewegung (mit vielen Nachlässen)
Archiv Diaconis Bern
BAR. Bundesarchiv
BBB: Burgerbibliothek Bern, Archiv und Handschriftenbibliothek (mit N Georg Sidler, N Fritz Strich, N Moritz Tramer, N Wilhelm Stein)
BGE: Bibliothèque de Genève: Centre d'iconographie und Catalogue des manuscrits
DigiBern: Berner Kultur und Geschichte im Internet (mit N Eugen Huber)
Dodis: Diplomatische Dokumente der Schweiz

Historisches Archiv der Alfred Krupp von Bohlen und Halbach-Stiftung. Essen: Mtt. Prof. Stremmel, Dr. Droste
JFUW: International Federation of University Women
JGB: Archiv der Jüdischen Gemeinde Bern
KBA: Karl Barth-Archiv Basel
MBZ: Museum Burg Zug
NHAB: National Historical Archives of Belarus in Minsk, Bestand 2151. Mtt. Ljudmila Chmialnizkaja/Monika Bankowski
OSU: Oregon State University Libraries, Special Collections & Archives Research Center (mit N Fritz Marti)
SAB: Stadtarchiv Bern
SBB: Staatsbibliothek zu Berlin. Handschriftenabteilung (mit N Ludwig Stein)
SLA: Schweizerisches Literaturarchiv
SNB: Schweizerische Nationalbibliothek
SSA: Schweizerisches Sozialarchiv Zürich
StABE: Staatsarchiv Bern (mit N Anna Tumarkin)

- Protokollbücher der philosophischen Fakultät: StAB BB 05.10, Nr. 1703 (1891–1896) bis Nr. 1716 (1950–1954)
- Philosophische Fakultät, Akten Professoren und Dozenten, 1835–1921. BB III b, Nr. 616 Herbertz; Nr. 621 Sidler: Nr. 622 Stein; Nr. 623 Tumarkin.
- Cassa-Buch des Quästors 1892–1931, BB III b Nr. 759-799
- Hauptbuch des Quästors 1892–1943, BB III b Nr. 831-923
- Protokolle des Akademischen Senats 1892–1946, BB III b Nr. 949-951

StASH: Staatsarchiv Schaffhausen
SWA: Schweizerisches Wirtschaftsarchiv Basel
UAB: Universitätsarchiv Bern
UBH: Universitätsbibliothek Basel, Handschriften (mit N Paul Häberlin)
ZB ZH: Zentralbibliothek Zürich (mit N Wilhelm Keller)
ZBS: Zentralbibliothek Solothurn (mit N Leo Weber)

Interviews

Berger, Berta, Simonstrasse 15, Bern, 26.2.1996 und 8.9.1996.
Charleston, Britta Marian, Restaurant zum Zähringer, Bern, 30.8.1995
Gaugler, Marie Elisabeth, Rossfeldstrasse 40, Bern, 29.9.2003
Grundbacher, Martha, Siloah, Gümligen, Tel. 2.4.2001
Hegg, Suzanne, Talgut-Zentrum 22, 3063 Ittigen, 12.12.2013 und 15.6.2023
Imboden-Henzi, Annina, In der Weid 18, 8902 Urdorf, Tel. 6.11.2000
Kayas-Balsiger, Elli, UAB Baltzerstrasse 4, Bern, 13.1.1997
Kurth, Hans, Thunstrasse 51, Muri bei Bern, 27.10.1994

Landsberg, Suzanne, Humboldtstrasse 37 Bern, 11.1.1998
Marti-Tomarkin, Viola, Brückfeldstrasse 33, Bern, 16.5.2018
Mercier André, Nesslerenweg 30, 3084 Wabern, 20.10.1998
Rupp-Haller, Julia, Muristrasse 18, Bern, 20.5 1996
Ryffel-Dürrenmatt, Nelly, Mittelstrasse 5, Bern, 14.9.1998; Brief 22.3.1999
Sennhauser, Walter, St. Petersburg/Beatenberg, 23.7.2022
Thalmann-Baumann, Hans, Ensingerstrasse 3, Bern, Tel. 18.1.2000
Urscheler-Keller, Esther, Bremgarten, 6.10.2017
Wäber-Merz, Maria, Gurtenweg 43, Muri bei Bern, 26.2.1996, 20.6.1996

Zeitungen, Zeitschriften

Aargauer Tgbl: Aargauer Tagblatt
Abhandl. Phil.: Abhandlungen zur Philosophie und ihrer Geschichte
Academia: Allgemeines Organ der schweizerischen Studentenschaft
AfGPh: Archiv für Geschichte der Philosophie
AfSPh: Archiv für systematische Philosophie und Soziologie
Allgemeine Zeitung, München
Annalen der Physik, Leipzig
Anzeiger: Anzeiger für die Stadt Bern: amtliches Publikationsorgan für die Gemeinde Bern

ArchSozWiss: Archiv für Sozialwissenschaft und Sozialpolitik
«Berna»: Frauen-Zeitung «Berna», Organ des Bernischen Frauenbundes. Blatt für bernische und allgemeine Fraueninteressen
Bärenspiegel. Bernisch-schweizerische humoristisch-satirische Monatsschrift
Basler Volksblatt
BAZ: Basler Zeitung
BeJll: Berner Jllustrierte. Wochenbeilage zur NBeZ
Berliner JB: Berliner Jntelligenz-Blatt: zum Nutzen und Besten des Publici

Berliner Jllustrirte Zeitung
Berliner Studien für classische Philologie und Archäologie
Berliner Tgbl.: Berliner Tagblatt
Berner Jllustrierte
Berner Studien: Berner Studien zur Philosophie und ihrer Geschichte
BeSt: Berner Student. Offizielles Organ der Studentenschaft der Universität Bern.
BeStPh: Berner Studien zur Philosophie
BeTg: Berner Tagblatt
BeTgw: Berner Tagwacht
BeVolksztg: Berner Volkszeitung
BEZG Berner Zeitschrift für Geschichte (und Heimatkunde)
BfPh Bibliothek für Philosophie
Bieler Tagblatt und Seeländer Bote
BN: Basler Nachrichten
BN-So: Basler Nachrichten, Sonntagsblatt
BPh: Bibliothek für Philosophie ab 1912
BS: Berner Schulblatt
BStPh: Berner Studien zur Philosophie und ihrer Geschichte
Bulletin de la Société des instituteurs bernois, Korrespondenzblatt des Bernischen Lehrervereins, hrsg. vom Bernischen Lehrerverein 1899–1921
Bulletin du Collectionneur Suisse/für Schweizer Sammler. hrsg. von J. Meyer Wilhelm
Bund: Der Bund, Bern
Bund Kl.: Der Kleine Bund
BW: Die Berner Woche in Wort und Bild
BZ: Berner Zeitung
BZGH: Berner Zeitschrift für Geschichte
CC: Corporationen Convent, Mitteilungen
Confédéré de Fribourg, Le
Dialektik
DL: Deutsche Literaturzeitung
DM: Deutsche Monatsschrift
DR: Deutsche Rundschau
Ethische Kultur. Wochenschrift zur Verbreitung ethischer Bestrebungen
FAZ: Frankfurter Allgemeine Zeitung
Flores Academici: Zeitungsausschnitte, I-IV, 1875–1915: In: StABE BB IIIb 1030
FR: Frauen Rundschau
Frankfurter Israelitisches Familienblatt
Frankfurter Ztg: Frankfurter Zeitung
Frau in Leben und Arbeit
Frauenbestrebungen: Organ der deutsch-schweizerischen Frauenbewegung. Hrsg. von der Zürcher Frauenzentrale
Frauenblatt, Schweizer, Organ für Fraueninteressen und Frauenkultur
Fremden-Blatt Wien

Future, The
FV: Freies Volk, Wochenzeitung für das Schweizervolk (Organ der Freiwirtschaftslehre)
GDL: Gazette de Lausanne
Gegenwart: Blätter für freies Geistesleben und soziale Dreigliederung
Gemeinnützige Schweizerin, Beilage zur Beilage zur SHausZ
HaZophe: Der Arzt
Hinkender Bot: Historischer Kalender oder Der hinkende Bot
HN: Hochschul-Nachrichten, München
Humanité: L'Humanité, Journal socialiste quotidien, Paris
IFUW: International Federation of University Women, Newsletter
Israel. WB: Israelitisches Wochenblatt
JB: Jntelligenzblatt *für die Stadt Bern*
JDG: Journal der Genève
Journal du Jura
Journal of Contemporary History
JPhTh: Jahrbuch für Philosophie und spekulative Theologie
JSF: Jahrbuch der Schweizerfrauen
JSPhG: Jahrbuch der Schweizerischen Philosophischen Gesellschaft
Kant-Studien. Philosophische Zeitschrift
Kölnische Ztg.: Kölnische Zeitung
Königsberger Hartungsche Zeitung
La Suisse Libérale
Le XIXe Siècle, Paris
L'Illustration, Paris
Logos: Internationale Zeitschrift für Philosophie der Kultur
Lutte: La Lutte syndicale, das offizielle Organ des SMUV
Mannheimer: Mannheimer Generalanzeiger
Meyers: Meyers Schweizer Frauen- und Modeblatt, Verlag G. Meyer, Zürich
MF: Mouvement Féministe, Le
MH: Museum Helveticum: schweizerische Zeitschrift für klassische Altertumswissenschaft
Monatshefte: Schweizer Monatshefte. Zeitschrift für Politik, Wirtschaft, Kultur
Morale, La
National-Zeitung, Basel
Natur und Geisteswelt. Sammlung wissenschaftlichgemeinverständlicher Darstellungen
NBeAbh: Neuen Berner Abhandlungen zur Philosophie und ihrer Geschichte
NBeZ: Neue Berner Zeitung. Organ der Bauern-, Gewerbe- und Bürgerpartei BGB
NBT: Neues Berner Taschenbuch
NBüZ: Neue Bündner Zeitung

Nebelspalter, humoristisch-satirische Wochenschrift
New Yorker Jewish Daily Bulletin
New York Times
NJWJ: Neue Jahrbücher für Wissenschaft und Jugendbildung
Nord und Süd. Eine deutsche Monatsschrift
NSR: Neue Schweizer Rundschau
NZN: Neue Zürcher Nachrichten
NZZ: Neue Zürcher Zeitung
Oberländer Tagblatt
Oberländisches Volksblatt
Ostschweiz, St. Gallen
Pädagogische Blätter: Organ des Vereins katholischer Lehrer und Schulmänner der Schweiz und des schweizerischen katholischen Erziehungsverein
Philadelphia: Correspondenzblatt des Vereins junger Männer für Geselligkeit und Bildung auf christlicher Grundlage
Philosophische Reihe, hrsg. von Alfred Werner
PhR: Philosophische Rundschau
PR: Politische Rundschau
PrJ: Preussische Jahrbücher
Questions of Philosophy and Psychology
Revue Louvain: Revue Philosophique de Louvain
Revue philosophique: Revue philosophique de la France et de l'étranger, paraissant tous les mois, dirigée par Th. Ribot
Revue: Revue de Théologie et de Philosophie
RGOW: Religion & Gesellschaft in Ost und West
RhM: Rheinisches Museum für Philologie, Frankfurt a. M.
Rhône, Le
Saffa: Zeitschriften, Sondernummern. AGoF 103:555:711-11, 03:555:711-12, 03:555:711-13
SAFFA. Offizielles Organ der Schweizerischen Ausstellung für Frauen-Arbeit in Bern, 26.8.-30.9.1928. Nr. 1–6, Bern 1928
Samstag: Der Samstag, Basler Zeitung
Schweiz: Die Schweiz. Schweizerische illustrierte Zeitschrift, Zürich 1898
Sentinelle: La Sentinelle
SFZ: Schweizer Frauen-Zeitung, Blätter für den häuslichen Kreis, St. Gallen
SHausZ: Schweizer Hauszeitung
SHC: Schweizer Handels-Courier
SHZ: Schweizerische Hochschulzeitung
SJRZ: Schweizer Jllustrierte Radio-Zeitung. Offizielles Organ der Schweizerischen Rundspruchgesellschaft. Mit den offiziellen Radio-Programmen, Basel
SJZ: Schweizer Jllustrierte Zeitung
SLiZ: Schweizerische Lehrerinnenzeitung, Zürich
SLZ: Schweizerische Lehrerzeitung, Zürich
SMUV-Zeitung: Offizielles Organ des Schweizerischen Metall- und Uhrenarbeiterverbands

Soziologie: Monatsschrift für Soziologie
SPZ: Schweizerische Pädagogische Zeitschrift
Strassburger Post
Studia philosophica: Jahrbuch der Schweizerischen Philosophischen Gesellschaft
SVA-Bulletin: Schweizerischer Verband der Akademikerinnen, Bulletin
Swiss American Historical Society Review
SZG: Schweizerische Zeitschrift für Geschichte
SZP: Schweizerische Zeitschrift für Psychologie und ihre Anwendungen
Tagblatt GR: Tagblatt des Grossen Rates des Kantons Bern
Tagesanzeiger
Täglicher Anzeiger für Thun und das Berner Oberland
Tat: Die Tat
TDG: Tribune de Genève
Thuner Wochenblatt
Tribune Russe
Vaterland
Vers l'Unité. Revue internationale de recherche libre spiritualiste
VHS: Volkshochschule Bern, Mitteilungen
VJS: Vierteljahrsschrift für wissenschaftliche Philosophie und Soziologie, Leipzig
Völkischer Beobachter, Parteiorgan der NSDAP
Vossische Zeitung: Königlich privilegirte Berlinische Zeitung von Staats- und gelehrten Sachen. Im Verlage Vossischer Erben
Walliser Volksfreund
Weg: Der Weg, Wien, Leipzig
Wiener Fremden-Blatt
Wir: Wir lesen. Zeitschrift für Bildung und Kultur. Organ für Neuerscheinungen und Bücherfreunde
Woche: Die Woche im Bild, Olten
Wohnen, Zeitschrift für Wohnungsbau
Zeitbilder Berlin
Zeitschrift für Ästhetik und allgemeine Kunstwissenschaft
Zeitschrift für Psychologie
Zeitschrift für Rechtsphilosophie in Lehre und Praxis
ZgS: Zeitschrift für die gesamte Staatswissenschaft, Tübingen
ZJ: Zürcher Jllustrierte
ZPh: Zeitschrift für Philosophie und philosophische Kritik
ZRP: Zeitschrift für Religionspsychologie
ZSG: Zeitschrift für Schweizerische Geschichte
Zürcher Freitagszeitung

Werke von Anna Tumarkin

Auflistung der Vorlesungen, Manuskripte: Siehe Nachlass: StABE N Tumarkin, 1/1, 1/13

AT 1894 Herder zu Kant, Preisarbeit
Beziehungen Herder zu Kant. Preisarbeit vom 16.8.1894

AT ca. 1895 Theorien
Grillparzers, Ludwigs und Hebbels ästhetische Theorien, ungedruckt

AT ca. 1895 Goethes Theorie
Goethes Theorie des Dramas, ungedruckt

AT 1895 Herder und Kant, Dissertation
Herder und Kant, Diss. phil. Bern 1895. Bern 1896. In: Berner Studien. Band I

AT 1898 Aesthetik, Probevorlesung
Begriff der inneren Form in der Aesthetik. Probevorlesung 15.6.1898

AT 1898 Drama, Antrittsvorlesung
Über das Wesen des Dramas. Oder: Goethe sur la nature du drame. Antrittsvorlesung 29.10.1898

AT 1898 Klassiker, erstes Kolleg
Aesthetik der deutschen Klassiker. Handschrift. Erstes Kolleg 4.11.1898–3.9.1899

AT 1898 Kerner
Zur Charakteristik Justinus Kerners. Sd. PrJ: Bd. 93, H. 1, S. 102–122, Berlin 1898

AT 1899 Assocationsprinzip
Das Associationsprinzip in der Geschichte der Aesthetik. Sd. AfGPh, Bd. 12, Heft 3, Berlin 1899, S. 258–289

AT 1901 Mutterschaft
Mutterschaft und geistige Arbeit. In: Gerhard, Adele, und Simon, Helene, Mutterschaft und geistige Arbeit, eine psychologische und soziologische Studie … mit Berücksichtigung der geschichtlichen Entwicklung, Berlin 1901, zit. Ausgabe 1908

AT 1903 Carl Hebler
Über die Aristotelische Definition der Tragödie. Von Carl Hebler (Bern), hrsg. von Anna Tumarkin (Bern), Berlin, 1903. - Sd. AfGPh, Bd. 17, H. 1, 1903, S. 1–27

AT 1904 Idealität
Die Idealität der ästhetischen Gefühle. Sd. ZPh, Bd. 125, Heft 1, Leipzig [1904]

AT 1904 Kant's Spiel
Kant's Spiel der Kräfte. Extrait des Comptes rendus du IIme Congrès international de Philosophie, Genève, Septembre 1904, S. 281–286

AT 1905 Bericht I–III
Bericht über die deutsche ästhetische Literatur aus den Jahren 1900–1905, I–III.
I Sd. AfSPh, Bd. 11, H. 2, Berlin 1905, S. 221–244
II Sd. AfSPh, Bd. 11, H. 3, Berlin 1905, S. 359-386
III Sd. AfSPh, Bd. 11, H. 4, Berlin 1905, S. 499–527

AT 1906 Kantische Aesthetik
Zur transscendentalen Methode der Kantischen Aesthetik. Sd. Kant-Studien, Bd. 11, Heft 4. Berlin 1906, S. 348–378. Ausgegeben zum 25.11.1906

AT 1906 Zwymann
Zwymann Kuno, Aesthetik der Lyrik. Rezension. In: ZPh, 128, H. 1, 1906

AT 1907 Ideal
Aesthetisches Ideal und ethische Norm. Sd. Zeitschrift für Ästhetik, Bd. 2, H. 2, Stuttgart [1907], S. 161–173

AT 1907 Attributenlehre
Zu Spinozas Attributenlehre, Berlin 1907. Sd. AfGPh, Bd. 20, H. 3, S. 322–331

AT 1908 Kritisches Problem
Das kritische Problem in den vorkritischen Werken Kants. Heidelberg 1908, S. 273–277. Sd. aus den Verhandlungen des III. Internationalen Kongresses für Philosophie, Heidelberg

AT 1908 Spinoza
Baruch Spinoza : Acht Vorlesungen gehalten an der Universität Bern
Leipzig 1908 Abhandl. Phil., 5. Heft, Erlangen

AT 1908 Gans
Gans, M[aximilian] E[rnst]: Spinozismus, ein Beitrag zur Psychologie und Kulturgeschichte des Philosophierens. Rezension. In: DL, Nr. 2, 1908, S. 85–88

AT 1909 Kants Lehre
Kants Lehre vom Ding an sich. Sd. AfGPh: Bd. XXII, Heft 3, Berlin 1909

AT 1910 Bericht IV
Bericht über die deutsche ästhetische Literatur aus den Jahren 1905–1909. IV, Sd. AfSPh, Bd. 16. H. 3, Berlin 1910, S. 409–426

AT 1912 Kant
Was ist uns heute Kant. Akademischer Vortrag vom 2.2.1912. Bericht in: Bund, Nr. 57, 4.2.1912, S. 4

AT 1912 Dilthey
Wilhelm Dilthey. Sd. AfGPh, Bd. 25, Heft 2, Berlin 1912, S. 143–153

AT 1919 Dichtung
Dichtung und Weltanschauung. Sd. Logos, Bd. 8, H. 2, Tübingen 1919, S. 195–216

AT 1920 Romantik
Die romantische Weltanschauung, Bern 1920

AT 1921 Psychologie
Wie ist Psychologie als Wissenschaft möglich? In: Kant-Studien, Bd. 26, Berlin, 1921, S. 390–402

AT 1921 Geist und Seele
Geist und Seele. Vortrag, 28.1.1921. Siehe: N Tumarkin 1.13, XV, Nr. 111, Einzelvorträge

AT 1923 Frau

Die Stellung der Frau im platonischen Staat. Vortrag, 7.12.1923. Siehe: N Tumarkin 1.13, XV, Nr. III, Einzelvorträge

AT 1923 Prolegomena
Prolegomena [Vorwort] zu einer wissenschaftlichen Psychologie, Leipzig 1923

AT 1925 Phädrus
Die Einheit des Platonischen Phädrus. Sd. NJWJ, H. 1, Leipzig/Berlin 1925, S. 17–32

AT 1925 Kosaken
Die Lieder der Kosaken. In: Bund, Nr. 506, 27.11.1925, S. 1

AT 1926 Emma Graf
Emma Graf. In: Der Bund, Bern, Nr. 502, 24.11.1926, S. 3

AT 1926 Unsterblichkeitsgedanke
Der Unsterblichkeitsgedanke in Platos «Phädon». In: RhM, NF, Bd. LXXV, Frankfurt a. M. 1926, S. 58–83

AT 1927 Apollonisches
Das Apollinische und das Dionysische in der griechischen Philosophie. Sd. NJWJ, H. 3, Leipzig/Berlin 1927, S. 257–267

AT 1927 Hellasfahrt
Eindrücke der Hellasreise 1927. In: Hellasfahrt. Ein Reisebuch, hrsg. von Hellas, Schweiz. Vereinigung der Freunde Griechenlands, Sektion Bern. Mit 80 Bildern. Zürich 1928. S. 17–30. Sd. Zürich; Leipzig 1928

AT 1927 Hellas Reiseeindrücke
Reiseeindrücke aus Griechenland. In: Bund Kl., Nr. 25, 19.6.1927, S. 193–196

AT 1928 Verzeichnis Schweizerfrauen
Verzeichnis der Publikationen von Schweizerfrauen/ Hrsg. von der Gruppe Wissenschaft, Literatur und Musik der Schweizer. Ausstellung für Frauenarbeit (Saffa), Bern 1928 = Catalogue des publications des femmes suisses/Publié par le Groupe Science, littérature et musique de l'Exposition suisse du Travail féminin Berne 1928/[Bearb. v.] Anna Tumarkin und Julia Wernly ; Umschlagzeichnung von Helene Marti

AT 1928 Geistesleben
Ein Blick in das Geistesleben der Schweizer Frauen einst und jetzt = La vie intellectuelle des femmes suisses autrefois et aujourd'hui. In: Bund Nr. 396, 26.8.1928, S. 1. Sd.

AT 1928 Stimmrecht
Das Stimmrecht der Frauen: Soll man die Frauen fragen? In: Bund, Nr. 531, 13.11.1928, S. 6. Sd.

AT 1929 Lossky
N. O. Lossky. Auf Einladung der Freistudentenschaft sprach Lossky in Bern. Bericht in: Bund, Nr. 71, 12.2.1929, S. 3. Sd.

AT 1929 Psychologische Forschung
Die Methoden der psychologischen Forschung. Leipzig, Berlin, 1929

AT 1929 Problem des Individuums
Das Problem des Individuums in der Psychologie der Gegenwart, Vortrag in Zürich, 9.4.1929

AT 1929 Stimmrechtlerin
Antwort auf: «Wie sind Sie Stimmrechtlerin geworden?» In: Frauen-Zeitung «Berna», Nr. 21, 23.2.1929

AT WS 1929/30 Philosophie der Aufklärung
Kulturhistorische Vorlesung Zeitalter der Aufklärung. Vorträge jeweils Mittwoch 17–19 Uhr

AT 1930 Mimesislehre
Die Überwindung der Mimesislehre in der Kunsttheorie des 18. Jahrhunderts: Zur Vorgeschichte der Romantik. Sd. Festgabe für Samuel Singer, überreicht zum 12.7.1930 [70. Geburtstag], Tübingen 1930

AT 1930 Psychologisches Problem
Das psychologische Problem des Individuums und seine atheoretischen Voraussetzungen. Sd. ZRP, Heft 2, Gütersloh 1930, S. 23

AT 1930 Ludwig Stein
† Ludwig Stein. In: Bund, Nr. 325, 16.7.1930, S. 1

AT 1931 Religionspsychologie
Aufgaben der Religionspsychologie, in: ZRP, Heft 2, Dresden 1931

AT WS 1930/31 Zeitalter der Romantik
Kulturhistorische Vorlesung Zeitalter der Romantik. Vorträge jeweils Mittwoch 17–19 Uhr

AT 1931 Schuldbewusstsein
Die Rolle des Schuldbewusstseins in der Geschichte des psychologischen Denkens. Vortrag 16.1.1931. Siehe: N Tumarkin 1.13, XV, Nr. III, Einzelvorträge

AT 1933 Sulzer
Der Aesthetiker Johann Georg Sulzer, Frauenfeld; Leipzig 1933. In: Die Schweiz im deutschen Geistesleben. Eine Sammlung von Darstellungen und Texten, hrsg. von Harry Maync. Bd. 79/80, Frauenfeld und Leipzig 1933

AT 1934 Diltheys Leben
Ein Versuch Diltheys Leben aus ihm selbst zu verstehen. Basel 1934, Sd. aus Festschrift für Karl Joël zum 70. Geburtstage, S. 255–267

AT 1935 Heideggers Philosophie
Vortrag über Heideggers Philosophie, von der VBA im 1. Quartal 1935 vorgesehen, kam wohl nicht zustande. AGoF 133 C 61. VBA 1934–1937. GV 24.9.1934 im Rest. Daheim, Sternenzimmer

AT 1936 Antwort
«Was kann die Frau tun?» Eine Umfrage von Elisabeth Thommen mit Antworten u.a. von Anna Tumarkin. In: Jahrbuch der Schweizerfrauen, 15. Bd., Bern 1936, S. 4–6 11/12

AT 1937 Methode

Die Methode und die Grenze bei Plato. Paris 1937, Sd. aus: Travaux du IXᵉ Congrès international de philosophie (Congrès Descartes), Paris, 1-6 août 1937, S. 101–107

AT 1940 Kunstlehre
Die Kunstlehre des Aristoteles im Rahmen seiner Philosophie. Vortrag vom 27.4.1940 in der Philosophischen Gesellschaft Bern

AT 1940 Freiheit
Das Problem der Freiheit in der schweizerischen Philosophie. SHZ, Nr. 14, Zürich 1940, S. 1–8. Sd

AT 1940 Radiovortrag
Der Anteil der Schweiz an der Entwicklung der Philosophie. Radiovortrag, gehalten am 5.4.1940 im Studio Bern

AT 1942 von Muralt
Beat von Muralt: ein bernischer Kulturphilosoph des 17. Jahrhunderts. Bern 1942. In: Bund Kl., Nr. 52, 1.2.1942, S. 33–38

AT 1943 Anteil der Schweiz
Der Anteil der Schweiz an der Entwicklung der Philosophie. In: Die Schweiz und die Forschung, Eine Würdigung schweizerischen Schaffens, unter Mitarb. bedeutender Fachleute, hrsg. v. Walther Staub und Adolf Hinderberger in 2 Bde., Bd. 1, H. 2, Wabern-Bern 1943, S. 126–132

AT 1943 Apeiron
Der Begriff des Apeiron in der griechischen Philosophie. Basel 1943. Sd. JSPhG, Bd. 3, 1945, S. 55–71

AT 1943 Heidegger
Heideggers Existenzialphilosophie. SZP: Band II, Heft 3, 1943, S. 145–159

AT 1943/4 Unendliches
Vortrag in der philosophischen Vereinigung Bern über den Begriff des Unendlichen bei den Griechen und Heideggers Existenzphilosophie. In: JSPhG Bd. 4, 1944, S. 237

AT 1944 Naturrecht
Das schweizerische Naturrecht. Vortrag vom 7.5.1944 vor der deutschschweiz. philosophischen Vereinigung in Olten. In: JSPhG, Bd. 4, 1944, S. 231–233

AT 1945 Kunsttheorie
Die Kunsttheorie von Aristoteles im Rahmen seiner Philosophie. Sd. MH, Bd. 2, Fasc. 2, Basel 1945, S. 108–122

AT 1948 Schweizerische Philosophie
Wesen und Werden der schweizerischen Philosophie, Frauenfeld 1948

Literatur, Quellen

Wikipedia, HLS und Online-Beiträge: siehe Anmerkungen

Aarberg Johanna Aarberg Johanna von, Calendarium et Breviarium romanum, Augustinerinnenkloster Interlaken, um 1446. Handschrift Cod. B 524 der Burgerbibliothek Bern

Adressbuch Adressbuch für Stadt und Stadtbezirk Bern. Bern 1891/92 fff.

Aebi 1945 Aebi Magdalena, Beiträge zur Kritik der transzendentalen Logik Kants. Diss. Zürich. Basel 1945 [Lebenslauf]

Aebi 1947/1984 Aebi Magdalena, Kants Begründung der «Deutschen Philosophie»: Kants transzendentale Logik: Kritik ihrer Begründung. Basel 1947. Nachdruck Hildesheim, Zürich, New York 1984

Aebi 1948 Aebi Magdalena, Kant : Fondateur de la Philosophie subjectiviste allemande. In: Proceedings of the tenth International Congress of Philosophy: Amsterdam, August 11-18, 1948 = Actes du Xᵐᵉ Congrès international de philosophie, 2. Vols. in 3 Bden. Amsterdam 1948/49: Vol. I, Fasc. 2, S. 1168–1170

Aebi 1950 M.G.M., Portraits de femmes, Magdalena Aebi und M.G.M., Une philosophe suisse, Magdalena Aebi. In: Le mouvement féministe, 3.6.1950 und 1.7.1950

Aeschlimann Aeschlimann Jürg, 150 Jahre Bahnhof Bern, Prellbock, Nr. 3, Leissingen 2012, S. 38–42

Albert Albert Karl, Philosophie im Schatten von Auschwitz: Edith Stein, Theodor Lessing, Walter Benjamin, Paul Ludwig Landsberg, Dettelbach: Röll, 1995, S. 80 f.

Album Berlin Album von Berlin. Globus Verlag, Berlin 1904

Album Bern 1848–1898 Album. Zur Erinnerung an die 50jährige Gedenkfeier der Wahl Berns zur Bundesstadt

Amstutz Diss. Amstutz Jakob, Zweifel und Mystik besonders bei Augustin: eine philosophiegeschichtliche Studie, Diss., Bern [1950]

Amstutz Erinnerungen Amstutz Jakob, Erinnerungen an Anna Tumarkin. Helene Stucki zugeeignet. In: AGoF Nr. 515 : 9 : 4-04, Stucki Helene, Korrespondenz, Broschüren 1935–1995

AUB Album Universitatis Bernensis, Immatrikulationsbuch. In: StABE BB III b 1160

Auer Auer Grethe, Wenn ich mein Leben betrachte …, Erinnerungen, Berlin 1995

Ausbürgerung Ausbürgerung deutscher Staatsangehöriger 1933–1945 nach den im Reichsanzeiger veröffentlichten Listen, hrsg. von Michael Hepp, eingeleitet von Hans Georg Lehmann und Michael Hepp, München 1985

Bärtschi Diss. Bärtschi Lina, Der Berner Philosoph Carl Hebler. Inaugural-Dissertation der phil. Fak. I, Bern 1944. (Von der phil. Fak. I auf Antrag von Frl. Prof. Dr. A Tumarkin angenommen). Bern den 11. Dezember 1942

Bäumer Bäumer Gertrud, Lebensweg durch die Zeitenwende, Tübingen 1933

Balsiger Balsiger Philipp W., Richard Herbertz: Leben und Werk. [S.l.]: [s.n.], 1989.

Barth Heinrich 1951 Barth Heinrich, Zur Erinnerung an Anna Tumarkin und ihr philosophisches Lebenswerk. Ihren Schülern und Freunden gewidmet. Sd Basel 1951, S. 2, 7 und 8. Auch: StABE N Tumarkin 1.12

Barth Heinrich Diss. Descartes' Begründung der Erkenntnis, Diss. Bern 1913

Barth Karl Barth Karl, Gesamtausgabe, Vorträge und kleinere Arbeiten, 1914–1921, Zürich 2012

Baudouin Baudoin Charles, Jean-Louis Claparède : quelques reflets de sa vie

Bauer Bauer Alexandra, Das Leben der Sozialistin Anna Siemsen und ihr pädagogisch-politisches Wirken. Eine historisch-systematische Studie zur Erziehungswissenschaft, Frankfurt a. M. 2012

Baum Baum Marie, Rückblick auf mein Leben. Meinen Freunden erzählt und zugeeignet. Privatdruck. Heidelberg 1939

Baumrin Baumrin Judith, Fritz Marti: Immigrant. A Biographical Memoir. University Press of America. Lanham, Maryland, 2015

Baynac 1985 Baynac, Jacques, Le roman de Tatiana, Paris 1985

Baynac 1994 Baynac Jacques, the story of Tatiana, Detroit 1994 zitiert

Benjamin Benjamin Walter, Das Kunstwerk im Zeitalter seiner technischen Reproduzierbarkeit: Aufsatz 1935 im Pariser Exil

Benjamin Briefe Benjamin Walter, Gesammelte Briefe, Band 1, 1910–1918, Hrsg. von Gödde Christoph und Henri Lonitz, Frankfurt a. M. 1995, S. 415–416 – Band 5, 1935–1937, Frankfurt a. M. 1999

Bergel Bergel Siegmund, Kischinew und die Lage der Juden in Russland, Berlin 1903

Bericht IFFF Bericht über die internationale Kundgebung für Weltabrüstung der Internationalen Frauenliga für Frieden und Freiheit, Schweizerischer Zweig. Nachwort: Clara Ragaz. Zürich 1932

Berlin Isaiah Berlin Isaiah, Die Wurzeln der Romantik, Berlin 2004

Berner Wege ot, Berner Wege mit neuen Namen: wo und wer ist Anna Esther Tumarkin? In: Unipress intern

Betschart Betschart Ildefons, Theophrastus Paracelsus: der Magnus vom Etzel, Bern 1953

Bialik Bialik, Chaim Nachman, In der Stadt des Schlachtens. Salzburg und Wien 1990. Jiddischer Originaltext, Berlin 1922. Nachwort: Richard Chaim Schneider

Blaser Otto Blaser Otto, Rückblick auf 50 Jahre Bernische Heilstätte für Tuberkulose in Heiligenschwendi 1895–1945, Heiligenschwendi 1945 (Dr. phil Otto Blaser. Alt-Rektor)

Bleker Bleker Johanna, Sabine Schleiermacher, Ärztinnen aus dem Kaiserreich: Lebensläufe einer Generation, Weinheim, 2000

Bloch/Picard Wie über Wolken: jüdische Lebens- und Denkwelten in Stadt und Region Bern, 1200–2000. René Bloch, Jacques Picard (Hrsg.), Zürich 2014

Bloesch Bloesch Hans. Auf dem Weg zum Musterbürger. Von Marcel Baumgartner. In: Passepartout. Schriftenreihe der Burgerbibliothek Bern. Bern 2023.

Bloesch Hans Bloesch Hans, Johanna von Aarberg: eine vor 500 Jahren. In: Du: kulturelle Monatsschrift, Nr. 10, 1941, S. 32.

Bloesch 1930 Bloesch Hans, Zur Erinnerung an Frau Emma Stämpfli-Studer (1848–1930). Gedenkworte zum 30. Januar 1930. Bern [1930].

Bloesch Hellas Bloesch Hans, Hellas: Reiseeindrücke von den Kunststätten Griechenlands. Zürich 1926

Bonjour Bonjour Edgar, Die Universität Basel von den Anfängen bis zur Gegenwart, 1460–1960, Basel 1960

Braunes Netz Das Braune Netz: Wie Hitlers Agenten im Auslande arbeiten und den Krieg vorbereiten. [Vorwort unterz. Lord Listowel]. Paris 1935

Bretscher Bretscher Willy, Ein Freundeswort, Lieber Hans Barth, Zürich 25.2.1964. In: Humanität und politische Verantwortung, hrsg. von Richard Reich. Erlenbach-Zürich und Stuttgart 1964, Foto Fred Mayer, S. 8/9

Brockhaus Der Grosse Brockhaus, 19. Band, Leipzig 1934

Brückweh Brückweh Kerstin, Mordlust, Frankfurt a. M. 2006, S. 144

Buch des Friedens Wundsam Julius V. Ed., Hrsg., Das Buch des Friedens: Beiträge zur Friedensbewegung. Eingeleitet von Bertha v. Suttner und Karl Henckell. Mit 3 statistischen Farbendruck-Diagrammen und 64 Portraits auf 4 Tafeln. Bern: Verlag von Neukomm & Zimmermann, 1896, S. 107/8, 121

Büchli Büchli, Arnold, Die Schweiz im deutschen Geistesleben. In: Monatshefte, Bd. 2 (1922/23), Heft 8, S. 395

Bünzli Bünzli Emil, Eine Frühlingsfahrt nach Griechenland: zusammengestellt aus mündlichen und

schriftlichen Berichten einiger Teilnehme der Hellasfahrt 1927. Bern 1946

Caruso Caruso Naomi, Chava Shapiro; a woman before her time, Department of Jewish Studies. McGill University Montreal, July 1991

Ceastina Ceastina Alla, The architect Alexander Iosif Bernardazzi (1831–1907) and his first projects in Bessarabia. Inst. Patrimoniului Cultural (IPC); Arta (Moldova), 2016-10-01, Vol.XXV (1).

Chișinău [Primăria municipiului Chișinău … et al. ; ed. Ionan Mânăscurtă … et al.]. Chișinău: Editura Uniunii Scriitorilor, 1996

Chmel'nickaja Chmel'nickaja, Ljudmila Vladimirovna, Darahi padarunak malen'kaj Švejcaryi. In: Vicebski sšytak

Chronik Frauenbewegung Chronik der schweizerischen Frauenbewegung, siehe: Vergessene Geschichte

Chronik Uni Berlin Chronik der königlichen Friedrich-Wilhelms-Universität zu Berlin für das Rechnungsjahr 1896/97. Jg. X, Berlin Druck von W. Büxenstein 1897. Das Germanische Seminar, II Moderne Abtheilung

Crull Crull Elise, Guido Baccagaluppi (Eds.): Grete Hermann: Between Physics and Philosophy. (Studies in the History and Philosophy of Science). Dordrecht 2016

Dahms Dahms Gustav, Das Litterarische Berlin. Berlin: Taendler, 1895

Delf Delf Hanna von Wolzogen (Uni Potsdam), Tumarkin, Anna, Philosophin. In: Jüdische Frauen im 19. und 20. Jahrhundert. Lexikon zu Leben und Werk, hrsg. von Jutta Dick, Marina Sassenberg. Hamburg 1993

Depenau Depenau David, Heidelberg einst und heute. Vergleichende Stadtansichten. Schriftenreihe des Stadtarchivs Heidelberg, Sonderveröffentlichung 17, Heidelberg 2008

Der neue Bahnhof Der neue Bahnhof Bern, hrsg. von Generalsekretariat und Bauabteilung der Schweizerischen Bundesbahnen, 1974

Descartes [Descartes René], Discours de la méthode pour bien conduire sa raison et chercher la vérité dans les sciences, plus la Dioptrique, les Météores et la Géométrie qui sont des essais de cette méthode (Abhandlung über die Methode, seine Vernunft gut zu gebrauchen und die Wahrheit in den Wissenschaften zu suchen, dazu die Lichtbrechung, die Meteore und die Geometrie als Versuchsanwendungen dieser Methode), Leiden 1637

Diaconis Diakonissenhaus Bern, Tätigkeits-, Jahres-, Geschäftsberichte, Bern, 1907–2016

Diakonissenhaus Diakonissenhaus Bern. Tätigkeitsberichte. 1907 fff

Dies academicus Dies academicus. Universität Bern, Bericht über das Studienjahr, 1938–1979

Dilthey 1903 Dilthey Wilhelm, Das Erlebnis und die Dichtung: Lessing, Goethe, Novalis, Hölderlin: Vier Aufsätze von Wilhelm Dilthey, Leipzig 1903

Dilthey Briefwechsel Dilthey Wilhelm, Briefwechsel, Bd. III: 1896–1905, Göttingen 2019, S. 375/376

Dopp Dopp Joseph (de la Société Philosophique Internationale de Louvain), Actualités scientifiques et industrielles Nr. 530-541, Paris 1937

Dozenten Die Dozenten der bernischen Hochschule: Ergänzungsband zu: Hochschulgeschichte Berns 1528–1984: zur 150-Jahr-Feier der Universität Bern 1984 [hrsg. von der Kommission für bernische Hochschulgeschichte; Red.: Pietro Scandola], Bern 1984

Dürck Diss. Dürck Johanna, Die Psychologie Hegels, Diss., Bern 1927

Dürrenmatt Werke Dürrenmatt Friedrich, Gesammelte Werke, Bd. 6, Stoffe I–IX, Diogenes, Zürich 1991

Dürrenmatt Rebell Dürrenmatt Friedrich, Labyrinth, Stoffe I–III, Der Rebell, In: Dürrenmatt Werke, Zürich 1991

Dürrenmatt Haus Dürrenmatt Friedrich, Labyrinth, Stoffe IV–IX, Das Haus, In: Dürrenmatt Werke, Zürich 1991

Dutoit Dutoit Eugénie, Die Theorie des Milieus, Diss. phil., auf Antrag Prof. Dr. L. Stein angenommen. Bern, den 28.10.1898. Bern Sturzenegger 1899

Duttweiler Duttweiler Gottlieb, Eines Volkes Sein und Schaffen: die Schweizerische Landesausstellung 1939, Zürich, in 300 Bildern. Text: Gottlieb Duttweiler; Gesamtarbeitung: F[ranz] Roedelberger, Zürich 1940

Ebenso neu als kühn Ebenso neu als kühn: 120 Jahre Frauenstudium an der Universität Zürich, hrsg. vom Verein Feministische Wissenschaft Schweiz; verantwortlich für die Redaktion dieses Bandes: Katharina Belser … [et al.]. Zürich 1988

Egger Egger Kurt W., Von der Gaslaterne zum Erdgas: die Geschichte der Berner Gasversorgung 1843–1993, zusammengestellt und verfasst von Dr. Kurt W. Egger, Direktor der Gas-, Wasser- und Fernwärmeversorgung der Stadt Bern (GWB); unter Mitwirkung von aktiven und pensionierten Mitarbeitern der GWB und Mario Marti, wissenschaftlicher Mitarbeiter des Stadtarchivs Bern; Koordination und Bildredaktion: Ronny Kummer (GWB), Bern 1993

Erath Erath-Tissot Mme Adèle, La dernière Vestale, Tragédie en 5 actes par Th. Darel. 2ème éd., Paris-Bruxelles Ed. de L'Art dramatique, 1908

Erinnerungen des Kronprinzen Erinnerungen des Kronprinzen Wilhelm: aus den Aufzeichnungen, Dokumenten, Tagebüchern und Gesprächen, Stuttgart 1923

Falter 1906 Falter Gustav, Beiträge zur Geschichte der Idee. Teil I, Philon und Plotin. Hochschulschrift, Marburg 1906/Giessen 1906

Falter 1911 Falter Gustav, Staatsideale unserer Klassiker, Leipzig 1911

Falter 1912 Falter Gustav, Hermann Cohen, Ästhetik des reinen Gefühls. In: Archiv für Geschichte der Philosophie, 1912, Vol.25 (4), p.379–396

Feiwel Feiwel Berthold, Die Judenmassacres in Kischinew. Jüdischer Verlag, Berlin [1903?] und Nürnberg 2020

Feller Universitätsgeschichte Feller Richard, Die Universität Bern, 1834–1934, dargest. im Auftrag der Unterrichtsdirektion des Kantons Bern … [et al.]. Bern 1935

Festgabe Festgabe für Ludwig Stein zum siebzigsten Geburtstag. Berlin 1929

Festgabe Singer Festgabe Samuel Singer überreicht zum 12. Juli 1930 von Freunden und Schülern/Hrsg. von Harry Maync unter Mitwirkung von Gustav Keller und Marta Marti. Mit Beitrag von AT

Finsler Zum Andenken Georg Finsler's 1852–1916. In: Neujahrsblatt der Literarischen Gesellschaft Bern auf das Jahr 1917. Bern 1916

Finsler Ansprachen Dr. Georg Finsler, Rektor des städtischen Gymnasiums in Bern 1852–1916: Ansprachen gehalten bei der Trauerfeier in der Heiliggeistkirche zu Bern, den 22. Februar 1916. Zürich 1916

Fotobücher Schweizer Fotobücher 1927 bis heute: eine andere Geschichte der Fotografie = Livres de photographie suisses de 1927 à nos jours : une autre histoire de la photographie = Swiss photobooks from 1927 to the present: a different history of photography. Baden 2012 (Darin: Gasser Martin, Vom Album zum Fotobuch: [1900–1938])

Franzke Orient-Express – König der Züge: Begleitbuch zur gleichnamigen Ausstellung am DB-Museum Nürnberg, November 1998 bis April 1999, hrsg. von Jürgen Franzke; [Übers.: Kurt Zimmermann] Nürnberg [2001]

Frauengewerbe-Ausstellung Frauengewerbe-Ausstellung in Bern: 1. bis 14. Oktober 1923 in der Turnhalle des Knabensekundarschulhaus Spitalacker. [Bern]: [Grunau] [1923]

Frenkley-Tumarkin Frenkley-Tumarkin Natalia, Jerusalem, englische Masch., The Tumarkin Family, s.l., s.d.. In: Private archive of Nina Tumarkin

Freudenthal Die Lebensgeschichte Spinoza's: in Quellenschriften, Urkunden und nichtamtlichen Nachrichten mit Unterstützung der Königl. preussischen Akademie der Wissenschaften herausgegeben von Jacob Freudenthal, Leipzig 1899

Fügen Fügen Hans Norbert, Max Weber, Rowohlt Taschenbuch, Reinbek bei Hamburg, 1985

Fueter Eduard 1936 Fueter Eduard, Gibt es eine schweizerische Philosophie? Ein Blick auf die Geistesgeschichte des 18. Jahrhunderts. In: NSR, 1.8.1936, S. 249/50

Fueter Eduard Grosse Schweizer Forscher = Pioneri svizzeri della scienza = Pionniers suisses de la science/Hrsg. im Auftrag der Fachgruppe «Hochschulen und wissenschaftliche Forschung» der Schweizerischen Landesausstellung 1939 und der Schweizerischen Naturforschenden Gesellschaft; unter Mitarbeit hervorragender Fachleute durch Eduard Fueter. Zürich 1939.

Furschtschik Diss. Furschtschik Mejer, Ethik in Descartes' System der Philosophie, Diss., Bern 1920

Gantenbein Gantenbein Urs Leo, Salzburger Beiträge zur Paracelsusforschung, Bd. 33 (1999)

Gauss Gauss Hermann, Philosophie in der Schweiz. In: JSPhG: Heft 4, 5, 1944,1945, Meisenheim, Glan 1946, S. 370–380

Genoff Diss. Genoff Peter, Ludwig Andreas Feuerbachs Erkenntnistheorie und Metaphysik, Diss. Zürich-Selnau 1911

Geppert Geppert Dominik, Pressekriege: Öffentlichkeit und Diplomatie in den deutsch-britischen Beziehungen (1896–1912). Veröffentlichungen des Deutschen Historischen Instituts London, München 2007

Gerhard Gerhard Adele und Simon Helene: Mutterschaft und geistige Arbeit. Eine psychologische und soziologische Studie auf Grundlage einer internationalen Erhebung mit Berücksichtigung der geschichtlichen Entwicklung. Berlin 1901

Gerson Gerson Daniel, Nach 1948 – Traditionen und Erneuerungen, in: Bloch/Picard, S. 419–456

Gesetze Uni Bern Gesetze, Dekrete und Verordnungen der Republik Bern, Bern 14.3.1834

Ghiberti Ghiberti Lorenzo, Denkwuerdigkeiten. Zum ersten Male nach der Handschrift der Biblioteca Nazionale in Florenz vollstaendig hrsg. und erlaeutert von Julius von Schlosser, Berlin 1912

Giger Giger Bernhard, Aufbruch, Abbruch, Neuanfang: der Bahnhof als Ort ständiger Veränderung, in: Heimat heute, Bern 2008, S. 11–17

Giger/Trachsel Giger Bernhard und Trachsel Hansueli, Ankommen in Bern: der Bahnhofplatz – 150 Jahre Geschichte und Geschichten, Bern 2008

Goehrke Goehrke Carsten, Schweizer in Russland. Zur Geschichte einer Kontinentalwanderung. In: AGGS SZG Bd. 48, 1998, Nr. 3, S. 295

Gordon Gordon Grigori, «Aus meinen Erinnerungen an Georgi Tschelpanov» (*Georgij Ivanovič Čelpanov*, 28.4.1862–13.2.1936), In: «Voprosi psychologii», 1995, Nr. 1, S. 88. [Г.О. Гордон. Из воспоминаний о Г.И. Челпанове. Краткая биографическая справка. Вопросы психологии 1995, № 1, стр. 84–96.] URL: http://www.voppsy.ru/issues/1995/951/951084.htm Mtt. und Übersetzung: Walter Sennhauser, St. Petersburg

Graf Graf Johann Heinrich, Georg Joseph Sidler. In: Mitteilungen der Naturforschenden Gesellschaft in Bern aus dem Jahre 1907, Red. J. H. Graf Bern 1908., S. 230–256 (Bild S. 1)

Gross Gross Walter, Nachruf auf Juri Aleksandrowitsch Orlov. 13.6.1893–2.10.1966. In: Paläontologische Zeitschrift, Bd. 42, Stuttgart April 1968

Grunau Grunau Gustav, Das neue Universitätsgebäude auf der Grossen Schanze in Bern entworfen und ausgeführt von den Architekten A. Hodler und E. Joos in Bern. Bern 1908

Grunder Grunder Karl, Die barocke Klosterkirche In: Sankt Urban 1194–1994. Ein ehemaliges Zisterzienserkloster, S. 131

Grundling Grundling Katharina, Weibliche Studenten in Zürich, in: Der Bazar, Berlin 21.8.1871

Gubig Gubig Thomas, Köpcke Sebastian, Chlorodont: Biographie eines deutschen Markenproduktes, [Dresden] 1997

Guilbert Guilbert Yvette, Les Demi-Vieilles, Paris [1903]

Gundlach Gundlach Horst, Wilhelm Windelband und die Psychologie: das Fach Philosophie und die Wissenschaft Psychologie im Deutschen Kaiserreich, Heidelberg 2017

Gutgesell Gutgesell Natalie, Dora Hitz : Fränkische Künstlerin, rumänische Hofmalerin, europäische Avantgardistin, Halle 2019, S. 440

Haag 1903 Haag Friedrich, Die Hohen Schulen zu Bern in ihrer geschichtlichen Entwicklung von 1528 bis 1834: mit besonderer Berücksichtigung der kulturhistorischen Verhältnisse, Bern 1903, S. 152/153. Grundriss S. 124

Haag 1914 Haag Friedrich, Die Sturm- und Drang-Periode der Bernischen Hochschulc 1834–1854/ Hrsg. von der Direktion des Unterrichtswesens und dem Senat der Hochschule bei Gelegenheit der Eröffnung der Schweizer. Landesausstellung am 15. Mai 1914. Bern 1914

Häberlin 1929 Häberlin Paul, Allgemeine Aesthetik, Basel, Leipzig 1929

Häberlin 1946 Häberlin Paul, Von der Zukunft der Philosophie in der Schweiz. In: Philosophie in der Schweiz, Zürich 1946, S. 9 ff

Hansen Hansen-Schaberg Inge, A Biographical Sketch of Prof. Dr. Grete Henry-Hermann (1901–1984). Siehe: Crull

Hardmeier Hardmeier Sibylle, Frühe Frauenstimmrechtsbewegung in der Schweiz (1890–1930): Argumente, Strategien, Netzwerk und Gegenbewegung, Zürich 1997

Hauser Hauser Werner, Bern, das neue Bollwerk [1945], Bern 1945

HBLS Historisch-biographisches Lexikon der Schweiz/hrsg. mit der Empfehlung der Allgemeinen Geschichtforschenden Gesellschaft der Schweiz, Bd. 7, Neuenburg 1934

Heiniger Heiniger Ernst A., Das Fotobuch der Landesausstellung = Revue photographique de l'Exposition nationale suisse = Rivista fotografica dell'Esposizione nazionale svizzera, 1939. Ein Bildbuch in 109 Aufnahmen, hrsg. mit Genehmigung der Landesausstellung. Heiniger, Ernst A., Zürich 1939

Herbertz Herbertz Richard, Verbrecher-Dämmerung: Psychologische Deutung und weltanschauliche Perspektiven der jüngsten Mordfälle Haarmann, Angerstein, Denke usw., München 1925

Herbertz 1938 Festgabe für Herrn Professor Dr. Richard Herbertz zur Feier seines sechzigsten Geburtstages, Bern [1938/1940]

Herbertz 1948 Herrn Professor Dr. Richard Herbertz zum 70. Geburtstag. In: Der kleine Bund 15.8.1948

Herren Madeleine Herren Madeleine, Hintertüren zur Macht: Internationalismus und modernisierungsorientierte Aussenpolitik in Belgien, der Schweiz und den USA 1865–1914, Studien zur Internationalen Geschichte Bd. 9, Berlin; Boston 2000/2014

Hertz H[ertz] Frederick/Friedrich Otto, Ein Triumph der Philosophie oder Herr Professor Ludwig Stein aus Bern, in: «Der Weg», Nr. 1, 1905, S. 13/14. – Hinweis in: Der Bund, 9.10.1905

Heyse Heyse Hans, Berlin-Friedenau im November 1920, Vorwort, Einleitung in die Kategorienlehre, Diss. Bern, Leipzig 1921, S. VII

Hilty, Glück Hilty Carl, Glück, 3 Teile, Frauenfeld 1890–1899

HLS Historisches Lexikon der Schweiz. hrsg. von der Stiftung Historisches Lexikon der Schweiz (HLS); Chefred.: Marco Jorio, Basel 2002–2014. Siehe: https://hls-dhs-dss.ch/de/

Hochschulgeschichte Hochschulgeschichte Berns: 1528–1984: zur 150-Jahr-Feier der Universität Bern 1984, hrsg. im Auftrag des Regierungsrates des Kantons Bern von der Kommission für bernische Hochschulgeschichte: Ulrich Im Hof u.a, Bern 1984

Hönneke Hönnecke Ute, Der heilige Improvisatius: Grete Henry-Hermann als Leiterin der Lehreraus-

bildung in der Nachkriegszeit. In der Spannung zwischen Naturwissenschaft, Pädagogik und Politik. In: Susanne Miller/Helmut Müller im Auftrag der Philosophisch-Politischen Akademie (Hrsg.): Zum 100. Geburtstag von Grete Henry-Hermann, Bonn 2001

Hölzl Hölzl Julija, Das Schulwesen der deutschen Minderheit in Russland, Diplomarbeit, Wien 2013, S. 40, 63, 66, http://othes.univie.ac.at/25202/1/2013-01-23_0248519.pdf (14.3.2024)

Hofer Sibylle: Hofer Sibylle: Richter zwischen den Fronten: die Urteile des Berner Prozesses um die «Protokolle der Weisen von Zion», 1933–1937

Hoff Dr. med. Ida Hoff, 1880–1952. Dem Andenken von Ida Hoff gewidmet von ihren Freunden. Bern 1953. (Mit Ansprache von Bundesrichter Georg Leuch an der Trauerfeier im Krematorium vom 8.8.1952, S. 5–7, und Lebenslauf nach Angaben der Freunde, Lebenslauf zusammengestellt von Agnes Debrit-Vogel, S. 9–16

Hofmann Hofmann Michèle, Wie der Arzt in die Schule kam – Schulhygiene in Bern (1899–1952). In: BZfG, Heft 4, 2008, S. 1–47

Hohmann Kischinew: Das Pogrom 1903, herausgegeben von Andreas W. Hohmann und Jürgen Mümken, Lich/Hessen, 2015

Huber Eugen Huber Eugen: Briefe an die tote Frau. Teil I. Briefe 1–219 [April–Dezember 1910] hrsg. von Sybille Hofer unter Mitarbeit von Daniel A. Wyss und Philipp Stehlin, transkribiert von David Pfammatter. Universität Bern. Bern Open Publishing, 2018

Huber Eugen Brieftagebuch Huber Eugen, Tagebuch in Briefform, 28.4.1910–3.12.1917. In: https://www.digibern.ch/katalog/eugen-huber

Huber Realien Huber Eugen, Ueber die Realien der Gesetzgebung, Sd. Zeitschrift für Rechtsphilosophie in Lehre und Praxis, Leipzig 1913

Huber Werner Huber Werner, Bahnhof Bern 1860–2010, Zürich 2010

Huguenin Huguenin, L.-H, Georges Darel, 1892–1943: (Biographie, bibliographie, oeuvre, [etc.])/Documentation réunie par L.-H. Huguenin. Genève 1957. (Georges Darel: Sohn von T. Darel)

HTL Historisch-topographisches Lexikon der Stadt Bern

Hume Hume David, Essays and treatises on several subjects in two volumes, Dublin: printed by J. Williams …, 1779

Irniger Irniger Margrit. Schwyzer und Schweizer von Zürich: Geschichte einer Familie. Herausgeber: Familie Schwyzer und Schweizer von Zürich. Zürich 2018 Jahrbuch

Jahrbuch der Schweizerfrauen Hrsg. in Verbindung mit dem Bund Schweizerischer Frauenvereine BSF

Jahrhundertfeier 1834–1934 Festausgabe zur Jahrhundertfeier der Universität Bern: 1834–1934. Red.: René Morell. Hrsg. Berner Student 2/1934. Sonderheft. Bern 1934

Jánoska Jánoska Judith, Die Methode der Anna Tumarkin, Professorin der Philosophie in Bern. In: Der Eigensinn des Materials: Erkundungen sozialer Wirklichkeit: Festschrift für Claudia Honegger zum 60. Geburtstag/hrsg. von Caroline Arni … [et al.]. Frankfurt a. M., 2007, S. 151–168

Jaspers Jaspers Karl, Wilhelm Dilthey, In: Professoren der Universität Basel aus fünf Jahrhunderten. Bildnisse und Würdigungen zur Fünfhundertjahrfeier der Universität Basel im Auftrag der Universität und unter Mitarbeit zahlreicher Gelehrter herausgegeben von Andreas Staehelin. Basel 1960. Mit Bild

Jehle Jehle Frank, Die Aarauer Konferenz (1897–1939): Spiegel der evangelischen Theologiegeschichte, Zürich 2020

JFUW Newsletter Jodl Friedrich, Ludwig Feuerbach. Mit Bildnis. Stuttgart 1904

Jonquiere Jonquiere Georg: Das Schwefel-Bad und der klimatische Kurort an der Lenk im Berner Oberland. Blessing, Zweisimmen 1900

Jonquiere Georg Jonquiere Georg, Die grundsätzliche Unannehmbarkeit der transzendentalen Philosophie Immanuel Kants: das «Primat» der Kritik der praktischen Vernunft vor der Kritik der reinen Vernunft: das Verhältnis Kants zur Naturwissenschaft zur Theologie und zur Kirche : problematische Ausblicke. Bern 1917

Jorio Jorio Marco, Georg Joseph Sidler (1831–1907). In: Heimat-Klänge. Kulturelle Beilage zu den Zuger Nachrichten, Nr. 1, 3.11.1982, S. 1–5.

Joris 2011 Joris Elisabeth, Liberal und eigensinnig: die Pädagogin Josephine Stadlin – die Homöopathin Emilie Paravicini-Blumer: Handlungsspielräume von Bildungsbürgerinnen im 19. Jahrhundert

Kalkandjieva Kalkandjieva Daniela, The Higher Theological Education of Bulgarian Orthodox Clergy (19th-20th centuries). Studia Universitatis Petru Maior Series Historia 2005

Kamber Kamber Peter, Geschichte zweier Leben – Wladimir Rosenbaum & Aline Valangin, Zürich 1990

Kamm 1 Kamm Peter, Paul Häberlin. Leben und Werk. Bd. 1 Die Lehr- und Wanderjahre (1878–1922). Zürich 1977–1981

Kamm 2 Kamm Peter, Paul Häberlin. Leben und Werk. Bd. 2 Die Meisterzeit 1922–1960. Zürich 1977–1981

Kaufmann Kaufmann Andréa, Emma Stämpfli-Studer (1848–1930). Tradition und Vision. In: Drucken – Backen – Forschen. Pionierinnen der modernen Schweiz. Schweizer Pioniere der Wirtschaft und Technik. Bd. 106, Zürich, 2016

Kayser Kayser Hans, Aus meinem Leben: bisher unveröffentlichte Dokumente aus dem Nachlass. Bern 2000

Keckeis (Hrsg.) Lexikon der Frau in zwei Bänden. Bd. 1. A–H. Encyclios Verlag, Zürich 1953. Bd. 2. I–Z, Encyclios Verlag, Zürich 1954

Keller Keller Conrad, Ludwig Stein: Die Anfänge der menschlichen Kultur. Eine naturwissenschaftlich-kritische Beleuchtung, in: NZZ 3.10.1906

Keller Wilhelm Keller Wilhelm, Aufnahme und Verarbeitung neuerer deutscher philosophischer Strömungen in der Schweiz. In: Philosophie in der Schweiz, Erlenbach 1946

Kerckhoven Kerckhoven, Guy van, Hans-Ulrich Lessing, Axel Ossenkop, Wilhelm Dilthey: Leben und Werk in Bildern. Freiburg im Breisgau 2008

Kirchhoff Die akademische Frau: Gutachten hervorragender Universitätsprofessoren, Frauenlehrer und Schriftsteller über die Befähigung der Frau zum wissenschaftlichen Studium und Berufe/hrsg. von Arthur Kirchhoff, Berlin 1897

Kiejzik Liliana Anna Tumarkin. Istota i rozwój filozofii szwajcarskiej. Rosyjska Myśl Społeczna i Filozoficzna. Monografie Bd. 4. University of Zielona Góra PL, 2024

Kneubühler Kneubühler Monika, Anna Esther Tumarkin: die Philosophin als jüdische Denkerin. Judaica: Beiträge zum Verstehen des Judentums. Heft 2–3, (Juni/September 2017), Zürich, 2017, S. 221–233

Koch Koch Hans-Albrecht, Die Universität. Geschichte einer europäischen Institution. Darmstadt, 2008

Kongress 1 Paris 1900, Akten Congrès international de philosophie, Akten des Internationalen Kongresses für Philosophie, 4 Bde., Paris 1900–1903
Aus der Schweiz: Gourd GE, Naville GE, Stein BE, ohne AT

Kongress 2 Genf 1904, Claparède Congrès international de philosophie : IIme session, tenue à Genève du 4 au 8 septembre 1904 : rapports et comptes rendus, publiés par les soins du Dr. Ed. Claparède Secrétaire général de congrès. Avec 17 figures et 5 Porträts hors texte. Genève 1905.
1904 Tumarkin Anna, Kant's Spiel

Kongress 3 Heidelberg 1908, Elsenhans Bericht über den III. Internationalen Kongress für Philosophie zu Heidelberg 1. bis 5. September 1908, hrsg. von Th. Elsenhans, Heidelberg 1909; Nendeln/Liechtenstein: Kraus Reprint 1974, https://archive.org/details/berichtberden00inte/page/62/mode/2up (16.3.2024)
1908 Tumarkin Anna, Das kritische Problem

Kongress 3 Heidelberg 1908, Bericht
https://www.pdcnet.org/collection-anonymous/browse?start=0&fq=wcp3%2fYear%2f7091%7c1909%2f&fp=wcp3

Kongress 4 Bologna 1911 Atti del IV Congresso internazionale di filosofia: International Congress of Philosophy, Bologna, 5-11 Aprile 1911, 3 Bde. Genf o.J. Nendeln, Liechtenstein: Kraus Reprint 1968

Kongress 5 Neapel 1924 Atti del V Congresso internazionale di filosofia : Napoli 5-9 maggio 1924, promosso dalla Società filosofica italiana pel settimo centenario della fondazione della R. Università di Napol[i] ; a cura del segretario generale Guido della Valle, Nendeln: Kraus Reprint 1968

Kongress 6 Cambridge USA 1926 Edgar Sheffield Brightman (Ed.), Proceedings of the sixth International congress of philosophy, Harvard University, Cambridge, Massachusetts, United States of America, September 13-17, 1926, New York/London 1927. Nendeln, Liechtenstein: Kraus Reprint 1968

Kongress 7 Oxford 1930 Ryle Gilbert Proceedings of the Seventh International Congress of Philosophy. Oxford, England : September 1-6, 1930. London/Edinburgh 1931. Nendeln, Liechtenstein: Kraus Reprint 1968

Kongress 8 Prag 1934 Comité d'Organisation du Congrès (Ed.), Actes du Huitième Congrès international de philosophie à Prague/Praha : 2-7 septembre 1934. Nendeln, Liechtenstein: Kraus Reprint 1968

Kongress 9 Paris 1937 Bayer Internationaler Philosophenkongress (Descartes-Congress) Travaux du IXe Congrès International de Philosophie – Congrès Descartes. Publies par les soins de Raymond Bayer. Paris 1937. AT Die Methode und die Grenze der Methode bei Plato

(10. Internationaler Philosophenkongress 1941 in Groningen geplant, nicht durchgeführt)

Kongress 10 Amsterdam 1948 Proceedings of the tenth International Congress of Philosophy: Amsterdam, August 11-18, 1948 = Actes du Xme Congrès international de philosophie. Pos, Hendrik Josephus, ed. by E. W. Beth … [et al.]. 2. Vols. In 3 Bde. Amsterdam 1948/49
Mit Magdalena Aebi

Kongress 16. Weltkongress für Philosophie 1978 = 16ème Congrès mondial de philosophie 1978 = 16th World Congress of Philosophy 1978, Frankfurt am Main, 1983

Kraigher Kraigher-Porges Josepha, Hedwig Sidler-Schiess. In: Bund, Nr. 130, 18.3.1928, S. 5.

Kreidolf Kreidolf Ernst, Lebenserinnerungen, Zürich 1957

Küffer Küffer Georg, Die Volkshochschule der Schweiz, Bern 1919

Kürschner Kürschners Deutscher Gelehrten-Kalender, bio-bibliographisches Verzeichnis deutschsprachiger Wissenschaftler der Gegenwart, Berlin 1931 und 1935.

Kunstausstellung Baden-Baden 1911 Deutsche und Schweizer Kunst. Unter dem Allerhöchsten Protektorat Seiner Königlichen Hoheit des Grossherzogs Friedrich II von Baden. Baden-Baden 1911

Kunstausstellung Cöln 1912 Internationale Kunstausstellung des Sonderbundes westdeutscher Kunstfreunde und Künstler zu Cöln 1912 (25. Mai bis 30. Sept. 1912), Ausst.-Kat. Städtische Ausstellungshalle, Köln, 1912

LA Bilder Bilder aus der Schweizerischen Landesausstellung, Sonderdruck der Zeitschrift «Das Werk», Schweiz. Monatsschrift für Architektur, Freie Kunst, Angewandte Kunst, Zürich 1939.

LA Broschüre Eine Broschüre. Die Schweizer Frau. In: Schweiz. Lehrerinnenzeitung, Bd. 43, Heft 10, 1938/39

LA Katalog Schweizerische Landesausstellung 1939 Zürich: Katalog. Offizieller Führer mit Ausstellerverzeichnis und Orientierungsplan. Zofingen; Zürich 1939

LA Pavillon Der Pavillon der Schweizerfrau an der Schweiz. Landesausstellung in Zürich 1939. Hrsg. vom Arbeitsausschuss des «Pavillon der Schweizerfrau» und von der Schweiz. Zentralstelle für Frauenberufe. Zürich 1939

LA Schweizer Schule Der Pavillon der Schweizerfrau an der Landesausstellung. In: Schweizer Schule, Bd. 25, Heft 5, 1939, S. 198–200

LA Spiegel I-IV Die Schweiz im Spiegel der Landesausstellung = La Suisse vue à travers l'Exposition nationale = La Svizzera vista attraverso l'Esposizione nazionale = La Svizra a travers l'Esposiziun naziunala 1939/Herausgeber: Schweizer. Landesausstellung 1939 Zürich; Redaktionsausschuss: Vorsitz und Chefredaktion: Armin Meili, Direktor der LA; Mitglieder: Dr. Meinrad G. Lienert und Dr. Fritz T[raugott] Wahlen, Albert Ernst und Emil J. Graf; Redaktion des Textteils: Robert Oboussier; Gesamtausstattung und Bildredaktion: Dr. Martin Hürlimann … 4 Bde. [Mit zahlreichen Abb., Fig., graph. Darstellungen, Kartenskizzen, Tabellen und Faksimiles;] Schutzumschlag von Otto Baumberger; 31 x 23 cm. Zürich 1940

LA Systematik Systematik des Aufbaus der Schweizerischen Landesausstellung 1939. In: PTT-Archiv, PTT-Archiv Vers-033 A 0055 Systematik des Aufbaus der Schweizerischen Landesausstellung 1939.tif

Lauener Lauener Henri, Zeitgenössische Philosophie in der Schweiz, Bern [etc.] 1984

Leidinger Leidinger Christiane: Anna (Maria) (Aebi-)Eysoldt (1868–1913) [online]. Berlin 2009. Online-Projekt Lesbengeschichte. Boxhammer, Ingeborg/Leidinger, Christiane. URL http://www.lesbengeschichte.de/bio_eysoldt_d.html (11.3.2024)

Leitner Leitner Gerit von, Wollen wir unsere Hände in Unschuld waschen? Gertrud Woker (1878–1968), Chemikerin und Mitbegründerin der Internationalen Frauenliga, 1915–1968. Berlin 1998

Lenin Werke Lenin W.I., Werke. Herausgegeben auf Beschluss des IX. Parteitages der KPR (B) und des II. Sowjetkongresses der UdSSR. Institut für Marxismus-Leninismus beim ZK der KPdSU. Berlin 1964

Lexikon ABJ Archiv Bibliographia Judaica: Lexikon deutsch-jüdischer Autoren; red. Leitung: Renate Heuer unter Mitarb. von Andrea Boelke … [et al.]. Bd. 20, Susm-Zwei, S. 141, München; Zürich [etc.], 1992 ff.

Lexikon der Frau Lexikon der Frau in 2 Bänden. Olschak Blanche Christine; Keckeis Gustav. Zürich: Encyclios Verlag AG, 1953–1954. AT in: Band II, I–Z

Lexikon deutsch-jüd. Autoren Lexikon deutsch-jüdischer Autoren/Archiv Bibliographia Judaica; Sand-Stri, red. Leitung: Renate Heuer unter Mitarb. von Andrea Boelke… [et al.]. München : Zürich [etc.] 1992.

Linder Linder Wolf … [et al.] (Hrsg.). Handbuch der eidgenössischen Volksabstimmungen 1848 bis 2007, Bern 2010.

Lobsiger Lobsiger Thomas, Berner Bahnhofchronik: [die Geschichte des Bahnhofs Bern von 1857 bis 1899] zusammengestellt von Th. Lobsiger, Bern 2000

Loosli: Fränkel Carl Albert Loosli, Jonas Fränkel; «… dass wir beide borstige Einsiedler sind, die zueinander passen»: aus dem Briefwechsel, 1905–1958, herausgegeben von Fredi Lerch und Dominik Müller; unter Mitarbeit von Jael Bollag und Erwin Marti, Zürich 2022

Lurie Diss. Lurie Emilia, Schleiermachers Aesthetik, Diss. Bern, Bern 1913

Lüthi 2003 Lüthi Christian, Wachstum in schwierigem Umfeld. In: Bern – die Geschichte der Stadt im 19. und 20. Jahrhundert: Stadtentwicklung, Gesellschaft, Wirtschaft, Politik, Kultur. Herausgeber: Robert Barth, Emil Erne, Christian Lüthi. Bern 2003

Mandach von   Prof. Dr. Johann Conrad von Mandach: geb. 15. Mai 1870, gest. 23. Mai 1951, Bern: [1952] Enth. S. 25–27: Bibliographie der Schriften von Conrad von Mandach

Marbach   Marbach Felix Stanislaus, Isabelle Kaiser: der Dichterin Leben und Werk, Rapperswil 1940

Marguth   Marguth Mario, Die Armee an der Landesausstellung 1939 in Zürich. In: Schweizer Soldat: Monatszeitschrift für Armee und Kader mit FHD-Zeitung, Bd. 39. Heft 17, 1963/64, S. 383

Marthaler   Zur Erinnerung an Harald Marthaler, gew. Pfarrer an der Heiliggeistkirche in Bern, 1857–1925/Hrsg. vom Kirchgemeinderat der Heiliggeistgemeinde in Bern. Bern [1926]

Marti Diss.   Marti Fritz, Der Begriff des Unendlichen bei Kant, Diss. Innsbruck 1922

Marti Urs   Marti Urs, Die Geschichte der Philosophie an der Berner Universität, Liz.-Arb., Bern ca.1983

Martin Darel   Martin, Eugène; Cailler, Pierre; Laya, Jean François. Adieux à Henri Darel/Plaquette d'adieux [par] Jean François Laya, Pierre Cailler, Eugène Martin. Lausanne 1945 (Henri Darel: Sohn von T. Darel)

Martz   Rot-Kreuz-Pflegerinnenschule Lindenhof Bern: 1899–1939/den Lindenhofschwestern überreicht von H. Martz, Oberin. Bern: [s.n.], [1939]

Masé   Masé Aline, Naum Reichesberg (1867–1928), Sozialwissenschaftler im Dienst der Arbeiterklasse, Zürich 2019

Maurer   Maurer Doris, Eleonora Duse: mit Selbstzeugnissen und Bilddokumenten, Reinbek bei Hamburg, Rowohlt 1988/1995

McCarthy   McCarthy Adolphe, Robert Grimm, Bern und Stuttgart 1989

Medem   Medem Vladimir, Samuel A. Portnoy, The life and soul of a legendary Jewish socialist. The memoirs of Vladimir Medem: «Fun mayn leben» aus dem Jiddischen übersetzt. New York 1979

Menne 1982   Menne Albert, Magdalena Aebi 1898–1980 In: Burgdorfer Jahrbuch Jg. 49, 1982, S. 78–81

Menne 1984   Menne Albert, Vorwort zur 2. Auflage, Bochum 15.3.1982. In: Aebi 1984, S. VIII

Mercier 1939   Antrittsvorlesung: Mercier André, Theoretisch-physikalische Fragen der Kosmologie, Bern/Leipzig 1939. In: Bund Nr. 307, 5.7.1939, S. 3

Mercier 1973   [Mercier, André] Reminiszenzen aus der Geschichte der exakten Wissenschaften in Bern. Herrn Professor Dr. André Mercier zum 60. Geburtstag gewidmet. Bern 1973

Mesmer   Mesmer Beatrix, Die Berner und ihre Universität. In: Hochschulgeschichte Berns 1528–1984

Meulen   Meulen Jan van der, Magdalena Äbi und Kant oder Das unendliche Urteil, Beihefte zur Zeitschrift für philosophische Forschung, Heft 3, Meisenheim/Glan 1951

Meyer Adolf   Meyer Adolf, Dr. Norwin Weber, 1871–1903. Ein Gedenkblatt, Bern 1903

Meyer Martin   Meyer Martin, Hrsg, Philosophie in der Schweiz: eine Bestandesaufnahme: von Lambert (1728–1777) bis Piaget (1896–1980). Zürich, München 1981

Meyer Wilhelm   M[eyer] W[ilhelm] J., Die Frau im Dienste der Buchkunst. In: Bulletin du Collectionneur Suisse/für Schweizer Sammler. Meyer Wilhelm J. Hrsg., Nr. 8, Bern 1928

Michalski   Michalski Mark, Der Gang des deutschen Denkens, Würzburg 2012

Michel   Michel Hans A., Das Bibliothekswesen der Berner Hochschule seit dem späten Mittelalter. In: Hochschulgeschichte Berns: 1528–1984: zur 150-Jahr-Feier der Universität Bern 1984. hrsg. im Auftrag des Regierungsrates des Kantons Bern von der Kommission für bernische Hochschulgeschichte: Ulrich Im Hof u.a., Bern 1984, S. 769–776

Misch   Misch Elisabeth, Beitrag zur Frage der Altersbestimmung der haematogenen Nierentuberkulose. Hochschulschrift. Zürich 1944

Misch 1947   Misch Georg, Vom Lebens- und Gedankenkreis Wilhelm Diltheys. Frankfurt a. M. 1947

Mondrian   Mondrian Graf v. Lüttichau (Hrsg.) inder-Welt-sein. Johanna Herzog-Dürcks. Personale Psychotherapie als Element integrativer Traumtherapie. s.l. 2020 (Textsammlung und Einleitung. Verlag Autonomie und Chaos Berlin für www.dissoziation-und-trauma.de)

Morell   Morell René, Festausgabe zur Jahrhundertfeier der Universität Bern, Berner Student Sd. 1934, S. 56/57

Morgenthaler   Morgenthaler Hans, Gedenkschrift zum 75jährigen Bestehen des Länggassleists Bern, Bern, 1940

Müller Diss.   Müller Gustav Emil, Geschichtsphilosophische Grundbegriffe bei Marx, Diss. Bern 1923

Müller Franz   Franz Müller, Viola Radlach, Cuno Amiet. Die Gemälde 1883–1919, Zürich: Schweizerisches Institut für Kunstwissenschaft/Scheidegger & Spiess, 2014. (Œuvrekataloge Schweizer Künstler und Künstlerinnen 28)

Müller Gustav E. Erinnerung   Müller Gustav Emil, Erinnerung an Anna Tumarkin, 1875–1951. In: Der kleine Bund, Nr. 62, 16.3.1975. S. 50

Müller, Instead of a biography   Gustav E. Müller, Instead of a biography, New York 1970, S. 148

Müller Verena 2007   Müller Verena, E., Marie Heim-Vögtlin – Die erste Schweizer Ärztin (1845–1916). Ein Leben zwischen Tradition und Aufbruch, Baden 2007

Naville Naville Hélène, Ernest Naville, Sa vie et sa pensée, tome 2, 1859–1909, Genève 1913–1917

NDB Neue deutsche Biographie, Bd. 3, Bürklein-Ditmar, Berlin, 1957

Neckelmann Neckelmann Harald, Friedrichstrasse Berlin zu Beginn des 20. Jahrhunderts, Berlin 2012

Neuenschwander Neuenschwander Rosa. Lebenserinnerungen. Nach ihren Aufzeichnungen zusammengestellt von Agnes Debrit-Vogel, Bern 1962, S. 54

Neuhaus Neuhaus Werner, Wie die Bernerinnen und Berner vor 150 Jahren «ihren» Bahnhof erreichten. In: Heimat heute, Bern 2007

Neumann Neumann Daniela, Studentinnen aus dem Russischen Reich in der Schweiz 1867–1914, [S.l.], [s.n.], 1987

Nova acta Paracelsica Nova acta Paracelsica, 1. Jahrbuch der schweizerischen Paracelsus-Gesellschaft, Basel 1944

NSB Neue Schweizer Biographie = Nouvelle biographie suisse = Nuova biografia svizzera / Bruckner, Albert

Oesch Oesch [-Zgraggen] Lili, Erinnerungen an meine Studienzeit. In: Für die Frauen. Der Bund Nr. 251 3.6.1934, S. 5.

Orlova Orlova, Nadežda Chadžimerzanovna, Lur'e Ėmilija Grigor'evna (Geršovna): filosof, žurnalistka, literaturoved. https://cyberleninka.ru/article/n/lurie-emiliya-grigorievna-gershovna-filosof-zhurnalistka-literaturoved

Paparo Paparo Giulia, Grete Hermann: Mathematician, Philosopher and Physicist, MA Thesis University Utrecht, s.a., S. 74/75

Parzer Epp Parzer Epp Verena, Anna Tumarkin (1875–1951). Die Gelehrte, die aus dem Osten kam. In: Parzer Epp Verena und Wirz Claudia (Hrsg.). Wegbereiterinnen der modernen Schweiz, Zürich: Avenir Suisse und Verlag Neue Zürcher Zeitung, S. 143–145

Perret Perret René, Frappante Ähnlichkeit Pioniere der Schweizer Photographie. Bilder der Anfänge, Brugg 1991

Philosophen-Lexikon Philosophen-Lexikon. Bearbeitet von Eugen Hauer, Werner Ziegenfuss, Gertrud Jung. Erste Lfg., Berlin 1937, S. 416

Philosophie in der Schweiz Philosophie in der Schweiz mit Beiträgen von Paul Häberlin, Karl Dürr, Hans Barth, Perceval Frutiger, Wilhelm Keller, Eduard Scherrer [und] Hermann Frey. Erlenbach-Zürich 1946

Pionnières Pionnières de la Suisse moderne: des femmes qui ont vécu la liberté / Tibère Adler, Verena Parzer Epp et Claudia Wirz (éds.) … [et al.], Genève 2014

Platzhoff 1903 Platzhoff-Lejeune Eduard, Werk und Persönlichkeit: zu einer Theorie der Biographie, Minden 1903

Platzhoff 1906 Platzhoff-Lejeune Eduard, Zur Psychologie der Frau, in: Deutschland. Monatsschrift für die gesamte Kultur/… hrsg. von Graf Paul von Hoensbroech, Jg. 4, Heft 9 u. 10. Nummer 45 u. 46, Juni u. Juli 1906

Platzhoff 1937 Das Bilderbuch Schweiz, du schönes Land, [Mit einer Einleitung von] Ed[uard] Platzhoff-Lejeune Lausanne 1937, erschien in versch. Sprachen und etlichen Auflagen.

Praechter-Haaf 1899 Praechter-Haaf Fanny, Zum Frauenstudium: allgemeine Bemerkungen, St. Gallen [1899]

Praechter-Haaf 1903 Praechter-Haaf Fanny, Etwas vom alten Hochschulgang, Wahrhaftiges Erlebnis zweier Berner Schulmädchen, Feuilleton. In: Bund, Nr. 154, 4.6.1903, S. 1

Prandtl Vogel-Prandtl Johanna, Ludwig Prandtl. Ein Lebensbild. Erinnerungen, Dokumente. Göttingen 2005

Quartierinventar Quartierinventar Kirchenfeld-Brunnadern 1985. Auftrag: Denkmalpflege der Stadt Bern; Bearb.: Architekturbüro Jürg Althaus (Mitarb.: Elisabeth Bernard), Ulrich Bellwald, Jürg Schweizer; Begleitung: Bernhard Furrer. Bern 1985 StABE A 3698

Reden zum 200. Geburtstage Kants Reden, gehalten an der Akademischen Gedächtnisfeier der Universität Bern zum 200. Geburtstage Kants, Bern 1924

Reglement Doktor Reglement über die Ertheilung der Doktorwürde an der phil. Fak. Bern vom 21.5.1890

Reglement Habil Reglement über die Habilitation an der philosophischen Fakultät der Hochschule Bern vom 14.11.1891

Reichesberg 1899 Reichesberg Naum, Die Sociologie, die sociale Frage und der sogen. Rechtssocialimsus: eine Auseinandersetzung mit Herrn Prof. Dr. Ludwig Stein, Verfasser des Buches: «Die soziale Frage im Lichte der Philosophie». Bern 1899

Remus Remus, Joscha, Spelleken, Hans-Gerd, Rumänien und Republik Moldau: [das komplette und praktische Reisehandbuch für das Entdecken und Erleben der Kultur und Natur Rumäniens und der Republik Moldau]: [Handbuch für individuelles Entdecken], Bielefeld 2008

Roethlisberger/Ischer Roethlisberger Blanca, von und Anna Ischer, Die Frau in der Literatur und der Wissenschaft, Zürich 1928

Rogger 1997 Rogger Franziska, Hermann Hesses Berner Ehrendoktorwürde. Ein Nazi, ein Neuling und eine «Nachbarin». In Quarto, Nr. 8, September 1997, S. 48–55

Rogger 1999 Rogger Franziska, Der Doktorhut im Besenschrank: das abenteuerliche Leben der ersten Studentinnen – am Beispiel der Universität Bern. Bern 1999/2002

Rogger 2000 Rogger Franziska, Jüdisches Universitätsleben in Bern: Zwischen Sozialismus und Zionismus, Antisemitismus und Nationalsozialismus. In: Reiz und Fremde jüdischer Kultur: 150 Jahre jüdische Gemeinden im Kanton Bern / hrsg. im Auftrag des Collegium generale, Bern 2000 (= Kulturhistorische Vorlesungen, 1998/99), S. 143–180

Rogger 2002 Rogger Franziska, Kropfkampagne, Malzbonbons und Frauenrechte. Zum 50. Todestag der ersten Berner Schulärztin Dr. med, Ida Hoff, 1880–1952. In: BZGH, Heft 3, 2002, S. 101–116

Rogger 2003 Rogger Franziska, 100 Jahre Hauptgebäude Universität Bern. Hrsg. Stelle für Öffentlichkeitsarbeit, Bern 2003. Mit: Schon damals war die Welt nicht in Ordnung, S. 13–17. Feministische Euphorie, Skandale und Nobelpreise, S. 18–22. Das Opfer der Berner/-innen für ihre Hochschule, S. 23–25. Publikation zur gleichnamigen Ausstellung im Foyer des Hauptgebäudes der Universität Bern vom 31. Oktober 2003 bis 31. Dezember 2003, Bern 2003

Rogger 2005 Rogger Franziska, Einsteins Schwester. Maja Einstein – ihr Leben und ihr Bruder Albert. Zürich 2005

Rogger 2011 Rogger Franziska, Anna Tumarkin (1875–1951) – erste Professorin Europas. In: Berns moderne Zeit, das 19. und 20. Jahrhundert neu entdeckt/hrsg. von Peter Martig … [et al.]: Red: Charlotte Gutscher; [Verein Berner Zeiten], Bern 2011, S. 448–449

Rogger/Herren 2012 Rogger Franziska, Madeleine Herren. Inszeniertes Leben: die entzauberte Biografie des Selbstdarstellers Dr. Tomarkin. Wien, Köln, Weimar 2012

Rogger 2014 Rogger Franziska, Die Anziehungskraft der Universität Bern, 1834–1945. Jüdische Lernende und Lehrende an der Berner Hochschule. In: Wie über Wolken: jüdische Lebens- und Denkwelten in Stadt und Region Bern, 1200–2000. René Bloch, Jacques Picard (Hrsg.), Zürich 2014
–Rogger 2015 Praechter
Rogger Franziska, Karl Henckells Propagandistin, die friedens- und frauenbewegte Schwägerin Fanny Praechter-Haaf, unveröffentlichtes Manuskript, Bern 2015

Rogger 2015 Rogger Franziska, «Gebt den Schweizerinnen ihre Geschichte!»: Marthe Gosteli, ihr Archiv und der übersehene Kampf ums Frauenstimmrecht. Zürich 2015

Rogger 2016 Rogger Franziska, Kinder, Krieg und Karriere. Selbstbildnisse aus der Mitte des 20. Jahrhunderts. Bern 2016

Rogger 2021 Rogger Franziska, «Wir werden auf das Stimmrecht hinarbeiten!»: die Ursprünge der Schweizer Frauenbewegung und ihre Pionierin Julie Ryff (1831–1908), Basel 2021

Rogger 2023 Rogger Franziska, 100 Jahre Vereinigung bernischer Akademikerinnen VBA. Das Ringen studierter Frauen um vollständige Anerkennung. In: BEZG, Heft 4, Bern 2023

Rogger 2024 Rogger Franziska, Der feministisch interpretierte Hodler der Ärztin Ida Hoff. In: Blog SNM, 23.4.2024, https://blog.nationalmuseum.ch/author/franziska-rogger/ (Zugriff 29.5.2024)

Rohher Rohher Francyska, Filosaf Hanna Tumarkina: peršaja ŭ Eŭrope žančyna-dacėnt. Übersetzung aus dem Deutschen ins Weissrussische. In: Vicebski sšytak

Rubinstein Rubinstein Susanna, Psychologisch-ästhetische Essays. Heidelberg 1878

Ruckstuhl Ruckstuhl Lotti, Frauen sprengen Fesseln: Hindernislauf zum Frauenstimmrecht in der Schweiz; unter Mitarb. von Lydia Benz-Burger. Bonstetten 1986

Rupp Rupp Leila J., Worlds of Women. The Making of an International Women's Movement, Princeton N. J. 1997

Saffa Dokumente Schweizerische Ausstellung für Frauenarbeit – Bern (1928) – SAFFA: Dokumentensammlung. Leit- und Richtlinien für Aussteller sowie div. Reglemente und Vorschriften für die div. Fachgruppen (1928) [Reglemente]; Ausstellungskataloge… UB Wirtschaft SWA Ausstellungen B 66

Saffa Eröffnungsumzug SAFFA Eröffnungsumzug der Schweizer. Ausstellung für Frauen-Arbeit in Verbindung mit der Schweiz. Trachtenvereinigung, Bern 26. Aug.–30.Sept. 1928, o. S. Winterthur [1928] – Festschrift zum Eröffnungsumzug 1928, AGoF 103:553:711-05

Saffa Frauenblatt SAFFA 1. bis 6. Saffa=Sondernummer. In: Schweizer Frauenblatt, Nr. 34 bis Nr. 39, 24.8.1928; 31.8.1928; 7.9.1928; 14.9.1928; 21.9.1928; 28.9.1928

Saffa Guide 1re Exposition nationale suisse du Travail féminin Saffa, Berne, 26 août-30 septembre 1928 : Guide officiel de l'Exposition. Publication Berne 1928 – Offizieller Ausstellungsführer 1928. In: AGoF 103:553:711-10

Saffa Hauptkatalog Haupt-Katalog = Exposition nationale suisse du Travail féminin. Catalogue principal = Esposizione nazionale svizzera del

Lavoro femminile. Catalogo principale. Bern, 1928. Hauptkatalog der Ausstellung 1928. – In: AGoF 103:553:711-08

Saffa Offizielles Organ   SAFFA Offizielles Organ der Schweizer. Ausstellung für Frauen-Arbeit in Bern, 26.VIII.015030.IX.1928. Nr. 1–6, Bern 1928. Siehe Zeitungen

SAFFA Schlussbericht   Schlussbericht der Saffa, I. Schweizerische Ausstellung für Frauenarbeit, Bern = Rapport final de la Saffa, 1re Exposition nationale suisse du travail féminin, Berne, 26.VIII.–30.IX.1928, Bern, 1930

Safranski   Safranski Rüdiger, Ein Meister aus Deutschland. Heidegger und seine Zeit. Frankfurt am Main: Fischer Taschenbuch 2006

Sapundschieff Diss.   Sapundschijeff, Jerodiakon Ewthimi, Die Entstehung der Idee von fremden Erlebnissen und die Sympathie mit denselben nach David Hume, verglichen mit der Einfühlungslehre von Theodor Lipps, Diss., Zürich 1916

Saurer/Beran   Saurer J. und G. Beran, Ausländische Studierende an der Universität Bern 1834–1979. Bern, s.d.

Schäffle   [Schäffl]–e Albert, Stein Ludwig, Die soziale Frage im Lichte der Philosophie. In: *ZgS*, hrsg. von Dr. A. Schäffle, 53. Jg. Tübingen 1897, III Litteratur, S. 725–729

Schapira Diss.   Schapira Eva, Lichtenberg als Philosoph, Diss., Bern 1911

Schaser   Schaser Angelika, Helene Lange und Gertrud Bäumer: eine politische Lebensgemeinschaft, Köln, Weimar, Wien 2010

Scheible   Scheible Hartmut, Theodor W. Adorno: mit Selbstzeugnissen und Bilddokumenten. rororo bildmonographien. Reinbek bei Hamburg 1989

Schips-Lienert   Schips-Lienert Lina. Wir Schweizerfrauen: Unser Leben und Wirken in Wort und Bild. Eine Festgabe für die Schweiz. Landesausstellung 1939 in Zürich. Beiträge von über 150 Schweizerfrauen und -Töchtern…/Zusammengetragen und redigiert von Lina Schips-Lienert. Zürich 1939

Schitlowsky   Schitlowsky Chaim, Der Sozialismus und die Nationalitätenfrage, Wien 1899

Schmitt   Schmitt Susanna, Die ersten Studentinnen an der philosophischen Fakultät der Universität Bern, Freiburg 2002

Schnegg   Schnegg von Rütte Brigitte, «Die zweyte Seite auf dem Blatte der Menschheit». Geschlechterdiskurse und Geschlechterverhältnisse in der Schweizer Aufklärung. Diss. 26.3.1999, S. 188–190

Schneider   Schneider Ulrich Johannes, Russische Philosophie auf den Internationalen Philosophiekongressen 1900–1937, in: Dialektik, 2, Hamburg 2006, S. 295–333

Schölzel   Schölzel Arnold, Philosophie an der Universität Berlin zwischen 1848 und 1945. In: Deutsche Zeitschrift für Philosophie. 35. Jg. Heft 9, DVW Berlin-Ost, 1987

Scholem   Scholem Gershom, Walter Benjamin, Frankfurt/M [1975]

Schweigmann   Schweigmann-Greve, Kay, Chaim Zhitlowsky: Philosoph, Sozialrevolutionär und Theoretiker einer säkularen nationaljüdischen Identität, Hannover, 2012

Schweizer Frauen der Tat   Schweizer Frauen der Tat, 1855–1885, Zürich Leipzig, Stuttgart, 1929

Schweizer-Sidler   Den Freunden und Verehrern des seligen Prof. Dr. Heinr(ich) Schweizer-Sidler von Zürich geb. 12. September 1815, gest. 30. März, beerdigt 2. April 1894, gewidmet. Zürich : [s.n.], 1894. Mit Portrait

Schwengeler   Schwengeler Arnold H. Liebes altes Bern. Stadtbilder 1850–1925, Bern 1975

Senn   Senn Alfred E., The Russian Revolution in Switzerland 1914–1917, Madinson (Wis.) [etc.]: Univ. of Wisconsin Press, 1971, pp. 9–10

Sennhauser   Зеннхаузер Вальтер, Ларионова И.В./Sennhauser Walter, I. V. Larionova, Русская душа – швейцарское сердце/Russian Soul – Swiss Heart. In: Вестник Русской христианской гуманитарной академии/Review of the Russian Christian Academy for the Humanities, Bd. 20, Ausgabe 2, St. Petersburg 2019, S. 83–95

sgf   Schweizerischer Gemeinnütziger Frauenverein. Erstes Mitglieder-Verzeichnis. Olten, 1888

Sieg   Sieg Ulrich, Aufstieg und Niedergang des Marburger Neukantianismus. Die Geschichte einer philosophischen Schulgemeinschaft, Würzburg 1994

SIKART   SIKART *Lexikon zur Kunst in der Schweiz*: sikart.ch

Siloah 75 Jahre   75 Jahre Diakonissenhaus Siloah: eine Festschrift/[Texte: Madeleine Blatter]; [Fotos: Christoph Grünig, Archiv Siloah]. [Gümligen]: Stiftung Siloah, [1993]

Siloah 100 Jahre   Von Mensch zu Mensch – 100 Jahre Siloah/Herausgeberin: Stiftung Siloah, Martin Gafner. [Gümligen]: Stiftung Siloah, [2018]

Somazzi CD   Somazzi Mario. Ida Somazzi (1882–1963), Gesammelte Texte. Publikationen, Artikel, Referate, Manuskripte, Notizen. CD, März 2020

Spencer   Spencer Herbert. Eine Autobiographie. Autorisierte deutsche Ausg. von Ludwig und Helene Stein. 2 Bde., Stuttgart 1905

Stämpfli-Studer   Stämpfli-Studer Emma, Der Chrischtoffelturm und syni Nachbare im Schtuderhus. Öppis usem alte Bärn. Als Manuskript gedruckt. Zum Andenken an ihren Urgrossvater den Urenkeln gewidmet. Bern 1912

Stämpfli Philipp Stämpfli Philipp, Carl Durheim – Lithograf, Fotograf, Unternehmer, in: Carl Durheim, Wie die Fotografie nach Bern kam. Schriftenreihe der Burgerbibliothek Bern, 2016

Statist. Jb. Statistisches Jahrbuch der Schweiz. Herausgegeben vom Statistischen Bureau des eidg. Departements des Innern. Erster Jahrgang 1891. Bern 1891 fff

Stawrewa Diss. Stawrewa Soja, Das Mitleid als Fundament der Moral bei Schopenhauer. Diss., Zürich 1915

Stein 1886–1888 Stein Ludwig, Die Psychologie der Stoa. 2 Bde. Berliner Studien, Bd. 3, H. 1 und Bd. 7, H 1. Berlin 1886–1888

Stein 1893 Stein Ludwig. Friedrich Nietzsche's Weltanschauung und ihre Gefahren: Ein kritisches Essay. Berlin 1893

Stein 1897 Stein Ludwig, Die soziale Frage im Lichte der Philosophie. Vorlesungen über Sozialphilosophie und ihre Geschichte, Stuttgart 1897 [2. Aufl. Stuttgart 1903, 3. und 4. umgearb. Aufl. Stuttgart 1923]

Stein 1902 Stein Ludwig, Eine eidgenössische Akademie der Wissenschaften: Denkschrift. Bern 1902?

Stein 1904 Philosophie Stein Ludwig, Was heisst Philosophie? In: Comptes rendus du IIe Congrès international de Philosophie. Genève 1904

Stein 1904 Sinn Stein Ludwig, Der Sinn des Daseins. Streifzüge eines Optimisten durch die Philosophie. Tübingen und Leipzig, 1904

Stein 1906 Anfänge Stein Ludwig, Die Anfänge der menschlichen Kultur. Einführung in die Soziologie. Aus Natur und Geisteswelt, 93. Bd., Leipzig 1906

Stein 1906 Toleranz Stein Ludwig, Das Wesen der Toleranz, Sonderdruck aus: DR, H. 11, Berlin 1906

Stein 1908 Stein Ludwig, Philosophische Strömungen der Gegenwart, Stuttgart 1908

Stein 1913 Stein Ludwig, Weltbürgertum, Nationalstaat und internationale Verständigung, Breslau [1913]

Stein 1921 Stein Ludwig, Geschichte der Philosophie bis Platon, München 1921. Philosophische Reihe, Nr. 2, München 1921

Stein 1929 Stein Ludwig, Erinnerungen an Fürst Bülow. In: Nord und Süd, (1929), H. 12

Stein 1930 Stein Ludwig, Aus dem Leben eines Optimisten, Berlin 1930

Steinberg Steinberg Jacob, Beiträge zur Kenntnis des Isothionins, Lausanne 1911

Steinke Steinke Hubert, Kochers Bedeutung für Bern, in: Theodor-Kocher-Preis 1915–2015. Festschrift, Bern 2015

Stöcker Stöcker Helene: Lebenserinnerungen, hrsg. von Reinhold Lütgemeier-Davin u. Kerstin Wolff. Köln 2015

Strahm, Dilthey Strahm Hans, Die Dilthey-Schülerin Anna Tumarkin (1875–1951), die erste Frau auf einem Lehrstuhl Europas. Vortrag, gehalten in der Psychologischen und Philosophischen Gesellschaft Bern am 25. Januar 1952. Masch. StABE N Tumarkin 1/13

Strahm Diss. Strahm Hans, Die «petites perceptions» im System von Leibniz, Bern 1930

Strahm Hans Dr. H[ans] St[rahm], Fräulein Prof. Dr. Tumarkin. Zum 60. Geburtstag, in: Der Bund, 17.2.1935

Studer Studer Brigitte, Rosa Grimm: ein Leben in der schweizerischen Arbeiterbewegung, Freiburg 1982

Szabó Szabó Anikó, Vertreibung, Rückkehr, Wiedergutmachung: Göttinger Hochschullehrer im Schatten des Nationalsozialismus: mit einer biographischen Dokumentation der entlassenen und verfolgten Hochschullehrer: Universität Göttingen – TH Braunschweig – TH Hannover – Tierärztliche Hochschule Hannover. Göttingen 2000

Theodor-Kocher-Preis Festschrift, 100 Jahre Theodor-Kocher-Preis. 1915–2015: 100 Jahre kontinuierliche Würdigung des hervorragenden Nachwuchses an der Universität Bern. Bern: Kommission des Theodor-Kocher-Preises, 2015

Thévenaz Thévenaz Pierre, La philosophie en Suisse alémanique: aperçu sommaire des tendances actuelles. In: Revue, Bd. 29, 1941

Thommen Elisabeth Thommen Elisabeth (Red.), Du Schweizerfrau = Femme suisse = Tu donna svizzera = Duonna svizzra. Zur Erinnerung an den Pavillon der Schweizerfrau, Schweizerische Landesausstellung Zürich, 1939/Hrg. von den Schweizer. Frauenverbänden/Schweiz. Zentralstelle für Frauenberufe. Zürich [1939]

Tièche Festschrift für Edouard Tièche, ehemal. Professor an der Universität Bern, zum 70. Geburtstag am 21 März 1947. Bern 1947

Tobies Tobies Renate, «Aller Männerkultur zum Trotz»: Frauen in Mathematik, Naturwissenschaften und Technik. Frankfurt a. M. 2008

Tobler Tobler Gustav. Zur Erinnerung an Professor Georg Sidler (Worte gesprochen am 12. November 1907 an der Trauerfeier in der Christkatholischen Kirche zu Bern). Bern 1907

Tönnies 1887 Tönnies Ferdinand, Gemeinschaft und Gesellschaft: Abhandlungen d. Communismus u. d. Socialismus als empirischer Culturformen, Leipzig 1887

Tönnies 1900 Tönnies F[erdinand], Stein L., Die soziale Frage im Lichte der Philosophie. In: Archiv für systematische Philosophie, VI. Bd., Heft 4, Berlin 1900

Tönnies 1904 Tönnies F[erdinand], Stein L., Die soziale Frage im Lichte der Philosophie. Bücher-Besprechungen, In: Archiv für Sozialwissenschaft und Sozialpolitik, Neue Folge des Archivs für soziale Gesetzgebung und Statistik, hrsg. von Werner Sombart, Edgar Jaffé und Max Weber. XIX Bd. (der neuen Folge 1. Bd.) 3. Heft, Tübingen und Leipzig 1904

Traber Traber Barbara, Bernerinnen. Vierzig bedeutende Frauen aus sieben Jahrhunderten. Bern 1980. (Anna Tumarkin, S. 112/13; Ida Hoff, S. 118/19)

Tumarkin Nina Tumarkin Cox Nina, Greetings from Anna Tumarkin's closest surviving relative/Grüsse von Anna Tumarkins nächster überlebenden Verwandten. Videobotschaft zur Einweihung des Tumarkinwegs. Wellesley, Mass., 9.2.2000

Turkevich Turkevich J. Orlov, Yurii Aleksandrovich // Soviet men of science: Academicians and corresponding members of the Academy of sciences of the USSR. Princeton 1963

Valär Valär, Rico Franc. Weder Italiener noch Deutsche! Die rätoromanische Heimatbewegung, 1863–1938. In: University of Zurich, Faculty of Arts, Zürich 2013, S. 136, 154, 185, 190, 197. https://www.zora.uzh.ch/id/eprint/81355/1/ZORA81355.pdf (13.3.2024)

Vergessene Geschichte Vergessene Geschichte: illustrierte Chronik der Frauenbewegung 1914–1963. Histoire oubliée. Hrsg. von Marthe Gosteli, Red. Regula Zürcher; unter Mitarb. der Gosteli-Stiftung, Worblaufen, Bern 2000

Verwaltungsbericht ED Bericht über die Staatsverwaltung. Verwaltungsbericht der ED, 1898, S. 67; 1905, S. 189; 1906, S. 311, 313, 337, 338; 1909, S. 28, 72

Verzeichnis Berlin Amtliches Verzeichnis des Personals und der Studierenden der Königlichen Friedrich-Wilhelms-Universität zu Berlin, Berlin 1830. Signatur: UBH Visch 2607:60

Verzeichnis Bernburger Verzeichnis der Burger der Stadt Bern. Verzeichnis der Burgerschaft der Stadt Bern

Verzeichnis Schweizerfrauen Verzeichnis der Publikationen von Schweizerfrauen/Hrsg. von der Gruppe Wissenschaft, Literatur und Musik der Schweizer. Ausstellung für Frauenarbeit (Saffa), Bern 1928 = Catalogue des publications des femmes suisses/Publié par le Groupe Science, littérature et musique de l'Exposition suisse du Travail féminin Berne 1928/[Bearb. von] Anna Tumarkin und Julia Wernly; Umschlagzeichnung von Helene Marti

Verzeichnis Universität Verzeichnis der Behörden, Lehrer, Studienanstalten und Studierenden, Universität Bern

Verzeichnis Vorlesungen Verzeichnis der Vorlesungen. Universität Bern

VHS Mtt. Volkshochschule, Mitteilungen der

Vischer Vischer Mattheus, Myokarditis im Kindesalter, Diss. med. Zürich, Berlin 1924

von Mülinen Helene 1897 von Mülinen Helene, Stellung der Frau zur socialen Aufgabe. Vortrag gehalten im Schosse der christlich-socialen Gesellschaft des Kanton Bern, Bern 1897

Wagner Das goldene Buch der LA Landesausstellung 1939. Hrsg. von Julius Wagner; bearb. von Dr. Eugen Th. Rimli; [Mit zahlreichen] Aufnahmen von Robert Spreng, Basel; Einband und graphische Mitarbeit: A. W[alter] Diggelmann. Zürich, 1939

Waithe Waithe Mary Ellen, Women Philosophers of the 17th, 18th and 19th century. A history of women philosophers, 4 vol., Dordrecht 1987–1994. Vol. 1: Ancient Women Philosophers 600 B.C. – 500 A.D.; Vol. 2: Medieval, Renaissance and Enlightenment Women Philosophers 500–1600; Vol. 3: Modern Women Philosophers 1600–1900; Vol. 4: Contemporary Women Philosophers 1900–today

Waser Waser Maria, Berner Studentin um die Jahrhundertwende. In: Der Bund, Nr. 250, Sondernummer, 2.6.1934, S. 1

Weber, HTL Weber, Berchtold: Historisch-Topographisches Lexikon der Stadt Bern, Bern, 2016. https://www.digibern.ch/katalog/historisch-topographisches-lexikon-der-stadt-bern

Weber Marianne 1900 Weber Marianne, Fichtes Sozialismus und sein Verhältnis zur Marxschen Doktrin, Tübingen 1900

Weber Marianne 1906 Weber Marianne, Beruf und Ehe; Die Beteiligung der Frau an der Wissenschaft: zwei Vorträge, Berlin-Schöneberg 1906

Weber Marianne 1907 Weber Marianne, Ehefrau und Mutter in der Rechtsentwicklung. Tübingen 1907

Weber Max Weber Max, Wirtschaft und Gesellschaft, Tübingen 1922

Weber Norwin Weber Norwin, Franz Ludwig Haller von Königsfelden 1755–1838, Biel 1900

Wegbereiterinnen Wegbereiterinnen der modernen Schweiz: Frauen, die die Freiheit lebten/hrsg. von Verena Parzer Epp … [et al.] Zürich 2014

Weibliche Ärzte Weibliche Ärzte: die Durchsetzung des Berufsbildes in Deutschland/in Zusammenarbeit mit dem Institut für Geschichte der Medizin der Freien Universität Berlin. Hrsg. von Eva Brinkschulte, Berlin 1993

Wickart Wickart A. Landammann Georg Jos. Sidler von Zug. 1782–1861, In: Zuger Neujahrsblatt, hrsg. von der Gemeinnützigen Gesellschaft des Kantons Zug. Zug 1918, S. 16

Woker 1912 Woker Gertrud, Naturwissenschaftliche Streiflichter über das Problem Mutterschaft und Beruf, Bern 1912

Wolf Wolf, Hugo, Über Nacht, Gedicht von Julius Sturm; english words by John Bernhoff. Musikalie, Berlin [s.d.]

Woman's Exposition The Illinois Woman's Exposition to represent the industries of the women of Illinois at the World's Columbian Exposition

Woodtli Woodtli Susanna, Gleichberechtigung: der Kampf um die politischen Rechte der Frau in der Schweiz, Frauenfeld 1975

World's Columbian Exposition Chicago Official Catalogue of Exhibits. World's Columbian Exposition. Woman's Building. Mrs. Potter Palmer. W. B. Conkey Company, Chicago 1893. https://archive.org/details/worldscolumbiane14worl/mode/2up

Wullschleger Wullschleger Bernhard, Der Strom kam aus dem Mattewerk. In: 100 Jahre Gaswerk, s.l., [1943?]

Zabolotnaia Zabolotnaia, Lilia, Destinul unei familii. Câteva crâmpeie din istoria dinastiei Tumarkin (Le destin d'une famille. Fragments de l'histoire de la dynastie Tumarkin). In: Tyragetia: revistă de arheologie, istorie și culturologie (Hrsg.: Muzeul Național de Istorie a Moldovei), 2002, No. 11, S. 193–196

ZGL Schweizerisches Zeitgenossen-Lexikon = Lexique suisse des contemporains = Lessico svizzero dei contemporanei/begr. und red. von Hermann Aellen. 2. Ausg. Bern 1932

Zimmer Zimmer Oliver, A unique fusion of the natural and the man-made: the trajectory of Swiss nationalism, 1933–39. In: Journal of Contemporary History, Bd. 39 I, London 2004, S. 5–24

Zubersky Diss. Zubersky Albert, Salomon Maimon und der kritische Idealismus, Diss. 1923, Naumburg a. d. Saale 1924

Zürcher Regula 1998 Das Unbehagen im Staat: die schweizerische Frauenbewegung, die Landesausstellung 1939 und das Bundesstaatsjubiläum 1948: ein Nachtrag zum Jubiläumsjahr 1998. In: Schweizerische Zeitschrift für Geschichte = Revue suisse d'histoire = Rivista storica svizzera Bd. 48, Heft 4, 1998, S. 444

Zürcher Regula 2002 Bürgschaftsgenossenschaft SAFFA – Seit 70 Jahren speziell für Unternehmerinnen: [ein erfolgreiches Selbsthilfeprojekt von Frauen für Frauen], Bern 2002

Zwahlen Zwahlen R. M., Anna Tumarkin und die sachlichen Schweizer. In: RGOW 3/2014, S. 18–19

Bildnachweis

Wir haben uns Mühe gegeben, allen, die Rechte an Fotos innehaben, gerecht zu werden. Melden Sie sich, falls etwas übersehen wurde.

1 UB Bern MUE Singer XVI Sbd 97 : 15
2 https://www.facebook.com/OldChisinau/photos/
3 https://commons.wikimedia.org/wiki/File:Chisinau_jew.jpg#/media/Datei:Chisinau_jew.jpg (Zugriff 5.1.2021) – Courtesy of the New York Public Library's Digital Gallery. https://www.museumoffamilyhistory.com/mfh-pogroms-kishinev.htm (Zugriff 30.5.2023)
4 Private archive of Nina Tumarkin
5 Private archive of Nina Tumarkin
6 https://kvels.livejournal.com/41989.html (Zugriff 5.1.2021)
7 https://locals.md/2018/istoriya-kishinyova-dom/
8 Ludwig Stein an Anna Tumarkin, 3.12.1897. In: StABE N Tumarkin 1/4 – https://www.facebook.com/OldChisinau/photos/ (Zugriff 30.5.2023)
9 Bild von 1889. Old Chisinau.com, www.kishinev.info
10 https://www.facebook.com/OldChisinau/photos/
11 Phot. Franco-Suisse, Berne. PA Franziska Rogger
12 SAB_SPk_1_6_40_Spitalgasse und SAB_SPk_1_6_34_Spitalgasse
13 Nach der Originalzeichnung von Hans Auer. Stich und Druck von G. Keller-Kehr in Bern. StABE 1896 BB IV 131_01
14 Album Universitatis Bernensis, StABE BB III b 1160
15 Anonym. Foto bis 1905. Burgerbibliothek FP.B.142
16 Haag 1903, S. 152/3.
17 Studioaufnahme von Jean Moeglé, 22.4.1893. Burgerbibliothek Bern, Historische Sammlung Krebser 47/1
18 UAB
19 Rektorenbilder der Universität Bern
20 StABE N Tumarkin
21 Rektorenbilder der Universität Bern
22 Fr[emdenbuch] VI 1891–95, Stadtarchiv SAB _1278_2_6
23 StABE T.A. Bern Spitäler_Heime 6 Privatspital Lindenhof. (Pflegerinnenheim und Villa)
24 Plan der Stadt Bern mit Umgebung von H. Müllhaupt & Sohn. Massstab 1:9375. Der Stadtplan erschien mit eingezeichneter Tramway im Adressbuch für Stadt und Stadtbezirk Bern, 1891/92.

25 Gesellschaftsstrasse 33, Peter Hubert Tillmann, s.d. Burgerbibliothek Bern AK 872
26 Adressbuch der Stadt Bern, 1900, Annoncen, S. 20
27 ZVg von Barbara Oswald-McCarthy
28 Schweigmann S. 5 und Schweigmann, S. 91
29 Foto Hermann Steiner Bern. AGoF, FS-630
30 Postkarte, Verlag S. Küchler-Ackermann. Beckenried. 1898. PA Franziska Rogger
31 StABE N Tumarkin 1/5
32 Ottilie Wilhelmine Roederstein: Hedwig Sidler, geb. Schiess, aus Herisau. Aet 63, 1905. Museum Burg Zug, Inventarnr. 1880. (HS 1843–1928)
33 Roederstein Ottilie Wilhelmine (zugeschrieben) Dr. phil. und Prof. der Mathematik Georg Josef Sidler aus Zug. Aet. 73, 1904. Museum Burg Zug, Inventarnr. 1879 (GS 1831–1907)
34 Foto Atelier M. Vollenweider & Sohn, Bern. Bis 1895. Burgerbibliothek Bern F.P.C.107
35 Foto M. Vollenweider & Sohn. Burgerbibliothek F.P.C.91 und F.P.C.108
36 Postkarte, PA Franziska Rogger
37 Rubinstein, Vorblatt
38 Fotograf unbekannt. Public domain. https://commons.wikimedia.org/wiki/File:Marie_von_Besobrasof,_c._1904.png
39 *Keystone/Photopress-Archiv*/Str 53251365
40 Ludwig Stein an Paul M. Tumarkin, 18.7.1895. In: StABE N Tumarkin 1/4.
41 Postkarte, verschickt am 2. September 1898. Postkarte, PA Franziska Rogger
42 StABE N Tumarkin 1/2
43 Friedrichstrasse 44–46 um 1912. Signatur: Archiv Harald Neckelmann, Berlin
44 Wikimedia Commons, the free media repository
45 StABE N Tumarkin 1/3
46 Foto von Loescher & Petsch Hof-Photographen Sr. Majestät d. Kaisers u. Königs, Berlin StABE N Tumarkin 1/3
47 Bild 1915: https://commons.wikimedia.org/wiki/File:Eric_Schmidt_LCCN2014705705.tif – DB
48 Porträt Friedrich Stephany, 1895, Fotograf unbekannt. Delf S. 25 und Vossische Zeitung vom 21. August 1897
49 StABE BB 163/1
50 AGoF-7076 Helene von Mülinen
51 Verlag A. Wolkenberg, Kischinew.
52 Ludwig Stein an Paul M. Tumarkin, 3.10.1896. In: StABE N Tumarkin 1/4
53 Foto Atelier für Photographie W. Müller, Zofingen. Burgerbibliothek F.P.D.830
54 *Album von Berlin.* Globus Verlag, Berlin 1904.
55 Foto Emil Vollenweider, Bern. Burgerbibliothek Bern F.P.D.823
56 A Foto Arnold Wicky, Bern, 1883–1904. Jahreszahl 1946 und Eingangsnummer von der Besitzerin. Burgerbibliothek Bern F.P.B. 106
57 Archiv der Universität Wien
58 Buch des Friedens, S. 107/8
59 StABE BB III b 623
60 Unsere Zeitgenossen. Regierungsrat Dr. A Gobat. Zeichnung von F. Liermann-Bern. In: Der Grüne Heinrich, No. 6 1907, S. 80 und StABE BB III b 623
61 StABE N Tumarkin 4/78
62 StABE N Tumarkin 1/2
63 Foto Bubenbergplatz, Christoffelgasse 2–6 von Arnold Wicky. Vor 24.7.1900. Burgerbibliothek Bern N Agathon Aerni AK. 1721.
64 Anzeiger für die Stadt Bern, 28.10.1898
65 Haag 1903, S. 228/229
66 Nebelspalter, Heft 40, 1.10.1898, S. 5
67 Die Schweiz, Die schweizerische illustrierte Zeitschrift, Zürich, 2. Bd., Heft 21, 1898 (3), S. 489, mit Foto von Hermann Völlger, Bern. In: StABE N Tumarkin 1-2./ SNB.Rq 4839.
68 Jllustrirte Zeitung, Leipzig und Berlin, 16.2.1899. Titelblatt und S. 198
69 StABE N Tumarkin 4/79
70 Hauptbuch des Quästors WS 1898/99. StABE BB III b 836
71 Foto J. Kunkler, s.d. Burgerbibliothek Bern F.P.B.231
72 Foto J.F. Langhans, k.u.k. Hof-Photograph Prag, Königgrätz, Pilsen. BBB N Hans von Werdt 28_1
73 Privatarchiv Li Carstens, Uppsala
74 Blaser Otto, Heiligenschwendi.
75 In der Tracht der Walliser Bäuerin anlässlich der Einweihung des Landesmuseums 1898 in Zürich. In: Baum, S. 44/45
76 Foto in: Finsler Ansprachen.
77 Burgerbibliothek Bern, N_Georg_Joseph_Sidler_50_p006d. Mathematica diversa. Winter 1898/99. Transkript. Mit Dank an Annelies Hüssy.
78 AT 1899 Assocationsprinzip. Mit Widmung
79 Burgerbibliothek Bern, N_Georg_Joseph_Sidler_50_p006d
80 Foto des Ölbildes von Emil Vollenweider, ca. 1904. Burgerbibliothek F.P.C. 103
81 Foto Schänzlistrasse 71, Teilansicht (NW). Anonym, s.d. Burgerbibliothek AK.1178
82 Der Ausschnitt aus dem Völlgerpanorama von 1894 in Richtung der Lindenegg. Burgerbibliothek FN.G.E.309; F.P.E.218 (Blatt 6, Nord)
83 UAB, Medizin-historisches Institut Zürich/Bildarchiv

84   Foto Max Albert Vogt, 14.4.1957. Burgerbibliothek Bern FPa_9_f16_0
85   Postkarte PA Franziska Rogger
86   Photographie Johann Adam Gabler, Interlaken. Postkarte um 1903, PA Franziska Rogger
87   Alamy WHAC4D
88   W[illy] L[ehmann]. Nebelspalter, Heft 22, 30.5.1903, S. 5
89   Collection of Zetlin Museum of Russian Art Ramat Gan. Keystone/Heritage Images/Fine Art Images, 342900171 (RM)
90   Foto Franziska Rogger, 2.4.2024
91   Schwengeler Arnold H. Liebes altes Bern. Stadtbilder 1850–1925, S. 76
92   StABE T. A. Bern Universität 1 Hauptgebäude
93   Grunau S. 55
94   Grunau S. 49
95   StABE W2.9
96   UAB
97   Foto von J. Birfelder, Bern, 1878. Burgerbibliothek FP.B.242
98   Foto von Oswald Welti, Lausanne. Ca. 1898. Burgerbibliothek Bern FP.B.303.
99   Grunau S. 59
100 thunensis.com – das virtuelle Thunarchiv
101 Postkarte, PA Franziska Rogger
102 L'Illustration, 5.6.1897, S. 449
103 Postkarte, PA Franziska Rogger
104 In: notreHistoire.ch
     https://notrehistoire.ch/entries/xy9Ylb758j6
     https://www.akpool.fr/cartes-postales/27452305-carte-postale-genve-genf-stadt-rue-de-la-corraterie
105 Bibliothèque de Genève ms_fr_08184_001
106 Lacroix fils & Rogeat, Genève Postkarte PA Franziska Rogger
107 Carte postale, Phototypie Co. Neuchâtel. PA Franziska Rogger
108 Foto Maurice Andréossi (1866–1931), vers 1900. Bibliothèque de Genève *Collections du Centre D'iconographie de la ville de Genève*
109 Fondation Emilie Gourd, https://actuelles.ch/feministes-ch/suffrage-feminin/geneve Rogger 2021, S. 31
110 Foto Hermann August Julius Völlger zugeschrieben. 19. Jh. Burgerbibliothek FN.G.C.913
111 Hier wird nicht gepumpt! Nebelspalter, Heft 50, 14.12.1895, S. 5
112 A. Hodler und E Joos, Grunau S. 57
113 StABE BB III b 949, S. 358
114 Foto Atelier Gebr. Kölla Burgerbibliothek Bern ES_357_4_0001
115 StABE BB 15.4.1820_02. Kriminalkammer des Kantons Bern.
116 RRB/SRR vom 5.6.1906 StABE BB III b 623
117 Burgerbibliothek Bern, N_Agathon_Aerni_AK_1942
118 StABE V Frauenzentrale 360/bridgeman images XLF3779327
119 Interieur Münstergasse 61. Foto von Jacques Zehnder 1905/1923. Burgerbibliothek FP.F.12
120 Foto vom 3.6.1969 von Gerhard Howald. Burgerbibliothek Bern VA BBB A. 92.2 (13)
121 Foto Herrmann Völlger Schweizer Nationalbibliothek SPS-NB-1-a-1-a-1-6
122 https://www.lbi.org/griffinger/record/211429. Courtesy of the Leo Baeck Institute, New York.
123 Zeichnung von F. Liermann-Bern. In: Der Grüne Heinrich, Nr. 11, 1907, s. p.
124 Der Nebelspalter, Heft 44, 3.11.1906, S. 8
125 Interlaken, Hotel Victoria, Edition Photoglob Co. Zürich, datiert 18.9.1902 – Foto Institut Orell Füssli, Zürich, um 1908, Postkarte PA Franziska Rogger
126 L'Illustration, Paris 8.9.1906
127 StABE BB 15.4.1820_01, Kriminalkammer des Kantons Bern, Tatiana Alexandr. Leontieff, Blatt 79
128 Nebelspalter, Heft 47, 23.11.1907, S.1
129 Foto: Verlag Edmund von König, Heidelberg, Stadtarchiv BILD 434
130 Aufnahme Max Kögel, Universitäts- und Landesbibliothek Düsseldorf. VAD 7/4 Nr. 943 (N. Diemer)
131 Foto Alman and Co., Special Collections, Sheridan Libraries, Johns Hopkins University Christine Ladd Franklin ca.1910. Courtesy: Ferdinand Hamburger Archives of The Johns Hopkins University
132 https://commons.wikimedia.org/wiki/File:Clarisse_Coignet.webp?uselang=fr
133 https://de.wikipedia.org/wiki/Datei:Emily_Elizabeth_Constance_Jones_-_John_Lavery_1916.jpg
134 Marianne Weber, ca. 1902/03 Stadtarchiv Lemgo https://www.e-enterprise.de/info/150-jahre-marianne-weber.html?language=de
135 https://commons.wikimedia.org/wiki/Category:Georgy_Chelpanov (Г.И.Челпанов среди членов Психологического института. Слева – К.Н.Корнилов, справа – Н.Н.Ладыгина-Котс, во втором ряду, четвертый слева – А.А.Смирнов, шестой – С.В.Кравков, седьмой – А.Ф.Лосев. 1914 г)
136 RRB/SRR vom 3.2.1909, StABE BB III b 623
137 Foto Frz. Backmund, Atelier Frankonia, Würzburg, s.d. Burgerbibliothek Bern FP. C. 76
138 Ehrenurkunde der Universität Bern. In: Museum Burg Zug, Inventarnr. 8349, Zierhandschrift 1906

139 StABE T.B. Personen 972.1
140 Foto anonym, s.d. In: Burgerbibliothek, Franco-Suisse 293
141 Nebelspalter, Heft 5, 29.1.1910, S. 1
142 UAB Chemisches Institut StABE Bern
143 Private archive of Nina Tumarkin
144 Burgerbibliothek Gr. A. 938
145 Basel, UB, UBH NL 119 : 19,307,1
146 Wolf, Hugo, Über Nacht, Gedicht von Julius Sturm; english words by John Bernhoff. Musikalie, Berlin [19..?].
147 Marti's Swiss military unit, ca. 1915. Gruppenporträt. In: Fritz Marti Papers, 3.003.1, Oregon State University Libraries OSU. Special Collections & Archives Research Center.
148 StABE T.B. Personen 911, StABE T.B. Personen 421, StABE T.B. Personen 968
149 StABE BB 05.10.1708, 6.5.1912, S. 180
150 Foto E. Vollenweider, zVg von Elisabeth Rich-Schneider. In: UAB – Hoff, S. 15
151 Bild: Bundesplatz 1, 4–2; Käfiggässchen 32; Amthausgasse 28–26; Bärenplatz 31–3 vom Kunstverlag Frobenius Basel, s.d. Burgerbibliothek Bern Sammlung_Suter_72
152 Foto Schw[eiz] 2.9.18. The Pritzker Family National Photography Collection, Abraham Schwadron collection, The National Library of Israel
153 Foto um 1910 von Peter Tillmann, Bern. Postkarte PA Franziska Rogger
154 Foto Franziska Rogger, 13.12.2023
155 AGoF A/237a. Hannah Egger/ A. Bonafini
156 StABE N Tumarkin
157 Foto Zumbühl, Bern. In: Die Berner Woche in Wort und Bild : ein Blatt für heimatliche Art und Kunst, 6.10.1923, S. 505
158 Tumarkin Anna. Die romantische Weltanschauung, Bern 1920
159 thunensis.com – das virtuelle Thunarchiv
160 Deutsches Hygiene-Museum Dresden, DHMD 2007/1085, Berliner Jllustrirte Zeitung Nr. 13, 1926 (Predigt), zit. nach: Deutsches Hygiene-Museum Dresden
161 StABE T.B. Personen 915
162 Zeichner Rickenbach alias Ludwig Oskar Bellmont. In: Nebelspalter, Heft 6, 7.2.1936, S. 8 https://cyranos.ch/bellmont1.htm
163 Centre Dürrenmatt Neuchâtel, Reproduktionsrecht SLA-FD-A-Bi-1-391-102
164 Richard Herbertz, um 1959 (Photo by RDB/ullstein bild via Getty Images)
165 https://www.paracelsus-gesellschaft.ch/literatur.html
Nova Acta Paracelsica 1. Jahrbuch der schweizerischen Paracelsus-Gesellschaft Basel 1944
166 StABE N Tumarkin 1/8
167 StABE N Tumarkin 1/14
168 Familienbesitz Dr. Roland und Sonja Huber, Zürich
169 Chava Shapiro ca. 1904. Jewish Public Library Archives, Montreal
170 Leihschein, Schweizerische Nationalbibliothek, Archiv Lenin (MS L 55)
171 StABE N Tumarkin 1/5
172 StABE BB III b 639 Doktoranden Dekanat 1923/24
173 Karl Barth-Archiv KBA_9005_192. Buch Jehle S. 138
174 Southern Illiinois University Edwardsville https://www.siue.edu/artsandsciences/philosophy/giving/marti.shtml (4.4.2024)
175 Foto Peter Friedli. UAB Foto-Sml. Peter Friedli (Der Bund Nr. 109, 12.5.1978, S. 37)
176 StABE N Tumarkin 1/6
177 StABE FN Tschirren N 19.191_57.
178 Mondrian S. 4
179 Private Foto um 1932/34. ZVg von Pascale Milliet
180 Photo d'identité sans auteur, 1928 – Akademie der Künste, Berlin – Walter Benjamin Archiv. Gemeinfrei
181 Foto zVg von Elisabeth Rich-Schneider/UAB, Tochter von Mathilde Schneider-von Orelli und Nichte von Rosalie von Orelli.
182 Tagesanzeiger 2.2.1963, S. 14
183 Foto aus dem Nachlass des Bruders Paolo Somazzi, Porza. In: Somazzi Mario. Ida Somazzi (1882–1963), Gesammelte Texte. Publikationen, Artikel, Referate, Manuskripte, Notizen. CD, März 2020, Bild Nr. 22, 1948.
184 Ausschnitt Sozialarchiv F Fb-0024-27
185 StABE N Tumarkin 1/18
186 Foto PA Dr. Meinrad Ryffel – Rogger 2016, S. 146
187 Private archive of Nina Tumarkin
188 Postkarte PA Franziska Rogger
189 Sozialarchiv F Fa-0008-50
190 Postkarte Rosa an Anna Tumarkin, 17.2.1941. Bild auf Vorderseite: Paris La Sorbonne, Tombeau de Richelieu [Cardinal de Richelieu 1585–1642], par Girardon [François 1628–1715]. Collections ND Phot.
191 Private archive of Nina Tumarkin
192 Private archive of Nina Tumarkin
193 Private archive of Nina Tumarkin
194 Comet Photo AG (Zürich) – ETH-BIB_Com_M01-0004-0006.tif

195　Foto: Kunstmuseum Bern, SIK-ISEA Inv. 32836, Legat Frau Prof. Anna Tumarkin, Bern, 1951. Copyright: D. Thalmann, Aarau, Switzerland
196　Dem Andenken von Ida Hoff gewidmet von ihren Freunden. Bern 1953, S. 4
197　Foto Franziska Rogger, 26.12.2023
198　Verlag Globetrotter GmbH Luzern. PA Franziska Rogger
199　Basel, UB, UBH NL 119 : 10,328,1
200　CH-BAR#E21#1000|131#23561*
201　Sonderdruck aus: Neue Jahrbücher für Wissenschaft und Jugendbildung, Hrsg. Von Johannes Jlberg Heft 3, Leipzig/Berlin 1927, S. 257–267.
202　Der Bund, Nr. 459, 27.10.1926, S. 8
203　Zeitbilder, Berlin, 30.1.1927
204　Hochzeitsbild 1909 Atelier Unverdruss. Burgerbibliothek Bern 002_FA_Bloesch_932.tif
205　Zeichnung von Armin Bieber. Bärenspiegel, 16.6.1928, Nr. 6, S. 1
206　Zeichnung Fred Bieri. Ztg. Bärenspiegel, 14.9.1928, Nr. 9, S. 7.
207　Foto Rohr, Cliché «Berna». «Berna» 28.11mer, Nr. 6, 1.9.1928, S. 55/AGoF B/78
208　AGoF biog. Notizen 1703 – SAFFA Offizielles Organ Nr. 4, S. 5
209　AGoF C_1: Gugger A.
210　Chronik S. 819. *Frauen-Zeitung «Berna»*, 16.8.1946
211　Schlussbericht der SAFFA Berne [1930]/SAFFA_Offizielles Organ_Nr. 4_S. 5
212　Burgerbibliothek Bern, Cod_B524_f205v.tif
213　Verzeichnis der Publikationen von Schweizerfrauen/Hrsg. von der Gruppe Wissenschaft, Literatur und Musik der Schweizer. Ausstellung für Frauenarbeit (SAFFA), Bern 1928. [Bearb. von] Anna Tumarkin und Julia Wernly; Umschlagzeichnung von Helene Marti.
214　AT 1928 Geistesleben. Sd. aus Bund Nr. 396, 26.8.1928, S. 1
215　AGoF FS-867
216　Zeichnung von Armin Bieber, Ztg: Bärenspiegel, 13.2.1928, Nr. 2, S. 1.
217　*Frauen-Zeitung «Berna»,* 23.2.1929 Nr. 21, S. 225 – AGoF 530 : 4:51–43
218　Frauen-Zeitung «Berna», Nr. 21, 23.2.1929, S. 225 (AGoF Zs 12 : 30 (1928–1929)
219　Kunstmuseum Bern, Staat Bern, Inventar Nr. G 0251.
220　Zeichnung Büler. Bärenspiegel, 20.9.1929, Nr. 9, S. 9
221　Foto Otto Rohr. AGoF FS-305
222　PA Franziska Rogger
223　Zeichnung von Armin Bieber, Ztg: Bärenspiegel, 18.3.1932, Nr. 3, S. 1

224　Artur Weese 1949.1076 Art Institute Chicago https://de.wikipedia.org/wiki/Datei:Artur_Weese_(Art_Institute_Chicago).jpg
225　© The Trustees of the British Museum, Nr. 1613217652. https://www.britishmuseum.org/collection/object/P_1944-1014-497
226　Burgerbibliothek Bern Gr. B. 125
227　1933 Anna Tumarkin Sulzer
228　Handkolorierter Kupferstich von Christian Müller (1766 – 1824) nach einer Zeichnung von Georg Melchior Kraus (1737–1806). Foto Wikimedia H.-P.Haack
229　StABE T.B. Personen 933
230　Bund, Sondernummer 250, 2.6.1934, S. 8
231　Bild von Fritz Jost – StABE FN_Jost_N_1717
232　Foto Herrengasse 25 der Architekten Lindt & Hofmann, ab 1909. Burgerbibliothek FN.G.E.231
233　Bernhard Wertheimer & Co, Frankfurt a. M. Postkarte Franziska Rogger
234　Zeichnung von Fred Bieri. Ztg: Bärenspiegel, 15.6.1934, Nr. 6, S. 2.
235　Zeichnung von Chemp. Bärenspiegel, 20.7.1934, Nr. 7, S. 7.
236　*Frauen-Zeitung «Berna»,* Nr. 18, 1.3.1935
237　Keystone/Photopress-Archiv/Str 53251365. Vgl. Jahrbuch der Schweizerfrauen 15. Bd., Bern 1936, S. 25: Geburtstage (Ausschnitt) und SJZ, Nr. 8, 20.2.1935, S. 212 (leicht beschnitten)
238　Saffa. Offizielles Organ, Nr. 3
239　StABE T.B. Personen 922
240　Zeichnung von Fred Bieri. Ztg. Bärenspiegel, 18.4.1935, Nr. 4, S. 1
241　AKG3937907 akg-images/TT News Agency/23.12.2022 11.48
242　UAB Medhist. Institut
243　Zeichnung von Fred Bieri. Bärenspiegel, 19.5.1933, Nr. 5, S. 1.
244　*Frauen-Zeitung «Berna»,* Nr. 5, 30.8.1935 AGoF Zs 12 : 37 (1935–1936)
245　Foto ca. 1935 Froschgasse 28 Zürich. AGoF 552 : 1:1-02
246　Foto Franziska Rogger 1.11.2023
247　Berner Jllustrierte Nr. 22, 2.6.1934, S. 2 (Foto Katri Burri)
248　StABE BB 8.2.259 Lazarus Stiftungen
249　UB Bern Münstergasse Magazin ; MUE Rar alt 9974
250　*Wohnen*, Zeitschrift für Wohnungsbau, 54. Jg., Zürich, Januar 1979, Nr. 2, S. 31.
251　Staatl. Museen zu Berlin. Preussischer Kulturbesitz, Vue d'ensemble prise du pavillon de l'angleterre. PA Franziska Rogger

252 commons.wikimedia.org/w/index.php?curid=1472528
253 Bibliothèque de Genève. Iconographie. Numéro d'inventaire Icon P 2005-17-2
254 akg-images, AKG139364
255 Photo courtesy of Prof. Dr. Renate Tobies, Jena und Hildesheim
256 Porträtbüste Gips getönt. Martin-Luther-Universität Halle-Wittenberg, Zentrale Kustodie, MLU-P 70, Foto: Falk Wenzel
257 Photo by ATP/RDB/ullstein bild via Getty Images)
258 Aebi 1984, S. 7
259 StABE FN Jost N 9914
260 Nebelspalter, Heft 2, 10.1.1936, S. 1
261 Zeichnung von Heinrich Nyffenegger. In: Der Bärenspiegel 13.4.1938
262 Sozialarchiv F 5048-Fx-002-042
263 Der Bund, 2.9.1939, Nr. 408, S. 1
264 Foto A.T. Pfister, ATP Schweizer Bilderdienst, Zürich 1939. Burgerbibliothek Bern FP_D_685
265 Foto Franziska Rogger, 8.10.2023
266 *Eines Volkes Sein und Schaffen* Foto H. Erismann. In: Duttweiler S. 42.
267 Foto von Nicolas Lieber, © Fotografie Burgerbibliothek Bern Porträtdok. 4323) © Stiftung der Familie von Muralt in Zürich.
268 Zürcher Jllustrierte, 26.5.1939, Heft 21, S. 632/633
269 Zeichnung von Nyffenegger. Ztg. Bärenspiegel, April 1939, Nr. 4, S. 1.
270 Rektorenbilder der Universität Bern. UAB
271 Foto Th Clavadetscher StABE T.A Bern Hotels_Restaurants 28
272 Jahrbuch der Schweizerischen Philosophischen Gesellschaft. Bd. 1. Basel 1941
273 Anzeiger für die Stadt Bern 7.9.1939, auch in 12.9.1939
274 Private archive of Nina Tumarkin
275 Foto Herwarth Staudt, 19.4.1950 im Auftrag des Baulenkungsamtes Schöneberg. Archiv und Sammlung der Museen Tempelhof-Schöneberg I Hauptstr. 40/42 I 10827 Berlin
276 Private archive of Nina Tumarkin
277 Zürcher Jllustrierte, Nr. 30, 26.7.1940, S. 808
278 Keystone/Photopress-Archiv/Str 3843645 (RM)
279 Traugott Schalcher In: Nebelspalter, Heft 49, 3.12.1942, S. 2
280 Schaffhausen StASH J 02.26/034
281 Keystone/Photopress-Archiv/Str 22227870 (RM)
282 Schweizerisches Bundesarchiv E4320B#1968/195#111*, Ak. C.02-10011, Deutsche Gesandtschaft Bern, 1940–1959
283 Sozarch_F_5025-Fb-115
284 StABE N Tumarkin 1/2
285 Bild vom Juli 1941. Keystone/Mondadori Portfolio https://www.bridgemanimages.com/en/noartistknown/ruins-of-chisinau-chisinau-moldova-1941/photograph/asset/2345142 bridgeman images MEP2345142
286 Private archive of Nina Tumarkin
287 Aufnahme vom August 1941. In: Bundesarchiv Deutschland, Bild 183-B10919/Wisch/CC-BY-SA 3.0. https://artlibre.org/licence/lal/de1-3/
288 Nachlass André Mercier, UAB und La pianiste Ruth-Marie Mercier-Fossum devant son Château Jolly sur Rabretière dans l'ouest de la France, en Nouvelle-Aquitaine. T.V. d'Angelo Buffoni et Christophe Cottier et Damien Berlinka
289 ATP © StAAG/RBA1-4-4283_3. Vgl. https://hls-dhs-dss.ch/de/articles/009401/2021-03-11/
290 Keystone/Photopress-Archiv/Hermann Schmidli 22075940 (RM)
291 Mandach von, o. S.
292 UAB Rektorenbilder der Universität Bern
293 Foto anonym, s.d. Burgerbibliothek Bern FP.C.60
294 ATP © StAAG/RBA1-4-4283_3 – https://hls-dhs-dss.ch/de/articles/009401/2021-03-11/
295 Lina Bärtschi in ihrer Studienzeit. Foto z.V.g. von Margrit Lindt-Neuweiler
296 https://basel.swisscovery.org/discovery/fulldisplay?docid=alma991170689375505501&search_scope=DN_and_CI&vid=41SLSP_UBS:live
297 Druck von Paula Häberlin-Baruch, 14.2.1945. In: StABE N Tumarkin 1/11
298 StABE N Tumarkin 1/8
299 StABE T.B. Personen 977
300 StABE BB 8.2.276.
301 Foto von Ada Niggeler, Dipl. Fotografin Bern, 1940/50. Burgerbibliothek Bern Sammlung_Suter_732
302 Anzeiger für die Stadt Bern, 17.7.1943, Nr. 151, S. 7 und 20.7.1943, Nr. 153, S. 5
303 StAB T.C. Personen 8
304 SLA-BTF-A-1-c/16 Nachlass Franziska Baumgarten-Tramer
305 Burgerbibliothek Bern N_Moritz_Tramer_31_36_0001
306 Verlag Huber & Co, Frauenfeld 1948
307 Duttweiler Gottlieb, S. 29
308 Foto Walter Nydegger. Egger S. 71. StABE FN Nydegger 810_06 (Bahnhofplatz). Reportage: altes Zollhaus April/Mai 1947, Nr. 6)
309 Vaterland 14.5.1948

310 PA Berta Berger
311 Foto Peter Friedli. UAB
312 PB/BBL, Zum Andenken an Diakonisse Martha Grundbacher
313 StABE T.A. Muri 83
314 Foto Franziska Rogger, 1.11.2023
315 UAB Rektorenbilder der Universität Bern
316 ZVg von Hans und Anne Thalmann
317 Privatarchiv Li Carstens, Uppsala
318 AGoF FS-389
319 Stadtarchiv Bern E 2.2.1.9.266, Bestattungskontrolle 1951 und Stadtarchiv Bern E 2.2.1.9.267, Bestattungskontrolle 1952
320 ZVg. von Suzanne Hegg und Foto Franziska Rogger
321 StABE FN Tschirren N 19.191_52
322 Foto Stefan Lang, UAB
323 Foto Franziska Rogger
324 Foto Franziska Rogger
325 Fotografin unbekannt. 6.8.2021
326 Foto Yoshiko Kusano

Personenverzeichnis

Abraham a Santa Clara, S. 214, 215
Addams, Jane, S. 301
Adorno, siehe Wiesengrund
Aebi, Ernst, S. 82
Aebi, Magdalena, S. 344, 345
Alexander der Grosse, S. 100
Alexander II., Zar, S. 14, 20, 110, 111
Alexander III., Zar, S. 14, 110
Althoff, Friedrich, S. 154
Amiet [Adam], Greti, S. 261
Amiet-Luder, Anna, S. 261, 262
Amiet-Luder, Cuno, S. 261, 262, 263, 264, 428
Amiet, Mineli, S. 262
Amonn, Alfred, S. 394
Amstutz, Jakob, S. 56, 105, 198, 241, 242, 416, 418
Angerstein, Fritz, S. 219
Apollon, S. 276
Aristoteles, S. 70, 119, 220, 251, 362
Ashley Cooper, Anthony, 3. Earl of Shaftesbury, S. 302
Augustin, S. 252
Awksentjew, Nikolai D., S. 111

Bachmann, Anna, S. 237
Baltzer, Armin, S. 141
Barraud, Maurice, S. 301
Barth-Helbing, Heinrich, S. 203, 231, 236, 237, 238, 363, 396, 398, 412, 422
Barth-Sartorius, Fritz, S. 181, 236
Barth, Hans, S. 363, 392, 394
Barth, Karl, S. 236, 240
Bärtschi, Adèle, S, 243
Bärtschi, Fritz, S. 243
Bärtschi, Hans, S. 243
Bärtschi, Klara, S. 243
Bärtschi, Lina, S. 242, 243, 244, 252, 337, 396, 398, 415
Bärtschi, Margrit, S. 243
Baum-Misch, Elisabeth, S. 365
Bäumer, Gertrud, S. 54, 60
Baumgarten-Tramer, Franziska, S. 300, 314, 406, 407
Bayer-Bréhier, Raymond, S. 342

Benjamin, Walter, S. 203, 209, 222, 244, 245, 246, 268
Berger, Berta, S. 242, 246, 247, 315, 316, 416, 417
Berger, Daniel, S. 306
Bergson, Henri-Louis, S. 171, 341
Berlin, Isaiah, S. 209
Bernardazzi, Alexander, S. 12
Bernheim, Emil, S. 347
Besobrasow, Marie, S. 46, 47
Bieri, Ernst, S. 136
Bieri, Fred, S. 315
Blaser, Otto, S. 87, 89, 90
Bloch-Misch, Felix, S. 365
Bloch, Marcel, S. 346, 347
Bloesch-Stöcker, Adèle, S. 281, 306
Bloesch-Stöcker, Hans, S. 268, 281, 288, 305, 306, 307, 308, 396
Blondel, Maurice, S. 336
Blum, Léon, S. 338
Blumenstein-Steiner, Irene, S. 314
Bluntschli, Hans, S. 217
Böckli [Bö], Carl, S. 348, 349
Bode-Haynes, Mabel Kate, S. 39
Bodmer, Johann Jakob, S. 358
Bohr, Niels, S. 391
Boissier, Agénor, S. 133
Bondeli, Julie, S. 286, 290, 317
Bonjour, Edgar, S. 317
Bordin, Charles-Laurent, S. 149
Boutroux, Emile, S. 127, 128, 131
Brainin, Reuven Ruben, S. 229
Bréhier, Émile, S. 341, 342
Brock, Erich, S. 309, 310
Broye, Clémence, S. 35
Brückner, Eduard, S. 71, 72, 74, 77
Brunschvig, Georges, S. 347
Brüstlein, Gilonne, S. 227
Büchli, Arnold, S. 311
Budde, Grete, S. 345
Bünzli-Bühler, Emil, S. 269
Bünzli-Bühler, Martha, S. 269

Burckhardt, Jakob, S. 53
Burckhardt, Walter, S. 224
Bürki-Gerber, Hans, S. 89, 90
Bürki-Gerber, Rosa, S. 89, 90
Burlamaqui, Jean-Jacques, S. 357

Caldelari, Sébastien, S. 151
Calvin, Johannes, S. 179, 275, 410
Casparis, Paul, S. 222, 223
Cassirer, Ernst, S. 373
Čelpanov, Georgij Ivanovič, siehe Tschelpanow
Claparède-Spir, Edouard, S. 126, 127, 128, 133, 345
Claparède-Spir, Hélène, S. 345
Claparède, Jean-Louis, S. 345
Clénin, Walter, S. 331
Cohn, Jonas, S. 132
Coignet-Gauthier, Clarisse, S. 170, 171, 172
Constantin, Georges,
    siehe Konstantinowsky, Moura
Cox Tumarkin, Harvey, S. 13
Cox Tumarkin, Nina, S. 13, 429
Crivelli, Rosa, S. 217
Curie-Skłodowska, Marie, S. 148, 149, 150
Curie-Skłodowska, Pierre, S. 149

d'Annunzio, Gabriele, S. 124, 125
d'Haussonville, Paul-Gabriel, S. 127, 128
Daiber, Marie, S. 279
Darel, Th., siehe Erath-Tissot
de Boor, Helmut, S. 382, 383, 384, 391
de Charrière, Isabelle, S. 286, 290
de Morsier, Emilie, S. 135
de Staël-Necker, Germaine, S. 133, 286, 290, 354
Debrit-Vogel, Agnes, S. 187, 188, 205, 207, 210, 211, 284, 294, 319, 396, 407, 425
Debrit, Felix, S. 284
Debrunner, Albert, S. 217, 362, 394, 422
Delbrück, Hans, S. 60
Descartes, René, S. 234, 339, 340
Dilthey-Püttmann, Katharina, S. 55, 57
Dilthey-Püttmann, Wilhelm, S. 49, 50, 51, 52, 53, 54, 55, 56, 57, 59, 70, 72, 74, 83, 119, 126, 166, 171, 186, 343, 365, 409, 424
Dilthey, Klara, siehe Misch
Dimitroff, Jwan, S. 87
Dionysos, S. 269, 276
Dreyfus, Alfred, S. 81
Dubner-Tumarkin, Herr, S. 13, 19
Dubner, Rosa, siehe Tumarkin
Ducommun, Aline, S. 35
Ducommun, Élie, S. 35
Dufour, Marc, S. 95
Dürck, Johanna, S. 242, 243
Durheim-Wüthrich, Anna Barbara, S. 36

Durheim-Wüthrich, Carl, S. 36
Durheim, Anna Elisabeth, S. 36, 79, 87, 264
Durnowo, Pjotr N., S. 161, 162
Dürr-Borst, Ernst, S. 159, 168, 175, 177, 179, 180, 190, 191, 195, 214, 235
Dürr-Borst, Marie, S. 180
Dürrenmatt, Friedrich, S. 219, 220, 221, 222, 384
Duse, Eleonora, S. 123, 124, 125
Dutoit, Eugénie, S. 47, 181, 285, 290
Dutoit, Lucie, S. 284
Duttweiler-Bertschi, Gottlieb, S. 356, 357

Eggemann, Konrad, S. 95
Egger, Hannah, S. 207, 285
Einstein, Albert, S. 100, 150, 152, 153, 263, 300, 325
Einstein, Maja, S. 153
Elberskirchen, Johanna, S. 39, 82
Eleutheropulos, Abraham, S. 181
Elisabeth [Sisi], Kaiserin, S. 81, 163
Elsenhans, Theodor, S. 132, 167
Erath-Tissot, Adèle, S. 134
Erdmann, Rhoda, S. 278
Etter, Philipp, S. 350, 360

Fairbank, Douglas, S. 277
Falter, Gustav, S. 188, 189, 190
Fazy, Henry, S. 133, 134
Feiwel, Berthold, S. 106
Felchlin, Maria, S. 249
Fetscherin, Julie, S. 87, 88
Feuerbach, Ludwig, S. 230, 231
Fichte, Johann Gottlieb, S. 173
Finsler, Georg, S. 91
Flück, Emma, S. 424
Flückiger, Marie, S. 87
Forel, Oscar L., S. 255
France, Anatole, S. 145, 149
Francke-Schmid, Alexander, S. 112
Frankfurter, David, S. 348
Franklin, Christine, siehe Ladd
Franklin, Fabian, S. 170
Franz Ferdinand, Erzherzog, S. 232
Frenkley, Alexander [Shura], S. 13, 367
Frenkley, Helen, S. 13
Frenkley, Natalia, S. 13, 325, 367
Frese, Maria, S. 118
Freudenthal, Jakob, S. 152
Frey, Hedwig, S. 280, 357
Frey, Walther, S. 222, 223
Friberg, Maikki, S. 85
Friedheim, Carl, S. 187, 188
Friedrich, William G., S. 240
Fuchs, Ernst, S. 18
Fueter, Eduard, S. 411

Funke, Otto, S. 239
Furschtschik, Mejer M., S. 228, 234

Galsworthy, John, S. 424, 425
Garraux, Marie, S. 87, 88
Gaugler, Marie Elisabeth, S. 247
Gauss, Hermann, S. 220, 412
Gawronsky, Dimitri, S. 240, 377
Gebser, Anna, S. 85, 470
Geiser, Karl, S. 29
Genoff, Peter, S. 153, 228, 230, 231
Gerhard, Adele, S. 104
Gerhard, Georgine, S. 425
Getzowa, Sophie, S. 325
Gobat, Albert, S. 28, 32, 70, 71, 74, 75, 77, 81, 82, 100, 101, 112, 113, 116, 137, 139, 141, 177, 192
Göbbels, Joseph, S. 351, 379
Gordon, Grigori, S. 176, 177
Gosche, Agnes, S. 85, 470
Gosteli, Marthe, S. 247
Gosteli, Verena, S. 247
Gotthelf, Jeremias, S. 311
Gourd, Edith, S. 134, 345
Gourd, Emilie, S. 134, 135, 284, 345
Gourd, Jean-Jacques, S. 127, 128, 134
Graf, Emma Elise, S. 40, 87, 88, 225, 248, 249
Graf, Johann, S. 212
Graf, Lina, S. 227
Graff, Anton, S. 306
Grillparzer, Franz, S. 57, 71
Grimm-Schlain, Robert, S. 38, 346, 349, 351
Grimm-Schlain, Rosa, S. 38
Grunau, Gustav, S. 113, 116
Grundbacher, Martha, S. 419
Gruner, Paul, S. 263, 391
Gugelberg von Moos, Hortensia, S. 286
Guisan-Doelker, Henri, S. 351, 354, 373, 374, 378
Gustloff, Wilhelm, S. 348, 349
Guyer, Lux, S. 281

Haag, Friedrich, S. 71, 72
Haarmann, Fritz, S. 219
Häberlin-Baruch, Paul, S. 155, 196, 199, 200, 216, 235, 237, 238, 244, 245, 269, 363, 397, 398, 399, 400, 401, 412
Häberlin-Baruch, Paula, S. 196, 397, 399, 400, 401
Haefelin, Rosa, S. 87
Haessel, Hermann, S. 311
Hahn-Nördlinger, Adolf, S. 323
Hahn-Nördlinger, Alice, S. 323
Hahnloser, Hans R., S. 333, 394, 395
Haller, Hermann, S. 354
Hänny, Karl, S. 330
Hebbel, Friedrich, S. 57, 71

Hebler, Carl, S. 119, 120, 243, 244, 357, 358, 396, 409
Hegel, Friedrich, S. 153, 238, 243, 252, 414
Hegg-Hoffet, Blanche, S. 251, 395, 417, 422, 424, 426
Hegg-Hoffet, Hans, S. 426
Hegg, Suzanne, S. 417, 427
Heidegger, Martin, S. 241, 340, 342, 343, 344, 363
Heim-Vögtlin, Marie, S. 58, 104, 292, 354
Heimann, Betty, S. 344, 345
Heine, Heinrich, S. 57
Henry-Hermann, Grete, S. 344
Herbertz, Richard, S. 168, 195, 196, 197, 200, 212, 213, 214, 215, 216, 217, 218, 219, 220, 221, 222, 223, 239, 240, 241, 244, 245, 275, 302, 303, 304, 332, 333, 334, 336, 342, 395, 402, 423
Herbertz-Geissel, Helene Ruth, S. 213
Herbertz-Henke, Auguste, S. 212
Herder Johann, Gottfried, S. 44, 45, 46, 61, 62, 63
Herking, Marie-Louise, S. 314
Hermann, Grete, siehe Henry
Herriot, Édouard, S. 341
Hertz, Frederick, S. 156, 158
Herzog, Johanna, siehe Dürck
Herzog, Edgar, S. 243
Herzog, Rosalie, S. 87
Heue, Richard, S. 87
Heyse, Hans, S. 342, 343
Hilty, Carl, S. 144, 181, 332
Hirsch, Rahel, S. 278
Hirzel, Ludwig, S. 30, 38, 44, 45, 60, 71, 74, 88
Hitler, Adolf, S. 310, 312, 318, 322, 351, 378
Hodler, Ferdinand, S. 297
Hoeppli, Ulrico, S. 361
Hoff-Naschatir, Anna, S. 33, 34, 87, 88, 89, 118
Hoff-Naschatir, Siegfried, S. 88, 89
Hoff, Ida Adelaide, S. 10, 33, 88, 118, 187, 203, 204, 205, 207, 208, 225, 226, 254, 258, 259, 261, 262, 264, 265, 266, 268, 284, 285, 288, 289, 296, 297, 326, 351, 352, 356, 383, 399, 400, 402, 403, 405, 406, 417, 418, 419, 421, 424, 425, 426
Hoffmann, Heinrich, S. 394
Hölderin, Friedrich, S. 56
Holzapfel, Rudolf Maria, S. 106
Holzhey, Helmut, S. 363
Homer, S. 91
Hopkins, Johns, S. 170
Horaz, S. 425
Huber, Dorothea, S. 227
Huber, Eugen I., S. 138, 224, 225, 226, 227
Huber, Eugen II., S. 227
Huber, Marie Marieli, verh. Huber-Huber, S. 225, 226, 227
Huber, Rudolf jun., Verlag, S. 310, 311, 312
Huber, Walther, S. 227
Huber-Huber, Paul, S. 227

Hubert, Marguerite, S. 336, 337
Hume, David, S. 233, 335
Hünerwadel, Walther, S. 353

Isenschmid-Jonquière, Josephine, S. 97, 125, 192, 204
Isenschmid, Helene, S. 97
Jaberg, Karl, S. 153, 251, 321, 330
Jacob-Leu, Berthold, S. 322, 323, 324
Jacob-Leu, Else, S. 323
Jadassohn, Josef, S. 203
Jäggi-Schitlowsky, Hans, S. 39
Jäggi-Schitlowsky, Marie, S. 39
Jaroff, Serge, S. 258
Jaspers, Karl, S. 53, 54, 342
Jenni, Johann, S. 136
Joliot-Curie, Irène, S. 338
Jones, Constance, S. 170, 171, 172
Jonquière-de Coulon, Georg, S. 125, 192, 193, 194
Jonquière, Josephine, siehe Isenschmid
Jonquière, Martha, S. 87, 88, 97, 192
Jost, Richard, S. 176

Kaiser, Isabelle, S. 41, 42, 43
Kant, Immanuel, S. 44, 45, 46, 61, 62, 63, 125, 126, 131, 152, 166, 167, 168, 175, 192, 193, 201, 222, 240, 245, 276, 308, 310, 335, 342, 345, 373, 376, 409
Kantorowicz, Gertrud, S. 192
Kästner, Abraham Gotthelf, S. 394
Keller-Hürlimann, Clara, S. 170
Keller, Conrad, S. 158, 159
Keller, Gottfried, S. 252
Keller, Wilhelm, S. 363, 396, 401, 412
Kempin-Spyri, Emilie, S. 48, 79, 195
Kernen, Martha, S. 247
Kerner, Justinus, S. 60
Kinkel, Walter, S. 189
Klee, Paul, S. 306
Klein, Fritz, S. 386
Klopstock, Friedrich Gottlieb, S. 57
Kobelt, Karl, S. 378
Kocher, Theodor, S. 32, 100, 203, 329, 330
Koecher, Otto, S. 378
König, Louise, S. 87
Könitzer, Karl, S. 199
Kononowitsch, Nadine A., S. 35
Konstantinowsky, Moura, S. 9, 13, 387, 388, 389, 390
Konstantinowsky, Serge [Senia], S. 13
Konstantinowsky, Vera, S. 13, 377, 387, 390
Kowalewskaja, Olga A [Wera]., S. 34, 35
Kowalewskaja, Sofja W., S. 34, 149
Kramer, Josef, S. 386
Kreidolf, Ernst, S. 264
Kronenberg, Moritz, S. 61, 62
Kroner, Richard, S. 168

Krupskaja, Nadeschda, S. 230
Küenzler, Johann Jakob, S. 32, 138
Kurth-Herren, Ernst, S. 417
Kurth-Herren, Marie-Louise, S. 417
Kurth, Hans, S. 417

Ladd-Franklin, Christine, S. 170, 171, 172
Lagerlöf, Selma, S. 301
Landsberg, Suzanne, S. 242, 251, 417, 418
Lange, Helene, S. 59, 175
Langhans, Theodor, S. 203
Lasch, Agathe, S. 278
Lavery, John, S. 172
Lazar, Oscar, S. 307
Lazarus, Moritz, S. 332
Le Brun, Charles, S. 358
Leibnitz, Gottfried Wilhelm, S. 317, 396
Lenin, Wladimir Iljitsch Uljanow, S. 30, 150, 152, 153, 166, 230, 231, 232, 234, 260
Leo, Johannes, S. 305
Leontjewa, Tatjana A., S. 161, 163, 164
Lessing, Gotthold Ephraim, S. 56, 57, 119
Leuch-Reineck, Annie, S. 208, 225, 226, 255, 284, 355, 425
Leuch-Reineck, Georg, S. 203, 208, 225, 255, 256, 425
Lewandowski, Gebrüder, S. 52
Lichtenberg, Georg Christoph, S. 228
Lipp, Theodor, S. 233
Loeb, Gebrüder, S. 24
Lohner, Emil, S. 184, 192, 199, 200
Loosli, Carl Albert, S. 311
Louis Napoléon III, Kaiser, S. 123
Louis XVI, König, S. 204
Luce, Alice H., S. 85
Lucheni, Luigi, S. 81, 163
Luck, Georg, S. 270
Lüdemann, Hermann, S. 222
Ludwig, Otto, S. 57, 71
Lurie, Emilia G., S. 203, 228, 231, 232
Luther, Martin, S. 410
Luxemburg, Rosa, S. 186

Mackenroth, Anna, S. 174
Mäder, Lina, S. 247
Mahler, Elsa, S. 357
Maimon, Salomon, S. 234
Marthaler-Rüetschi, Harald, S. 111
Marti-Austin, Fritz, S. 198, 236, 237, 240
Marti-Austin, Gertrude, S. 237
Marti-Lehmann, Maria, S. 85
Marti-Tomarkin, Viola, S. 416, 417
Marti, Helene, S. 288
Marti, Karl, S. 144, 191
Martin, Anna, S. 355

Marx, Karl, S. 173, 238
Matti, Hans, S. 347
Maync, Harry, S. 191, 244, 310, 311, 312
Medem, Wladimir, S. 24, 32, 35, 36
Mei[y]er, Werner, S. 87
Menne, Albert, S. 344, 345
Mensch, Ella, S. 85, 470
Mercier-Fossum, André, S. 21, 250, 391, 392, 401
Mercier-Fossum, Ruth-Marie, S. 392
Merian, Sibylla, S. 286, 290
Merz, Leo, S. 256
Meyer-Holzapfel, Monika, S. 424
Meyer, Conrad Ferdinand, S. 311
Meyer, Wilhelm J., S. 288, 289
Michael I, König, S. 18
Michaud, Eugène, S. 30, 88, 138
Milliet Pascale, S. 243
Minger-Minger, Rudolf, S. 322
Misch-Dilthey, Georg, S. 54, 191, 343, 365
Misch-Dilthey, Klara, S. 56, 57, 365
Misch, Elisabeth, siehe Baum
Mozart, Wolfgang Amadeus, S. 340
Müller-Hess, Eduard, S. 32, 137, 184, 191
Müller, Charles, S. 161, 162
Müller, Franz, S. 263
Müller, Gustav E., S. 39, 45, 236, 238, 239, 240, 241, 251, 274, 412, 417, 428
Müllhaupt, Friedrich, S. 33
Müllhaupt-Diener, Heinrich, S. 33, 34
Münger, Hedi, S. 264
Münger-Zimmermann, Marie, S. 264
Münger-Zimmermann, Rudolf, S. 261, 264, 265
Mussolini, Benito, S. 318, 375

Näf, Werner, S. 394, 403
Napoléon I, Kaiser, S. 67
Napoléon III, Kaiser, siehe Louis Napoléon
Natrop, Paul, S. 53
Naville, Ernest, S. 127, 128, 130, 134, 135
Naville, Gabrielle, S. 135
Naville, Hélène, S. 135
Neuenschwander, Rosa, S. 281
Neumann, Elsa, S. 69
Niederer-Kasthofer, Rosette, S. 290
Nietzsche, Friedrich, S. 28, 221, 342
Nieuwenhuis, Anton Willem, S. 91
Nieuwenhuis, Margarete, siehe von Uexküll
Nikolaus II, Zar, S. 67, 108, 163
Noether, Emmy, S. 279, 280
Novalis (von Hardenberg), S. 56
Nussbaum, Selig, S. 333, 335

Orlow, Alexander, S. 13, 16, 17
Orlow, Boris A., S. 13, 17

Orlow, Juri A., S. 13, 17
Orlow, Wera P., S. 13, 15, 16, 17

Palmer, Alice Freeman, S. 85
Paracelsus, S. 222, 223
Patrick, Mary Mills, S. 46
Pauli, Fritz, S. 302
Perty, Luise, S. 120
Perty, Maximilian, S. 120
Pestalozzi, Johann Heinrich, S. 222, 336
Pétain, Philippe, S. 375
Petrowna, Julie, S. 371
Picasso, Pablo, S. 338
Piccard, Sophie, S. 357
Plato, S. 141, 226, 240, 245, 246, 252, 336, 337, 339, 340, 344
Platzhoff-Lejeune, Eduard, S. 87, 89, 90, 175
Prächter-Haaf, Fanny, S. 72
Prächter-Haaf, Karl, S. 70, 72
Praxiteles, S. 269
Próchnik-Nossig, Felice, S. 46

Reichesberg-Schlain, Jovel, S. 37, 38
Reichesberg-Schlain, Rosa, S. 37, 38
Reichesberg-Zukier, Anna, S. 274
Reichesberg-Zukier, Naum, S. 37, 138, 155, 272, 274
Reineck, Annie, siehe Leuch
Reineck, Theodora, S. 225, 226
Rich-Schneider, Elisabeth, S. 247
Richelieu, Kardinal, S. 256, 257
Richter, Elise, S. 280
Riehl, Alois, S. 110
Rittmeyer, Dora Fanny, S. 337, 361
Rodrigue, Alice, S. 118
Röhm, Ernst, S. 322
Romanow Sergius, Grossfürst, S. 143
Rothen, Elisabeth, S. 248, 249
Röthlisberger, Blanca, S. 289, 320, 321
Rousseau, Jean-Jacques, S. 130, 317, 357, 412
Rubinstein, Susanna, S. 46, 47
Rudolf, Alfred, S. 331, 402, 404, 405
Rüegg, Hans Rudolf, S. 31, 138
Ruge, Arnold, S. 167, 173
Rupp-Haller, Julia, S. 264
Russell, Bertrand, S. 300
Ryffel-Dürrenmatt, Hans, S. 336
Ryffel-Dürrenmatt, Nelly, S. 251, 252, 336, 417

Sahli, Hermann, S. 203
Samuel, Herbert, S. 341
Sapundschijeff, Luka N., S. 228, 233
Schapira, Eva Chava, S. 228, 229
Scheidegger, Elise, S. 119
Scheurer, Alfred, S. 137

Scheurer, Karl, S. 200, 201, 256
Schiller, Friedrich, S. 57, 152, 308, 309, 310
Schirmacher, Käthe, S. 85, 174, 470
Schitlowsky Marie, siehe Jäggi
Schitlowsky-von Lochow, Chaim, S. 38, 39
Schitlowsky-von Lochow, Vera, S. 38, 39
Schläfli, Ludwig, S. 96
Schleiermacher, Friedrich, S. 232
Schmid-Opl, Hedwig, S. 336, 337
Schmidt, Adolf, S. 95
Schmidt, Erich, S. 49, 51, 53, 57, 58, 59, 60, 68, 71, 72, 74, 79, 83, 94
Schneider, Mathilde, siehe von Orelli
Schneider, Ulrich Johannes, S. 168
Schoen, Ernst, S. 245
Scholem, Gershom, S. 220
Schopenhauer, Arthur, S. 232
Schranz, Johann, S. 113
Schulthess-Wolf, Barbara, S. 286, 290
Schulthess, Otto, S. 190, 191, 200
Schumacher, Edgar, S. 386
Schürch, Ernst, S. 87, 89, 100
Schwarzenbach, Annemarie, S. 361
Schweizer-Sidler, Elise, S. 42
Schweizer-Sidler, Heinrich, S. 42
Schwenter-Trachsel, Wilhelmine, S. 141
Segond, Joseph, S. 61, 62
Seneca, S. 394
Sennhauser, Walter, S. 414
Sganzini, Carlo, S. 239, 332, 333, 336, 362, 363, 391
Shakespeare, William, S. 119, 252
Sidler-Landtwing/Moos, Georg J., S. 42
Sidler-Schiess, Georg, S. 19, 20, 42, 43, 45, 50, 60, 61, 63, 65, 66, 67, 68, 69, 70, 71, 72, 74, 78, 79, 86, 87, 88, 89, 90, 91, 92, 93, 94, 95, 96, 112, 113, 120, 122, 123, 125, 126, 158, 181, 182, 226, 254, 428
Sidler-Schiess, Hedwig [Hedi], S. 20, 42, 43, 45, 63, 65, 67, 68, 70, 71, 72, 74, 78, 79, 86, 87, 88, 91, 92, 95, 96, 120, 122, 123, 124, 125, 126, 181, 225, 226
Siemsen, Anna, S. 336
Simmel, Georg, S. 191, 192
Simon, Helene, S. 104
Singer, Samuel, S. 30, 31, 69, 70, 71, 137, 190, 200, 264, 395
Sokrates, S. 221, 251, 358, 409
Somazzi, Ida, S. 248, 249
Sommer, Martha, S. 225, 226, 254
Spiess, Emil, S. 411, 414
Spinoza, Baruch de, S. 6, 119, 152, 175, 176, 192, 194
Spir, African, S. 345
Spyri, Johanna, S. 354
Solowjew (Ssolowjow), Wladimir S., S. 110, 111
Stadlin, Josephine, S. 290
Stalin, Josef W., S. 234, 260, 337, 338, 351, 405

Stawrewa, Soja, S. 228, 232, 233
Stein-Ehrlich, Auguste, S. 27, 28, 50, 154
Stein-Ehrlich, Ludwig, S. 23, 27, 28, 29, 30, 38, 39, 44, 46, 48, 49, 50, 53, 55, 61, 62, 63, 65, 66, 67, 71, 72, 74, 76, 79, 88, 95, 98, 99, 100, 110, 119, 126, 127, 131, 135, 137, 138, 144, 145, 151, 153, 154, 155, 156, 157, 158, 159, 160, 161, 164, 166, 168, 177, 179, 180, 181, 183, 184, 185, 186, 190, 191, 192, 193, 195, 199, 223, 229, 275, 276, 302
Stein, Arthur, S. 28, 100, 302
Stein, Eduard Adolf, S. 28, 100, 154
Stein, Elsa, S. 28, 100
Stein, Helene, S. 28, 100
Stein, Theodor, S. 28, 100
Stein, Wilhelm, S. 28, 100
Steiner, Hans, S. 378
Steiner, Rudolf, S. 244
Stephani, Emma Emilie, S. 87, 88, 101
Stephany, Friedrich, S. 62
Stern, Lina, S. 279
Stöcker, Helene, S. 50, 51, 53, 58, 60, 151, 174
Strafford, Henri, S. 161
Strahm, Hans, S. 106, 208, 236, 241, 242, 250, 251, 252, 268, 305, 308, 321, 343, 396, 401, 418, 422, 424, 427
Strasser, Hans, S. 100
Strich, Fritz, S. 240, 275, 394, 403, 404
Stucki, Helene, S. 248, 249, 293
Stürler, Rudolf, S. 193
Sturm, Julius, S. 196, 197
Sulzer, Johann Georg, S. 304, 305, 306, 307, 308, 309, 310, 311, 312, 317, 335, 357, 358, 361, 410
Suslowa, Nadeschda P., S. 20

Tell, Wilhelm, S. 309, 310
Thalmann-Antenen, Helene, S. 251, 416, 423, 424
Thalmann-Baumann, Hans, S. 416
Thomas, Carey, S. 85, 470
Thommen, Elisabeth, S. 288, 320, 329
Thormann, Philipp, S. 317
Tièche, Edouard, S. 362, 402, 403
Tönnies, Ferdinand, S. 153, 156
Trächsel, Gottlieb, S. 119
Tramer-Baumgarten, Moritz, S. 405, 406, 407
Tritten-Strauss, Ernst, S. 33
Trotzki, Leo, S. 186, 260
Tschelpanow, Georgi I., S. 175, 177
Tschirch, Alexander, S. 100, 187, 188
Tschumi, Otto, S. 394
Tumarkin Gologor, Ethan, S. 13
Tumarkin Gologor, Masha, S. 13
Tumarkin, Alexander Sascha, S. 10, 13, 16, 258, 324, 325, 366, 367, 368, 369, 370, 371, 372, 373, 375, 376, 377, 387, 389
Tumarkin, Brajna G. Šalita, S. 13

Tumarkin, Dimitri, S. 13, 18, 258
Tumarkin, Emilie, siehe Manja
Tumarkin, George, S. 13
Tumarkin, Ginda Saltychek, S. 13, 15
Tumarkin, Jakob P., S. 13, 15, 16, 18, 20, 21, 43, 63, 65
Tumarkin, Lazar P., S. 13, 15, 17, 107, 253, 257, 258, 377
Tumarkin, Manja, S. 13, 111, 377
Tumarkin, Moses P., S. 13, 15, 16, 387
Tumarkin, Nadja, siehe Unikiel
Tumarkin, Natalia, siehe Frenkley
Tumarkin, Nina, siehe Cox
Tumarkin, Niura [Anna], S. 13, 258, 325, 366, 368, 369, 370, 376, 377, 387, 389
Tumarkin, Paul A., S. 13, 16, 325, 376
Tumarkin, Paul M., S. 12, 13, 15, 17, 21, 45, 46, 48, 49, 65, 66, 67, 72, 176
Tumarkin, Rosa P., S. 13, 15, 17, 18, 19, 43, 65, 67, 123, 126, 253, 254, 255, 256, 257, 377
Tumarkin, Sascha, siehe Alexander
Tumarkin, Sergei, S. 13, 18
Tumarkin, Sonja, S. 13, 17, 18, 258
Tumarkin, Sophie Herzenstein, S. 12, 13, 15, 45
Tumarkin, Suzanne, S. 13
Tumarkin, Teresa, S. 13
Tumarkin, Vera, siehe Konstantinowsky
Tumarkin, Wera P., siehe Orlow
Turnau, Laura, S. 89

Uljanow, siehe Lenin
Unikiel, Gothia, S. 13, 325, 390
Unikiel, Michael, S. 13, 390
Unikiel, Nadja, S. 13, 325, 390

Vadian, S. 394
Vaerting, Mathilde, S. 280
Valentin, Gustav, S. 332
Valéry, Paul, S. 341
Vetter, Ferdinand, S. 30, 179, 184, 212
Vidart, Camille, S. 135
Vinet, Alexandre, S. 418
Völlger, Hermann, S. 83
Voltaire (François-Marie Arouet), S. 133, 317
von Aarberg, Johanna, S. 288, 289
von Allmen, Frau, S. 87
von Allmen, Leo, S. 87
von Bensson, Pierre, S. 184
von Bohlen und Halbach-Krupp, Bertha, S. 159
von Bohlen und Halbach-Krupp, Gustav, S. 159
von Bubenberg, Adrian, S. 349
von Bülow, Bernhard, S. 157
von Clausewitz, Carl, S. 153
von Flüe, Niklaus, S. 41
von Goethe, Johann Wolfgang, S. 30, 56, 57, 79, 110, 122, 222, 276, 304, 394, 424

von Greyerz, Theodor, S. 87, 89
von Haller, Albrecht, S. 30, 121, 141, 142, 150, 151, 179, 222, 357, 358, 410
von Hindenburg, Paul, S. 322
von Humboldt, Friedrich Wilhelm, S. 50
von Kager, Erica, S. 285, 286
von Kleist, Heinrich, S. 53
von Mandach, Conrad, S. 391, 393, 394
von Mülinen, Helene, S. 63, 64, 65, 105, 174
von Mülinen, Wolfgang, S. 63
von Muralt, Beat, S. 276, 357, 358
von Orelli, Mathilde, S. 247, 248
von Plehwe, Wjatscheslaw, S. 107
von Ranke, Ermentrude, S. 278
von Rautenfeld, Helene, S. 116
von Rautenfeld, Margarethe, S. 116
von Steiger, Eduard, S. 379
von Treitschke, Heinrich, S. 51, 60
von Uexküll-Güldenband, Margarete, S. 90, 91, 96
von Werdt-Gatterburg, Christina Franziska, S. 88
von Werdt, Karl Rudolf, S. 88
von Werdt, Maria, S. 87, 88
von Wrangell, Margarethe, S. 280

Wäber-Merz, Maria, S. 251, 417
Wahle, Richard, S. 176
Walzel, Oskar, S. 51, 71, 72, 76, 145, 203, 306
Waser-Krebs, Maria, S. 27, 29, 89, 317
Waser-Krebs, Otto, S. 89
Wassilieff, Nikolaus W., S. 35, 82
Weber-Perty, Leo, S. 87, 120, 122, 181
Weber-Perty, Luise, S. 120
Weber-Schnitger Marianne, S. 172, 173, 174
Weber-Schnitger, Max, S. 172, 173, 174
Weber, Norwin, S. 87, 88, 120
Weese, Arthur, S. 200, 262, 263, 302
Weidenmann Julie, S. 248, 249
Werner-Gourd, Charles, S. 345
Werner-Gourd, Edith, S. 345
Werner, Martin, S. 394
Wernly, Julia, S. 286, 287, 288
Wesemann, Hans, S. 324
Wicky, Arnold, S. 100
Widmann, Joseph Victor, S. 81, 83
Wiesengrund, Theodor, S. 340
Wilhelm II., Kaiser, S. 16, 157, 159
Wilhelm, Kronprinz, S. 16
Windelband, Wilhelm, S. 127, 128, 166, 167
Windscheid, Käthe, S. 83, 85
Winkelried, Arnold, S. 41
Wittgenstein, Anneliese, S. 279
Woker, Gertrud, S. 104, 141, 145, 195, 288, 300, 314, 357
Woker, Philipp, S. 30, 44, 45, 104, 138, 140, 144, 275
Wolf, Hugo, S. 197

Woronzoff, Helene, S. 87
Worringer, Wilhelm, S. 188

Zay, Jean, S. 341
Zebrowski, Marguerite, S. 119
Zetlin-Tumarkin, Emilie (Manja), S. 110
Zetlin, Michail O., S. 111

Ziegler, Hildegard S. 85, 470
Zola, Emile, S. 81
Zollikofer, Clara, S. 285, 357
Zubersky, Albert, S. 228, 234, 235
Zurlinden, Luise, S. 203, 245
Zweig, Stefan, S. 301
Zwingli, Huldrych, S. 275, 410, 411, 414

Anmerkungen

1 Moura Konstantinowsky, dit Georges Constantin, in Paris, 6 Av. du Coq, an Tante Anna Tumarkin in Bern, 22.10.1945. In: StABE N Tumarkin 1/2

2 AT an Dekan, 17.2.1935. In: StABE BB III b 623 – Fakultätsprotokoll, 18.2.1935. In: StABE BB 05.10.1712

3 Lebenslauf I: Anna Tumarkin an EJPD, 29.11.1920. In: Bundesarchiv E 21#1000/131#23561 – Lebenslauf II: hs. Vorlage für Die Schweiz, Heft 21, 1898, S. 489. In: StABE N Tumarkin 1/2

4 Goehrke, 1998, S. 295-297 – Ceastina, S. 38–43

5 Mtt. Monika Bankowski gemäss 47-bändigem russischen Brockhaus (ersch. 1890–1907) – Bergel, S. 66/7 – Hohmann, S. 43/44 – Vgl. oldchisinau.com – Vgl. Wiki Chișinău

6 Frenkley-Tumarkin, S. 28–30 – Mtt. Monika Bankowski: Stammbaum von Ljudmila Chmialnizkaja, Witebsk, Mtt. 10.11.1999, gemäss Archivfunden im Nationalen Historischen Archiv Weissrusslands, Minsk, Bestand 2151, Inventar 1, Akte 153, Blatt 4 Rückseite und Blatt 5. – Zabolotnaia, S. 193–196 – Vgl. JewAge: http://www.jewage.org/wiki/en/Special:JSearch?&query=Tumarkin&section=all&nosoundex=&offset=0 (Zugriff 8.3.2024)

7 Moses P. Tumarkin, verh. mit Brajna G. Šalita – Frenkley-Tumarkin, S. 28/29 – Erinnerungen des Kronprinzen – Sidler an AT, 13.2.1897; 4.2.1898; 9.2.1898; 24.6.97. In: StABE N Tumarkin 1/4

8 Zu Alexander Fjodorowitsch Orlow, Jurij Alexandrowitsch Orlow und Boris Alexandrowitsch Orlow: Russ. Genealogie-Website: ru.rodovid.org – https://www.jewage.org/wiki/ru/Profile:P0369097940 – Gross Walter, S. 3–4 – Turkevich, S. 276. https://www.biodiversitylibrary.org/item/26995#page/284/mode/1up – Rogosina Nina, Sem'ja Orlovych – cvet gorodskoj intelligencii i gordost' Bel'ska: Livejournal Moldavien: https://kvels.livejournal.com/41989.html – Jurij Alexandrowitsch Orlow: https://de.wikipedia.org/wiki/Juri_Alexandrowitsch_Orlow – Jurij Alexandrowitsch Orlow (1893–1966), Autobiografische Aufzeichnungen/Avtobiografičeskie zapiski: http://geo.web.ru/conf/CD_Smirnov/html_2000/10_orlov.html Ursprünglich veröffentlicht in: Ju. A. Orlov: V mire drevnich životnych /In der alten Tierwelt/, Moskau 1961 – Палтиэль Павел Тумаркин Софья Сима Хинда Герценштейн. In: JewAge/wiki/ru: https://www.jewage.org/wiki/ru/Profile:P0445633356 und https://www.jewage.org/wiki/ru/Profile:P0369097940 und https://www.jewage.org/wiki/ru/Special:JSearch?query=Tumarkin (Zugriffe 8.3.2024) – Mtt. Monika Bankowski

9 Zu Lazar Pawlowitsch Tumarkin: Frenkley-Tumarkin, S. 29/30 – JewAge. Benjamen Kretz, ad Tumarkin Lazar http://www.jewage.org/wiki/en/Special:JSearch?&query=Tumarkin&section=all&nosoundex=&offset=10 (8.3.2024) – https://locals.md/2018/istoriya-kishinyova-dom/ – Moldova Locals, https://locals.md/2018/istoriya-kishinyova-dom/ (8.3.2024) – Kudrjawzewa Jelena (Kudravceva Elena), Titel: Istorija Kišineva: Dom s grifonami [Geschichte Kischinews: Das Haus mit den Vogel-Greif-Figuren]. https://locals.md/2018/istoriya-kishinyova-dom/ – Darahi padarunak malen'kaj Švejcaryi", in Vicebski sšytak, 4/2000, S. 8 – Figuri contemporane din Basarabia. Chișinău: Editura ARPID, 1939, S. 50, vgl. http://bp-soroca.md/soroca/Figuri%20Contemporane%20din%20Basarabia.%20n-z.%201939.pdf (8.3.2024) – Rumänisches Regierungsblatt, Monitorul Oficial, Jg. 113. Nr.10, 13.1.1945, S. 200/16, 2. Spalte: Tumarchin Dimitrie https://upload.wikimedia.org/wikipedia/commons/c/ca/Monitorul_Oficial_al_Rom%C3%A2niei._Partea_1_1945-01-13,_nr._010.pdf – Errichtet wurde die Klinik an der Puschkinstrasse 11/ Ecke Schtschussew-Strasse 1894. (König-Carol-Strasse/Strada Regele Carol 11) Heute ist eine Tafel am Haus angebracht – Reiseführer durch Rumänien, Bukarest 1932, S. 3 (Zugriffe 8.3.2024) – Mtt. Ljudmila Chmialnizkaja, Witebsk und Monika Bankowski

10 Zu Rosa P. Tumarkin: Frenkley-Tumarkin, S. 30 – Sidler an AT, 13.2.1897; 31. 3.1897; Ludwig

10 Stein an AT, 3.12.1897. In: StABE N Tumarkin 1/4 – Odessa, Awtschinnikow per(eulok), d(om) 13, kw(artira) Tumarkina. Auf Deutsch: an die Awtschinnik-Gasse, Haus No. 13, Wohnung Tumarkin. Mtt. Monika Bankowski – StABE Bez Bern B 2594. Amtsgerichts-Protokolle 1918–1920

11 Bau des Gymnasiums: 24.5.1881 bis 3.8.1882. https://www.ipn.md/ru/zdanie-byvshey-bessarabskoy-zhenskoy-zemskoy-gimnazii-budet-otrestavrirovano-7967_1041981.html (Zugriff 8.3.2024) – Sidler an AT, 3.2.1897; 31.3.1897; 6.7.1897; 1.1.1898. In: StABE N Tumarkin 1/4

12 Hochschulgeschichte S. 498 – Interview Mercier – AUB – Anmeldung in der Stadt Bern als Landesfremde mit dem Passbuch vom 12.10.1892 am 12.11.1892. In: SAB E 2.2.1.3.201, Fr[emdenbuch] VI 1891–1895, Schriften-Kontrolle I Russen

13 Franzke, S. 39 – *SBB-Touristenkarte der Schweiz. In: ZJ, 15.4.1909*

14 Tumarkin Anna, Hochgeehrter Herr Professor!, s.d., Abschrift von unbekannt. In: StABE N Tumarkin 1/2

15 BeTg, 28.10.1898 – JB, 28.10.1898 – Bund, Nr. 299, 28.10.1898, S. 4; Nr. 300, 29.10.1898, S. 2 – Album Bern, S. 60 – Wullschleger, S. 104/5 – Lüthi 2003, S. 63 – Adressbuch 1896/97 – Medem, S. 216

16 AUB, Immatrikulationen

17 Grunau, S. 2 – Haag 1903, S. 124, 152/3 – Bund, Sondernr. 250, 2.6.1934, S.7 – Waser

18 Zeugnissbogenheft; Curriculum vitae. In: StABE N Tumarkin 1.2. – Kassabuch und Hauptbuch des Quästors WS 1892/93-SS 1895. In: StABE BB III b 713 ff. und BB III b 807 ff

19 Stein Ludwig (eig. Elieser), 12.11.1859, Erdö-Bénye, Ungarn, bis 13.7.1930, Salzburg. Kinder: Eduard, geb. 1884; Helene, geb. 1885; Maurus Wilhelm, geb. 1886; Arthur, geb. 22.1.1888; Anna Else, verh. von Roessel, geb. 1891; Theodor, geb. 18.4.1895 – Stadtrat von Zürich z. H. EJPD, 22.10.1947. In: BAR E2001E#1970/217#3296 Stein Erben – BAR E2200.151-01#1970/180#196 Grundstücke und Immobilien – BAR J1.109-01#1000/12/6#511-83 Stein Ludwig – Lexikon ABJ, S. 141, 433 – Geppert, S. 407

20 Stein 1930, S. 17, 50, 49, 44, 51, 55, 56 – Feller, S. 387, 392, 417/8, 457 – Tumarkin Anna, + Ludwig Stein. In: Bund, Nr. 325, 16.7.1930, S. 1 – Waser – Praechter-Haaf 1903 – Hochschulgeschichte, S. 69 – Stein war Mitbegründer und Herausgeber des AfGPh, des AfsPh, von 1896–1910 der BeStPh und ab 1912 der BfPh

21 Bericht des phil. Seminars, SS 1894, 16.8.1894. In: StABE N Tumarkin 1/2 – Gratulation Singers 1935. In: N Tumarkin 1/11 – Festgabe Singer

22 Medem, S. 217 – Rogger 1999, S. 2, 23, 43 – Verzeichnisse Universität: SS 1893 bis SS 1895

23 Landesfremde Aufenthalter Nr 41, Fr[emdenbuch] VI, 1891-95. Mit Nachführungen. In: SAB _1278_2_6 (Toumarcin) – Landesfremde Aufenthalter Nr. 79: Hoff Anna, Ehefrau Naschetier, geb. 1859, Vereinigte Staaten Amerika, Privatissima. In: SAB Fr VII 1896 ff (24.6.1898) – SAB R.I. 99 (24.6.1898) – Adressbuch 1892/93 – Siehe SIKART: Müllhaupt Heinrich 1820–1894 – Vgl. Martz, Bildteil – JB, 10.11.1894; 27.8.1894

24 SAB E2.2.1.9.233 Bestattungskontrolle 1911: 8.5.1911.Wassilieff Nicolas, Petersburg, Ehemann d. Nadine Wassilieff, Generalfinanzminister, geb. 1954 gest. 6.5.1911, wohnhaft gew. in Petersburg/Insel/Transport nach Petersburg – Bund, Nr. 84, 25.3.1899, S. 2 (Maifeier 1899) – NBT Bd 5, (1899), S. 302 – StABE BB III b 1063 Auskultanten WS 1894/95

25 HaZophe/Der Arzt, Nr. 17, Februar 1903, S. 72, zit. nach Neumann, S. 115 – StABE BB III b 487, Verbindungen – Medem, S. 218

26 Weber HTL, Wänteleburg gleich Haller-Haus – Kamber, S. 39 – Auer, S. 248 – Medem, S. 217 – Rogger 2000, S. 146

27 SAB _1278_2_6 Landesfremde Aufenthalter Nr. 41, wie oben

28 Adressbuch, z. B. 1900, Annoncen, S. 20 – Anzeiger, 12.11.1892 – Weber HTL – Stämpfli Philipp, S. 13

29 Hermann de Purys Pharmaunternehmen Zyma wird weltbekannte Medikamente lancieren, und es existiert heute noch in verwandelter Form. Der Glarner Philippe Mercier sollte politisch und militärisch Karriere machen. Die deutsche Sieglinde Stier wird nach frauenpolitischen Prinzipien arbeiten und als Psychiaterin während 40 Jahren ein Nervensanatorium bei Rapperswil am Zürichsee leiten. Hier werden ausschliesslich Patientinnen aufgenommen und von Frauen betreut werden – Stier. In: Bleker; http://geschichte.charite.de/aeik/index.html (Zugriff. 15.4.2024) – Mercier, de Pury, Zyma: In: HLS

30 Cassa-Buch und Hauptbuch des Quästors 1892 ff. In: StABE BB III b 758 ff und 830 ff. Verzeichnis der ohne Matrikel Studierenden. (Betr. Reichesberg Naum, Reichesberg Jovel, Tartokowsky Ida, Schlain Rosa). In: StABE BB III b 1063 – Masé, S. 137/138 – Medem, S. 220/221– Studer, S. 10

31 Schweigmann, S. 90, 458/9 – https://de.wikipedia.org/wiki/Chaim_Schitlowsky (Zugriff 15.4.2024) – Rogger 2023, S. 13/14 (Marie)
32 Müller Gustav E., Erinnerung, S. 50 – Medem, S. 217 – Vgl. Masé, S. 57, 64
33 SLiZ, Nr. 3, 15.12.1924, S. 53
34 Tumarkin Anna, Emma Graf. In: Bund, Bern, Nr. 502, 24.11.1926, S. 3 – Mit Graf war Tumarkin in Veranstaltungen von Woker, Rüegg, Michaud, Künzler
35 Stöcker, S. 78 – AT 1928 Geistesleben
36 Hürbin Marie, Isabelle Kaiser. In: Schweizer Frauen der Tat, 1855–1885, S. 152–172 – Marbach, S. 56 – http://www.linsmayer.ch/autoren/K/KaiserIsabella.html – http://www.fembio.org/biographie.php/frau/biographie/isabelle-kaiser/ – Isabelle Kaiser, Verein Frauenspuren in Nidwalden und Engelberg, http://frauenspuren.ch/isabelle-kaiser.html (Zugriffe 15.4.2024) – Jllustrirte Ztg, 15.4.1909
37 SHausZ: Jubiläums-Nummer 1, 6.10.1894; 27.10.1894; 10.11.1894; 17.11.1894; 8.12.1894; 23.3.1895 – Die Gemeinnützige Schweizerin, Beilage zur SHausZ, 5.11.1892; 20.5.1893; 27.5.1893; 15.7.1893; 12.8.1893 (Weltausstellung); 25.2.1893 (Wohlthätigkeit) – http://www.zeno.org/Pataky-1898/A/Wirz-Baumann,+Frau+Rosalie (Zugriff 27.4.2024) – Rogger 2021, S. 39–47
38 sgf Quartalbericht Nr. 1 und Erstes Mitglieder-Verzeichnis. In: AGoF Nr. 331, sgf – Jorio, S. 1, 3, 4 – Graf, S. 231, 233 – Sidler geb. Schiess Hedwig, von Johann Ulrich Schiess und Anna Barbara Sturzenegger, von Zürich, 3.7.1843–2.3.1928, Privatière, Witwe seit 9.11.1907. In: SAB_1125_19_18
39 Ebenso neu als kühn, S. 174/5 – Die Freundin war Josephine Stadlin, siehe: Joris 2011 – Zum Landammann, siehe Wickart.
40 BBB N Georg Joseph Sidler III (2) Ferientagebuch 1898–1899, 28.12.1898, S. 47/8; 31.12.1898, S. 70 – Sidler an AT, 9.2.1898; 31.2.1897; 11.6.1897. In: StABE N Tumarkin 1/4
41 Jorio, S. 3
42 Zeugnissbogenheft, 1.11.1892. In: StABE N Tumarkin 1.2. – 1898 gingen 12 von 20 Seminarpreisen an Studierende aus Russland. Feller, S. 387 – Bund, Nr. 328, 26.11.1894; S. 2 – StABE BB III b 650, Preisaufgaben – AT 1894 Herder zu Kant
43 AT an Stein, 24.9.1894, verschollen. Stein an AT, 3.10.1894; 16.2.1895. In: StABE N Tumarkin 1/4
44 Bund, Nr. 193, 14.7.1895, S. 3 – Fakultätsprotokoll, 11.7.1895. In: StABE BB 05.10.1703 – Reglement Doktor: § 2,7,10 – AT 1895, Herder und Kant – Müller Gustav E., Erinnerung, S. 50
45 SAB _1278_2_6 Landesfremde Aufenthalter Nr. 41, wie oben – Exmatrikel. In: AUB – Stein an Paul M. Tumarkin, 18.7.1895. In: StABE N Tumarkin 1/4
46 AT 1895 Herder und Kant, Diss. – JB, 16.12.1895, S. 2 – Bund, Nr. 44, 14.2.1896, S. 3; Nr. 45, 14./15.2.1896, S. 3; Hinweise: Nr. 321, 18.11.1896, S. 4; Nr. 332, 29.11.1896, S. 2 – Inserat in: BStPh, Bd. XIII, Bern 1899, S. 286
47 Hakobian Warduhi promovierte am 26.7.1892 und Emma Rauschenbusch-Clough am 16.5.1894, Felicie Próchnik-Nossig am 30.6.1897 und Mary Mills Patrick am 5.11.1897 – Rogger, 1999, S. 89 – Schmitt
48 Dutoit Eugénie, BeStPh, Bd. XX, Bern 1899, gedr. bei Sturzenegger – Nossig-Prochnik Felicie, BeStPh», Bd. XXIII, Bern 1900, gedr. bei Sturzenegger – Nossig-Prochnik Felicie/Felicja: https://pl.wikipedia.org/wiki/Felicja_Nossig (10.3.2924) – Adressbuch
49 Stein an Paul M. Tumarkin, 18.7.1895. In: StABE N Tumarkin 1/4
50 Jorio, S. 3 – Graf, S. 248 – Schiedsgerichtshof Haag. In: SHausZ, 15.1.1910
51 Stein an AT, 21.10.1895. In: StABE N Tumarkin 1/4
52 Stöcker, S. 54, 75
53 Vossische Zeitung, 21.8.1897 – https://de.wikipedia.org/wiki/Helene_Lange (Zugriff 10.3.2024)
54 https://idw-online.de/de/news18330 – https://www.uni-heidelberg.de/studium/journal/2009/11/frauen.html (Zugriffe 10.3.204) – Schaser S. 112, 133 – Koch, Tumarkin erwähnt S. 194, Bild 195.
55 Helene Stöcker zum 70. Geburtstag In: Bund, Nr. 529, 12.11.1939, S. 5 – Helene Stöcker in Bern. In: «Berna», 22.2.1908 – Rupp, S. 95 – StABE BB III b 638 Doktoranden – Stöcker, S. 54, 75.
56 Stöcker, S. 76/77, 97
57 Anmeldebuch 30.11.1895; 21.4.1897; 18.10.1897; Vorschriften; Vorlesungen 1. Semester 1895/96-5. Semester 1897/98. In: StABE N Tumarkin 1/2
58 Sidler an AT, 22.2.1898. In: StABE N Tumarkin 1/4 – https://www.berlin.de/tickets/suche/orte/friedrichstrasse-45-68514a3c-873a-4c3d-8dd0-95b58732e997/ (10.3.2024) – Neckelmann, S. 141
59 Anmeldebuch Universität Berlin für Anna Tumarkin, 1. –5. Semester WS 1895/96 bis WS 1897/98. In: StABE N Tumarkin 1/2. – Delf, S. 375, 376 – Lebenslauf II, wie Anm. 1 – Oskar Fleischer an AT, 26.10.1897. In: StABE N Tumarkin 1/5

60 Stöcker, S. 77 – Lexikon ABJ, Nr. 142 – Albert Debrunner, Worte des Gedenkens bei der Trauerfeier. In: Bund, Nr. 371,11.8.1951, S. 2 – Rogger 1999, S. 170
61 Jaspers, S. 184 – Kerckhoven, S. 23, 32/33, Zit. nach Kerckhoven S. 36
62 Dilthey an AT, 15.11.1904; 30.12.1898; 23.11.1908; AT hs. Erinnerungen an Dilthey. In: StABE N Tumarkin 1/3.
63 Katharina Dilthey an AT, 29.10.1911, S. 7; Clara Misch an AT, 6.12.1933. In. StABE N Tumarkin 1/3
64 AT 1923 Prolegomena, S. 42, 157 – Janoska, S. 161 – Strahm Dilthey, S. 10 – Bund, Nr. 6, 6.1.1924, S. 8
65 Strahm Dilthey, S. 12.
66 Wilhelm Dilthey, Vorwort, 23.11.1905. In: Hrsg: Malsch, Gabriele ; Dilthey, Wilhelm ; Groethuysen, Bernhard ; Johach, Helmut, Leipzig. In: Wilhelm Diltheys gesammelte Schriften; 26 – https://digi20.digitale-sammlungen.de/de/fs1/object/display/bsb00064547_00006.html?context=forschungsgemeinschaft – Kerckhoven, S. 45 und Bild Nr. 296 – Dilthey 1903 – Strahm, Dilthey, S. 2 – Maync Harry, Von deutscher Dichtung und Musik. In: Bund, Nr. 234, 21.5.1933, S. 22
67 Jakob J. Amstutz, University of Guelph, an Helene Stucki, 24.4.1987. In: AGoF Nr. 515, N Helene Stucki
68 AT an Wilhelm Dilthey, 18.11.1903. In: Dilthey, Briefwechsel, Bd. III, S. 375/376. Originalhandschrift in StUB Göttingen – AfGPh, Bd. 25., Heft 2, 1912, S. 143–153 – AT 1934 Diltheys Leben, S. 255–267
69 Szabó, S. 341
70 Strahm, Dilthey, S. 2
71 Mit Volksliedern umrahmter Vortrag von Prof. Erich Schmidt im Lesezirkel Hottingen vom 17.–19. Oktober. In: NZZ, 4.10.1898, S. 3; 16.10.1898 S. 2; 18.10.1898, S. 2
72 Stöcker, S. 55
73 Müller Verena 2007, S. 84 – Chronik Uni Berlin: Im SS dramatische Entwürfe Lessings, Schillers, Uhlands eingehend erörtert, im WS die Werke der schwäbischen Romantiker mit besonderer Berücksichtigung auch ihrer persönl. Beziehungen sowie ihrer Aesthetik, durchgesprochen und einzelne Gedichte interpretiert, dergestalt dass jedes Mal mehrere Teilnehmer zum Worte kamen, S. 58/59 – Berliner IB, 11.7.1901
74 Schaser, S. 104 – Kirchhoff S. VII und 215 – Lebenslauf II, wie Anm. 1
75 Schaser, S. 72, 103, 105
76 AT 1898 Kerner, S. 108, 109, 110, 113, 116, 120, 122
77 Strahm, Dilthey, S. 2
78 Sidler an AT, Bern 6.7.1897. In: StABE N Tumarkin 1/4
79 Stein an AT, 23.1.1896. In: StABE N Tumarkin 1/4
80 Litterarische Berichte vom Herausgeber Ernst Commer. In: JPhTh., X. Jg., Paderborn 1896, S. 504
81 Kronenberg M[oritz], Recensionen. In. Kant-Studien, Bd. 2, Berlin 1897, S. 116–118 – Segond J., Dr. Anna Tumarkin. Herder und Kant. Rezension in: Revue philosophique, 21. Jg., XLI (Jan-Juin 1896), Paris 1896, S. 684 und Analyses, Heft 42, Paris Juli-Dez. 1896, S. 319–324
82 Zit. nach Strahm, S. 9
83 Sidler an AT, Bern, 6.9.1897. In: StABE N Tumarkin 1/4. Hedwigs Geburtstag war bereits am 3. Juli (3.7.1843–2.3.1928)
84 Sidler an AT, 31.3.1897. In: StABE N Tumarkin 1.4
85 Berner-Chronik für das Jahr 1897, 29.3.1897. In: NBT 1898 – Graf Emma, Helene von Mülinen zum Gedächtnis. In: SliZ, Nr. 8, 15.5.1924, S.158/9 – von Mülinen Helene 1897, S. 63 – Philadelphia, z. B. 1.10.1893; 1.4.1897
86 Sidler an AT, 25.4.1898. In: StABE N Tumarkin 1/4
87 Stein an AT 3.12.1897; 23.1.1896. In: StABE N Tumarkin 1/4
88 Stein an Paul M. Tumarkin, 3.10.1896. In: StABE N Tumarkin 1/4
89 Sidler an AT, 24.6.1897; 6.7.1897. In: StABE N Tumarkin 1/4
90 Anna Tumarkin an Sidler, 3.7.1897. In: StABE N Tumarkin 1/4
91 Sidler an AT, 6.7.1897. In: StABE N Tumarkin 1/4
92 Sidler an AT, 6.9.1897. In: StABE N Tumarkin 1/4
93 Hochschulgeschichte, S. 70 f., 412 f, 502 f., 504 – Rogger Franziska 1899, S. 16
94 Sidler an AT, 10.9.1897. In: StABE N Tumarkin 1/4
95 Lebenslauf II, wie Anm. 1
96 Sidler an AT, 6.9.1897; 19.9.1897; 20.10.1897. In: StABE N Tumarkin 1/4
97 Ludwig Stein, Villa Wild-Hain an Werthes Fräulein Dr. Anna Tumarkin: Kischinew durchstrichen und nach Odessa weitergeleitet, 3.12.1897. In: StABE N Tumarkin 1/4
98 Praechter-Haaf Fanny. In: SFZ, 27.8.1899; 3.9.1899; 10.9.1899; 17.9.1899; 27.8.1899 – Praechter-Haaf 1899
99 Sidler an AT, 9.2.1898; 22.2.1898. In: StABE N Tumarkin 1/4

100 Fakultätsprotokoll, 6.6.1898. In: StABE BB 05.10.1704 – Phil. Fak. an ED, 7.6.1898; ED an Phil. Fak. 10.6.1898. In: StABE BB III b 623
101 ED an AT, 22.6.1898. In: StABE N Tumarkin 1/2 – Fakultätsprotokoll, 15.6.1898; 23.6.1898. In: StABE BB 05.10.1704 – Phil. Fak. an ED, 7.6.1898; 15.6.1898; 28.6.1898; ED an AT und Phil. Fak, 28.5.1898; Notiz an Rektorat, 4.7.1898; Rektor an Phil. Fak., 22.6.1898; ED an Phil. Fak., 10.6.1898. In: StABE BB III b 623 – Fakultäts-Akten. In: StABE BB III b 1289 – Senatsprotokoll, 4.7.1898. In: StABE BB III b 949 – Verwaltungsbericht ED, 1898, S. 67 – AT 1898 Probevorlesung
102 Anmeldung 24.6.1898 in der Stadt Bern als «Landesfremde» bzw. «Russin». In: SAB E 2.2.1.1.018. Fr[emdenbuch], VII 1896 ff. – Adressbuch 1899 – Phil. Fak. an ED, 15.6.1898. In: StABE BB III b 623
103 BBB N Georg Joseph Sidler III (2), 26.7.1898; 16.2.1899; 1.8.1898, 2.8.1898 – Berner Chronik vom 1.1.1898–1.11.1899. In: NBT, Bd. 5 (1899), S. 297
104 AT 1899 Assocationsprinzip – https://www.degruyter.com/view/journals/agph/agph-overview.xml (10.11.2020)
105 AT 1898 Antrittsvorlesung. In: N Tumarkin 4/78 – Sidler an AT, 8.10.1898. In: StABE N Tumarkin 1/4 – BBB N Georg Joseph Sidler III (2) Ferientagebuch 1898–1899, Sa 29.10.1898
106 BeTg, 31.10.1898 – Bund, Nr. 299, 28.10.1898, S. 4 – JB, 1.11.1898 – GdL, 31.10.1898 – Berner Chronik 1898. In: NBT, Bd. 5, (1899), S. 302 – HN, Juli 1898, Nr. 94, S. 230; Nov. 1898, Nr. 98, S. 44 – BS, Bd. 31, 1898
107 BeTg, 28.10.1898 – JB, 28.10.1898 – Bund, Nr. 299, 28.10.1898, S. 4; Nr. 300, 29.10.1898, S. 2 – Album Bern, S. 60
108 Nebelspalter, Heft 40, 1.10.1898, S. 5; Heft 44, 29.10.1898, S. 4 – BeTg, 31.10.1898 – JB, 29.10.1898; 1.11.1898 – Rogger 1999, S. 142 – Leidinger – Anna Aeby Eysoldt und Fürsprech Ernst Aeby waren Auskultanten. In: StABE BB III b 1063
109 Le XIXe Siècle, Paris, 1.11.1898, Titelseite
110 Lebenslauf II, wie Anm. 1 – Zu Völger: Schmid Adrian, Ein Blick in Berns Vergangenheit. In: Bund, publ. 9.5.2013, 08:59. https://www.derbund.ch/ein-blick-in-berns-vergangenheit-398396111117 (Zugriff 14.3.2024) – Mtt. Philipp Stämpfli, BBB
111 Zeitschriftenschau von J[oseph] V[ictor] W[idmann]. In: Bund, Nr. 11, 11.1.1899, S. 1
112 Katharina Windscheid an AT, 25.11.1898. In: StABE Nachlass Tumarkin 1.5

113 Agnes Gosche (in Zürich), Ella Mensch (in Zürich), Anna Gebser (in Bern), Hildegard Ziegler (in Zürich), Käthe Schirmacher (in Zürich), Carey Thomas (in Zürich), Maikki Friberg (in Zürich und Bern).
114 Vossische Zeitung, Nr. 305, Morgenausgabe, 3.7.1901, 3. Beilage
115 «Berna», 3.8.1901, S. 94/95; 4.9.1901, S. 127
116 BBB N Georg Joseph Sidler III (2), 4.11.1898 – Bund, Nr. 206, 27.7.1898, S. 5
117 Norwin Weber (1871–1903), promovierte am 21.2.1900. Er war Sekretär des HVBE – Meyer Adolf – Weber Norwin – Sidler an AT, 11.6.1897, 31.3.1897 – NZZ, 11.6.1903
118 Zu den vielsemestrigen Auskultantinnen und Auskultanten: Leopold und Ida von Allmen, Julie Fetscherin, Emilie Stephani, Marie Garraux, Marie Flückiger, Louise König, Rosa Haefelin, Rosalie Herzog, Werner Meyer. In: StABE BB III b 1063
119 Maria Mathilde Franziska von Werdt, 8.12.1878, Salzburg bis 1905, Bern – Auskultantin: WS 1896/97, WS 1898/99. In: StABE BB III b 1063 – Verzeichnis Bernburger – Hist. Familienlexikon der Schweiz: http://www.hfls.ch/humo-gen/family/1/F24701?main_person=I72845 (13.3.2024) – BBB N Hans von Werdt.
120 Anna Hoff als Auskultantin: WS 1893/94, WS 1894/95, WS 1896/97, SS 1897, WS 1897/98, SS 1898, WS 1898/99. In: StABE BB III b 1063 – Mit Anna Hoff war Anna Tumarkin in der Veranstaltung von Michaud WS 1892/93, Michaud SS 1893, Hirzel 1893/94, Hirzel 1894/95 – Hoff (Leuch), S. 7 – Frauenblatt, 15.8.1952 – Rogger 2002, S. 103
121 Chefredaktor Ernst Schürch. In: HLS – Germanist Theodor von Greyerz (1875–1960) promovierte 1908 bei Oskar F. Walzel. Vgl. BZGH 56, 1994, Heft 4
122 Otto Blaser (1880–1954) promovierte 1905 bei Oskar F. Walzel – Blaser Otto – Bieler Chronik 1954: http://www.bibliobiel.ch/de-wAssets/docs/angebot/chroniken/1959–1950/bj_1954.pdf (13.3.2024) – «Papa» Laura Turnau. In: Rogger 1999, S.148–150
123 Sidler an AT, 4.2.1898. In: StABE N Tumarkin 1/4 – Eduard Platzhoff-Lejeune (1874–1961) promovierte am 28.4.1900 über Ernst Renan bei Ludwig Stein. 1905 eingebürgert – Valär, S. 136, 154, 185, 190, 197 – Platzhoff-Lejeune Eduard, Zur Psychologie der Frau. In: Frauenbestrebungen, Nr. 3, 1.3.1905, S. 23/24 – GDL, 29.12.1961 – Bund, Nr. 2, 3.1.1962, S. 3
124 [Agnes] v(ogel-debrit) zum 70. Geburtstag von Prof. Dr. Anna Tumarkin. In: «Berna», 2.3.1945 –

Hans Bloesch an AT, s.d. In: StABE N Tumarkin 1/11

125 Sidler an AT, 6.9.18 97; 15.8.1904. In: StABE N Tumarkin 1/4 – Uexküll, geb. 19.1.1873, absolvierte in Bern die ao Prüfungen vom 12. –17.8.1895 mit guten Noten und erhielt ihr Maturitätszeugnis am 22.8.1895. In: StABE BB III b 1063 (Auskultanten) und StABE BB III B 1453 Maturitätsprüfungen – Immatrikuliert in Bern, 22.8.1895 und in Zürich 1896 – https://de.wikipedia.org/wiki/Anton_Willem_Nieuwenhuis (13.3.2024)

126 Finsler, S. 16, 17 – Jorio, S. 3 – Mittelschulen 1883–1916. In: StABE BB III b 1440 – BBB N Georg Joseph Sidler III (2), S. 47/48, 58, 59, 62, 70, 92

127 AT 1899 Assocationsprinzip. Mit Widmung

128 AT an ED, 8.1.1900; 8.3.1899. In: StABE BB III b 623

129 Auskultanten SS 1899, Nr. 79, S. 72 und WS 1902/03, Nr. 198, S. 102. In: BB III b 1063 – Poetik von Erich Schmidt, SS 1899, Kollegheft von Hermann Michel. In: StABE N Tumarkin 1/2

130 Sidler an AT, 13.2.1897. In: StABE N Tumarkin 1/4 – Jorio, S. 3

131 BBB N Georg Joseph Sidler III (2), 26.7.1898; 27.7.1898; 28.7.1898 – Graf, S. 250

132 BBB N Georg Joseph Sidler III (2), 20.4.1899; 24.6.1899; 2.7.1899; 7.10.1899; 8.10.1899; 28.10.1899 (Besuch AT) – Adressbücher

133 Der Josephine Isenschmid-Jonquière (1858–1933), Witwe des Banquiers, gehörten Lindeneck 47, 47a, 47b und weitere Gebäude. Ihre Söhne waren Daniel Moritz, geb. 1878, Dr. phil. Gymnasiallehrer, Georg Robert, geb. 1882, Arzt, und Rudolf Adolf, geb. 1883, Dr. jur. – Josephines Geschwister waren Martha (1861), Musiklehrerin, und Alfred Jonquière (1862–1899). Ihr Stiefbruder aus Prof. Jonquières erster Ehe war der Lausanner Privatdozent Georg Jonquière-Coulon (1851–1926), Arzt für Hals-, Lungen-, Ohren- und Nasenkrankheiten – Verzeichnis Bernburger 1889 – BBB N Georg Joseph Sidler III (2), 14.6.1899; 19.6.1899.

134 Adressbuch 1860; 1897/98: Ludwig Stein wohnte am Wildhainweg 16, besass Rainmattstrasse 20, Schänzlistrasse 19 und 19a – Stadtrat von Zürich z. H. EJPD, 22.10.1947. In: E2001E#1970/217#3296 Stein, Ludwig Erben – StABE N Haberer-Sinner 2/3, Skizzen für die Villa Stein 1894 – Stein 1930, S. 89

135 E[rnst] Sch[ürch], Das Fass des Diogenes. In: Bund, Nr. 135, 28.3.1924, S. 1

136 Adressbücher – Perret – Aeschlimann Jürg, S. 38–42 – Giger, S. 11–17 – Giger/Trachsel – Neuhaus, S. 37–39 – Lobsiger – Der neue Bahnhof – Hauser

137 Einstein bestellte 1906 und Kocher schon 1896 eine Gasleitung. In: Egger, S. 49 und 75

138 SAB, Fr[emdenbuch] VII 1896 ff.: Falkenhöheweg, Hl. Stephani, ab 12.10.1901 – Adressbuch 1902/1903

139 Gerhard, S. 242, 256. Hinweis von Verena Müller – AT 1901 Mutterschaft

140 Woker 1912, S. 221

141 Amstutz Erinnerungen. In: AGoF Nr. 515

142 Nicht abgeschickter Brief von AT an Holzapfel, nach dem 14.4.1902. In: StABE N Tumarkin 1/6 und 1/12 – Rudolf Holzapfel an AT 14.4.1902. In: StABE N Tumarkin 1/6 – Vgl. Strahm, S. 13 – Interview Mercier

143 Vgl. Hohmann, S. 82

144 Bund, Nr. 119, 28./29.4.1903, S. 3; Nr. 120, 29./30.4.1903, S. 2; Nr. 146, 27.5.1903, S. 1 – JB 2.5.1903; 7.5.1903; 9.5.1903

145 Feiwel, S. 26, 27, 37, 40 und https://d-nb.info/1212910648/34 (14.3.2024) – Hohmann – Bialik, S. 7

146 Feiwel, S. 34 – Hohmann, S. 71, 82

147 Israel. WB, 15.5.1903, 29.5.1903 – NZZ, 30.6.1903; 24.4.1904; 28.4.1903

148 Manyas/Emilies Grossvater Samuel G. Tumarkin (geb. 1835) war ein Bruder von Annas Grossvater Moses G. Tumarkin (geb. 1812). Emilies Mutter Adele Lewin war aus Minsk – AUB Nr. 9811, Imm. 27.10.1900, Exm. 23.2.1901 – StABE BB III b 1294, Curriculum vitae vom 2. Dezember 1904 – Hölzl, S. 40, 63, 66 – SAB E 2.2.1.3.108 FR VIII 1899–1900: Abgereist nach Russland am 15.6.1901

149 SAB E 2.2.1.3.108 FR VIII 1899–1900 – AUB Nr. 11971, Imm. 27.4.1904 – Vorlesungen: StABE BB III b Nr. 765, S. 70, 166, 175 und BB III b Nr. 766, S. 12, 62.

150 Fakultätsprotokoll, 24.10.1904; 16.12.1904; 13.1.1905. In: StABE BB 05.10.1706 – Doktorurkunde in: StABE GEN 2070

151 Maria Zetlin (née *Tumarkin*, 1882–1976) – https://de.wikipedia.org/wiki/Nikolai_Dmitrijewitsch_Awksentjew (14.3.2024) – https://forum.artinvestment.ru/blog.php?b=-173224&langid=5 – ad Emily Tumarkin=Maria Zeitlin (14.3.2024) – https://www.geni.com/people/Maria-Manya-Zeitlin/6000000006726644075 (14.3.2024) – https://forum.artinvestment.ru/blog.php?b=173070&goto=next (14.3.2024)

152 Plan des Pfarrhauses Pavillonweg 1, 1888. In: StABE AA III 917 – Bauinventar der Stadt Bern: http://bauinventar.bern.ch/ (14.3.2024)
153 Sidler an AT, 15.8.1904. In: StABE N Tumarkin 1/4 – Buchhandlung: in: Schwengeler, S. 13, 76
154 Heute wird das Haus von der evangelisch-reformierten Kirchgemeinde als Logis für betreutes Wohnen geführt – Bund, Nr. 63, 16.3.2002, S. 23; Nr. 64, 18.3.2002, S. 18
155 Grunau, S. 9
156 Margarethe und Helene von Rautenfeld, 1924 und 1944 eingebürgert – Margarethe von Rautenfeld an AT, 31.12.1949. In: StABE N Tumarkin 1/5 – Amstutz Erinnerungen. In: AGoF Nr. 515
157 Fakultätsprotokoll, 8.11.1926; 22.11.1926. In: StABE BB 05.10.1711
158 Hurni Peter, Der lange Weg zur Einweihung. In: Rogger 2003, S. 11/12 – Rogger 2003, S. 23
159 Bund, Nr. 155, 5.6.1903, S. 3; Nr. 160 9./10.6.1903, S. 3 – Rogger 2003, S. 20
160 Hoff (Debrit-Vogel), S. 10
161 SAB _1278_2_6, Landesfremde Aufenthalter Nr. 79: Hoff Anna. In Küssnacht gestorben 9.10.1901 – Städt. Gym, Maturitätsprüfungen, lit. Richtung, 14.-21.9.1899, Bern: Hoff Adelaide, New York. In: StABE BB III b 1444. 22.9.1899, S. 153
162 Pädagogische Blätter, 3.1.1903 – Berliner Tgbl., 25.4.1904 – Frauenbestrebungen, 1.7.1904 – SHausZ, Nr. 7, 30.3.1901, S. 27
163 Frauenbestrebungen, 1.6.1904, S. 71 – HN, VIII, Nr. 86, Nov. 1897, 40. – Verzeichnis Universität, SS 1903 und 1904 – Weibliche Ärzte, S. 138, S. 182 – BeTg, 25.4.1904 – Bund, Nr. 315, 13.11.1900, S. 1; Nr. 154, 5.6.1901, S. 3 (Frauen auf den Lehrkanzeln) – Neben Tumarkin waren Frida Kaiser, Assistenzärztin an der psychiatrischen Klinik Waldau, und Rahel Zipkin, Assistentin am pathologischen Institut, erwähnt. Eine Vierte war Elise Scheidegger, Assistentin am tellurischen Observatorium. Das halbe Dutzend war erreicht mit Rosa Biancone, die an der Hochschulbibliothek, und mit Elise Stettler, die an der Stadtbibliothek als Gehilfinnen arbeiteten.
164 Hochschulgeschichte S. 570/571 – Rogger 2003, S. 20 – Rogger 2016, S. 59 – Vgl. JB, 11.7.1901 – Vgl. Frauenbestrebungen, 1.6.1904
165 Feller, S. 212, 268, 317, 417
166 Strahm Hans, Gedenkstunde für Anna Tumarkin. In: Bund, Nr. 46, 29.1.1952, S. 2
167 AT 1903 Cal Hebler – NZZ, 6.9.1898 – Bund, Nr. 248, 7.9.1898, S. 2 – Bärtschi – Hist. Familienlexikon der Schweiz: http://www.hfls.ch/humo-gen/family.php?id=F34441&main_person=I100501(14.3.2024) – Nachruf auf Carl Hebler, Historia Mathematica Heidelbergensis: http://histmath-heidelberg.de/txt/koenigsberger/hebler.htm
168 Bund, Nr. 106, 3.3.1932, S. 2 – AT an Leo Weber, s.d. In: ZBS I 353/3/35 – Vgl. Nachlass Leo Weber ZBS NL WEB_L 2/17 Doktorurkunde 1890 und Sammlung von Briefen an Leo Weber 7/12 (HAN)000348450DSV05
169 Bund, Nr. 321, 18.11.1903, S. 2 – BeTgw, Nr. 93, 21.11.1903 – AT 1904 Idealität, gewidmet: Herrn und Frau Prof. Sidler. Ihre Anjuta – Hinweis in: DL Nr. 45, 12.11.1904, S. 2730 – Vgl. Oscar Miller, Biberist, an AT, 17.4.1912. In: StABE, N Tumarkin 1.5
170 Vgl. Masé, S. 13
171 Grunau, S. 1, 11, 13 – Heute ist die Ausstattung übertüncht und ein Eisengerüst als Tribüne hineingestellt.
172 Thuner Wobl., 18.2.1905
173 Feller, S. 385 – Rectorats- und Senats-Akten 1909. In: StABE BB III b 994
174 BBB N Georg Joseph Sidler III (1), Welt-Ausstellung in Paris 1889
175 Sidler an AT in Paris, Hôtel de Londres, Rue Bonaparte 3, 17.3.1904. In: StABE N Tumarkin 1/4 – Graf, S. 234-237 – Jorio, S. 2
176 Lebenslauf I, siehe Anm. 1 – Ein Aufenthalt in Rom lässt sich nicht nachweisen.
177 Bund, Nr. 174, 14.4.1909, S. 3; Nr. 204, 24.7.1902, S. 2
178 Bund, Nr. 272, 29./30.9.1903, S. 3; Nr. 5, 5.1.1904, S. 2; Nr. 426, 10.9.1905, S. 2; Nr. 188, 4.5.1924, S. 5 – TDG, 24.7.1904 – Guilbert – Maurer, S. 94, 96–98
179 Sidler an AT, 15.8.1904; 17.8.1904; 25.8.1904
180 Sidler an AT in der Seefluh, Lenk, 25.8.1904. In: StABE N Tumarkin 1/4
181 Kongress 2 Genf 1904, Claparède, S. 962 – Der 1. Kongress war 1900 anlässl. der Weltausstellung in Paris. Aus der Schweiz waren dabei: J.J. Gourd GE, E. Naville GE, L. Stein BE, als directeur AfGPh. Keine AT. Vgl. Kongress 1 Paris 1900, Akten
182 AT in Lenk an Claparède, 2.8.1904. Anmeldung als Referentin. In: Bibliothèque de Genève, Catalogue des manuscrits. CH BGE Ms. fr. 4001–4023, Papiers Edouard Claparède : CH BGE Ms. fr. 4008, feuille 340
183 Sidler an AT, 15.8.1904. In: StABE N Tumarkin 1/4
184 Kongress 2 Genf 1904, Claparède, S. 966 – Schneider, S. 306, 307 – Vossische Zeitung,

7.9.1904, Morgen, S. 16 – Stein Ludwig, Was heisst Philosophie? [Travail lu au] 2me Congrès international de Philosophie, Genève, 4-8 Septembre 1904, Genève 1904.

185 Wer auf dem Bild neben Stein steht, ist unklar. Als Kongressbesucherin war Mlle P. Stein angemeldet. Stein hatte zwei Töchter, sie hiessen allerdings Else und Eva – Naville

186 Keller Adolf. In: NZZ, 17.9.1904 – Vossische Zeitung, 7.9.1904 Morgen, S. 16 – Schneider, S. 308

187 Kongress 2 Genf 1904, Claparède, S. 8/9, 281, 969. Erste Sektion. Histoire de la Philosophie

188 NZZ, 11.9.1904

189 Kongress 2 Genf 1904, Claparède, S. 286

190 AT 1904 Kant's Spiel, S. 281-286 – Kongress 2 Genf 1904, Claparède. S. 281–286, v. a. S. 281, 284, 285, 286. Horaire S. 8, 9, 16 – Modifikationen: Tumarkin Anna, Zur transcendentalen Methode der Kantischen Ästhetik, S. 349 – Die Lehrlinge zu Sais, naturphilosophisches Romanfragment von Novalis – Jonas Cohn: Sohn wurde am 24.3.1904 geboren – Vossische Zeitung, 8.9.1904, S. 11; 9.9.1904 – Schneider, S. 301, 307, 308

191 TDG, 13.9.1904, S. 3 – NZZ, 17.9.1904 (Subventionen)

192 Herren Madeleine, S. 233/34

193 Kongress 2 Genf 1904, Claparède, S. 964. Programme, S. 4,5

194 Th. Flournoy vom OK – Kongress 2 Genf 1904, Claparède, S. 963 – JDG, 9.9.1904

195 JDG, 8.9.1904

196 Darel trat am 6.9.1904 in der Sektion «Morale» im Salle 48 auf. In: Kongress 2 Genf 1904, Claparède, S. 8, 9 – Vgl.: SAFFA-Katalog, S. 4 – Erath – TDG Nr. 212, 13.9.1904 – L'Essor 12.11.1921 – MF, Bd. 10, Heft 140, 1922, S. 60 – Besprechungen ihrer Bücher: TDG 28.11.1897; 6.2.1898; 14.3.1901; 26.4.1901; La Suisse Libérale, 31.12.1897; 5.12.1898; Le Confédéré de Fribourg, 20.12.1903; Bund, Nr. 384, 16.8.1908, S. 2 – Huguenin – Martin Darel

197 TDG, Nr. 209, 7.9.1904 – Gourd Emilie und Gourd Edith, verh. 1909 mit dem Philosophen Charles Werner. In: HLS

198 TDG Nr. 208, 7.9.1904: Liste complémentaire des congressistes domiciliés à Genève – Louis Naville-Todd war der ältere Bruder von Ernest Naville. Die Tochter von Louis und Anne Naville-Todd, Emilie (31.10.1843–13.1.1896), war mit Gustave de Morsier verheiratet. https://archives.bge-geneve.ch/ark:/17786/vta9f4c56f-facc8169 (15.3.2024) – MF, 45 1957

199 Cassa-Buch des Quästors, 1898 fff. In: StABE 763 fff – Masé, S. 53, 54, 117–119

200 AT an ED, 19.7.1903; Phil. Fak an ED, 3.11.1903; Vortrag ED an RR, 27.12.1904. In: StABE BB III b 623 – Fakultätsprotokoll, 26.10.1903. In: StABE BB 05.10.1705.

201 ED an FIN, 5.1.1905. In: StABE BB III b 623 – RRB/SRR, 7.1.1905 – Fakultätsprotokoll, 6.2.1905. In: StABE BB 05.10.1706

202 Verzeichnis der Steuerpflichtigen der Gemeinde Bern vom Jahre 1906, Bern 1907 – Der Jahresmietpreis einer 3-Zimmer-Wohnung in einem Arbeiterquartier der Stadt Bern lag im Jahr 1896 bei etwa 550 Franken, 1914 bei fast 590 Franken. In: Masé, S. 115 – Anzeiger, 13.4.2016

203 Erhöhung abgelehnt. RRB/SRR, 11.4.1903 – Ludwig Stein erhielt auf 1.1.1903 und 1.10.1903 4500 Franken. StABE BB III b 622 – Geppert, S. 407

204 Senatsprotokoll, 31.3.1913. In: StABE BB III b 950

205 Gesetz über das höhere Gymnasium und die Hochschule, 14.3.1834. In: Gesetze Uni Bern, 14.3.1834. Art. 54, S. 61, und Art 58, S. 62

206 Senatsprotokoll, 17.2.1905; 13.5.1910. In: StABE BB III b 949, 950 – Grunau

207 Anwesende: 21 Männer, 6 deutsche, 2 österreichische, ein Russe, ein Grieche und 11 Schweizer – 6 phil. hist, 3 phil. nat, 5 rww, 1 christ-kath., 4 vet., 2 med. Jüdische Wurzeln hatten Samuel Singer, Alfred Philippson, Carl Friedheim, Naum Reichesberg, Josef Jadassohn.

208 Bund, Nr. 84, 19.2.1905, S. 2 – Gleicher Text in: Täglicher Anzeiger für Thun und das Berner Oberland, 21.2.1905 – Thuner Wobl, 22.2.1905

209 Z.B. Vortrag Gobats über die Frauenrechte auf Einladung des bernischen Studentinnenvereins am 8.2.1912. In: Oberländer Tgbl, Nr. 37, 13.2.1912

210 Bund, Nr. 84, 19.2.1905, S. 2 – Verwaltungsbericht ED 1905, S. 189. – Gobat H., Le canton de Berne au point de vue scolaire, Annuaire de l`instruction publique en Suisse, Band 8 (1917), S. 263

211 Senatsprotokoll, 15.2.1907: Keine Tumarkin, kein Stein, keine Frau. In: StABE BB III b 949 – Gertrud Woker bekam die Venia Docendi am 21.1.1907 – Journal du Jura, 26.5.1907

212 Bildmaterial zur Einweihung des Haller-Denkmals, gesammelt von Alexander Tschirch. In: BBB ES 357 (4) – Feller, S. 437

213 Albert Debrunner, zit. in Rogger 1999, S.170

214 Senatsprotokolle vom 7.12.1906; 13.5.1910; 8.7.1910; 3.3.1911; 19.5.1911; 31.3.1913; 11.1.1918; 22.2.1918; 17.1.1919; 14.2.1919; 9.7.1920; 15.7.1921; 10.2.1922; 7.11.1924; 9.7.1926; 24.10.1929. In: StABE BB III b 949-951

215 Es war jeweils Naum Reichesberg, der dafür plädierte, dass die Abschlüsse aller russischen Frauenhochschulen gelten sollten. In: Senatsprotokoll, 31.5.1907; 12.7.1907; 31.3.1913. In BB III b 949/950.
216 Bund, Nr. 84, 19.2.1905, S. 2
217 Kishinev Pogrom: https://de.abcdef.wiki/wiki/Kishinev_pogrom (Zugriff 15.3.2024)
218 HN, Heft 187, April 1906 – Academia, Nr. 7, 1.12.1905 – Feller, S. 451 – NZZ, 27.1.1905 – Bund, Nr. 5, 4.1.1905, S. 3; Nr. 576, 6.12.1905, S. 3
219 https://www.alemannia-judaica.de/bern_synagoge.htm (Zugriff 15.3.2024)
220 RRB/SRR, 12.1.1901. In: StABE AD.BE 31: TitP erhielten keine Besoldung und hatten weder im Senat noch in der Fakultät Sitz und Stimme. Tumarkin hatte Gehalt, weil sie einen besoldeten Lehrauftrag besass.
221 Phil. Fak. an ED, 12.2.1906; Phil. Fak. an AT, 24.2.1906. In: StABE BB III b 623 – Fakultätsprotokoll, 7.2.1906; 19.2.1906; 18.5.1908; 26.5.1908. In: StABE BB 05.10.1706, 1707
222 Phil. Fak. an ED, 20.5.1906; RRB/SRR, 26.5.1906 und 5.6.1906. In: StABE BB III b 623 – Fakultätsprotokoll, 21.5.1906. In: StABE BB 05.10.1706 – AT 1905 Berichte I–III – AT 1910 Bericht IV – Verwaltungsbericht ED 1906, S. 337/338 – Academia, 23.3.1906 – Bund, Nr. 84, 19.2.1905, S. 5
223 Anzeiger, 5.6.1906 – http://www.plaffeien.ch/de/Porträt/geschichte/welcome.php?action=showinfo&info_id=387 (16.3.2024)
224 HN, Heft 187, Apr. 1906, S. 180; Heft 189, Juni 1906, S. 234 – Thuner Wobl, 13.6.1906 – Zürcher Freitagszeitung, 15.6.1906; 20.7.1906 – Academia, Nr. 31, 15.6.1906 – Strassburger Post, 15.6.1906 – SLZ, 16.6.1906, S. 263
225 Jsrael. WB, 15.6.1906; 10.9.1906 – Synagoge von Bern wurde ab 1905 im sogenannten maurischen Stil erbaut und am 10. September 1906 feierlich eingeweiht – Frauenbestrebungen, 1.7.1907, S. 56
226 Auch Frauen aus viel früherer Zeit, wie Laura Bassi (1711–1778) und Maria Gaetana Agnesi (1718–1799), wurden nur ad personam und in ganz speziellen Verfahren Hochschullehrerinnen.
227 HN, Heft 188, Mai 1906
228 SHausZ, 24.11.1906, S. 63
229 https://musee.curie.fr/decouvrir/la-famille-curie/pierre-et-marie-curie-chronologie (16.3.2024)
230 Adressbuch 1905/1906
231 BBB: Ausleihbuch VA BBB 287–289, 1890–1901 – VA BBB 290 Alph. Verzeichnis der entleihenden Studenten 1889–1899 – VA BBB 291 Diverse Akten, Verz. der Besucher und Tauschschriften 1890–1899 – VA BBB 90 Kontrolle über Ausleihen aus dem Lesezimmer 1904 – VA BBB 91 Kontrolle über Ausleihen aus dem Lesezimmer 1904–1908 – VA BBB 92 Kontrolle über Zeitschriftenerwerb 1906–1908 – Rogger 2005, S. 42/43
232 VJS Neue Folge IV Leipzig 1905, S. 429-431, 21.01.1906: Frl. Dr. Tumarkin Viertelschr. Philosophie. Siehe: https://gallica.bnf.fr/ark:/12148/bpt6k94156p/f548.item (16.3.2024) – Archiv für Philosophie aus Berlin, das Archiv für die gesamte Psychologie sowie die Zeitschrift für Philosophie und philosophische Kritik aus Leipzig, die Kantstudien aus Berlin, la Revue Philosophique de Paris, the International Journal of Ethics aus Philadelphia, Ceska Mysl aus Prag, the Philosophical Review aus New York & London, the Hibbert Journal aus London
233 Annalen der Physik, Bd. 17, Heft 6, 9.6.1905, S. 132–148; Heft 8, 18.7.1905, S. 549–560; Heft 10, 26.9.1905, S. 891–921; Heft 13, 21.11.1905, S. 639–641, Leipzig 1905 – Einsteins Freund Maurice Solovine besorgte sich am 3.12.1905 die Zeitschrift für Psychologie.
234 Korrespondenzblatt des Bernischen Lehrervereins
235 Zu Eduard Adolf, 28.3.1884–2.2.1906, Gurten/Köniz: SAB 1125_18_14 Schriften-Kontrolle Nr. XIV für Kantonsfremde Aufenthalter (London 1904) – SAB 1125_35_15: Heimatschein 4.3.1904 und 12.11.1904 – Zum Tod: SAB: Zivilstandskreis Bern-Mittelland, Todten-Register A., S. 222, Nr. 8, Stein Eduard Adolf starb am 2.2.1906, 17.28 Uhr an Schussverletzungen zu Habern auf dem Gurten – Gmd. Köniz, Toten-Register B, Nr. 28, S. 222: Hinweis auf Todesregister B der Stadt Zürich von 1906 (Signatur: VIII.B.a.102.:3., Nr. 28, S. 222) – Todesanzeige. In: Bund, Nr. 58, 5.2.1906, S. 4 – Danksagung. In: Bund, Nr. 63, 7.2.1906, S. 4 – Zivilstandsnachrichten. In: Bund, Nr. 66, 9.2.1906, S. 3 – Frankfurter Israelitisches Familienblatt, 9.2.1906 – https://www.alemannia-judaica.de/bern_synagoge.htm (16.3.2024) – JB, 3.2.1906 – Keinen Hinweis auf Bestattungsort: SAB E 2.2.1.9.228 Bestattungskontrolle 1906 – SAB_1278_1_5 – Beerdigungskontrolle Bremgartenfriedhof 1904–1907 – SAB _1143_5_1 und 1143_6_1 Grabunterhaltungskontrolle Friedhof Bern-Bümpliz – StABE V JGB Protokollband 4 1904–1918 – Info jgb, 14.2.2022
236 Eduard-Adolf-Stein-Fonds. In: StABE BB 05.1.44 – SRR 2445 vom 17.5.1906 – Bund, Nr. 244, 27.5.1906, S. 2 – Feller, S. 454 – Senatsprotokoll, 16.2.1906. In: StABE BB III b 949 – Academia 15.6.1906

237 Feller, S. 492, 493
238 Stein, 1897 – Stöcker, S. 77, 193 – -e = Albert Schäffle. In: ZgS, S. 725, 728, 728, 729 – Feller, S. 417, 418
239 Reichesberg, 1899, S. 4, 5
240 Nachlass Paul Häberlin, Rezensionen in den Basler Nachrichten. In: UBH NL 119 : 8 C-O – Stein 1904 – Stein 1897
241 Der Verriss erschien im ArchSozWiss, das unter anderem von Marianne Webers Ehemann Max herausgegeben wurde – Tönnies 1904, S.442–460, besonders S. 442, 445, 446, 452, 453 und 457. Max Weber übernahm ArchSozWiss 1904.
242 Hertz, S. 13, 14 – Bund, Nr. 476, 9.10.1905, S. 2
243 BeTg, 18.10.1906
244 Stein 1906 Anfänge, S. 67, 59
245 Sidler an AT, 13.2.1897. In: StABE N Tumarkin 1/4. – Feller, S. 482
246 Keller Conrad. In: HLS – https://shevalie-simon.livejournal.com/2078.html (Zugriff 16.3.2024) – NZZ, 3.10.1906
247 SHC, Nr. 253, 26.10.1906 – BeTg, 10.11.1906 – Samstag, 23.5.1908 – Nebelspalter, Heft 16, 20.4.1907, S. 3; Heft 47, 2.7.1921 – JB, 13.10.1906
248 Stein an ED, 14.9.1906 Urlaub für WS 1906/07. Bewilligung 15.9.1906. In: StABE BB III b 622 – Senatsprotokoll, 2.11.1906. In: StABE BB III b, 949 (Vertretung durch Dürr und Tumarkin)
249 Feller, S. 418 – BeTg, 10.11.1906 – Krupp-Hochzeit nicht nachweisbar: Mtt. 9.2.2018, Prof. Stremmel, Dr. Droste vom Historisches Archiv der Alfred Krupp von Bohlen und Halbach-Stiftung, Essen
250 Be Tgbl, 10.11.1906 – Academia, 21.12.1906 – Gemäss Adressbuch wohnte Stein 1908/09 noch in der Villa Schönburg, das Haus gehörte ihm auch 1909/10 noch, als er nicht mehr in Bern gemeldet war. 1910/11 war Pierre von Bensson Eigentümer.
251 Feller, S.418, siehe auch S. 441, 481/2 – Vgl. Hochschulgeschichte, S. 78/79, 146/147
252 Hochschulgeschichte, S. 502 – Heft 27, 6.7.1907, S. 4 – Baynac 1994, S. 177 – Bund, Nr. 435, 16.9.1906, S. 2 – Oberländisches Volksbl. 4.9.1906; 25.9.1985 – TDG, Nr. 217, 15.9.1906; Nr. 220, 19.9.1906; Nr. 221, 20.9.1906
253 Kriminalkammer des Kantons Bern, Tatiana Alexandr. Leontieff, Blatt 337. In: StABE BB 15.4.1820
254 Nebelspalter Heft 11, 16.3.1907, S. 4; Heft 17, 27.4.1907, S. 8; Heft 19, 11.5.1907, S. 8; Heft 27, 6.7.1907, S. 4 – SHausZ, 13.10.1906
255 Wassilieff. In: HLS – BAZ, 15.3.1908
256 Bund, Nr. 148, 29.3.1907; Nr. 138, 22.3.1907, S. 1; Nr. 150, 31.3.1907, S. 5 – Baynac 1994, S. 180 – Kriminalkammer des Kantons Bern als Assisengerichtshof des I. Geschworenenbezirkes im Schloss Thun, 25.3.1907, S. 60; 28.3.1907, S. 69. In: StABE BB 15.4.1820
257 L'Humanité, 5.2.1907. Übersetzung ihres Gedichts in BeTgw., 9.2.1907 – Bund, Nr. 138, 22.3.1907, S. 1 – Baynac 1994, S. 232/233, vgl. S. 163
258 Nebelspalter, Heft 36, 3.9.1910, S. 2 – Bund, Heft 231, 19.5.1907, S. 4 – Berner Chronik, in NBT, Bd. 16, 1910, S. 330 – Baynac 1994, S. 192, 199, 202, 205 (Eltern), 209/10 (Aufhebung Grab 1952)
259 Feller S. 449 – BeVolksztg, 12.12.1906 – Hochschulgeschichte, S. 146/7, 501/502 – Kölnische Ztg, 3.7.1907
260 Rogger 2014, S. 308 – Hochschulgeschichte, S. 500
261 Nebelspalter, Heft 40, 1.10.1898, S. 5 – Academia, 22.5.1908 – Bund, Nr. 396, 23.8.1907, S. 2 – Ansehen der Russinnen und Russen: Rogger 2000, S. 152 – Rogger 2014, S. 295–335, S. 307, v.a. S. 328, Anm. 50 und 51 – BeTgbl, 20.7.1907 – JB, 26.2.1908 – Berner Volksztg, 12.12.1906 – Hochschulgeschichte, S. 502 – Interpellation Bühlmann. In: Tagbl. GR, 23.2.1903, S. 71
262 BeTgbl, 20.7.1907 – Hochschulgeschichte, S. 146
263 Feller, S. 449/50 – Kölnische Ztg, 3.7.1907 – GDL, 22.1.1908; 31.1.1908 – Frankfurter Ztg, 24.1.1908 – Allgemeine Ztg. München, 29.1.1908 – NZZ, 29.1.1908 – BAZ, 15.3.1908 – Senatsprotokoll, 31.5.1907, ohne Stein und AT: Antrag der med. Fak. betr. Verschärfung der Aufnahmebedingungen für russische Studentinnen; Senatsprotokoll, 12.7.1907. In: StABE BB III b 949 – Hochschulgeschichte, S. 501
264 Fakultätsprotokoll, 27.2.1911, mit AT. In: StABE BB 05.10.1708
265 Saurer/Beran, S. 31, 43
266 https://archive.org/details/berichtberdenoointe/page/62/mode/2up (16.3.2024) – Elsenhans, S. 3, 21
267 Windelband an AT, 9.2.1912; 18.7.1907. In: StABE N Tumarkin 1/7
268 Frankfurter Ztg, 2.9.1908 – Windelband, 1.9.1908. In: Elsenhals, S. 57, 59 – NZZ, 2.9.1908
269 Elsenhans Einführung. In: Elsenhans, S. VI – Frankfurter Ztg, 1.9.1908
270 Frankfurter Ztg, 8.9.1908
271 Dürr: Elsenhans, S. 382, 612, 726, 733 – Herbertz: Elsenhans, S. 26
272 Elsenhans, S. 47 – Depenau, S. 52 – Bericht: https://www.pdcnet.org/ https://cyberleninka.ru/article/n/lurie-emiliya-grigorievna-gershovna-filosof-zhurnalistka-literaturoved tion-anonymous/browse?start=20&fq=wcp3%2f-

Year%2f7091%7c1909%2f&fp=wcp3 (Zugriff 16.3.2024)
273 Vossische Zeitung, 1.9.1908 Beilage 1 – AT 1908 Kritisches Problem
274 https://ul.qucosa.de/api/qucosa%3A12756/attachment/ATT-0/ (Zugriff 16.3.2024) – Elsenhans, S. 273
275 Kroner, In: Elsenhans, S. 823-830
276 Mannheimer, 4.9.1908
277 Frankfurter Ztg, 1.9.1908; 2.9.1908 – Elsenhans, S. 6
278 Elsenhans, S. 19 – Frankfurter Ztg, 4.9.1908; 5.9.1908
279 Feuilleton von Dr. Arnold Ruge. In: Frankfurter Ztg, 4.9.1908; 7.9.1908 – Elsenhans, S. 5, 19 f. – Depenau, S. 46
280 Frauenstudium Freiburg i. Br.: https://idw-online.de/de/news18330 – Frauenstudium Heidelberg: https://www.uni-heidelberg.de/studium/journal/2009/11/frauen.html (Zugriffe 17.3.2024)
281 Anwesend waren Teresa Labriola, Hedwig Bender und Frances Rousmaniere. Elsenhans S. IV, 22, 27, 29. PD Labriola war die Tochter und Schülerin des 1904 verstorbenen «genialen» Römer Professors Antonio Labriola. In: Vossische Zeitung, 1.9.1908, Beilage 1.
282 Christine Ladd-Franklin. In: Waithe, Volume 3, S. 261/262 – Elsenhans, S. 664 – https://de.wikipedia.org/wiki/Christine_Ladd-Franklin – https://de.vvikipedla.com/wiki/Fabian_Franklin (Zugriffe 17.3.2024)
283 Clarisse Coignet. In: Waithe, Volume 3, S.171–183 – Elsenhans, S. 358
284 Constance Jones. In: Waithe, Volume 4, S. 25–48 – Elsenhans, S. 767, 920 – https://plato.stanford.edu/entries/emily-elizabeth-constance-jones/ – https://en.wikipedia.org/wiki/Constance_Jones (Zugriffe 17.3.2024)
285 Elsenhans, S. III
286 Weber Marianne, 1900, 1906 und 1907
287 Fügen, S. 86 – Graf Friedrich Wilhelm, Die Rationalismus-Idee hatte er von ihr. In: FAZ, 14.1.2011: https://www.faz.net/aktuell/feuilleton/buecher/rezensionen/sachbuch/baerbel-meurer-marianne-weber-die-rationalismus-idee-hatte-er-von-ihr-1573361.html (Zugriff 17.3.2024)
288 Fügen, S. 51
289 Weber Max, Politik als Beruf, zit. nach Schaser, S. 13
290 Fügen, S. 61
291 Schaser, S. 108, 109, 155, 250, 251, 293, 306, 353 – Marianne Weber, geb. Schnitger. In: FemBio: https://www.fembio.org/biographie.php/frau/biographie/marianne-weber/ (Zugriff 17.3.2024)
292 Weber Max: Elsenhans, S. 991 – Weber Marianne: Elsenhans, S. 21
293 https://de.wikipedia.org/wiki/Marianne_Weber_(Frauenrechtlerin) – Schaser, S. 133, 299, Anm. 77, 268 – https://www.zeit.de/2005/42/P-Weber/seite-2 (Zugriffe 17.3.2024)
294 Schaser, S. 112, 133
295 C[lara] K[eller]-H[ürlimann], Ziele der Frauenbewegung. Vortrag in Zürich und in Basel von Helene von Mülinen. In: Frauenbestrebungen, 1.11.1907, S. 82; 1.2.1909, S. 15
296 Mackenroth: Academia, 5.11.1908; NZZ, 1.11.1908, 8.11.1908 – Heymann: Academia, 27.11.1908; NZZ, 20.11.1908 – Stöcker: Academia, 20.11.1908, Bund, Nr. 95, 26.2.1908, S. 2 – JB, 2.3.1908; 19.2.1908 – Woker: Frankfurter Ztg, 27.9.1907, Leitner, S. 46
297 Bund, Nr. 47, 28.1.1905, S. 2; Nr. 50, 31.1.1905, S. 3; Nr. 58; 4.2.1905, S. 3
298 C[lara] K[eller]-H[ürlimann], Das Frauenstimmrecht. Vortrag Platzhoff-Lejeune. In: Frauenbestrebungen, 1.3.1908, S. 22/23
299 AT 1908 Spinoza – SFZ Bd. 30, Beilage zu Nr. 4, 26.1.1908, o.S. (Lange)
300 AT 1908 Spinoza, Vorwort, S. 88/89. Gewidmet «Dem Andenken meines Vaters» – pan. Zum Hinschied von Prof. Dr. Anna Tumarkin. In: NBeZ, 11.8.1951
301 Strahm, S. 9
302 Richard Jost an AT, 30.4.1918; 6.8.1918; 1.12.1918; Antwort 26.7.1918: In: N Tumarkin 1.6 – Mtt. Mike Skorzinski, 28.6.2022
303 Georgi Iwanowitsch Tschelpanow (*Georgij Ivanovič Čelpanov*), 1862–1936, Philosoph und Psychologe, Lehrer an der Kiewer und Moskauer Universität. – Die Episode findet sich in Gordons Schrift Aus meinen Erinnerungen an Georgi Tschelpanov, erschienen in Voprosi psychologii, 1995, Nr. 1, S. 88: http://www.voppsy.ru/issues/1995/951/951084.htm (Zugriff 17.3.2024). Sie sollte im Heft Questions of Philosophy and Psychology publiziert werden. (Redaktionssekretärin war Nadezhda Petrovna Korelina) Mtt. und Übersetzung: Walter Sennhauser
304 AT an ED, 17.12.1908; Dekan an ED, 28.1.1909. In: StABE BB III b 623 – RRB/SRR, 3.2.1909
305 Gesetze Uni Bern, Art 65: oP und aoP haben Sitz und Stimme in der Fakultät – Senatsprotokoll, 19.2.1909. In StABE BB III b 949 – Fakultätsprotokoll, 25.1.1909; 3.2.1909; 15.2.1909. In: StABE BB 05.10.1707 – Verwaltungsbericht ED 1909,

S. 28, 72 – RRB/SRR, 27.5.1909: Titularprofessuren wurden aufgehoben, bestehende behalten
306 SLZ, 13.2.1909, S. 70 – Berner Chronik in: NBT, Bd. 15, 1909, S. 329 – Oberländer Tgbl, 5.2.1909; 10.2.1909; 30.10.1909 – Bund, Nr. 60, 5.2.1909, S. 2; Nr. 86, 22.2.1915, S. 3 – Zürcher Freitagszeitung, 12.2.1909 – Academia, 12.2.1909, Nr. 17, S. 132 – Fremden-Blatt Wien, 20.3.1920
307 Der Bund, Nr. 549, 21.11.1909, S. 2, und Nr. 551, 22.11.1909, S. 2 – Rectorats- und Senats-Akten, Nov. 1909. In: StABE BB III b 994
308 Fakultätsprotokoll, 10.1.1905; 6.2.1905; 21.5.1906; 1.6.1906, mit Stein; Mtt. ED: Urlaub für Stein, Dozentenhonorar für Tumarkin In: StABE BB 05.10.1706 – Stein an ED, 15.5.1906; RRB/SRR, 19.5.1906. In: StABE BB III b 622
309 Stein an ED, 14.9.1906 Urlaub für WS 1906/07. In: BB III b 622 – Urlaubsgesuch WS 1906/07. In: BB III b 849 – Bewilligung RRB/SRR, 15.9.1906 – Senatsprotokoll, 2.11.1906. Gemäss Gesuch vom 15.9. erhält Stein Urlaub für WS 1906/07. In: StABE BB III b 949 – Fakultätsprotokoll, 14./15.9.1906; 5.11.1906. In: StABE BB 05.10.1706 – Verwaltungsbericht ED 1906, S. 338 – Bund, Nr. 453, 28.9.1913, S. 5; Nr. 455, 29.9.1913, S. 2
310 Nebelspalter, Heft 16, 20.4.1907, S. 3 – Flores Academici. In: StABE BB IIIb 1030 – NZZ, 12.11.1906 – Berner Tgbl., 10.11.1906
311 Academia, 18.1.1907; 3.5.1907
312 Hauptbuch des Quästors, SS 1906 bis WS 1909/10. In: StABE BB III b 848-855
313 Graf, S. 251 – Kraigher, S. 5 – Jorio, S. 4 – Sidlers Leiche wurde in feierlichem Zug nach Zürich überführt, und die Asche im Beisein des christkatholischen Bischofs Eduard Herzog im Zürcher Zentralfriedhof beigesetzt. In seinem Testament bedachte er verschiedene Zuger Institutionen. Seine Familienbilder und alle zugerischen Erinnerungsstücke überliess er dem historischen Museum Burg Zug, der wissenschaftliche Nachlass ist in der Burgerbibliothek Bern – Ehrenurkunde der Universität Bern für Prof. Georg Sidler für seine 50-jährige Tätigkeit im Berner Schuldienst, speziell an der Universität. In: Museum Burg Zug, Inventarnr. 8349, Zierhandschrift 1906 – Weber Leo, Nachruf auf Prof. Dr. Georg Sidler. In: NZZ, 13.11.1907 – Weber Leo, Zur Erinnerung an Prof. Georg Sidler. Worte gesprochen am 12.11.1907 im Krematorium des Zentralfriedhofes zu Zürich – Graf J.H., Leichenrede auf Georg Joseph Sidler. In: Bund, Nr. 539, 15.11.1907, S. 1

314 Stein 1908 – Eleutheropulos [Abraham], Philosophische Strömungen der Gegenwart. In: Soziologie, Heft 1, Leipzig, Januar 1909, S. 74–81
315 Graeter Alb., Eine eidgenössische Blamage und Prof. Stein und sein Ueberbrettl. In: Samstag, 23.5.1908, S. 66 und S. 69. In: StABE BB III b, Nr. 622 – Mesmer, S. 147 – Dutoit – Hilty, Glück
316 Tumarkin Anna, + Ludwig Stein. In: Bund, Nr. 325, 16.7.1930, S. 1 – StABE BB III b 994
317 Steins Urlaubsgesuch an ED für WS 1909/10, 26.7.1909; Stein an RR.12.10.1909. In: StABE BB III b 622 – Senatsprotokoll, 29.10.1909, Vertretung Tumarkin. In: StABE BB III b 950 – Fakultätsprotokoll, 1.11.1909, Urlaub/Stellvertretung 1909/10 genehmigt. In: StABE BB 05.10.1707 – Tatsächlich gab es keine Philosophie-Doktorexamen im Winter 1910/11. Promotionen sämtlicher Fakultäten. In: StABE BB III b 1197
318 RRB/SRR, 23.9.1903, Lehrbestätigung auf sechs Jahre vom 1.10.1903. In: StABE BB III b 622 – Oberländer Tgbl. 30.10.1909 – Graeter Alb., Berliner Studien. In: Samstag, Nr. 3, 4.12.1909, S. 19
319 Brief von Malerin Dora Hitz, 16.6.1909, sie wolle im Oktober in Rom auch die Schweizer Philosophieprofessorin und Frauenrechtlerin Anna Tumarkin treffen. In: Gutgesell, S. 440.
320 Senatsprotokoll, 9.11.1909, mit Stein. In: StABE BB III b 950
321 Kaufbeile vom 17.11.1909. Grundbuchamt Bern-Mittelland, Nr. 89 des Tagebuches A, Nr. 1894. Kaufvertrag Beleg 1/557. In: StABE Bez Bern B 10077, Beleg 195/478 – Kanton Bern, Grundbuchamt Bern-Mittelland, Grundstück Bern 5, Nr. 869, Amtsnummer 030, Beleg 1/557 vom 3.11.1909. In: StABE Bez. Bern B 10180.
322 RRB/SRR, 27.11.1909; RRB/SRR, 30.11.1909 – Stein, Lützowufer 5A, Berlin W 10, an RR Lohner, Ratssaal, 25.11.1909. In: StABE BB III b 622
323 Dekan Müller-Hess an ED, 3.12.1909. In: StABE BB III b 622
324 Oberländer Tgbl, 30.10.1909
325 Fakultätsprotokoll, 6.12.1909; 2.1.1910; 25.1.1910. In: StABE BB 05 10.1707
326 Hochschulgeschichte, S. 147 – Bund, Nr. 135, 28.3.1924, S. 1 – Nebelspalter, Heft 5, 29.1.1910, S. 1
327 Tumarkin an Ludwig Stein, Berliner Lützowufer 5, dann Hotel Hungaria, Budapest 1911 – Nachlass Ludwig Stein. In: Staatsbibliothek zu Berlin. Handschriftenabteilung. https://kalliope-verbund.info/DE-611-BF-4177

328 AT 1912 Dilthey – Dr. Arthur Liebert (Berlin), stv. Geschäftsführer, Kantgesellschaft, Berlin, Fasanenstr. 48, an AT, 28.2.1912. In: N Tumarkin 1.6
329 1921 erschien nur ein erster Teil: Die Geschichte der Philosophie bis Platon – Stein an ED, 4.9.1906. Er wolle im WS 1906/07 ein grösseres Werk, an dem er seit zehn Jahren arbeite, zum Abschluss bringen – Jewish Daily Bulletin, 16.7.1930 – New York Times, 15.7.1930
330 AT 1930 Ludwig Stein – Bund, Nr. 325, 16.7.1930, S. 1
331 Gesetze Uni Bern, Art. 65
332 Fakultätsprotokoll, 1.3.1909. In: StABE BB 05.10.1707.
333 Berner Tgbl, 19.12.1908 – Senatsprotokoll, 15.1.1909 mit Stein, Tschirch. In: StABE BB III b 949 – Rectorats- und Senats-Akten 1909. In: StABE BB III b 994 – Hochschulgeschichte, S. 486–488
334 Demission auf den 30.9.1909, gest. 5.8.1909, stille Beisetzung am 6.8.1909 – Feller, S. 486–488
335 [Agnes] v(ogel-debrit) zum 70. Geburtstag von Prof. Dr. Anna Tumarkin. In: «Berna», 2.3.1945
336 Fakultätsprotokoll, 5.7.1909; 19.7.1909. In: StABE BB 05 10.1707 – Sieg, S. 209 – Vgl. Worringer an AT, 27.4.1920. In: StABE N Tumarkin 1/7
337 Kinkel, Giessen, an AT, 29.10.1909. In: N Tumarkin 1/6
338 Fakultätsprotokoll, 15.11.1909; 12.12.1910. Neuer Habilantrag von Gustav Falter. Herbertz und Dürr dagegen. In: StABE BB 05.10.1707 – Senatsprotokoll, 13.5.1910 in: StABE BB III b 950. Bereits am 20.11.1909 reichte Falter eine neue Schrift ein, die aus formellen Gründen abgelehnt wurde (Karenz von einem Jahr) – Sieg, S. 209, 255, 485
339 11.1.1910: Demission Stein– AT an ED, 23.1.1910, Bewerbung. In: StABE N Tumarkin 1/2 – 7.2.1910: 30 Anmeldungen eingelaufen. Singer sagt, Prof. Simmel würde auch Ruf annehmen.
340 Fakultätsprotokoll, 28.2.1910. Ohne Tumarkin. Gutachten über die Besetzung der Philosophieprofessur. In: StABE BB 05.10.1707 und StABE BB III b Nr. 616 und StABE BB III b 1300 – https://www.fembio.org/biographie.php/frau/biographie/gertrud-kantorowicz/ (19.3.2024) – https://d-nb.info/1184813442/34 (Zugriff 19.3.2024)
341 Bund, Nr. 106, 4.3.1910, S. 3: Artikel betr. Nachfolge Stein im Bund, Vorschläge Dr. Bauch aus Halle und Dr. Herbertz aus Bonn – ad: Dr. med. Georges Jonquière: In: Bund, Nr. 545, 21.12.1926, S. 3

342 AT 1909 Kants Lehre
343 Jonquière an RR, 7., 8.3.1910. In: StABE BB III b 616 – Vgl. Balsiger, S. 43!
344 Herbertz. In: StABE BB III b 616 – Doktorhut, S. 168
345 Prof Dürr verlas das von der Komm. ausgearbeitete Gutachten am 28.2.1910. In: Fakultäts-Akten StABE BB III b 1300.
346 Rectorats- und Senats-Akten, 13.4.1910, Wahl Herbertz': Amtsantritt 25.4.1910. In: StABE BB III b 995 – Senatsprotokoll, 13.3.1910, mit Tumarkin und 19 Mitgl. In: StABE BB III b 950 – Fakultätsprotokoll, 9.5.1910, mit Tumarkin. In: StABE BB 05.10.1707
347 AT an Paula Häberlin, 1.10.1918. In: Basel, UB, UBH NL 119: 19,307,1 – Wolf, Hugo, Über Nacht, Gedicht von Julius Sturm; english words by John Bernhoff. Musikalie, Berlin, s.d., vertont von Hugo Wolf
348 Amstutz Erinnerungen. In: AGoF Nr. 515
349 Gutachten, in: Fakultätsprotokoll, 28.2.1910. In: StABE BB 05.10.1707 – Akte Prof. Stein. In: StABE BB III b Nr. 616 – Fakultäts-Akten. In: StABE BB III b 1300
350 AT an RR, 2.2.1913; 4.2.1913; ED an RR, 20.2.1913; Mitbericht FIN, 5.3.1913. In: StABE III b 623 – https://de.wikipedia.org/wiki/Karl_K%C3%B6nitzer (Zugriff 19.3.2024) – RRB/SRR, 7.3.1913 – Senatsprotokoll, ohne AT, 30.5.1913. In: StABE BB III b 950
351 AT an RR, 2.12.1913; ED an AT, 5.12.1913; AT an RR, 28.1.1914; ED an AT, 30.1.1914. In: StABE III b 623
352 Dekan Singer an ED, 16.2.1914; Dekan Weese an ED, 1.2.1916. In: StABE BB III b 623 – Fakultätsprotokoll, 2.2.1914; 16.2.1914. In: StABE BB 05.10.1708
353 Vortrag ED, 28.8.1916; Mitbericht FIN, 29.8.1916, 4.9.1916; AT an ED, 11.9.1916; RRB/SRR, 14.9.1916. In: StABE BB III b 623
354 Bund, Nr. 515, 1.11.1911, S. 3 (Vorschau) – O.V. Was ist uns heute Kant? Achter akademischer Vortrag. In: Bund, Nr. 57, 4.2.1912, S. 4
355 Aufruf 14.10.1909, anl. Jubiläum. In: StABE BB III b 994.
356 Fakultätsprotokoll, 19.2.1912. AT abwesend. Wahl zum Sekretär: 22 verteilte Stimmen: 18 für AT, 4 leer. In: StABE BB 05 10.1708
357 Fakultätsprotokoll, 28.2.1910, 6.5.1912. In: StABE BB 05.10.1708
358 Zurlinden, 2.12.1907; Landesausstellung, 13.5.1912; Martha Reiman, 22.5.1912, Heinrich Barth, 20.2.1913; Emilia Lurie, 1.3.1913. In: StABE BB 05.10.1708

359 Frauenblatt, 15.8.1952
360 SAB, Fr[emdenbuch] VII 1896 ff.: Amthausgasse 26/Frl. Hoff, ab 8.4.1912; SAB, R[ussen] I 99.
361 Adressbuch 1912-13: Hoff Ida Frl. Dr. med., Spezialarzt für innere Krankheiten, Amthausgasse 26 und Toumarkina E. Anneta – Vgl. Weber, Berchtold
362 Liegenschafts-Anzeiger. In: Berner Tagblatt, Beilage, 18.1.1912, 21.3.1912
363 Interview Mercier – Hoff (Leuch), S. 6 – Quartierinventar Kirchenfeld-Brunnadern: file:///Users/rogger/Downloads/kirchenfeld-brunnadern.pdf (Zugriff 15.3.2024)
364 Hoff (Debrit-Vogel), S. 11/12 – Frauenblatt, 15.8.1952 – SAB E 5: 23.11.1945 – Schreiben der Städt. Schuldirektion an den Gemeinderat. Zit. nach Hofmann Michèle, S. 26/27 – 1933 wurde in Biel Dr. Emma Moser Schulärztin. Siehe: AGoF, n.k. Moser Emma
365 Hoff (Debrit-Vogel), S. 11/12
366 Interview Rupp-Haller – Hoff (Leuch), S. 6
367 Hoff (Debrit-Vogel), S. 12, 14 – AT an Herrn und Frau Prof. Häberlin, 15./16.2.1930. In: Basel, UB, UBH NL 119 : 10, 1652, 5 – Vgl. Platos Staat, gemeinsam mit Prof. Tièche. I u. II, SS 1935. In: N Tumarkin 1.13
368 Interview Rupp-Haller
369 Hoff (Leuch), S. 7; Hoff (Debrit-Vogel), S. 11
370 Strahm, S. 9, 10
371 AT 1920 Romantik, S. 126, 131, 133, 138, 139, 140 – Bund, Nr. 529, 10.12.1920, S. 2
372 Bund Kl, Nr. 44, 6.11.1921, S. 351
373 AT 1920 Romantik, S. 139/140 – Vgl. Herbertz Richard. In: Basler Nachrichten, Nr. 335, 10.8.1951
374 Bund Kl, Nr. 44, 6.11.1921, S. 351
375 Inserat auf der letzten Seite von Dürck
376 Berlin Isaiah, S. 244
377 A[gnes] D[ebrit]-V[ogel], Die 1. Frauengewerbeausstellung in Bern. 1.–14. Oktober 1923. In: BW, 6.10.1923, S. 504/5 – Frauengewerbe-Ausstellung – Nachschrift Greti Buchmüller und Vorlesungsnotizen: Anna Tumarkin, Die Weltanschauung der Klassiker und der Romantiker, WS 1919/20. In: BBB N Karl Bürki jun. 161.
378 Bund, Nr. 427, 7.10.1923, S. 5
379 Fakultätsprotokoll, 9.5.1910. In: StABE BB III 05.10. 1707 – Senatsprotokoll, 13.5.1910. In: StABE BB III b 950 – Bund, Nr. 561, 28./29.11.1910, S. 2
380 Balsiger, S. 45 ff – Ehe mit Johanna Auguste Henke: 30.11.1901, Sohn Burkhard 3.9.1902, Scheidung 6.11.1917 – Wiederverheiratung 6.3.1918 mit der 23-jährigen Privatière Helene Ruth Geissel, Tochter Anita
381 Einkommensverhältnisse, Zivilprozess, Klage, Scheidung, usw. Alles in: StABE BB III b 616.
382 Einbürgerungen 1939, Nr. 88, Herbertz. In: StABE BB 4.4.281
383 Balsiger, S.55
384 Auf Kosten der NZZ zum Psychologenkongress in München, Residenz in vornehmen Hotels, April 1925. In: StABE BB III b 616 – Balsiger, S. 47, 55 – Beau Rivage in Thun, Hofstettenstrasse 6
385 Berliner Jll. Nr. 46, 1925 (Preisausschreiben); Nr. 13, 1926 (Predigt), zit. nach: Deutsches Hygiene-Museum Dresden – https://sammlung.dhmd.digital/object/b62998d3-3361-476a-bc35-edd837918eb2 – https://sammlung.dhmd.digital/object/81c61b7a-7ad5-4f23-802e-47eeb3faa949 (Zugriffe 19.3.2024) – Balsiger, S. 57
386 StABE BB III b 616 (Lehrkörper) – Balsiger, S. 57
387 Gubig, S. 38
388 Herbertz, 3.3.1920. In: StABE BB III b 616 – Fakultätsprotokoll, 13.7.1928. In: StABE BB 05.10.1712 – Herbertz an Kollegen, 7.11.1920. In: StABE N Tumarkin 1/7
389 Räume: 28.5.1945 in: StABE BB 8.2.276 – Seminare Raumfragen 1896–1946. In: StABE BB III b 628
390 Balsiger, S. 44 ff, 49 ff – F. W. Keller, 26.3.1944. In: StABE BB III b 631 – Herbertz, 14.12.1930; 14.2.1927 (ungünstig angesetzte Termine); 29.11.1935; 27.11.1935; 11.6.1935 (Rücksicht auf Zugverbindung); 1.6.1936. In: StABE BB III b 616.
391 Herbertz, 17.9.1942; 22.9.1942. In: StABE BB 8.2.248
392 Herbertz, 19.2.1935 (betr. Dekan). In: StABE BB III b 640
393 Fakultätsprotokoll, 18.7.1935; 11.11.1935. In: StABE BB 05.10.1712 – Liste: In StABE BB III b 629 – Doktoranden: StABE BB III b 638-640 – Crivelli: StABE BB III b 643
394 Z.B. Heinz Mahlberg – Dekan Theiler an Fritz Strich, 9.5.1947. In: StABE BB III b 641 – BAR E 4321 (A) 1991/33, Bd. 10 – BAR Bestand E4321A Papier 1991/33_10 – BAR E4321A#1991/33#349
395 Herbertz, 26.2.1942. In: StABE BB 8.2.276 – Herbertz, 13.10.1952. In: StABE BB III 641
396 Herbertz, 29.11.1921; ED an Richteramt Thun. In: StABE BB III b 616 – 31.1.1924 (Lohnpfändung), in: StABE BB III b 616 – Herbertz, 4.10.1937; 9.11.1937
397 Lehrkörper, Herbertz, 20.8.1936. In: StABE BB III b 616 – Balsiger, S. 62 ff – Rogger 2000, S. 157

398 Tagblatt GR, 2.10.1939. In: StABE BB III b 616
399 Herbertz, 29.3.1939; 14.8.1939; 1.9.1939; 17.9.1939. In: StABE BB III b 616
400 Lehrauftrag, 26.2.1950, 18.1.1952. In: StABE BB 8.2.27 – Herbertz, 7.7.1925, 10.7.1925. In: StABE BB III b 616 – Brückweh, S. 144 – https://de.wikipedia.org/wiki/Fritz_Angerstein (21.3.2024)
401 Dürrenmatt Haus, S. 424/5, 428 – Die Mitgliedschaft zur Verbindung konnte nicht überprüft werden. Würzburg lehnte die Fernleihe des Buches Corps Hansea zu Bonn – die Jahre 1929–1999: siebzig Jahre seiner Geschichte aus Datenschutzgründen ab. Mtt. Fernleihe BTO Bern, 19.7.2017. Nachfrage beantwortete Corps Hansea, Bonn, nicht.
402 NBeZ,15.8.1928
403 Dürrenmatt Haus, S. 426/427
404 Gauss H[ermann], Richard Herbertz in memoriam. In: Bund, Nr. 432, 11.10.1959, S. 6
405 Balsiger, S. 82
406 Dürrenmatt Haus, S. 427
407 Dürrenmatt Haus, S. 425, 427/428 – NBeAbh
408 Prüfungen: Fakultätsprotokoll, 9.5.1910; 3.11.1913; 25.5.1914. In: StABE BB 05.10.1707, 1708 – Herbertz, 7.7.1923; 16.7.1923; 23.5.1926, 28.4.1934. In: StABE BB III b 616 – «Fall Keller», 18.10.1944. In: StABE BB III 643
409 Reden zum 200. Geburtstage Kants – Bund, Nr. 190, 6.5.1924, S. 3 – Senatsprotokoll, 11.12.1923; 5.11.1926, ohne AT. In: StABE BB III b 950
410 Akademische Pestalozzi-Feier, 17.2.27; 20.2.1927. in: StABE BB III b 950 – Bund, Nr. 28, 19.1.1927, S. 2; Nr. 60, 8.2.1927, S. 3; Nr. 71, 15.2.1927, S 2
411 Paracelsusfeier: Senatsprotokoll, 14.11.1941. In: BB III b 951
412 National-Zeitung, 24.9.1941
413 Paracelsus-Kongress in Einsiedeln 1941. In: Gantenbein, S. 84–109 – Betschart, Einführung. In: Nova Acta Paracelsica, S. 9–16.
414 Herbertz, 2.6.1933. In: StABE BB III b 616 – NBeAbh: Autoren der fünf Hefte waren: Bernhard Ihringer, Carlo Sganzini, Paul Köhler, Robert Roetschi und Walter Benjamin– Herbertz 1938 – Herbertz 1948
415 Balsiger, S. 74
416 Todesanzeige der Uni. In: StABE BB 8.2.276
417 Huber Eugen, Lina+ 15.11.1910 – BAR J1.109-01#1000/1276#3 – Huber Eugen Brieftagebuch: https://www.digibern.ch/katalog/eugen-huber (Zugriff 21.3.2024)
418 Huber Eugen, Lina+ 26.7.1915. In: Brieftagebuch (Mtt. Verena Müller) – Huber an AT, 1.12.1920, 30.1.1921. In: StABE N Tumarkin 1/8 – Huber Realien – Rogger 2021, S. 160
419 Huber Eugen, Lina+ 28.12.1911. In: Brieftagebuch
420 Auf der Rückseite des Bildes steht geschrieben: «Fräulein Prof. Dr. Anna Tumarkin. Prof. für Philosophie an der Universität Bern. Geschenk von Frau Dr. Leuch 11. VI 1973». Das Bild war von der Kunsthandlung F. Christen, Amthausgasse 7, eingerahmt geworden. StABE N Tumarkin 1/14
421 Huber Eugen, Lina+ 22.11.12 – Huber Eugen, Lina+ 20.2.11. In: Brieftagebuch
422 Huber Eugen, Lina+ 6.7.1911. In: Brieftagebuch
423 Marie [Röthlisberger] Huber, 1891–1959, verh. mit Paul Huber, 1885–1941. Kinder: Eugen Huber, 1915–1938, und Dorothea Huber, 1917–1988 – Marie Huber an AT, Hohfluh, 1.8.1923; Marie Huber an AT, Ennenda, 21.12.1922. In: StABE N Tumarkin 1/8
424 Ad Eugen Huber und die Frauen: Rogger 2021, S. 158–166
425 Fakultätsprotokoll, 27.6.1910; 8.7.1910; 8.6.1911. In: BB 05.10. Nr. 1708 – Caruso – https://library.osu.edu/projects/hebrew-lexicon/00095_files/caruso.pdf – https://en.wikipedia.org/wiki/Chava_Shapiro – https://en.wikipedia.org/wiki/Reuben_Brainin (Zugriffe 22.3.2024) – Schapira Diss, S. 56
426 Fakultätsprotokoll, 27.6.1910; 8.7.1910; 11.7.1910. In: StABE BB 05.10. Nr. 1707
427 Wladimir Iljitsch Uljanow und seine Frau Nadeschda Konstantinowna *Krupskaja* lebten von September 1914 bis Februar 1916 in Bern an verschiedenen Adressen im Länggass-Quartier. So etwa am Falkenweg 9, am Donnerbühlweg 33, am Distelweg 11, an der Blumensteinstrasse 17 und am Seidenweg 8. Bewilligung in der Stadt Bern: https://www.20min.ch/story/als-lenin-die-stadt-bern-um-aufenthalt-bat-812021555212 (Zugriff 22.3.2024)
428 Ausleihschein 29.–30.12.1914 von Wl. Uljanow, Journalist, Distelweg 11. Leihschein. In: SNB, Archiv Lenin (MS L 55) – Notiz Lenins zu P. Genoffs Buch steht auf der ersten Seite des Hefts: «(Verschiedenes +) Hegel». In: Lenin Werke, S. 374/375. Anm. 190 – Genoff Diss – Jodl
429 Genoff an AT, 6.2.1911; 1.4.1911. In: StABE N Tumarkin 1/5
430 Lurie: Fakultätsprotokoll, 1.3.1913. In: StABE BB 05.10. Nr. 1708 – Lurie Diss. – The Future, Nr. 1–3, 1915
431 https://cyberleninka.ru/article/n/lurie-emiliya-grigorievna-gershovna-filosof-zhurnalistka-literaturoved (Zugriff 27.4.2024), S. 130–137 – L. Kiejzik,

N. Orłowa: Kobiety w filozofii rosyjskiej. Filozofowie rosyjscy o kobietach. Ciąg dalszy esejów subiektywnych – Zielona Góra: Oficyna Wydawnicza Uniwersytetu Zielonogórskiego, 2021 – Die Angaben zu Lebensstationen und Wirken beruhen auf L.s eigenem Curriculum vitae und anderen Materialien im Archiv der Russländischen öffentlichen Bibliothek St. Petersburg, Signatur: Arch. RNB, F. [russ. Fond, Dossier] 10/1, No. 2429 – Biografisches Lexikon der Mitarbeiter der Russländischen öffentlichen Bibliothek (Sotrudniki RNB, dejateil nauki i kul'tury, Online-Version). Begraben ist L. auf dem Piskarew-Friedhof in St. Petersburg. Mtt. und Übersetzung: Monika Bankowski
432 Stawrewa an AT, 16.2.1914; 19.6.1914. In: StABE N Tumarkin 1/5 – Fakultätsprotokoll, 18.6.1914. In: StABE BB 05.10. Nr. 1708
433 Sapundschijeff: Fakultätsprotokoll, 7.6.1915; 15.7.1915; 30.1.1916. In: StABE BB 05.10. Nr. 1709 – Sapundschieff Diss. – Kalkandjieva. In: https://www.researchgate.net/publication/268386879_The_Higher_Theological_Education_of_Bulgarian_Orthodox_Clergy_19th-20th_centuries (Zugriff 22.3.2024)
434 Furschtschik: Fakultätsprotokoll, 7.7.1919; 17.7.1919. In: StABE BB 05.10.1709
435 BAR E 21 Nr. 10 495 – BAR E 21, Nr. 9559, Akte Tomarkin – Furschtschik Diss. – Rogger 2012, S. 71
436 Zubersky: Fakultätsprotokoll, 15.12.1923. In: StABE BB 05.10.1709 – Zubersky Diss. – Lebenslauf und Gutachten. In: StABE BB III b 639
437 Vier Briefe Albert Zuberskys an Paul Häberlin, 31.5.1920–20.6.1924. In: UB, UBH NL 119: 10,1850,1-4
438 Barth Diss. – AT an Heinrich Barth, 14.2.1925. In: UB, UBH NL 108: M 92, 2 – AT an Heinrich Barth, 8.1.1938. In: UB, UBH NL 108: M 92
439 Ad Bachmann: Rogger 1999, S. 125/26 – Emmi Bloch, Anna Bachmann-Eugster zum 75. Geburtstag. In: Frauenblatt, 11.9.1964
440 Marti: Fakultätsprotokoll, 17.7.1923. In: StABE BB 05.10.1711 – Gutachten. In: StABE BB III b 638 – AT an die Oregon State University, 3.8.1923. In: Fritz Marti Papers, OSU – Marti Diss.
441 Obituary/Nachruf. In: Swiss American Historical Society Review, Vol. 28, Nr. 1, Article 4, Febr. 1992, S. 33 – https://www.siue.edu/artsandsciences/philosophy/giving/marti.shtml – https://scholarsarchive.byu.edu/cgi/viewcontent.cgi?article=1459&context=sahs_review – https://snaccooperative.org/ark:/99166/w6797mm8 (Zugriffe 22.3.2024) – Baumrin
442 Müller: Fakultätsprotokoll, 9.7.1923; 17.7.1923. In: StABE BB 05.10.1711 – Müller Diss.
443 Müller an AT, Mai 1927; 12.7.1929; s.d. [1929]; 19.3.1930; 11.5.1930. In: StABE N Tumarkin 1/6
444 Müller, Anfrage 17.2.1937; Herbertz, 31.3.1937; Müller, 14.4.1937; Müller, 30.4.1937; Erlaubnis RR für Werner Friedrich, Dozent in Nordkarolina. In: StABE BB III b 633, Dozentenakten
445 Fakultätsprotokoll, 26.4.1937; 30.4.1937; 31.5. 1937. In: StABE BB 05.10.1713
446 Bund, Nr. 489, 20.10.1937, S. 5; Nr. 38, 24.1.1937, S. 28 (Marti); Nr. 556, 28.11.1937, S. 2 (Arthur Liebert); Nr. 55, 4.2.1938, S. 3 – Fakultätsprotokoll, 26.4.1937; 30.4.1937; 31.5.1937. In: StABE BB 05.10.1713
447 Fritz Marti, Amerikanische Philosophie. In: Bund, Nr. 38, 24.1.1937, S. 28
448 Amstutz: Fakultätsprotokoll, 4.3.1949. In: StABE BB 05.10.1715 – Amstutz Diss. Curriculum und Habilitationsversuche 1951, 1954, 1957, 1958, Venia abgelehnt. In: StABE BB 8 2. 276 – Bund, Nr. 267, 25.11.1995, S. 36 – StABE N Amstutz – amstutz-renate-gertrude-nee-knoke [Zugriff 17.3.2024] – Amstutz an Marthe Gosteli, 11.8.1989; Amstutz an Helene Stucki, an Goethes Geburtstag 1977. In: AGoF Nr. 515 Helene Stucki
449 Strahm: In: HLS – Strahm Diss. – Hans Strahm, AT zum 60. Geburtstag. In: Bund, Nr. 79, 17.2.1935, S. 1 – Bund, Nr. 109, 31.3.1967, S. 21
450 Johanna Dürck, verh. Edgar Herzog: https://de.wikipedia.org/wiki/Johanna_Herzog-D%C3%BCrck (Zugriff 22.3.2024) – Doktoranden. In: StABE BB III b 639 – Dürck Diss. – Interview Berger – Interview Landsberg
451 Mtt. Pascale Milliet, 3.11.2023 – Bärtschi Diss. – Fakultätsprotokoll, 11.12.1942. In: StABE BB 05.10.1713 – Bund, Nr. 550, 24.11.1941, S. 3 – Frauenblatt, 25.2.1944
452 Bärtschi Diss., S. 5, 6, 85
453 Mtt. Margrit Lindt, 24.10.2023 – Inserat im BS, Nr. 49, 9.12.1967, S. 443
454 Bund, Nr. 89, 22.2.1945, S. 3 – Mtt. Pascale Milliet, 2.11.2023
455 Herbertz' Beitragsbemühen für Benjamin, 12.11.1919; 19.6.1920, im: StABE BB III b 616 – Benjamin an Ernst Schoen, 10.9.1917; Ende 1917. In: Benjamin Briefe, Bd. 1, S. 388, 414, 415, 416
456 AT 1920 Romantik, S. 140
457 Albert, S. 80f. – Balsiger, S. 81 – Benjamin Briefe, Bd I, S. 468
458 Scholem, S. 62, zit. nach Balsiger, S. 80 – Balsiger, S. 73, 82 – Benjamin Briefe, Bd. 1, S. 415, 416,

388 – Herbertz, 19.6.1920; 12.11.1919. In: StABE BB III b 616 – Koch, S. 194
459 Fakultätsprotokoll mit AT, 17.6.1919; 23.6.1919. In: StABE BB 05.10.1709 – Benjamin zit. bei elf Literaturangaben drei Frauen – Tumarkin zit. Lurie Emilia, die bei ihr 1913 promovierte. Ihr Buch blieb wegen der Ungunst der Zeit einige Jahre liegen.
460 AT 1937 Methode, S. 101–107
461 Benjamin Briefe, Bd V, S. 561, 562
462 Foto zVg von Elisabeth Rich-Schneider, Tochter von Mathilde Schneider-von Orelli und Nichte von Rosalie von Orelli. In: UAB. Irgendwo auf dem Bild müssten auch Lina Mäder und Martha Kernen sein – Mäder Lina aus Lurtigen FR. (Bei AT: SS 1904, SS 1907) – Kernen Martha Marti aus Reutigen BE, verh. in Bern 20.9.1905 mit Eduard Rybi. (Bei AT: WS 1903, SS 1904) – Protokoll der Städt. Mädchensekundar-Schulkommission No. 5, 1.7.1901–14.12.1914. In: SAB EB 5.32.2
463 Interview Berger. Vgl. Rogger 2016, S. 148–154 – SAB EB 5.32.2 – Interview Gaugler – Mtt. Urscheler-Keller, Bremgarten BE ; Tochter der Verena Gosteli, verh. mit dem Arzt Johann Keller, die im Sommer 1933 in Tumarkins Veranstaltungen Philosophie des 19. Jahrhunderts und Kunsttheorien der Neuzeit sass. StABE BB III b 904
464 Zum Beispiel sassen in Anna Tumarkins Veranstaltungen folgende emanzipierte Frauen: Annie Leuch-Reineck (SS 1911), Emma Graf (WS 1898), Anna Louise Grütter (WS 1906), Helene Stucki (WS 1920/21, SS 1923), Louise Zurlinden-Dasen (SS 1912), Julia Wernly (SS 1905), Eugénie Dutoit (WS 1899/1900, SS 1903), Ida Somazzi (WS 1903/04, SS 1905, SS 1908), Lili Haller (WS 1901/02, SS 1903), die Dichterin Marie Waser-Krebs (WS 1899/1900) und die jüdische Historikerin Auguste Wedler-Steinberg (WS 1899/1900), Rosalie von Orelli und Mathilde Schneider-von Orelli (SS 1904) – Vgl. Rogger 1999
465 Tagesanzeiger, 2.2.1963 – NZZ, 31.1.1963 – Rogger 1999, S. 132
466 Elisabeth Rothen, geb. Liechti. In: Bund, Nr. 367, 10.8.1953, S. 7 – Somazzi CD: Dokument Nr. 54 Aus dem Tagebuch 1952–1954, S. 4, 5, 8, 9 (Trauer, S. 331) – Somazzi CD: Dokument Nr. 55 Jahresbericht Frau und Demokratie, S. 1–4 – Mtt. Mario Somazzi, 1.3.2024 – Hauptbuch Quästor, WS 1903/04; SS 1905; SS 1908. In: BB III b 843, 845, 852
467 Hans Bloesch an AT, s.d. In: StABE N Tumarkin 1/11 – Strahm Dilthey, S. 6 – Interview Mercier
468 Gedenkfeier. In: AGoF Nr. 133, SVA, Sektion Bern, C 7:1 bis 7:6 – Abschiedsstunde. In: AGoF Nr. 133, VBA-Jahresversammlung in der Münz, 26.9.1951 – Manche Veranstaltungen von AT kamen nicht zustande: Verwalter an ED, 6.4.1934. In: StABE BB III b 623.
469 Interview Wäber-Merz – Interview Landsberg
470 Strahm Dilthey, S. 6, 7
471 Müller Gustav E., Erinnerung, S. 50 – Vgl. Müller, Instead of a biography, S. 148 – Nyffeler Hans. In: Bund, Nr. 342, 12.8.1964, S. 3
472 Karl Jaberg an AT, 3.8.1929. In: StABE N Tumarkin 1/7
473 Interview Ryffel-Dürrenmatt – Vgl. Rogger 2016, S. 143
474 L[ina] B[ärtschi], Dank an Anna Tumarkin. In: Bund, Nr. 89, 22.2.1945, S. 3
475 Strahm, Dilthey, S. 7.
476 SAB_1278_0_6 Schriften-Kontrolle I Russen Umschreibung in R II. Passerneuerungen: 26.7.1913–26.7.1918; 24.3.1920–19.3.1921; 13 5.1921–19.3.1922
477 1914/15–1916 Schanzeneggstr. 25, Villa Favorite; 1916/17–1917 Riedweg 17, Villa Bois-Fleury, 1917/18 Willadingweg 25; 1918–1918/19 Pension Jolimont Reichenbachstrasse; Um 1918/1920 Pension Berna, Schanzeneckstr. 19. In: Verzeichnis der Auskultanten (1910–1930). In: StABE BB III b 1189
478 Sitzung vom 4.6.1918 im Amtshause. Impetratin Frau Rosa Tumarkin, gesch. Dubner aus Kischinew, geb 1873 Privatier. Weder Rosa noch jemand von der Vormundschaftskommission ist gekommen. In: Amtsgerichts-Protokolle 1918; 1919; 1920. StABE Bez Bern B 2594 – Protokolle der Vormundschaftskommission, XI 5.3.1918–8.7.1919, S. 17. In: SAB _1083_1_11 – Sommer Martha. In: HLS – Forel Oscar L., Sohn von Auguste, Korr. 1922; 1923; 1930. In: N Tumarkin 1.8
479 AT an RR 11.4.1919; Georg Leuch an RR Merz, 12.12.1919. In: StABE BB III b 623
480 Vortrag ED 19.12.1919; 16.1.1923; Mitbericht FIN 27.12.1919; RRB/SRR, 6.1.1920; AT an RR 18.10.1922; 10.12.1922; Dekan Jaberg an ED, 22.10.1922; 7.11.1922; Memorandum, 14.5.1924; RRB/SRR, 16.5.1924. In: StABE BB III b 623 – Ab 1.2.1927: 6500 Fr. In: RRB/SRR, 1.2.1927
481 Rosa an Anna Tumarkin, 17.2.1941, Postkarten-Vorderseite: Paris La Sorbonne, Tombeau de Richelieu. In: Private archive of Nina Tumarkin – Übersetzung Monika Bankowski
482 Albert Debrunner, Worte des Gedenkens bei der Trauerfeier. In: Bund, Nr. 371,11.8.1951, S. 2

483 Fotos: Private archive of Nina Tumarkin – Niura oder Njura, eigentlich Anna Samuelovna Tumarkin
484 AT 1925 Kosaken – Bund Nr. 498, 22.11.1925, S 16; Nr. 500, 24.11.1925, S. 8; Nr. 503, 25.11.1925, S. 6; Nr. 504, 26.11.1925, S. 5; Nr. 506, 27.11.1925, S. 1, Nr. 509/10, 29.11.1925, S. 7, 16 – Bieler Tagblatt, 28.11.1925, S. 8; 2.12.1925, S. 3 – Don-Kosaken-Chor, Textbuch der vom Donkosakenchor unter Leitung des Dirigenten Serge Jaroff vorgetragenen Gesänge und Lieder. Dresden, 1928
485 http://gebaeudeaufnahme.ch/news/58/oschwand-jugendstilhaus-cuno-amiet.html (Zugriff 23.3.2024)
486 Amiet an AT, 12.4.1912. In: StABE, N Tumarkin, 1.8
487 Ghiberti – Amiet an AT, nach dem 12.4.1912. In: StABE, N Tumarkin 1.8
488 Amiet Cuno, Mädchenakt. In: Kunstausstellung Baden-Baden 1911. Das Bild war im Saal IV, Schweizer Kunst, mit der Nr. 234 gleich neben Hodlers Bildern Bergbach, Empfindung, Stockhorn ausgestellt – Swantje Karich, Kunstkanon mit blinden Flecken. In: FAZ, 3.10.2012; http://www.faz.net/aktuell/feuilleton/kunst/sonderbund-ausstellung-in-koeln-kunstkanon-mit-blinden-flecken-11909526.html (Zugriff 23.3.2024) – Kunstausstellung Cöln 1912, S. 47
489 Amiet an AT, 2.12.1912. In: StABE, N Tumarkin 1.8 – Viola Radlach. In: SIKART, Cuno Amiet, Cat. raisonné der Gemälde, SIK-ISEA Inventarnummer 32836. http://www.cuno-amiet.ch/werke.aspx?id=6010103 – Amiet Cuno, Die Bilderverzeichnisse von Cuno Amiet, Verkaufte Bilder. In: SIKART: http://www.cuno-amiet.ch/werke.aspx?id=12111316 (Zugriffe 23.3.20249 – In der Ausstellung Cuno Amiet vom 12.5.1928 bis 22.7.1928 wurde dieses Bild nicht gezeigt.
490 Fakultätsprotokoll, 23.6.1919. In: StABE BB 05 10.1709
491 Franz Müller. In: Œuvrekataloge Schweizer Künstler und Künstlerinnen 28
492 Samuel Singer an C.A., 26.12.1921. In: Nachlass C.A. | (Kat. 1918.10)
493 Journal du Jura, 23.12.1921 – Franz Müller. In: SIKART, Cuno Amiet, Cat. raisonné der Gemälde, SIK-ISEA Inventarnummer 1104120010. http://www.cuno-amiet.ch/Werke.aspx?id=13101919 (Zugriff 23.3.2024)
494 Senatsprotokoll, 10.2.1922; 6.5.1927; 11.3.1927. In: StABE BB III b 950
495 Ernst Kreidolf (9.2.1863–12.08.1956). Weihnachtskaktus. Pastell auf braunem Papier, 28,0 x 23,0 cm. In: Kunstmuseum Bern, Legat Dr. Ida Hoff, Bern., Inv. Nr. A 7787. «Vor Fr. Hoff im Besitz von Anna El. Durheim, Wabern, die es Frl. Dr. Hoff vermachte.» Das Werk ist signiert, aber nicht datiert. Mtt. Kunstmuseum Bern, Regina Bühlmann – Burgerbibliothek Bern N Georg Joseph Sidler III (2) Durheim – 2 Pastellporträts von (Pauline) Paula Häberlin: BBB Mss.h.h.XXIX.90.43 – Kreidolf, S. 213 – https://kreidolf.ch/leben-und-werk/biografie/ (Zugriff 23.3.2024)
496 Bund, Nr. 365, 7.8.1952, S. 4 – Interview Rupp-Haller
497 Fakultätsprotokoll, 27.10.1924, 20 1/4 Uhr. In: StABE BB 05 10.1711
498 AT an Rudolf Münger-Zimmermann, 21.4.1894; 12.7.1898; 5.8.1928; 7.8.1928. In: BBB N Münger 17.1. (36); 17.2. (24) – Hoff (Leuch), S. 6
499 Hoff (Debrit-Vogel), S. 14
500 VBA-Ausflug, 23.5.1937. In: AGoF 133 C 61. Nicht zur Verfügung als Autolenkerin stellte sich die viel beschäftigte Hoff am 26.6.1938 – VBA-Sitzung, 28.11.1938. In: AGoF 133 C 62 – Grunder, S. 131 – Rogger 2023
501 Hoff (Debrit-Vogel), S. 14 – Bund, Nr. 472, 4.11.1926, S. 3 – AT 1927 Hellasfahrt – AT 1927 Hellas Reiseeindrücke - Hellas: Vortrag
502 Bloesch, Hellas
503 Strahm, S. 14
504 AT 1927 Hellasfahrt, S. 17
505 Benjamin – AT 1927 Hellasfahrt, S. 17, 29, 30 – Bund, Nr. 483, 16.10.1928, S. 3
506 Verhältnis von Psychologie und Philosophie, WS 1921/22, Nachschrift nach Stenogramm von Emil Bünzli. In: StABE N Tumarkin 8/169 – Postkarte Hermes an Häberlin. In: UB, UBH NL 119 : 10,328,1
507 Vortrag: Bund, Nr. 232, 1.6.1927, S. 3 – Vorschau: Bund, Nr. 226, 28.5.1927, S. 7 – Hinweis: SPZ, Heft 9, Sept. 1928, S. 248/9
508 Bund Kl., Nr. 25, 19.6.1927, S. 193–196 – AT an Georg Luck, 25.1.1915. In: SLA-Ms-Zq-279-36
509 Eduard Brückner an AT 5.11.1919. In: StABE N Tumarkin 1/7
510 AT an EPD, 29.11.1920; EPD an AT, 17.12.1920; Ts-Tus Naturalisationen (zweite Serie). In: CH-BAR#E21#1000|131#23561
511 AT an GR, 9.2.1921; AT an EJPD, z.H. BR, s.d. In: StABE N Tumarkin 1/2
512 Protokoll der Sitzung der stadträtlichen Kommission für Erteilung oder Zusicherung des Gemeindsbürgerrechts, Freitag, den 29. April 1921, um 17 Uhr im Gemeinderatssaal, Junkerngasse No. 32, II Stock. In: SAB _1016_1_1

513 RRB/SRR, 2.9.1921, S. 825 – Tagblatt des Grossen Rates des Kantons Bern. Sitzung vom Mittwoch, den 28.9.1921, Einbürgerungsgesuch Nr. 34, Tumarkin Esther Anna, S. 565, welcher die Einwohnergemeinde Bern das Gemeindebürgerrecht zugesichert hat – SAB_1278_0_6 Schriften-Kontrolle I Russen Umschreibung in R II

514 Hs. Sudel an AT, 17.12.1920. In: CH-BAR#E21#1000|131#23561 – Jovel und Naum Reichesberg. In: Masé, S. 118, 121, 125, 137/8, 287 – Studer – Medem, S. 220/221

515 Müller Gustav E., Erinnerung, S. 50 – SAB_1278_0_6 Schriften-Kontrolle I Russen Umschreibung in R II : Hallwylstr. 44 26.4.1921

516 AT 1948 schweizerische Philosophie, S. 66, 67

517 Akademische Vorträge. In: StABE BB III b 950 – Senatsprotokoll, 3.11.1916; 2.11.1917 ohne AT. In: StABE BB III b 950 – Küffer, S. 28

518 Fakultätsprotokoll, 25.11.1912. In: StABE BB 05.10.1708

519 Ad Strich: Interview Kayas-Balsiger

520 Bund, Nr. 524, 8.12.1926, S. 3 (Vorschau); Nr. 535, 15.12.1926, S. 2/3 – Berner Chronik in: NBT, Bd 33, (1927), S. 298

521 Zeitbilder, 30.1.1927 Es gab schon in frühen Zeiten Frauen, die ad personam und nicht nach einem regulären gleichberechtigten Verfahren promoviert wurden: 1754 Dorothea Christiane Erxleben in Halle, erste in D promovierte Frau; 1787 Dorothea von Schlözer in Göttingen; 1815 Regina Josepha von Siebold und 1817 ihre Tochter Marianne Theodore Charlotte von Siebold in Giessen.

522 Rahel Hirsch, Berliner Spezialärztin für innere Krankheiten – Ermentrude v. Ranke, Dozentin der Geschichte in Kiel – Agathe Lasch, Professorin für niederdeutsche Philologie in Hamburg – Emmy Noether, aoProfessorin der Mathematik in Göttingen – Anneliese Wittgenstein, Privatdozentin der Medizin in Berlin – Rhoda Erdmann, Professorin für Bakteriologie in Berlin

523 H. B. in BW, 25.8.1928 – Elisa Strub, Chronik der schweizerischen Frauenbewegung Sept. 1924 bis Aug. 1925. In: Vergessene Geschichte, Bd. 1, S. 391

524 Woman's Exposition – Rogger 2021, S. 76–89 (Chicago) – Rogger 2015, S.14–17 – Vergessene Geschichte, Bd. 1, S. 462 fff. – Damals war jcdc fünfte Einwohnerin Mitglied in einem der 1626 Frauenvereine organisiert – Saffa. In: HLS

525 Zur SAFFA: Saffa Offizielles Organ – Saffa Guide – Saffa Eröffnungsumzug – Saffa Hauptkatalog – Saffa Schlussbericht – BBl 1957, Bd. I, S. 697 f. – Bund, Nr. 394, 24.8.1928, S. 1; Nr. 397, 27.8.1928, S. 2 (Festzug) – Lutte, 6.10.1928 – BW, 25.8.1928, 8.9.1928 – Pro, 1.9.1963 – «Berna», 15.9.1928 – Neuenschwander, S. 54 – Mesmer. In: Moderne Zeit, S. 221 – Woodtli, S. 155 – Ruckstuhl, S. 33 ff. – Rogger 2015, S. 14–17 – www.SAFFA.ch (Bürgschaft) – Zürcher (Bürgschaft)

526 Tagblatt des Grossen Rates des Kantons Bern, 14.9.1927, S. 308

527 Tagblatt des Grossen Rates, Bd. 7, 14.9.1927, S. 308. In: StABE A II 4007

528 «Berna», 1.9.1928, S. 55 – SAFFA Eröffnungsumzug – Bund, Nr. 394, 24.8.1928, S. 1 – Saffa Frauenblatt, Sondernr. 4. In: Frauenblatt, 14.9.1928, S. 11 (GV Akademikerinnen) – Saffa Schlussbericht

529 SAFFA Offizielles Organ, Nr. 4, 15.9.1928 – SAFFA Haupt-Katalog, S. 202 – «Berna», 29.9.1928 – Bund, Nr. 404, 30.8.1928, S. 3 – BW Nr. 39, 29.9.1928 – Rogger 2023, S. 15-19

530 Hoff (Debrit-Vogel), S. 13 – NZZ, 14.9.1928 – Leuch-Reineck Annie, Trauerrede für Ida Hoff. In: Nachlass Agnes Debrit-Vogel, AGoF, Nr. 530 – «Berna», 29.9.1928, S. 123

531 SAFFA Guide, S. 39 – GDL, 9.9.1928 – «Berna», 22.9.1928 – Bund, Nr. 394, 24.8.1928, S. 1; Nr. 79, 6.9.1928, S. 1; Nr. 155, 5.4.1929, S. 6 – Büchertisch. In: SLiZ Bd. 33 (1928–1929), Heft 1, S. 12

532 Gezeigt wurden auch Bilder und Autografen von Magdalena Nägeli, Katharina Morel, Anna Pestalozzi und Anna Seiler – Bild: Saffa Schlussbericht – Saffa Frauenblatt, Sondernr. 3. In: Frauenblatt, 7.9.1928, S. 3, 4 (GV Akademikerinnen)

533 Verzeichnis Schweizerfrauen – World's Columbian Exposition Chicago: https://archive.org/details/worldscolumbiane14worl/mode/2up (24.3.2024) – Rogger 2021, S. 39 ff.

534 Frauenblatt, 26.7.1946 – In Memoriam Mlle Julia Wernly. In: MF, Heft 71, 1946, S. 70, und Nr. 291, 28.9.1928 – AGoF Biog. Dossier Wernly – Aargauer Tgbl., 23.7.1946 – «Berna», 14.8.1946 – Julia Wernly +. In: «Berna», 16.8.1946 – Bund, Nr. 394, 24.8.1928, S. 1

535 Hedwig Anneler an den Dekan, Bern, 25.1.1928. In: StABE BB III b 639 – «Berna», 13.8.1927 – Vgl. Anneler Hedwig, Die Frauen in der Wissenschaft. In: BW, 29.9.1928.

536 BW, 29.9.1928 – «Berna», 29.9.1928 – SLiZ, Heft 1, 1928/29, S. 12

537 MF, 19.10.1946 – Thommen Elisabeth, Geburtstage. In: Jahrbuch, 15. Bd., Bern 1936, S. 25 – Verleger an AT, 10.9.1928. In: N Tumarkin 1/10

538 Meyer Wilhelm, S. 108/09

539 Johanna von Aarberg, Nonne zu Interlaken. In: BBB, Cod. 524B, Augustiner-Brevier aus Interlaken, lat., 1440 (ca.)-1446 (ca.)

540 Bloesch Hans. In: Du, Nr. 10, 1941, S. 32 – Mayer – MF, 21.9.1928

541 Leuch-Reineck Annie, hrsg., Trauerrede für Ida Hoff. In: Nachlass Agnes Debrit-Vogel, AGoF, Nr. 530

542 Roethlisberger/Ischer – SVA, Bulletin, Nr. 1, 1980, S. 13/14 – SAFFA Offizielles Organ, Nr. 3, 8.9.1928 – Frauenblatt, 1.3.1935

543 AT 1928 Geistesleben

544 Etude de Mlle Anna Tumarkin sur La vie intellectuelle des femmes suisses autrefois et aujourd'hui. In: MF, 28.9.1928, Titelblatt, S. 142 – Widmung in: UB ZB Log. X 411: 17 – Im Karteikasten der SAFFA, Gruppe VIII, vorhanden. Heute im AGoF – Bund, Nr. 396, 26.8.1928, S. 1

545 AT 1928 Geistesleben, v.a.: SA, S. 1, 2. 6, 7

546 AT 1928, Geistesleben. In: Bund, Nr. 396, 26.8.1928, S. 1

547 AT 1928 Geistesleben, v.a.: SA, S. 2, 7

548 Stucki Helene, Der Weg der kleinen Schritte, Ursprung der Frauenbewegung in der Schweiz. In: Frauenblatt, 14.9.1973

549 AT 1929 Stimmrechtlerin – «Berna», 23.2.1929.

550 MF, 9.3.1935: Encore un anniversaire – Vgl: AGoF Nr. 101, Frauenstimmrechtsverein Bern, Schachtel 2: Protokolle 27.3.1916, S. 58; 28.3.1916, S. 64. Wahl Ida Hoff, 9.6.1916, S. 85. Finanzkommission, 16.10.1916, ao GV im Restaurant Daheim (Hoff Kassiererin) – Jahrbuch, 15. Bd., 1936, S. 25, mit Bild – Müller Gustav E., Erinnerung, S. 50

551 Annie Leuch an Agnes Debrit-Vogel, 9.5.1953; Trauerrede für Ida Hoff. In AGoF 530-31-09, N Agnes Debrit-Vogel – Hoff (Debrit-Vogel), S. 10, 13 – Rogger 2002, S. 107 – Frauenblatt, 15.8.1952 – [Hoff Ida], Hodlers Stellung zur Frauenfrage. In: AGoF 530-31-09 (Schachtel 22) – Hodler, Gedächtnis-Ausstellung im Berner Kunstmuseum und in der Kunsthalle Bern, 20.8.1921–23.10.1921 – Rogger 2024

552 AT 1928 Stimmrecht – Bund, Nr. 531, 13.11.1928, S. 6

553 Petition vom 6.6.1929: am 3.10.1929 im NR, am 18.12.1929 im SR. In: BAR E4110B#1990/115#131 – Joris 2011, S. 15, 19 – Woodtli, S. 155 ff. – Hardmeier, S. 129 – Ruckstuhl, S. 32 – Statist. Jb. 1929, Bern 1930 – Rogger 2015, S. 19, S. 326, Anm. 9

554 Im NR wurde das Geschäft am 5.10.1929 dem BR weitergereicht. BBl 1957, Bd. I, S. 697 f – Rogger 2015, S. 19/20

555 Bericht IFFF. Für die Schweiz. Kommission für Weltabrüstung: Mathilde Lejeune-Jehle – Die IFFF entwickelte sich in der Folge zur bedeutendsten pazifistischen Frauenorganisation der Zwischenkriegszeit. Zweimal wurden internationale Präsidentinnen der IFFF mit dem Friedensnobelpreis geehrt: die erste Präsidentin Jane Addams (1931) und die internationale Ehrenpräsidentin Emily Greene Balch (1941).

556 Die Medizindozentinnen Wilhelmine Schwenter-Trachsler und Sophie Getzowa waren bereits tot, die Mathematikerin Anna Fischer auf dem Sprung nach dem damaligen Leningrad.

557 Rogger 1999, S. 178 – Film: Fabian Chiquet, Matthias Affolter, Die Pazifistin, Milan Film, SRF Schweizer Radio und Fernsehen, SRF/3sat, 2021

558 Ligue internationale de femmes pour la paix et la liberté. In: SNB V International 405

559 Kulturhistorische Vorlesung WS 1929/30 (22.10.1929–1.3.1930) für Hörer aller Fakultäten. Das Zeitalter der Aufklärung. In: StABE BB 05.10.1711, Sitzung vom 3.6.1929, mit Tumarkin, S. 34 – Haupt-Buch des Quästors. In: StABE BB III b 897

560 https://de.wikipedia.org/wiki/Artur_Weese#/media/Datei:Artur_Weese_(Art_Institute_Chicago).jpg (Zugriff 25.3.2024) – BeJll, 2.6.1934

561 VHS Mtt., April 1939

562 Eilbrief Richard Herbertz', Beaurivage Thun, an den Dekan, 15.6.1931. In: StABE BB III b 633 – Fakultätsprotokoll, 15.6.1931; 27.4.1931. In: StABE BB 05.10.1712

563 Sulzer. In: HLS – National-Zeitung, 17.9.1933

564 AT 1933 Sulzer, S. 5.

565 AT 1933 Sulzer, S. 5, 6. Manuskript. In: StABE N Tumarkin 1/13, Nr. XXII.

566 Dr. Johannes Leo an AT, 15.1.1934. In: StABE N Tumarkin 1/5

567 Bloeschs Tagebuch, 8.11.1898. In: Bloesch, S. 110/11 – Bloesch, S. 128

568 BBB, Ausstellung, Hans Bloesch: auf dem Weg zum Musterschüler, 16.8.2023. Auf: https://www.burgerbib.ch/de/burgerbibliothek/aktuelles/news/hans-bloesch-auf-dem-weg-zum-musterbuerger (Zugriff 25.3.2024)

569 Bloesch Hans, Johann Georg Sulzer und Albrecht Haller. In: Bund, Nr. 299, 1.7.1934, S. 204

570 Dr. H[ans] St[rahm], Fräulein Prof. Dr. Tumarkin. Zum 60. Geburtstag. In: Bund, Nr. 79, 17.2.1935, S. 1

571 Reklametexte aus der National-Zeitung und der NZZ. In: AT 1948 schweizerische Philosophie

572 M. N., Johann Georg Sulzer. In: NZZ, 13.9.1933

573 Erich Brock. In: Monatshefte, Bd. 14, 1934/35, S. 112
574 Z. B.: Vorlesungen. In: StABE N Tumarkin, 1/1, 1/13. – Lazarus Preisaufgabe. In: BBB N Hans Ryffel 46 (3), 50 (4) und StABE Fakultätsprotokolle – Bloesch Hans, Johann Georg Sulzer und Albrecht Haller. In: Bund, Nr. 299, 1.7.1934, S. 204 – NBeZ, 2.6.1934
575 AT 1933 Sulzer, S. 7
576 Büchli, Arnold, Die Schweiz im deutschen Geistesleben. In: Monatshefte, Bd. 2 (1922/23), Heft 8, S. 395
577 Verlag Huber, Frauenfeld. In: HLS
578 Lerch Fredi, Überraschende Begegnung mit Harry Mayncs Geld und Geist, auf: https://journal-b.ch/artikel/ueberraschende-begegnung-mit-harry-mayncs-geld-und-geist/ (Zugriff 25.3.2024)
579 Bund, Nr. 250, 2.6.1934, S. 8; Nr. 251, 3.6.1934, S. 3 – BeTgw, 31.5.1934; 1.6.1934 – BeSt, Festnummer 1934, S. 16 – Feller Richard, Hundert Jahre Hochschule Bern. In: Bund Kl., Nr. 251, 3.6.1934, S. 15
580 Bund, Nr. 252, 4.6.1934, S. 1 – Habil. Blumenstein, 18.1.1934. In: StABE BB III b 546
581 Senatsprotokoll, 11.5.1934. In: StABE BB III b 951
582 Lüthi Christian, Der Bärenspiegel. Satirische Zeitschrift. Berner Satire 1923–1948. In: https://boris.unibe.ch/119161/1/Buch%20am%20Mittag%20B%C3%A4renspiegel%202018-02.pdf (Zugriff 25.3.2024) – Hochschulgeschichte, S. 84, 618
583 Bund, Nr. 252, 4.6.1934, S. 1
584 BeSt, Festnummer 1934 – Feller Richard, Universitätsgeschichte, S. 618
585 Präs. des Studentinnenvereins 1934: Ruth Frey, dann Berta Berger – Berger Berta, Die Studentin an der Hochschule. In: BeSt, Februar 1935, S. 79 – Rogger Franziska, Berta Berger. In: Rogger 2016, S. 152, 153 – Festausgabe zur 100-Jahrfeier der Universität Bern, 1834–1934, hrsg. von Paul Flückiger … et al. In: SHZ, Nr. 8, 1934
586 Maria Waser-Krebs. In: Bund, Sondernr. 250, 2.6.1934, S. 1
587 BeJll, 2.6.1934
588 NBeZ, Nr. 128, 4.6.1934
589 BeJll, 2.6.1934
590 Bonjour Edgar, Zum 100. Stiftungstag der Universität Bern. In: BeSt, Festnummer 1934
591 ZGL, 1932, S. 912/3 – Brockhaus, 19. Bd., 1934 – HBLS, Bd. 7, 1934, S. 94/5 – Kürschner 1931, 1935

592 Encore un anniversaire. In: MF, 9.3.1935 – Agnes Debrit-Vogel, Dr. Anna Tumarkin. In: «Berna», 1.3.1935
593 Jahrbuch, 15. Bd., 1936, S. 25 – SJZ, Nr. 8, 20.2.1935, S. 212 (Foto beschnitten) – KEYSTONE/PHOTOPRESS-ARCHIV/Str 53251365
594 Frauenblatt, 1.3.1935
595 Dr. H[ans] St[rahm], Fräulein Prof. Dr. Tumarkin. Zum 60. Geburtstag. in: Bund, Nr. 79, 17.2.1935, S. 1 – Vgl. Gedenkstunde für Anna Tumarkin. In: Bund, Nr. 46, 29.1.1952, S. 2 (Strahm)
596 Dekan Jaberg an AT, 15.2.1935. In: StABE BB III b 623
597 AT an Dekan, 17.2.1935. In: StABE BB III b 623 – Fakultätsprotokoll, 18.2.1935. In: StABE BB 05.10.1712
598 https://www.dhm.de/lemo/jahreschronik/1936 (Zugriff 26.3.2024) – BeJll, 19.1.1935
599 NBeZ, 16.2.1935: Minger, Wehrvorlage – BeJll, 16.2.1935; 23.2.1935 – Bund, Nr. 80, 18.2.1935, S. 3 – http://www.mingerruedi.ch/zeittafel.php – Reden Mingers: http://www.mingerruedi.ch/img/redenVerzeichnis.pdf – https://blog.nationalmuseum.ch/2019/11/bundesrat-minger/ (Zugriffe 26.3.2024) – BeJll, 23.2.1935
600 Mtt. Rosa Piller-Puicher, verh. Mit Max Kappeler, damals Dienstmädchen bei Adolf Hahn (22.3.1864–23.2.1952) und Alice Noerdlinger (10.9.1874–14.6.1949). He [Hahn] was a salesman with Swiss embroidery. In: https://groups.jewishgen.org/g/main/message/47017 (Zugriff 26.3.2024)
601 1939/40 waren Jacob und seine Frau Else Leu in Südfrankreich interniert, beide konnten aber 1941 nach mehreren Versuchen von Marseille über Spanien vorerst ins neutrale Portugal fliehen – Bollag Peter, Die doppelte Entführung des Berthold Jacob. In: NZZ, 9.7.2020; https://www.nzz.ch/geschichte/die-doppelte-entfuehrung-des-berthold-jacob-ld.1562022?reduced=true (Zugriff 26.3.2024) – NZZ, 20.3.1935, S. 1, 21, 25; 21.3.1935, S. 9, S 26, usw. – Schiedsverfahren gemäss dem schweiz.-dt. Vertrag vom 3.12.1921 – Die Entführung Jacobs. In: Bund, Nr. 161, 5.4.1935, S. 1 – Apfel Alfred, Jacobs Sünden. In: Bund, Nr. 190, 25.4.1935, S. 1 – Hans Wesemann, Agent der Gestapo. In: Braune Netz, S. 333 — NBeZ, 13.9.1934: Fremde Spitzel –Jacob-Affäre. In HLS
602 Reichsbürgergesetz: https://www.1000dokumente.de/index.html?c=dokument_de&dokument=0007_nue&object=translation&l=de (Zugriff 26.3.2024)
603 Rogger 1999, S. 198–212

604 Anna Tumarkin an Sascha Tumarkin, 28.11.1935. In: Private archive of Nina Tumarkin
605 Frenkley-Tumarkin, S. 29
606 AT an Dr. A[lexander] Tumarkin, Heilbronnerstr. 6, Berlin W 30, 13.3.1940. In: Private archive of Nina Tumarkin
607 VBA-Mitgliederaufnahme anlässlich der Gründungsversammlung vom 31.10.1923 und 28.11.1923: Nr. 8, und Nr. 22; Verzeichnisse 31.3.1942 und 1.1.1946. VBA zit. 9.1.1924. In: AGoF 133: C 60 – VBA Sitzung, 19.2.1924. In: AGoF 133 C 62 – Rogger 2023 – Chronik, Bd. 1, S. 329/330, S. 400
608 Bund, Nr. 93, 25.2.1934, S. 7
609 Anzeiger, 30.8.1935 – Chronik, Bd. 2, S. 663
610 «Berna», 16.8.1935; 19.7.1935
611 Agnes Debrit-Vogel. In: «Berna», 13.9.1935
612 Abstimmung Totalrevision BV, 8.9.1935, 72% Nein. In: Linder, S. 180 f.
613 E[lisabeth] Th[ommen], Unsere politischen Parteien zur Frauenfrage. In: Jahrbuch 1935, S. 4–6 und S. 60, 62 – Was kann die Frau tun? Eine Umfrage von Elisabeth Thommen im Jahrbuch 1936, Antworten u.a. von Anna Tumarkin, S. 11/12. S. 25: Bild von Anna Tumarkin – Bund, Nr. 453, 29.9.1935, S. 5
614 Steinke, S. 9 – Feller, S. 521/522 – RRB/SRR, 18.2.1913 – Theodor-Kocher-Preis 1915–2015
615 Fakultätsprotokoll, 22.6.1936, Jaberg anwesend, AT nicht. In: StABE BB 05.10.1713 – Senatsprotokoll, 10.7.1936. In: StABE BB III b 951
616 Bund, Nr. 560, 30.11.1936, S. 3
617 Hochschulgeschichte, S. 152 – Feller, S. 617 – Jahrhundertfeier 1834–1934, S. 8, 9, 13–15 (Ruprecht)
618 Agnes Debrit-Vogel, Ehrungen von Frauen. In: Chronik 2, S. 684/685 – MF, 15.5.1937, S. 38 – Die Mineralogin Prof. Emilie Jäger 1966 und die Humangenetikerin Prof. Sabina Gallati 1996: Theodor-Kocher-Preis S. 18/19
619 Rogger 2014, S. 296 – Rogger 2000, S. 151 – Feller, S. 268 – Lazarus-Preis 1936–1971. In: StABE BB 8.2.259
620 Lazarus Stiftung 16.12.1935, Reglement 28.5.1936. In: StABE BB 8.2. 259 – Reglement 4.5.1936. In: StABE BB III b 636 – Fakultätsprotokoll, 8.7.1935; 27.1.1936; 17.2.1936; 11.5.1936; 17.7.1936. In: StABE BB 05.10.1712/3 – StABE BB III b 640 (Doktoranden)
621 Fakultätsprotokoll, 25.11.1935; 1.11.1936; 8.11.1937. In: StABE BB 8.2. 259 und BB III b 636 – Lazaruspreis auf 1.10.1938. ED an Dekan Kohler. 25.1.1937. In: StABE BB III b 636

622 Family Tree & Family History at Geni.com, https://www.geni.com/people/Selig-Nussbaum/60000000 26299784076 (26.3.2024) – Lazarus Stiftungen, 13.11.1936; 15.11.1938; 17.12.1938. In: StABE BB 8.2. 259
623 Ausbürgerung Bd. 1, Listen in chronologischer Reihenfolge: Nussbaum Selig, geb. am 6.10.1914 in Fulda a. d. Fulda; Bd. 2 Namensregister: Nussbaum Selig, Liste 100 (86); Bd. 3 Register der Geburtsorte und der letzten Wohnorte: Nussbaum Selig, Fulda Liste 100 (86) – Deutscher Reichsanzeiger und Preussischer Staatsanzeiger Nr. 72 vom 25.3.1939. Bekanntmachung: Auf Grund des Art. 2 des Gesetzes über den Widerruf von Einbürgerungen und die Aberkennung der deutschen Staatsangehörigkeit vom 14.7.1933 […] erkläre ich [… folgene Personen der deutschen Staatsangehörigkeit für verlustig: […] Nr. 86 Nussbaum Selig, geb. am 6.10.1914 in Fulda a. d. Fulda – Fakultätsprotokoll, 25.5.1936; 7.11.1938; 8.5.1939; 27.11.1939. In: StABE BB 05.10.1713
624 Die Fakultät konnte leider keinen Preis zusprechen. In: Bericht über das Universitätsjahr 1937/38. In: Dies academicus 26.11.1938, S. 44
625 Phil. hist. Fak. Preise, Stiftungen, 13.11.1936; 15.11.1938; 17.12.1938. In: StABE BB 8.2.259 – 10.11.1938, Herbertz an Dekan 10.11.1938; 13.11.1938. In: StABE BB 8.2.259
626 AT an Herbertz, 14.11.1938. In: StABE BB 8.2.276
627 Herbertz an AT, 15.11.1938. In: StABE BB 8.2. 259 – Dekan an RR 17.12.1938. In: StABE BB 8.2. 259 – Bund, Nr. 556 28.11.1938, S. 2
628 Nussbaum Selig, 6.10.1914–11.3.1998, Basel – Mtt. Polizeiinspektorat, Einwohnerdienste, Migration und Fremdenpolizei (EMF) der Stadt Bern, 29.8.2017 – BAR E4320B#1991/243#2188 Nussbaum – AUB. In: StABE BB III b 1169
629 Hume David: Essays and treatises on several subjects: in two volumes 1711–1776. (Frühere-r Eigentümer-in); Hultgren. In: UB Münstergasse Magazin – MUE Rar alt 9974
630 Fakultätsprotokoll, 8.11.1937, mit Tumarkin und Herbertz. In: StABE BB 05.10.1713 – Lazarus-Preisaufgabe. In: StABE BB III b 636 – Stiftungstag 18.11.1939 in der Aula: Bund, Nr. 542, 20.11.1939, S. 3
631 ED an Dekan Sganzini 10.12.1940 In: StABE BB 8.2.259 – Gutachten Sganzini. In: BB 8.2.276 – Fakultätsprotokoll, 26.5.1941. In: StABE 05.10.1713 – Gutachten Sganzini. In: StABE BB 8.2.276
632 Fakultätsprotokoll, 13.11.1939. In: StABE BB 05.10.1713 – Fakultätsprotokoll, 29.10.1941;

18.11.1941; 25.11.1941. In StABE BB 05.10.1713 – StABE BB 8.2.259 – Bund, Nr. 550, 24.11.1941, S. 3
633 Schmid-Opl, Hedwig, Gutachten Sganzini. In: BB 8.2.276 – Lazaruspreis für 1.10.1942. In: StABE BB 8.2. 259 – Fakultätsprotokoll, 27.10.1941; 31.10.1941; 11.11.1940; 19.10.1942. In: StABE BB 05.10.1713 und StABE BB 8.2.259 – Bund, Nr. 548, 23.11.1942, S. 3
634 Anna Siemsen: https://de.wikipedia.org/wiki/Anna_Siemsen (27.3.2024) – Bauer
635 Dank an Barbara. In: Wohnen, Heft 2, Februar-Ausgabe 1979, S. 31 – Abschied. In: Wohnen, Heft 1, Januar 1979, S. 12
636 Weltausstellung: 25.5.1937–25.11.1937 – Kongress: 31.7.1937–6.8.1937 – Kongress 9 Paris 1937 Bayer, S. 166
637 Herren Madeleine. In: Rogger/Herren 2012, S. 267 – Jahrbuch 1938. In: Vergessene Geschichte, Bd. 2, S. 691
638 Discours de la méthode wurde langfristig Descartes' wirksamstes Buch – NZZ, 30.4.1937 – Kongress 9 Paris 1937 Bayer
639 Anwesend waren allerdings nicht der eben ausgewechselte französische Premierminister, sondern Édouard Herriot, der Vorsitzende der Abgeordnetenkammer, und der Bildungsminister Jean Zay – Kant-Studien. Mtt. in: Band 41, Heft 1/2, Jg. 1936, S. 421
640 1 Der aktuelle Zustand der cartesianischen Studien, 2 Die Einheit der Wissenschaft, Methode und Methoden, 3 Logik und Mathematik, 4 Kausalität und Determinismus in Physik und Biologie, 5 Reflexive Analyse und Transzendenz, 6 Wertung: Normen und Realität
641 Dopp, Kollektion Actualités scientifiques et industrielles Nr. 530–541, 1937, S. 664, 665
642 AT 1937 Methode – Kongress 9 Paris 1937 Bayer: Travaux, Fasc. 5, Block «La Méthode et les méthodes. 2e Partie, Fascicule V, Abt. VI : L'unité de la science dans l'histoire de la pensée. Nr. XVII, Die Methode und die Grenzen der Methode bei Plato, S. 101–107
643 Schneider, S. 328
644 Schneider, S. 327: Die angegebene Herkunft wies sie offiziell als Denker von Paris, Strassburg, Prag, Kairo oder Bern aus.
645 Kongress 9 Paris 1937 Liste, S. 22 – Scheible – https://de.wikipedia.org/wiki/Theodor_W._Adorno (Zugriff 27.3.2024)
646 Dopp, S. 664
647 Safranski, S. 362
648 Michalski S. 310 – https://books.google.ch/books?id=qSNqjiZJCrkC&pg=PA310&lpg=PA310&dq=Philosophie+Kongress+1937&source=bl&ots=GBVbLB5d_M&sig=sDUzOKcBQry8DRB-_Je-YonyjxE&hl=de&sa=X&ei=c8wvVdD6KYXzPLLlgZAP&ved=0CCoQ6AEwAg#v=onepage&q=Philosophie%20Kongress%201937&f=truev (Zugriff 27.3.2024)
649 Kongress 9 Paris 1937 Bayer, S. 163 – Jaspers. In: HLS
650 Michalski, S. 310 – Heyse, S. VII
651 Szabó, S. 341 – Safranski, S. 355 (Misch)
652 http://de.wikipedia.org/wiki/Philosophie_im_Nationalsozialismus – Heyse, Volk und Hochschule im Umbruch 1937, zit. nach: https://de.wikipedia.org/wiki/Hans_Heyse#cite_note-3 (Zugriffe 27.3.2024)
653 Philosophen-Lexikon, 1937, S. 416
654 Die VBA kündigte Tumarkins Vortrag über Heideggers Philosophie fürs 1. Quartal 1935 im Sternenzimmer des Restaurants Daheim an. Vorstandssitzung 18.9.1934 und GV 24.9.1934. AGoF 133 C 61. VBA 1934–1937. GV 24.9.1934 im Daheim, Sternenzimmer
655 Strahm Dilthey, S. 14/15 – AT 1943 Heidegger – AT 1943/4 Unendliche
656 AT 1943 Apeiron
657 Hermann Grete verh. Henry – Crull, S. 11 – Paparo, S. 74/75 – Hönneke, S. 28–31
658 Kongress 9 Paris 1937 Bayer
659 https://www.catalogus-professorum-halensis.de/heimannbetty.html (Zugriff 27.3.2024)
660 JDG 11.5.1937; 19.9.1937 – Baudoin – https://lecourrier.ch/2016/03/14/edouard-claparede-une-biographie-enfin/ (Zugriff 27.3.2024)
661 Internationale Wissenschaftskommunikation 1900–1945. In: https://amor.cms.hu-berlin.de/~h2187e6n/Internationale_Wissenschaftskommunikation_1900-45_Philosophie.html (Zugriff 27.3.2024)
662 Menne, S. 80 – Porträts de femmes. Magdalena Aebi. In: MF, 3.6.1950, S. 22, 23 – Une philosophe suisse. Magdalena Aebi. In: MF, 1.7.1950, S. 26, 27.
663 Menne, Vorwort zur 2. Auflage, Bochum 15.3.1982; S. 79 – Aebi 1984, S. VIII
664 Aebi 1945, S. 246
665 Bund, Nr. 538, 17.11.1933, S. 2 – ZJ, 2.11.1934, Nr. 44, S. 1404
666 https://www.sozialarchiv.ch/2021/05/11/vor-100-jahren-die-gefaelschten-protokolle-der-weisen-von-zion/ (Zugriff 28.3.2024) – Hofer Sibylle
667 Nebelspalter, Heft 2, 10.1.1936, S. 1 – Vgl. Nebelspalter, Heft 7, 14.2.1936, S. 3
668 ZJ, Sonderbeilage zu Nr. 12, 18.3.1938, S. I, II und IV – BeWo, Nr. 12, 19.3.1938, S. 285

669 Wagner, S. 68 – Geistige Landesverteidigung. In: HLS
670 Vergessene Geschichte, Bd. 2, S. 695/6
671 Die landesfeindlichen Umtriebe in der Schweiz. In: Bund, Nr. 531, 13.11.1938, S. 3 – Antijüdischer Terror. In: Bund, Nr. 530, 12.11.1938, S. 2 – Die antisemitischen Ausschreitungen in Deutschland. In: Bund, Nr. 528, 11.11.1938, S. 2 – NZZ, 14.11.1938
672 AT an Herr Doktor [Verwalter], 27.11.1933. In: StABE BB III b 623
673 Hoff (Debrit-Vogel), S. 13
674 SJZ, Nr. 26, 26.6.1940, Titelseite. 40 000 Mann und 8000 Pferde des franz. Heeres entwaffnet und interniert – Dies academicus 1939, S. 33, 43; 1942, S. 23; 1942/43, S. 32, 33, 35, 38
675 Bund, Nr. 295, 27.6.1941, S. 8; Nr. 296, 28.6.1941, S. 4
676 ZJ, Nr. 12, 1938, S. 346
677 LA Katalog, zit. nach Zimmer, S. 22/2 - ZJ Die erste bis sechste und letzte Landesausstellungs-Sondernummer, Heft, 19, 23, 27, 31, 38 und 41 vom 12.5.1939, 9.6.1939, 7.7.1939, 4.8.1939, 22.9.1939 und 13.10.1939
678 Marguth, Heft 17, 1963/64, S. 383
679 «Mädchen mit erhobenen Armen» von Hermann Haller. Sibylle Tobler, 1914–1996, war das Modell – Duttweiler, S. 136 – Gewordene Schweizer. In: ZJ, Nr. 12, S. 327
680 Es gab nur zwei Autorinnen: Nina Caflisch schrieb über Domenico Fontana, Dr. Hermine Fässler über Johann Ludwig Burckhardt, Fueter, S. 58, 185 – Rede vom Zürcher Stadtrat Joachim Hefti – Zürcher, S. 449, 453 – Agnes Debrit-Vogel. In: «Berna», 16.6.1939
681 Marguerite Maire, Le rôle de la femme universitaire en Suisse. In: Thommen S. 55–58 – Thommen Elisabeth, Promenades à travers l'Exposition nationale. In: MF, 3.6.1939 – Thommen Elisabeth, Der Pavillon der Schweizerfrauen an der LA. In: National-Zeitung, 21.5.1939
682 LA Pavillon, S. 12 – Zürcher S. 454, 447 (Anm. 11) – Debrit-Vogel Agnes, Schweizerfrau und Landesausstellungen. In: «Berna», 5.5.1939
683 Orientierungsplan In: LA Katalog
684 Ostschweiz, 16.9.1939, zit. nach Zürcher, S. 451, Anm. 26
685 Leuch A[nnie]. In: Thommen, S. 61 – Martin Anna, Frau und Volk. In: LA Spiegel I, S. 132 – Zürcher S. 447 (ad Martin)
686 Wagner, S. 43 – Zürcher, S. 450/51 – LA Spiegel I, S. 132 – Thommen, S. 65, 68
687 NZZ, 7.7.1939 – thp, Kleines Bekenntnis. In: Frauenblatt, 20.10.1939
688 Duttweiler, S. 42, 156, 186
689 Strahm Dilthey, S. 5
690 AT 1940 Freiheit – Eduard Fueter an AT, 21.9.1940. In: N Tumarkin 1/10
691 Anzeiger, 26.11.1941 – per. In: Bund, Nr. 51, 31.1.1942, S. 1 – Dies academicus 1942, S. 28
692 AT 1942 von Muralt – Bund Kl., Nr. 52, 1.2.1942, S. 33
693 BS, Bd. 75, 1942/1943, S. 422 – Thévénaz Pierre, La philosophie en Suisse alémanique. In: Revue Nr. 118/119, Jan-Juni 1941, S. 94, 105, 107
694 Schade Edzar – von Muralt. In: HLS – ZJ, 26.5.1939, Heft 21, S. 632/633
695 Gawronsky Vital, Anfänge des Arbeiterschutzes, 19.4.1940 – Mangold Friedrich, Selbstgespräch eines unbekannten Arbeiters
696 Radio-Zeitung 28.1.–3.2.1940; 21./27 4.1940
697 SJRZ, Basel 31.12.1939/6.1.1940–23./29.6.1940, Programmhinweis für Freitag, 12.4.1940, Beromünster – AT 1943 Anteil der Schweiz – NZZ, 10.4.1940
698 AT 1940 Radiovortrag, S. 132. – AT 1943 Anteil der Schweiz, Bd. 1, 1943, S. 126–132. Erwähnt sind: Jean-Pierre de Crousaz 1663–1748, Johann Georg Sulzer 1720–1779, Jean-Jacques Rousseau 1712–1778. Johann Heinrich Pestalozzi 1746–1827, Ignaz Paul Vital Troxler 1780–1866, Charles Secrétan 1815–1895, Carl Hebler 1821–1898. Leider gibt es die Radioaufnahme nicht mehr. Mtt. memoriav, Daniel Hess/Rudolf Müller, 9.1.2023 und Mtt. SRF Irmgard Bösch, 20.1.2023
699 Sganzini Carlo, Eine schweizerische Philosophische Gesellschaft. In: Bund, Nr. 178, 17.4.1940, S. 3 – NZZ, 11.3.1940; 5.11.1940 – Geist der freien Forschung. In: SMUV-Zeitung, 16.3.1940 – Die Tat, 31.10.1940 – Schmitz Robert, Tagung der Schweizer Philosophen. In: Bund, Nr. 522, 6.11.1940, S. 3 – JSPhG Bd. 1, 1941, S. 82 und 83 – https://de.wikipedia.org/wiki/Schweizerische_Philosophische_Gesellschaft#cite_note-2 (Zugriff 28.3.2024)
700 Sganzini. In: Bund, Nr. 178, 17.4.1940, S. 3
701 -ah-. Philosophische Gesellschaft. In: Bund, Nr. 195, 27.4.1940, S. 5; Nr. 206, 5.5.1940, S. 9 – AT 1945 Kunsttheorie – Zus.arbeit mit Debrunner, z. B. WS 1923/24 – Zus.arbeit mit Tièche, z. B. WS 1942/43
702 Schmitz. In: Bund, Nr. 522, 6.11.1940, S. 39–41
703 Zürich: Fritz Medicus an AT, 16.7.1929. In: StABE N Tumarkin 1/7 – AT 1943 Apeiron – AT 1944 Naturrecht. Vgl. Hans Barth, Vortrag. In: JSPhG, Bd. 4, 1944, S. 231–233 – AT 1943/4 Unendliche – AT 1943 Heidegger – Bibliographie 1941–1944. JSPhG, Bd. 5, 1945, S. 272–273

704 Holzhey Helmut, Die repräsentative Institution. In: NZZ, 7./8.6.1980
705 Eduard Brückner an AT, 14.8.1918. In: StABE N Tumarkin 1/7
706 Wilhelm Diltheys Tochter Klara Dilthey, verh. mit Georg Misch. Kinder: Peter Hans Misch, geb. 1909, Leonore Lore, geb. 1911, verh. mit Felix Bloch, und Elisabeth, geb. 1917 – Matrikeln med. Uni Genf SS 1939 für Elisabeth – Klara Misch an AT, 6.1.1939. In: StABE N Tumarkin 1/5 – Safranski, S. 355 – Szabó, S. 342/3, 474, 503 – Prantl, S. 137
707 Bundesratsbeschluss über Einreise und Anmeldung der Ausländer vom 5.9.1939. Anzeiger Nr. 209, 7.9.1939, S. 1, und Nr. 213, 12.9.1939, S. 1 – dodis.ch/15384
708 AT an Niura, Bern 16.10.1940 – Anjuta, Hallwylstr.44, Bern, an Dr. A. Tumarkin, Heilbronnerstr. 6, Berlin W 30, 13.3.1940 – Vgl. Berliner Adressbuch: https://digital.zlb.de/viewer/image/34115495_1937/5463/LOG_0430/ (28.3.2024) – In: Private archive of Nina Tumarkin
709 AT an Sascha, 2.12.1939 – Sascha an Annuta, 5.12.1939 – Postkarte AT an Sascha, 6.12.1939 – Sascha an Anjuta, 10.1.1940 – AT an Sascha, 31.1.1940 – Sascha an AT, 6.3.1940 – Sascha an AT, 13.3.1940 – Sascha an AT, 15.3.1940
710 Sascha an AT, 20.3.1940 – Sascha an AT, 19.4.1940. In: Private archive of Nina Tumarkin
711 AT an Sascha, 24.4.1940 – Sascha an AT, 29.4.1940 – Sascha an AT, 18.5.1940. In: Private archive of Nina Tumarkin – Kant's gesammelte Schriften. Hrsg. von der Königlich Preuss. Akademie der Wissenschaften, Berlin, 1902 fff. – Immanuel Kants Werke, hrsg. von Ernst Cassirer, Berlin 1912 fff.
712 In der Zeit des Nationalsozialismus trafen staatliche Enteignungsmassnahmen vor allem Juden. https://www.mdr.de/geschichte/ns-zeit/holocaust/die-versteigerer-juedisches-eigentum-juden-im-dritten-reich-100.html – Ruine Hohenstaufenstrasse: https://berlin.museum-digital.de/object/88709 (Zugriffe 28.3.2024)
713 Sascha an Anjuta, 7.6.1940. In: Private archive of Nina Tumarkin
714 Bund, Nr. 218, 12.5.1940, S. 1, 3
715 ZJ, 14.6.1940, ZJ 26.7.1940 – SJZ, Nr. 25, 19.6.1940 – SJZ, Nr. 26, 26.6.1940, Titelseite ff.
716 Sascha in Berlin, Hohenstaufenstr. 50, an Anjuta, 6.7.1940. In: Private archive of Nina Tumarkin
717 Sascha Tumarkin in Berlin, Hohenstaufenstr. 50, an Juli Borissowitsch Steinberg[?], 23.7.1940. In: Private archive of Nina Tumarkin
718 Sascha in Berlin, Hohenstaufenstr. 50, an Anjuta, 11.9.1940. In: Private archive of Nina Tumarkin
719 Sascha in Berlin, an Anjuta, 1.10.1940 – Sascha an Michael Suritz, Senatorska 26, Warschau. In: Private archive of Nina Tumarkin
720 Anna Tumarkin an Niura Tumarkin, 16.10.1940. In: Private archive of Nina Tumarkin – Dimitri Ossipowitsch Gawronsky, 1883 in Smolensk: 24.6.1949 in Zürich. 1910 Dr. phil. Marburg, 1922 PD, 1941 Rücktritt aus Gesundheitsgründen
721 Anna Tumarkin an Niura Tumarkin, 16.10.1940. In: Private archive of Nina Tumarkin
722 Sascha an AT, 5.12.1939; 11.9.1940. In: Private archive of Nina Tumarkin
723 Schon 1938 hatte die Schweizer Fussballnationalmannschaft für Begeisterung gesorgt, als sie an der Fussball-Weltmeisterschaft in Paris nach einem 0:2 Rückstand Deutschland noch 4:2 schlagen konnte. Das wurde in der Schweiz als Demütigung für Hitlers Grossdeutschland und als «schönster Sieg» empfunden: SJZ, Nr. 17, 23.4.1941, S. 55
724 SJZ, Nr. 21, 21.5.1941, S. 686/7
725 dodis.ch/47408 – dodis.ch/47431 – dodis.ch/14256
726 Bund, Nr. 89, 23.2.1943, S. 2
727 SJZ, Nr. 25, 20.6.1945, S. 4; Nr. 28, 7.7.1943, S. 7; Nr. 30, 21.7.1943, S. 16/17
728 Luftwaffe. In: HLS – SJZ Nr. 50, 11.12.1940, S. 1526/7
729 https://www.steinamrhein.ch/portraet/bombardierung-vom-22-februar-1945.html/37 (Zugriff 28.3.2024) – Schaffhausen: SJZ Nr. 14, 5.4.1944 Titelblatt und S. 38/39; SJZ Nr. 15, Titelblatt und S. 4-8; Extraausgabe zu den Beisetzungsfeierlichkeiten – SJZ Nr. 10, 19431945, Titelseite (Bomben auf ZH und BS) – Jan Strobel, Seebach, 17.5.1943. In: https://www.tagblattzuerich.ch/aktuell/reportage/reportage-detail/article/die-nacht-als-der-luftkrieg-nach-seebach-kam.html
730 SJZ, Nr. 41, 6.10.1943, Titelseite; Nr. 34, 18.8.1943, S. 29 – Die drei schwersten Grossangriffe auf die Stadt flogen die US Army Air Forces in den letzten drei Monaten vor Kriegsende am 3. und 26. Februar sowie am 18. März 1945.
731 Kriegsende: https://www.bernerzeitung.ch/wie-berner-zeitzeugen-das-kriegsende-erlebten-912834166138 – https://www.lpb-bw.de/kriegsende (Zugriffe 28.3.2024)
732 Heim Gabriel, Dürre Erbsen statt Goldbarren, 17.4.2020/31.1.2022: In: https://blog.nationalmuseum.ch/2020/04/nazi-goldschatz-von-bern/ (Zugriff 28.3.2024)
733 Fakultätsprotokoll, 28.2.1944, mit de Boor, ohne AT. StABE BB 05.10. Nr. 1714

734 Gemäss 27.3.1944 Verleihung für diejenigen, die sich bei der Durchführung von kriegswichtigen Aufgaben besonders verdient gemacht haben.

735 BAR E2001E#1967/113#1287 – BAR E2001E#1972/33#2121 – BAR E4320B#1968/195#111, Ak. C.02-10011, Deutsche Gesandtschaft Bern, 1940–1959 Heizungskeller – Prof. de Boor, 14 Fichen, In: BAR E4320B#1970/25#654

736 Le Rhône, 7.8.1945 – Journal du Jura, 10.8.1945; 15.2.1946 – Bund, Nr. 592, 18.12.1945, S. 3; Nr. 76, 15.2.1946, S. 3; Ellen de Boor, z. B. Bund, Nr. 328, 17.7.1946, S. 3 – Bieler Tagblatt, 15.2.1946 – NZZ, 14.2.1946; 16.2.194 – Suisse Liberale, 16.2.1946 – Oberländer Tagblatt, 15.2.1946 – Tat, 15.2.1946

737 EJPD, Okt. 1945. In: E4320B#1970/25#654 De Boor nicht mehr tragbar – Fakultätsprotokoll, 15.12.1944, ohne AT. Dekan verliest Schreiben der ED vom 28.11.1945, wonach de Boor durch BRB vom 23.11.45 auf 15.1.1946 ausgewiesen werde. In: StABE BB 05.10.1714 – NZZ, 18.12.1945 – Dürrenmatt Rebell, S. 268 – Rogger 1997, S. 50 – Rogger 2000, S. 160 – Rogger 2014, S. 318

738 Dekan Strich in: Fakultätsprotokoll, 28.2.1944, de Boor anwesend, AT nicht. In: StABE BB 05.10.1714. Die Bezeichnung «*Volk der Dichter und Denker*» geht auf Karl August Musäus (1735–1787) zurück. In: https://link.springer.com/chapter/10.1007/978-3-540-77750-2_4 (Zugriff 29.3.2024)

739 Journal du Jura, 5.6.1944 – La Sentinelle, 5.6.1944 – Tat, 5.6.1944 – Bund, Nr. 262, 7.6.1944, S. 6 – NZZ, 7.7.1944

740 SJZ, Nr. 3, 17.1.1945, S. 9; Nr. 17, 25.4.1945, S. 3; Nr. 18, 2.5.1945, S. 4; Nr. 33, 15.8.1945, S. 5; Nr. 39, 26.9.1945, S. 3; Nr. 27, 4.7.1945, S. 8

741 Tod im Aktivdienst: 2759 durch Krankheit, 968 durch Unfall und 323 durch Suizid

742 Schumacher Edgar, Bedrohte Schweiz 1939–1945. In: SJZ, Nr. 34, 22.8.1945, S. 12/13

743 SJZ, Nr. 31, 28.7.1943, S. 10

744 Moura Konstantinowsky, dit Georges Constantin, in Paris, 6 Av. du Coq, an Tante Anna Tumarkin in Bern, 22.10.1945. In: StABE N Tumarkin 1/2

745 Nadine oder Nadeschda Unikiel-Tumarkin, [Av. de Neuilly in Neuilly /Paris]. In: Gedenkbuch für die Opfer der nationalsozialistischen Judenverfolgung in Deutschland. Bundesarchiv. https://www.bundesarchiv.de/gedenkbuch/ (Zugriff 29.3.2024) – Gothia Unkiel, eigentlich Evsei, auch Jolja genannt

746 Interview Mercier – Fakultätsprotokoll, 12.2.1945, ohne Tumarkin, mit Dekan de Boor, und 3.3.1945, ohne Tumarkin. In: StABE BB 05.10.1714

747 André Mercier an Dekan de Boor, 29.10.1944. In: StABE BB III b 623.

748 André Mercier an AT, s.d. In: StABE N Tumarkin 1/11 – Mercier 1939 – Mercier 1973 – Antrittsvorl. Mercier. In: Bund, Nr. 307, 5.7.1939, S. 3

749 Interview Imboden-Henzi – Interview Mercier

750 Urkunde der Berner Philosophischen Gesellschaft zum 70. Geburtstag von Anna Tumarkins. In: StABE N Tumarkin 1/11

751 Hans Barth an AT, 22.1.1945. In: StABE N Tumarkin 1/11 – JSPhG, Bd. V, Basel 1945, S. 288. Zentralpräsident: Dr. Hans Barth NZZ-Redaktor, Beisitzer André Mercier, Präs. Bern A. Mercier

752 Alle Gratulatiosschreiben und -karten (Mandach, Hoffmann, Debrunner, Strich, Näf, Amonn, Mercier, H. Barth, Werner, Hahnloser, Tschumi, Herbertz). In: StABE N Tumarkin 1/11 – Zu Werner und Stoa: Bund, Nr. 192, 7.5.1964, S. 13

753 Conrad von Mandach-von Wattenwyl: https://www2.unil.ch/elitessuisses/personne.php?id=56342 (Zugriff 29.3.2024)

754 Samuel Singer an AT, s.d. In: StABE N Tumarkin 1/11 – Worte zum 70. Geburtstag von Prof. Singer. Auch in: AGoF, Personen, Bestand Nr. 525, Archiv Blanche Hegg-Hoffet – Zu Hegg-Hoffet: Rogger 2023, S. 39/40

755 NZZ, 16.2.1945 – Bund, Nr. 81, 17.2.1945, S. 4; Nr. 83, 19.2.1945, S. 4, Bild Photopress

756 v[ogel], Prof. Dr. Anna Tumarkin. In: «Berna», 2.3.1945, S. 190 – Bund, Nr. 362, 6.8.1950, S. 6

757 Hans Bloesch an AT, s.d. In: StABE N Tumarkin 1/11 – Strahm Hans, Hans Bloesch als Historiker und Bibliothekar. In BZGH, Bd. 7, 1945, S. 140–144 – Hemmann Carl, Hans Bloesch, Biographie. In BZGH, Bd. 7, 1945, S. 133–139.

758 Wilhelm Keller an AT, 15.2.1945. In: StAB N Tumarkin 1/11 – Heinrich Barth, Von den Anfängen der griechischen Philosophie. Anna Tumarkin gewidmet im Vorblick auf die Vollendung ihres 70. Lebensjahres». Basel 1944

759 Hans Strahm an AT, s.d. In: StABE N Tumarkin 1/11

760 AT an Heinrich Barth, 14.2.1925. In: UB, UBH NL 108: M 92, 2

761 AT an Paul Häberlin, 25.12.1916. In: StABE N Tumarkin 1/8

762 AT an Häberlin, 16.1.21. In: UB, UBH NL 119: 10,1652,2

763 AT an Häberlins, 15./16.2.1930; 16.2.1938, In: UB UBH NL 119: 10,1652,5; 119: 10,1652,7

764 AT an Häberlin, 25.12.16. In: UB, UBH NL 119: 10,1652,1

765 Paul Häberlin an AT, 16.2.1938. In: StABE N Tumarkin 1/8

766 Paula Häberlin: Zwei Frauenschuhe, Radierung 1945. Druck von Paula Häberlin-Baruch, 14.2.1945. In: StABE N Tumarkin I/II
767 Wilhelm Keller an AT, 2.3.1945. In: ZB ZH. Nachlass Wilhelm Keller, Persönliches 8.13
768 AT an Hans Strahm, 3.3.1945. In: StABE N Tumarkin I/II
769 RRB/SRR, 27.1.1939: Wiederwahl 1.2.1939–31.1.1945. In: StABE BB III b 623
770 Krank: Ende 1913, Anfang 1914 – AT an RR, 28.1.1914 und AT an RR 2.12.1913 – Krank am 14.2.1925, AT an Heinrich Barth, Grippe. In: UB, UBH NL 108: M 92, 2 – AT an ED, 1.3.1941; ED an AT, 3.2.1941; AT an ED, 24.1.1943; 7.3.1943. ED an AT. 26.1.1943; 11.3.1943. In: StABE BB III b 623 – Sascha in Berlin an Anjuta, 19.4.1940
771 ED an AT, 11.3.1943; AT an Dekan, 3.7.1943. In: StABE BB 8.2.276 – Fakultätsprotokoll, 10.5.1943; 25.10.1943. In: StABE BB 05.10.1714 – ED an AT, 5.7.1943; 20.10.1943; Dekan Strich an RR Rudolf, 1.3.1944. AT an RRP, 4.3.1944. In: StABE BB III b 623 – RRB/SRR, 8.10.1943
772 Fakultätsprotokoll, 12.7.1943. In: StABE BB 05.10.1714
773 Dekan Fritz Strich und Sekretär W Näf an AT, 14.7.1943; Abschied im Café Rudolf. In: StABE BB 8.2.276
774 Anzeiger, 17.7.1943; 20.7.1943 – RRB/SRR, 8.10.1943 – ED an AT, 20.10.1943. In: StABE BB III b 623
775 Gemäss Verzeichnis Vorlesungen waren für das WS 1943/44 noch Vorlesungen vorgesehen: Kant. Mo 17–18, Di 17–17; Wesen und Aufgaben der Philosophie. Do 17–18 – 1943/44; Seminar: Schillers philosophische Schriften. Mi 15–17; Kolloquium. 2std. – Erst im Verzeichnis Vorlesungen für den Sommer 1944 gab es keinen Eintrag mehr von ihr – Bund, Nr. 485, 17.10.1943, S. 109
776 Briefkarte an Fritz Strich, 1944. In: BBB N Fritz Strich 15 (16) – AT an RRP, 4.3.1944. In: StABE BB III b 623
777 Fritz Strich traute der Sache Ende WS 1943/44 nicht ganz. Er forderte Erziehungsdirektor Rudolf und Fakultät erfolgreich dazu auf, Frl. Prof. Tumarkin weiterhin «als eine wertvolle Bereicherung des Faches der Philosophie zur Abhaltung von Vorlesungen und Übungen» zu ermächtigen. Albert Debrunner stiess ins gleiche Horn. RRB/SRR, 6.4.1922 – Gestützt auf Art. 11 a des Dekretes vom 20.11.1929 wurde Frl AT bis auf weiteres ermächtigt, Vorlesungen und Übungen im Rahmen ihres ehem. LA abzuhalten – Auszug Protokoll RR 14.3.1944. In: StABE BB III b 623

778 Da das Hauptbuch des Quästors für 1944/45 nicht mehr existiert, weiss man nicht, wer diese letzte Veranstaltung besucht hat.
779 Verzeichnis Universität für WS 1944/45, S. 25: Fräulein Prof. Tumarkin, Die schweiz. Philosophie im Zeitalter der Aufklärung, Di 17–18 Uhr.
780 Fakultätsprotokoll, 5.2.1946; 11.2.1946. In: StABE BB 05.10.1714 – Roetschi erhielt einen Lehrauftrag für Philosophie mit bes. Berücksichtigung der Aesthetik. In: Bund, Nr. 246, 30.5.1942, S. 7
781 Albert Debrunner, Worte des Gedenkens bei der Trauerfeier. In: Bund, Nr. 371, 11.8.1951, S. 2 – Vgl. Bund, Nr. 519, 5.12.1923, S. 2 (Verein für deutsche Sprache)
782 Ida Hoff an Tramer, 8.3.1944; Tramer an Ida Hoff, 27.3.1944. In: BBB N Moritz Tramer 31 (36) – Die polnisch geschriebenen Tagebücher von Franziska Baumgarten-Tramer, im SLA archiviert, sind noch unter Verschluss. Mtt. 9.1.2024
783 v[ogel], Prof. Dr. Anna Tumarkin. In: «Berna», Nr. 19, 2.3.1945, S. 190
784 Barth Heinrich, S. 7
785 AT 1948 schweizerische Philosophie, S. 9–11, 13–15
786 AT 1948 schweizerische Philosophie, S. 11, 17, 16
787 Pn, Philosophie in der Schweiz, Teil III. In: Bund Kl., Nr. 110, 7.3.1943, S. 75 – Bund, Nr. 141, 24.3.1948, S. 3; Nr. 219, 13.5.1948, S. 6 (Inserat)
788 AT 1948 schweizerische Philosophie, S. 25/26, 35, 47 ff., 66
789 Müller Gustav E: In: Bund Kl., Nr. 18, 2.5.1948, S. 76 – Barth Heinrich, Anna Tumarkin. In: ZSG Zürich 1948, S. 392/3 – ho. In: BN-So, 24.10.1948, S. 171/2 – P. H. In: NBeZ ho – Fueter Eduard, 1936 – Gauss
790 Häberlin 1946, S. 9, 10
791 Keller Wilhelm. In: Philosophie in der Schweiz
792 Barth Heinrich, Anna Tumarkin. In: ZSG, Heft 3, Zürich 1948, S. 392/3 – Anna Tumarkin, Literatur. In: Bieler Tagblatt, 24.8.1948
793 Müller Gustav E. In: Bund Kl., Nr. 18, 2.5.1948, S. 76
794 Spiess Emil, Werd. In: Vaterland, 14.5.1948; NZN 14.5.1948; Ostschweiz, 19.5.1948
795 Altwegg Rudolf, Anna Tumarkin, Buchbesprechung. In: Gegenwart, Juli 1948, S. 132/3
796 Thévenaz – Marti Urs – Wikipedia: Philosophie in der Schweiz: https://dc.wikipcdia.org/wiki/Philosophie_in_der_Schweiz – HLS: https://hls-dhs-dss.ch/de/articles/008427/2013-11-20/ – Schweizer Lexikon in sechs Bänden, 1993. In: https://www.philosophie.ch/die-geschichte-der-philosophie-in-der-schweiz – History of Swiss Philosophy: In: https://www.philosophie.ch/

797 Interview Sennhauser
798 AT 1948 schweizerische Philosophie, S. 15 f.
799 L[ina] B[ärtschi], Dank an Anna Tumarkin. In: Bund, Nr. 89, 22.2.1945, S. 3
800 Amstutz Erinnerungen. In: AGoF Nr. 515. Seine Erinnerungen schenkte Amstutz der Pädagogin Dr. h.c. Helene Stucki: «Für Helene Stucki mit den herzlichsten Wünschen und Grüssen zum Geburtstag [22.9.]1975. Sie müssten auch ein Bildnis unserer gemeinsamen Lehrerin zeichnen, die Sie kannten, als sie noch jung war. Ich kannte sie am Ende ihres Lebens. Ihr Jakob Amstutz»
801 Interview Berger – Interview Thalmann-Baumann – Interview Marti-Tomarkin – Interview Kurth
802 Müller Gustav E., Erinnerung, S. 50
803 Interview Ryffel-Dürrenmatt – Interview Wäber-Merz – Interview Hegg – Interview Landsberg
804 Müller Gustav E., Erinnerung, S. 50 – Strahm, S. 7
805 Amstutz Erinnerungen. In: AGoF Nr. 515
806 Hoff (Leuch), S. 7; Hoff (Debrit-Vogel), S. 13, 14 – Arthur Stein an AT, 15.2.1913; 9.10.1920. In: StABE N Tumarkin 1/4 – BBB N Wilhelm Stein, Nr. 536
807 Margarethe von Rautenfeld an AT, 31.12.1949. In: StABE N Tumarkin 1/5
808 Georgine Gerhard. In: Frauenblatt, 15.8.1952 – Annie Leuch an Agnes Debrit-Vogel, 9.5.1953, Frauenbiografien, Ida Hoff, in AGoF 530-31-09 (Schachtel 22)
809 Interview Grundbacher – Siloah: Auszug aus dem Eintritts- und Austrittsbuch – Rogger 2002, S. 115/16
810 Diakonisse Martha Grundbacher, 3.2.1917–5.8.2013, Diakonisse ab 7.4.1938 – Zum Andenken an Diakonisse Martha Grundbacher. Mtt. Eva Mathez, Archiv von Diaconis, Bern – 100 Jahre Siloah – 75 Jahre Siloah – Diaconis 2010, 2013
811 Bund, Nr. 366, 8.8.1951, S. 4, 6; Nr. 377, 15.8.1951, S. 4; Nr. 4, 4.1.1952, S. 12 – NBeZ, 9.8.1951 Mtt.; 10.8.1951 (Bild) – Oberlander Tagblatt, 9.8.1951 – Journal du Jura, 10.8.1951 – Décès, Chronique générale. In: Revue Louvain, Bd. 50, III, Nr. 25, Février 1952, S. 198 – Todesanzeige der Universität Bern. In: StABE BB III b 623
812 Masé, S. 78 – Gerson Daniel, Nach 1948, Traditionen und Erneuerungen. In: Bloch/Picard, S. 425 – StABE, V JGB, 63, Mitglieder, S. 10, Nr. 300
813 Gerson, S. 452 – Vischer Mattheus an AT, 21.9.1919; AT an Mattheus Vischer (Aarauer Studentenkonferenz), 24.9.1919. In: StABE N Tumarkin 1/5 – Jehle, S. 129, 156, 263 fff. und S. 79 fff.
814 NBeZ, 13.8.1951
815 Albert Debrunner, Worte des Gedenkens bei der Trauerfeier. In: Bund, Nr. 371, 11.8.1951, S. 2, 3 – Rogger 1999, S. 169
816 Gedenkworte von Blanche Hegg. In: NBeZ, 13.8.1951
817 pan: Zum Hinschied von Prof. Dr. Anna Tumarkin. In: NBeZ, 11.8.1951
818 Barth Heinrich 1951, S. 2, 7, 8.3.1967
819 BN, Nr. 335, 10.8.1951
820 Bei den Berner Stimmrechtsfrauen. In: Bund, Nr. 425, 12.9.1951, S. 4
821 Gedenkfeier. In: AGoF Nr. 133, SVA, Sektion Bern, C 7:1-7:6 – Abschiedsstunde. In AGoF Nr. 133, VBA-Jahresversammlung in der Münz, 26.9.1951
822 Strahm Hans, Die Dilthey-Schülerin Anna Tumarkin. Manuskript, S. 12, 13. In: StABE N Tumarkin 1/12 – Strahm Hans, Das wissenschaftliche Lebenswerk von Anna Tumarkin; Sitzungseinladung für 25.1.1952. In: StABE N Tumarkin 1/12 – Hinweis in: Studia Philosophica, JSPhG, Bd. XII, Basel 1952
823 Dr. H[ans] St[rahm], Fräulein Prof. Dr. Tumarkin. Zum 60. Geburtstag. In: Bund, Nr. 79, 17.2.1935, S. 1 (Weihestunden) – Strahm, Gedenkstunde für Anna Tumarkin. In: Bund, Nr. 46, 29.1.1952, S. 2
824 Hoff (Leuch), S. 6 – Homunculus. In: Faust. Eine Tragödie von Goethe. Stuttgart und Tübingen, 1833: https://www.projekt-gutenberg.org/goethe/faust2/zfaus020.html (Zugriff 30.3.2024)
825 Haberstich unterzeichnete zusammen mit Hoffs zwei nächsten Verwandten (Clara Carstens-Hoff, Uppsala, und Dr. Ursula Hoff, Melbourne), mit Annie Leuch-Reineck und der im Frauenstimmrechtsverband und in der Saffa-Bürgschaftsgenossenschaft aktiven Anna Christen-Marfurt die Todesanzeige und hielt nach Hoffs Tod den Kontakt mit den Verwandten aufrecht – AGoF Dossier Marie Haberstich-Hunziker (11.7.1881–19.3.1972) – Zum neunzigsten Geburtstag. In: NBZ, 9.7.1971
826 Hoff (Leuch), S. 5 – Hoff (Debrit-Vogel), S. 16 – Die Forsyte-Saga, Roman, 3. Kapitel: Irene! In: projekt-gutenberg, https://www.projekt-gutenberg.org/galswort/zuvermie/chap026.html (Zugriff 30.3.2024)

827 Gerhard Georgine. In: National-Zeitung, 17.8.1952; StABE N Tumarkin 1/12 – Basler Volksblatt, 17.8.1966 – AGoF Dossier Nr. 2310, Georgine Gerhard – https://hommage2021.ch/Porträt/georgine-gerhard (Zugriff 30.3.2024) – Hoff, Lebenslauf und Trauerfeier. In: Hoff – Georgine Gerhard zum 70. Geburtstag vom 18.8.1956, in SliZ, 20.8.1956
828 Bund, Nr. 364, 6.8.1952, S. 5
829 Lindenhofpost, Oktober 1952
830 Times zit. nach: A[gnes] Debrit. In: Frauenblatt, 14.8.1964 – AGoF Blanche Hegg-Hoffet Nr. 525, SVA Schachtel 3 – Dr. Hans Hegg. In: Bund, Nr. 156, 14.4.1959, S.5 – SVA, Bulletin Nr. 1, Februar 1979 – Bund, Nr. 546, 22.12.1963, S. 19 – Hegg-Hoffet über den internat. Kongress der IFUW, GV 2.10.1950. In: IFUW Newsletter, Juli 1979 – Rogger 2023, S. 39/40
831 Interview Hegg
832 AT an Hans Strahm, 3.3.1945. In: StABE N Tumarkin 1/11
833 Müller Gustav E., Erinnerung, S. 50 – Müller, Instead of a biography, S. 148
834 Jánoska; Kneubühler; Sennhauser

Dank

Die Biografie Anna Tumarkins zu schreiben wäre ohne die Mitarbeit von Nina Tumarkin schlicht nicht möglich gewesen. Ganz unentbehrlich waren auch Monika Bankowskis Übersetzungsarbeiten aus dem Russischen. Herzlichen Dank!

Ich bedanke mich auch bei allen, die ein Bild, eine Legende oder eine Anmerkung beigesteuert haben, ebenso den Sponsoren, dem Verlag sowie den vielen Mitarbeitenden in den benutzten Archiven und Bibliotheken.

Mit Freuden erinnere ich mich zudem an die guten Geister, die keine Mühe scheuten, mir bei der Suche nach einem der Bilder zu helfen, die oft äusserst schwer aufzufinden waren. Oder die mich mit einem Hinweis auf eine richtige Spur brachten. Oder die mir geduldig mit Erklärungen unter die Arme griffen.

Im Einzelnen denke ich da an:
– Elisabeth Albertson und Pascal Vincent (betr. Hallwylstrasse 44)
– Christophe Cottier, Angelo Buffoni, Damien Berlinka (betr. Ruth Mercier Fossum)
– Claudia Engler (betr. Bibliotheken)
– David Etter (betr. Hedwig und Georg Sidler)
– Marthe Gosteli † (betr. Akademikerinnen)
– Suzanne Hegg (betr. Blanche Hegg-Hoffet)
– Liliana Heimberg (betr. Hommage 2021)
– Roland und Sonja Huber (betr. Eugen und Marie Huber)
– Annelies Hüssy (betr. Mathematikaufgabe Prof. Sidler)
– Margrit Lindt (betr. Lina Bärtschi)
– Eva Mathez (betr. Martha Grundbacher)
– Pascale Milliet (betr. Lina Bärtschi)
– Verena E. Müller (betr. Eugen und Marie Huber)
– Malou von Muralt (betr. Beat von Muralt)
– Barbara Oswald McCarthy (betr. Rosa Grimm)
– Bruno Schlapbach (betr. Raumeinteilung des UHG)
– Walter Sennhauser (betr. Georgi I. Tschelpanow)
– Mike Skorzinski (betr. Hildesheimer Fabrikant Richard Jost)
– Mario Somazzi (betr. Ida Somazzi)
– Barbara Studer Immenhauser (betr. Nachlass)
– Daniel Thalmann (betr. Cuno Amiet)
– Anne Thalmann-Baumann (betr. Helene Thalmann-Antenen)
– Zita Caviezel-Rüegg (betr. Gebäulichkeiten)

Ich bedanke mich auch bei allen nicht namentlich aufgeführten Personen, zum Beispiel bei meiner Familie, meinen Freundinnen und den Arbeitenden, die dieses Buch behutsam entstehen liessen.

Autorin

Dr. Franziska Rogger Kappeler (*1949 in Luzern), Mutter zweier erwachsener Söhne, studierte Geschichte in Bern und Berlin. Sie arbeitete als Journalistin, konzipierte Ausstellungen, führte Forschungsaufträge aus und leitete 20 Jahre lang das Archiv der Universität Bern (1989–2010). Als Autorin verfasste sie nicht nur, aber vornehmlich Frauenbiografien und Studien zur Frauenhistorie: «Gebt den Schweizerinnen ihre Geschichte!» Rogger erarbeitete den historischen Hintergrund zum Film über die Pazifistin Gertrud Woker (Regie: Fabian Chiquet und Matthias Affolter) und für die Multimediaschau «Hommage 2021, 50 Jahren Frauenstimm- und Wahlrecht», die auf die Bundeshausfassade projiziert wurde.

Zu Anna Tumarkin forscht Franziska Rogger schon seit vielen Jahren. Zum 125. Geburtstag der weltweit herausragenden Philosophin initiierte sie die Benennung des Tumarkinwegs entlang dem Hauptgebäude der Universität Bern. Und zum 150. Geburtstag veröffentlicht sie nun die Biografie «Anna Tumarkin (1875–1951). Das schicksalhafte Leben der ersten Professorin».

Foto: Beat Kappeler